J. Sydney Willis Hodges (1829–1900), Heinrich Schliemann, Öl auf Leinwand, 1877

SCHLIEMANNS WELTEN

SEIN LEBEN.
SEINE ENTDECKUNGEN.
SEIN MYTHOS.

Museum für Vor- und Frühgeschichte
Staatliche Museen zu Berlin

E. A. SEEMANN

INHALT

GRUSSWORT DER STAATSMINISTERIN CLAUDIA ROTH MDB

Wem zu seinem 200. Geburtstag eine so umfangreiche und attraktive Ausstellung gewidmet wird, der kann mit den Helden der griechischen Mythologie durchaus mithalten. Genau das hatte sich Heinrich Schliemann, der vor 200 Jahren in Mecklenburg in einfachen Verhältnissen geboren wurde, gewünscht. Schon zu Lebzeiten beauftragte er den Bau seines Grabmals, in Form eines antiken Tempels, an prominenter Stelle auf dem Athener Zentralfriedhof, versehen mit der Inschrift: »Dem Helden Schliemann«. Wie hat dieser Mann es geschafft, unsterblich zu werden? Wie ist es ihm gelungen, in der kollektiven Erinnerung der Deutschen noch heute als ihr wohl berühmtester Archäologe zu gelten?

Die Ausstellung *Schliemanns Welten* in der James-Simon-Galerie und im Neuen Museum auf der Museumsinsel ermöglicht neue und ungewohnte Einsichten in eine Biografie, die vielen von uns heute noch rätselhaft erscheint. Neben den vielen schriftlichen Überlieferungen tauchen auch immer wieder neue Facetten auf, die das gerade gewonnene Bild wiederum infrage stellen. Es war Schliemann keineswegs bestimmt, auch wenn er diesen Mythos selbst pflegte, der Entdecker Trojas und völlig unbekannter Epochen der Bronzezeit in der Ägäis zu werden. Der Ausstellungstitel *Schliemanns Welten* bringt das Schillernde dieser Persönlichkeit zum Ausdruck. War er, der mit dem Homer in der Hand die historische Geografie Trojas erkunden wollte, nun ein Fantast oder ein Entdecker, der alles auf eine Karte setzte, um Erkenntnis zu gewinnen? War seine Art der Ausgrabung nun eine brutale Zerstörung historischer Substanz oder der Beginn einer neuen Phase der Archäologie?

Sicher ist: Der Mecklenburger, der als russischer Staatsbürger in St. Petersburg zu großem Wohlstand gelangte und als Amerikaner in Athen starb, der in den wissenschaftlichen Gesellschaften in London höchste Anerkennung erfuhr, polarisiert bis heute.

Die Ausstellung anlässlich des 200. Geburtstags des Weltbürgers Schliemann lädt dazu ein, Brücken zwischen den Kulturen zu bauen und über Grenzen hinweg zu kooperieren. Ich freue mich daher sehr, dass die Präsentation in so großzügiger Weise von den griechischen Museen unterstützt worden ist, und danke stellvertretend der Kulturministerin Griechenlands, Lina Mendoni, für diese wunderbare Kooperation mit dem Museum für Vor- und Frühgeschichte der Staatlichen Museen zu Berlin.

Den Besucherinnen und Besuchern der Ausstellung wünsche ich eine spannende und inspirierende Reise auf den Spuren von Heinrich Schliemann.

Claudia Roth MdB
Staatsministerin für Kultur und Medien

GRUSSWORT DER GRIECHISCHEN KULTURMINISTERIN DR. LINA MENDONI

Die Ausstellung *Schliemanns Welten* in der James-Simon-Galerie und im Neuen Museum auf der Berliner Museumsinsel ist ein Großprojekt des Museums für Vor- und Frühgeschichte der Staatlichen Museen zu Berlin zum 200. Geburtstag von Heinrich Schliemann. Die ikonische Person, die das homerische »Troja« und den »Schatz des Priamos« in Kleinasien entdeckte, die legendären Städte Mykene, Tiryns und Orchomenos in Griechenland ausgrub und einige der frühesten Zivilisationen in Europa ans Licht brachte.

Nur wenige Menschen in der Geschichte der Archäologie haben zu Lebzeiten so viel Ruhm und Anerkennung genossen wie Schliemann und gleichzeitig so herbe Kritik an ihren Methoden und Prinzipien ertragen und sind Gegenstand so heftiger Kontroversen über ihre persönlichen Motive und Absichten geworden. In eine Familie einfacher Herkunft hineingeboren, aufgewachsen in ärmlichen Verhältnissen und mit geringen Bildungschancen, war Schliemann offensichtlich weder ein typischer Gelehrter der Zeit noch ein naheliegender Kandidat für eine akademische Laufbahn in den Altertumswissenschaften. Trotzdem war er bereits im Alter von Mitte 40 ein erfolgreicher Kaufmann und Unternehmer, reich genug, um sich zur Ruhe zu setzen. Auch war er ein vielsprachiger Kosmopolit und Schriftsteller, der die Welt bereist hatte. Er war aber immer noch wissens- und erfahrungsdurstig genug, um zu promovieren und sich auf abenteuerliche archäologische Expeditionen einzulassen und sich den Traum zu erfüllen, materielle Beweise für die Geschichtlichkeit der Werke Homers zu finden.

Zu Schliemanns Zeiten waren die *Ilias* und die *Odyssee* nur epische Gedichte, die von einer geheimnisvollen Welt von Menschen, Helden und Göttern sprachen, die sich hinter dem Nebel von Mythen und Zeiten verbarg. Auch die Archäologie war noch keine etablierte Wissenschaft, sondern eine junge Disziplin, die aus einer Welt des Cocktail-Dilettantismus, der romantischen Altertumsverehrung und des kolonialen Antiquarianismus hervorging. In seinem Enthusiasmus, Ehrgeiz und seiner Amateurhaftigkeit und mit sehr wenigen – wenn überhaupt – früheren »guten Vorbildern« wandte Schliemann zweifellos Ausgrabungsmethoden an, die heute zu Recht als grob, ja sogar barbarisch gelten würden. Viele seiner zentralen ursprünglichen Annahmen erwiesen sich auch in späteren Jahren als falsch, und einige davon musste er selbst revidieren. Aber seine Ausgrabungen und Entdeckungen initiierten die »homerische Archäologie« und bildeten die Grundlage für alle späteren Forschungen zum bronzezeitlichen Griechenland. Schliemanns Erfolge und Misserfolge sind im Geist der damaligen Zeit zu sehen. Insofern ist ihm ein zentraler Platz in der Wissenschaftsgeschichte nicht abzusprechen, unter den Pionieren, die der modernen Feldarchäologie den Weg bereiteten und zusammen mit Johann Joachim Winckelmann die Archäologie als Kunstgeschichte begründeten.

Dass Heinrich Schliemann nach so vielen Jahren als Gelehrter und als Mensch noch immer im Mittelpunkt der Aufmerksamkeit und Diskussion steht, macht zumindest eines unbestreitbar: Sowohl nach Maßstäben des 19. als auch des 21. Jahrhunderts war er eine faszinierende Persönlichkeit und ein wahrhaftig bemerkenswerter Mann. Ein Mann mit großem Talent, Verdienst, Leidenschaft und Hingabe, der sich voll und ganz den Visionen und Zielen verschrieben hat, die er sich vorgenommen hat. Das faszinierende, romanhafte Leben und Wirken dieses außergewöhnlichen Mannes, verwoben mit einigen der wichtigsten Orte, Ereignisse und Entwicklungen der Weltgeschichte des 19. Jahrhunderts, das Vermächtnis von *Schliemanns Welten*, stehen im Mittelpunkt dieser bedeutenden Ausstellung. Seine persönlichen Gegenstände, Schriften und Aufzeichnungen, zeitgenössische Gegenstände aus den von ihm besuchten Ländern und Orten und vor allem spektakuläre Funde seiner Ausgrabungen – heute Teil der Sammlung Trojanischer Altertümer des Museums für Vor- und Frühgeschichte, der Mykenischen Sammlung des Archäologischen Nationalmuseums Athen und anderer Sammlungen – werden museologisch schlüssig und erzählerisch ansprechend präsentiert. Das Hellenische Ministerium für Kultur und Sport hat sich besonders gefreut und fühlt sich geehrt, an dieser beispielhaften Arbeit von Prof. Dr. Matthias Wemhoff und seinem Kuratorenteam teilzuhaben und mitzuwirken.

Dr. Lina Mendoni,
Ministerin für Kultur und Sport
der Hellenischen Republik

Nr. 30

[illegible] 3/4

Athen 24 März 1881

Hochverehrter Herr Generaldirektor

Mit höchster Freude u wärmstem Dank ersehe ich aus Ihrem lieben Schreiben vom 16 ds. daß Sie die hohe Wichtigkeit einer weiteren u gründlichen Erforschung der Troas anerkennen u mir zur Erlangung eines liberalen Ferman behülflich sein wollen. Dies Ihr freundliches Entgegenkommen ermuthigt mich aber mit einer ferneren Bitte hervorzutreten, an deren Erfüllung mir ebenfalls sehr gelegen ist: Das, nach Herodot, von d. Spartanern, nach der Schlacht von Plataea (479 v. C.) in Delphi aufgestellte, aus einem hohen Untergestell in Form von 3 großen Schlangen bestehend. Bronzen Monument, auf dem alle Städte, die an der Schlacht theilgenommen hatten, eingravirt sind, steht seit 1600 Jahren auf dem At Maidan von Constantinopel u hat nicht d. allergeringsten Werth für die Türken. Ich glaube daher es würde ein leichtes sein dasselbe, auf diplomatischem Wege, von der türk. Regierung zu erlangen u ist jedenfalls der günstigstmöglichste Zeitpunkt dafür gekommen, da der Director des Const. Museums Dr Dethier, der einzige der einen Begriff vom Werth solcher Sachen hatte, soeben verstorben ist u die Türkey Deutschland jetzt sehr nöthig hat. Denken Sie sich welchen Jubel die Aufstellung dieser Schlangensäule auf dem Platze vor Ihrem Muse[illegible]

PROLOG

Ausgrabungen in Orchomenos fortzusetzen u. vor Ende Mai bei Ihnen zu sein. Vielen Dank für Ihre freundlichen Wünsche für Erfolg in Orchomenos. Später werde ich nur in der Troas arbeiten, denn dort habe ich reichlich Arbeit bis zu meinem Tode.

Meine Frau ist, wegen des soeben erfolgten plötzlichen Tode ihres Bruders, in tiefster Trauer, erwidert aber Ihre freundlichen Grüsse aufs herzlichste.

Mit vorzüglichster Verehrung

Ihr ergebenster

H Schliemann

Ueber den Tod des braven, herzensguten Kaisers von Russland kann ich mich garnicht fassen. Ein Mann der 20 Millionen Sclaven emancipirte u. sich dadurch höher stellte als irgend welcher Heros der Welt gestellt ist; [illegible]

SCHLIEMANNS WELTEN

MATTHIAS WEMHOFF

Ein Versuch, »[…] eine bestimmte Wissenschaft derart zum Gegenstand der Betrachtungen zu machen, dass die Arbeit der Forscher und Gelehrten vor allem in ihrer inneren Spannung, ihrer dramatischen Verknüpfung, ihrem menschlichen Gebundensein sichtbar wurde.«

C. W. Ceram 1949 (Götter, Gräber und Gelehrte)

INNERE SPANNUNG

Als die Fotografin Herlinde Koelbl ihren Band *Faszination Wissenschaft* vorstellte, schilderte sie ihre Eindrücke von den porträtierten Wissenschaftlerinnen und Wissenschaftlern: »Und sie werden getrieben von Leidenschaft. Und diese Leidenschaft, für das, was sie tun, die lässt sie alle Mühen überstehen.«

Leidenschaft, unbedingter Wille, Leidensfähigkeit und große Belastbarkeit sind Eigenschaften, die auch die größten Kritiker Heinrich Schliemann nicht absprechen werden. Sein Erfolg war ihm nicht in die Wiege gelegt. Zu seiner Ausgangssituation hätte die dauerhafte Anstellung in einem Krämerladen in Fürstenberg an der Havel besser gepasst. Dass er genau diesen Weg nicht gegangen ist, sondern mit hohem Risiko sich neue Handlungsfelder erarbeitet hat, prägte sein Leben. In Amsterdam erkannte er, dass die russische Sprache ihm eine deutlich verbesserte Position im auf den Russlandhandel spezialisierten Kaufmannskontor verschaffte, seitdem war das Sprachenlernen – 8 bis 13 sind es am Ende gewesen, die er mehr oder minder beherrschte – ein Schlüssel für seinen Erfolg in fremden Ländern und ebenso für das Studium der antiken griechischen Literatur. Als Kaufmann zeichnete ihn der unbedingte Wille zum wirtschaftlichen Erfolg aus, er kalkulierte das einzugehende Risiko genau, er nutzte auf der Basis aller ihm verfügbaren Informationen sich abzeichnende Geschäftsmöglichkeiten konsequent und kompromisslos aus, ein Verhalten, dass er auch am Beginn der Ausgrabungen in Troja nicht ablegte. Der Erwerb der Eigentumsrechte an der Helios-Metope, dem ersten spektakulären Fund in Troja, von dem für die Entdeckung von Troja so wichtigen Frank Calvert ist dafür ein Beispiel. Denn im Gegensatz zu den für einen möglichen Verkauf aufgerufenen Preisen war der Erwerbungspreis viel zu gering – für Schliemann nur ein gutes Geschäft, für Calvert ein Vertrauensbruch.

Als erfolgreicher Kaufmann hätte er auch in St. Petersburg ein von Wohlstand geprägtes, angenehmes Leben führen können. Doch die innere Spannung, die sein Leben prägte, zeigte sich in Ruhe- und Rastlosigkeit. Den Tod des Bruders im kalifornischen Sacramento nutzte er zu einer Reise, die ihn mitten in den Wilden Westen des Goldrauschs führte und neben großem wirtschaftlichem Erfolg im Goldhandel mit erheblichen Gefahren für Leib und Leben verbunden war. Schliemanns Gold befand sich zunächst in Amerika!

Reisen wurde immer stärker zu einem Grundelement seines Lebens, Ruhephasen waren ihm fremd, und wenn er länger an einem Ort blieb, dann auf äußeren Druck, wie die längeren Anwesenheiten wegen verschiedener Prozesse in St. Petersburg oder Athen zeigen. Auch sein Tod ist letztlich auf ein solches Getriebensein zurückzuführen. Anstatt sich, wie von den Ärzten empfohlen, auszuruhen, reiste er durch halb Europa und brach schließlich in Neapel zusammen.

Die Leidenschaft zeigt sich in seiner Arbeitsweise. Zunächst konnte es ihm nicht schnell genug gehen, den »Schliemanngraben« durch den Hügel von Troja zu treiben. Keine noch so große Mauer konnte stehen bleiben. Der Erfolg wurde in Kubikmetern gemessen. Trotzdem galt seine

Abb. 1 Iliou Melathron (Schliemanns Palast in Athen), Wanddetail der Unteren Mittelhalle, Griechische Initialen für Heinrich Schliemann

Leidenschaft von Anfang an den kleinen Funden, die vorher in dieser Region kaum jemanden interessiert hatten. Er beschrieb seitenweise kleine tönerne Objekte, er nannte sie Vulkane oder Kreisel, um ihnen ihre Botschaft zu entlocken; dabei handelte es sich, wie wir heute wissen, um Spinnwirtel, also einen ziemlich alltäglichen Gebrauchsgegenstand. Auch wenn der »Schatz des Priamos« – also das Gold – die öffentliche Wahrnehmung bestimmte, so setzte Schliemann später ganz andere Prioritäten. Damals galt seine Leidenschaft der Keramik, und der deutsche Gesandte in Athen, der immer wieder hochrangige Besucher zum Hause Schliemanns zu begleiten hatte, fürchtete die lang gezogenen Erläuterungen des Hausherrn über die Gefäße seiner Sammlung. Doch nicht nur Gesandte, sondern auch Museumsdirektoren hatten darunter zu leiden. Bei der Aufstellung seiner Funde im Berliner Kunstgewerbemuseum (heute Gropius Bau) forderte Schliemann konsequent die Präsentation aller wichtigen Keramiken im Sinne einer Sammlung, die vergleichende Studien zulassen sollte, zweifellos ein moderner Ansatz, der aber auch heute noch nur schwer mit einer besucherorientierten Präsentation zu verbinden ist.

DRAMATISCHE VERKNÜPFUNG

»Ein Erzähler kann nichts erfinden, was der Dramatik und Komik der Wirklichkeit auch nur annähernd gleichkäme. Je tiefer wir die Geschichte erforschen, auf umso mehr unglaubliche, romanhaft anmutende Situationen stoßen wir; auch der kreativste Kopf könnte sich so etwas nicht ausdenken.«

Umberto Eco 2001

Umberto Ecos Autorenweisheit entspricht der Erkenntnis der Ausstellungsmacher. Leben und Wirken von Schliemann benötigen keine erzählerische Überzeichnung, keine die Grenzen des Geschehens überspannende Zuspitzung, es ist Stoff genug vorhanden. Es sind gerade die dramatischen Wendungen, die Spannung erzeugen. Wessen berufliches Leben beginnt schon mit einem Schiffbruch? Wer kommt nach Amsterdam, wenn er nach Venezuela auswandern möchte? Schliemanns Leben war voll von diesen unglaublichen Geschichten, er entkam oft denkbar knapp gefährlichen Situationen. In Memel verloren fast alle Kaufleute bei einem großen Stadtbrand ihre Waren, nur Schliemanns wertvolle Güter überstanden das Feuer in einem abseits gelegenen Schuppen. Aus St. Petersburg führte ihn sein Weg zu den Goldgräbern nach Sacramento, an einen der damals gefährlichsten Orte der Welt, er überlebte und verdoppelte noch sein Vermögen.

Könnte man sich sein Leben als Ausgräber ausdenken? Welcher Romanautor wäre so vermessen, seinen Protagonisten gleich zwei der bis heute spektakulärsten Fundkomplexe der Archäologie entdecken zu lassen? Troja und Mykene, wahrlich fast zu viel für ein Archäologenleben. Auch das Ausgrabungsgeschehen benötigt keine weitere dramatische Zuspitzung. Der Graben in der Mitte des Hügels von Hissarlik wurde mit jedem Tag tiefer, die Wände steiler, die Gefahr für Leib und Leben wuchs täglich. Und ganz unten im Graben barg der Ausgräber persönlich am letzten Grabungstag einen ungeheuren Schatz, so romanhaft kann die Wirklichkeit klingen – wenn es denn so war. Was geschieht, wenn der »kreativste Kopf« nicht der Erzähler, sondern der darzustellende oder zu erforschende Protagonist selbst ist? Bei Schliemann müssen wir mit dieser »Kreativität« rechnen. Die Neigung zur dramatischen Zuspitzung scheint ein Wesenszug von ihm zu sein. Den Schiffbruch vor Texel schilderte er als junger Mann unmittelbar nach dem Geschehen in einem Brief an seine Schwester wesentlich dramatischer, als sich das Ereignis in den offiziellen Quellen niederschlug. In seinem Bericht zum »Schatz des Priamos« kam seiner Frau Sophia eine wesentliche Rolle zu, doch sie war nicht dabei. In seiner Selbstbiografie behauptete er, dass er schon als Kind ein Bild des aus Troja fliehenden Aeneas in einem Buch gesehen und gleich geäußert habe, dass es seine Absicht sei, einst Troja zu entdecken. Sein Leben spiegelte eine solche Planmäßigkeit nicht wider.

Ist ein solcher Dramaturg der eigenen Selbstbiografie nun ein notorischer Lügner, ein moralisch zu verurteilender Mensch, wie eine Quintessenz der Schliemannforschung der 1970er Jahre lauten könnte? Oder bildet sich hier eine weitere Facette einer Persönlichkeit ab, die in verschiedenen Welten agiert hat?

Die dramatische Verknüpfung haftet auch den Objekten an. Der »Schatz des Priamos« wird immer so heißen, obwohl er nicht dem Priamos und seiner Zeit zugeschrieben werden kann. Der Schatz ist selbst ein Objekt der Begierde. Schliemann entwendete ihn aus Troja, wurde dafür vom osmanischen Staat verklagt, sein Vermögen wurde beschlagnahmt, es kam zum Prozess. Gegen eine hohe Geldzahlung bekam er das Eigentum zugesprochen, schließlich schenkte er seine Sammlung Trojanischer Altertümer »dem deutschen Volke zur ewigen und ungeteilten Aufbewahrung in seiner Hauptstadt«. Nach dem Zweiten Weltkrieg blieb der Schatz fast 50 Jahre verschwunden, bevor bekannt wurde, dass er im Puschkin-Museum in Moskau verborgen war. Heute ist der Schatz des Priamos das bekannteste Ensemble der vielen Tausend Objekte aus deutschen Museen, die noch immer in Russland zurückgehalten werden. Wem gehört der Schatz des Priamos? Diese Frage wird je nach Standpunkt in Deutschland, Russland und in der Türkei auf unterschiedliche Antworten treffen. Dieser Umstand trägt dazu bei, dass das Interesse an diesem Stoff ungebrochen ist.

MENSCHLICHES GEBUNDENSEIN

Im 15. Buch seiner *Poetik* betont Aristoteles, dass ein Charakter in einem Werk konsequent in der Inkonsequenz sein soll. Aristoteles war bewusst, dass eine gewisse Widersprüchlichkeit in einer Figur erst einen markanten Charakter formt. Auch diese besondere Rollenanforderung erfüllte Schliemann vollkommen. Er war kein strahlender Held ohne Verfehlungen und Makel. Seine persönliche Disposition war vielschichtig und widersprüchlich. Ihn zeichneten eine große Willenskraft, eine ungeheure Energie und eine gewisse Leidensfähigkeit aus. Nichts war ihm in den Schoß gefallen, alles hat er sich erarbeitet, rast- und ruhelos. Seine spezielle Methode des Spracherwerbs setzte großen Fleiß voraus. Seine unzähligen Briefe zeugen davon, wie er jede nach der Arbeit noch verbleibende freie Minute zur Kommunikation nutzte. Er war auch hart gegen sich selbst. Das frühmorgendliche Schwimmen im Meer war ihm wichtig, auch dabei nahm er keine Rücksicht auf seine körperlichen Kräfte.

Schliemann sah sich als liebenden Familienvater und treusorgenden Ehemann. Doch seine erste Ehe in St. Petersburg war von Beginn an von Streit und Auseinandersetzung geprägt und er scheute keine Mühe, um über den Umweg der amerikanischen Staatsbürgerschaft eine Scheidung zu erreichen. Auch die zweite Ehe, die er im bereits fortgeschrittenen Alter mit der 17-jährigen Sophia Engastroménos einging, schien bei diesen ungleichen Ausgangsvoraussetzungen unter keinem guten Stern zu stehen. Er erwartete von seiner jungen Frau, dass diese seinen Lebensstil und seine Interessen bedingungslos teilte. Gleichzeitig ist in den Briefen an seine Schwestern in Mecklenburg oder gar in der völlig übersteigerten Konstruktion einer Freundschaft zu Minna Meincke eine starke Sehnsucht nach familiärer Nähe zu spüren.

Auf den ersten Blick scheint Schliemann nur wenige Freundschaften gepflegt zu haben, doch auf den zweiten Blick fallen doch einige dauerhafte Bindungen auf, so zu seinem ersten Lehrherrn in Amsterdam oder ganz besonders zu Rudolf Virchow. Diese Freundschaft hat seine Zeit als Archäologe geprägt und sie wäre doch fast an einer Lappalie gescheitert, die uns tief in die Persönlichkeit von Schliemann blicken lässt. Bei einem festlichen Abendessen der von Rudolf Virchow gegründeten und dominierten Gesellschaft für Anthropologie, Ethnologie und Urgeschichte erhielt Schliemann nicht den Ehrenplatz neben Virchow, für ihn ein Affront, der die Freundschaft beider Männer auf Jahre erschütterte. Schliemann war auf Anerkennung und Bestätigung aus, dies scheint ein nicht zu unterschätzender Antrieb für ihn gewesen zu sein. Kritik an seinen Ausgrabungs- und Forschungsergebnissen und an seiner Person traf ihn hart, aber er ging dabei keiner Auseinandersetzung aus dem Weg.

Konsequent inkonsequent, dieser aristotelische Ansatz könnte auch die Entwicklung seiner Entdeckungen in Troja erklären. Mit aller Konsequenz las er seinen Homer, nahm jede Beschreibung wörtlich, maß die Entfernungen zwischen der Stadt und dem Meer und die Zeit, die Hektor und Achill für eine Umrundung der ummauerten Stadt benötigt hätten. Und doch relativierte er in seinen Schriften immer wieder genau diese Passagen und stellte, wenn etwas nicht so genau passte, fest, dass Homer ja nicht dabei gewesen sei. Die Absicht, den Wahrheitsgehalt eines Buches durch die Lokalisation des Ortes zu bestätigen, führte anstelle klarer Antworten zu einer unerwarteten Komplexität des historischen Geschehens und wurde so letztlich zur Geburtsstunde einer prähistorischen Archäologie in der Ägäis.

Der Entdecker, der auf dem schnellsten Wege die Schichten des Hügels durchdringen und die Zeugnisse des homerischen Troja freilegen wollte, wird zum Archäologen, der auf einmal ein Verständnis für Schichten und Bauabfolgen entwickelte und sein Augenmerk auf unscheinbare Keramikfragmente richtete; lernfähig war er allemal.

Schliemann erkannte wie kaum ein anderer in dieser Zeit die Notwendigkeit, über seine Erkenntnisse umfangreich und zeitnah zu informieren, sowohl in den Berichten der Tagespresse als auch in umfangreichen Publikationen. Heute hätte er sicher die neuen Medien intensiv genutzt.

Doch am Ende sind es die Mythen, in deren Umfeld er sich sah. Sein imposantes Grabmal auf dem Athener Friedhof ziert ein Fries, der Szenen aus der *Ilias* mit Darstellungen seiner Grabungen verbindet, seine Büste über dem Portal wird von der Inschrift begleitet: Dem Helden Schliemann.

Die Ausstellung »Schliemanns Welten« nimmt die dramatischen Elemente im Leben Heinrich Schliemanns bereitwillig auf, ohne in eine Heldenerzählung zu verfallen.

Eine Annäherung an die Persönlichkeit kann nur gelingen, wenn sowohl die vielen Facetten seiner Lebensgeschichte als auch die Zeitumstände deutlich werden. Bei früheren Ausstellungen standen immer seine archäologischen Entdeckungen, insbesondere die Ausgrabungen in Troja, im Zentrum. Aus Anlass des 200. Geburtstags geht es nun um sein gesamtes, vielschichtiges Leben. Der erste Abschnitt in der James-Simon-Galerie ist der Zeit bis zur Hinwendung zur Archäologie gewidmet. Den Auftakt bildet eine meerumtoste Reisetruhe, ein Sinnbild sowohl für den Schiffbruch vor Texel als auch für das Ungeplante, Unvorhersehbare, das sein Leben auszeichnet. Amsterdam, Petersburg, der Exkurs Sacramento und die abenteuerliche Reise durch China und Japan bilden die zentralen Stationen, bevor die große Lebenswende, verbunden mit Paris, den Abschluss des ersten Teils bildet. Die unterschiedlichen Stationen ermöglichen Einblicke in verschiedene Facetten der Persönlichkeit. In Amsterdam geht es um das Sprachenlernen – die sogenannte Methode Schliemann –, in St. Petersburg um den Weg zum wirtschaftlichen Erfolg und die damit verbundenen Handelsgüter und bei der großen Asienreise um die Art und Weise, wie Schliemann beobachtete und was ihm in diesen fremden Kulturen auffiel. Schliemann wird dabei als ein Kosmopolit erfahrbar, dem kaum Grenzen in seinen Aktionsradien gesetzt waren. Er steht damit auch für die enorme Dynamik des 19. Jahrhunderts, die Wahl seiner Verkehrsmittel zeugt davon.

Im Neuen Museum wird der Besucher mitten in die Ausgrabungen von Troja geführt. Noch nie waren so viele Objekte aus der Berliner Sammlung zu sehen. Mit der Vielzahl der Exponate bekommt das so gängige Bild des Schatzgräbers einige Risse. Der Schatz und seine Vermarktung war für Schliemann außerordentlich wichtig, um seine Grabungen zu rechtfertigen und deren Erfolg zu vermitteln. Sein Interesse galt jedoch allen Objekten, so unscheinbar sie auch auf den ersten Blick gewirkt haben. Die große Fülle der Objekte aus dem 3. Jahrtausend v. Chr. führt anschaulich vor Augen, dass Schliemann in Troja die bis dahin im ägäischen Raum unbekannte Epoche der frühen Bronzezeit plötzlich materiell ans Tageslicht brachte. Eine echte wissenschaftliche Herausforderung, die er im Laufe der Zeit immer stärker annahm. Seine Rückkehr nach Troja und die Ausgrabungen in seinen letzten Lebensjahren, die er mit Wilhelm Dörpfeld durchführte, waren bereits von diesen wissenschaftlichen Fragestellungen geprägt.

Entlang einer alten Gipsabformung des Löwentors aus Mykene weitet sich nun der Blick auf die Grabungsstätten von Schliemann in Griechenland. Die so spektakuläre Entdeckung der Gräber innerhalb der Mauern von Mykene ist nur zu verstehen, wenn man weiß, wie Schliemann antike Texte las. Er nahm alle räumlichen Hinweise etwa bei dem griechischen Reiseschriftsteller Pausanias ernst und deutete sie vor dem Hintergrund der realen Topografie und des archäologischen Befunds. So gelang ihm auch an einem bedeutenden historischen Ort, dessen Lage im Gegensatz zu Troja nie umstritten gewesen ist, ein ebenso bedeutsamer Fund. Die Grabbeigaben, von denen dank der Großzügigkeit des Archäologischen Nationalmuseums in Athen wichtige Funde zu sehen sind, sind bis heute ohnegleichen und bilden einen weiteren Höhepunkt der Ausstellung. Mit den Ausgrabungen in Mykene, Orchomenos und Tiryns gelang es Schliemann, die Grundelemente der mykenischen Kultur freizulegen und zu definieren. Auch diese spätbronzezeitliche Hochkultur im östlichen Mittelmeergebiet ist somit untrennbar mit seiner Tätigkeit verbunden.

Zum Schluss wird der Besucher zum Gast im Hause Schliemann. Das Iliou Melathron (Haus von Ilion), ein prächtiger Bau im Zentrum der aufstrebenden griechischen Hauptstadt, war eine angesagte Adresse für die Athener Gesellschaft und für auswärtige Gäste. Der Weg führt entlang des mit den originalen Möbeln ausgestatteten Arbeitszimmers des Hausherrn in den großen Festsaal. Die Empfänge und Feste, die Heinrich und Sophia Schliemann gaben, bildeten Höhepunkte des gesellschaftlichen Lebens in Athen. Wie in allen Räumen des prächtigen Gebäudes waren auch im Ballsaal bedeutungsschwere Inschriften angebracht, die der des Griechischen kundige Leser unschwer auf den Hausherren beziehen konnte:

»Vor Verdienst aber setzten den Schweiß die unsterblichen Götter;
Lang und steil jedoch und zu Anfang auch rauh erhebt sich zu diesem der Fußpfad;
Doch wenn du zu dieser Höhe gelangtest,
Leicht dann zieht er dahin, so schwer es anfangs gewesen.
Der vor allem ist gut, der selber alles erkannte.
Der erwog, was später und endlich am Ziele das Beste.
Edel nenn ich auch jenen, der gutem Zuspruch gehorsam;
Aber wer selbst nicht denkt und auch, dem Rate der anderen taub, sein Herz verschließt, der Mann ist nichtig und unnütz.«

Hesiod, Werke und Tage, 289–297

Abb. 2 Iliou Melathron (Schliemanns Palast in Athen), Vestibül mit Blick in die Untere Mittelhalle

ΕΙ ΓΑΡ ΚΕΝ ΚΑΙ ΣΜΙΚΡΟΝ ΕΠΙ ΣΜΙΚΡΩΙ ΚΑΤΑΘΕΙΟ
ΚΑΙ ΘΑΜΑ ΤΟΥΤ ΕΡΔΟΙΣ ΤΑΧΑ ΚΕΝ ΜΕΓΑ ΚΑΙ ΤΟ ΓΕΝΟΙΤΟ

ZEITTAFEL ZU HEINRICH SCHLIEMANNS LEBEN

1822
Am 6. Januar als Sohn des protestantischen Pfarrers Ernst Schliemann und dessen Frau Luise als fünftes von neun Kindern in Neubukow geboren.

1823
Die Familie wird in Ankershagen ansässig.

1831
Die Mutter verstirbt nach der Geburt des neunten Kindes.

1832
Der Vater verliert das Pfarramt in Ankershagen wegen unmoralischen Lebenswandels. Schliemann kommt in die Familie seines Onkels in Kalkhorst.

1833–36
Kurzer Besuch des Gymnasiums in Neustrelitz. Wegen Geldmangel des Vaters Wechsel auf die Realschule in Neustrelitz.

1836–41
Lehre und Handlungsgehilfe in einem Krämerladen in Fürstenberg.

1841
Arbeitssuche in Rostock. Geplante Auswanderung nach Venezuela scheitert mit Schiffbruch vor der holländischen Insel Texel. Schliemann bleibt in Amsterdam.

1842
Anstellung als Kontorbote bei der Firma F.C. Quien in Amsterdam. Beginn der autodidaktischen Aneignung von Fremdsprachen.

1844/45
Korrespondent und Buchhalter, später Handelsagent des Amsterdamer Handelshauses B.H. Schröder & Co.

1846
Die Firma B.H. Schröder & Co beauftragt Schliemann mit der Gründung einer Niederlassung in St. Petersburg.

1847
Schliemann gründet in St. Petersburg ein eigenes Handelsgeschäft. Annahme der russischen Staatsbürgerschaft.

1851/52
Erster Amerika-Aufenthalt (Kalifornien). In Sacramento Gründung eines Bankhauses zum Ankauf von Gold.

1852
Heirat mit der Russin Jekaterina Petrowna Lyshina. Aus der Ehe gehen drei Kinder hervor: Sergej (geb. 1855), Natalja (geb. 1859), Nadeshda (geb. 1861).

1853–56
Im Krimkrieg als Lieferant der zaristischen Armee tätig. Beträchtliche Steigerung des Vermögens.

1854
Mitglied der 1. Kaufmannsgilde von St. Petersburg.

1856
Erste Überlegungen zur Aufgabe des Geschäfts in St. Petersburg.

1858/59
Europa-Reise: Schweden, Dänemark, Deutschland und Italien.

1859
Orient-Reise: Ägypten, Palästina, Syrien. Rückkehr nach St. Petersburg.

1864
Schliemann erhält die erbliche Ehrenbürgerwürde St. Petersburgs. Liquidierung seines Handelsgeschäfts.

1864–66
Weltreise: Reisen nach Ägypten, Indien, China, Japan, Nord- und Mittelamerika.

1866–70
Wohnsitz in Paris. Immobiliengeschäfte. Studium der Philologie, Philosophie, Literatur und Altertumskunde an der Sorbonne.

1867
Publikation des Reiseberichts *La Chine et le Japon au temps présent*.

1868
Reise nach Griechenland und Kleinasien.

1869
Promotion an der Universität Rostock mit seinem Buch *Ithaka, der Peloponnes und Troja.*
Annahme der amerikanischen Staatsbürgerschaft.
Scheidung der Ehe mit Jekaterina Petrowna Lyshina.
Heirat mit der Griechin Sophia Engastroménos.
Aus der Ehe gehen zwei Kinder hervor: Andromache (geb. 1871), Agamemnon (geb. 1878).

1870
Erste illegale Probegrabung auf dem Hissarlik (Troja).
Wohnsitz in Athen.

1871/72
Erste und zweite Grabungskampagne in Troja.

1873
Dritte Grabungskampagne in Troja. Entdeckung des »Schatz des Priamos«.

1874
Publikation *Trojanische Alterthümer.* Erste Grabung in Mykene.

1875
Museumsreise durch Europa.

1876
Zweite Grabung in Mykene: Entdeckung der goldreichen Schachtgräber.

1877
Erste Ausstellung der Trojanischen Funde im Londoner South Kensington Museum.

1878
Publikation *Mykenae.*

1878/79
Vierte und fünfte Grabungskampagne in Troja (1879 mit Rudolf Virchow).

1880/81
Erste Grabung in Orchomenos.

1881
Schenkung der Sammlung Trojanischer Altertümer nach Deutschland.
Publikationen: *Ilios. Stadt und Land der Trojaner, Reise in der Troas* und *Orchomenos.*

1882
Sechste Grabungskampagne in Troja, erstmals mit Wilhelm Dörpfeld.

1884
Publikation *Troja. Ergebnisse meiner neuesten Ausgrabungen.*

1884/85
Grabung in Tiryns, zusammen mit Wilhelm Dörpfeld.

1886
Publikation *Tiryns.* Zweite Grabung in Orchomenos.

1886/87
Erste Ägyptenreise.

1888
Grabung in Alexandria und zweite Ägyptenreise, zusammen mit Rudolf Virchow.

1889
Erste Troja-Konferenz.

1890
Siebte Grabungskampagne in Troja und zweite Troja-Konferenz.
November: Ohrenoperation in Halle.
26. Dezember: Schliemann stirbt in Neapel.

1891
Publikation *Bericht über meine Ausgrabungen in Troja im Jahr 1890* erscheint postum.

»VEREHRTER FREUND, IHR LIEBER BRIEF ERREGTE GROSSE FREUDE ...«

(SCHLIEMANN AN RUDOLF VIRCHOW, 6. JULI 1879)

DER SCHRIFTLICHE NACHLASS HEINRICH SCHLIEMANNS IN DEUTSCHEN UND INTERNATIONALEN ARCHIVEN

PHILIP KARDEL

Heinrich Schliemann war ein leidenschaftlicher Briefeschreiber. Weit über 20000 Briefe, Telegramme und Postkarten aus seiner Hand sind im Original oder als Kopie erhalten. 18 Reise- und Grabungstagebücher, zahlreiche Manuskripte und unzählige Notizen kommen hinzu. Ebenfalls in die Zehntausende gehen die Briefe an Schliemann. Über wenige Persönlichkeiten des 19. Jahrhunderts sind wir durch eigene und fremde schriftliche Äußerungen so gut unterrichtet wie über Heinrich Schliemann. Die Briefe dokumentieren sein wechselvolles Leben als Geschäftsmann, Weltreisender und Forscher zwischen Mecklenburg und Griechenland, Russland und den USA.

Seitdem sich Schliemann 1864 aus dem aktiven Geschäftsleben zurückgezogen hatte, waren es vor allem seine wissenschaftlichen Aktivitäten, die Ausgrabungen, Buchprojekte sowie seine archäologischen Sammlungen, die die Briefwechsel bestimmten. In ihnen zeigt sich zugleich, wie gut Schliemann vernetzt war. Seine Briefpartner waren nicht nur die Vertreter der preußischen Kulturverwaltung, wie der Generaldirektor der Berliner Museen Richard Schöne oder Albert Voß, der Direktor der vorgeschichtlichen Abteilung des Museums für Völkerkunde. Schliemann korrespondierte auch mit zahlreichen Wissenschaftlern im In- und Ausland. Genannt seien hier der Mediziner und Prähistoriker Rudolf Virchow, der französische Indologe und Altphilologe Émile Burnouf oder der Religionswissenschaftler Max Müller. Schließlich stand Schliemann auch mit Persönlichkeiten wie dem Fürsten Otto von Bismarck oder dem preußischen Kronprinzen Friedrich Wilhelm, dem späteren Kaiser Friedrich III., in brieflichem Kontakt.

Hinzu kommt, dass Schliemann nicht nur die an ihn adressierten Briefe aufbewahrte, sondern auch die eigenen Briefe zumindest teilweise kopierte. Als Schliemann 1890 starb, hinterließ er seiner Frau Sophia und den gemeinsamen Kindern Agamemnon Schliemann und Andromache Melas auf diese Weise ein gewaltiges Konvolut von vermutlich etwa 60000 Briefen. Seine Erben bewahrten diesen Schatz. Erst 1936 übergaben sie den größten Teil des Nachlasses der Gennadius-Bibliothek an der American School of Classical Studies – einer der wichtigsten Forschungseinrichtungen zur griechisch-römischen Antike in Athen Abb. 2. Die Bibliothek besaß bereits seit 1926 Schliemanns Briefwechsel mit Frank Calvert, seinem Vordenker und Unterstützer in Troja. Die Schliemann-Melas-Familie behielt sich jedoch noch bis 1962 das alleinige Zugriffsrecht auf die Korrespondenz vor. Erst zu diesem Zeitpunkt ging das Konvolut für 15000 Dollar in das Eigentum der American School über.

Abb. 1 Archivregal mit dem Schliemannnachlass in der Gennadius-Bibliothek, vermutlich 1930er Jahre
1936 wurden die Briefe, Tagebücher und Briefkopien Schliemanns aus dem Haus von Andromache Melas, der Tochter von Heinrich und Sophia Schliemann in die Gennadius-Bibliothek gebracht. Die Eigentumsrechte blieben jedoch bis 1962 bei den Schliemann-Erben.

Abb. 2 Ansicht der Gennadius-Bibliothek in Athen, vermutlich 1930er Jahre

Bis dahin war es insbesondere dem Neustrelitzer Schliemannforscher Ernst Meyer vorbehalten, die Korrespondenz zu studieren Abb. 3. Meyer war Lehrer am Gymnasium Carolinum in Neustrelitz, das auch Schliemann kurz besucht hatte. Mit der Neuauflage von Schliemanns *Selbstbiographie* 1930/31 empfahl er sich den Schliemann-Erben als bedingungsloser Schliemann-Verehrer. Er erhielt exklusiven Zugang zu den Briefen und konnte 1936 erstmals 233 Schliemannbriefe veröffentlichen. In zwei weiteren Bänden 1953 und 1958 legte er noch einmal 640 Briefe vor. Meyer publizierte die Briefe jedoch oft nur in Auszügen und blieb weitestgehend unkritisch gegenüber Schliemann. Zudem entnahm er während der deutschen Besatzung Athens mehrere Hundert Briefe aus der Gennadius-Bibliothek und brachte sie nach Deutschland. Der Großteil dieser Autografen ging vermutlich 1945 am Auslagerungsort im Bunker in Schwerin Paulshöhe verloren. Lediglich ein Konvolut mit 75 Briefen Schliemanns an Max Müller tauchte 1958 in einem West-Berliner Antiquariat wieder auf und wurde von den Müller-Erben an die Gennadius-Bibliothek gegeben. Trotz aller berechtigter Kritik an Meyer sind seine Briefeditionen nach wie vor unverzichtbare Hilfsmittel der Schliemannforschung.

1966 konnte die Gennadius-Bibliothek noch einmal mehrere Hundert Briefe Heinrich und Sophia Schliemanns sowie ihrer Korrespondenzpartner von der Melas-Schliemann-Familie erwerben. Insgesamt befinden sich dort heute etwa 34 000 Briefe, Telegramme und Postkarten an Schliemann sowie Kopien von über 21 000 Briefen Schliemanns, ferner 18 Reise- und Grabungstagebücher, Manuskripte, Notizen, Personaldokumente und vieles mehr. Insgesamt nimmt der Schliemann-Nachlass in der Gennadius-Bibliothek etwa 14,5 laufende Regalmeter ein Abb. 1. Die eingehende Korrespondenz sowie die Tagebücher wurden mikroverfilmt und durch einen Kartenkatalog sowie eine Datenbank erschlossen. Auch die Digitalisierung der Bestände schreitet voran.

Der größte Bestand an originalen Schliemannbriefen außerhalb der Gennadius-Bibliothek befindet sich vermutlich am Leipziger Standort des Sächsischen Staatsarchivs. Hier hat sich das Geschäftsarchiv des Verlages F. A. Brockhaus erhalten. Schliemann veröffentlichte alle seine wichtigen Publikationen beginnend 1874 mit den *Trojanischen Altertümern* bei Brockhaus in Leipzig. Mit seinem Verleger Eduard Brockhaus führte er zwischen 1873 bis kurz vor seinem Tod 1890 eine intensive Korrespondenz. Brockhaus verteidigte Schliemann immer wieder vor den Anfeindungen seiner Gegner, veröffentlichte Gegendarstellungen und hatte letztendlich großen Anteil am Erfolg und der weiten Verbreitung von Schliemanns Forschungsergebnissen.

Ernst Meyer nutzte diesen Bestand ebenfalls für seine Briefeditionen Abb. 4. Seit 1929 konnte er das Autorenarchiv des Brockhaus-Verlages einsehen. Jedoch erhielt er

Abb. 3 Ernst Meyer, 1956
Der Altphilologe Ernst Meyer begann 1919 im Schuldienst in Neustrelitz. Seit 1937 war er freigestellt und widmete sich ausschließlich der Schliemannforschung. Seine zweibändige Ausgabe der Briefe Schliemanns ist bis heute wichtige Grundlage für die Schliemannforschung.

Abb. 4 Umschlagbild Ernst Meyer, Briefwechsel, Bd. 1, 1953

nicht für alle Briefe eine Publikationserlaubnis. Insbesondere die Briefe rund um die Fundumstände zum »Schatz des Priamos« blieben unter Verschluss. Nach 1945 galt das Brockhaus-Archiv als Kriegsverlust. Tatsächlich überstand es die Kriegswirren jedoch unbeschadet. Der VEB Brockhaus Leipzig, verstaatlichter Nachfolger von F. A. Brockhaus in der DDR, übergab das Autorenarchiv 1969 an das Staatsarchiv Leipzig. Um die 1000 Briefe, Postkarten, Telegramme und andere Dokumente aus der Hand Schliemanns werden dort heute verwahrt. Gerade in diesem lange unbeachtet gebliebenen Bestand sind auch heute noch neue Erkenntnisse für die Schliemannforschung zu vermuten. Die etwa 400 Antwortbriefe des Verlages an Schliemann werden entsprechend in der Gennadius-Bibliothek aufbewahrt.

Ein weiteres, sehr umfangreiches Konvolut stellt die Korrespondenz Schliemanns mit Rudolf Virchow dar. Schliemann tauschte sich mit zahlreichen Wissenschaftlern aus. Keiner dieser Briefwechsel war jedoch so intensiv und langlebig wie der mit Virchow. Zwischen 1876 und 1890 korrespondierten die beiden insbesondere über Mykene und Troja. Zeitweise entwickelte sich daraus sogar eine persönliche Freundschaft. Es war Virchow, der Schliemann in wichtige wissenschaftliche Kreise einführte und auch Kontakte zu höchsten preußischen Machtkreisen herstellte. 1879 bahnte Virchow die ein Jahr später erfolgte Schenkung der trojanischen Sammlung an das deutsche Volk an. Über 350 eigenhändige Briefe, Postkarten und Telegramme dieses Gedankenaustauschs befinden sich im Archiv der Berlin-Brandenburgischen Akademie der Wissenschaften. 126 Briefe Virchows an Schliemann werden in der Gennadius-Bibliothek verwahrt.

Intensive Briefwechsel führte Heinrich Schliemann auch mit verschiedenen Reichsbehörden wie dem Auswärtigen Amt, der Reichskanzlei und Reichskanzler Otto von Bismarck persönlich. In diesen Briefen ging es insbesondere um die Unterstützung Schliemanns bei der Erlangung von Grabungserlaubnissen im Osmanischen Reich und in Griechenland. Diese Korrespondenzen haben sich im Bundesarchiv in Berlin-Lichterfelde sowie im Politischen Archiv des Auswärtigen Amts erhalten. Im Geheimen Staatsarchiv Preußischer Kulturbesitz wird der Nachlass des Diplomaten Josef Maria von Radowitz verwahrt. Er korrespondierte mit Schliemann in seiner Funktion als Gesandter bzw. Botschafter in Athen und Konstantinopel. Ebenfalls im Geheimen Staatsarchiv befindet sich ein Teil der Korrespondenz mit dem Preußischen Kultusministerium und den Königlichen Museen. Der Hauptteil, auf den noch im Detail einzugehen ist, wird jedoch im Archiv des Museums für Vor- und Frühgeschichte der Staatlichen Museen zu Berlin aufbewahrt.

Hervorgehoben werden muss auch das Heinrich-Schliemann-Museum in Ankershagen. Gemeinsam mit der Heinrich-Schliemann-Gesellschaft wird hier seit 1987 eine Autografen-Sammlung aufgebaut. Beginnend mit einem Bestand von 69 Exemplaren ist die Sammlung mittlerweile erheblich angewachsen. Neben weiteren Originalen besitzt das Museum auch Kopien und Ausdrucke der Mikrofilme der Gennadius-Bibliothek, des Leipziger Brockhaus-Archivs sowie einiger kleiner Bestände. Auch an Transkriptionen ausgewählter Briefwechsel wird in Ankershagen gearbeitet. Hinzu kommt eine Forschungsbibliothek. Neben dem eigentlichen Museum mit seinen Dauer- und Sonderausstellungen hat sich hier somit eine wichtige Schliemann-Forschungsstelle etabliert.

Zusammenhängende Briefwechsel gelangten auch immer wieder in Form von Nachlässen an große und kleinere Archive. So besitzt das British Museum in London mehrere Nachlässe von Korrespondenzpartnern Schliemanns. Darunter befinden sich 31 Briefe an den englischen Politiker und Homer-Forscher William Ewart Gladstone. Das Landeshauptarchiv Schwerin hält Schliemanns Briefwechsel mit seinem Jugendfreund Wilhelm Rust vor. Mit Carl Humann, dem Ausgräber des Pergamon-Altars, korrespondierte Schliemann insbesondere zum Ende seines Lebens. Zehn Briefe dieses Austauschs werden im Archiv des Deutschen Archäologischen Instituts in Berlin verwahrt.

Schon frühzeitig wurden die Briefe Schliemanns auch von Privatpersonen gesammelt und gelangten ebenfalls als Nachlässe oder Schenkungen in die Archive. Eine der umfangreichsten Sammlungen dieser Art ist sicherlich die des Chemikers Ludwig Darmstaedter, die an die Berliner Staatsbibliothek gegeben wurde. In ihr befinden sich allein 14 Schliemannbriefe. Kaum ein größeres Archiv im deutschsprachigen Raum, das auf diese Weise nicht zumindest einzelne Handschriften besitzt. Auch darüber hinaus verwahren weltweit zahlreiche Einrichtungen Schliemann-Autografen: von der Indiana State Library in den USA bis hin zum Sankokan Universitätsmuseum im japanischen Tenri.

DIE SCHLIEMANNBRIEFE IM ARCHIV DES MUSEUMS FÜR VOR- UND FRÜHGESCHICHTE

Ein besonderer Bestand mit Schliemann-Autografen wird im Museum für Vor- und Frühgeschichte der Staatlichen Museen zu Berlin verwahrt Abb. 5. Er zeichnet sich weniger durch seine absolute Größe aus – es handelt sich um etwa 120 Briefe, davon ca. 30 nicht oder kaum lesbar. Vielmehr ist es die Geschlossenheit, die diesen Bestand kennzeichnet. Zudem hat sich die Korrespondenz, anders als in fast allen anderen Fällen, am Ort ihrer ursprünglichen Entstehung erhalten. Sie sind hier Teil der Verwaltungsakten. Die Briefe stehen dadurch nicht nur in unmittelbarer Beziehung zum Gegenstand ihres Inhalts, den Objekten der Schliemannschen Sammlung, sondern auch zu zahlreichen weiteren Dokumenten.

1880 schenkte Heinrich Schliemann seine Sammlung trojanischer Altertümer dem »deutschen Volke zum ewigen Besitze und ungetrennter Aufbewahrung«. Dem war eine mehrjährige Suche nach einem würdigen Aufbewahrungsort vorausgegangen. Versuche, die Sammlung an eines der großen Museen Europas nach Paris, London, Neapel oder St. Petersburg zu geben, hatten sich immer wieder zerschlagen. Schließlich erhielt Schliemann die Möglichkeit, die trojanischen Funde im South Kensington Museum, dem heutigen Victoria & Albert Museum in London auszustellen. Eine Schenkung oder einen Verkauf an das Deutsche Reich hatte er immer wieder ausgeschlossen. Schliemann fühlte sich durch die Missachtung seiner wissenschaftlichen Leistungen durch deutsche Wissenschaftler zutiefst gekränkt. Am Ende war es Rudolf Virchow, der 1879 das Eis brach und eine Schenkung an das Deutsche Reich bzw. die Übertragung an die Königlichen Museen anbahnte. Auch der ausgleichende Charakter Richard Schönes, des Generaldirektors der Museen, war hier sicherlich hilfreich. In etwa 120 erhaltenen Schreiben korrespondierte Schliemann zwischen 1879 und 1890 mit ihm und anderen Berliner Museumsbeamten über die Modalitäten dieser Schenkung Abb. 7, 8. Korrespondenzpartner waren neben Schöne insbesondere der Direktor des Völkerkundemuseums Adolf Bastian sowie Albert Voß als Leiter der Prähistorischen Abteilung.

Schliemann stimmte sich mit ihnen nicht nur über den Versand der Objekte und deren Aufstellung in den Räumen des Kunstgewerbemuseums sowie ab 1885 im Neubau des Völkerkundemuseums ab. Immer wieder bat er Schöne um Vermittlung bei der Erteilung von Grabungserlaubnissen durch die Regierung des Osmanischen Reiches. Auch die Verleihung von Orden an ihn und an Dritte regte Schliemann über Schöne an. Ausführlich hielt er den Generaldirektor der Berliner Museen über den Fortgang der Ausgrabungen und Fundteilungen in Troja und an anderen Orten auf dem Laufenden. Selbst über seine Methoden,

Abb. 5 Kompaktanlage im Archiv des Museums für Vor- und Frühgeschichte

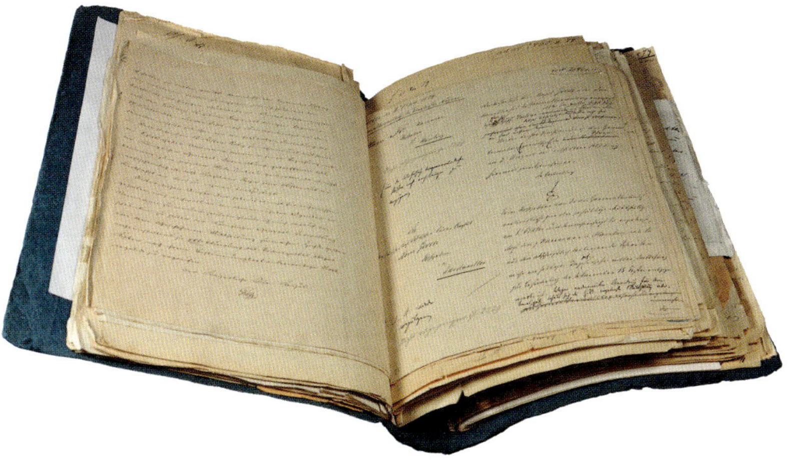

Abb. 6 Erwerbungsakte der Schliemannsammlung

Objekte außer Landes zu schmuggeln, berichtete er Schöne freimütig Abb. 9. Die Briefe wurden mit den anderen Dokumenten, die insgesamt für den Erwerb und die Verwaltung der Schliemann'schen Sammlung von Bedeutung waren, darunter auch einige Briefe Virchows, zu zwei Aktenbänden zusammengefasst. Die Antwortschreiben der Museumsbeamten an Schliemann befinden sich heute entsprechend in der Gennadius-Bibliothek.

Die Erwerbungsgeschichte der Schliemannsammlung ist mit dem Tod Schliemanns 1890 jedoch nicht abgeschlossen. Zahlreiche Objekte waren in Schliemanns Athener Haus verblieben. Sie wurden ebenso wie die Funde aus der Troja-Grabung Wilhelm Dörpfelds von 1893/94 in die Sammlung eingegliedert. Schließlich sonderte man in den Folgejahren zahlreiche gleichartige, als weniger wertvoll erachtete Objekte, sogenannte Dubletten, aus der Sammlung aus und gab sie an andere deutsche Museen und Universitätssammlungen ab. Die Erwerbungsakten zur Schliemannsammlung wuchsen auf diese Weise bis 1939 auf acht Bände an Abb. 6.

Die Überlieferungsgeschichte dieser acht Aktenbände verlief dabei ähnlich abenteuerlich wie die der Sammlungsobjekte selbst: Zum Ende des Zweiten Weltkrieges wurden sie 1944 in den Flakturm am Berliner Zoologischen Garten ausgelagert. Über den Keller des Berliner Stadtschlosses gelangten die Akten in die Saline Schönebeck bei Magdeburg, von wo sie 1945 in die Sammelstelle für Kunstgut in der britischen Besatzungszone verbracht wurden, dem Central Collecting Point im Schloss Celle. Von dort wurden die Akten 1951 an das Westberliner Museum für Vor- und Frühgeschichte zurückgegeben. Um die originalen Briefe Schliemanns zu schonen, wurden sie in den 1980er Jahren den Akten entnommen und durch fotografische Reproduktionen ersetzt.

Mindestens 30 Schreiben Schliemanns waren jedoch niemals in die Museumsakten gelangt. Sie verblieben vermutlich in der persönlichen Ablage von Adolf Bastian. Während des Krieges wurden diese Briefe zusammen mit anderem Schriftgut, Keramikbeständen sowie der Fotosammlung in die Außenstelle des Museums im brandenburgischen Lebus an der Oder ausgelagert. Die Forschungsstelle wurde 1945 zerstört und die Briefe waren danach über Jahre Vandalismus und Witterung ausgesetzt. Sie wurden 1948 von Gertrud Dorka, der ersten Nachkriegsdirektorin des Museums, geborgen und lagerten noch bis 1986 in den Kellern der Ostberliner Akademie der Wissenschaften. Erst 1993, im mittlerweile wiedervereinigten Museum, gelang es, die verklebten Blätter konservatorisch zu sichern. Ihr Inhalt ist in den meisten Fällen jedoch nur noch fragmentarisch lesbar.

Erstmals publiziert wurden einige der an Schöne gerichteten Briefe von Ernst Meyer in seiner Briefedition von 1936. Weitere Briefe folgten 1958. Die Korrespondenz in ihrer Gesamtheit erschloss später Gustav Mahr, zwischen 1967 und 1985 Kustos am Museum für Vor- und Frühgeschichte. Insbesondere für die Vorbereitung der 1981/82 gezeigten Ausstellung *Troja – Heinrich Schliemanns Ausgrabungen und Funde* zum 100-jährigen Jubiläum der

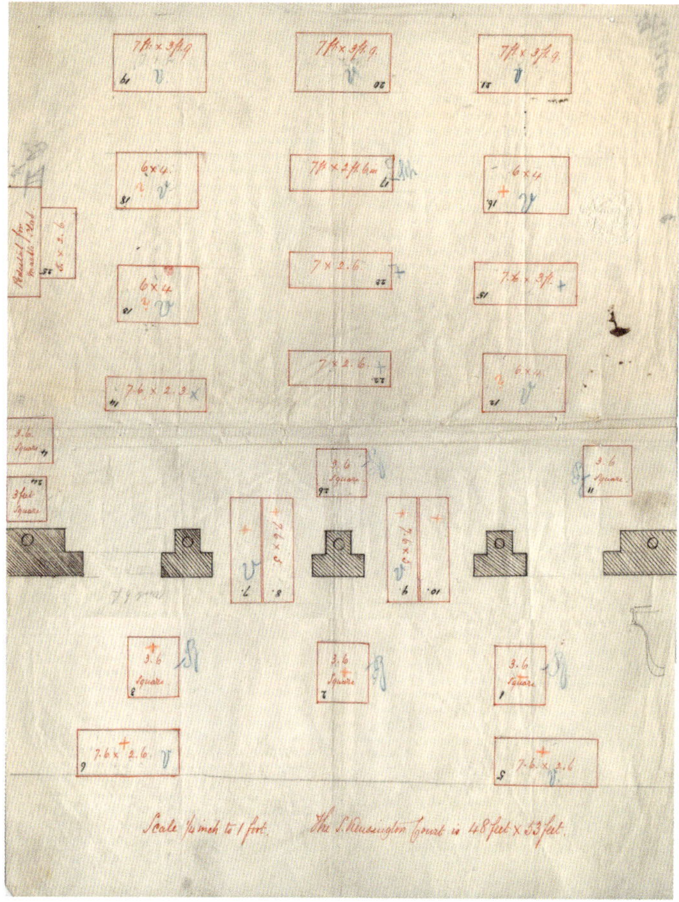

Abb. 7, 8 Brief Schliemanns an Schöne vom 30. Dezember 1880 mit dem Plan der Ausstellung im South Kensington Museum
In Vorbereitung der Präsentation seiner trojanischen Sammlung in Berlin übersandte Schliemann den Vitrinenplan der Ausstellung im South Kensington Museum an Schöne.

Schliemann'schen Schenkung setzte er sich intensiv mit den Briefen auseinander. Er fertigte Reinschriften an und stellte sie in ihren inhaltlichen wie zeitlichen Zusammenhang. Dies mündete schließlich 1993 in der Publikation der am Museum aufbewahrten Schliemannbriefe im Band 7 der Berliner Beiträge zur Vor- und Frühgeschichte. Lediglich die Lebuser Brieffragmente konnten hier nicht mehr berücksichtigt werden.

Neben den Briefen Schliemanns und den acht Erwerbungsakten, aus deren Zusammenhang sie stammen, befinden sich im Archiv des Museums für Vor- und Frühgeschichte weitere Bestände, die sich unmittelbar auf Schliemann und seine trojanischen Funde beziehen. So wird hier die weitestgehend erhaltene historische Dokumentation der Sammlung aufbewahrt. Seit 1882 inventarisierten Arthur Milchhoefer, Otto Rossbach sowie insbesondere Hubert Schmidt die auf mehr als 10 000 Objekte angewachsene Troja-Sammlung. Der gedruckte Katalog Schmidts erschien 1902. Auch der wissenschaftliche Nachlass von Gustav Mahr befindet sich im Archiv. Er enthält Transkriptionen von Schliemannbriefen, Vorarbeiten und Materialsammlungen für die Veröffentlichungen Mahrs sowie Publikationen und Presseartikel zum Themenkreis um Schliemann und Troja. Auch ein kleiner Teilnachlass von Ernst Meyer gelangte durch die Initiative Mahrs an das Archiv. Er enthält zahlreiche Fotografien mit Bezug zu Schliemann sowie das Tagebuch Ludwig Buschkiels. Der klassische Archäologe schildert darin seine Begegnungen mit Schliemann, den er im Rahmen seines Reisestipendiums des Deutschen Archäologischen Instituts 1882 mehrfach in Athen traf. Das Archiv verwahrt außerdem die Dokumentationen mehrerer Ausstellungen über Schliemann und Troja ferner Filme sowie weitere Fotos und Publikationen zum Thema. Auch einige Kunstobjekte mit Bezug zum Leben Schliemanns befinden sich hier, allen voran das berühmte Schliemanngemälde von Sidney Hodges von 1877.

Die am Museum für Vor- und Frühgeschichte aufbewahrte originale Korrespondenz Schliemanns ist also durchaus kein isolierter Bestand. Die Äußerungen Schliemanns und seiner Zeitgenossen, wie sie uns in den Briefen und anderen Dokumenten entgegentreten, sind hier vielmehr durch ein einzigartiges Beziehungsgeflecht mit den Objekten der trojanischen Sammlung, den Ergebnissen ihrer wissenschaftlichen Erforschung sowie der allgemeinen öffentlichen Wahrnehmung der Sammlung im Verlauf von 150 Jahren verbunden.

EXKURS: KOPIERBÜCHER UND KOPIERMASCHINEN

Der Briefeschreiber des 19. Jahrhunderts behielt die Übersicht über seine Korrespondenzen oft mit Hilfe von Kopierbüchern: Bevor ein Brief abgeschickt wurde, schrieb man ihn in ein Kopier- oder Briefkopiebuch ab. Im Geschäftsleben waren solche Kopierbücher unerlässlich. Das Verfahren war freilich aufwendig. Berühmte Briefeschreiber, wie etwa der Fürst Pückler im sächsischen Muskau, bedienten sich daher bereits im frühen 19. Jahrhundert sogenannter Kopiermaschinen. Hierzu wurde der Brieftext entweder mit Hilfe von Kohlepapier direkt beim Schreiben oder mittels einer Spezialtinte kopiert, die mehrere Abklatsche erlaubte. Der Verfasser des Briefes drückte dazu einfach ein leeres, leicht angefeuchtetes Blatt Seidenpapier auf das fertige Schriftstück oder nahm eine besondere Kopierpresse zu Hilfe. Die Tinte drückte sich beim Pressen bis auf die Oberseite des Seidenpapiers durch und wurde dadurch seitenrichtig lesbar. Auf diese Weise ließen sich bis zu 20 Kopien gewinnen. Auch Schliemann nutzte dieses Verfahren. Allerdings wandte er es offenbar eher nachlässig an. Zwar haben sich über 20 000 Briefkopien zu Büchern zusammengeklebt erhalten – sie sind jedoch in den meisten Fällen nur sehr mühsam oder gar nicht lesbar. Verstarb ein Briefpartner, war es zudem nicht unüblich, die eigenen originalen Briefe von den Erben zurückzufordern. Auf diese Weise finden sich etwa im Nachlass von Rudolf Virchow zahlreiche eigene Briefe an Schliemann. Vermutlich hatte Sophia Schliemann ihm diese nach dem Tod ihres Mannes übergeben. Gerade bei prominenten Korrespondenzpartnern war dies gängige Praxis.

Abb. 9 Brief Schliemanns an Schöne vom 7. Oktober 1884
Schliemann schrieb Schöne regelmäßig auf Altgriechisch. Schöne antwortete jedoch stets auf Deutsch. Neben der Ankündigung seines Besuchs in Berlin empfiehlt er Schöne hier einen täglichen dreistündigen Spaziergang zum Erhalt seiner Gesundheit.

Ausgewählte Literatur:

Stefanie A. H. Kennell, Schliemann and his papers. A tale from the Gennadeion Archives, Hesperia 76 (2007), 785–817.

Geraldine Saherwala / Klaus Goldmann / Gustav Mahr, Heinrich Schliemanns »Sammlung trojanischer Alterthümer«. Beiträge zur Chronik einer großen Erwerbung der Berliner Museen. Berliner Beiträge zur Vor- und Frühgeschichte Neue Folge Band 7, 1993.

Joachim Herrmann u. a., Die Korrespondenz zwischen Heinrich Schliemann und Rudolf Virchow: 1876–1890 (Berlin 1990).

Donald F. Easton, The Schliemann Papers, Annual of the British School at Athens 77 (1982), 93–110.

Ernst Meyer (Hg.), Briefwechsel. Heinrich Schliemann. Aus dem Nachlass in Auswahl, 2 Bde. (Berlin 1953–1958).

Ernst Meyer (Hg.), Briefe von Heinrich Schliemann (Berlin 1936).

ALLER ANFANG

Abb. 1 Luftbild des Museumsgeländes in Ankershagen

KINDHEIT UND JUGEND IN MECKLENBURG

REINHARD WITTE

Am Dreikönigstag, dem ersten Sonntag im Jahre 1822, wurde in dem zwischen Rostock und Wismar gelegenen kleinen mecklenburgischen Städtchen Neubukow ein Kind geboren, das 50 Jahre später und als mittlerweile steinreicher Mann die Blätter der Weltpresse füllte **Abb. 2**. Sein Name ist Johann Ludwig Heinrich Julius Schliemann. Er war das fünfte Kind des evangelischen Pastors Ernst Schliemann und seiner Frau Louise Therese Sophia Schliemann, geb. Bürger. In Neubukow lebten zu dieser Zeit rund 1800 Einwohner in 152 Häusern. Das Geburtshaus soll sich damals schon in einem sehr bedauernswerten Zustand befunden haben. Es wurde noch zu Lebzeiten des inzwischen berühmten Kaufmanns und Forschers im Jahre 1881 abgerissen.

Keine drei Monate nach Schliemanns Geburt starb der erste Sohn der Familie, der denselben Rufnamen Heinrich hatte. Dieses Faktum soll jenen belastet haben. In der biografischen Forschung ist der Begriff des »wiedergeborenen Heinrichs« eingeführt. Dass Schliemann deshalb später einen besonderen Arbeitseifer an den Tag legte und in der Erde nach dem Vergangenen suchte, um zu zeigen, dass er der lebendige und nicht der tote Bruder sei, ist eine unbewiesene Hypothese der Psychologie. Auch seine Sprachenleidenschaft soll ihre Ursache in dieser Konstellation haben, denn, so sagte er selbst einmal: Jede neue Sprache ist ein neues Leben.

Pastor Schliemann war mit seiner Arbeit und seinen finanziellen Verhältnissen in Neubukow wohl nicht zufrieden, sodass er sich bald nach einem anderen, besser dotierten Wirkungskreis umsah. So kam es, dass Heinrich 1823 mit eineinhalb Jahren seinen Geburtsort verlassen musste. Er sah ihn nur bei Besuchen in den Jahren 1841 und 1883 wieder. An der Stelle, wo das Geburtshaus stand, wurde ein mehrstöckiges neugotisches Gebäude errichtet, an dem seit 1929 eine Gedenktafel zu sehen ist, die auf seinen bekannten Bewohner hinweist. Seit 1972 befindet sich in dem kleinen Städtchen zudem eine Schliemann-Gedenkstätte. Im gleichen Jahr ging durch einen Vortrag des amerikanischen Professors für Altphilologie, William Calder III, im Neubukower Pfarrhaus ein starker Impuls für die moderne Schliemannforschung aus. Von da an wurden Schliemanns Schilderungen seines Lebens in seinen autobiografischen Schriften und zahllosen Briefen viel kritischer als zuvor hinterfragt, oft auch in übertriebener Weise.

Doch zurück in das Jahr 1823. In Ankershagen, einem Dorf im gleichen Großherzogtum Mecklenburg-Schwerin zwischen Waren, Neustrelitz und Neubrandenburg gelegen, war im März 1822 der Pastor gestorben. Auf die vakante Stelle bewarben sich im Mai drei Anwärter, darunter Vater Ernst Schliemann. Er erhielt nach der Probepredigt 150 der 153 abgegebenen Stimmen. Es ist bekannt, dass dieses überraschende Wahlergebnis nicht nur auf die gute Rhetorik und große Überzeugungskraft des Kandidaten, sondern

Abb. 2 Geburtshaus in Neubukow (links)

auch auf eine kleine Bestechung zurückzuführen ist. Der in ständigen Geldnöten befindliche Pastor wollte unbedingt diese Pfarrstelle, eine der mit ihren jährlichen Einkünften von ca. 1200 Reichstalern reichsten im Lande, haben. Die Familie zog von Neubukow nach Ankershagen und am 8. Juni 1823 hielt Vater Schliemann seine Antrittspredigt in der Ankershagener Kirche.

Heinrich Schliemanns Selbstbiografie, die er 1880/81 seinem Werk *Ilios. Stadt und Land der Trojaner* voranstellte, beginnt mit den Worten: »Wenn ich dieses Werk mit einer Geschichte des eignen Lebens beginne, so ist es nicht Eitelkeit, die dazu mich veranlasst, wol aber der Wunsch, klar darzulegen, dass die ganze Arbeit meines spätern Lebens durch die Eindrücke meiner frühesten Kindheit bestimmt worden, ja, dass sie die nothwendige Folge derselben gewesen ist; wurden doch, sozusagen, Hacke und Schaufel für die Ausgrabung Trojas und der Königsgräber von Mykenae schon in dem kleinen deutschen Dorfe geschmiedet und geschärft, in dem ich acht Jahre meiner ersten Jugend verbrachte.« Die hervorgehobene Bedeutung des Ortes zeigt sich auch durch die Angabe von Ankershagen als seinem Geburtsort, so z. B. in Reisepässen, seinem ersten amerikanischen Reisetagebuch von 1850/52 oder in einem Brief an den späteren Freund und Wegbegleiter Rudolf Virchow (1821–1902).

Seit 1743 gehörte das Rittergut Ankershagen der Familie von Oertzen. Von 1769 bis 1772 war Johann Heinrich Voß (1751–1826) dort Hauslehrer im Herrenhaus (Schloss) und erlebte die Drangsale der Leibeigenschaft am eigenen Leib. Erst 1820 wurde sie in Mecklenburg aufgehoben. Hier nun verbrachte der kleine Heinrich im in der Mitte des 18. Jahrhunderts erbauten Pfarrhaus eine ihn für sein Leben prägende Zeit. Er selbst wird seine frühe Kindheit oft als glücklich bezeichnen, doch aus Quellen, die ursprünglich nicht für die Öffentlichkeit bestimmt waren, erfahren wir anderes. Doch dazu später.

Heinrich war empfänglich für die üppige Sagenwelt der Gegend. So berichtete Schliemann später von den vielen »Wundern«, die der Ort bot: Im Gartenhaus auf dem Pfarrgrundstück sollte der Geist des verstorbenen Pastors umgehen. Im kleinen Teich hinter dem Garten hauste eine gespenstische Jungfrau, die sich mitternachts mit einer silbernen Schale zeigen sollte, weswegen er auch heute noch das »Silberschälchen« genannt wird. Es gab auch noch ein Hünengrab, in dem der Sage nach ein alter Raubritter sein Lieblingskind in einer goldenen Wiege bestattet haben sollte und vieles andere mehr. Besonders beeindruckt aber war der fantasiebegabte Junge von der Geschichte des Henning von Holstein, eines vormaligen Besitzers des Gutes. Diese historische Person verübte einen Anschlag auf den Herzog zu Güstrow, Albrecht VII. Es kam zum Prozess, in dem Henning freigesprochen wurde. Die Sage hört sich aber ganz anders an: Der Raubritter lud den Herzog mit seinem Gefolge zu Tisch ein und wollte ihn töten. Ein einfacher Kuhhirte verriet jedoch den Plan, und der Herzog kehrte wieder um. Als Henning das erfuhr, ließ er den Verräter in einer großen Pfanne braten und versetzte ihm mit seinem linken Fuß den letzten Todesstoß. Deshalb erhielt er in der Sage den Namen »Henning Bradenkirl«.

Heinrich Schliemann will von solchen mecklenburgischen Sagen damals schon begeistert gewesen sein, und diese Begeisterung habe er mit den Dorfkindern teilen wollen. Aber nicht nur von einheimischen Geschichten war er angetan, sondern bald schon von der griechischen Sagenwelt. Seine Spielkameraden verlachten ihn, bis auf zwei kleine Mädchen, wenn wir Schliemanns Selbstbiografie glauben wollen. Ihre Namen waren Luise und Minna Meincke. Zu Minna erwuchs eine zarte Zuneigung. Sie wollte er später heiraten und mit ihr nach dem Schauplatz des großen Krieges zwischen Griechen und Trojanern suchen. Schliemann schmückte als 60-Jähriger die Beziehung beider zueinander so sehr aus, dass er sich in einem Brief dafür entschuldigte: »Solltest Du finden, dass ich unsere Freundschaft vor 50 Jahren übertrieben habe, so musst Du es nicht übelnehmen und lediglich meiner alten Anhänglichkeit zuschreiben.«

Die frühkindliche Liebesbeziehung zu Minna zählte zu den ersten strittigen Punkten in der modernen Schliemannforschung. Doch ist diese ausgeschmückte Geschichte von geringerer Bedeutung für die Bewertung von Schliemanns Persönlichkeit. Anders sieht es mit jener Erzählung aus, wie er zum Ausgräber Trojas und zum weltberühmten Archäologen wurde. Das hört sich in der Autobiografie so an: »Obgleich mein Vater weder Philologe noch Archäologe war, hatte er ein leidenschaftliches Interesse für die Geschichte des Alterthums; oft erzählte er mir mit warmer Begeisterung von dem tragischen Untergange von Herculanum und Pompeji, und schien denjenigen für den glücklichsten Menschen zu halten, der Mittel und Zeit genug hätte, die Ausgrabungen, die dort vorgenommen wurden, zu besuchen. Oft auch erzählte er mir bewundernd die Thaten der Homerischen Helden und die Ereignisse des Trojanischen Krieges, und stets fand er dann in mir einen eifrigen Verfechter der Sache Trojas. Mit Betrübniss vernahm ich von ihm, dass Troja so gänzlich zerstört worden, dass es

160 Dritter Zeitraum. J. d. W. 2452 — 3231.

Häuser. Unbeschreiblich war die Verwirrung, die Bestürzung, die Betäubung. Von allen Seiten wurde die Luft mit Schreien, mit Geheul und Wehklagen erfüllt. Die Mütter suchten ihre Kinder, die Kinder ihre Mütter; und wen fanden sie? unbarmherzige Krieger, die sie alle niedermetzelten, und bei denen keine Gnade zu erflehen war. Erst in einer bessern Welt sollten sich die Geliebten wieder sehen.

Der alte Priam, mit seinen Söhnen, wurde im Tempel, an dem Altare seiner Götter, getödtet; seine Gattin, seine Töchter, und Hectors Wittwe, Andromache, wurden als Sclavinnen fortgeschleppt. Helena aber, dieses heillose Weib, das die Veranlassung zum Kriege gewesen war, blieb am Leben, und kehrte mit ihrem gar zu genügsamen Menelaus wieder nach Sparta zurück.

Nur wenige und kleine Haufen Trojaner retteten sich bei der allgemeinen Verwirrung auf ihre Schiffe. Unter ihnen war auch der trojanische Fürst Aeneas, der, von seinen Freunden begleitet, den alten Vater Anchises auf dem Rücken forttrug, und sein Söhnchen Ascanius, an der Hand neben sich herführte. Er landete mit seiner kleinen Flotte, nach manchen Abentheuern, an der Küste von Italien, wo er sich niederließ, und statt seiner umgekommenen Gattin Creusa, sich mit einer Tochter des Landes vermählte.

Das ganze Histörchen von dem hölzernen Pferde scheint eine Fabel zu seyn. Wahrscheinlich aber wurde die Stadt Troja durch einen Überfall, und durch Verrätherei erobert. Ihre völlige Zerstörung ist nur allzugewiß.

Rückkehr der Griechen. (2800.)

Als die Griechen auf solche Art ihr Müthchen mit dem Blut der unglücklichen Trojaner gekühlt hatten, machten sie

Abb. 3 Weltgeschichte für Kinder

ohne eine Spur zu hinterlassen vom Erdboden verschwunden sei. Aber als er mir, dem damals beinahe achtjährigen Knaben, zum Weihnachtsfeste 1829 Dr. Georg Ludwig Jerrer's ›Weltgeschichte für Kinder‹ schenkte, und ich in dem Buche eine Abbildung des brennenden Troja fand, mit seinen ungeheuern Mauern und dem Skaiischen Thore, dem fliehenden Aineas, der den Vater Anchises auf dem Rücken trägt und den kleinen Askanios an der Hand führt **Abb. 3**, da rief ich voller Freude: ›Vater, du hast dich geirrt! Jerrer muss Troja gesehen haben, er hätte es ja sonst hier nicht abbilden können.‹ ›Mein Sohn‹, antwortete er, ›das ist nur ein erfundenes Bild.‹ Aber auf meine Frage, ob denn das alte Troja einst wirklich so starke Mauern gehabt habe, wie sie auf jenem Bild dargestellt waren, bejahte er dies. ›Vater‹, sagte ich darauf, ›wenn solche Mauern einmal dagewesen sind, so können sie nicht ganz vernichtet sein, sondern sind wol unter dem Staub und Schutt von Jahrhunderten verborgen.‹ Nun behauptete er wol das Gegentheil, aber ich blieb fest bei meiner Ansicht, und endlich kamen wir überein, dass ich dereinst Troja ausgraben sollte.«

Die meisten Biografen übernahmen Schliemanns »Weihnachtserzählung« ungeprüft. In der Forschung ist der »Traum von Troja« schon lange ad acta gelegt. Er lässt sich in Schliemanns gewaltigem schriftlichen Nachlass nicht beweisen. Erst 1875 wird die Geschichte in einem Brief an den mecklenburgischen Gymnasiallehrer und Museumsmann Friedrich Schlie (1839–1902) erstmalig erwähnt. Wann genau und warum der Kaufmann Heinrich Schliemann auf die Idee kam, nach dem homerischen Troja zu suchen, ist in der Forschung umstritten.

Die erste schulische Ausbildung erhielt Schliemann wohl in der einklassigen Schule des Ortes in Lesen, Schreiben, Rechnen, Singen und Religion. Sicher unterrichtete ihn auch der Vater und las aus *Ilias* und *Odyssee* in der Übersetzung von Voß vor. Im Archiv des Schliemann-Museums in Ankershagen befindet sich ein »Verzeichniß der Stunden im Schliemannschen Hause« vom 20. Juni 1825. Da werden noch zusätzliche Fächer aufgezählt wie Geografie, Französisch, Handarbeit, Natur- und Weltgeschichte. Inwieweit der Junge damit später in Berührung kam und wer unterrichtete, ist unbekannt.

Mittlerweile hatte die Familie weiteren Nachwuchs bekommen: zwei Söhne (der eine starb bald nach seiner Geburt) und eine Tochter. Die Leidenschaft von Pastor Schliemann zu Frauen und zum Alkohol belastete das Zusammenleben der kinderreichen Familie und auch das Gemüt des kleinen Heinrich.

Und dann brach das Jahr 1831 an. Ein fürchterliches Jahr für den noch nicht einmal zehn Jahre alten Jungen! Begonnen hatte es mit einem freudigen Ereignis. Am 13. Januar brachte Mutter Louise ihr neuntes und letztes Kind zur Welt, ein weiteres Brüderchen. Zwei Monate später, am 22. März war sie tot. Es heißt, die noch nicht ganz 38-jährige Frau starb am Kindbettfieber, aber wohl eher noch an allgemeiner Entkräftung und Kummer. Ihr Ehemann hatte im Herbst 1829 eine neue Magd, Sophia Schwarz, in den Dienst genommen und mit ihr eine Beziehung begonnen. Louise, der das Treiben zu bunt wurde, und weil das ganze Dorf über das außereheliche Verhältnis seines Seelsorgers tuschelte, entließ die Frau. Danach machte der Pastor seiner Frau das Leben zur Hölle. Nach ihrem Tod heuchelte er tiefste Betrübnis. Im Nachlass Heinrich Schliemanns findet sich auch ein italienisches Sprachübungsheft aus den Jahren 1858 bis 1862, in dem er die Verhältnisse in Ankershagen und den Charakter seines Vaters in drastischer Weise beschreibt. Er sei ein liederlicher Mensch, ein Wüstling und Ehebrecher gewesen, der seine Ehefrau misshandelte. Also doch keine glückliche Kindheit in Ankershagen?

Bald weigerten sich die Dorfbewohner, die Predigt bei einem solchen Pastor zu hören. Die Kirche blieb leer, vor dem Pfarrhaus entstand Tumult. Eltern von Nachbarskindern verboten ihrem Nachwuchs, mit den Pfarrerskindern zu spielen, so auch die Familie Meincke. Damit seine Kinder diese furchtbaren Szenen nicht mehr miterleben mussten, schickte Vater Ernst sie zu Verwandten. Der kleine Heinrich kam Anfang 1832 zu einem Onkel nach Kalkhorst im Klützer Winkel.

Pastor Ernst Schliemann wurde im gleichen Jahr vom Großherzog von Mecklenburg-Schwerin vom Dienst suspendiert. Der Prozess zog sich aber in die Länge, sodass Vater Schliemann erst im Mai 1838 Ankershagen verließ.

Dreimal besuchte Heinrich Schliemann in späteren Jahren seinen ehemaligen Heimatort. Im Juli 1852 nur für wenige Stunden, im August 1879 für zwei Tage und zuletzt von Mitte Juni bis Mitte Juli 1883 für vier Wochen zusammen mit seiner griechischen Familie. In dieser Zeit intensivierte er noch einmal die Kontakte zu seinen Landsleuten, die er bisweilen auch finanziell unterstützte, wie beispielsweise den alten Tagelöhner Friedrich Suhrweyer, der einst bei seinem Vater Kutscher gewesen war. Und natürlich musste auch Minna für einen Tag dabei sein. Seit 1980 gibt es in Ankershagen ein Heinrich-Schliemann-Museum, das sich zu einem Zentrum der internationalen Forschung entwickelte **Abb. 1**.

In Kalkhorst wurde der heranwachsende Heinrich im Januar 1832 in der Familie des Pastors Friedrich Schliemann und seiner Frau Magdalena sehr herzlich aufgenommen **Abb. 4**. Auch mit deren Kindern vertrug er sich gut. Ein besonderes Verhältnis entwickelte sich zum fünf Jahre älteren Cousin Adolph. Er soll in Schliemann den Wunsch geweckt haben, einmal die altgriechische Sprache zu erlernen. Doch bis dahin sollte es noch ein weiter Weg sein. Zumindest wurde Heinrich hier durch den Hauslehrer Carl Andreß in die lateinische Sprache eingeführt. Schliemann behauptet zwar in der autobiografischen Vorrede zu seinem zweiten Buch *Ithaka, der Peloponnes und Troja* (1869), dass er zu Weihnachten 1832 seinem Vater einen in schlechtem Latein verfassten Aufsatz über die Hauptereignisse des Trojanischen Krieges und die Abenteuer des Odysseus und Agamemnon schenkte. Es ist völlig nichtig, ob dies so stimmt. Jedenfalls diente der Aufenthalt in Kalkhorst auch dazu, Heinrich auf den Besuch einer höheren Schule vorzubereiten. Der Gartenpavillon, in dem er lateinische Vokabeln paukte, ist heute noch im Pfarrgelände zu sehen.

Abb. 4 Onkel Friedrich und Tante Magdalena aus Kalkhorst

Ab Ostern 1833 besuchte Schliemann das Gymnasium in Neustrelitz, ca. 20 Kilometer von seinem Heimatort

Ankershagen entfernt **Abb. 5**. Die Residenzstadt des Großherzogtums Mecklenburg-Strelitz hatte damals rund 6000 Einwohner. Noch im gleichen Jahr musste Heinrich wegen der misslichen finanziellen Lage des Vaters vom teuren Gymnasium in die im gleichen Gebäude befindliche Realschule wechseln. Für den wissbegierigen Jungen zerschlug sich damit die Aussicht auf ein Universitätsstudium. Ein Schulzeugnis ist aus dem Jahre 1835 erhalten. Es enthält die Fächer Religion, Geometrie, Arithmetik, Physik und Chemie, Naturgeschichte, Geografie, Zeichnen, Kalligrafie und Deutsch. Dazu kommen Fremdsprachen, die ja im Leben Schliemanns so wichtig wurden: Englisch (Note »geht an«), Französisch (»zufrieden«) und Latein (»befriedigte nicht; die Übersetzung flüchtig und schwülstig«). Mit seinen Geschichtskenntnissen waren die Lehrer »zufrieden«.

In Neustrelitz wohnte Schliemann zusammen mit dem Bruder von Minna, Ernst Meincke, beim Hofmusikus Karl Ernst Laue. Dort soll es Karfreitag 1836 zu einem zufälligen Wiedersehen mit ihr gekommen sein, das aber für Heinrich entgegen seinen eigenen Schilderungen nicht günstig verlief. Im Alter von 14 Jahren verließ Schliemann die Schule. In die Residenzstadt hatte er in späteren Jahren vor allem brieflichen Kontakt zu seinem Kalkhorster Lateinlehrer und Neustrelitzer Hofbibliothekar Carl Andreß (1808–85) sowie zum Sprachforscher und Lexikografen Daniel Sanders (1819–97), der ein Wörterbuch in Konkurrenz zum *Deutschen Wörterbuch* der Brüder Grimm herausbrachte. Einer seiner engsten Freunde, Wilhelm Rust (1820–1910) war ein bedeutender und sehr reicher Bürger der Stadt. Mit diesem ehemaligen Mitschüler trat Schliemann ab 1868 bis zu seinem Tode in einen umfangreichen Briefwechsel. An der ehemaligen Schule des Troja-Ausgräbers erinnert eine Gedenktafel an den berühmten Schüler.

Abb. 5 Schulgebäude in Neustrelitz (2. v. r.)

Abb. 6 Krämerladen in Fürstenberg (vorn)

Nach Ostern 1836 begann für Schliemann die Lehrzeit als Kaufmannslehrling in einem kleinen Krämerladen in Fürstenberg, der »Materialwarenhandlung« des Herrn Ernst Ludwig Holtz **Abb. 6**. Nach dessen frühem Tod übernahm der fortschrittlich gesinnte Theodor Hückstädt das Geschäft **Abb. 7**. Dieser gewährte einige Jahre später dem auf der Flucht befindlichen 1848er Revolutionär Gottfried Kinkel Unterkunft auf nichtpreußischem Gebiet.

Zwischen Schliemanns Vater und Holtz wurde ein Lehrvertrag geschlossen. Er sah Folgendes vor: 1. Die Lehrzeit dauert von Ostern 1836 bis Ostern 1841. 2. Heinrich Schliemann muss ein Bett mitbringen. 3. Pastor Schliemann verbürgt sich für Treue und Ehrlichkeit seines Sohnes. 4. Heinrich verpflichtet sich zu unbedingtem Gehorsam seinem Lehrherrn gegenüber. 5. Der Lehrling darf kein Geld bei sich tragen. 6. Er darf die Lehrzeit nicht eher beenden. 7. Der Lehrherr sorgt väterlich für gute Ausbildung und gutes Essen für den Lehrling. 8. Heinrich kann nach 5 Jahren weiter bei ihm arbeiten (was dann auch bis Johanni 1841 geschieht). 9. Der Vater muss für den Unterhalt des Sohnes sorgen (Wäsche usw.).

So verkaufte Heinrich fünf Jahre lang Heringe, Butter, Milch, Kaffee, Zucker, Öl und Salz. Von fünf Uhr morgens bis spätabends säuberte er auch den Laden, mahlte Kartoffeln zum Destillieren, um den von der Bevölkerung begehrten Branntwein herzustellen. Eines Tages kam ein betrunkener Müllergeselle, der vom Gymnasium geflogen war, ins Geschäft. »Mit seinem Loose unzufrieden, hatte sich der junge Mann dem Trunke ergeben, der ihn indess nicht den Homer hatte vergessen lassen; denn er sagte uns aus ihm ungefähr hundert Verse mit Beobachtung des Rhythmus her. Obwohl ich kein Wort davon verstand, so machte doch diese klangvolle Sprache einen tiefen Eindruck auf mich, und ich weinte bittere Thränen über mein unglückliches Schicksal. Dreimal liess ich mir diese göttlichen Verse wiederholen, indem ich ihm drei Gläser Branntwein mit den wenigen Pfennigen, die mein ganzes Vermögen ausmachten, bezahlte. Von diesem Augenblick an habe ich nie aufgehört Gott zu bitten, es möchte mir durch seine Gnade gelingen, noch griechisch zu lernen.«

So beschreibt Schliemann die Situation in *Ithaka*. Ausführlicher wird sie 12 Jahre später in *Ilios* geschildert. In einer Fußnote werden sogar die mittlerweile veränderten Lebensverhältnisse des Müllergesellen Hermann Niederhöffer erwähnt. Er brachte es zum Gemeindeschreiber und »Chauseegeld-Einnehmer«. Seine Ehefrau kurierte ihn sogar »von seiner Leidenschaft für geistige Getränke«.

Sicher werden es nicht leichte Jahre für den jungen und gesundheitlich schwachen Heinrich Schliemann in Fürstenberg gewesen sein. Ob aber sein Leben nur aus Arbeit und Mühe bestand, lässt sich durch andere Quellen nicht überprüfen. Zumindest steht fest: Heinrich wollte aus den engen Verhältnissen ausbrechen. Gleich am Ende der Lehrzeit plante er, mit einem Schulfreund auszuwandern ins gelobte Land, nach Amerika. Dort suchten viele Mecklenburger im 19. Jahrhundert ihr Glück. Vater Schliemann verbot es ihm. So blieb der junge Mann vorerst als Geselle in dem kleinen Krämerladen. Da er sich um keine neue Anstellung gekümmert und sogar Arbeitsangebote abgelehnt hatte, war er ab Johanni arbeitslos. Er verließ deshalb Ende Juni Fürstenberg in Richtung Rostock.

Doch davon ist in den autobiografischen Schriften nicht die Rede. Hier geht es dramatisch zu: Durch das Aufheben eines zu schweren Fasses habe er sich noch vor Ende seiner Lehrzeit ein Brustleiden zugezogen. Er spuckte ständig Blut und war zu keiner schweren Arbeit mehr zu gebrauchen. So sei er von Fürstenberg »zu Fuss« (!) nach Hamburg aufgebrochen, was nicht stimmt. Kehren wir deshalb zur Wahrheit zurück.

Im Juli 1841 traf Schliemann in Rostock ein. In Gehlsdorf (damals bei Rostock, 1934 eingemeindet) wohnte mittlerweile sein Vater mit seiner neuen Frau Sophia Behnke. Hier wollte er nicht wohnen. An seine Schwestern Doris und Wilhelmine schrieb Schliemann am 20. Februar 1842 aus Amsterdam einen sehr langen Brief, in dem er auch den

Abb. 7 Lehrherr Theodor Hückstädt

Alltag des Ehepaars schilderte. Schauderhafte Szenen hätten sich in seinem Beisein abgespielt. So nahm er sich bei einem Freund seines Fürstenberger Lehrherrn Hückstädt eine Kammer in der Kleinen Wasserstraße 17. Um seine Gesundheit zu stabilisieren machte er eine Wasserkur in Bentwisch unweit der Hansestadt.

Durch Unterricht im Englischen und vor allem in der doppelten Buchführung versuchte er, seine Chancen eine kaufmännische Anstellung zu bekommen, zu verbessern. Er wählte dafür das Handlungs-Institut von Heinrich Schwanbeck aus, das einen sehr guten Ruf in der Hafenstadt besaß. Stolz berichtete Heinrich in dem Brief an die Schwestern, dass er von frühmorgens bis spätabends die Schwanbeckschen Buchführung studiert habe und schon einige Wochen später damit fertig gewesen sei. Und das zum Erstaunen seiner Lehrer und Mitschüler. Diese Wurzeln seiner merkantilen Kenntnisse, welche die Voraussetzung seiner kaufmännischen Karriere und damit auch für seinen zweiten Lebensabschnitt als erfolgreicher Ausgräber waren, konnte der weltberühmte Mann in der Öffentlichkeit nicht erwähnen, da er ja behauptete, zu Fuß von Fürstenberg gleich nach Hamburg gelangt zu sein.

Am 10. September ließ sich Schliemann von seinem Vater sein mütterliches Erbe auszahlen und machte sich noch am selben Tag mit der Extrapost auf den Weg von Rostock nach Hamburg. Bei einer Zwischenstation in Neubukow besuchte er das Grab des »Erst-Heinrichs«. In Wismar traf er seine Cousine Sophia aus Kalkhorst wieder, die später noch eine Nebenrolle in Schliemanns Leben spielen sollte. Zweimal wurde übernachtet, bevor die Reisegesellschaft am 12. September Hamburg erreichte. Der mecklenburgische Pfarrerssohn war von der Weltstadt begeistert.

Mit Empfehlungsschreiben, die er von seinem Lehrherrn Theodor Hückstädt erhalten hatte, versuchte der arbeitsuchende Schliemann schnell eine Anstellung zu finden. Über zwei Monate blieb er in Hamburg. Zuerst war er im Colonialwaaren-Geschäft en gros & en detail von S. H. Lindemann jr. in Altona beschäftigt. Schon nach drei Tagen harter Arbeit im Speicher gab Schliemann auf. Die zweite Stelle erhielt er in einem gleichartigen Geschäft bei E. L. Deycke jr. Hier gefiel Schliemann die Arbeit im Comptoir. Doch er bekam dafür keine Bezahlung. So verbrauchte er schließlich sein Erspartes und musste sich von einem anderen Onkel Geld borgen. Das war für ihn ein einschneidendes Erlebnis. Der Onkel schickte das Geld zusammen mit einem bitterbösen Brief, worauf Schliemann den Schwur tat, nie mehr einen Verwandten, so schlecht es ihm selber auch gehen mochte, um Unterstützung zu bitten.

Er suchte weiter nach einer besseren Anstellung. An der Börse wurde ihm eine »brillante Stelle« in La Guayra in Venezuela angeboten, die er ohne zu zögern annahm. Von einem Bekannten seiner verstorbenen Mutter, dem Schiffsmakler J. F. Wendt, erhielt er dafür Empfehlungsschreiben. Die Fahrt über den Atlantik war auf der kleinen Brigg »Dorothea« geplant. In seinen autobiografischen Schriften berichtet Schliemann davon, dass er, da mittellos, auf ihr als Kajütenjunge anheuerte. Tatsächlich war er einer von drei Passagieren auf diesem Schiff. Hierin zeigt sich wieder Schliemanns fataler Hang, seine ohnehin schlechten Voraussetzungen für ein erfolgreiches Leben noch schlechter darzustellen, um größere Bewunderung zu erreichen.

Am 23. November 1841 ging Schliemann an Bord der »Dorothea«.

Ausgewählte Literatur:

Wilfried Bölke, »Dein Name ist unsterblich für alle Zeiten.« Das Leben Heinrich Schliemanns im Briefwechsel mit seiner mecklenburgischen Familie (Duisburg 2015) (Hier ist auch der Brief an die Schwestern in voller Länge auf einer CD).

Reinhard Witte, Heinrich Schliemann. Auf der Suche nach Troja (München 2013).

Wilfried Bölke, Heinrich Schliemann. Ein berühmter Mecklenburger (Schwerin 1996).

Mitteilungen aus dem Heinrich-Schliemann-Museum Ankershagen (1987ff.).

William M. Calder III, Schliemann on Schliemann. A study in the use of sources, in: Greek, Roman and Byzantine Studies 13, 1972, 335–353.

Ernst Meyer (Hg.), Heinrich Schliemann. Briefwechsel. Bd. 1 und 2 (Berlin 1953–58).

Heinrich Schliemann, Ilios. Stadt und Land der Trojaner (Leipzig 1881).

Heinrich Schliemann, Ithaka, der Peloponnes und Troja. Archäologische Forschungen (Leipzig 1869).

Dr. Georg Ludwig Jerrer, Weltgeschichte für Kinder. 4. vermehrte Auflage (Nürnberg 1828). (»Dr. Jerrer« ist eines der vielen Pseudonyme des Pädagogen, Jugendschriftstellers und Lexikografen Johann Heinrich Meynier, 1764–1825).

Abb. 1 Vater Ernst Schliemann (1780–1870)

Abb. 2 Familientreffen 1871: (v.l.n.r) stehend Heinrich Schliemann und sein Schwager Wilhelm Kuhse, sitzend seine Schwester Elise Schliemann, seine griechische Ehefrau Sophia Schliemann, seine Schwester Wilhelmine Kuhse (geb. Schliemann)

FAMILIE IN MECKLENBURG – ELTERN UND GESCHWISTER

REINHARD WITTE

Die Familie Schliemann stammt ursprünglich aus dem Gebiet der Schlei (niederdeutsch: Slie oder Schlie). Im 13. oder 14. Jahrhundert soll sie aus Schleswig nach Mecklenburg eingewandert sein. Heinrich Schliemanns Vorfahren waren Bauern, Kaufleute oder Pastoren. Sein Vater *Ernst* Johann Adolph Schliemann (1780–1870) war bereits Sohn eines Pfarrers und wurde in Gresse (Mecklenburg) geboren. 1813 heiratete er die Sternberger Bürgermeistertochter *Louise* Therese Sophie Bürger (1793–1831). Ein Jahr später übernahm der Vater die evangelische Pfarrstelle in Neubukow und im Mai 1823 die in Ankershagen, beide im damaligen Großherzogtum Mecklenburg-Schwerin gelegen.

Aus der Ehe gingen neun Kinder hervor. Die ersten fünf wurden in Neubukow geboren, die anderen in Ankershagen: 1. Johann Joachim *Heinrich* (1815–22). Dieser erste Sohn spielt in der Schliemannforschung eine gewisse Rolle, da er den gleichen Rufnamen wie der Trojaforscher hatte und zwei Monate nach dessen Geburt starb. 2. Karoline Luise *Elise* Auguste (1816–90). Sie blieb unverheiratet. 3. Sophie Friederike Anna *Dorothea* (1818–1912). Sie war mit dem Amtsregistrator J. Petrowsky verheiratet. Die Ehe blieb kinderlos. 4. Friederike Juliane *Wilhelmine* (1819–83), verheiratet mit dem Gymnasiallehrer W. Kuhse. Auch sie hatten keine Kinder. **5. Johann Ludwig *Heinrich* Julius (1822–90)**. 6. Karl Friedrich *Ludwig* Heinrich (1823–50). Er starb unverheiratet während des kalifornischen Goldrauschs. 7. *Franz* Friedrich Helmut Theodor (1825–26). 8. Maria *Louise* Helene (1827–1909). Aus der Ehe mit dem Lehrer und Kantor M. Pechel gingen sieben Kinder hervor. 9. *Paul* Friedrich Ulrich Heinrich (1831–52). Er wurde Gutsaufseher und starb unverheiratet durch Selbstmord. Damit war auch der letzte der vier Brüder Heinrich Schliemanns gestorben. Seine vier Schwestern unterstützte der reiche Mann finanziell.

Vater Ernst Schliemann zog nach dem Tod seiner Frau 1831 und einem Amtsenthebungsverfahren 1838 nach Gehlsdorf (damals bei Rostock) und 1841 nach Westpreußen (Jamielnik und Deutsch-Eylau). Er starb 1870 in Lyck (Ostpreußen). Aus seiner zweiten Ehe mit Sophia Behnke (1814–1902) bekam Heinrich Schliemann noch zwei Halbgeschwister: 1. *Karl* Otto Ferdinand Theodor (1839–42). 2. *Wilhelm* Adolf Christian, gen. Ernst (1841–99); er wurde Weinhändler in Bordeaux, später in Berlin.

DIE ERSTE GROSSE LIEBE? MINNA MEINCKE

REINHARD WITTE

Minna Meincke zählt zu jenen Frauen, von denen wir heute nichts mehr wüssten, wären sie nicht einst von berühmten Männern geliebt worden. So ist es mit der »unsterblichen Geliebten« Beethovens, Gräfin Josephine von Brunswick, oder mit Goethes Altersliebe Ulrike von Levetzow. Minna Meincke war Heinrich Schliemanns »unsterbliche« Jugendfreundin. In seiner dem Werk *Ilios. Stadt und Land der Trojaner* (1880/81) vorangestellten Selbstbiografie berichtet er von seinen Kindheitserlebnissen in Ankershagen. Als 8-Jähriger wollte Heinrich Schliemann auch seine Spielkameraden für die griechische Sagenwelt und vor allem für das homerische Troja begeistern. Dafür wurde er aber verlacht. Nur zwei Mädchen interessierten sich für seine Geschichten und bald gelobten sich die Kinder Minna und Heinrich »ewige Liebe und Treue«. Als Erwachsene würden sie einander heiraten und sich gemeinsam auf die Suche nach dem Schauplatz des großen Krieges zwischen Griechen und Trojanern machen. Dazu kam es nicht. Durch den schlechten Ruf von Schliemanns Vater verloren sich beide aus den Augen. Ein Heiratsantrag des mittlerweile erfolgreichen russischen Kaufmanns Ende 1847 kam zu spät. Erst im Alter kam auf Schliemanns Betreiben ein Briefwechsel zustande und 1883 sahen sie sich in Ankershagen wieder. Über Schliemanns Darstellung ihrer Kinderliebe in seiner Selbstbiografie war Minna nicht begeistert, da war wohl zu viel Fantasie mit im Spiel.

Wer war diese Frau, deren Name in der Forschung und darüber hinaus präsent ist? Johanna Elisabeth Wilhelmine (Minna) Meincke wurde am 13. September 1821 in Klein-Plasten geboren. Sie war die Tochter eines Gutspächters und hatte zwei ältere Geschwister. 1828 übersiedelte die Familie nach Zahren, wo der Vater das ritterschaftliche Gut übernahm. Bald entstanden Kontakte zur wenige Kilometer entfernt lebenden Ankershagener Pfarrersfamilie. Bei den Nachfahren Minnas ging das Gerücht um, dass sie lange auf ein Lebenszeichen Heinrichs gewartet habe. Im für die damalige Zeit für eine Heirat fortgeschrittenen Alter von 26 Jahren ehelichte Minna 1847 den 19 Jahre älteren Landwirt Georg Friedrich Richers (1802-82). Später zog die vermögende Familie nach Friedland bei Neubrandenburg und bewohnte ein ansehnliches Haus am Pferdemarkt. Dort starb Minna Richers hochbetagt am 15. Mai 1910. Sie hatte ihren Jugendfreund um 20 Jahre überlebt.

Heinrich Schliemann schickte Minna ab 1879 Geldüberweisungen, bedachte sie großzügig in seinem Testament und ließ sie fantasiereich auf einem Wandgemälde seines Athener Wohnhauses darstellen.

Abb. 1 Minna Meincke im Jahr 1889

Abb. 2 Brief von Heinrich Schliemann 1879

Ausgewählte Literatur:

Reinhard Witte, Minna Meincke, die »unsterbliche« Jugendfreundin Heinrich Schliemanns. In: In Klios Reich. Russisch-deutscher Sammelband zu historischen Themen (Festschrift für Armin Jähne) (Moskau-Berlin 2011) 452–486.

Wieland Bahlcke, Minna Meincke. Dichtung und Wahrheit, Erinnerung und Legende. Mit den Augen eines Urenkels gesehen (maschinenschriftliches Manuskript aus dem Jahre 1990). Es befindet sich im Archiv des Heinrich-Schliemann-Museums Ankershagen.

79-09-06 Archiv Bahlcke
Heinrich an Minna, Boulogne sur Mer

Liebe Minna
Meine Frau und ich wir sagen Dir u Deinen drei herrlichen Töchtern unseren herzinnigsten Dank für Eure ausgezeichneten Bilder sowie für Deine prachtvollen Schnitzereien.
Wir wollen Dir auch unsere Bilder schicken, können aber für heute nur meiner Frau u des kleinen Agamemnon Photographie beschließen (?); von zwei meiner Schwestern, die die Cur in Kissingen gebrauchen, erwarte ich einige Exemplare meines Bildes, bei deren Ankunft Du sofort eins erhalten sollst. Andromaches Bild muß noch gemacht werden. Ich will Dir auch gerne meine Bücher zusenden, falls Du Dich für Alterthumskunde intereßirst. Du hattest als Kind gewiße Anlagen u ich glaube es hätte wenig Mühe gekostet Dich für die Wissenschaft zu begeistern u aus Dir eine Schriftstellerin zu machen.

Dein alter Freund
HySchliemann

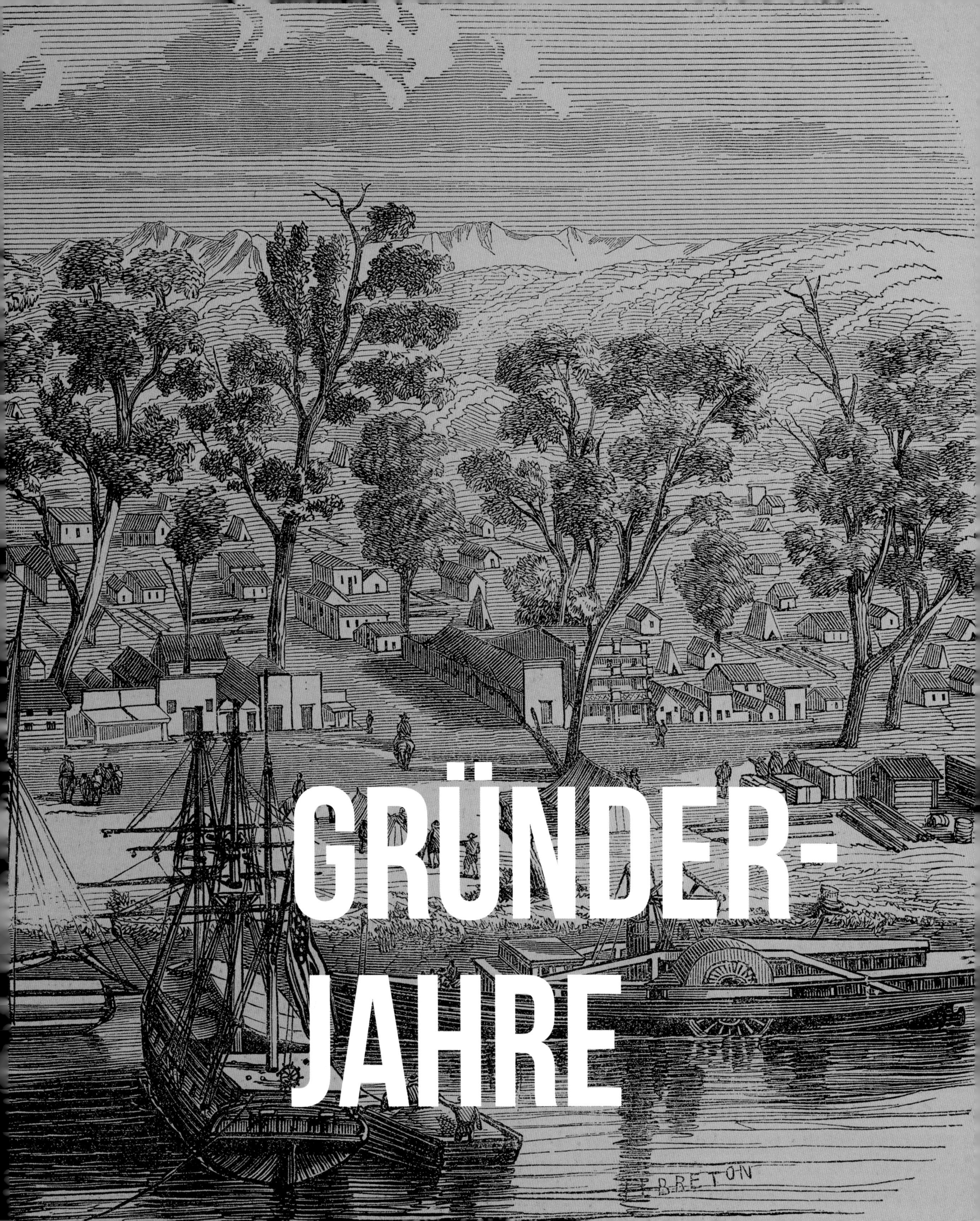

GRÜNDER-JAHRE

Abb. 1 Der Vijgendam in Amsterdam um das Jahr 1890

SCHLIEMANN IN DEN NIEDERLANDEN

WOUT ARENTZEN

HAMBURG

1841 reiste Schliemann nach Hamburg, um dort sein Glück zu versuchen. Es stellte sich bald heraus, dass es nicht einfach war, hier eine anständige Anstellung zu finden, und das Geld, das er hatte, war bald aufgebraucht. Im Februar 1842 schrieb er seinen Schwestern einen Brief aus Amsterdam. Wenn man diesem Brief glauben will, hatte er Glück, als die Not am größten war. Er traf in Hamburg einen Arbeitsagenten, der ihn fragte, ob er schon eine Anstellung habe. Schliemann bejahte. Der Agent bedauerte dies, da er ihm in La Guayra, in Kolumbien (tatsächlich liegt der Ort in Venezuela), zu einer guten Anstellung hätte verhelfen können. Er antwortete dem Agenten, dass er, obwohl er eine Anstellung habe, diese sofort kündigen würde, wenn er eine in Kolumbien bekommen könnte. Schliemann schrieb seinen Schwestern, er sei von diesem Agenten zu den Reedern Krogmann & Wachsmuth geschickt worden, diese suchten einen jungen Mann für ihre Freunde Mr. Declisur & Böving in La Guayra. Schliemann musste – wohl als Eignungstest – einige Geschäftsbriefe auf Deutsch, Französisch und Englisch verfassen. Die Reeder waren mit den Briefen zufrieden und teilten Schliemann mit, er solle sich auf die Reise vorbereiten, da ihr Schiff, die »Dorothea«, unter der Aufsicht von Kapitän Siemonsen, bereit war, auszulaufen. Schliemann könne jederzeit an Bord gehen, da er eine freie Passage habe. Am nächsten Tag erhielt Schliemann von den beiden Reedern ein Empfehlungsschreiben. Schenkt man Schliemanns Worten in seinem Brief an die Schwestern Glauben, so hatte er bereits seine Anstellung in La Guayra bevor er Hamburg verließ. In seiner amerikanischen Biografie erzählt Schliemann eine ganz andere Geschichte: Als er in Hamburg fast am Ende war, erinnerte er sich, dass ein Schüler seines Vaters, Johann Friedrich Wendt (1801–56), Schiffsmakler in Hamburg war. Er besuchte diesen Mann und fragte ihn, ob er ihm eine Anstellung als Schiffsjunge auf einem Boot nach Amerika besorgen könne. Herr Wendt empfing ihn freundlich und teilte ihm mit, dass seine Gesundheit für einen Schiffsjungen nicht ausreiche, dass er aber sein Bestes tun würde, Schliemann als Passagier auf der Barke »Dorothea«, die am nächsten Tag unter dem Kommando von Kapitän Siemonsen nach La Guayra in Venezuela, segeln würde, unterzubringen. Herr Wendt sprach noch am selben Tag mit den Schiffseigentümern, den Herren Wachsmuth und Krogmann, und überredete sie, Schliemann als Passagier für 20 Preußische Dollar mit an Bord zu nehmen.

Betrachtet man seine offizielle Autobiografie, die er 1881 in *Ilios, Stadt und Land der Trojaner* veröffentlichte, ändert sich die Geschichte erneut. Diesmal gelingt es ihm, mit Hilfe des Schiffsmaklers J. F. Wendt eine Anstellung als Schiffsjunge an Bord der »Dorothea« zu bekommen und das Schiff segelt nach La Guayra in Venezuela.

Sicher ist, dass im November 1841 in Hamburg für Schliemann ein Empfehlungsschreiben an die Herren Delclisur und Böving in La Guayra geschrieben worden ist. In diesem Brief teilten Hoefwert & Co. ihren Freunden mit, dass Herr Schliemann nach La Guayra reisen wolle, um dort eine Anstellung zu finden und bitten, Herrn Schliemann dabei zu helfen. Aus diesem Empfehlungsschreiben geht hervor, dass Schliemann bei seiner Abreise aus Hamburg weder in La Guayra noch an irgendeinem anderen Ort in Südamerika eine Anstellung hatte. Es ist ein Standardschreiben, das Schliemann der Firma Delclisur & Böving empfiehlt, und es ist nicht das einzige Empfehlungsschreiben für Schliemann. Es gibt noch drei weitere Briefe. So schreibt Herr Lud Steenfast am 19. November 1841 im Namen seines Freundes Wendt an Herrn Ad Wappans in Puerto Cabello. Er würde sich sehr verpflichtet fühlen, wenn man Herrn J. H.

Nach La Guayra
wird heute expedirt und ersucht um Einliefe-
rung der Connossemente:
Capitain J. Siemonsen, führend die schöne, schnellsegelnde,
kupferbodene hamburger Brigg Dorothea.
Nähere Nachricht ertheilt der Schiffsmakler
August Bolten, Wm. Miller's Nachfolger.

Abb. 2 *Privilegirte wöchentliche gemeinnützige Nachrichten von und für Hamburg*

[sic] Schliemann bei der Suche nach einer Anstellung in La Guayra oder Puerto Cabello behilflich wäre. Es ist der einzige Brief, in dem der Name Wendt erwähnt wird, und dieser Mann ist eine etwas rätselhafte Figur, der man später noch einmal begegnen wird. Er spielte sicherlich eine wichtige Rolle in Schliemanns Leben, aber man weiß nichts über ihn. Wie auch immer, es gab eine Verbindung zwischen Schliemann und Wendt. Durch ihn erhielt Schliemann Kontakte zu Hamburger Reedern und es wird sich zeigen, wie wichtig dies für den weiteren Verlauf seines Lebens war.

Dass es wirklich ein Schiff mit Namen »Dorothea« gab, geht hervor aus einer Anzeige vom 20. November 1841 in den *Privilegirte wöchentliche gemeinnützige Nachrichten von und für Hamburg*: »Nach La Guara wird heute expedirt und ersucht um Einlieferung der Gonnossemente: Capitain J. Siemonsen, führend die schöne, schnellsegelnde, kupferbodene hamburger Brigg »Dorothea«. Nähere Nachricht ertheilt der Schiffsmakler August Bolten, Wm. Miller's Nachfolger« **Abb. 2**. Am 30. November 1841 berichtete die *Staats- und Gelehrte Zeitung des Hamburgischen unpartheiischen Correspondenten*, dass die »Dorothea« am 28. November ausgelaufen sei. Leider gibt es aus dieser Zeit keine Passagierlisten, aus denen hervorgeht, ob Schliemann tatsächlich an Bord war.

In dem Brief an die Schwestern von 1842 schreibt Schliemann von sich und zwei anderen als Passagieren auf der »Dorothea«. Obwohl dies das erste Mal ist, dass er eine Seereise unternimmt, hat er seinen Brief mit so vielen nautischen Begriffen versehen, dass man vermuten würde, er sei ein erfahrener Seemann.

DER UNTERGANG DER »DOROTHEA«

Das Schiff hatte von Beginn der Reise an mit Stürmen zu kämpfen. In der Nacht vom 11. auf den 12. Dezember 1841 lief das Schiff vor der Nordspitze der Insel Texel auf Grund und sank. Dies war ein wichtiges Ereignis in Schliemanns Leben. Er hat den Untergang der »Dorothea« dreimal beschrieben. Diese drei Versionen unterscheiden sich in einer Vielzahl von Punkten voneinander. Betrachtet man die unterschiedlichen Versionen dieser Geschichte, fällt auf, dass es sich bei den späteren Versionen nicht um Kurzfassungen seines Schreibens an die Schwestern handelt. Das Grundthema ist dasselbe, aber die Details unterscheiden sich so sehr voneinander, dass man glauben könnte, es handele sich um verschiedene Geschichten. Die Unterschiede sind dabei so groß, dass sie unmöglich auf eine mit der Zeit verblassende Erinnerung zurückgeführt werden können. Ein Blick auf die Anzahl der Menschen an Bord und das, was mit ihnen passiert sein soll, verdeutlicht dies: Nach dem Brief an die Schwestern von 1842 gab es 18 Seeleute und drei Passagiere. Schliemann, der Kapitän und ein Matrose überlebten die Katastrophe, alle anderen gingen mit dem Schiff unter. Insgesamt gab es also 18 Opfer. In seiner amerikanischen Biografie spricht Schliemann von einer sechzehnköpfigen Mannschaft. Während des Untergangs der »Dorothea« ertranken zwei und 14 erreichten die Küste. In seiner offiziellen Biographie *Ilios* wurde die Anzahl der Besatzungsmitglieder auf neun reduziert. In dieser Version überlebt jeder den Schiffbruch.

Es ist somit nicht möglich anhand von Schliemanns Angaben zu überprüfen, was wirklich geschehen ist. Man ist jedoch nicht auf Schliemanns Schilderungen angewiesen, um herauszubekommen, was genau mit der »Dorothea« passierte. Wenn etwas am Strand angespült wird, kann der Staat hierfür Steuern erheben. Um zu verhindern, dass die Bevölkerung ohne Steuern zu zahlen das Treibgut an sich nahm, hatte die niederländische Regierung sogenannte »Strandvoogden« (Strandvögte) angestellt. Auf Texel war dies ein Herr Bok. Dieser informierte am 12. Dezember 1841 die Regierung über den Schiffbruch der »Dorothea«: »Es ist sehr zweifelhaft, ob etwas von dem kostbaren Schiff und dessen Fracht gerettet werden kann. Die Besatzung und drei Passagiere, insgesamt sechzehn Männer, wurden im ›Eyerlandsche Huis‹ untergebracht.« Aus dem Bericht Boks geht also hervor, dass drei Passagiere an Bord waren und dass jeder die Reise überlebte. Dies ist jedoch nicht die einzige Mitteilung, die über den Untergang der »Dorothea« informiert. Ein Schiff zu bauen, auszustatten und zu warten kostet viel Geld. Wenn ein solches Schiff verloren geht, verliert der Reeder seine Investition. Es ist verständlich, dass er in solch einem Fall genau wissen möchte, was passiert ist. Außerdem waren Schiffe schon damals versichert und eine Versicherung wollte auch schon damals gerne wissen, ob sie aufgrund bestimmter Fakten nicht zahlen muss. Es

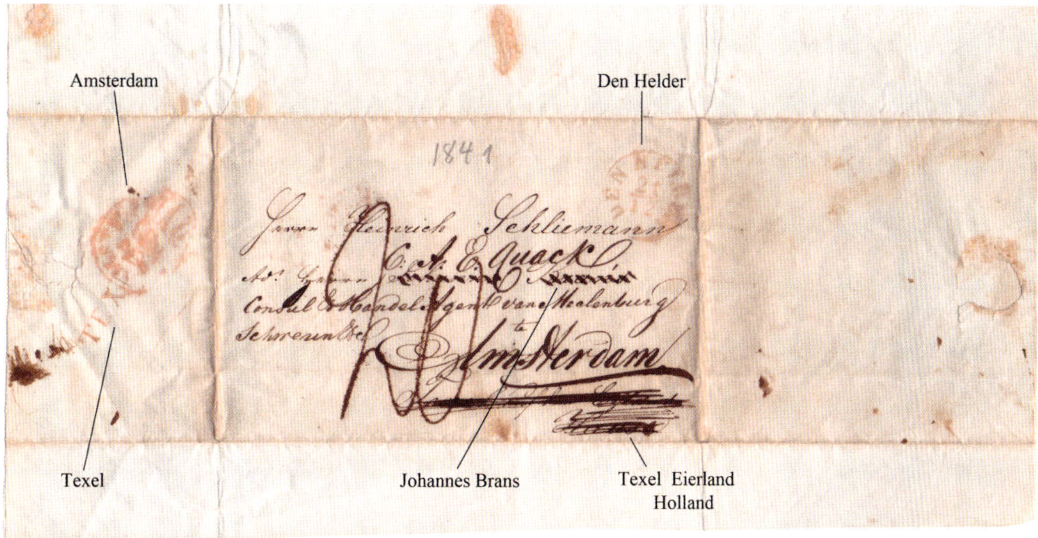

Abb. 3 Umschlag des Briefes von Wendt

gibt zwei Dokumente, die der Kapitän vom Notar Johannis Ludovicus Kikkert (1810–78) in Den Burg auf Texel hatte erstellen lassen. So ließ Kapitän Jürgen Siemonsen gleich am ersten Tag den üblichen offiziellen Seeprotest schreiben. Mit diesem Seeprotest schützte sich der Kapitän vor finanziellen Ansprüchen des Reeders. Das Schiff war durch einen Unfall gesunken und er würde es beweisen. Durch diesen Seeprotest ist eindeutig belegt, dass die »Dorothea« bei den »Eierlandsegronden« vor der Küste von Texel strandete. Am 16. Dezember 1841 kehrte der Kapitän nach Den Burg zurück. Diesmal nahm er die gesamte Besatzung und wahrscheinlich auch die Passagiere mit. Jetzt ließ er den Notar eine Schiffserklärung aufnehmen, in der er genau beschrieb, was passiert war. Dieses Dokument wurde von der gesamten Besatzung unterschrieben. Es wird hierdurch klar, dass jeder dieser Reise überlebt hat. Dass Schliemanns Name nicht in diesem Dokument enthalten ist, zeigt, dass er zumindest nicht als Schiffsjunge an Bord war. Es gibt keine Unterschriften der Passagiere, sodass Schliemanns Anwesenheit an Bord auch hierüber nicht bewiesen werden kann.

In dem Brief an seine Schwestern berichtet Schliemann, dass der Kapitän für ihn einen Brief an Wendt in Hamburg geschrieben habe. Dieser Brief wurde bisher nicht aufgefunden, aber die Antwort von Wendt, die dieser an Schliemann direkt sandte, existiert noch. Schliemann erhielt diesen Brief in Amsterdam, aber auf der Adress-Seite ist klar zu sehen, dass er ursprünglich an »Herrn Johanis Brans« nach »Texel Eierland Holland« geschickt worden war **Abb. 3**. Das Antwortschreiben wurde am 17. Dezember 1841 in Hamburg verfasst. Wendt hatte Schliemanns Brief erhalten und bedauerte, dass dessen Reise ein so unglückliches Ende genommen hatte. Durch diesen Brief wissen wir nun sicher, dass Schliemann an Bord der »Dorothea« war, als das Schiff vor Texel sank.

Der Kapitän beschloss, mit der gesamten Besatzung über Land zurück nach Hamburg zu reisen. Schliemann wollte nicht zurück und stattdessen sein Glück in Amsterdam versuchen.

ANKUNFT IN AMSTERDAM

Am 19. Dezember 1841 kam Schliemann in Amsterdam an. Für Schliemann war Amsterdam eine prächtige Stadt, vor allem da Hamburg die größte Stadt war, die er bis zu diesem Zeitpunkt gesehen hatte. Im Gegensatz zu Amsterdam hatte Hamburg noch seine mittelalterliche Infrastruktur. Das Amsterdam des 17. Jahrhunderts – es hat sich seitdem fast nicht verändert – mit seinen viel breiteren Straßen muss in Schliemanns Augen deshalb sehr modern gewirkt haben. Auch wollte Schliemann seinen Schwestern ein sehr positives Bild von sich selbst vermitteln und dazu gehörte auch eine großartige Umgebung. Zu dieser Zeit gab es in Amsterdam viele deutsche Jugendliche auf der Suche nach Arbeit. Die meisten Unternehmen boten meist nur den Deutschen Anstellungen an, die von ihren Eltern finanziert wurden, um hier Erfahrungen zu sammeln und mit denen die Beziehungen zu deutschen Geschäftsfreunden verbessert werden konnten. Sie arbeiteten in der Regel umsonst. Vor einen solchen Hintergrund musste sich Schliemann in Amsterdam um eine Anstellung bemühen.

Schliemann kam seiner Biografie zufolge völlig mittellos nach Amsterdam und erhielt nur wenig Hilfe vom mecklenburgischen Konsul in Amsterdam, Caspar Adolf

Eduard Quack (1804–62). Nach einigen Tagen konnte Schliemann das gemietete Zimmer nicht mehr bezahlen. Auch war er krank geworden und konnte sein Bett nicht verlassen. Laut seiner offiziellen Biografie nutzte Schliemann, nachdem er sich sein Zimmer nicht mehr leisten konnte, seine Krankheit, um kostenlos im Krankenhaus zu bleiben. Es ist nicht ganz klar, ob Schliemann mit diesem Vorgehen etwas bezweckte, aber es scheint, als hätte er versucht, seine Wirtin zu betrügen. Dies ist jedoch wenig überzeugend. In Amsterdam gab es, neben der armen Bevölkerung, auch immer ausländische Seeleute, die kein Geld hatten, um für ihre Unterkunft zu bezahlen. Es ist unwahrscheinlich, dass das Amsterdamer Hospital Menschen aufnahm, von denen man wusste, dass sie über kein Geld verfügten, da die Krankenhäuser der Stadt sonst ständig überfüllt gewesen wären. Schliemanns Version in seiner amerikanischen Autobiografie ist hier überzeugender. Auch hier schildert er, dass er, nachdem sein Geld aufgebraucht war, vorgegeben hatte, krank zu sein. Jetzt bittet Schliemann jedoch seine Wirtin, den Konsul aufzusuchen, damit dieser ihm einen Platz in einem Krankenhaus beschaffen möge. Schliemann erhielt noch am selben Tag eine Bescheinigung des Konsuls und wurde in das Hospital gebracht.

Laut dem Brief an seine Schwestern litt er, unmittelbar nachdem er in Amsterdam untergekommen war, an Wundfieber und schrecklichen Zahnschmerzen. Zwei seiner Vorderzähne waren während der Strandung abgebrochen. Es ist nicht unwahrscheinlich, dass diese inzwischen entzündet waren. Er konnte das Bett nicht verlassen und nach drei Tagen hatte seine Wirtin das Gefühl, es könne sich um eine langwierige Erkrankung handeln. Der mecklenburgische Konsul erteilte eine Erlaubnis fürs Krankenhaus und gab Schliemann erneut zehn Gulden. Es schneite, als Schliemann mit einem Schlitten ins Krankenhaus gebracht wurde. Am Heiligabend wurden ihm die Wurzeln seiner abgebrochenen Zähne ohne Anästhesie gezogen. Die Version aus dem Brief an die Schwestern klingt viel glaubwürdiger als die in den beiden anderen Autobiografien. Er schreibt ihnen auch, dass er die Rechnung für das Krankenhaus beifüge. Diese Rechnung wurde jedoch noch nicht gefunden und es ist unklar, wie viel ihn das Krankenhaus gekostet hat.

Die für Schliemann schlimme Situation nahm jedoch eine glückliche Wendung und entwickelte sich zu einer klassischen Weihnachtsgeschichte. Schliemann erhielt den von Wendt nach Texel geschickten Brief. Erneut erwies Wendt Schliemann einen großen Dienst und konnte ihn sich auf diese Weise verpflichten. »Ich habe heute sogleich mit dem Herrn Krogmann an der Börse gesprochen und denselben gebeten Ihnen durch seinen dortigen Agenten vorläufig für meine Rechnung 30 holl. Gulden auszahlen zu lassen, wozu er auch sogleich bereit und zufolge dessen er heute Abend an seinen Capt. schreiben wird. Er hat mir auch versprochen ferner etwas für Sie zu thun. […] Ich werde hier in diesen Tagen eine kleine Collect für Sie zu veranstalten suchen, und hoffe auf diese Art eine kleine Summe für Sie zusammen zu bringen.« In der offiziellen Biografie Schliemanns wird der Erhalt des Briefes etwas anders geschildert. Wendt veranstaltete gerade ein festliches Essen mit einigen Freunden, als Schliemanns Schreiben eintraf. Jeder der Anwesenden hatte Mitleid mit Schliemann und man beschloss, Geld für den Unglücklichen zu sammeln. Dabei kamen 240 Gulden zusammen, die über Konsul Quack an Schliemann geschickt wurden. In der amerikanischen Autobiografie findet sich mehr oder weniger die gleiche Geschichte. Hier erhielt Schliemann ein Akkreditiv der Brüder Kleinworth von Hamburg für die Firma Hoyack & Co. in Amsterdam. Diese hatten von Konsul Quack gehört, dass Schliemann im Krankenhaus sei. Sie schickten ihm sofort eine Nachricht mit den guten Neuigkeiten. Auch im Brief an die Schwestern gibt es eine ähnliche Schilderung, jedoch mit viel mehr Details. Nach diesem Schreiben betrug der Gesamtbetrag 250,50 Gulden, was in etwa dem Jahresverdienst eines Seilers entsprach. Welche Geschichte auch immer der Realität entspricht, es ist anzunehmen, dass sich Schliemann an Weihnachten 1841 in keiner unmittelbaren finanziellen Not befand.

Im Jahr 1853 verdiente ein Arbeiter in einer Papierfabrik in Nord Holland 3,50 Gulden pro Woche, was etwa 182 Gulden pro Jahr entspricht. Im selben Jahr verdiente ein Seiler 4,50 Gulden pro Woche, dies sind etwa 234 Gulden pro Jahr. Arbeiter in einer Ölmühle gingen mit acht Gulden pro Woche nach Hause, was etwa 416 Gulden pro Jahr ergibt. Tischler verdienten 1,08 Gulden pro Woche, d. h. etwa 106 Gulden pro Jahr. Diese Beträge konnten bei strengen Wintern, in denen bestimmte Arbeiten nicht möglich waren, wesentlich niedriger sein. Das Einkommen eines Landarbeiters variierte zwischen 50 Cent pro Tag in Utrecht und 70 Cent pro Tag in Friesland Bei sieben Monaten Arbeit im Jahr ergibt dies einen Betrag zwischen 90 und 125 Gulden. Bemerkenswert ist, dass er sowohl im Brief an seine Schwestern als auch in seinen Biografien schreibt, dass er straßenarm sei. Obwohl er keine unmittelbare finanzielle Not litt, musste er doch eine Anstellung finden, was nicht so einfach war. War es schon aufgrund der hohen Arbeitslosigkeit schwierig, eine Anstellung zu finden, verschlimmerte der Winter das Ganze noch mehr. Glücklicherweise hatte Schliemann durch die Bemühungen Wendts den preußischen Konsul W. Hepner, den »Co.« von der Firma Hoyak & Co., kennengelernt.

ARMUT

Aufgrund der zugefrorenen Häfen ruhte der Handel im Winter und die Handelshäuser waren geschlossen. Dennoch durfte Schliemann – so schreibt er an seine Schwestern – bei der Firma Hoyak & Co. im Büro arbeiten, bis diese etwas anderes für ihn gefunden hätten. Leider gibt es für diesen Zeitraum in Schliemanns Leben keine objektiven Quellen, weshalb seine Aktivitäten und Erlebnisse im Unklaren bleiben. Die Wahrscheinlichkeit, dass Schliemann tatsächlich bei der Firma Hoyak & Co. angestellt war, ist relativ gering. Außer in dem Brief an seine Schwestern wird diese Firma nirgendwo erwähnt. Dennoch muss W. Hepner in den ersten Monaten von Schliemanns Aufenthalt in Amsterdam eine wichtige Rolle gespielt haben. Schliemann bestätigt dies in mehreren Briefen und blieb bis zu dessen Tod im Jahr 1869 mit Hepner in Verbindung.

Schliemanns erste Anstellung in Amsterdam war vermutlich bei der Firma F. C. Quien. Sie wird auch in der Geschichte des Hauses Quien, die die Familie im Jahr 1939 veröffentlichte, erwähnt. Dabei ist jedoch zu bedenken, dass Schliemann 1939 seit langer Zeit berühmt war und auch selbst zuvor geschrieben hatte, dass er für diese Firma tätig war. Eine wirklich unabhängige Quelle ist dies somit nicht.

Schliemann begann mit Hilfe von Wendt und Hepner ohne große Schwierigkeiten seine Karriere als Geschäftsmann in Amsterdam. Zweifellos gab es in dieser Stadt viele junge Deutsche, die die gleichen oder sogar bessere Eigenschaften besaßen, aber er hatte etwas, was sie nicht hatten: einflussreiche Freunde.

Wenn Schliemann über seine Zeit in Amsterdam schreibt, betont er wiederholt seine Armut, obwohl er dort mit einem ansehnlichen Betrag angefangen hat, und es lohnt sich daher zu sehen, inwieweit Schliemanns Beschreibung korrekt ist.

Laut seiner offiziellen Biografie von 1880 hatte er ein Jahreseinkommen von 800 Franken. Davon benötigte er die Hälfte des Geldes für das Selbststudium von Sprachen und von der anderen Hälfte konnte er kaum leben. Sein armseliges Dachzimmer, wo es im Winter ebenso kalt war wie draußen und im Sommer heiß, kostete ihn acht Franken im Monat. Sein Frühstück bestand aus Roggenmehlbrei und für sein Mittagessen zahlte er nie mehr als 16 Pfennig. Es war ein hartes Leben, aber nichts ermutigt mehr zum Selbststudium als das Wissen, dass man auf diese Weise dem Elend entfliehen kann.

Laut seiner amerikanischen Autobiografie erfuhr Schliemann Unterstützung von Hepner. Dieser gab ihm einen warmen Wintermantel und lud ihn zweimal in der Woche zum Essen ein. Die anderen Tage beschränkte er sich bei seinen Mahlzeiten auf Brot. Er musste vorsichtig mit seinem Geld umgehen. Amsterdam war eine teure Stadt. Für ein kleines möbliertes Zimmer im fünften Stock ohne Herd musste er acht Franken pro Monat bezahlen. Ein kleiner gusseiserner Ofen, den er von einem Schmied gemietet hatte, kostete ihn fünf Gulden während des Winters.

Auch in dem Brief an seine Schwester beschwert er sich über die Kosten des Lebensunterhaltes. Das ist bemerkenswert, da er zuvor geschrieben hatte, dass er von Wendt 240 Franken empfangen habe und bei Hoyack & Co. angestellt sei. Er hatte also eine Anstellung und verfügte über einen Betrag, den ein Seiler im Jahr verdiente. Da Schliemann zweimal wöchentlich von Herrn Hepner zum Essen eingeladen wurde und einen warmen Mantel bekam, muss man sich fragen, ob er seine Situation gegenüber den Schwestern beschönigte. Konnte er überhaupt etwas verdienen, da das Geschäft aufgrund der Jahreszeit ruhte? Vielleicht drückt die Schilderung seiner Arbeitssituation mehr Hoffnung als Realität aus. Ganz schlecht scheint es ihm jedoch nicht ergangen zu sein. Dies beweist die Adresse seines Zimmers: Nieuwezijds-Voorburgwal Nr. 60, im fünften Stock. Es handelte sich um eine mittlere Wohngegend. Schliemann lebte neben dem Notarishuis (Notarhaus) **Abb. 4**.

In seiner offiziellen Autobiografie erzählt Schliemann seinen Lesern, dass er über ein Jahreseinkommen von 800 Franken verfügt habe. Ein Gulden entspricht zwei Franken. Er verdiente also 400 Gulden pro Jahr.

Am 1. Juli 1844 wechselte Schliemann die Anstellung. Er war jetzt Korrespondent und Buchhalter bei B. H. Schröder & Co. und für ein Gehalt von 1200 Franken pro Jahr eingestellt. Als man sah, was Schliemann alles konnte und wie tüchtig er arbeitete, bekam er eine Gehaltserhöhung von 800 Franken. Falls er bei F. C. Quien 400 Gulden verdiente, war das ein Zuschlag von 150 %. Am Ende seiner Amsterdamer Periode erhielt Schliemann 1000 Gulden pro Jahr. Es gab in Amsterdam Familien mit vier oder fünf Kindern, die mit sehr viel weniger auskommen mussten.

Abb. 4 Der »nieuwezijds Voorburgwal« in Amsterdam. Gemälde von Cornelis Springer (1817–91)

Konnte er tatsächlich die Hälfte seines Einkommens für Bildung ausgeben? Sein Zimmer kostete ihn acht Gulden pro Monat, das sind 96 Gulden pro Jahr. Der Ofen kostete ihn fünf Gulden im Winter. Er benötigte also 101 Gulden fürs Wohnen. Damit blieben ihm 199 Gulden für Essen oder 54 Cent pro Tag. Der durchschnittliche Arbeiter gab 20,7 Cent pro Tag für Essen aus. Schliemann konnte also sehr wohl die Hälfte seines Einkommens für das Selbststudium ausgeben, ohne dass er in Armut leben musste.

Ab dem 1. März 1844, dem Zeitpunkt seiner Anstellung bei B. H. Schröder, verdiente er 600 Gulden. Dieser Betrag wurde kurz darauf auf 1000 Gulden erhöht. Er zog nun auf den Vijgendam **Abb. 1**. Da es sich um eine deutlich bessere Wohngegend handelte, war seine Miete dort bestimmt höher. In seinen Autobiografien oder Briefen finden sich für diesen Zeitraum keine Auskünfte über seine Ausgaben, aber es gibt eine andere Quelle, die einen Einblick gewährt. Es handelt sich um ein kleines Notizbuch von Schliemann, in dem er die Beträge notierte, die er 1844–45 für verschiedene Dinge an seinen Vermieter zahlte. Seite 1 enthält eine Liste mit 21 Artikeln, die zusammen 1,50 Gulden kosten. Neben seinen Frühstückszutaten finden wir Gin, Obst, Kerzen, Torf sowie Nadel und Faden. Zweimal in der Woche ließ er für einen Cent seine Schuhe reinigen. Am 30. Oktober 1845 kaufte er sogar eine ganze Flasche Wein für einen Gulden. Die Angaben in diesem Notizbuch können jedoch nur ein Teil seiner Ausgaben sein. Es gibt keine Aufzeichnungen über das Mittag- und Abendessen. Vermutlich nahm er diese Mahlzeiten in der Stadt ein und beglich die Rechnungen direkt. Insgesamt zahlte Schliemann von März 1844 bis März 1845 zusätzlich zur Miete 92 Gulden und 67 Cent an seinen Vermieter. Zweifellos wird ein ähnlicher Betrag für seine Aktivitäten außer Haus von ihm ausgegeben worden sein, sodass man annehmen kann, dass Schliemann in dieser Zeit etwa 200 Gulden benötigte. Bei einem Jahreseinkommen von 1000 Gulden hatte er damit etwa 800 Gulden für das Selbststudium und die Miete übrig. Am 8. August zahlte er 30 Cent für das Binden eines Buches und am 12. September ließ er erneut ein Buch binden, diesmal jedoch für 20 Cent. Dies sind die einzigen Ausgaben in seinem Notizbuch, die mit seinem Selbststudium zusammenhängen könnten. Sein zuvor erwähnter Frühstücksbrei aus Roggenmehl fehlt in allen Listen, stattdessen werden zwei oder mehr Brötchen aufgelistet. Durchschnittlich gab er seinem Vermieter einen Gulden pro Woche.

Bis jetzt wurde Schliemanns amerikanische Autobiografie für seine Ausgaben nicht hinzugezogen. Hier finden sich andere Beträge und ein weiterer Grund für seine Armut. Nach dieser Biografie verdiente er zu Beginn seiner Amsterdamer Periode 155 Silber Rubel, das entspricht 300 Gulden, pro Jahr. Von diesem Betrag musste er alles bezahlen: Essen, Unterkunft, Kleidung und Unterricht. Aufgrund all dieser Ausgaben trank er nach seinen Worten im ersten Jahr nur Wasser und aß fast ausschließlich Schwarzbrot. Er lebte in einem möblierten Zimmer, für das er vier Gulden pro Monat zahlen musste. Nach seiner Gehaltserhöhung bezog er eine schönere Wohnung für zehn Gulden im Monat. Aber er blieb sparsam und gab nie mehr als 20 Cent für sein Abendessen aus. Das Geld, das er gespart hatte, schickte seit 1842 an seine arme Familie nach Deutschland. Die Zahlen werden hier nicht kommentiert, aber sie bestätigen, dass Schliemann ein teureres Zimmer nahm.

Wirklich arm konnte Schliemann zu seiner Amsterdamer Zeit nicht sein, da er seinem Bruder Ludwig riet, auch in diese Stadt zu kommen. Die Idee, seinen Bruder nachkommen zu lassen, muss ihm irgendwann Ende 1842 oder Anfang 1843 gekommen sein. 1845 folgt dieser dann seinem Rat.

B. H. SCHRÖDER & CO.

Das erste Büro, in dem Schliemann arbeitete, war das von F. C. Quien. Schliemann vermittelt den Eindruck, er sei der Laufbursche der Firma gewesen. Das ist nicht ganz glaubwürdig, da sein Gehalt hierfür zu hoch war. Auch war er für eine solche Anstellung bereits zu alt. Das Alter der Laufburschen lag üblicherweise zwischen 12 und 14 Jahren, und Schliemann war zu dieser Zeit bereits 19 Jahre alt. Außerdem waren Laufburschen so gut wie nie fest angestellt. Üblicherweise holte man sie von der Straße, wenn man sie benötigte und zahlte nur für die Zeit, in der man sie brauchte. Die Arbeit, die Schliemann aufführt, nämlich Rechnungen einkassieren und auf die Post gehen, war auch mehr eine Arbeit für Lehrlinge. Hier zeigt sich erneut, dass Schliemann wohl bedeutende Freunde hatte. Es ist sehr unwahrscheinlich, dass irgendein Handelshaus in Amsterdam einen völlig unbekannten deutschen Jugendlichen mit dem Einkassieren von Rechnungen beauftragt hätte. Diese Tätigkeit überließ man Angestellten, die ihre Loyalität gegenüber der Firma bewiesen hatten. Schliemanns Referenzen müssen somit derart gut gewesen sein, dass die Firma F. C. Quien davon ausging, dass Schliemann sich nicht mit dem Geld aus dem Staub machen würde.

Die nächste Firma, in der Schliemann arbeitete, war B. H. Schröder & Co. **Abb. 5**. Sie war ein, modern ausgedrückt, multinationales Unternehmen. Die Familie Schröder hatte europaweit Handelshäuser, die in ständigem Kontakt miteinander standen und Aufträge und Kredite aneinander weitergaben. Im Gegensatz zu dem, was Schliemann später behauptete, hatte B. H. Schröder & Co. durchaus einen Interessenvertreter in Russland. Wollte B. H. Schröder & Co. Geschäfte mit Russland machen, konnten sie einfach ihre durch Heirat erworbenen Familienmitglieder, die Firma Alex Mahs & Co., kontaktieren **(vgl. Beitrag Gass Russland I)**.

Die Gehaltsstruktur von B. H. Schröder & Co. in Amsterdam ist nicht bekannt, sie dürfte sich aber nicht groß von der von J. Henry Schröder & Co. in London unterschieden haben, da beide Firmen wohl ähnlich organisiert waren. Bei J. Henry Schröder & Co. in London wurden damals folgende Gehälter gezahlt: »juniors £73; ledger clerks £124; correspondence clerks £193«. Um zur Mittelschicht in London zu gehören benötigte man mindestens £ 60 pro Jahr. Mit den oben aufgeführten Gehältern konnten sich die Mitarbeiter von J. Henry Schröder & Co. ein schönes kleines Haus und eine Familie leisten. Schliemann begann mit einem Anfangsgehalt von £ 49 Pfund als zukünftiger »Junior« und war am Ende des Jahres ein vollwertiger »Junior« oder sogar ein »ledger clerk«.

Bei Schröder & Co. stieß Schliemann auf eine Marktlücke, die ihn schließlich zu einem reichen Mann machte. Nach seiner amerikanischen Autobiografie lernte er im dritten Jahr seiner Tätigkeit die russische Sprache. Es war die schwerste aller Sprachen, die er bis zu diesem Zeitpunkt gelernt hatte. In Amsterdam gab es – laut Schliemann – mit Ausnahme des Russischen Vizekonsuls niemanden, der ein Wort Russisch sprach. Hier übertreibt er wieder einmal. Die Firma B. H. Schröder war seit vielen Jahren mit russischen Kaufleuten in Kontakt und beschäftigte jemanden, der Russisch beherrschte. Nach sechs Wochen war Schliemann, nach eigenen Worten, so weit dass er einen Brief in russischer Sprache an Wassili Plotnikow, den Londoner Agenten der mit Indigo handelnden Maljutin-Brüder aus Moskau, schreiben konnte. Auch war er schon imstande sich mit den russischen Händlern Matwejew und Frolow in ihrer Muttersprache zu unterhalten, als diese nach Amsterdam zu den Indigo-Auktionen kamen.

Der erste auf russisch geschriebene Brief, den Schliemann aufbewahrte, stammt vom 8. April 1845. In dem

Abb. 5 Gebäude der Firma B. H. Schröder & Co. in der Herengracht 286

Brief von Plotnikow ist dieser weder überrascht noch erfreut, dass Schliemann einen Brief auf Russisch an ihn verfasst hatte. Plotnikow war es wohl gewohnt, auf Russisch mit B. H. Schröder & Co. zu korrespondieren. Obwohl wir nicht genau wissen, wie er es gemacht hat, ist es sicher, dass Schliemann im Jahr 1845 Russisch gelernt hat.

Am 12. September 1845 erhielt Schliemann einen Brief von Sergej Shiwago, der ausdrücklich an ihn gerichtet war: »Monsieur B. H. Schreder [sic] & Co Amsterdam - Monsieur Schlimman [sic]« **Abb. 6**. Er beweist, dass Schliemann Ende 1845 Karriere gemacht hatte und bereits eigene Kunden betreute. Die Tatsache, dass Schliemann in seinem Archiv mehrere russische Briefe aufbewahrte, spricht dafür, dass er seine Beförderung dem Erlernen der russischen Sprache verdankte.

AUF EIGENEN FÜSSEN

»Im Januar 1846 schickten mich meine vortrefflichen Prinzipale als ihren Agenten nach St. Petersburg […].« Dieser Satz ist die offizielle Version Schliemanns zu seinem Wechsel nach St. Petersburg. Hier stimmen seine amerikanische und seine offizielle Autobiografie absolut überein. Schliemann wurde von B. H. Schröder & Co. von Amsterdam nach St. Petersburg geschickt, um dort als Agent für die Firma zu arbeiten. Dass man ihn für Petersburg ausgewählt hatte, ist nicht ganz nachzuvollziehen. Aufgrund der familiären Verhältnisse benötigte die Firma Schröder keinen Agenten in St. Petersburg, da es hier, wie gesagt, bereits die mit Schröder kooperierende Firma Alex Mahs & Co. gab. So liefen die ersten Briefe aus Amsterdam an Schliemann von 1846 über Alex Mahs & Co. Man kann sicher davon ausgehen, dass Schliemann für die Firma Schröder aufgrund ihres Russlandgeschäftes von Bedeutung war. Ob sie jedoch wirklich einen eigenen Agenten in Russland benötigte und Schliemann überredete, für sie dorthin zu wechseln, bleibt fraglich.

Am 20. September 1845 erhielt Schliemann einen Brief des russischen Geschäftsmanns Sergej Shiwago. Es handelt sich dabei um einen normalen Geschäftsbrief. Shiwago ist zu dieser Zeit in Den Haag und fragt an, ob Schliemann für viertausend Silberrubel Indigo kaufen könne, um diesen nach St. Petersburg zu liefern. Bei Problemen könne Schliemann Shiwago im Hotel de Nieuwe Doelen in Den Haag erreichen. Der Brief zeigt, dass Schliemann in der Firma B. H. Schröder & Co. weitgehend unabhängig arbeitete und Shiwago sein Kunde war. Völlig frei in seinen Entscheidungen war er jedoch nicht, da er diesen Brief wie auch andere, vermutlich für seine Vorgesetzten, ins Deutsche übersetzte. Warum Schliemann Shiwago in Den Haag aufsuchte, ist unbekannt. In einem Brief an Schliemann bestätigt Shiwago die Unterredung: Sie sprachen darüber, gemeinsam ein Geschäft in Moskau zu gründen, in das Shiwago das Geld einbringen und Schliemann die Arbeit machen würde. Schliemann solle sich aber mit Schröder beraten, denn nur wenn dieser zustimme, könne es weitergehen.

Der Brief ist für Schliemann sehr schmeichelhaft und er hat das Original aufbewahrt. Seine Übersetzung ist mit einer Ausnahme wortgetreu. Im russischen Original erwähnt Shiwago einen Betrag von 40 000 bis 50 000 Rubel, in der übersetzten Version steht ein Betrag von 50 000 bis 60 000 Rubel. Hatte Schliemann Schwierigkeiten mit den russischen Zahlen oder glaubte er, auf diese Weise bei seiner Firma mehr Eindruck zu machen? Der Brief vermittelt den Eindruck, dass Shiwago wirklich eine Partnerschaft mit Schliemann anstrebte. Am 6. Oktober schrieb er erneut an Schliemann, diesmal aus Brüssel. In diesem Fall bewahrte Schliemann nur das russische Original auf. Shiwago dankte Schliemann für die Hilfe, die er während seines Aufenthalts in Den Haag von ihm erhalten hatte. Shiwago nimmt

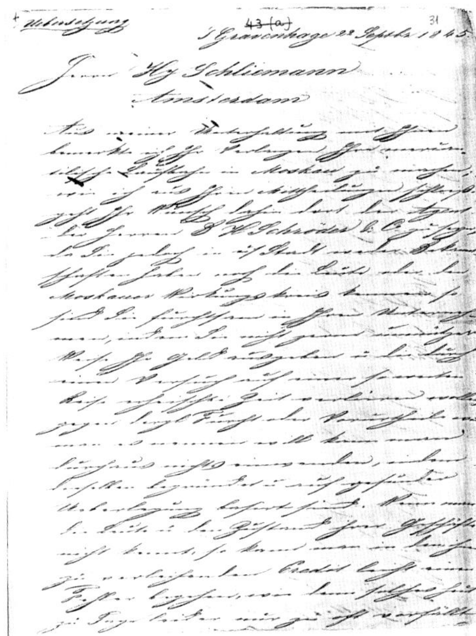

Abb. 6 Brief Shiwagos an Schliemann vom 12. September 1845

in einigen Sätzen auf den vorhergehenden Brief Bezug: »Es wäre nett, zusammen mit Ihrem Schreiben einen Bericht von Schröder zu empfangen. Sein eigener Brief mit dem Wunsch Ihnen seine Agentur in St. Petersburg und Moskau anzuvertrauen und ob er es für sich und seine Firma angenehm und nett findet mich als Partner zu haben. Wenn Sie sehen dass er nicht an einer solchen Beteiligung interessiert ist so stören Sie ihn bitte nicht weiter.« Der zweite Brief zeigt deutlich und für Schliemann viel weniger schmeichelhaft, dass Shiwago zwar eine Partnerschaft mit Schliemann eingehen wollte, dieser jedoch nur Teil des Geschäfts sein sollte.

Im Rückblick war das Treffen mit Shiwago für Schliemanns Leben von entscheidender Bedeutung. Betrachtet man die von Schliemann aufbewahrten Briefe aus dieser Zeit, entsteht jedoch der Eindruck, als sei die Idee, Amsterdam zu verlassen, bereits früher entstanden. Am 13. Oktober 1845 erhielt Schliemann einen Brief aus Paris von seinem Freund Franz Hüllman. Schliemann muss ihm zuvor geschrieben haben, da sich Hüllmann für seine späte Antwort entschuldigt. Er erzählt Schliemann, wie glücklich er mit seiner jetzigen Anstellung sei, und es lohne sich nicht, etwas anderes zu suchen. Er beendet seinen Brief mit der Feststellung, wie schwierig es sei, in Paris eine Anstellung zu finden. Aufgrund dieses Briefes entsteht der Eindruck, Schliemann habe sich bei Hüllman nach einer Arbeit in Paris erkundigt, woraufhin dieser ihn darauf hinwies, wie schwer es sei, da etwas Gutes zu finden.

Am 7. Oktober schrieb Schliemann einen Brief an die Firma WST Schröder in Triest, in dem er erklärte, dass er nach St. Petersburg gehen wolle und er fragte, ob er dort ihr Handelsagent sein könne. Spätestens ab diesem Datum wird klar, dass Schliemann sich entschieden hatte, nach Russland zu gehen. Zur gleichen Zeit schickte er auch einen Brief an Van Lennep & Co. in Smyrna. Es handelte sich ursprünglich um eine Amsterdamer Firma und Schliemann schrieb auf Niederländisch. Der Brief klingt auf Holländisch etwas umständlich, aber er beweist, dass Schliemann diese Sprache sehr gut beherrschte. Auffällig ist, dass in der Liste der alternativen Sprachen, die er an Van Lennep & Co. geschickt hat, Spanisch und Portugiesisch fehlen.

Es scheint, dass die Firma B. H. Schröder & Co. von Schliemanns Plan, nach Russland zu gehen, wusste. Aber sie sprachen erst offiziell in einem Brief vom 27. Oktober 1845 darüber.

»Amsterdam 27 October 1845. Herrn Hy Schliemann Allhier Bezugnehmend auf unsere mündliche Unterhaltung, bestätigen wir Ihnen hiermit der Ordnung halber, daß wir gerne geneigt sind Ihnen unsere Geschäfte für St. Petersburg und Moskau zu übertragen, insofern Sie Sich daselbst bemühen wollen uns Consignationen u[nd] Ordres von respectablen Häusern zuzuwenden, und, daß wir durchaus nichts dagegen einzuwenden haben, wenn Sie vereint mit herrn Sergey Giwago auf gedachte Weise für unser Interesse wirken. Von allen Aufträgen u[nd] Consignationen, die Sie uns zuwenden u[nd] wobey uns zwei procent Commision bleibt, vergüten wir Ihnen ein procent. Mit Achtung B. H. Schröder & Co.«

Schliemann wurde somit nicht von der Firma B. H. Schröder & Co. nach St. Petersburg geschickt, sie wollte jedoch mit ihm zusammenarbeiten, nachdem er dorthin übergesiedelt war.

Am 11. Dezember 1845 kündigt Schliemann in einem Schreiben an seinen Wirt sein Zimmer. Irgendwann zwischen dem 16. und 18. des folgenden Monats, dem Januar 1846, wird er nach St. Petersburg reisen. Am 30. Januar 1846 erreicht Schliemann in St. Petersburg sein erster Brief aus Amsterdam. Seine neue Karriere hatte begonnen.

Ausgewählte Literatur

Wout Arentzen, Schliemanns Berichte und Schilderungen zu seinem Aufenthalt in den Niederlanden, Acta Praehistorica et Archaeologica 51, 2019, 235–276.

Wout Arentzen, Schliemann en Nederland. Een leven vol verhalen (Leiden 2012).

Abb. 1 Methode Schliemann zur Selbsterlernung fremder Sprachen – französisch. Die natürliche Art Sprachen zu erlernen, nach dem Vorbild Heinrich Schliemann, von Wilhem Violet, Verlagsbuchhandlung Stuttgart

SPRACHGENIE VON ANFANG AN? DIE METHODE SCHLIEMANN

WOUT ARENTZEN, ANTON GASS, SUSANNE KUPRELLA

Um in der internationalen Geschäftswelt voranzukommen, war es wichtig, dass man mehrere Sprachen beherrschte. Schliemann hatte an der Realschule bereits einen Einstieg in die französische und englische Sprache erhalten. Dabei war er ein durchschnittlicher Schüler. Seine Bemerkung in seiner amerikanischen Biografie, er sei mehr oder weniger ein Analphabet gewesen, ist also nicht ernst zu nehmen. In Amsterdam, wo er die ersten Sprachen lernte, gab es viele Deutsche und Schliemann hätte sich in seiner Muttersprache gut verständigen können. Dass in Amsterdam viel Deutsch gesprochen wurde, beweist Schliemanns 1845 in deutscher Sprache abgefasster Brief an seinen Vermieter. Um sich von den Deutschen, die in Amsterdam eine Anstellung suchten, abzuheben, lernte Schliemann jedoch Niederländisch. In dem Brief an die Schwestern teilt er stolz mit, dass er Hoyack & Co. versprochen habe, die doppelte Buchhaltung und Handelskorrespondenz in vier Sprachen zu meistern, und dass er in Kürze die fünfte Sprache, Niederländisch, beherrschen werde. In seiner offiziellen Autobiografie versucht Schliemann zu zeigen, dass diese Zeit in seinem Leben von einem ständigen Wissenshunger beherrscht wurde und dass er durch das Studium der Sprachen in Amsterdam Fortschritte machte. Neben der Faszination für Sprachen besaß Schliemann auch ein großes Lernvermögen. Am Ende seines Lebens beherrschte er zwölf Sprachen gut bis sehr gut und hatte grundlegende Fähigkeiten in neun weiteren Sprachen. Den Beweis hierfür liefern seine Briefe und Reisetagebücher. Es bleibt jedoch die Frage, ob alles, was er über sein Sprachstudium in Amsterdam berichtet, wirklich so ablief. Obwohl er nach dem Bericht seiner Schule gut schreiben konnte, versuchte Schliemann seine Handschrift zu verbessern. Er nahm 20 Stunden bei dem berühmten Kalligrafen Magnée. Im *Algemeen Handelsblad* erschien am 9. März 1842 erstmals eine Nachricht über Magnée: »ROTTERDAM, 7. März. Es ist uns eine Freude dass wir berichten können, dass der Herr Magnee, Kalligraph des Königs, in unserer Stadt angekommen ist.« Am 7. Mai traf er in Amsterdam ein. Die Kurse waren ein voller Erfolg. Am 8. August verkündete er, dass er gezwungen sei, eine neue Serie von Lektionen zu beginnen, und am 4. Oktober gab er den Amsterdamern eine letzte

Gelegenheit, seinen Kurs zu besuchen. Schliemann wird also seine Stunden bei Magnée zwischen März und Oktober genommen haben. Es mag zunächst seltsam erscheinen, dass jemand, der in der Realschule »erfreuliche Fortschritte« im Schreiben vorweisen konnte, in Amsterdam anfing, seine Handschrift zu verbessern. Die deutsche Schreibschrift unterschied sich damals jedoch stark von der niederländischen.

Wenn man Schliemanns amerikanischer Autobiografie glaubt, fingen seine Sprachstudien erst richtig an, nachdem er das Schreiben erlernt hatte. Zunächst lernte er, korrekt Deutsch zu sprechen und zu schreiben, danach Niederländisch und dann Englisch, Französisch, Spanisch, Italienisch und Portugiesisch. Beim Englischlernen entwickelte er eine Methode, die er für den Rest seines Lebens anwandte: als Erstes laut vorlesen. Übersetzungen sind nicht notwendig, aber jeden Tag muss eine Stunde Unterricht erfolgen. Immer über interessante Themen schreiben, diese Aufsätze unter der Anleitung eines Lehrers verbessern und dann auswendig lernen. Um rasch eine gute Aussprache zu entwickeln, besuchte Schliemann am Sonntag zweimal den Gottesdienst in der englischen Kirche. Während er der Predigt folgte, sprach er leise jedes Wort nach. Wenn er für seinen Chef Besorgungen machen musste, hatte er immer ein Lehrbuch bei sich, auch wenn es regnete. Die Zeit des Wartens auf die Post nutzte er zum Lesen. Auf diese Weise trainierte er sein Gedächtnis so sehr, dass er nach drei Monaten in den Stunden, die er mit seinen Lehrern, den Herrn Taylor und Thompson verbrachte, 20 gedruckte Seiten englische Prosa auswendig aufsagen konnte, nachdem er sie dreimal zuvor sorgfältig gelesen hatte. Bei den zwei Lehrern handelte es sich um Edward Taylor (1803–63) und James Thompson (?–1887). Beide gaben Schliemann unabhängig voneinander Unterricht. Dass sich diese Ausbildung tatsächlich ausgezahlt hat, geht aus einer Anzeige hervor, die Taylor 1842 im *Algemeen Handelsblad* veröffentlichte: **Abb. 2**

»ENGLISCHE SPRACHE TAYLORS LERNMETHODE.
Sir. – I cannot refrain from expressing my thanks for your excellent method of teaching, which has, in a few month, enabled me to speak the English Language with tolerable fluency, and to write with facility on any subject, to the astonishment of all those who know, that six months ago, I did not understand a word of English.«
Dieses Empfehlungsschreiben ist mit H. S. unterschrieben.

Wahrscheinlich begann Schliemann seinen Englischkurs bei Taylor im Mai 1842. Was genau unter »Taylors Lehrmethode« zu verstehen ist und inwieweit sie mit der Schliemann'schen Methode übereinstimmt, konnte nicht festgestellt werden. Es gab damals natürlich eine große Anzahl von Namen mit den Initialen H. S., aber sie dürften tatsächlich für Heinrich Schliemann stehen. Wenn dem so ist und das Englisch dieser Anzeige von ihm stammte, hatte er in der Tat innerhalb von sechs Monaten bemerkenswert gut Englisch gelernt.

Während seines Englischstudiums lernte Schliemann mehrere Bücher auswendig. Dadurch hoffte er vielleicht Redewendungen für Geschäftsbeziehungen mit Engländern parat zu haben. Diese Redewendungen müssen natürlich in zeitgemäßem Englisch sein. Schliemann lernte jedoch auch Scotts *Ivanhoe* auswendig. Scott ließ seine Figuren in einem Englisch aus dem elisabethanischen Zeitalter sprechen: »›I hope, Sir Knight‹, said the hermit, ›thou hast given no good reason for thy surname of the Sluggard. I do promise thee I suspect thee grievously. Nevertheless, thou art my guest, and I will not put thy manhood to the proof without thine own free will.‹« Es ist zweifelhaft, ob Schliemann mit solchen Sätzen einen großen Eindruck bei seinen englischen Kollegen hinterlassen konnte. Es ist daher eine offene Frage, weshalb er *Ivanhoe* auswendig gelernt hat.

Als Schliemann nach einem halben Jahr die englische Sprache ausreichend beherrschte, wechselte er zu Französisch. Nach dem Französischen folgten vier weitere Sprachen. Je mehr Sprachen er beherrschte, desto schneller waren seine Lernerfolge.

Das Hauptthema in Schliemanns offizieller Autobiografie ist seine nie endende Liebe zu Homer und seinen Helden. Diese Liebe begleitete ihn nicht nur in seiner Jugend, sondern sie half ihm, wenn man seiner Autobiografie Glauben schenkt, auch in seinen dunkelsten Stunden. Wie bei den meisten schönen Erzählungen ist die Chance, dass sie wahr ist, eher gering. In seiner offiziellen Biografie findet sich für seinen Aufenthalt in Amsterdam keinerlei Hinweis auf seine Liebe zu Homer. Es scheint eher so zu sein, dass Schliemann in diesen Tagen keinen Bezug zu den homerischen Helden hatte. Eines der Bücher, die er benutzte, um Französisch zu lernen, waren die *Aventures de Télémaque* von Francois de la Mothe Fénélons (1651–1715) aus dem Jahr 1699. Dieses Buch war ein internationaler Bestseller und in fast alle europäischen Sprachen übersetzt. Es verwundert daher nicht, dass Schliemann die russische Übersetzung dieses Buches nutzte, um Russisch zu lernen. Er benutzte

Abb. 2 Anzeige Taylor im *Algemeen Handelsblad* vom Dezember 1842

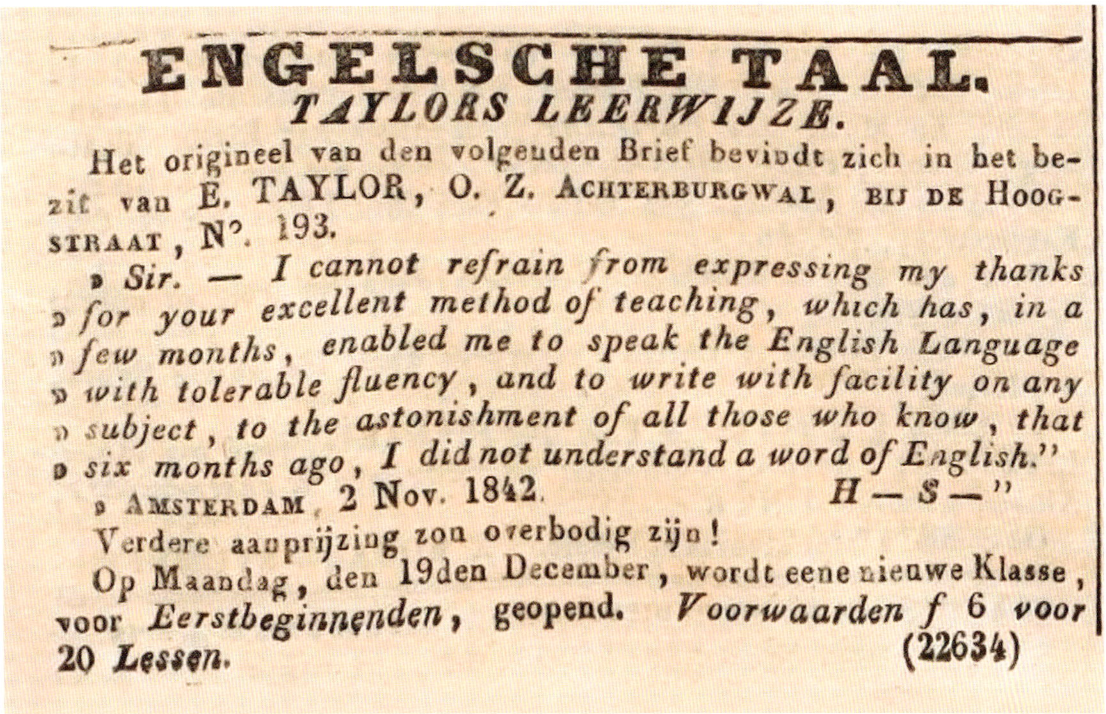

ENGELSCHE TAAL.

TAYLORS LEERWIJZE.

Het origineel van den volgenden Brief bevindt zich in het bezit van E. TAYLOR, O. Z. ACHTERBURGWAL, BIJ DE HOOGSTRAAT, N°. 193.

» *Sir. — I cannot refrain from expressing my thanks*
» *for your excellent method of teaching, which has, in a*
» *few months, enabled me to speak the English Language*
» *with tolerable fluency, and to write with facility on any*
» *subject, to the astonishment of all those who know, that*
» *six months ago, I did not understand a word of English.*"
» AMSTERDAM, 2 Nov. 1842. *H — S —* "

Verdere aanprijzing zou overbodig zijn!

Op Maandag, den 19den December, wordt eene nieuwe Klasse, voor *Eerstbeginnenden*, geopend. *Voorwaarden f* 6 *voor* 20 *Lessen.* (22634)

dieses Buch also zweimal, zuerst beim Französischlernen und dann beim Russischlernen. Er muss daher den Inhalt dieses Buches gut gekannt haben. Telemachos war der Sohn von Odysseus und ist daher jedem, der Homers *Odyssee* kennt, ein Begriff. »Calypso war untröstlich, als Odysseus sie verlassen hatte. In ihrer Trauer beklagte sie ihre Unsterblichkeit. In ihrer Höhle ertönte nicht mehr der sanfte Klang ihrer Stimme. Die Nymphen, die ihr dienten, wagten nicht mit ihr zu sprechen. Sie wandelte oft allein auf den blühenden Wiesen, die ihre Insel des ewigen Frühlings umgaben. Diese schönen Orte linderten ihren Schmerz nicht, sie erinnerten sie nur an Odysseus, mit dem sie so oft hier gewesen war. Oft verweilte sie regungslos am Ufer des Meeres, das sie mit ihren Tränen füllte, und blickte auf die Küste, von wo Odysseus' Schiff in See stach und aus ihren Augen verschwand.« So beginnt das Buch, in dem damit sogleich auf den Homerischen Helden verwiesen wird. Schliemann erwähnt diese Verbindung jedoch nicht, obgleich sich ihm hier die ideale Gelegenheit geboten hätte, für seine Amsterdamer Zeit eine Verbindung zu den homerischen Helden herzustellen. Da er dies 1880 nicht tat, ist davon auszugehen, dass er diesen Zusammenhang auch 1842 und 1843 nicht beachtete. In seiner Amsterdamer Zeit scheint er kein Verlangen danach gehabt zu haben, unbedingt Altgriechisch zu erlernen oder Homer zu lesen.

Als Schliemann am 30. Januar 1846 in Russland ankam, sprach er außer seiner Muttersprache Deutsch noch weitere sieben Sprachen: Englisch, Französisch, Spanisch, Italienisch, Portugiesisch, Niederländisch und Russisch, die sicherlich für sein aktives und erfolgreiches Geschäftsleben von Vorteil waren. Da die ersten Jahre in Russland sehr viel Zeit und Kraft für das Aufbauen des Geschäfts erforderten, kehrte er erst 1854 zu seinen Sprachstudien zurück und lernte zunächst Schwedisch und Polnisch. Während der Zeit des Krimkriegs (1853–56) kamen Dänisch und Slowenisch dazu.

Seiner Selbstbiografie nach verspürte er aber bereits in dieser Zeit den Wunsch, auch die alten Sprachen zu lernen, und als »im Januar 1856 die ersten Friedensnachrichten in Petersburg eintrafen, vermochte ich meinen Wunsch nicht länger zu unterdrücken und begab mich unverzüglich mit grösstem Eifer an das neue Studium.« So begann er 1856 seine Sprachstudien im Neugriechischen bei Nikolaous Papadakes und Theokletos Vimpos. Beide Lehrer kamen aus Athen. Auch hier nutze er seine eigene Sprachlernmethode und bereits nach sechs Wochen fühlte er sich der Sprache so weit mächtig, dass er mit dem Altgriechischen begann. Binnen drei Monaten war er nach eigener Aussage so weit, einige der alten Schriftsteller »und besonders den Homer« lesen und vestehen zu können. Das Studium des Altgriechischen verfolgte er so noch weitere zwei Jahre, in denen er die *Odyssee* und auch die *Ilias* wieder und wieder las. Nach den Studien der griechischen Sprachen folgte im Jahr 1858 Latein bei Prof. Ludwig von Muralt, was ihm keine Schwierigkeiten mehr bereitete. Während der Reise im November 1858 bis Juli 1859 über Europa nach Nordafrika, den Nahen Osten, die Türkei, Griechenland und Südosteuropa lernte Schliemann Arabisch und begann ab Ende Dezember 1858 immer wieder einige Notizen in seinen Tagebüchern in dieser Sprache zu machen. Und das, obwohl er keine eigens angestellten Lehrer hatte, sondern sich laut Tagebuch mit der Hilfe der Bediensteten auf dem angemieteten Boot begnügen musste. Selbst über das

Chinesische und Japanische machte er sich Gedanken, jedoch nur in theoretischer Weise ohne den Anspruch zu haben, auch diese Sprachen zu erlernen. Die letzte Sprache, die Schliemann lernte, war Türkisch in den frühen 1870er Jahren, als er mit den Ausgrabungen in Troja begann.

Seine Reisetagebücher zeugen von einer regen Nutzung der erlernten Sprachen, so sind insgesamt 688 Seiten auf Französisch verfasst, 670 auf Deutsch, 631 auf Griechisch, weitere auf Spanisch, Italienisch, Arabisch, Türkisch, Niederländisch und Schwedisch. Nur 36 Seiten sind auf Russisch, hingegen 10 sogar auf Urdu geschrieben. Dass Schliemann Sprachen nicht nur schnell lernte, sondern sich auch an sie erinnerte, zeigt das Tagebuch seiner Weltreise von 1864. Als er in Niederländisch-Indien (Indonesien) ankam, wechselte er in seinem Tagebuch von Russisch zu Niederländisch. Er hatte Niederländisch 22 Jahre lang nicht oder kaum benutzt. Die erste Seite ist etwas holprig, aber danach schreibt er in dieser Sprache wieder solide.

Von seiner Lernmethode war Schliemann überzeugt: »So möchte ich denn für Gegenwart und Zukunft allen Directoren von Gymnasien dringend empfehlen, die von mir befolgte Methode in ihren Anstalten einzuführen, die Kinder zuerst von Lehrern, die geborene Griechen sind, im Neugriechisch zu unterrichten und sie Altgriechisch erst anfangen zu lassen, wenn sie die moderne Sprache geläufig sprechen und schreiben können, was nach ungefähr sechs Monaten der Fall sein wird. [...] Für schreiendes Unrecht erkläre ich es, daß man heute noch Knaben acht Jahre hindurch mit dem Studium einer Sprache plagt, von der sie beim Verlassen der Schule im allgemeinen kaum mehr wissen als am Anfang«, schrieb er in seiner Selbstbiografie – und wurde gehört. Im Jahr 1891, kurz nach Schliemanns Tod, erschien die erste Auflage der »Methode Schliemann zur Selbsterlernung der englischen Sprache«, später zur französischen und spanischen und italienischen Sprache. 1889 hatte der Buchhändler Paul Spindler Schliemann ersucht, dessen Methode mit einem einleitenden Zitat aus der Selbstbiografie zu veröffentlichen, was dieser ihm gewährte.

Ausgewählte Literatur:

Jürgen Jahn, A Self-Motivated and Self-Directed Second Language Learner: Heinrich Schliemann, The Modern Language Journal 63, No. 5/6, 1979, 273–276.

Heinrich Schliemann, Selbstbiographie. Bis zu seinem Tode vervollständigt. Sophie Schliemann (Hg.). 8. Auflage (Leipzig 1955).

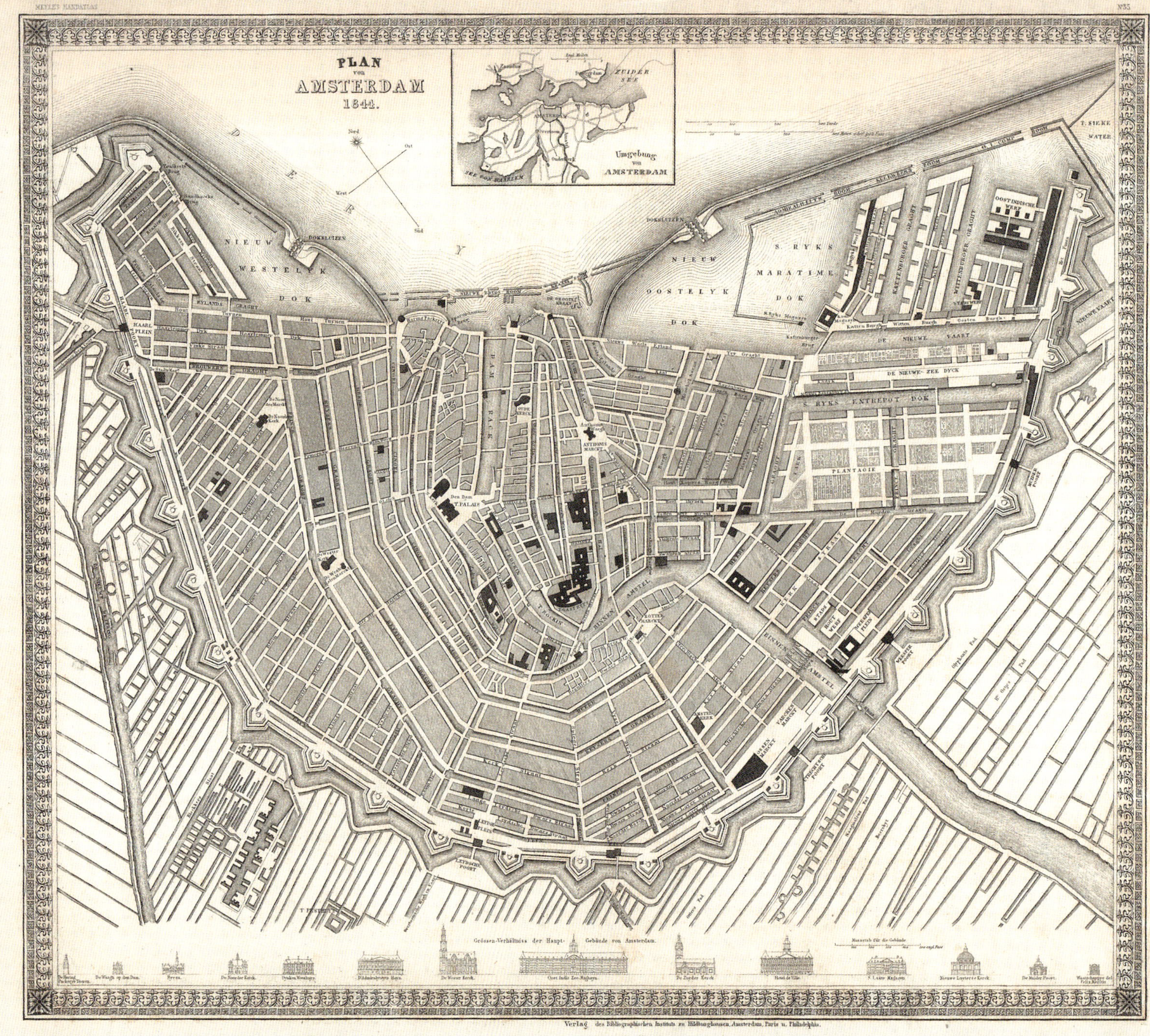

Abb. 1 Stadtplan von Amsterdam, 1844

AMSTERDAM IN DEN 1840ER JAHREN

SEBASTIAN OLSCHOK

Amsterdam war zu Beginn des 19. Jahrhunderts im Vergleich mit seiner vergangenen Blütezeit nur noch ein Schatten seiner selbst. War die Stadt während des »Goldenen Zeitalters« (1585–1672) vor allem durch die Geschäfte der Vereenigden Oostindischen Compagnie (VOC) der zentrale Knotenpunkt eines weltweiten Handelsnetzes, verlor sie im Verlauf des 18. Jahrhunderts diese Position und der wirtschaftliche Abstieg Amsterdams begann. Eine veränderte Nachfrage auf dem Weltmarkt verringerte die Gewinnmargen der VOC. Währenddessen stiegen der finanzielle Aufwand und das Risiko für den Handel durch bewaffnete Konflikte und Kriege der Vereinigten Niederlande. Gleichzeitig versandete die Zuidersee als Zugang zur Nordsee und verkomplizierte die Erreichbarkeit des Amsterdamer Hafens. Nicht nur direkt im Handel Beschäftigte verloren ihre Arbeit. Auch viele Menschen, die in den Amsterdamer Werften Schiffe bauten und instand hielten, wurden arbeitslos. So lebte ein großer Teil der Bevölkerung in ärmlichen Verhältnissen und viele Wohngebäude und Kontore standen leer. Ihren Tiefpunkt hatte diese Entwicklung während der Abhängigkeit von Frankreich zwischen 1795 und 1806 erreicht. Mit der darauffolgenden Gründung des Vereinigten Königreichs der Niederlande 1815 (ab 1830 Königreich der Niederlande) begann während der ersten Hälfte des 19. Jahrhunderts eine stetige Erholung der Stadt. Amsterdam war nun besser an neue Verkehrswege angebunden. Nach Fertigstellung des Nordhollandkanals 1824 war der Hafen wieder von der Nordsee aus durch größere Schiffe erreichbar. Die Kanalanlage Keulse Vaart (Kölner Fahrt) wurde 1825 fertiggestellt und verband bis zur Einweihung des moderneren Merwede-Kanal 1892 Amsterdam mit dem Rhein. 1839 eröffnete die Eisenbahnstrecke Amsterdam-Haarlem. Der Amsterdamer Arzt Samuel Sarphati begann in den 1840er Jahren unterschiedliche Projekte, um die hygienische Situation, die Lebensmittelversorgung und die Bildung der Bevölkerung zu verbessern. In der zweiten Hälfte des 19. Jahrhunderts siedelten sich zahlreiche neue Unternehmen in Amsterdam an. Durch weitere Infrastrukturmaßnahmen entwickelte sich die Stadt schließlich zu einer Industriestadt. Davon war Amsterdam allerdings weit entfernt, als der 19-jährige Heinrich Schliemann diese Stadt am 20. Dezember 1841 zum ersten Mal betrat.

Abb. 1 Winterliches Petersburg. Aquarell, 1849, Wassili Sadownikow »Marienpalast in Sankt-Petersburg«

HEINRICH SCHLIEMANN IN RUSSLAND 1846–50

DER PETERSBURGER WEG VOM »COMMIS« ZUM SELBSTSTÄNDIGEN KAUFMANN

ANTON GASS

Am 30. Januar 1846 blickte ein 24-jähriger Heinrich Schliemann – gerade noch Commis und nun ein Handelsagent der Amsterdamer Firma Bernhard Hinrich Schröder & Co. – auf die prächtige Stadt am Fluss Newa **Abb. 1**. Seine Reise aus Amsterdam über Hamburg und Mitau (heute Jelgava, Lettland) hatte ihn nach Sankt Petersburg, in die Handelsmetropole und die Hauptstadt des Russischen Reiches geführt. Im Reisegepäck von Schliemann befand sich die Vertretererlaubnis dreier großer Bank- und Handelshäuser aus Amsterdam, Hamburg und London sowie vier weiteren Zweig-Niederlassungen des Hauses Schröder. Zudem führte er die Empfehlungsschreiben für die Handelshäuser Alexander Mahs & Co. und Heinrich Poppe & Co. mit, zwei russlanddeutsche Firmen, die geschäftlich mit dem Hause Schröder verbunden waren.

Die Entscheidung nach Russland zu gehen, war keine spontane Idee. Bereits im Jahr 1844, als Schliemann eine Anstellung im Amsterdamer Comptoir der Herren B. H. Schröder & Co. bekam, wie er in seiner Selbstbiografie schrieb, beschloss er, sich durch das Erlernen der russischen Sprache gegenüber seinen Arbeitgebern »noch nützlicher machen zu können«. Dieses Vorhaben ist ihm gelungen. Im gleichen Jahr kommunizierte er mittels Briefen mit Wassili G. Plotnikow, dem Londoner Handelsvertreter der Moskauer Kaufmannsfamilie Maljutin. Auch in Amsterdam konnte Schliemann die russischen Kaufleute, die zu den Indigo-Auktionen kamen, mit einer Unterhaltung in ihrer Muttersprache erfreuen.

Bei dem Beschluss Schliemanns nach Russland zu gehen, spielte der Moskauer Kaufmann Sergej A. Shiwago eine wichtige Rolle **Abb. 2**. In Schliemanns Geburtsjahr 1822 eröffnete S. A. Shiwago sein erstes Geschäft in Moskau in der Twerskaja-Straße. 1847 besaß er bereits fünf große Mietshäuser in Moskau und sein Kapital umfasste ca. 800 000 Rubel (heute ca. 26 752 000 Euro). Shiwago lernte Schliemann 1845 in Amsterdam kennen, als er über Amsterdam nach Italien fuhr, um seine Gattin, Jekaterina A. Shiwago, zu einer Kur zu bringen. Als Kunde von B. H. Schröder & Co. stattete er der Firma einen Besuch ab, eben zu der Zeit, als der junge Schliemann jede Möglichkeit nutzte, seine neu erlernten russischen Sprachkenntnisse anzuwenden. Sicher war es nicht nur das Gespräch in seiner Muttersprache, das ein Interesse im 28 Jahre älteren Shiwago an Schliemann weckte. Welche Eigenschaften Schliemanns Shiwago fesselten, bleibt unbekannt, jedoch zeigte er ein großes Interesse an einer Zusammenarbeit, am besten in Russland, und versprach Schliemann Unterstützung. Möglicherweise sah Shiwago als erfahrener Kaufmann ein großes Potenzial in dem jungen deutschen Geschäftsmann. Schliemann seinerseits fiel in der umfangreichen Reihe der russischen Kunden gerade Shiwago auf, und er versuchte, dessen Sympathie und Vertrauen zu gewinnen. Zwischen den beiden entstand eine Freundschaft, die sich in der Korrespondenz seit dem Herbst 1845 widerspiegelt.

Im November 1845 einigten sich B. H. Schröder & Co. und Schliemann, dass dieser als fließend Russisch sprechender Firmenmitarbeiter nach Russland gehen sollte. Offensichtlich legte B. H. Schröder & Co. großen Wert auf einen eigenen Agenten in Russland, um transkontinentale Import- und Exportgeschäfte auf kurzem und direktem

Wege zu leiten, obwohl zu dieser Zeit in Petersburg bereits ein Tochterunternehmer der großen und verzweigten Handelsfamilie Schröder ansässig war: A. Mahs & Co.

Schon in Amsterdam beabsichtigte Schliemann nicht nur für B. H. Schröder & Co. tätig zu sein, sondern sich zukünftig selbstständig zu machen. So schrieb er in einem Brief vom 17. Dezember 1845 aus Amsterdam an Shiwago, nach Florenz: »Entsprechend Eurem Wunsch versichere ich Ihnen erneut, dass ich damit einverstanden bin, Sie in meiner Gesellschaft unter folgenden Bedingungen aufzunehmen: Ein gemeinsames Kaufhaus (gemeinsames Unternehmen) in Moskau oder in St. Petersburg mit dem Namen ›Shiwago & Schliemann‹ zu eröffnen […]« [Übers. d. Autors]. Auf das Kuvert wurde als Absenderadresse schon die künftige Petersburger Adresse gesetzt: »Den Herren Alexander Mahs & Co. zur Weitergabe an Herrn Schliemann, St. Petersburg in Russland« [Übers. d. Autors].

Einige Tage später verließ Heinrich Schliemann Amsterdam und fuhr gen Osten, in der Tasche einen Reisepass, der ihn als Kaufmann aus dem Großherzogtum Mecklenburg-Schwerin auswies **Abb. 3**.

Abb. 2 Porträt von Sergej A. Shiwago. Kalotypie, ca. 1853

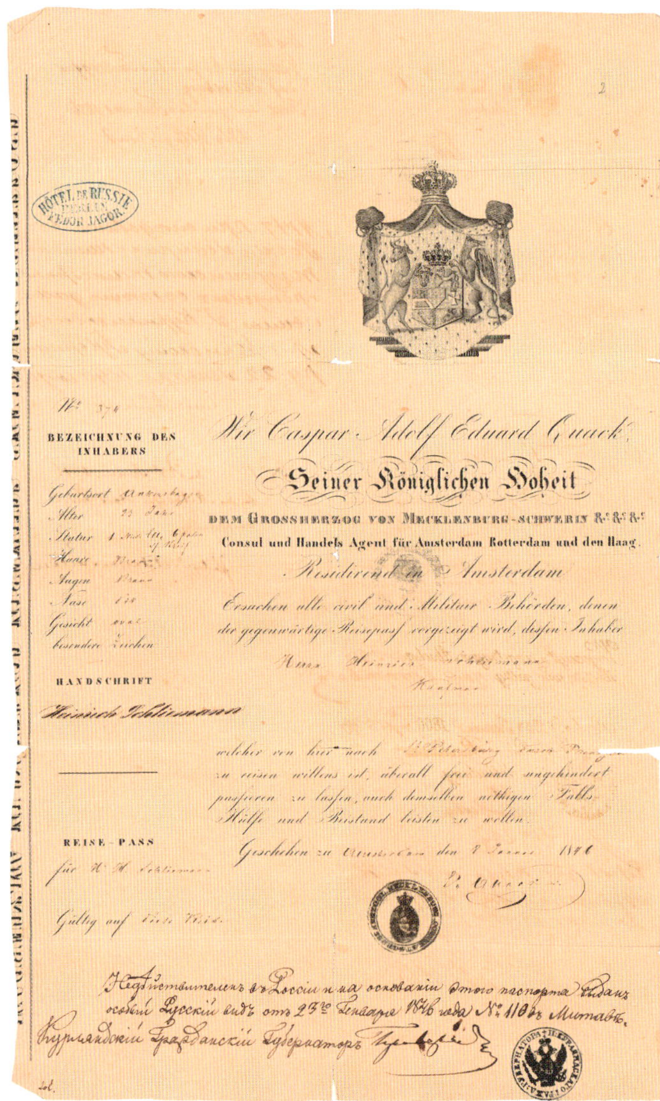

BEZEICHNUNG DES INHABERS

Geburtsort
Alter
Statur
Haare
Augen
Nase
Gesicht
besondere Zeichen

HANDSCHRIFT

Heinrich Schliemann

REISE-PASS

für H. H. Schliemann

Gültig auf eine Reise.

Wir Caspar Adolf Eduard Quack,

Seiner Königlichen Hoheit

DEM GROSSHERZOG VON MECKLENBURG-SCHWERIN &c. &c. &c.

Consul und Handels Agent für Amsterdam Rotterdam und den Haag.

Residirend in Amsterdam

Ersuchen alle civil und Militair Behörden, denen der gegenwärtige Reisepass vorgezeigt wird, dessen Inhaber

welcher von hier nach St. Petersburg zu reisen willens ist, überall frei und ungehindert passiren zu lassen, auch demselben nöthigen Falls Hülfe und Beistand leisten zu wollen.

Geschehen zu Amsterdam den 8 Januar 1846

Abb. 3 Reisepass von Heinrich Schliemann. Erstellt am 8. Januar 1846 von Caspar Adolf Eduard Quack für die Reise nach Russland. Quack war Consul und Handelsagent für Amsterdam, Rotterdam und den Haag für Seine Königliche Hoheit, den Großherzog von Mecklenburg-Schwerin.

PETERSBURGER ANFANG

In Mitau erhielt Schliemann am 23. Januar 1846 durch den Kurländischen Gouverneur der Zivilverwaltung einen russischen Pass besonderer Form, damit der »ausländische Gast« ins Zarenreich einreisen konnte. In Petersburg angekommen, benachrichtigte er gleich am ersten Tag, am 31. Januar 1846, seinen Freund Sergej Shiwago, der noch in Italien weilte. Den nächsten Brief an Shiwago schrieb Schliemann allerdings erst im Sommer, am 24. Juni. Der Brief vom 8. Juli 1846 erläuterte solch eine lange Schreibpause »[…] wegen Eurer 30 Fässer mit Krapp (Färberröte) verlor ich 4000 Rubel [heute ca. 129 800 Euro]; diesen für mich großen Verlust nehme ich auf meine Rechnung, um Ihnen zu beweisen […] wie hoch ich Ihre Freundschaft schätze« [Übers. d. Autors]. Bald endeten die geschäftlichen Beziehungen zwischen Schliemann und Shiwago, ohne richtig in Schwung gekommen zu sein, ihre private Freundschaft bestand hingegen noch längere Jahre.

Wie Schliemann es noch in Amsterdam ausgemacht hatte, wohnte er die ersten Tage in Petersburg bei Alexander Mahs. Danach zog er an den Ostrand der Stadt, in das Hotel Tilge. Hier wohnend nahm er seine kaufmännische Tätigkeit wahr. Er nutzte seine in Amsterdam erlernten Kenntnisse rund um den Farbstoff Indigo und betrieb hauptsächlich ein Importgeschäft mit Indigoblau **Abb. 4**. Schliemann war hoch motiviert und ging mit außergewöhnlicher Energie ans Werk. Eine der ersten wichtigen Aufgaben war es, ein ausgedehntes und verlässliches Netzwerk mit den Kaufleuten aufzubauen. So kontaktierte er den mittlerweile in Petersburg wohnenden Wassili G. Plotnikow, den er 1844 kennengelernt hatte, als Plotnikow als Handelsvertreter der Kaufmannsfamilie Maljutin in London weilte. Über Plotnikow fand Schliemann Zugang zu den Brüdern Maljutin, Textilfabrikbesitzern und Kaufleuten. Die Brüder Michail, Pawel und Nikolaj hatten in Moskau die Handelsgesellschaft Brüder Maljutin gegründet, die mit Textilien handelte: Schals, Kaliko, Vichy-Stoff, Brokat, Papiergarn, Rohbaumwolle und Wollwaren. Für ihre Textilien benötigten sie verschiedene Farbstoffe. Vor allem Indigo wurde in Europa über ihren Agenten angekauft. Der Hauptsitz der Gesellschaft Brüder Maljutin befand sich in Moskau und wurde vom älteren der drei Brüder, Michail geleitet. Pawel Maljutin führte die Petersburger Filiale und der Jüngste, Nikolaj unterstützte die älteren Brüder.

Abb. 4 Indigoblau als Handelsware

Noch aus Florenz empfahl Sergej Shiwago, Kontakt zu seinem Moskauer Bekannten, Wladimir S. Alexejew aufzunehmen. Alexejew gehörte zu einer Kaufmannsfamilie in dritter Generation. Er besaß eine Goldcannetille-Manufaktur und handelte mit Wolle, die er an verschiedene Textilfabriken weiterverkaufte. Für seine eigenen Textilfabriken benötigte er eine große Menge an Indigo.

Das Interesse an einem persönlichen Kennenlernen und daraus resultierenden Großgeschäften, zumindest mit diesen beiden Moskauer Unternehmen, bewegte Heinrich Schliemann, bereits am 6. Februar 1846 nach Moskau zu reisen. Wie wichtig ihm sein Vorhaben war, zeigt die Tatsache, dass Schliemann sich bereits eine Woche nach seiner Ankunft in Petersburg mitten im tiefsten Winter auf den Weg nach Moskau machte – eine mehrtägige Fahrt über 700 Kilometer, die nur mit Schlitten und Reitpferden möglich war.

Die Gespräche in Moskau waren offensichtlich ergebnisreich, da im Frühling desselben Jahres die zweite Reise nach Moskau führte. Insgesamt absolvierte Heinrich Schliemann in seinem ersten russischen Jahr vier Geschäftsreisen nach Moskau. Brüder Maljutin zählte anschließend zur Kundschaft Schliemanns und auch die Moskauer Firma Wladimir Alexejew kaufte in den kommenden Jahren Indigo. 1847, ein Jahr nach Beginn der Geschäftsbeziehung, bat Alexejew Schliemann als Vormund und Protegé für seinen Sohn Semjon im Zuge von dessen zweijähriger Handelslehre in Amsterdam tätig zu sein. Diese Gefälligkeit erwies Schliemann gerne.

In Moskau lernte Schliemann auch Wassili A. Perlow kennen, einen Kaufmann der 1. Gilde, der einen Großhandel mit Tee betrieb und als erster russischer Kaufman Tee im Einzelhandel verkaufte. Perlow bestellte bei Schliemann Tee für sein Handelshaus. Die Geschäfte mit Brüder Maljutin liefen hingegen nicht besonders gut. Schliemann erlitt Verluste und einige Jahre später schrieb er über sie als »unsere geizigsten Kaufleute in Russland«. Wie schon bei Shiwago blieben die persönlichen Beziehungen trotz geschäftlicher Differenzen jahrelang freundschaftlich. Sowohl Michail als auch Pawel baten Heinrich Schliemann immer wieder, ihre geschäftliche Korrespondenz mit europäischen Partnern zu übersetzen. Da Schliemann zu seiner russischen Zeit außer seiner Muttersprache Deutsch noch Englisch, Französisch, Spanisch, Italienisch, Portugiesisch, Niederländisch und Russisch beherrschte, war es für ihn nicht besonders schwer. Diese Tätigkeit Schliemanns als Korrespondenzübersetzer zeigte, wie hoch die Brüder Maljutin ihn schätzten. Obwohl er ein aktiver Kaufmann war, vertrauten sie ihm ihre Kaufmannsgeheimnisse an. Schliemann nutzte die dadurch gewonnenen Kenntnisse indirekt, weil er immer sehr gut informiert war, mit wem und in welchem Umfang die Gesellschaft Brüder Maljutin Geschäfte abwickelte.

Doch zurück ins Jahr 1846: Nicht nur Kaufleute aus Moskau standen auf Schliemanns Agenda-Liste, auch eine ganze Reihe von Kaufleuten aus Petersburg begann Heinrich Schliemann zu kontaktieren. Diese Liste führte Prokopi I. Ponomarjow, eine der berühmtesten Persönlichkeiten Petersburgs an **Abb. 5**. Als einfacher Bauer aus der Kleinstadt Ljubim im Gouvernement Jaroslawl war Ponomarjow 1846 zum Kaufmann der 1. Gilde mit internationalem Großhandel aufgestiegen und wurde in den erblichen unbetitelten Adelsstand erhoben. Zudem war er ein Ehrenmitglied der Sankt Petersburger Handelshochschule, ein bekannter nationaler und internationaler Mäzen sowie ein Hofrat. Ponomarjow strebte danach, die Entwicklung des nationalen und internationalen Marktes in Russland nach vorne zu bringen. Allein die Zollabgaben seiner Geschäfte trugen dem Finanzministerium zig Millionen Rubel ein. Mit Ponomarjow führte Schliemann einen Teegroßhandel. Zu nennen ist auch Nikolaj W. Lepjoschkin, ein Kaufmann der großen Moskauer Lepjoschkin-Dynastie, der in Petersburg wohnte und mehrere Chemie-Fabriken besaß, die Haushaltschemikalien wie Seife, Natron, Chlor, Ölfarben oder Klebstoffe herstellten. Er war Schliemanns erster russischer Abnehmer von Sandalin (Farbstoff aus dem Sandelholz).

Abb. 5 Porträt von Prokopi I. Ponomarjow. Etwa 1853.

Schliemanns Arbeitsenergie, sein persönlicher Elan und Ehrgeiz brachten raschen Erfolg. Bereits 1846 schrieb er selbst, dass er fast mit allen ersten Gesellschaften und Kaufhäusern in geschäftlichen Beziehungen stand. Schliemann handelte überwiegend mit sogenannten Kolonialwaren. Durch seine Kontakte in Mittel- und Westeuropa, vor allem in Amsterdam, London und Hamburg importierte er sehr erfolgreich tropische Farbstoffe, vor allem Indigo, hochwertige Genussmittel, wie Kaffee, Tee, Zucker und Tabak sowie einige industrielle Rohstoffe: Salpeter, Schwefel, Blei.

Seine persönlichen Kontakte zu einflussreichen russlanddeutschen Geschäftsleuten halfen ihm seine Geschäfte zu optimieren. So z. B. nahmen die Handelshäuser in Petersburg A. Mahs & Co. und H. Poppe & Co. die Geschäftsbriefe für Schliemann entgegen und vermittelten für ihn die Warenlieferungen. Die Geschäfte mit den Moskauer Kaufleuten liefen zum Teil über einen Handelsvertreter namens Billet in der Große-Lubjanka-Straße im Moskauer Stadtzentrum.

In den 1840er und 1850er Jahren entwickelten sich die Gouvernements Petersburg und Moskau zu führenden Textilzentren im Russischen Zarenreich. Es entstand eine ganze Reihe neuer großer Textilmanufakturen und -fabriken **Abb. 6**, die Seide bearbeiteten, Baumwolle spannen oder Baumwollgewebe bedruckten (die sogenannten Kattundruckereien). Die Textilproduktion stieg rapide und der Bedarf an Farbstoffen wuchs kontinuierlich. Die zunehmende Industrialisierung Russlands, sowohl in der Leicht- als auch Schwerindustrie begünstigte den Geschäftserfolg von Heinrich Schliemann, der vor allem als Farb- und Rohstofflieferant agierte.

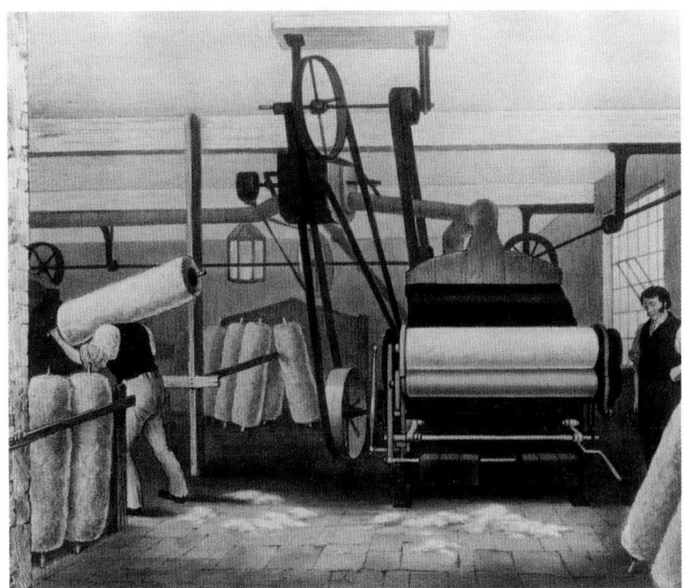

Abb. 6 Textilfabrik um 1850

Vom 1. Oktober bis zum 14. Dezember 1846 unternahm Schliemann seine erste Geschäftsreise nach Europa, die ihn durch Lübeck, Hamburg, Bremen, Amsterdam, Rotterdam, London, Liverpool, Manchester, Le Havre, Paris, Brüssel und weitere Städte führte. Er besuchte Indigoauktionen und führte Handels- und Kreditverhandlungen mit dem Handelshaus B. H. Schröder & Co. in Amsterdam sowie mit dem Bankhaus J. H. Schröder & Co. in London. Ab Februar 1846 bekam er aus Amsterdam die im Wochentakt erscheinende Preisliste für Importwaren und die Tabellen mit den Wechselkursen. Die darin erhaltenen Informationen im Zusammenhang mit seinen persönlichen Aktivitäten verschafften ihm einen hervorragenden Überblick über die Marktsituation in Europa und Russland. Die gewonnenen Kenntnisse setzte er um, um richtige Schlüsse zu ziehen und große Mengen an Indigoblau, verschiedene »Kolonialwaren« sowie industrielle Rohstoffe günstig zu erwerben, nach Russland zu importieren und dort gewinnbringend zu verkaufen.

Schliemann baute sich ein ausgedehntes Netzwerk auf. Allein im Jahr 1846, in den ersten elf Monaten seit Beginn seiner Tätigkeit in Russland schrieb er rund 400 Briefe mit meist geschäftlichem Charakter.

Die raschen Erfolge und die hohen Geldsummen, mit denen Schliemann nun operierte, stiegen dem Amsterdamer Commis, der er erst kürzlich noch gewesen war, zu Kopf. In seiner Selbstbiografie schildert Heinrich Schliemann diese Zeit wie folgt »[…] und hier [in Petersburg] sowohl als auch in Moskau wurden schon in den ersten Monaten meine Bemühungen von einem Erfolg gekrönt, der meiner Chefs und meine eigenen größten Hoffnungen noch weit übertraf.« Jedoch illustriert die Korrespondenz seiner »Prinzipale« aus dem Hause Schröder nach Petersburg, dass nicht alles so reibungslos verlief und dass der junge Kaufmann noch vieles lernen musste. Am 3. Juni 1846 schrieb B. H. Schröder aus Amsterdam an Heinrich Schliemann: »Unsere Befürchtungen haben sich leider realisiert, indem Sie in Ihrer Correspondenz einen Ton annehmen, wie er durchaus keinem Geschäftsmann eigen ist, und wie wir ihn nicht führen lieben. […] Aus den Diamanten-Consignationen wird wohl nichts werden, die aufgegebenen Preise geben keine Rechnung, während Sie sich einbilden, daß Geld damit zu verdienen sei, und herrlicher Aussichten phantasieren, die indessen eben wie bei anderen Sachen nur in Ihrer Einbildung liegen […]. Leben Sie wohl und nehmen Sie diesen Brief, wie er geschrieben ist, aus freundschaftlichem Interesse für Ihr Wohlergehen.«

Obwohl Schliemann daraufhin Ende 1846 in den Filialen Schröders vorstellig wurde, besserte sich »das Benehmen« des russischen Vertreters kaum. Als Folge traf ein weiterer Belehrungsbrief ein: diesmal aus Hamburg mit deutlich schärferen Tönen von J. H. Schröder. Am 13. Februar 1847 schrieb er Heinrich Schliemann eine Antwort auf seine Januar-Briefe: »Sie haben durchaus keine Kenntnisse von Menschen und Welt, schwatzen und versprechen viel zu viel, schwärmen immerwährend für Hirngespinste […] – Wenn Sie Ihr Ziel erreicht glauben, werden Sie grob und arrogant gegen Freunde […]. Wir kennen Sie und hegen die Hoffnung, daß Sie später ein gebildetes und angenehmes Mitglied der Gesellschaft werden und nachdem Sie […] Ihre praktischen kaufmännischen Kenntnisse ausgebildet haben, auch für sich selbst eine ehrenvolle Stellung in der Kaufmanns- und Welt überhaupt annehmen. […] Jetzt, nehmen Sie es mir nicht übel, überschätzen Sie sich ganz und gar, träumen von Ihren ungeheuren Leistungen und Vorteilen, die Sie uns schaffen, und nehmen einen Ton an und machen die absurdesten Pretensionen, immer vergessend, dass unsere Geschäfte ohne Sie, aber gut bestehen. […] Ihre guten Eigenschaften verkenne ich keinen Augenblick, denn wenn ich nicht glaubte und hoffte, daß aus Sie noch etwas zu machen wäre, und Interesse an Ihrem Schicksal nähme, so hätte ich mir nicht schon früher oder auch heute die Mühe gegeben, Ihnen nun zu Ihrem Besten zu raten und auf Ihre Fehler aufmerksam zu machen.«

Diese Korrespondenz zeigte eine positive Wirkung. Heinrich Schliemann lernte aus seinen Fehlern; hier zeigt sich seine Hartnäckigkeit, seine Lernbereitschaft und sein Durchsetzungsvermögen, als er sich das ganze Jahr 1847

Abb. 7 Sankt Petersburg, Senatspalast mit dem Reiterstandbild Peters des Großen auf dem Senatsplatz, 1900

»vom frühen Morgen bis zum späten Abend« den Gedanken widmete »wie man erfindungsreich und anständig neue kommerzielle Gewinne erzielen kann«. In seinem Brief an Sergej Shiwago vom 24. Februar 1847 schrieb er, dass er im Laufe dieses Jahres allumfassende Erfahrung und Kenntnisse in den Feinheiten des russischen Handels zu sammeln anstrebe. Schlussendlich überstanden seine freundschaftlichen und geschäftlichen Verhältnisse zu seinem »Prinzipale« die Komplikationen der ersten Jahre und wurden lebenslang fortgeführt.

Während des ersten Jahres in Petersburg wechselte Schliemann seine Wohnadresse mehrmals. Nach dem Hotel Tilge folgten die Appartements im Hotel Gejde auf der Wassiljewski-Insel in der Stadtmitte und eine Wohnung im Haus des Kaufmanns I. W. L. Frese. Nach der Rückkehr von seiner ersten Geschäftsreise nach Europa mietete er ab dem Jahreswechsel 1846/47 eine relativ geräumige Wohnung im Haus der Erben von Graf Nikolaj Sievers, einer deutschen Petersburger Familie. In diesem Haus Nr. 10 (nach heutiger Nummerierung Nr. 9) auf der Potschtamtskaja-Straße bewohnte er Wohnung Nr. 11 im ersten Obergeschoss. Die ruhige Straße im Zentrum von Petersburg lag nah bei der Isaakskathedrale, die damals noch eine Baustelle war und später die Hauptkathedrale der Stadt werden sollte, sowie unweit des Senatplatzes **Abb. 7**, wo heute wie damals ein bronzenes Reiterstandbild Zar Peters des Großen (»Der eherne Reiter«) steht. Die Lage der Wohnung hatte für Schliemann höchstwahrscheinlich zwei Vorteile. Das Haus stand gegenüber dem Hauptpostamt, dessen Dienste Schliemann als fleißiger Briefkorrespondent oft in Anspruch nahm. Zudem befand sich die Wohnung in direkter Nähe zur Strecke Petersburg – Narwa. Narwa (heute Narva, Estland) war damals ein kleines Städtchen an der Ostseeküste ca. 160 Kilometer südwestlich von Petersburg mit einem ziemlich großen Anteil deutscher Einwohner. Direkt am Meer gelegen, hatte es einen eigenen Hafen und entwickelte sich im 19. Jahrhundert zu einem Zentrum der Textilherstellung, sodass Heinrich Schliemann dort auch Handelsinteressen hatte. Im Haus in der Potschtamtskaja-Straße wohnte Schliemann bis zu seiner Amerika-Reise 1851.

Während der ersten Hälfte des 19. Jahrhunderts war die Regierung des Russischen Kaiserreichs weiterhin bestrebt, Kaufleute, Gewerbetreibende, bäuerliche Kolonisten und andere beruflich qualifizierte Kräfte aus Europa für eine Umsiedlung nach Russland zu gewinnen. Den Einwanderern gewährte der Staat Privilegien und Sonderrechte. In dieser Hinsicht konnte Schliemann von der zaristischen Einwanderungspolitik profitieren.

Um seine soziale Position und rechtliche Stellung zu stärken und einen staatsbürgerlichen Schutz gegenüber den zaristischen Behörden zu bekommen, unternahm Schliemann einen weitreichenden Schritt in seinem Leben.

DER BÜRGER DES RUSSISCHEN REICHES – SCHLIEMANN ANDREJ ARISTOWITSCH

Am 15. Februar 1847 nahm Heinrich Schliemann die russische Staatsbürgerschaft an und wurde seit diesem Zeitpunkt von vielen Personen seiner russischen Umgebung nach russischer Manier Andrej Aristowitsch (russische Variante von Heinrich, Sohn von Ernst) Schliemann genannt. Jedoch wurde er in offiziellen Unterlagen weiterhin als Генрих Шлиманъ (Genrich Schliman = Heinrich Schliemann) erwähnt. Am 19. Februar 1847, das heißt vier Tage nach dem Erhalt der russischen Staatsbürgerschaft, erwarb er das Patent eines Kaufmanns der 2. Gilde von St. Petersburg als »ein Ausländer, der die russische Staatsbürgerschaft hat«. Zusammen mit 2397 anderen Kaufläuten der 2. Gilde von Sankt Petersburg wurde er im »Buch über Veränderungen in der Anzahl der Kaufleute des Gouvernements Sankt Petersburg im Jahr 1847« eingetragen. Dieses Patent bescheinigte ihm höhere Kreditwürdigkeit und erlaubte Schliemann, eigene Mitarbeiter zu beschäftigen. Gleichzeitig verlangte das Patent eines Kaufmanns der 2. Gilde von St. Petersburg, dass sein Inhaber über ein Kapital von mindestens 20 000 Silberrubel (ca. 670 000 Euro) verfügte, von dem er jährlich 1,25 % Steuern zu entrichten hatte. Der Jahresgildenbeitrag für die 2. Gilde in Sankt Petersburg belief sich auf 264 Silberrubel, die man vor dem Gildeneintritt an die Gildenkasse der Stadt zahlen musste. Das Patent wurde immer für ein Jahr verliehen und konnte entweder gekündigt oder verlängert werden. Die Kaufmannschaft, die durch das Patent bescheinigt wurde, wurde nicht vererbt, sondern stand allen Bevölkerungsschichten offen, solange die daran interessierten Personen imstande waren, den Jahresgildenbeitrag zu entrichten und die dem angegebenen Mindestkapital entsprechende Steuer zu zahlen. Die Zugehörigkeit zu den Kaufmannsgilden verschaffte Staatsschutz und Privilegien. Durch die Mitgliedschaft in der 2. Kaufmannsgilde wurde man von der Kopfsteuer, der Pflicht zum Militärdienst und von körperlichen Strafen befreit. Man bekam das Recht, unbewohnte Grundstücke zu erwerben, konnte mit staatlichen Medaillen und Orden ausgezeichnet werden und erhielt damit verbundene weitere Vorteile und Privilegien. Durch die Anerkennung der kaufmännischen Leistungen konnte man beispielsweise den zivilen Grad des Staatsdiensts (z. B. Kollegiensekretär, Titularrat oder Hofrat) erlangen. Alle diese Grade hatten eigene Vorteile und Privilegien. Schlussendlich besaßen die Kaufmänner der 1. und 2. Gilden ein Pass-/Reisepassprivileg, was bedeutete, dass sie von der An- und Abmeldepflicht vor und nach den Reisen bei der für die Wohnadresse zuständigen Bürgerbehörde befreit waren. Sie genossen somit eine Reisefreiheit, die sonst nur der Adel hatte.

Ausgestattet mit den erforderlichen Unterlagen und Rechten gründete Heinrich Schliemann 1847 seine eigene Handelsfirma in Sankt Petersburg und eröffnete im Großen Handels-Hof auf dem Newski-Prospekt im Stadtzentrum ein Kontor **Abb. 8**. Im Lauf des Jahres führte er Verhandlungen mit dem Handelshaus der Petersburger Kaufmannsfamilie Ponomarjow, um eine gemeinsame Firma für Teegroßhandel zu eröffnen. Jedoch konnte dieses Vorhaben nicht realisiert werden. Trotz gewaltiger Meinungsunterschiede in geschäftlichen Dingen konnte Schliemann die freundschaftlichen Beziehungen zur Familie noch mehrere Jahre weiter pflegen – vor allem zum Oberhaupt der Dynastie, Prokopi I. Ponomarjow und dessen Enkelkind, Prokofi I. Ponomarjow (1827?–88). Schliemann war auf Bitten Prokopi Ponomarjows für die Erziehung von Ponomarjow junior zuständig. Er schlug vor, den Jungen nach Paris zur Ausbildung zu schicken und sandte ihm aus Petersburg »Erziehungsbriefe«.

Die erste Phase der Verhandlungen mit dem Moskauer Unternehmer und Kaufmann Wassili I. Jakuntschikow verlief sehr positiv, umso unerwarteter und nieder-

Abb. 8 Gostiny dvor/Handelshof am Newski-Prospekt in Sankt Petersburg, 1885

schmetternder war die Absage aus Moskau. Im gleichen Jahr versuchte Sergej Shiwago die Idee eines gemeinsamen Unternehmens in Moskau zu reanimieren. Diesmal kam die Absage aus Petersburg, von Schliemann. Er wollte das freundschaftliche Verhältnis zu Shiwago weiter pflegen, jedoch keine kommerziellen Beziehungen mit ihm haben.

Als aktiver Kaufmann der 2. Gilde benötigte Heinrich Schliemann nicht nur kaufmännisch-wirtschaftliche, sondern auch rechtliche Kenntnisse, um seine Geschäfte erfolgreich zu absolvieren. Aus diesem Grund suchte er immer wieder die fachliche Unterstützung von Juristen. 1847 lernte er den Anwalt Pjotr A. Lyshin kennen, der ihn in rechtlichen Angelegenheiten beriet. Lyshin gehörte zu einer Kaufmannsdynastie aus dem russischen Norden, wo seine Vorfahren in Cholmogory und Archangelsk hauptsächlich durch Holzgeschäfte (Waldwirtschaft, Holzbearbeitungsmanufakturen und Sägewerke) ihr Geld verdienten, sodass Lyshin der Handel und das Kaufmannsleben nicht ganz fremd waren. Heinrich Schliemann stand nicht nur Pjotr Lyshin, sondern der ganzen Familie nahe. Der Höhepunkt dieser familiären Annäherung wurde Jahre später, 1852 erreicht, als er die Tochter von Pjotr Lyshin, Jekaterina, heiratete.

Im Jahr 1847 beabsichtigte Schliemann sein Privatleben noch anders zu gestalten. Da er sich finanziell halbwegs sicher fühlte und einige wichtige Schritte zum Aufbau seines sozialen Status – die russische Staatsbürgerschaft und Kaufmannsgildenmitgliedschaft – bereits getan hatte, versuchte er seine Stellung innerhalb der Gesellschaft durch Änderung seines Familienstands auszubauen. Er sandte einen Brief nach Neustrelitz an Familie Meincke mit dem Heiratsantrag an seine Jugendfreundin Minna **(vgl. Beitrag Minna Meincke)**, die allerdings zu diesem Zeitpunkt schon verheiratet war. Schliemann stellte in seiner Selbstbiografie dieses Ereignis sehr dramatisch dar: »Diese Enttäuschung erschien mir damals als das schwerste Schicksal, das mich überhaupt treffen konnte: ich fühlte mich vollständig unfähig zu irgendwelcher Beschäftigung und lag krank darnieder«. Im Oktober 1848 lernte er in Petersburg die Russlanddeutsche Sophie Hecker kennen und schrieb: »Ich befinde mich auf dem Gipfel des Glückes. Welch süße Entschädigung nach so vielen Leiden!«. Ziemlich bald folgte die Verlobung mit Fräulein Hecker, die jedoch im November 1849 gelöst wurde. Danach folgte »eine hübsche, sehr kluge Russin« – Jekaterina Lyshina, seine spätere Frau. Jedoch hatte er zunächst vergeblich um sie geworben – sie hatte seinen Heiratsantrag abgelehnt.

Abb. 9 Sankt Petersburg, Blick auf die Newa, den Hafen und die Börse. 1815 Radierung von Clark & Dubourgh nach einer Zeichnung von Mornay

GESCHÄFT, GEWINN, VERMÖGEN … THEATER, CLUB, REITHALLE … GESCHÄFT, GEWINN, GESCHÄFT

Heinrich Schliemann tauchte tief in die Welt des Handels ein. Er setzte dabei sehr stark auf seine Fremdsprachenkenntnisse. Obwohl es keine allumfassende Sprachbeherrschung war, reichten die Kenntnisse für Sprach- und Schriftunterhaltung auf direkten Wegen und ohne Übersetzer. Im Vergleich zu mehreren russischen Handelsagenten, die nur Russisch sprachen und sich in Westeuropa unsicher fühlten, ging Schliemann direkt mit verschiedenen Unternehmern um, ohne auf die Unterstützung Dritter angewiesen zu sein, sodass er dadurch rasche Erfolge bei seinen Verhandlungen erleben konnte. Die hervorragenden Marktkenntnisse, seine Mobilität und Beherrschung mehrerer europäischer Sprachen waren die Grundlage für seinen kommerziellen Erfolg. Ende 1847 konnte er 6000 Gulden (ca. 104 400 Euro) Reingewinn verbuchen.

In weniger als zwei Jahren schaffte er es, vom beauftragten Handelsagenten der Amsterdamer Firma B. H. Schröder & Co. in Russland zu einem eigenständigen Großhändler aufzusteigen. Im Jahr 1848 verbuchte er einen Jahresgewinn von 10 000 Gulden (ca. 226 000 Euro). Sein Bekanntenkreis wuchs kontinuierlich weiter. In Petersburg lernte er den Chemiefabrikanten Engelbrecht Curtius und die russisch-deutschen Kaufmänner der 1. und der 2. Gilde von Petersburg Garwet, Scher und Wassili (Wilchelm) F. Schlisser kennen. Da Schliemann kein Geschäft oder Kaufhaus in der Stadt hatte, handelte er über sein Kontor direkt im Hafen **Abb. 9**. Hier verkehrte er mit weiteren Kaufleuten deutscher Abstammung, die wie er, nur am Hafen handelten. Zu nennen sind die Kaufmänner Peter Heinrich von Witt und Adolf Wilhelm Rotermund, der von Dresden nach Petersburg kam. Ebenfalls im Hafen handelte Friedrich Wilhelm Walz, ein Kaufmann der 1. Gilde und Ehrenbürger von Petersburg. F. W. Walz hatte jedoch ein eigenes Kaufhaus in der Stadt und war seit 1854 als Generalkonsul des Königreichs Bayern in Petersburg tätig. Der Kreis der neuen Bekanntschaften bestand nicht nur aus russisch-deutschen Kollegen. Dazu gehörten auch Michail F. Maljukow, Kaufmann der 1. Gilde des Großfürstentums Finnland, und Konstantin August Oesterreich, ein im Zuckerhandel tätiger Kaufmann der 1. Gilde von Hamina (Fredrikshamm) in Finnland und Petersburg. Letzterer war 1857–60 Direktor der Kaufmannschaft der Kommerzbank in Petersburg und gleichzeitig Verwalter der Zuckerhandelsunternehmen von Baron Alexander L. von Stieglitz und noch später, 1860–67, Direktor der Staatsbank von Russland.

In seinem Brief vom 30. Juni 1848 an Sergej Shiwago erwähnt Heinrich Schliemann, dass dieses Jahr für ihn sehr erfolgreich sei. Allein in den letzten zwei Monaten hätten ihn elf komplette Schiffsladungen mit unterschiedlichen Waren erreicht, die er sehr gut verkaufe und in den kommenden dreieinhalb Monaten erwarte er noch weitere 14 bis 15 Schiffe. Neben den sachlichen Briefen finden sich in seiner Korrespondenz immer wieder Briefe an Freunde oder einige Passagen, die seinen Alltag oder seine Gedankenwelt schildern. So erfahren wir aus seinen Briefen von 1848 an Prokofi I. Ponomarjow junior, dass er gelegentlich ins Theater ging: »Am Mittwoch, den 7. Januar [1848] fand die Bénéfice Guasko statt […]. Das Werbungsplakat kündigte am Samstag auch über Bénéfice der Frau Berendorf im Deutschen Theater, das mir sehr attraktiv erschien […].« [Übers. d. Autors]Morgens nahm er je nach Wetter eine kalte Dusche oder ging schwimmen. Zur Mittagstunde traf er im Herrenclub ein, wo er an einem Tisch für 70 Personen zu Mittag aß. Im traurigen Sommer 1848, als in der Stadt die Choleraepidemie wütete, schrieb er in einem anderen Brief nach Paris an Prokofi I. Ponomarjow junior, dass er im Herrenclub niemanden sah, der etwas anderes als Portwein trank. Der Grund dafür sei die Cholera. Das wichtigste Arzneimittel dagegen läge in der Fröhlichkeit und um fröhlich zu sein, müsse man Portwein trinken. Von der Choleraepidemie blieb Schliemann verschont. Jedoch legte ihn Ende des Jahres die Grippe für fast vier Monate lahm. Nach der Genesung griff er zu unterschiedlichen Prophylaxemaßnahmen und »verschrieb sich dem Reitsport«. Er verbrachte danach oft jede freie Stunde in der Reithalle, weil er das Reiten als sehr nützlich für sich empfand.

Interessant sind seine Schilderungen des Petersburger Wetters. Im März 1848 schrieb er Prokofi I. Ponomarjow junior: »Der März hatte gerade begonnen, von der [verschneiten] Straße blieb nur eine Erinnerung. Die Menschen mit inbrünstiger Vorstellungskraft, die Schlittenkutscher, besonders ortsfremde aus Dörfern, nehmen die Erinnerung für eine Tatsache und kutschieren noch immer in Schlitten. Wie sie es schaffen, welche Tricks sie anwenden, um sich auf dem nackten Pflasterstein, der mancherorts mit verwehtem, nicht ganz durchgefrorenem Schlamm bedeckt ist, nach vorne zu bewegen, bleibt ein Geheimnis« [Übers. d. Autors] **Abb. 10**.

Als Großverdiener der Familie begann Heinrich Schliemann einige Angelegenheiten seiner Geschwister zu regeln. Er lud seinen 16-jährigen Bruder Paul ein, nach Petersburg zu kommen, um dort eine Ausbildung zu machen. Zudem lieh er seinem Bruder Ludwig 200 Gulden, um ihm die Überfahrt nach Kalifornien zu ermöglichen. Ludwig siedelte nach Amerika um und lebte dort bis zu seinem Tod 1852. Im Sommer 1850 finanzierte er die Reise seiner Schwester Wilhelmine nach Russland, die dort eine Erziehung und Ausbildung zur gebildeten und frommen Dame genoss. Wilhelmine wohnte bei Schliemanns Freund Sergej Shiwago. Grundsätzlich muss vermerkt werden, dass Heinrich als reicher Bruder im Lauf der Zeit all seine vier Schwestern finanziell unterstützte.

Das Jahr 1849 stand für Schliemann ganz unter dem Zeichen des Geschäfts. Hunderte seiner Briefe sind

Abb. 10 Der Petersburger »Omnibus«. Holzstich um 1860

trocken und sachlich, sie beinhalten Zahlen, Bestellungen und Geschäftsinformation. Für allgemeine Beobachtungen und »Lyrik« gibt fast gar keinen Platz mehr. In diesem Jahr erreichte er sein Maximum an Importen mit 18 Schiffen **Abb. 11**, die in den Schiffslisten des Hafens St. Petersburg eingetragen sind. Im September 1849 eröffnete er eine Filiale in Moskau, die von seinem Vertreter Alexej F. Matwejew geleitet wurde. Matwejew erwies sich als ein treuer, verlässlicher und pedantischer Mitarbeiter, sodass seine eigenen Charakterzüge mit denen seines Arbeitgebers sehr gut zusammenpassten. Matwejew wurde von Schliemann hochgeschätzt und blieb ihm bis zu seinem Todestag am 21. August 1860, als er an Cholera starb, treu.

Abb. 12 Moskau, 1852. Blick auf den Kreml und die Moskwa

REISELUST

Im Februar 1850 reiste Heinrich Schliemann erneut nach Moskau **Abb. 12**. Am 4. März des gleichen Jahres unternahm er eine geschäftliche Europareise. Zu den Stationen dieser Reise gehörten Berlin, Amsterdam, London, Liverpool, Paris, Hamburg, Lübeck und weitere Städte. Schon am 5. Mai 1850 kehrte er nach Petersburg zurück. Zu diesem Zeitpunkt maß sein Vermögen rund 50 000 Reichstaler bzw. 180 000 Mark (heute vergleichbar mit ca. 2 Mio. Euro), das er überwiegend durch Importe verdient hatte.

Nach der Rückkehr aus Europa beabsichtigte Heinrich Schliemann, in naher Zukunft seinen Bruder Ludwig in Amerika zu besuchen. Als ihn am 20. Juli 1850 die traurige Nachricht erreichte, dass dieser am 21. Mai in Sacramento an Typhus gestorben war, besiegelte dies seinen Entschluss, in die USA zu gehen. Die familiären Angelegenheiten einerseits und andererseits das unwiderstehliche Verlangen zu reisen und die Welt zu sehen, bewogen Schliemann, St. Petersburg am 10. Dezember 1850 in Richtung Westen zu verlassen. Erst rund anderthalb Jahre später kehrte er nach Russland zurück. Dazwischen lagen mehrere Reisestationen und 16 Monate in Amerika.

Abb. 11 Ein Schiff auf der Newa in Sankt Petersburg, 1885

Ausgewählte Literatur:

Joachim Mai, Heinrich Schliemann als Großkaufmann in Russland 1846–1864. In: Georgios Styl. Korres/Nektarios Karadimas/Georgia Flouda (Hg.), Archäologie und Heinrich Schliemann. 100 Jahre nach seinem Tode. Rückschau und Ausblick. Mythos – Geschichte – Wissenschaft (Athen 2012) 180–183.

Лилия Н. Галимова, Купечество и лица торговых занятий в Российской истории и законодательстве. Вестник Чувашского университета 4, 2009, 3–11. [Lilija N. Galimowa, Der Handelsstand und Personen des Handelswesens in der russischen Geschichte und Gesetzgebung. Anzeiger der Tschuwaschien Universität 4]

Игорь А. Богданов, Генрих Шлиман. Русская авантюра (Москва 2008). [Igor A. Bogdanow, Heinrich Schliemann. Das russische Abenteuer (Moskau 2008)]

Валерий Б. Перхавко, История русского купечества (Москва 2008). [Waleri B. Perchawko, Geschichte der russischen Kaufmannsschicht (Moskau 2008)]

Галина Н. Ульянова, Малютины. In: Большая Российская энциклопедия (2004) [online: https://bigenc.ru/domestic_history/text/2155671 (letzter Zugriff 02.02.2022)] [Galina N. Uljanowa, Maljutins. In: Große Russische Enzyklopädie (2004)]

Михаил Л. Гавлин, Из истории налогового законодательства в России. Независимая газета, 06.06.2000. [Michail L. Gawlin, Aus der Geschichte der Steuergesetzgebung in Russland. »Nesawisimaja Gaseta«]

Igor Bogdanov, Heinrich Schliemann in Rußland. Mitteilungen aus dem Heinrich-Schliemann-Museum Ankershagen 6, 1999, 75–82.

Joachim Mai, Heinrich Schliemann als »homo oeconomicus«. Mitteilungen aus dem Heinrich-Schliemann-Museum Ankershagen 6, 1999, 95–100.

Joachim Mai, Heinrich Schliemanns sozialer Aufstieg in Rußland 1846 bis 1864. Mitteilungen aus dem Heinrich-Schliemann-Museum Ankershagen 6, 1999, 89–94.

Игорь А. Богданов, »… Имею честь быть покорнейшим слугой«. In: Шлиман. Петербург. Троя, Михаил Б. Пиотровский (Hg.). Кат. выставки (Санкт-Петербург 1998) 16–37. [Igor A. Bogdanow, »… Ich habe die Ehre, Ihr ergebenster Diener zu sein«. In: Schliemann. Petersburg. Troja, Michail B. Piotrowski (Hg.), Ausstellungskatalog (St. Petersburg 1998)]

Лев С. Клейн, Генрих Шлиман в Петербурге. In: Шлиман. Петербург. Троя, Михаил Б. Пиотровский (Hg.). Кат. выставки (Санкт-Петербург 1998) 8–15. [Lew S. Klein, Heinrich Schliemann in Petersburg. In: Schliemann. Petersburg. Troja, Michail B. Piotrowski (Hg.), Ausstellungskatalog (St. Petersburg 1998)]

Justus Cobet, Heinrich Schliemann. Archäologe und Abenteurer. Beck'sche Reihe 2057 (München 1997).

Joachim Mai, Zur rechtlichen Situation Heinrich Schliemanns in Rußland 1846 bis 1864. Mitteilungen aus dem Heinrich-Schliemann-Museum Ankershagen 5, 1997, 57–62.

Carl August Schröder, Heinrich Schliemann und das Handelshaus Schröder. Hamburgische Geschichts- und Heimatblätter 12, H. 19, 1991, 218–228.

Игорь Е. Бабанов/Леонид А. Суетов, Новые документы к биографии Шлимана. Вестник древней истории 1, 1968, 195–198. [Igor E. Babanow/Leonid A. Sujetow, Neue Dokumente zu Schliemanns Biografie. Anzeiger der antiken Geschichte 1]

Павел Г. Рындзюнский, Городское гражданство дореформенной России (Москва 1958). [Pawel G. Ryndsjunski, Stadtbürgerschaft im vorreformatorischen Russland (Moskau 1958)]

Heinrich Schliemann, Selbstbiographie. Bis zu seinem Tode vervollständigt. Sophie Schliemann (Hg.). 8. Auflage (Leipzig 1955).

И. Марченко, Пономарев, Прокопий Иванович. In: Александр А. Половцов (Hg.), Русский биографический словарь. Bd. 14 Плавильщиков — Примо (Санкт-Петербург 1910) 503–504. [I. Martschenko, Ponomarjow, Prokopi Iwanowitsch. In: Alexandr A. Polowzow (Hg.), Russisches biografisches Wörterbuch. Bd. 14 Plawilschtschikow – Primo (St. Petersburg 1910)]

Abb. 1 Frühe Fotografie von Heinrich Schliemann. Jahr der Aufnahme unbekannt

ALLES GOLD, WAS GLÄNZT

SCHLIEMANN UND DER GOLDRAUSCH IN KALIFORNIEN

BERNHARD HEEB

Die folgenden Darlegungen basieren auf den handschriftlichen Aufzeichnungen Heinrich Schliemanns, die er zwischen dem 10. Dezember 1850 und dem 13. Februar 1853 verfasste. Sie sind meist in englischer Sprache gehalten und geben einen detaillierten Einblick in seine Reise nach und seinen Aufenthalt in Kalifornien. Das Original liegt heute im Archiv der Gennadius Bibliothek in Athen.

Schliemann brach am 10. Dezember 1850 von St. Petersburg nach Amerika auf und begab sich damit auf eine etwa 18 Monate dauernde abenteuerliche Reise. Er war zu diesem Zeitpunkt bereits ein wohlhabender und angesehener Kaufmann in Russland **Abb. 1**; angekommen in der bürgerlichen Oberschicht der westlichsten aller russischen Städte und damaligen Hauptstadt des Zarenreichs : St. Petersburg. Warum also ließ er sich auf dieses Wagnis ein, das ihn hinaus aus seiner Komfortzone und um die halbe Welt in den »Wilden Westen« führte?

Kurz zuvor hatte ihn die Nachricht vom Tod seines Bruders Ludwig ereilt, der sich bereits länger in Kalifornien aufgehalten hatte, um dort im Zuge des Goldrauschs zu Wohlstand zu kommen. In Briefen hatte sein Bruder Heinrich Schliemann darauf aufmerksam gemacht, dass ein findiger Geschäftsmann in Kalifornien schnell (aber risikoreich) zu einem großen Vermögen kommen könne. Diese Aussicht muss für ihn, neben dem Tod des Bruders, der Grund gewesen sein, nach Amerika zu reisen. Dass es neben Geschäftssinn auch eine gehörige Portion Neugierde und Abenteuerlust war, ist bei Schliemann anzunehmen; vermerkt hat er es aber nicht. Bei seinem Abschied ließ er offen, ob er nach St. Petersburg zurückkommen würde.

Der Goldrausch in Kalifornien war seit etwa zwei Jahren in vollem Gange, ausgelöst durch einen Goldfund am Sägewerk der Ranch »Neu Helvetien« rund 120 Kilometer nördlich von San Francisco. Dieser Goldrausch war sicherlich die verlockende Hintergrundmusik für die Reise Schliemanns, der eigentliche Grund aber war der Tod seines jüngeren Bruders Ludwig. Dieser hatte sein Glück, wie unzählige andere auch, in Kalifornien gesucht und am 21. Mai 1850 den Tod durch Typhus gefunden. Da Ludwig aber als Goldsucher wohl nicht ganz erfolglos gewesen war, galt es nun für Heinrich, das Erbe des Bruders vor Ort zu regeln, das Eigentum im Wert von ca. 7000 Thalern umfasste.

Bevor er den Weg über den Atlantik antrat, machte Schliemann Halt in Amsterdam, wo er zwischen 1841 und 1846 zum Kaufmann ausgebildet worden war. Dort hatte er nicht nur sein kaufmännisches Rüstzeug erlernt, sondern sich auch verschiedene Fremdsprachen angeeignet, die ihm auf seinem weiteren Lebensweg manches Hindernis aus dem Weg räumen würden. Der Aufenthalt war mit einem Tag (20. bis 21. Dezember 1850) dennoch denkbar kurz. So gab es wohl weniger nostalgische Gründe, sondern vornehmlich geschäftliche Dinge, die er vor seiner Überfahrt zu regeln hatte. Am frühen Morgen ging es über Rotterdam nach England, von wo aus er wenige Tage später in See stechen wollte. Sein erster Aufenthaltsort dort sollte London sein.

Die Stadt machte, wenn man seinem Tagebuch Glauben schenkt, sehr viel Eindruck auf ihn. Und anders als in Amsterdam widmete er sich hier, nachdem er auch Geschäftliches geregelt hatte, ausgiebig den Sehenswürdigkeiten und dem kulturellen Angebot der Weltmetropole dieser

Abb. 2 G. Burton, Der Südeingang des Kristallpalasts der Londoner Weltausstellung von 1851. Stich koloriert, 1851

Abb. 3 Das US-amerikanische Ozean-Dampfschiff »Washington«. Lithografie koloriert, um 1860. Bauähnlicher Typ wie die »Atlantic«

Zeit. Dabei wird klar, dass Schliemann auf seinen Reisen nie nur an einer Sache interessiert war, sondern die Arbeit mit dem Vergnügen zu verbinden suchte. Er besichtigte den neu erbauten Crystal Palace **Abb. 2**, der im Jahr darauf die Weltausstellung beheimaten sollte, ging in den Zoo, um das erste Nilpferd in einem europäischen Tierpark zu bewundern und besuchte mehrere Theatervorstellungen. Am 27. Dezember brach er nach Liverpool auf, um dort am 28. Dezember an Bord des Luxusdampfers »Atlantic« zu gehen, mit dem Ziel: New York.

Die Überfahrt über den Atlantik verlief indes nicht ohne Hindernisse. Der Linienverkehr mit einem Atlantikraddampfer zwischen Liverpool und New York war Mitte des 19. Jahrhunderts Luxus und keine Selbstverständlichkeit **Abb. 3**. Die Fahrt dauerte in der Regel etwas über zehn Tage und blieb trotz allen technischen Fortschritts ein Abenteuer. Das musste Schliemann am 6. Januar 1851 – als ein wesentlicher Teil der Strecke schon zurückgelegt war – am eigenen Leib erfahren. In einem heftigen Sturm brach die Antriebswelle der Schaufelräder. Das Schiff trieb manövrierunfähig im Nordatlantik und stand kurz vor dem Kentern. Eine schwierige Rückfahrt mit »improvisiertem Segel« endete glücklich im irischen Cork am 22. Januar.

Abb. 4 John Bachmann, The Empire City – New York. Lithografie koloriert, 1855

Abb. 5 Samuel Putman Avery, Barnum's American Museum. Holzstich, 1853

Schliemann verweilte nicht lange und fuhr am kommenden Tag nochmals nach London und sogar zurück nach Amsterdam. Die Gründe hierfür sind unklar; wahrscheinlich aber sollte die gewonnene Zeit nochmals für Geschäfte genutzt werden. Am 1. Februar verließ Schliemann schließlich Liverpool mit der nächstmöglichen Linienverbindung wieder Richtung New York. Das Schiff, die »Africa«, sagte ihm zwar weit weniger zu als die »Atlantic«, aber sie brachte ihn letztlich sicher ans Ziel.

Die Ankunft am 15. Februar 1851 erfolgte nach Schliemanns Angaben unter großem Jubel einer herbeigeeilten Menge im Hafen von New York **Abb. 4**. Dieser Empfang zeigt, dass der Schiffsverkehr aus Europa noch etwas Besonderes gewesen sein muss. Zudem wird deutlich, dass die Bewohner New Yorks in den Wochen zuvor in Sorge waren um den Verbleib der havarierten »Atlantic«. Die gute Nachricht, dass es das Schiff zurück nach Cork geschafft hatte, war niemandem bekannt gewesen. Denn die ersten Telegrafenkabel durch den Atlantik wurden erst Jahre später (1857/58 bzw. 1866) verlegt. Auch andere Dinge, die für uns heute selbstverständlich erscheinen, waren damals noch grundlegend anders. So erfolgte der weitere Weg in den Westen nicht über das noch immer weitgehend unerschlossene Binnenland, sondern auf dem Seeweg nach Panama.

Doch zunächst verbrachte Schliemann einige Zeit an der Ostküste. New York muss man sich viel kleiner und weit weniger beeindruckend vorstellen als das zeitgenössische London. Hochhäuser gab es noch nicht und laut Schliemann fehlte es auch an prächtiger und allgemein beeindruckender Architektur, wie sie für europäische Metropolen normal sei. Hier kam er mit den ehemaligen Geschäftspartnern seines Bruders zusammen, erwähnt in seinem Tagebuch Theaterbesuche und die ihn sehr beeindruckenden afroamerikanischen Straßenmusiker oder vertrieb sich die Zeit in einer besonderen Sehenswürdigkeit der Stadt: Barnum's American Museum am Broadway **Abb. 5**. Dieses Museum, oder besser: Kuriositätenkabinett, war bis zu einem Brand 1865 eine der Attraktionen New Yorks. Neben einer Ausstellung mit kruden Präparaten (u. a. »Mermaids« – zusammengefügten Präparaten aus Affenoberkörpern und Fischleibern mit Schwanzflosse) hatte es auf mehreren Stockwerken ein Theater (in dem u. a. Siamesische Zwillinge auftraten), einen Zoo oder auch ein Wachsfigurenkabinett zu bieten. Schliemanns Urteil jedoch fällt knapp und klar aus: Es gäbe nur jede Menge Humbug zu sehen!

Bevor er sich schließlich in Richtung Kalifornien aufmachte, besuchte er an der Ostküste noch Washington, D.C., Mount Vernon und Philadelphia. Speziell sein Bericht über den kurzen Aufenthalt in der Hauptstadt ist bis heute eine Quelle, über die diskutiert werden darf. Denn neben einer recht detaillierten Beschreibung der damals noch jungen Stadt erfolgt in Schliemanns Tagebuch ein Eintrag

Abb. 6 Lars Gustaf Sellstedt, Portrait des 13. Präsidenten der Vereinigten Staaten Millard Fillmore. Öl auf Leinwand, um 1853

Abb. 7 Erste Fotografie des Weißen Hauses. Dagguerreotype, 1846

zu einem persönlichen Treffen mit dem damaligen Präsidenten Millard Fillmore (1800–74, Präsident von 1850 bis 1853) und dessen Familie **Abb. 6**. Nun halten es manche Forscher für unmöglich oder unwahrscheinlich, dass ein einfacher Reisender wie Schliemann es zu einer privaten Audienz in das Weiße Haus geschafft haben könnte **Abb. 7**. Die Geschichte, die erstmals in den 1970er Jahren diskutiert wurde, wird als ein Paradebeispiel für die Unglaubwürdigkeit von Schliemanns Eigendarstellung gesehen. Auf der anderen Seite darf man aber annehmen, dass es Mitte des 19. Jahrhunderts weit weniger Hindernisse für einen Besuch beim Präsidenten gegeben hat, als es heute der Fall ist. Und ein wohlhabender Kaufmann aus Russland, der zu einem der wahrscheinlich recht offen gehaltenen sogenannten Freitagsempfänge im Weißen Haus gehen wollte, könnte durchaus Gast gewesen sein – wenn auch ein unangemeldeter. Schliemann beschreibt das Zusammentreffen mit dem Präsidenten denn eher als Zufall, da er zu früh zum eigentlichen Empfang erschienen war und so die Möglichkeit hatte, den »freundlichen und offenen« Fillmore kennenzulernen. Am 28. Februar brach Schliemann dann von New York nach Kalifornien auf.

Schliemann fuhr über Mittelamerika, denn dieser Weg war schneller, günstiger und vor allem sicherer als die Reise quer durch Nordamerika. Ziel der Fahrt war der Hafen von Chagres an der Ostküste Panamas, wo Schliemann am 9. März anlandete **Abb. 9**. Er beschreibt den Ort als jämmerlichsten, den er jemals gesehen habe. Im 16. Jahrhundert war er noch der spanische Haupthafen an der Atlantikküste gewesen, über den ein Großteil der Güter und des Goldes aus Südamerika nach Spanien gelangte.

Da 1851 weder der Panamakanal noch eine Eisenbahnverbindung zwischen Atlantik und Pazifik bestand, nahm Schliemann die Überquerung des Isthmus auf dem Land- und Flussweg in Angriff und kam nach kurzer aber beschwerlicher Reise bereits am 11. März in Panama-Stadt an **Abb. 8**. Der Eindruck, der sich ihm hier bot, war kaum besser als in Chagres. Die Hitze, die Feuchtigkeit und die Insekten machten ihm sehr zu schaffen und dennoch ließ er sich einen Besuch der Ruinen von Alt-Panama nicht nehmen. Doch welche Enttäuschung: Anders als erwartet handelte es sich nicht um altamerikanische Ruinen, sondern um eine von englischen Piraten 1671 zerstörte Hafenstadt. Schliemann erscheint froh und erleichtert, dass er am 15. März schließlich ein Schiff in Richtung San Francisco besteigen konnte.

Die eigentliche Amerika-Erzählung Schliemanns beginnt mit seiner Ankunft am 2. April im Hafen von San Francisco. Ein kurzer Zwischenstopp wenige Tage zuvor in Acapulco erhält nur eine Randerwähnung. Schliemann beschreibt zunächst vor allem die allgemeine Stimmung und das Erscheinungsbild der Stadt (Landschaft, Häuser,

Abb. 8 Die Kathedralbasilika Santa Maria la Antigua von Panama Stadt. Stich, 1879

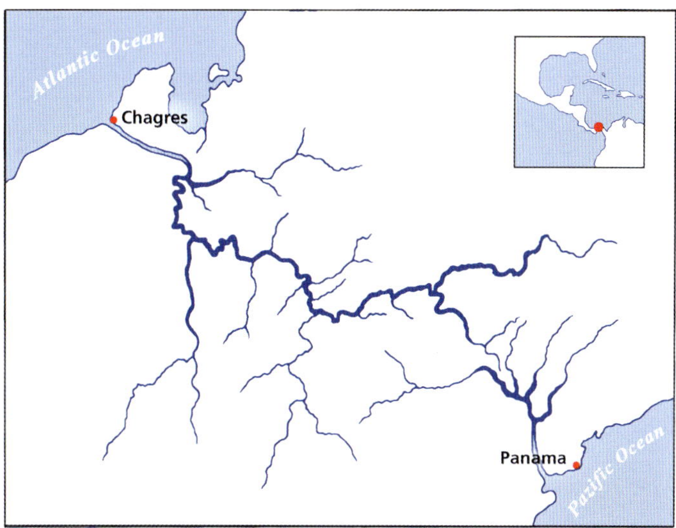

Abb. 9 Karte der Landenge zwischen Chagres und Panama Stadt

Straßen, Topografie). Er nahm eine ganz besondere Aufbruchsstimmung wahr, er hebt die vorherrschende einfache Holzarchitektur und den riesigen natürlichen Hafen mit Hunderten von Schiffen hervor **Abb. 10**. Trotz des starken Eindrucks, den die Stadt auf ihn machte, reiste er schon nach einem Tag nach Sacramento, um das Grab seines Bruders ausfindig zu machen und einen Grabstein aufstellen zu lassen. Kurz darauf kehrte er wieder nach San Francisco zurück. Details werden in den Tagebucheinträgen nicht deutlich, doch kümmerte er sich zum einen wohl um den Nachlass des Bruders, von dem aber bereits nichts mehr vorhanden zu sein schien, zum anderen bahnte er eigene Geschäfte und Beziehungen an. Ob er sich zu diesem frühen Zeitpunkt schon im Klaren darüber war, welche Art von Geschäft er betreiben wollte, ist nicht klar. Es ist jedoch anzunehmen, dass Schliemann nicht planlos aus Russland abgereist war und eine grundsätzliche Geschäftsidee bestand, zumal sein Bruder ihm zuvor berichtet hatte, dass man hierher nicht ohne Kapital kommen solle, da es sich leicht vermehren ließe. Diese Geschäftsidee dürfte sich in Gesprächen mit verschiedenen Personen im Verlauf der Reise verfestigt haben. Es war nicht die Suche nach dem Gold selbst oder der Verkauf von Werkzeug oder gar reißfesten Segeltuchhosen mit Nieten. Es war vielmehr der Ankauf des geschürften Goldes, der ihm lukrativ und relativ wenig risikobehaftet erschien.

Am 9. April kam Schliemann wieder in Sacramento an, dieses Mal um zu bleiben. Die Umgebung und das Klima sagten ihm mehr zu als an der Küste. Zudem sei Sacramento eine Stadt in der Entstehung und er zeigt sich begeistert von der schlauen amerikanischen Art und Weise Städte zu

Abb. 10 Blick am Rincon Point auf den natürlichen Hafen von San Francisco mit zahlreichen Segelschiffen. Fotografie, 1854–56

Abb. 11 Blick auf das junge Sacramento mit Hafen. Stich, 1850

planen und anzulegen. Er beschreibt das gerade Straßennetz und das Aussehen der jungen Stadt, die erst 1848 im Zuge des beginnenden Goldrauschs entstanden war **Abb. 11**. Es sind wieder einfache Holzhäuser, die das Stadtbild prägen. Ziegelbauten gibt es nur sehr wenige. Mit der Ankunft in Sacramento beginnt auch die Zeit der Geschäfte. Das Reisen und Entdecken, das seine bisherigen Aufzeichnungen dominierte, tritt zurück. Schliemann spricht davon, dass zwar überall viel Aktivität entfaltet werde, aber Geld ein knappes Gut und daher hohe Zinsen (von 5 bis zu 12 % im Monat) zu bekommen seien – jedoch kaum Sicherheiten. Es ist im Grunde ein hochspekulatives Geschäft, auf das sich Schliemann mit dem Goldankauf einließ. Aber Geld hatte er aus Russland mitgebracht und das setzte er nun ein. Ihm blieben aber auch die Schattenseiten des Goldrausches nicht verborgen und so bemerkte er, dass er noch nie so viel Selbstsucht und Liebe zum Geld erlebt habe, wie in diesem »Eldorado«. Es herrsche ein einmaliger Unternehmergeist und die Amerikaner ließen sich auch durch Rückschläge nicht entmutigen. Er klingt beeindruckt und die allgemeine Dynamik scheint ihn mitzureißen. Die Tagebucheinträge werden in der Folgezeit seltener und schon Anfang Mai klingen Schliemanns Worte weniger begeistert: Der Charakter der Menschen hier bestehe hauptsächlich aus Falschheit, Schwindel, Betrug und Humbug und man versuche permanent, ihn zu betrügen. Es wird bereits deutlich, dass sich Schliemann ein dauerhaftes Leben hier nicht vorstellen kann.

In den kommenden Wochen durchstreifte er auf einem Pferd das Umland und sah sich dabei verschiedene Minen an. Er wollte wohl das Geschäft, auf das er sich einließ, besser kennenlernen. Dabei beschreibt er die Goldgewinnung detailliert als anstrengendes und mühsames Geschäft **Abb. 12**. Auch in San Francisco war er wahrscheinlich aus geschäftlichen Gründen mehrmals wieder. Beim Blick auf die auslaufenden Schiffe packte ihn nach eigener Aussage das Heimweh. Am liebsten hätte er sofort ein Schiff bestiegen um über China, Indien, Ägypten, Italien und Deutschland nach St. Petersburg zurückzureisen. Warum tat er es nicht? Weil der Geschäftsmann Schliemann erst das Geld zu erwirtschaften hoffte, das ihn die Reise bislang gekostet hatte. Mindestens.

In einer Stadt, die rasant wächst, in der zudem hauptsächlich Holzhäuser stehen und gewissenlose Geschäftsleute gerne unliebsame Konkurrenten durch Brandstiftung schädigen, um an deren Land und Geschäft zu kommen, sind Brände nicht ungewöhnlich. Und so wurde Schliemann in San Francisco nach eigener Angabe Augenzeuge eines verheerenden Stadtbrandes, den er für den 4. Juni beschreibt. Tatsache ist aber, dass es an diesem Tag in der Stadt gar nicht gebrannt hat. Zudem scheint er signifikante Ereignisse der Großbrände vom 4. Mai 1851 und vom 22. Juni 1851 miteinander zu vermischen. Wahrscheinlicher ist demnach, dass Schliemann detaillierte Zeitungs- und auch Augenzeugenberichte über diese Brände kannte und sie zu einem spannungsgeladenen Tagebucheintrag verarbeitete. Diese Vermutung wird dadurch gestützt, dass eben diese Seiten erst nachträglich ins Tagebuch eingefügt worden sind. Das ändert aber nichts an der Tatsache, dass es in der

Abb. 12 Goldsucher beim Graben und Auswaschen. Stich koloriert, 1864

Zeit zwischen Dezember 1849 und Juni 1951 in San Francisco zu insgesamt sieben Stadtbränden kam, die meisten wahrscheinlich tatsächlich wegen Brandstiftung. Das weitaus schlimmste Feuer tobte am 4. Mai 1851, wobei 75 % der Stadt zugrunde gingen. Der letzte Brand ereignete sich am 22. Juni. Sicherlich war Schliemann nach den Bränden in San Francisco und konnte die Verheerungen mit eigenen Augen sehen und beschreiben. Persönlich anwesend war er während der Brände aber wahrscheinlich nicht.

Bereits im Juli des Jahres 1851 hatte sich die Situation für Schliemann in Sacramento grundlegend geändert – zumindest in geschäftlicher Hinsicht. In Zusammenarbeit mit seinem Geschäftspartner Benjamin Davisdon, einem britischen Handelsagenten, der in San Francisco für das New Yorker Bankhaus N. M. Rothschild and Sons tätig war, konnte Schliemann in Sacramento sein eigenes Geldhaus etablieren. Das Tagebuch gibt spannende Einblicke in seinen Alltag: Er beschäftigte zwei Angestellte (clerks) und die Geschäfte liefen sehr gut. Er betont, sein Bankhaus sei absolut feuerfest aus Ziegel und Eisen gebaut. Zudem habe er sich aus der Konkursmasse einer anderen Bank einen über 200 Pud (Schliemann benutzte die russische Gewichtseinheit Pud; 1 Pud = 16,38 kg, also 200 Pud = 3,2 Tonnen) schweren und sicheren Tresor beschafft. Die Anlieferung bereitete größte Probleme und habe 20 Männer und 12 Ochsengespanne benötigt. Jeden Tag konnte er etwa 5 Pud (= ca. 82 kg) »Goldstaub« ankaufen. Der größte Teil davon ging an die Rothschild Bank in New York bzw. an deren Niederlassung in San Francisco, von wo aus er im Gegenzug mit den nächtlich verkehrenden Flussdampfern die nötigen Geldmittel zum Goldankauf erhielt. Er berichtet weiter, dass sein Büro täglich mit Kunden gefüllt sei und er es von 6 bis 22 Uhr geöffnet halte. Dennoch schien Schliemann nicht wirklich zufrieden. Er beklagt wiederholt die Hitze, den Gestank, die umgebende Natur mit Sümpfen. Alles trage zu zahlreichen Krankheiten und Todesfällen bei. Er selbst trage stets einen Revolver und ein Messer bei sich, um sich gegen die vielen Diebe wehren zu können.

Auch die folgenden Monate waren geprägt von harter Arbeit, sodass er kaum noch zum Tagebuchschreiben kam. Seine Geschäfte lohnten sich aber in einem Maße, wie er es nie zu hoffen gewagt hätte. Schliemann machte in wenigen Monaten sein zweites großes Vermögen, das den Grundstock für seinen lebenslangen Reichtum bildete.

Herbst und Winter kamen. Schliemann wurde zunehmend von Krankheiten geplagt und von mehrwöchigen Fieberanfällen erholte er sich nur mühsam. Seine Geschäfte liefen zwar weiterhin »formidabel« und doch wuchsen seine Zweifel immer mehr. Der Besuch eines jungen Russen namens »Alexandr Gavrilowitsch Rotschew« am 17. Februar 1852 gab anscheinend einen entscheidenden Anstoß. Nach eigener Angabe machte ihm dieser sehr gebildete junge Mann bewusst, wie sehr er selbst die Leute in Sacramento in der Zwischenzeit verachtete. Zudem beschreibt Schliemann, dass alles sehr teuer sei in der Stadt, weil alles herangeschafft werden müsse. Butter wurde ihm zufolge sogar von der Ostküste über Kap Horn per Schiff herantransportiert. In der ganzen Stadt gäbe es Spielhallen, in denen an einem Abend die Arbeit vieler Jahre verloren gehen könne. Die ganzen Umstände und damit die ganze Stadt waren ihm zunehmend zuwider.

Anfang März wurde Sacramento nach wochenlangem Regen nahezu vollständig überflutet. Dieses Mal war Schliemann tatsächlich Zeuge der Katastrophe und entkam nach einem Dammbruch wohl nur knapp dem Ertrinken. Zahlreiche Häuser wurden zerstört (seine Bank jedoch nicht) und viele Menschen verloren ihr Leben. In dieser Situation erkannte Schliemann wieder positive Seiten an seinen Mitbürgern, die nach der Zerstörung sofort anpackten und das Beste aus allem machen. Die Flut zog ein verheerendes Fieber nach sich, das Mitte März auch Schliemann befiel. Erst Ende des Monats konnte er es bei einem Aufenthalt in San José auskurieren. Diese letzte Fieberattacke war wohl der Tropfen, der das Fass zum Überlaufen brachte. Um nicht so zu enden wie sein Bruder, regelte er noch Anfang April seine Angelegenheiten und übergab alles an seinen Geschäftspartner in San Francisco.

Schon am 8. April 1852 bestieg Schliemann in San Francisco einen Dampfer, der ihn nach Panama bringen sollte. Obwohl er in seinen Barmitteln eine größere Differenz feststellen musste (einer seiner Angestellten scheint ihn betrogen zu haben), reiste er glücklich aus Kalifornien ab, dem Land, das nach seiner Ansicht beinahe sein Grab geworden wäre. So wie es scheint, aber genau beschreibt Schliemann es nicht, führte er Teile seines neu gewonnenen Vermögens wohl in Form von Gold und Wechseln mit sich. Zur Verteidigung trug er immer einen Revolver und ein Messer bei sich und schlief des Nachts auf seinem Koffer. Den größten Teil hatte er aber in Form von Goldbarren schon in den Monaten vorher nach London verschiffen und bei einer Bank einzahlen lassen. Am 24. April kam er wieder in Panama-Stadt an und machte sich umgehend auf den Weg zurück nach Chagres. In der Zwischenzeit, es war über ein Jahr vergangen, war ein Teilstück der Eisenbahn fertig geworden, so dass der Rückweg sich nicht mehr ganz so beschwerlich gestaltete. Schliemann beabsichtigte in Navy Bay bei Chagres auf ein Linienschiff nach New York zu steigen, hatte aber Pech. Bei seiner leicht verspäteten Ankunft musste er sehen, wie das Schiff ohne ihn auslief. Er blieb mit zahlreichen anderen Passagieren für 14 Tage in Panama zurück, ohne Unterkunft oder Verpflegung. Die von ihm beschriebenen Bedingungen sind nahezu unerträglich. Schliemann spricht von insgesamt 2600 Menschen, die unter freiem Himmel auf die Ankunft anderer Schiffe warten mussten, bei ständigem Regen. Man sei gezwungen, rohes Fleisch von Iguanas, Affen, Maulwürfen, Schildkröten oder Krokodilen zu essen. Krankheiten brachen aus, zahlreiche Menschen starben und eine Wunde an Schliemanns Bein, die er sich schon in Kalifornien zugezogen hatte, verursachte nun massive Probleme und Schmerzen. Hunderte Mitreisende sollen in dieser Zeit Schlangenbissen und Skorpionstichen zum Opfer gefallen sein. Im Angesicht des Todes, so schreibt es Schliemann, ließen sich viele zu tierischem Verhalten hinreißen, sowohl hinsichtlich des Vergnügens als auch des Verbrechens. Genauer beschreibt er aber nichts davon. Das Leiden hatte am 8. Mai schließlich ein Ende, als vier Dampfschiffe gleichzeitig den Hafen erreichten und die Wartenden aufnehmen konnten. Noch am selben Tag lief ein Schiff mit Schliemann an Bord in Richtung Jamaika aus.

Am 18. Mai erreichte Schliemann New York. Diese Stadt sei das Paradies, wenn man aus Kalifornien komme, so sein deutliches Urteil. Und doch hielt ihn auch hier nichts mehr. Schon tags darauf fuhr er mit der »Europe« zurück nach Liverpool. Ohne große Zwischenfälle wurde England am 30. Mai erreicht. In Liverpool machte sich Schliemann umgehend auf den Weg zu einer Bank und zahlte seinen »Goldstaub« und seine Wechsel ein. Und sofort ging es weiter nach London, wo er sich seine Beinwunde ausbrennen ließ, die ihm noch immer zu schaffen machte. Die kommenden Wochen verbrachte er zur Erholung abwechselnd nahe London oder in Paris. Nachdem die Beinwunde verheilt war, zog es ihn zurück nach Russland.

Im Verlauf des Julis 1852 besuchte er auf seinem Rückweg alte Bekannte und seine beiden Schwestern in Mecklenburg. Einen kurzen Aufenthalt in Ankershagen beschreibt er als sehr emotional und voller Kindheitserinnerungen. Am 23. Juli war es dann so weit: Nach über eineinhalb Jahren kehrte Schliemann zurück nach St. Petersburg. Seine Rückkehr feierte Heinrich Schliemann ausgelassen mit alten Freunden, darunter auch seine zukünftige (erste) Ehefrau Jekaterina Petrowna Lyshina (1826–96). Am 12. Oktober 1852 erfolgte die Hochzeit in der Isaakskathedrale nach russisch-orthodoxem Ritus. Er scheint nun glücklich und zufrieden und vermerkt in seinem Tagebuch, dass er nie wieder gedenke, sein geliebtes Russland nochmals zu verlassen. Wie man sich doch irren kann!

In seinem Tagebuch finden sich danach noch drei Einträge, die über Briefe aus Sacramento berichten. In einem wurde ihm mittgeteilt, dass Sacramento am 12. November 1852 einen großen Brand erlitten habe und wenige Monate später erneut vollständig überflutet worden sei. In beiden Fällen blieb seine alte Bank jedoch unbeschädigt.

Ein letzter Eintrag vom 2. März 1853 berichtet über einen Brief aus Sacramento. Darin stehe, dass der Aufbau der Stadt vorangehe und alle Menschen hart daran arbeiteten. Danach endet das Tagebuch und für Schliemann scheint das amerikanische Kapitel endgültig abgeschlossen zu sein.

WAS BLEIBT?

Die kurze Zeit in Kalifornien machte aus einem wohlhabenden Mann einen reichen. Nach seinen eigenen Angaben verdoppelte Schliemann sein Vermögen. In allem zeigt Schliemann Züge, die ihn auch später erfolgreich machten: Zielstrebigkeit, Flexibilität, Hartnäckigkeit und die Gabe, Situationen grundsätzlich richtig einzuschätzen. Hin und wieder schimmert in seinen Beschreibungen Humor durch (nicht Selbstironie!) und es zeigt sich viel Pragmatismus. Auffallend ist, dass er trotz aller Neugierde und Begeisterung für das Fremde und das Abenteuer, soweit die Umstände es zuließen, immer auch einen gewissen Luxus zu genießen verstand. Mehrmals formulierte er deutlich, dass ihm nichts über Europa, speziell Russland, gehe. Selbst New York nahm er eigentlich nur hin, konnte sich aber nicht wirklich für die Stadt oder gar die USA begeistern. Dennoch beobachtete und beschrieb er sehr genau Land und Leute mit ihren Sitten. Seine Aufzeichnungen sind somit eine reichhaltige und wertvolle historische Quelle über die besuchten Länder um die Mitte des 19. Jahrhunderts. Von seiner Gabe der genauen Beobachtung profitierte später auch die Archäologie in Griechenland und Troja.

Ausgewählte Literatur:

Giles Constable / Malcolm J. Rohrbough, The Rothschilds and the Goldrush: Benjamin Davidson and Heinrich Schliemann in California, 1851–52, American Philosophical Society Press (Philadelphia 2015).

Christo Thanos und Wout Arentzen, Schliemann and the California Gold Rush (Leiden 2014).

Ernst Meyer, Heinrich Schliemann. Kaufmann und Forscher (Göttingen 1969).

Emil Ludwig, Schliemann. Geschichte eines Goldsuchers (München 1932).

Handschriftliches Tagebuch Heinrich Schliemanns vom 10.12.1850 bis zum 12.02.1853 (https://www.ascsa.edu.gr/archives/schliemann-diary-a-2).

KALIFORNIEN IM GOLDRAUSCH: DAS SACRAMENTO VALLEY UM 1851

FRANK VORPAHL

Am 9. September 1850 wurde Kalifornien – die von amerikanischen Siedlern 1846 für unabhängig erklärte Bear Flag Republic an der Pazifikküste – von einer Provinz Mexikos zum 31. *State* der Vereinigten Staaten. Das Ende des rund vier Jahre währenden amerikanisch-mexikanischen Krieges um den nunmehr drittgrößten Bundesstaat der USA fiel dabei zeitlich zusammen mit der Entdeckung sensationeller Goldvorkommen nordöstlich von San Francisco. In einem *gold rush* eilten Glücksritter aus aller Welt nach Kalifornien, den Sacramento River hinauf zur Einmündung des American River, in das von weiten Sümpfen durchzogene Längstal jenseits der Küstenkordillere. Dorthin, wo seit 1841 der Schweizer Johann August Sutter (1803–80) seine patriarchalisch geführte Muster-Ranch New Helvetia aufbaute. Bis das utopische Projekt vom Goldrausch überrollt wurde. Denn schon sehr bald sah sich Fort Sutter von einer Armada provisorischer Zelte und einer rasant wachsenden Siedlung von Holzhäusern umstellt, von Handelskompanien und Warenspeichern, Saloons und Theatern, Hotels und Banken. Nur fünf Jahre nach Ankunft der ersten Goldsucher avancierte die inzwischen 10 000 Einwohner zählende Ansiedlung rund um die Landungsbrücke der Pacific Steamship Company zur kalifornischen Hauptstadt Sacramento. Im Goldrausch der frühen 1850er Jahre jedoch sah die Stadt vor allem Durchreisende – im Anmarsch auf die *gold claims* oder auf dem Weg zurück. Dann im besten Fall mit ein paar Nuggets oder Goldstaub in der Satteltasche.

Bis 1854 der industriemäßige Goldabbau das individuelle Goldsucher-Geschäft verdrängte, waren schätzungsweise 200 000 Menschen ins Sacramento Valley geströmt. Viele aber kehrten nie mehr zurück, sondern erlagen tödlichen Seuchen wie Gelbfieber, Cholera und Ruhr, die sich unter oft katastrophalen Hygienebedingungen rasch ausbreiten konnten. Die Gier nach schnellem Reichtum ließ in dieser rauen Männerwelt – der Frauenanteil lag um 1851 bei rund 20 Prozent – zugleich die Kriminalität nach oben schnellen. Erfolglose Goldsucher versuchten sich nicht selten als Golddiebe. Besonders verheerend wirkte sich das auf die *First Nations* aus, die nicht nur brutal vertrieben und schließlich sogar für »Skalp-Prämien« gejagt, sondern zudem mit tödlichen Krankheitserregern infiziert wurden. Bis 1870 konnte so von den einst 150 000 indigenen Bewohnern Kaliforniens nur etwa ein Fünftel überleben.

Für Sacramento, die Stadt der Goldsucher, erwies sich das Jahr 1851 als besonders hart – das Jahr, in dem Heinrich Schliemann hier eintraf: Im Januar ließ der Sacramento River die gesamte Stadt in einer Flutkatastrophe untergehen. Dem folgte eine verheerende Cholera-Epidemie im Frühjahr. Dann brachen verarmte Landpächter einen blutigen Aufstand gegen den ewigen Menschen-Zustrom vom Zaun. Schließlich blieben in einer monatelangen Dürre die Regenfälle aus. Nur in einer Hinsicht hatte Sacramento damals Glück: Ungewöhnlich lange – zwei Jahre in Folge – blieb das hölzerne Eldorado von einem Großbrand verschont. Erst im November 1852 brannte die Stadt in einem verheerenden *great fire* bis zu den Grundfesten nieder. Da hatte Heinrich Schliemann Kalifornien längst wieder verlassen.

Ausgewählte Literatur:

Frank Vorpahl, Schliemann und das Gold von Troja, Berlin 2021, S. 20–30.

John F. Wilhelm, «Heinrich Schliemann's Sacramento Connection«, in: California History, Bd. 63, Nr. 3 (Sommer, 1984), S. 224–229.

Abb. 1 Stockton street, San Francisco (Kalifornien, USA), zwischen 1854 und 1856

Abb. 1 Ansicht von der Schiffsbrücke beym Sommergarten nach dem Marmorpalais und der umliegenden Gegend zu St. Petersburg. Gouache, Wilhelm Barth, 1812

»IM KAUFMANNSGESCHÄFT SIND SIE EIN GENIE!«

ANTON GASS

HEINRICH SCHLIEMANN IN RUSSLAND 1852–66 UND SEINE SPÄTEREN BEZIEHUNGEN ZU RUSSLAND

»... LIEBES UNVERGESSLICHES PETERSBURG ...«

Während des Amerikaaufenthalts war Schliemanns Leben mit erfolgreichen Geschäften, Reisen und vielfältigen Ereignissen ausgefüllt. Nichtdestotrotz wurde er in seiner Korrespondenz mit russischen Freunden immer wieder nostalgisch. So schrieb er an Michail S. Maljutin, Kaufmann der 1. Gilde aus Moskau, dass hier in Amerika »uns, den Russen, das Geld zu verdienen eine einfache Sache ist [...]. Es ist für mich unmöglich, Ihnen zu beschreiben, wie stark ich die Rus liebe; Ja! Ich hätte gern die Hälfte meines Kapitals geopfert, um wieder in Petersburg zu leben. [...] Nach der Rückkehr nach Petersburg heirate ich eine nette russische Frau, sogar eine verarmte, hauptsächlich eine russische und gut erzogene. Dann schaffe ich eine Kutsche und ein Paar Reitpferde an und versuche ein glückliches Leben zu führen. Nach diesen Taten werde ich Petersburg nie verlassen, im Wissen, dass es nirgendwo besser ist, als in Petersburg [...]« [Übers. d. Autors]. In der Kenntnis um Schliemanns weiteren Weg, der völlig anders verlief, könnte man diese Worte für voreilig halten. Keinesfalls! Heinrich Schliemann glaubte zu diesem Zeitpunkt tatsächlich fest an seinen Plan für die Zukunft.

Am 23. Juli 1852 kehrte Schliemann aus Amerika zurück nach Petersburg **Abb. 1**, wohlgemerkt, keine Hälfte seines Kapitals dafür gebend, sondern noch vermögender als vor der Abreise.

Noch im Sommer 1852 machte er einen Heiratsantrag, allerdings nicht einer, sondern gleichzeitig zwei Frauen. Diese Tatsache zeigt ganz eindeutig, dass die Heirat per se angestrebt war und die künftige Gattin nur den Vorstellungen von einer »gebildeten russischen Frau« entsprechen sollte. Wer die Braut war, war zweitrangig. Das Wichtigste war, zu heiraten und einen neuen sozialen Status innerhalb der russischen Gesellschaft zu bekommen, denn zum gesellschaftlichen Bild eines 30-jährigen seriösen Kaufmanns gehörte in Russland Mitte des 19. Jahrhunderts eine Familie: Frau und Kinder. Heinrich Schliemann machte sowohl der Russlanddeutschen Sophie Hecker einen Heiratsantrag als auch Jekaterina P. Lyshina, der Tochter des Anwaltes Petr A. Lyshin, der Schliemann seit 1847 juristisch unterstützte. Mit Sophie Hecker war Schliemann 1848–49 sogar schon einmal verlobt gewesen. Und Jekaterina Lyshina hatte seinen ersten Heiratsantrag vor der Reise nach Amerika abgewiesen. Dass die beiden Damen miteinander befreundet waren, wusste Schliemann nicht. Dies führte zu einer »prickeligen« Situation, da die beiden Hochzeitskandidatinnen sich über die Heiratsanträge austauschten. Sophie Hecker wies ihn ab. Dagegen sagte Jekaterina Lyshina zu, wohl auf dringenden Rat ihres Vaters. Sie hatte eine gute Erziehung genossen, die alle Mädchen wohlhabender Eltern in Petersburg damals bekamen, und war hoch gebildet. Jedoch galt sie mit 26 Jahren nicht mehr als junge Braut und Schliemanns Antrag war, zumindest in den Augen ihres Vaters, die letzte Rettung, da das ideale Alter für die Heirat bei 16–18 Jahren lag. Zudem war der wohlhabende Schliemann eine gute Partie.

Der Übergang der russischen Regierung von einer strengen zu einer gemäßigten Zollpolitik in den 1850er Jahren führte zu einem günstigeren Zolltarif. Dieser Tarif erleichterte die Einfuhr sowohl von Rohstoffen und Industrieerzeugnissen als auch von Kolonialwaren. Diese handelspolitische Wende sorgte für einen generellen Anstieg des

Abb. 2 Isaakskathedrale, St. Petersburg. Photochrome, 1900

Warenimports nach Russland und erwies sich für Heinrich Schliemann bei der Wiederaufnahme seiner Tätigkeit als besonders vorteilhaft. Er investierte sein in Amerika neu gewonnenes Kapital wieder in das alte Geschäft.

Schliemann, ein reicher Kaufmann protestantischen Glaubens, heiratete die russisch-orthodoxe Jekaterina Petrowna Lyshina am 12. Oktober 1852 in der Isaakskathedrale **Abb. 2**, der größten Kirche Sankt Petersburgs nach russisch-orthodoxem Brauch. Er hatte bereits bei seiner Rückkehr mit Blick auf eine baldige Ehe eine größere Wohnung auf der Wassiljewski-Insel gemietet. In direkter Nähe befanden sich die Petersburger Universität und die Akademie der Künste. Zudem lag damals dort auch der Handelshafen von Petersburg, was für Schliemann sehr wichtig war. Auf der gegenüberliegenden Seite der Newa standen und stehen immer noch das Winterpalais und die Eremitage sowie die Admiralität und der Senat. In dem nun von Familie Schliemann bezogenen Viertel standen zwei deutsch-evangelische Kirchen und in der Umgebung wohnte eine ziemlich große deutsche Gemeinde. Insgesamt lebten in Petersburg in den 1850er Jahren fast 39 000 Deutsche, sodass Schliemann **Abb. 3** sich keinesfalls fremd und allein fühlte.

In der Wohnung, die sich im Haus des Apothekers Ernst befand, wurde auch das erste Kind Sergej, benannt nach dem Familienfreund Sergej Shiwago, geboren **Abb. 4**.

Im Jahre 1858 zog die dreiköpfige Familie Schliemann in derselben Straße einige Häuser weiter. Die neue Wohnung im Haus Nr. 30, in der 1.-Linien-Straße (heute Nr. 28) befand sich im dritten Obergeschoss und hatte 14 Zimmer. Die 1.-Linien-Straße auf der Wassiljewski-Insel galt als vornehme Straße. Hier wohnten Professoren, Offiziere, Kaufmänner und Schiffskapitäne. Einige Geschäftspartner von Schliemann gehörten zur direkten Nachbarschaft und man stattete sich am Wochenende gegenseitig Besuche ab.

Abb. 3 Kaufmann des Russischen Reiches Heinrich Schliemann. Sankt Petersburg, 1856

Abb. 4 Sergej Schliemann

Abb. 5 Natalja Schliemann

Abb. 6 Nadeshda Andrussowa, geb. Schliemann

Abb. 7 Jekaterina Schliemann, geb. Lyshina. Fotoaufnahme zwischen 1885–90

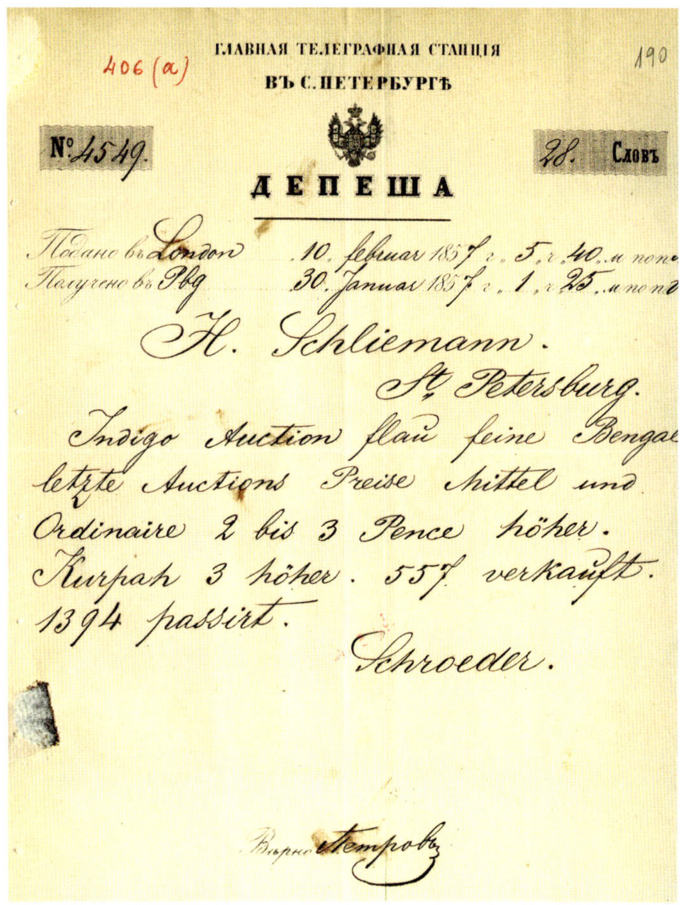

406 (a) 190

ГЛАВНАЯ ТЕЛЕГРАФНАЯ СТАНЦІЯ
ВЪ С. ПЕТЕРБУРГѢ

№ 4549. 28. Словъ

ДЕПЕША

Подано въ London 10. februar 1857 г. 5. ч. 40. м.
Получено въ Pbg 30. Januar 1857 г. 1. ч. 25. м.

H. Schliemann.
St. Petersburg.
Indigo Auction flau feine Bengal
letzte Auctions Preise Mittel und
Ordinaire 2 bis 3 Pence höher.
Kurpah 3 höher. 557 verkauft.
1394 passirt.
Schroeder.

Верно Петровъ

Abb. 8 Telegramm von Schröder an Schliemann bezüglich der Aktualisierung des Indigo-Preises in London im Winter 1857

Hier, in dieser Wohnung kamen die beiden Töchter von Heinrich und Jekaterina Schliemann zur Welt: zuerst Natalja (1859) und später Nadeshda (1861) **Abb. 5, 6**. Familie Schliemann wohnte hier bis zum Sommer 1866, als Schliemann Petersburg und danach Russland für immer verließ. Jekaterina **Abb. 7** wohnte mit einigen Unterbrechungen aufgrund von Sanierungsarbeiten mit den Kindern noch einige Jahre weiter unter dieser Adresse, bis sie nach der Scheidung am 30. Juni 1869 im Sommer 1871 nach Kiew umzog.

Im Oktober 1852 konnte das frischvermählte Ehepaar natürlich nicht wissen, dass seine Ehe kein Happy End haben würde. Der neue geschäftliche Aufschwung von Heinrich Schliemann kam rasch. Im November 1851 wurde die Eisenbahnstrecke zwischen Petersburg und Moskau in Betrieb genommen, was Schliemann umgehend zu nutzen wusste, ebenso die Inbetriebnahme des staatlichen Telegrafendienstes. Diese und weitere technische Errungenschaften förderten Schliemanns Handelstätigkeit, da die Kommunikation, das Versenden und Empfangen geschäftlicher Informationen und von Bestellungen einerseits und schnellere Personen-, Post- und Gütertransporte zwischen großen Städten andererseits, Schliemann reiche Handelsgewinne ermöglichten **Abb. 8**. In seiner Selbstbiografie schrieb er über diese Zeit: »[…] gegen Ende des Jahres 1852 etablierte ich in Moskau eine Filiale für den Engrosverkauf von Indigo […]«. Am 21. November 1852 erwarb er ein Kaufmannspatent für die 2. Gilde von Narwa als ein »Bürger aus Sankt Petersburg«. Das Städtchen Narwa (heute Narva, Estland) an der Ostseeküste lag ca. 160 Kilometer südwestlich von Petersburg, besaß einen eigenen Hafen und entwickelte sich zu einem Zentrum der Textilindustrie. In der Region um Narwa wurden in den 1850er Jahren mehrere Tuch- und Stoffdruckfabriken in Betrieb genommen, sodass die Nachfrage nach Textilfarbstoffen wie Indigo oder Farbhölzern, mit denen Schliemann handelte, kontinuierlich wuchs.

Abb. 9 Gefecht bei Kalarasch am 20. Februar 1854. Russisch-Türkischer Krieg. Bilderbogen, 1854

KRIMKRIEG 1853–56

Als Ende Februar/Anfang März 1853 der Russisch-Türkische Krieg zwischen dem Russischen und dem Osmanischen Reich entflammte **Abb. 9**, traten wenige Wochen später Frankreich und Großbritannien und ab 1855 noch Sardinien auf Osmanischer Seite als Koalitionsmitglieder in den Krieg ein. Die militärische Auseinandersetzung wird in der Geschichte als Krimkrieg bezeichnet. Als wichtigste Kriegsschauplätze gelten die Gebiete rund um das Schwarze Meer, vor allem um die und auf der Halbinsel Krim. Jedoch wurde im Rahmen dieses Konflikts auch im Fernen Osten und im Ostseeraum gekämpft.

Im März 1854 blockierte die britische Kriegsflotte russische Häfen an der Ostsee, sodass die Importgüter, die für Russland bestimmt waren, nicht mehr nach Petersburg, Narwa oder andere Häfen auf direktem Seeweg geliefert werden konnten. Der steigende Bedarf Russlands an Rohstoffen für die Kriegsindustrie einerseits und die Blockade der Häfen an der Ostsee anderseits führten zum starken Preisanstieg einiger Importgüter.

Heinrich Schliemann nutzte die allgemein schwierig gewordene Handelssituation zu seinen Gunsten. Dabei half ihm auch die im Jahr 1855 abgegebene Erklärung Preußens, Schwedens und Dänemarks einer Bewaffneten Neutralität zum Schutze ihres eigenen Handels im Ostseeraum, nach der die Frachtschiffe dieser Länder nicht nur in eigene Häfen einfahren, sondern auch die britische Flotte passieren durften. Die in westeuropäischen Ländern für Russland ersteigerten Importgüter konnten so mit Frachtschiffen bis zu den preußischen Häfen Königsberg und Memel (heute Klaipeda, Litauen) über den Seeweg transportiert werden. Nach dem Entladen beförderte man die Waren auf dem Landweg nach Narwa und Petersburg weiter. Auf den Umsatzlisten der von Schliemann transportierten Güter findet man Indigo und Farbhölzer, Blei, Salpeter, Zinn **Abb. 10**,

Abb. 10 Zinnbarren aus Pikjaranta am Ladoga See, Großfürstentum Finnland. Mitte des 19. Jahrhunderts

Abb. 11 Schwefel-Kristallrasen

Eisen und Schwefel. Zu seiner neuen Kundschaft gehörten das Kriegsministerium, vor allem die Beschaffungs- und Artillerie-Abteilungen, das Arsenal mit seiner Kanonengießerei und die Schießpulverfabrik Ochta in St. Petersburg.

Die Herstellung von russischen Militäruniformen lag in der Verantwortung des Kriegsministeriums. Um die Uniformstoffe, sowohl für Infanterie und Kavallerie als auch für Marine, grün oder blau zu färben, benötigte man u.a. den Farbstoff Indigo. Die durch den Krimkrieg bedingte Hochkonjunktur der Textilindustrie und deren Bedarf an Farbstoffen nutzte Schliemann und vergrößerte seine Importe von Bengalischem Indigo. Er importierte ein Drittel des gesamten nach Russland eingeführten Indigos und stieg dadurch zum größten Importeur dieses Farbstoffs in Russland auf.

Sowohl die Artillerie-Abteilung des Kriegsministeriums als auch das St. Petersburger Arsenal (Kanonengießerei) äußerten großes Interesse an hochqualitativen europäischen Metallen, die Schliemann ihnen – vor allem Blei – ebenfalls verkaufte.

Zu den wichtigen Zutaten für die Herstellung von Schießpulver gehören Salpeter und Schwefel. Laut den Militärvorschriften des Russischen Reiches von 1838 war für den Einkauf von Salpeter bzw. Kalisalpeter aus Chile und Kleinasien und seine Weitergabe zur Verarbeitung in den Schießpulverfabriken die Artillerie-Abteilung des Kriegsministeriums verantwortlich. »Viele viele Tausende von Säcken Salpeter« verkaufte Schliemann dem Artillerie-Departement. Dagegen wurde die Beschaffung von Schwefel den Fabriken selbst überlassen. So durfte z.B. die Schießpulverfabrik Ochta aus St. Petersburg, die für die Schießpulverbelieferung der Schwarzmeer- und Ostseeflotte zuständig war, importierten Schwefel **Abb. 11** am freien Markt bei Privatunternehmen erwerben. Diese Fabrik belieferte Heinrich Schliemann direkt.

Bereits Ende 1853, als der Krimkrieg noch nicht ein Jahr dauerte, schrieb Schliemann seinem Vater: »Denn ich habe jetzt ein ungeheures Geschäft und von der blauen Farbe ›Indigo‹ allein für viele hunderttausend Taler auf dem Lager.« Der stetig wachsende Umsatz und steigende Gewinne führten dazu, dass sich Schliemann im Januar 1854 zum Kaufmann der 1. Gilde von Narwa umschreiben ließ. Das Patent des Kaufmanns des 1. Gilde bescheinigte seinem Inhaber, dass sein Kapital mindestens 50 000 Silberrubel (ca. 1,4 Mio. Euro) umfasste, von denen jährlich ca. 2,32 Prozent Steuern zu entrichten seien. Die Mitgliedschaft in der 1. Kaufmannsgilde erlaubte mit größeren Umsätzen zu operieren und eröffnete die Möglichkeit nach 10-jähriger Mitgliedschaft, die mit Unterbrechungen verlaufen durfte, einen Antrag auf eine Ehrenbürgerschaft zu stellen. Die zweite Voraussetzung für die Ehrenbürgerschaft war das Fehlen von Vorstrafen. Es war möglich, eine Ehrenbürgerschaft nur für sich selbst oder für die ganze Familie zu beantragen. Die Ehrenbürgerschaft im Russland des 19. Jahrhunderts beförderte die Inhaber in den obersten nichtadeligen Stand des Russischen Zarenreichs und erlaubte, einen eigenen offiziellen Stammbaum zu führen. Mitte März 1854 verfügte Heinrich Schliemann über ein Kapital von 150 000 Talern (ca. 4 Mio. Euro). Im Oktober 1855 schrieb er aus Petersburg: »Ich habe in diesem Jahr über 1000 Kisten Bengal Indigo importiert, hatte von Mai bis jetzt fortwährend Tausende von Frachtwagen mit Salpeter, Blei, Kaffee, Farbholz usw. von Kowno (am Njemen) [heute Kaunas, Litauen] nach hier unterwegs, durchschnittlich einen Kassenumsatz von 1 Million Silberrubel per Monat.« Sein Reingewinn im Jahr 1855 maß über 220 000 Taler (ca. 5,5 Mio. Euro). Die Schliemann'schen Aussagen bestätigen auch die Umsatzlisten dieser Jahre. Sein Import stieg von 90 000 Rubel (ca. 3,3 Mio. Euro) in 1853 auf 346 000 Rubel (ca. 10 Mio. Euro) in 1854 und vergrößerte sich im Jahr 1855 auf 929 367 Rubel (ca. 25,4 Mio. Euro).

Abb. 12 Nishni Nowgorod, 1880

Dass die nach Russland geschafften Materialien und Rohstoffe für den Krieg gebraucht wurden, war Heinrich Schliemann von Anfang an bekannt. Er machte keinen Hehl daraus und handelte zielstrebig weiter. Die Ereignisse aus dem Jahr 1854 schilderte er in seiner Selbstbiografie wie folgt: »Meine [...] Waren verkaufte ich nun äußerst vorteilhaft, ließ dann den Ertrag wieder und immer wieder arbeiten, machte große Geschäfte in Indigo, Farbhölzern und Kriegsmaterialien (Salpeter, Schwefel und Blei) und konnte so [...] beträchtliche Gewinne erzielen und im Laufe eines Jahres mein Vermögen mehr als verdoppeln.« Sicherlich könnte man solche Geschäfte aus moderner, heutiger Sicht nicht als unbedenklich ansehen, jedoch kann die Frage, wie solche Geschäfte eines europäischen Kaufmanns Mitte des 19. Jahrhunderts moralisch zu bewerten sind, nicht allein nach heutigen Maßstäben beantwortet werden.

»IM KAUFMANNSGESCHÄFT SIND SIE EIN GENIE!«

Zusammen mit wachsenden Geschäftsaktivitäten und der Vergrößerung des Umsatzkapitals dehnte sich auch die »Geografie« seiner Kontakte aus, überwiegend innerhalb des Kaufmannsstands Russlands. In den 1850er Jahren zählten zu seinen neuen Bekannten, Freunden und Geschäftspartnern die Geschäftsmänner aus Moskau, Petersburg, Riga, Astrachan, Jaroslawl und Jelabuga wie Alexander K. Krestownikow (1825–81), der Kaufmann der 1. Gilde von Moskau, der seit 1851 als Mitinhaber der Gesellschaft Brüder Krestownikow bekannt war. Dieser Gesellschaft gehörten eine Papierfabrik, eine Weberei und eine Spinnerei in Moskau sowie die in Russland erste Stearin- und Seifenfabrik (später Chemiefabrik) in Kasan, die 1855 gegründet wurde. Zum neuen Bekanntenkreis gehörte Awerjan S. Zelibejew, der Kaufmann der 2. Gilde, der mit Farbstoffen und chemischen Haushaltsprodukten zwischen Moskau und Petersburg handelte. Eine der besten zeitgenössischen Beschreibungen Schliemanns geht, laut den Erinnerungen seiner Gattin Jekaterina, auf den Moskauer Kaufmann Alexander N. Shesterew zurück: »Im Kaufmannsgeschäft sind Sie ein Genie!« [Übers. d. Autors]

Um die Arbeit in Petersburg und in Moskau am Laufen zu halten, vergrößerte Heinrich Schliemann die Zahl seiner Mitarbeiter, zu denen sowohl die Artelschtschiki (Mitglieder eines Artels, einer im Zarenreich existierenden freiwilligen genossenschaftlichen Vereinigung von Personen gleichen Berufs) als auch die Filialmitarbeiter gehörten. Schliemann bezeichnete sie als seine »Commis« –

Galaktion Matschigin, Andrej Sarubin, Jakow Bessabotnow, Pawel Kalinin, Fjodor Filippow und Fjodor (Filofej) Tewesin. Die Moskauer Filiale leitete seit der Gründung im September 1849 sein Vertreter Alexej F. Matwejew bis zu dessen Tod durch die Cholera. Nach dem Tod Matwejews erhob Schliemann dessen Gehilfen Sachar I. Jutschenko(w) zum Kaufmann der 2. Gilde und ließ ihn die Filiale leiten. Den eigenen Diener Iwan Tewesin erhob er später zum Artelschtschik. Zudem hatte er noch zwei Petersburger Gehilfen, die ihm selbst direkt unterstanden: Andrej F. Groten und Gottfried Huber.

Sie alle bekamen von ihm sehr genaue schriftliche Instruktionen, die Schliemann als »Anweisungen« bezeichnete. Die Artelschtschiki bereisten sehr oft in Schliemanns Auftrag verschiedene Städte und Ortschaften, um »das Warenversenden zu beschleunigen«. So z. B. schrieb Schliemann an Bessabotnow 1855 nach Kowno, als er dort kurz die Importlieferung inspizieren sollte, 37 Briefe mit verschiedensten »Anweisungen«: »Das blaue holländische Sandelholz wird sehr benötigt […]. 40 Kisten mit Indigo […] muss man mit der Bastmatte verkleiden« [Übers. d. Autors]. Oder: »Senden Sie das restliche Sandelholz unverzüglich auf meine Rechnung direkt mit den Kutschen« [Übers. d. Autors].

Da er selbst mehrere Stunden am Tag dem Schreiben von Briefen widmete, erwartete er dasselbe von seinen Mitarbeitern. Als er im August 1855 Matwejew nach Nishni Nowgorod **Abb. 12** zum Jahrmarkt schickte, wies er ihn an: »Vom Jahrmarkt schreiben Sie mir täglich« [Übers. d. Autors]. Sogar seine Diener, wie z. B. Jefim Lusin, von Schliemann »Merkur« genannt und einer der wenigen, die Heinrich Schliemann duzte, bekamen Briefpost von ihm.

WECHSELKURS

Gegen Ende des Krimkriegs (1856) und zum Beginn der internationalen Wirtschaftskrise 1857 ist ein rapider Rückgang der Geschäfte Schliemanns zu beobachten. Empfing er, nach den Schiffslisten des Hafens St. Petersburg zu urteilen, 1856 eine Zahl von 34 Schiffen mit Importladungen, sank die Zahl der mit seinem Namen verbundenen Schiffe 1860 auf 25. Die allgemeine wirtschaftliche Situation erschien Heinrich Schliemann, einem flexiblen Transithandelsgroßkaufmann als mit hohen Verlustrisiken verbunden, deswegen verlagerte er seine geschäftliche Tätigkeit vom Großhandel auf Bankgeschäfte. Seine geschäftlichen Transaktionen wurden gedrosselt und Schliemann begann intensiver von den Einnahmen der Bankzinsen zu profitieren.

Im Jahr 1859 wechselte er in Narwa von der 1. in die 2. Kaufmannsgilde zurück. Die von Schliemann durchgeführten Umstellungen halfen ihm, die Krisenjahre ohne Kapitalverlust zu überstehen und verschafften ihm weiterhin Ansehen in der Geschäftswelt Russlands.

NEUER SCHWUNG

Seit 1860 gewannen die Handelsaktivitäten Schliemanns neuen Schwung. Er begann, wie er selbst schrieb, »von neuem auf, und zwar diesmal in weit größerem Maßstabe als je zuvor«, in das Handelsgeschäft zu investieren. In diesem Jahr erwarb Schliemann erneut das Patent des Kaufmanns der 1. Gilde von Narwa **Abb. 13**, das er bis Dezember 1862 innehatte. Er handelte wieder mit dem Farbstoff Indigo, importierte jedoch auch Olivenöl. Zwischen 1860 und 1861 investierte er intensiv in den Baumwollhandel. Als dies nicht mehr profitabel zu sein schien, stieg er in das Teegeschäft ein, das er bis zum Winter 1862/63 betrieb. Schenkt man seinen Worten Glauben, belief sich sein Geschäftserfolg auf »durchschnittlich einen jährlichen Reingewinn von 200 000 Mark [ca. 1,54 Mio. Euro] an Indigo und außerdem 6 % Zins vom Kapital«. Zudem müssen noch der Warenexport aus Russland und jegliche Investitionen in die Industrie mitgezählt werden. Das Wachstum seines Handelsprofits wurde durch die Fertigstellung der Eisenbahnverbindung zwischen Petersburg und Warschau begünstigt, die streckenweise zwischen 1859 und 1862 erfolgte, sowie durch die 1860 eingerichtete Zweiglinie über Wirballen (heute Virbalis, Litauen) nach Königsberg. Im Januar 1863 wechselte er als Gildenkaufmann nach Petersburg und blieb bis 1866 ein Kaufmann der 1. Gilde von Petersburg. In wirtschaftlicher Hinsicht brachte dieser Wechsel keine Vorteile, sorgte aber für ein größeres soziales Ansehen innerhalb der russischen Gesellschaft. Sicherlich baute auf diesem Ansehen auch seine Mitgliedschaft als Kaufmannsabgeordneter beim Petersburger Handelsgericht auf.

Für sein letztes Jahr in Russland, 1866, findet man über Heinrich Schliemann im »Nachschlagewerk über Personen, die 1866 Kaufmannspatente für die 1. und 2. Gilde [in St. Petersburg] erhielten«, auf Seite 53 folgende Information: »Schliemann Heinrich, 44 Jahre alt, ist Kaufmann der 1. Gilde von Sankt-Petersburg seit 1863. Wohnadresse: Wassiljewski-Insel, 2. Quartier auf der 1.-Linien-Straße im Haus von Feleisen. Großhandel am Hafen. Seinen Dienst leistete [er] der Stadt von 1861 bis 1864 als Mitglied des Handelsgerichtes. Kaufmannspatent Nr. 77« [Übers. d. Autors].

Abb. 13 Heinrich Schliemann als Kaufmann der 1. Gilde von Narwa. St. Petersburg, 1860

Schliemann war ehrgeizig und wollte mehr! In seinem Umfeld, bei Freunden oder Geschäftspartnern, sah er immer wieder Persönlichkeiten oder Unternehmen, die vor ihm lagen. In seinem besten Handelsjahr 1856 empfing er 34 Schiffe mit Importwaren. Bereits Ende der 1840er Jahre empfingen Wm. Brandt & Co. oder Georg E. Müller im Petersburger Hafen über 300 Schiffe jährlich. Sein Freund und Geschäftspartner Prokopi I. Ponomarjow (1774–1853), mit dem Schliemann den Teehandel betrieb, war als einfacher Bauer nach Petersburg gekommen und stieg bis zum Kaufmann der 1. Gilde auf, bekam vom Staat sowohl einen erblichen Adelstitel als auch den Kaiserlichen Orden des Heiligen und Apostelgleichen Großfürsten Wladimir 4. Klasse sowie einen Kaiserlich-russischen Orden der Heiligen Anna 3. Klasse. Schliemann sah sich als würdig und trachtete nach ähnlichen Ehrenbezeugungen, bekam sie jedoch nicht! In späteren Jahren brachte er seine Enttäuschung zum Ausdruck, dass er in Russland bzw. in Petersburg keinen einzigen Orden erhielt.

Fast alle seine Errungenschaften im Bereich des sozialen Aufstiegs erarbeitete er sich hart – oder kaufte sie, so wie seine Petersburger Ehrenbürgerschaft, die oft als Höhepunkt seiner Kaufmannskarriere bezeichnet wurde. Sobald sein zehntes Jahr in der 1. Kaufmannsgilde Russlands begann, reichte er zu Beginn des Jahres 1864 an den Regierenden Senat einen Antrag auf die Ehrenbürgerschaft für seine ganze Familie ein. Da er keine Vorstrafen hatte und imstande war, die ziemlich hohe Antragsgebühr zu zahlen, erlangte Heinrich Schliemann durch den Erlass des Zaren Alexander II. vom 5. März 1864 nebst seiner Frau und Kindern die erbliche Ehrenbürgerwürde von St. Petersburg. Dadurch wurde die Familie Schliemann in den obersten nicht adeligen Stand des Russisches Reiches erhoben und bekam erbliche Vorrechte der Kaufleute der 1. Gilde ohne Entrichtung der Gebühren.

Die wirtschaftlichen Krisen, das ständig wachsende Risiko eines Kapitalverlusts und die Unzufriedenheit wegen der mangelnden Anerkennung seiner Leistungen seitens des Staates und der Stadt führten dazu, dass Schliemann immer mehr sein Interesse am Geschäftsleben als Transithandelsgroßkaufmann und Bankier verlor. Im Jahr 1864 begann er seine Geschäfte in Russland zu liquidieren und sein Kapital nach Westeuropa zu transferieren. In seiner letzten geschäftlich aktiven Phase vom Sommer 1859 bis zum Frühjahr 1863 verdoppelte er sein Kapital noch einmal auf etwa 2 oder 3 Mio. Taler (ca. 60 Mio. oder ca. 90 Mio. Euro; die Höhe des Kapitals ist in der Forschung umstritten) und zog sich dann aus dem aktiven Geschäftsleben zurück.

SPRACHEN UND REISELUST

Heinrich Schliemann war beeindruckend polyglott und entwickelte seine eigene Methode, Sprachen zu lernen. So hatte er, bevor er nach Russland kam, sieben Sprachen erlernt, und zusammen mit seiner Muttersprache Deutsch beherrschte er acht Sprachen. Während seiner russischen Zeit befasste er sich mit sechs weiteren modernen Sprachen. Unter anderem gehörte zu den neu erlernten Sprachen auch Neugriechisch. Danach folgten Altgriechisch und Latein.

Wenn am Anfang seiner Karriere die modernen Sprachen eine wichtige Rolle für Schliemanns wachsende Handelstätigkeit spielten, passten die alten Sprachen nicht in dieses Schema. Irgendwann gegen Ende der 1850er und

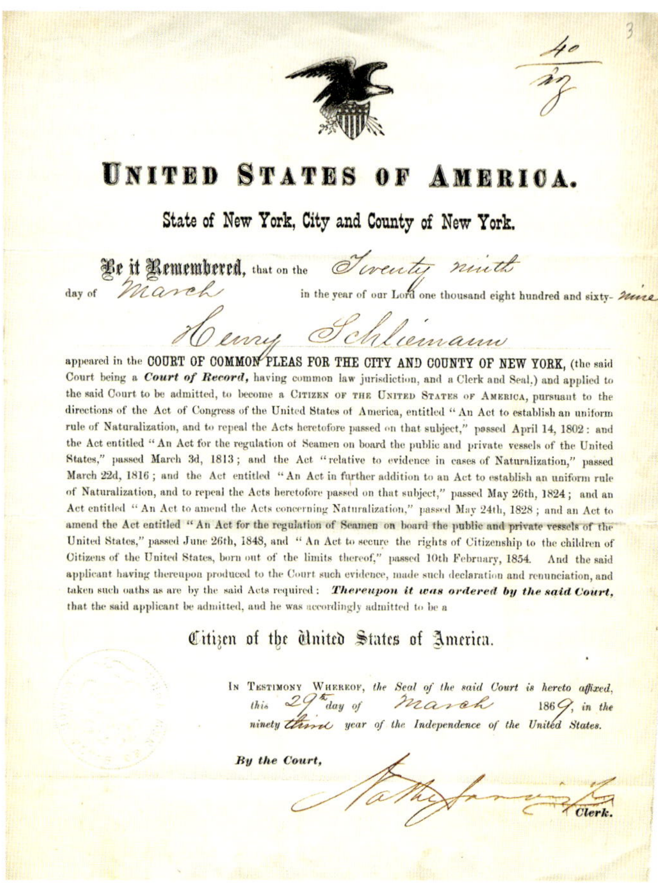

40
/
[illegible]

UNITED STATES OF AMERICA.

State of New York, City and County of New York.

Be it Remembered, that on the Twenty ninth day of March in the year of our Lord one thousand eight hundred and sixty-nine

Henry Schliemann

appeared in the COURT OF COMMON PLEAS FOR THE CITY AND COUNTY OF NEW YORK, (the said Court being a *Court of Record,* having common law jurisdiction, and a Clerk and Seal,) and applied to the said Court to be admitted, to become a CITIZEN OF THE UNITED STATES OF AMERICA, pursuant to the directions of the Act of Congress of the United States of America, entitled "An Act to establish an uniform rule of Naturalization, and to repeal the Acts heretofore passed on that subject," passed April 14, 1802: and the Act entitled "An Act for the regulation of Seamen on board the public and private vessels of the United States," passed March 3d, 1813; and the Act "relative to evidence in cases of Naturalization," passed March 22d, 1816; and the Act entitled "An Act in further addition to an Act to establish an uniform rule of Naturalization, and to repeal the Acts heretofore passed on that subject," passed May 26th, 1824; and an Act entitled "An Act to amend the Acts concerning Naturalization," passed May 24th, 1828; and an Act to amend the Act entitled "An Act for the regulation of Seamen on board the public and private vessels of the United States," passed June 26th, 1848, and "An Act to secure the rights of Citizenship to the children of Citizens of the United States, born out of the limits thereof," passed 10th February, 1854. And the said applicant having thereupon produced to the Court such evidence, made such declaration and renunciation, and taken such oaths as are by the said Acts required: ***Thereupon it was ordered by the said Court,*** that the said applicant be admitted, and he was accordingly admitted to be a

Citizen of the United States of America.

IN TESTIMONY WHEREOF, *the Seal of the said Court is hereto affixed, this* 29th *day of* March 1869, *in the ninety* third *year of the Independence of the United States.*

By the Court,

[signature]

Clerk.

Abb. 14 Heinrich Schliemanns Einbürgerungsurkunde für die USA

Anfang der 1860er Jahre orientierte sich Schliemann neu und wurde von einem erfolgreichen Kaufmann zum Entdecker. Die Suche nach neuen Zielen führte dazu, dass Schliemann sich zuerst als Weltentdecker ausprobierte. Im November 1858 unternahm er eine Reise nach Schweden, Dänemark, Deutschland, Italien, Ägypten, Nubien, Jerusalem, Syrien, Türkei, Griechenland und Südosteuropa, welche im Juli 1859 endete und keinen kommerziellen Charakter hatte, sondern vielmehr Schliemanns Verlangen nach Neuem stillen sollte. Während dieser Reise besuchte Schliemann zum ersten Mal Griechenland.

Nach nur wenigen Wochen Auszeit in Petersburg reiste er erneut, um Westeuropa besser kennenzulernen. Von August bis Oktober 1859 bereiste er Frankreich und Spanien. Die Eindrücke von seiner Weltreise von April 1864 bis März 1866 über Indien, China, Japan und Amerika hielt er in seinen Tagebüchern fest, aus denen er später Teile als Buch veröffentlichte.

Der suchende Geist Heinrich Schliemanns war seiner Frau Jekaterina ganz fremd. Sie teilte seine Begeisterung fürs Sprachenlernen nicht und merkte in einem ihrer Briefe an ihn an: »Bestimmt bist Du jetzt unterwegs nach Rostow und aus purer Langeweile lernst du Griechisch« [Übers. d. Autors]. Sie blieb überwiegend in Petersburg und nur von April 1862 bis September 1863 bereiste sie mit den Kindern Westeuropa, wohlgemerkt ohne ihren Mann. Sie reisten nie gemeinsam, da Schliemann seine Ehefrau Jekaterina mit seinem Wissensdurst und Entdeckergeist nie anstecken konnte.

Unterschiedliche Interessen und Lebensvorstellungen vertieften den Abstand in einer Ehe, die aus reinem Kalkül begonnen hatte. Beide hatten vorm Altar Ja gesagt, weil es zur guten Sitte gehörte und man quasi verpflichtet war, zu heiraten und eine Familie zu gründen. Es wurden Kinder geboren, weil dies der Erwartung der Gesellschaft entsprach. Die wahre Liebe zeigte Schliemann vor allem gegenüber seinen Kindern. Nachdem er Russland verlassen hatte, hatte er für sie immer ein offenes Ohr. Mit den Kindern war er durch Briefkorrespondenz bis in seine letzten Tage im Kontakt. Mit seinem Sohn Sergej traf er sich einige Male in Europa. Schliemann unterstützte seine Kinder aus erster Ehe und die ganze russische Familie immer und bedingungslos. Als er Russland im September 1866 für immer verließ, versuchte er seine Frau umzustimmen, zu ihm nach Paris zu kommen. Paris war die nächste Lebensstation Schliemanns, nachdem sein russisches Kapitel zu Ende geschrieben war. Jekaterina blieb jedoch hartnäckig in Petersburg und Heinrich musste sich damit abfinden. Sogar sein Besuch zu Weihnachten, im Dezember 1868, blieb erfolglos. Er weilte in Petersburg nur eine Woche, vom 24. bis zum 30. oder 31. Dezember und verließ Russland endgültig. Er betrat nie mehr russischen Boden.

All dies führte zu seiner Scheidung. Am 29. März 1869 bekam Schliemann die amerikanische Bürgerschaft **Abb. 14** und als Bürger der USA stellte er einen Scheidungsantrag. Am 30. Juni 1869 wurde die Scheidung durch ein amerikanisches Gericht vollzogen. Heinrich Schliemann fühlte sich frei. Der russische Staat erkannte die gerichtliche Scheidung in den USA aufgrund der kirchlichen Hochzeit in Russland nie an.

Heinrich Schliemann kam nach Russland als Geschäftsmann und verdiente dort ein beachtliches Vermögen. Als Transitgroßkaufmann und Bankier wirkte er maßgeblich für die Weiterentwicklung der russischen Wirtschaft und die engen kommerziellen Beziehungen zwischen Russland und Westeuropa. Die Jahre in Russland brachten ihm nicht nur Beträge in Millionenhöhe ein, sondern trugen essenziell zur Erweiterung seines Weltbilds und Wissens bei. Sowohl materielle als auch geistige Gewinne, die Schliemann in fast 20 Jahren in Russland erwirtschaftete, investierte er später großzügig in die Wissenschaft.

Ausgewählte Literatur:

Kaufkraftäquivalente historischer Beträge in deutschen Währungen. Online: https://www.bundesbank.de/resource/blob/615162/d55a20f8a4ecedd6d1b53e01b89f11c4/mL/kaufkraftaequivalente-historischer-betraege-in-deutschen-waehrungen-data.pdf (Stand Januar 2020).

Galina Andrusová-Vlčeková, Heinrich Schliemanns russische Periode. In: Georgios Styl. Korres/Nektarios Karadimas/Georgia Flouda (Hg.), Archäologie und Heinrich Schliemann. 100 Jahre nach seinem Tode. Rückschau und Ausblick. Mythos – Geschichte – Wissenschaft (Athen 2012) 171–179.

Joachim Mai, Heinrich Schliemann als Großkaufmann in Russland 1846–1864. In: Georgios Styl. Korres/Nektarios Karadimas/Georgia Flouda (Hg.), Archäologie und Heinrich Schliemann. 100 Jahre nach seinem Tode. Rückschau und Ausblick. Mythos – Geschichte – Wissenschaft (Athen 2012) 180–183.

Лилия Н. Галимова, Купечество и лица торговых занятий в Российской истории и законодательстве. Вестник Чувашского университета 4, 2009, 3–11. [Lilija N. Galimowa, Der Handelsstand und Personen des Handels in der russischen Geschichte und Gesetzgebung. Anzeiger der Tschuwaschischen Universität 4, 2009]

Игорь А. Богданов, Генрих Шлиман. Русская авантюра (Москва 2008). [Igor A. Bogdanow, Heinrich Schliemann. Das russische Abenteuer (Moskau 2008)].

Валерий Б. Перхавко, История русского купечества (Москва 2008). [Waleri B. Perchawko, Geschichte der russischen Kaufmannsschicht (Moskau 2008)]

Михаил Л. Гавлин, Из истории налогового законодательства в России. Независимая газета von 06.06.2000. [Michail L. Gawlin, Aus der Geschichte der Steuergesetzgebung in Russland. »Nesawisimaja Gaseta«]; Online: https://www.ng.ru/style/2000-06-06/16_tax.html (Abruf 15.03.2022).

Galina Andrusová-Vlčeková, Heinrich Schliemann und seine russische Familie. Mitteilungen aus dem Heinrich-Schliemann-Museum Ankershagen 6, 1999, 41–60.

Armin Jähne, Schliemanns Abschied von Rußland. Mitteilungen aus dem Heinrich-Schliemann-Museum Ankershagen 6, 1999, 101–108.

Joachim Mai, Heinrich Schliemann als »homo oeconomicus«. Mitteilungen aus dem Heinrich-Schliemann-Museum Ankershagen 6, 1999, 95–100.

Joachim Mai, Heinrich Schliemanns sozialer Aufstieg in Rußland 1846 bis 1864. Mitteilungen aus dem Heinrich-Schliemann-Museum Ankershagen 6, 1999, 89–94.

Игорь А. Богданов, «... Имею честь быть покорнейшим слугой». In: Шлиман. Петербург. Троя, Михаил Б. Пиотровский (Hg.). Кат. выставки (Санкт-Петербург 1998) 16–37. [Igor A. Bogdanow, »... Ich habe die Ehre, Ihr ergebenster Diener zu sein«. In: Schliemann. Petersburg. Troja, Michail B. Piotrowski (Hg.), Ausstellungskatalog (St. Petersburg 1998)]

Лев С. Клейн, Генрих Шлиман в Петербурге. In: Шлиман. Петербург. Троя, Михаил Б. Пиотровский (Hg.). Кат. выставки (Санкт-Петербург 1998) 8–15. [Lew S. Klein, Heinrich Schliemann in Petersburg. In: Schliemann. Petersburg. Troja, Michail B. Piotrowski (Hg.), Ausstellungskatalog (St. Petersburg 1998)]

Justus Cobet, Heinrich Schliemann. Archäologe und Abenteurer. Beck'sche Reihe 2057 (München 1997).

Joachim Mai, Zur rechtlichen Situation Heinrich Schliemanns in Rußland 1846 bis 1864. Mitteilungen aus dem Heinrich-Schliemann-Museum Ankershagen 5, 1997, 57–62.

Erik Amburger, Die Schiffslisten des Hafens St. Petersburg als handelsgeschichtliche Quelle. Jahrbücher für Geschichte Osteuropas, NF 44, H. 4, 1996, 559–565.

Павел Г. Рындзюнский, Городское гражданство дореформенной России (Москва 1958). [Pawel G. Ryndsjunski, Stadtbürgerschaft im vorreformatorischen Russland (Moskau 1958)]

Heinrich Schliemann, Selbstbiographie. Bis zu seinem Tode vervollständigt. Sophie Schliemann (Hg.). 8. Auflage (Leipzig 1955).

Андрей М. Зайончковский, Восточная война 1853–1856 в связи с современной ей политической обстановкой. Bd. 1. Приложения (Санкт-Петербург 1908). [Andrei M. Sajontschkowski, Der Krimkrieg 1853–1856 im Zusammenhang mit der zeitgenössischen politischen Situation. Bd. 1. Anhänge (St. Petersburg 1908)]

К. И. Каменев, Историческое описание Охтинского порохового завода. Период второй (1816–1890) (Санкт-Петербург 1894). [K.I. Kamenew, Historische Beschreibung der Schießpulverfabrik Ochta. Zweite Periode (1816–1890) (St. Petersburg 1894)]

Иван А. Аверин, Справочная книга о лицах, получивших на 1866 г. купеческие свидетельства по 1 и 2 гильдиям (Санкт-Петербург 1866). [Iwan A. Awerin, Nachschlagewerk über Personen, die 1866 Kaufmannspatente für die 1. und 2. Gilde erhielten (St. Petersburg 1866)]

Иван А. Глазов, Справочная книга о лицах, получивших на 1865 г. купеческие свидетельства по 1 и 2 гильдиям (Санкт-Петербург 1865). [Iwan A. Glasow, Nachschlagewerk über Personen, die 1865 Kaufmannspatente für die 1. und 2. Gilde erhielten (St. Petersburg 1865)]

Военный сборник. Bd. 1. 1858 (Санкт-Петербург 1858). [Militär Anzeiger, Bd. 1. 1858 (St. Petersburg 1858)]

Abb. 1 Sergej Schliemann (1855–ca. 1939)

Abb. 2 Nadeshda Andrussowa, geb. Schliemann (1861–1935)

FAMILIE IN ST. PETERSBURG – JEKATERINA LYSHINA, VORFAHREN UND KINDER

REINHARD WITTE

Nach seiner Rückkehr von der ersten Amerikareise (1851/52) heiratete Schliemann am 24. Oktober 1852 in St. Petersburg die Russin Jekaterina Petrowna Lyshina (1826–96). Ihr Vater war ein angesehener Jurist und Prokurist. Ihre jung verstorbene Mutter entstammte einer polnischen Adelsfamilie. Jekaterina war sehr gebildet und beherrschte auch die deutsche und französische Sprache. Die Ehe stand von vornherein unter keinem guten Stern. Schon 1854 trug sich Schliemann mit Scheidungsabsichten, und sie schrieb ihm im gleichen Jahr: »Das Schicksal hat verursacht, dass ich Deine Frau werden sollte und wenn ich zu Dir auch mit keiner Leidenschaft brannte, als ich Dich heiratete – meine Absicht war, Dich glücklich zu machen!« Am 30. Juni 1869 ließ sich Schliemann, der kurz zuvor im März amerikanischer Staatsbürger geworden war, in Indianapolis von seiner russischen Frau scheiden.

Das Ehepaar hatte drei gemeinsame Kinder: Sergej (1855–ca. 1939), Natalja (1859–69) und Nadeshda (1861–1935). Der Sohn wurde später Jurist, arbeitete als Untersuchungsrichter und im Ministerium des Innern. Er heiratete eine Sängerin, was dem Vater missfiel. Sergej soll trotz reichen Erbes – auch die russische Familie wurde in Schliemanns Testament großzügig bedacht – völlig verarmt in Leningrad verstorben sein. Die erste Tochter Natalja starb bereits als Kind an einer Knochenmarkentzündung (Osteomyelitis). Schliemann war zu dieser Zeit bereits neu vermählt und wohnte in Athen.

Das dritte Kind war Nadeshda. Von ihr und damit auch von Heinrich Schliemann gibt es heute noch Nachkommen. Sie studierte ab 1880 an der physikalisch-mathematischen Fakultät der Petersburger Frauenhochschule und schloss ihr Studium mit Bestnoten ab. Später studierte sie noch an der Universität Genf vergleichende Anatomie und arbeitete dann als Gymnasiallehrerin in St. Petersburg. 1889 heiratete sie Nikolaj Iwanowitsch Andrussow (1861–1924), der ein sehr berühmter Geologe und Paläontologe wurde. Sie hatten fünf Kinder. Die Familie emigrierte nach der Oktoberrevolution aus Russland, zog nach Paris, Prag und später nach Lausanne. Die Urenkelin Schliemanns und Enkelin Nadeshdas Frau Dr. Galina Andrusová-Vlčeková (1928–2009) hat seit 1990 durch Publikationen und Vorträge viel dazu beigetragen, bessere Kenntnisse über die russische Familie zu vermitteln, die zumeist im Schatten der griechischen Familie steht.

DER KRIMKRIEG (1853–56)

SEBASTIAN OLSCHOK

Die militärische Auseinandersetzung, die in Westeuropa als »Krimkrieg« in die Geschichte einging, begann, nachdem Ende Juni 1853 russische Truppen in die Fürstentümer Moldau und Walachei einmarschiert waren. Infolgedessen erklärte das Osmanische Reich am 16. Oktober 1853 Russland den Krieg. Schließlich waren neben Russland und dem Osmanischen Reich auch Frankreich, das Vereinigte Königreich und später das Königreich Sardinien-Piemont in diesen Krieg involviert. Kampfhandlungen an Land gab es auf der Krim, dem Balkan, im Kaukasus, in Kleinasien und Kamtschatka. Aber auch auf dem Schwarzen und Weißen Meer sowie Barentssee und der Ostsee wurde gekämpft, zahlreiche Häfen wurden blockiert und bombardiert. Der Begriff »Krimkrieg« greift für den 3-jährigen Konflikt also zu kurz.

Abb. 1 Eine zerstörte Schanze nach der Belagerung von Sewastopol

Abb. 2 Der Planwagen des Fotografen Roger Fenton. Hier war auch seine Dunkelkammer untergebracht.

Nach einer langen Reihe von Konflikten und diplomatischen Auseinandersetzungen zwischen dem Russischen und dem Osmanischen Reich versuchte Russland im Juni 1853 den eigenen Einfluss in Europa zu stärken, unter anderem indem es den Zugang zum Mittelmeer zu kontrollieren versuchte. Frankreich und das Vereinigte Königreich traten nach dem verheerenden russischen Seebombardement der osmanischen Hafenstadt Sinope offiziell am 27./28. März 1854 in den Krieg ein. Die Alliierten des Osmanischen Reiches hatten diesen Kriegseintritt jedoch früher geplant, denn bereits im April 1854 landeten sie mit Truppen auf den Dardanellen und im Mai 1854 mit beinahe 60 000 Mann bei Warna am Schwarzen Meer an. Den Hauptschauplatz Krim erreichten die alliierten Truppen Mitte September 1854 und begannen dort kurz darauf die Belagerung der strategisch wichtigen Stadt Sewastopol. In mehreren großen Schlachten versuchte die russische Armee, die Belagerung zu brechen. Letztendlich fiel Sewastopol am 9. September 1855 an die Alliierten **Abb. 1**. Der Krimkrieg wurde offiziell am 30. März 1856 durch den Frieden von Paris beendet. Die während des Krieges eroberten Gebiete wurden größtenteils wieder an das Osmanische Reich zurückgegeben, zudem musste Russland einige Teile Bessarabiens und das Fürstentum Moldau an das Osmanische Reich abtreten. Politisch schwächte der Frieden von Paris Russlands Rolle in Europa.

Der Krimkrieg wird häufig als der erste »moderne« und »industrielle« Krieg der Geschichte bezeichnet: Die Artillerie mit ihren großen Geschützen spielte eine bedeutendere Rolle als in bisherigen Kriegen, Gewehre mit gezogenem Lauf wurden vor allem auf alliierter Seite überwiegend eingesetzt und Dampfmaschinen beim Transport von Kriegsteilnehmer:innen und Kriegsgerät strategisch genutzt. Dadurch wurden Militärtechnik und Logistik wichtiger als die taktischen Fähigkeiten der Befehlshaber. Diese Entwicklung nahm allerdings während des Krimkriegs erst ihren Anfang, denn trotz neuartiger Waffen kämpften die Truppen zum großen Teil nach veralteter Taktik. Auf russischer Seite waren die wenigsten Truppen mit neuartigen Gewehren ausgerüstet, teilweise wurden Reserveeinheiten mit Steinschlossmusketen in den Kampf geschickt. Darüber hinaus gerieten die Versorgung und Unterbringung der beteiligten Truppen rasch an ihre Grenzen, ein großer Teil der Soldaten beider Seiten fiel Krankheiten, Hunger oder den Witterungsbedingungen zum Opfer. Neu am Krimkrieg war auch die beginnende Kriegsberichtserstattung **Abb. 2**. Erstmals konnten per Telegramm innerhalb weniger Stunden Nachrichten von der Front bis in die europäischen Metropolen gesendet werden. Fotografien und Illustrationen, die einen ungeschönten Blick auf die Situation vor Ort zeigten, prägten das Bild des Kriegs in der Öffentlichkeit, auch wenn es weiterhin glorifizierende Schlachtengemälde gab.

SALPETER

SEBASTIAN OLSCHOK

Salpeter ist ein Oberbegriff für verschiedene Nitrate, also Salze der Schwefelsäure. Der Begriff wird häufig als Synonym für Kalisalpeter (= Kaliumnitrat) gebraucht, mit dem auch Heinrich Schliemann handelte.

Kalisalpeter besteht aus Kalium, Stickstoff und Sauerstoff und kommt in der Natur als mineralische Ausblühung auf Böden vor. Außerdem ist es ein Produkt, das bei der Zersetzung von stickstoffreichem Abfall wie Urin und Kot entsteht. In Europa sammelten ab dem späten Mittelalter Salpetersieder Ausblühungen in Mauerwerk und Böden sowie Urin und Kot ein und wurden dafür von den Landesherren mit besonderen Rechten ausgestattet. In speziellen Salpetergärten wurden gesammelter Urin und Kot mit Kalk und Asche versetzt, dann ausgewaschen und schließlich das Endprodukt Salpeter durch Sieden der Masse erzeugt. Natürliche Vorkommen, die großflächig abgebaut wurden, gab es in China und Südostasien. Im 19. Jahrhundert war außerdem die Atacamawüste in Chile einer der Hauptabbauorte. Der hier industriell abgebaute »Chilesalpeter« war das wichtigste Exportgut des Landes. Die großen Vorkommen entstanden dort durch die Verwitterung von Vogelkot, der in Fabriken zunächst zermahlen und dann ausgekocht wurde. Die Flüssigkeit ließ man verdampfen, wodurch das zurückbleibende Natronsalpeter mit Kalisalz zu Kalisalpeter umgewandelt wurde. Das Produkt war vor allem für den Export nach Europa bestimmt. Es wurde auf Schiffe geladen, die den gefährlichen und anspruchsvollen Weg um Kap Hoorn und über den Atlantik zurücklegten. Vom Kalisalpeter-Import nach Europa profitierten vor allem die Häfen von Hamburg und Liverpool.

Während des 19. Jahrhunderts gab es zwei Hauptanwendungen für Kalisalpeter. Zum einen nutzte man ihn als Dünger in der Landwirtschaft, denn der Stickstoff dient als Hauptnährelement für Pflanzen. Mit der künstlichen Herstellung von Ammoniak als Stickstofflieferant durch das Haber-Bosch-Verfahren verlor Kalisalpeter diese Rolle zu Beginn des 20. Jahrhunderts innerhalb kürzester Zeit. Neben der Nutzung in der Landwirtschaft war Kalisalpeter als wichtigster Bestandteil von Schwarzpulver bedeutend. Schwarzpulver besteht zu 75 Prozent aus Kalisalpeter, zu 15 Prozent aus Holzkohle und 10 Prozent aus Schwefel. Kalisalpeter liefert den Sauerstoff für die Verbrennung; der dabei freiwerdende Stickstoff treibt die Ladung an. Schwarzpulver verlor zum Ende des 19. Jahrhunderts seine Bedeutung als Treibladung für Geschosse und wird heute vor allem in der Pyrotechnik eingesetzt.

INDIGO

SUSANNE KUPRELLA

Als Indigo wird eine kräftige, leuchtende tiefblaue ins violett reichende Farbe bezeichnet. Bis ins 19. Jahrhundert wurde dieser Farbton ausschließlich aus Pflanzen gewonnen. In Europa nutzte man hierfür lange Färberwaid, das in Deutschland vor allem im thüringischen Raum seit dem 9. Jahrhundert angebaut und verarbeitet wurde. Der Farbstoff im Färberwaid ist nicht wasserlöslich und muss in einem aufwendigen Verfahren extrahiert und umgewandelt werden. Dies erfolgte früher mithilfe der sogenannten Gärungsküpe, für die Kalk und vergorener Urin und später Natriumhydrosulfit zugesetzt wurden. Zum Färben wurden die Textilien in die Küpe getaucht, wodurch sie zuerst einen gelben Farbton erhielten. Erst mit dem Aufhängen färbten sie sich durch die Reaktion mit dem Luftsauerstoff blau.

Ab dem 17. Jahrhundert wurde die Nutzung von Färberwaid in Europa durch den Import von aus der Indigopflanze (Indigostrauch) gewonnenem Farbstoff stark zurückgedrängt. Bereits im 16. Jahrhundert hatten portugiesische Seefahrer den Farbstoff aus Indien nach Europa gebracht, ab dem 17. Jahrhundert wurde er über die Niederländische Ostindien-Kompanie, später durch die Britische Ostindien-Kompanie in großem Umfang nach Europa importiert.

Abb. 1 Indigofabrik in Bengalen. Aquarell von William Simpson, 1863

Die Indigopflanzen wurden direkt nach der Ernte in Indigofabriken **Abb. 1**, sogenannten Indigoterien, verarbeitet, die sich in direkter Nähe zum Feld befanden. Wie beim Färberwaid muss der Farbstoff erst aufwendig extrahiert werden, da Indigo selbst nicht direkt in der Pflanze vorkommt, sondern nur seiner Vorstufe, dem Indikan. Das Verfahren wird über in Stufen angelegten Becken ausgeführt, jedoch ohne zusätzliche Stoffe, wie sie beim Färberwaid nötig sind. Hierfür werden die frisch geschnittenen Pflanzenteile zuerst vollständig mit Wasser bedeckt. Durch die hohe Außentemperatur beginnt ein Gärungsprozess und aus dem Indikan entsteht Indoxyl. Das Wasser färbt sich gelb und wird in ein weiteres Becken abgelassen. Durch Einrühren oder Einschlagen von Luft reagiert das Indoxyl mit dem Sauerstoff und wird zu dem tiefblauen Indigo, welches sich am Boden absetzt. Zuletzt wird das Wasser abgelassen, die Indigomasse wird abgeschöpft, getrocknet und in zugeschnittenen Blöcken transportiert und gehandelt.

Durch die im Vergleich zu Färberwaid starke Farbintensität, die durch die Kolonialherrschaft billigen Arbeitskräfte und die gute Transportfähigkeit war der Bengalische Indigo trotz des langen Importwegs eine günstige und gefragte Handelsware in Europa.

Die indischen Bauern, die das Indigo anbauten, wurden von den Eroberern systematisch ausgebeutet. Mitte des 19. Jahrhunderts wurden große Areale von Ackerland von den Großgrundbesitzern, den Zamidaren, an britische Indigoproduzenten verpachtet, die damit Anbaurechte erwarben und die Bauern zwangen, zu schlechten Konditionen Saatgut zu kaufen und auf den besten Teilen ihres Landes Indigo anzubauen. 1859 begannen erste Unruhen im Nordindischen Bengalen, da die Bauern sich weigerten, das Indigo weiter anzubauen. Es kam zum Aufstand, den sogenannten Indigo-Unruhen, infolgedessen die Anbauplicht 1860 offiziell abgeschafft wurde. In der Realität änderte sich jedoch wenig.

Ab Mitte der 1860er Jahre führte der Chemiker Adolf von Baeyer Versuche durch, Indigo durch chemische Synthese zu gewinnen; 1878 gelang ihm dies. Mit der Entwicklung von industriellen Syntheseverfahren durch die Firmen BASF und Farbwerke vorm. Meister, Lucius & Brüning (später Farbwerke Hoechst) gegen Ende des 19. Jahrhunderts konnte Indigo nun in großem Umfang kostengünstig hergestellt werden. Die damit zurückgehende Nachfrage an pflanzlichem Indigo führte zu erhöhtem Druck und wiederum verschärften Arbeitsbedingungen für die bengalischen Bauern. Erst 1918 wurde die Anbaupflicht von Indigo für Landpächter vollständig abgeschafft.

Heute wird der Farbstoff nahezu ausschließlich synthetisch hergestellt und hauptsächlich für die Färbung von Jeans verwendet.

KUMYS-KUR UND ... ALTERTÜMER

ANTON GASS

Am 10. Juli 1866 unternahm Heinrich Schliemann seine letzte Reise von Russland aus. Per Eisenbahn in Begleitung seines Dieners Wassili fuhr er aus Peterhof nach Moskau und weiter bis nach Nishni Nowgorod, wo er auf einen Dampfer wechselte und den Fluss Wolga stromabwärts befuhr **Abb. 1**. Mit Tagesstopps besichtigte er die Städte Kasan, Simbirsk (heute Uljanowsk), Samara, Saratow, Zarizyn (heute Wolgograd) und Kalatsch. Ziel seiner Reise war ein Kumys-Kurort von Doktor Tschembulatow in der kalmückischen Steppe, den er gegen Ende Juli oder Anfang August erreichte.

Ab der Mitte des 19. Jahrhunderts bekam die Kurort-Kultur in Russland einen neuen Schwung. Es entstanden mehrere Luft- und Mineralwasser-Kurorte. Große Beliebtheit genossen damals in Mode gekommene Kumys-Kuren. Frische Steppenluft, Nähe zur Natur, Ausritte und täglicher Genuss von Kumys sollten helfen bei seelischer und körperlicher Erschöpfung oder auch bei Lungenleiden zu Kräften zu kommen. Kumys ist eine vergorene Stutenmilch mit höchstens 3,5 Prozent Alkoholgehalt. Davon trank Schliemann täglich 12–16 halbe Gläser. Baden am Vormittag und Ausritte zweimal am Tag gehörten fast einen Monat bis Ende August zu seinem Tagesprogramm, abends versammelten sich die Kurgäste auf der Wiese, um zu plaudern und Tee zu trinken. Sonst geschah nichts. Der immer unternehmenslustige und energische Schliemann nahm eine Auszeit. Nur sein Tagebuch führte er weiter, weil das Tagebuchführen bei ihm zu einer Gewohnheit geworden war.

Nach dem Abschluss der Kur Ende August fuhr er über Rostow und Taganrog an die nördliche Schwarzmeerküste, wo er die Ruinen der antiken altgriechischen Kolonie Tanais besichtigte und einen Vorgeschmack von der griechischen Antike bekam. Anfang September 1866 verließ Schliemann von Odessa aus Russland und reiste über Südosteuropa mit einem Zwischenstopp in Deutschland nach Frankreich, noch nicht ahnend, dass sein russisches Kapitel abgeschlossen war.

Er kehrte Russland den Rücken, seine Gefühle gegenüber diesem Land waren jedoch nicht völlig abgekühlt. Jahre später bot der weltberühmte Archäologe Heinrich Schliemann seine Trojanischen Altertümer verschiedenen Museen Griechenlands, Italiens, Großbritanniens, Frankreichs und auch der Eremitage in St. Petersburg an. Im Jahr 1876 schrieb er Baron Günzburg, einem Bankier aus Russland: »Jedoch nachdem ich zwanzig Jahre meines Lebens in Petersburg verbracht hatte, gehö-

Abb. 1 Mütterchen Wolga

ren alle meine Sympathien Russland, und da ich aufrichtig wünsche, dass meine Sammlung dorthin gelangt, biete ich der russischen Regierung an, mir nur 50 000 Francs [zu zahlen] und könnte sogar den Preis bis auf 40 000 Francs senken« [Übers. d. Autors]. Das russische Zarenreich lehnte Schliemanns Angebot ab und seine Sammlung Trojanischer Altertümer wurde 1881 auf Vermittlung von Rudolf Virchow (1821–1902) »dem deutschen Volke zu ewigem Besitze und ungetrennter Aufbewahrung in seiner Hauptstadt« geschenkt.

Nichtdestotrotz erreichte ein kleiner Teil seiner Sammlung den russischen Boden. Zwischen 1880 und 1885 sandte Schliemann dem Staatssekretär Alexander A. Polowzow (1832–1909) einige »wertvolle Geschenke an antiken Kunstgegenständen« nach Petersburg. Zudem enthielt A. A. Polowzow über Schliemanns Sohn Sergej noch einige Kisten mit trojanischen Funden für das Museum der von Polowzow unterstützten Zentralschule für technisches Zeichnen in St. Petersburg, die auch als Baron-Stieglitz-Zentralschule bekannt war.

Im Jahr 1883 erreichte Alexander A. Wassiltschikow (1832–90), den damaligen Direktor der Kaiserlichen Eremitage und Vorsitzenden der Kaiserlichen Archäologischen Kommission in St. Petersburg, eine Anfrage von Heinrich Schliemann zur Grabungserlaubnis an der Kaukasischen Schwarzmeerküste. Schliemann beabsichtigte nach Kolchis zu fahren, auf eigene Kosten archäologische Oberflächenuntersuchungen und Ausgrabungen durchzuführen und alle gefundenen Objekte der Kaiserlichen Eremitage zu überlassen. Es ist denkbar, dass der berühmte

Archäologe erneut der griechischen Mythologie auf die Spur kommen wollte, da nach Homers *Odyssee* die Argonauten unter Führung Jasons genau aus Kolchis das Goldene Vlies raubten. Wassiltschikow befürwortete das Vorhaben Schliemanns beim Minister des Kaiserhofs, dem Grafen Illarion I. Woronzow-Daschkow (1837–1916), merkte jedoch in der Dienstnotiz an seinen Vorgesetzten an, dass das Vorhaben nur unter Voraussetzung »der höchsten Erlaubnis und großmütigen Verzeihung« wegen »der Gründe politischen und zivilen Charakters, die ihm verbieten nach Russland zurückzukehren« [Übers. d. Autors], bewilligt werden könne.

Unter »den Gründen politischen und zivilen Charakters« könnte sich die skandalöse Scheidung Schliemanns im Jahr 1869 von seiner russischen Ehefrau Jekaterina Schliemann (geb. Lyshina) durch ein Zivilgericht in den USA verbergen, die vom russischen Zarenreich wegen der kirchlichen, russisch-orthodoxen Eheschließung mit Lyshina nie anerkannt wurde. Nach der in Russland nicht anerkannten Scheidung heiratete Schliemann (während seine Frau aus erster orthodoxer Ehe noch lebte!) nach griechisch-orthodoxem Brauch in Griechenland Sophia Engastroménos und galt nach russischem Recht als Bigamist. In Russland galt Bigamie als schweres Verbrechen und wurde mit »Enteignung aller Rechte und bewachter Verbannung nach Sibirien von einem bis drei Jahre« bestraft. Wäre dann Schliemann nach Russland ohne »höchste Erlaubnis und großmütige Verzeihung« gekommen, hätte ihn seine Reise nicht nach Kolchis, sondern wesentlich weiter nach Osten geführt. Die »höchste Erlaubnis und großmütige Verzeihung« seitens des Zaren wurde nicht erteilt und Schliemann blieb Russland fern. Jetzt war sein russisches Kapitel definitiv abgeschlossen.

Ausgewählte Literatur:

Мария В. Медведева/Лев М. Всевиов/ Александр Е. Мусин/Игорь Л. Тихонов, Очерк истории деятельности Императорской Археологической Комиссии в 1859–1917 гг. Kapitel 1. In: Евгений Н. Носов/Александр Е. Мусин (Hg.), Императорская Археологическая Комиссия (1859–1917): К 150-летию со дня основания. У истоков отечественной археологии и охраны культурного наследия (Санкт-Петербург 2009) 21–247. [Marija W. Medwedewa/ Lew M. Wsewiow/Alexandr E. Musin/Igor L. Tichonow, Eine Skizze der Geschichte der Kaiserlichen Archäologischen Kommission 1859–1917. Kap. 1. In: Ewgeni N. Nosow/Alexandr E. Musin (Hg.), Kaiserliche Archäologische Kommission (1859–1917): Anlässlich des 150. Gründungsjahres. Zu den Anfängen der nationalen Archäologie und des Schutzes des Kulturerbes (St. Petersburg 2009)].

Armin Jähne, Schliemanns Abschied von Rußland. Mitteilungen aus dem Heinrich-Schliemann-Museum Ankershagen 6, 1999, 101–108.

Лев С. Клейн, Генрих Шлиман в Петербурге. In: Шлиман. Петербург. Троя, Михаил Б. Пиотровский (Hg.). Кат. выставки (Санкт-Петербург 1998) 8–15. [Lew S. Klein, Heinrich Schliemann in Petersburg. In: Schliemann. Petersburg. Troja, Michail B. Piotrowski (Hg.), Ausstellungskatalog (St. Petersburg 1998)].

Igor Bogdanov, Heinrich Schliemanns Reise an die Wolga im Jahre 1866. Mitteilungen aus dem Heinrich-Schliemann-Museum Ankershagen 5, 1997, 63–68.

Armin Jähne, Heinrich Schliemanns Schenkungen trojanischer und griechischer Altertümer nach Rußland. Der Briefwechsel mit A. A. Polovtzoff. Mitteilungen aus dem Heinrich-Schliemann-Museum Ankershagen 5, 1997, 69–80.

Joachim Mai, Zur rechtlichen Situation Heinrich Schliemanns in Rußland 1846 bis 1864. Mitteilungen aus dem Heinrich-Schliemann-Museum Ankershagen 5, 1997, 57–62.

Игорь Е. Бабанов /Леонид А. Суетов, Новые документы к биографии Шлимана. Вестник древней истории 1, 1968, 195–198. [Igor E. Babanow/Leonid A. Sujetow, Neue Dokumente zu Schliemanns Biografie. Anzeiger der Antiken Geschichte 1, 1968].

Heinrich Schliemann, Tagebuch, Juli–Oktober 1866. American School of Classical Studies at Athens, Archives, Heinrich Schliemann Papers. Series A: Diaries. A10: Diary 1866. Online: https://www.ascsa.edu.gr/uploads/media/Schliemann_Diary_A10.pdf (letzter Zugriff 10.03.2022).

WENDEZEIT

Abb. 1 Dschunken vor Honkong. Aquarell von Eduard Hildebrandt 1863

AUF ZU NEUEN UFERN

SCHLIEMANNS WELTREISE 1864–66

SUSANNE KUPRELLA

DIE CHINESISCHE MAUER

»Mein Wunsch, die chinesische Mauer zu sehen, war so groß wie meine Furcht vor den Anstrengungen der Reise«, so schreibt Schliemann in seinem Reisebericht 1867.

Die Furcht war begründet: Ende April 1865 war Heinrich Schliemann auf seiner großen Weltreise in Peking angekommen, einer Stadt, die ihn gleichermaßen faszinierte und schockierte **Abb. 1**. Von hier aus machte sich Schliemann zusammen mit seinem Diener Atshon, der ihm für die Landreise nach Peking von zwei deutschen Kaufleuten in Shanghai vermittelt worden war, mit zwei Maultierkarren und einem Reitpferd am 2. Mai 1865 morgens um 4 Uhr auf den Weg nach Ku-pa-ku, dem heutigen Gubeikou, wo er die Große Mauer besichtigen wollte. Nachdem sie eine Stunde durch Peking gefahren waren **Abb. 2**, um aus der Stadt herauszukommen, brauchten sie weitere 13 Stunden, die Schliemann abwechselnd auf dem Reitpferd oder, weil das Pferd bald lahmte, rittlings auf der Deichsel des Karrens sitzend verbrachte, bevor sie an ihren Zielort kamen. Schliemann bezeichnet die Fahrt auf diesen Karren, die ungefedert und viel zu klein sind, als Tortur – und findet sich damit in bester Gesellschaft. Auch andere Reisende des 19. und frühen 20. Jahrhunderts, die über dieses Transportmittel schreiben, klagen über den mangelnden Komfort.

Abb. 2 Straße in Peking, mittig der von Schliemann beschriebene Karren. Aquarell von Eduard Hildebrandt 1863

Nach einem späten Frühstück am nächsten Morgen – Schliemann war »erst« um 6:30 Uhr aufgewacht – begaben sich beide, begleitet von etlichen Schaulustigen, zu Fuß zum Mauerhang. Zusammen stiegen sie auf die Mauer hinauf, sodass sie auf ihr entlanggehen konnten, bis sie zu einer Einsturzstelle gelangten. Dort war die Mauer so weit beschädigt, dass man sich nur auf allen Vieren vorwärts wagen konnte, wenn man dem Mauerverlauf weiter folgen wollte.

Die Stadt Ku-pa-ku befindet sich in einem Talkessel, aber in etwa 8 Kilometer Entfernung schien die Mauer über einen sehr hohen Felsen zu verlaufen. Dorthin, an den höchsten Punkt, wollte Schliemann! Als er jedoch ankam, musste er feststellen, dass die Mauer in weiteren 2 Kilometer Entfernung über einen noch höheren Felsenkamm verlief, so dass er auch diesen Weg noch weiterging. Nach insgesamt fünfeinhalb Stunden hatte er sein Ziel erreicht! »Höchst erstaunt und bestürzt, voll Bewunderung und Begeisterung« genoss er den Ausblick über das weite Panorama, mit seinem Fernglas folgte er dem Verlauf der Mauer, »die im zickzack über die Grate der höchsten Berge verläuft, etwa 60 Kilometer, bis sie in den Weiten verschwindet«. In die andere Richtung, nach Westen hin, sah er »etwa 25 Kilometer weit«.

Dieser Blick ließ Schliemann über die Mauer sinnieren: War wirklich es nötig, ein solches Bollwerk mitten durch das zerklüftete Gebirge zu errichten? Wie viele Millionen Menschen wurden wohl gebraucht, um sie zu bauen und wo kamen diese alle her? Wie viele Soldaten waren nötig, um sie zu bewachen? Die Fragen blieben unbeantwortet.

Wieder am Fuß des Berges angekommen, band Schliemann sich sein Souvenir auf den Rücken: einen der 50 Pfund schweren und 67 Zentimeter langen Ziegelsteine, aus denen die Mauer gefertigt war, und die durch den schlechten Erhaltungszustand lose herumlagen.

BEGINN EINER LANGEN REISE

Schon 1858 zeigte sich bei Schliemann laut seiner Selbstbiografie eine Abkehr von seinem bisherigen Leben als Geschäftsmann. Das Ende des Krimkriegs hatte auch wirtschaftliche Folgen; Schliemanns Geschäfte liefen nicht mehr in ihren gewohnt erfolgreichen Bahnen, was ihm nicht nur finanziell zusetzte, sondern ihn auch persönlich belastete. »Die Aufregung geht über meine Kräfte, ich gehe moralisch und physisch dabei zu Grunde«, schrieb er an J. Bahlmann am 3. Februar 1858. Noch im gleichen Jahr begab er sich auf eine Reise, die ihn erst durch halb Europa, dann nach Ägypten, den Nil entlang nach Nubien, weiter nach Syrien, zurück über Griechenland nach St. Petersburg führte. Doch ein Gerichtsprozess, der sich über mehrere Jahre hinzog, verlangte Schliemanns Gegenwart in Russland, sodass es noch sechs Jahre dauern sollte, bis der Bruch mit dem Geschäftsleben endgültig vollzogen werden konnte. Im Jahr 1864 war es so weit.

Nachdem Schliemann nun endgültig entschieden hatte, der Geschäftswelt den Rücken zuzukehren und noch bevor er sich der Archäologie zuwandte – also zwischen diesen beiden Lebensabschnitten, die sein Leben so stark prägten – machte er eine Reise und umrundete einmal die Welt.

Die Weltreise, die er nun 1864 begann, hatte im Wesentlichen keinen anderen Grund, als seinen Wissensdurst hinsichtlich fremder Kulturen zu stillen und endlich auch Länder im fernen Osten zu besuchen, von denen er – wie er mehrfach schreibt – schon lang gewünscht hatte, sie einmal mit eigenen Augen zu sehen. Sie steht aber auch geradezu symbolisch für die Suche nach einem neuen Betätigungsfeld, über das er sich nach Aufgabe der Geschäfte nicht im Klaren war.

Fast zwei Jahre sollte er am Ende unterwegs gewesen sein. In der Vorbereitung übertrug er bereits 1863 die Wahrnehmung sämtlicher Geschäftsinteressen an die Bankiers von Sterkey und von Fehleisen in St. Petersburg und hinterlegte ein Testament bei Schröders in London mit der Anweisung, dieses zu öffnen, falls ein halbes Jahr keine Nachricht von ihm eingetroffen sein sollte. Er wusste, dass die geplante Reise nicht ganz ungefährlich war.

Der erste Abschnitt seiner Reise führte Schliemann von St. Petersburg nach Aachen, wo er sich fünf Wochen lang einer Kur unterzog. Von dort fuhr er nach Paris und weiter über Italien nach Tunis. In Ägypten wollte er dann die Pyramiden und den Suezkanal besichtigen, wie er seiner Schwester Wilhelmine schrieb. Den Winter wollte er zunächst in Italien verbringen, um dort einige Ländereien zu kaufen und in Seebädern zu entspannen, bevor er Richtung Ferner Osten aufbrach. Wegen eines Ohrenleidens verließ Schliemann Italien jedoch bald und begab sich nach Paris, um sich behandeln zu lassen. Der Aufenthalt belief sich auf nur drei Wochen. Anschließend verbrachte er eine kurze Zeit in Wien und Triest, um dann noch im November 1864 wieder nach Ägypten und von dort aus nach Indien zu reisen.

Dieser zweite Reiseabschnitt führte Schliemann einmal um die ganze Welt. Indien folgten Singapur, Indo-

Ticket No. 11 276 143.

HONGKONG LINE.
Not transferable.

Hongkong, 5 April 1865

To the Commanding Officer
on board the Steam-ship Dumbarton

Please receive on board Mr Schliemann
as 1st Class Passenger from Hongkong to Shanghai
Amount of Passage Money paid in Dollars ——

St. goes at 4 pm.

GIBB, LIVINGSTON & Co.,

Abb. 3 Schliemanns Fahrkarte der Honkong Line vom 5. April 1865

nesien, Jakarta, China, Japan, bevor er über Amerika und Kanada nach Europa zurückkehrte. Der Verlauf der gesamten Reise ist heute durch seine umfangreichen Tagebucheintragungen bekannt: Die Erlebnisse und Beobachtungen seiner Reise hielt Schliemann in vier Bänden – insgesamt 581 eng beschriebene Seiten – fest, überwiegend auf Englisch, Deutsch und Französisch, aber auch Niederländisch, Italienisch, Spanisch, Russisch und gelegentlich Arabisch und Griechisch.

Es scheint, dass Schliemann alles, von dem er je gehört hatte, besichtigen wollte. Schon in Indien verbrachte er knapp vier Wochen. Am 13. Dezember 1864 legte das Schiff aus Ägypten in Kalkutta an. Bereits in den ersten Tagen nach seiner Ankunft besuchte Schliemann eine Indigo-Auktion. Das Interesse am Kaufmännischen hatte er durchaus nicht abgelegt. Die Geschäfte mit dem Farbstoff hatten ihm vor allem während des Krimkriegs (1853–56), als er quasi in Monopolstellung die russische Armee mit dem blauen Farbstoff belieferte, einen so enormen Gewinn eingebracht, dass er zwischenzeitlich zu den 30 importstärksten Händlern in St. Petersburg aufgestiegen war. Nun, nachdem er mit dem Handel abgeschlossen hatte, bekam er endlich einen Eindruck von dem Land, in dem sein wichtigstes Produkt hergestellt wurde. Fasziniert beschreibt er, wie unter der Beteiligung von »Hindus, Birmanen, Afghanen, Persern, Türken, Arabern, Leuten aus Buchara mit ihren ›malerischen Fantasietrachten‹ und einigen Europäern« rund 500 Kisten der blauen Farbe innerhalb von zwei Stunden den Besitzer wechseln. Auch eine Indigofarm (»Faktorei«) besichtigte er, für deren Besuch er ein Empfehlungsschreiben einer Firma aus Kalkutta bekommen hatte, und beschreibt die Herstellung von der Pflanze bis zum fertigen Handelsprodukt ausführlich in seinem Tagebuch und in Briefen.

Die Reise durch Indien war für Schliemann – rein organisatorisch – verhältnismäßig unkompliziert, da das Land schon über Jahrhunderte unter der Vorherrschaft verschiedener europäischer Handelsgesellschaften gestanden hatte und seit 1858 britische Kronkolonie war.

Die Liste der besuchten Orte und Sehenswürdigkeiten ist dementsprechend lang. Von Kalkutta aus reiste er schon am 25. Dezember 1864 mit der Eisenbahn ins 1300 Kilometer entfernte Delhi – diese Fahrt dauerte 53 Stunden – und von dort aus mit einem Pferdewagen ins Siwalik-Gebirge, um den Himalaya zu sehen. Bereits am 3. Januar 1865 war er wieder in Delhi und fuhr von dort über Agra, wo er den Taj Mahal aufsuchte, zurück in Richtung Kalkutta. Die Aufzeichnungen in seinem Tagebuch berichten von unzähligen Unterbrechungen an verschiedenen Zwischenstationen, von Besuchen in Palastanlagen, Heiligtümern, Gärten und Theatern, aber auch von Waschungen der Hindus im Ganges oder den Kremationen an öffentlichen Verbrennungsplätzen, denen er trotz der Gefahr eines Sonnenstichs (dieser Gefahr war er, seinen Ausführungen nach, offenbar öfter ausgesetzt) mehrere Stunden lang zusah. Zurück in Kalkutta ging die Reise sogleich weiter nach Osten. Nach der Ankunft ist vor der Abfahrt!

Abb. 4 Chinesische Theaterkostüme, 19. Jahrhundert

Abb. 5 Innenraum eines Theaters in Peking. Aquarell von Eduard Hildebrandt, 1863

CHINA – LAND DER GEGENSÄTZLICHEN EINDRÜCKE

Am 1. April, zur Zeit der Aprikosenblüte, der besten Reisezeit also, erreichte Schliemann Honkong über den schönsten Hafen, den er je gesehen hatte. Und den gefährlichsten: »Man kann immer damit rechnen, dass unter zehn Schiffen, die aus dem Hafen in Honkong auslaufen und verloren gehen, neun von Piraten ausgeplündert und versenkt wurden.« Die für Piratenüberfälle genutzten Dschunken mit beschrifteten Segeln und großen aufgemalten Augen waren etwa 25 Meter lang und mit bis zu 20 Kanonen ausgestattet. Es seien, so stellte Schliemann zu seinem Bedauern fest, »überwiegend Europäer, die die Piratendschunken befehligen« und »deren Kühnheit keine Grenzen kennt«. Die beiläufige Bemerkung sagt viel über sein Selbstverständnis als Europäer aus.

In Honkong blieb er nur einen Tag und reiste direkt nach Kanton, dann über den großen Kanal nach Shanghai, weiter nach Tientsin, Peking, Ku-pa-ku und wieder nach Shanghai **Abb. 3**. Die Reise durch China beschränkte sich auf den küstennahen Abschnitt, der Europäern und Amerikanern frei und unkompliziert zugänglich war. Nach den Niederlagen in den Opium-Kriegen 1842 und 1858 war China gezwungen, seine Häfen für den weltweiten Handel sowie für Gesandte und Missionare zu öffnen.

Ohne Frage hatte Schliemann Berichte über China gehört oder gelesen, von Europäern oder Amerikanern, möglicherweise sogar von Chinesen selbst. Als Folge des ersten Krieges und der erzwungenen Öffnung Chinas führte die wirtschaftliche Instabilität des Landes dazu, dass die Bevölkerung stärker als zuvor unter Armut litt. Ebenso wie zeitgleich in Europa verließen darum in den 1850er Jahren, trotz des in China geltenden Ausreiseverbots, vermehrt junge Männer das Land, um in Amerika als Goldsucher ihr Glück zu finden. Schliemann, der 1851 in Sacramento ebenfalls am Goldrausch partizipiert hatte, war daher vermutlich bereits zuvor in direkten Kontakt mit Chinesen gekommen. Angesichts seines Interesses an fremden Kulturen und Sprachen ist davon auszugehen, dass er schon 1851 Informationen über das Land aus erster Hand erhalten hatte.

Immer wieder zeigte sich Schliemann, der erwartet hatte, in China »Wunderdingen« zu begegnen, fassungslos über die Diskrepanz zwischen herrlicher Architektur, wissenschaftlichen Kenntnissen und hoher Kunstfertigkeit einerseits, und offenbarer Armut und Opiumsucht vieler Menschen sowie dem Verfall von ehrwürdigen Bauwerken andererseits. Der Regierung in China warf er vor, das Volk bewusst arm und ungebildet zu halten und den industriellen Fortschritt zu verhindern, um die 400 Millionen Menschen besser kontrollieren zu können. Fast schon zynisch bemerkte Schliemann, dass es für den industriellen Fortschritt des chinesischen Volkes besser gewesen wäre, »wenn die Franzosen und Engländer, die 1860 den Palast von Yün-ming-yün zerstörten, auch das kaiserliche Gefängnis von Peking«, d. h. die kaiserliche Residenz, die der Kaiser aus Tradition nicht verlassen durfte, »dem Erdboden gleichgemacht hätten«, damit der Kaiser den Zustand des Landes, das er regierte, sehen könne.

Der Besuch von Tempelanlagen, Teestuben, Badeanstalten und Theatern gehörte auch hier zum Programm und hier war Schliemann ausgesprochen angetan **Abb. 4, 5**. »Kein anderes Volk, außer den Japanern versteht es so ausgezeichnet Possen zu spielen wie die Chinesen«, resümierte er und berichtete ebenso angetan von der Tatsache, dass selbst die kleinsten Theater mit prachtvollen Kostümen ausgestattet seien, wie davon, dass es während der Vorstellung weder einen Mangel an Essen noch an Getränken gebe. Was vor allem seine Bewunderung hervorrief, war das vortreffliche Gedächtnis der Schauspieler, das diese »befähigt, ohne jede Vorbereitung und ohne Hilfe eines Regisseurs oder Souffleurs zu spielen«. 300 Stücke konnten die Schauspieler auf diese Weise vorführen. Nur der Gesang und die Musik waren nicht sein Geschmack: Obwohl er anerkannte, dass so mancher chinesische Musiker ein Meister seines Faches sei, fand er, dass das chinesische Volk »keine Spur von Harmonie- und Melodiegefühl besitzt«. Die kulturellen Unterschiede zu Europa schienen ihm nie größer als in China und später auch in Japan, und er beschrieb ausführlich, was er sah, und interpretierte dies mit fast schon wissenschaftlicher Akribie. Mit großer Neugier und einer Portion Distanzlosigkeit geht er so auch der fast schon intimen Frage nach, ob die kleinen Füße der Chinesinnen wirklich so geformt und verwachsen seien, wie er es mehrfach gelesen hat. Nachdem er alle Hindernisse überwunden hatte, die sich ihm »aufgrund der Landessitten in den Weg stellten«, und die unbekleideten Füße genau untersucht hatte, konnte er die bisherigen Angaben nun korrigieren und gab seinerseits eine detaillierte Beschreibung: Nur die äußeren drei Zehen, nicht alle fünf seien nach unten gebogen und drückten dadurch den Spann so weit nach oben, dass der Eindruck des kleinen Fußes entstünde. Vergleicht man seine Ausführungen mit zeitgleichen Fotografien, zeigt sich, dass Schliemanns Beobachtungen absolut akkurat sind.

JAPAN

Schliemann blieb etwa einen Monat in China. Von Shanghai aus verließ er das Land, um als letztes fremdes Ziel auch Japan zu sehen. Der Aufenthalt dort sollte sich weitaus schwieriger gestalten. Japan war seit Beginn des 17. Jahrhunderts weitgehend isoliert, was konkret bedeutete, dass es weder Japanern gestattet war, dass Land zu verlassen, noch Fremden, das Land zu betreten. Kontrollierter Handel wurde ausschließlich mit China und den Niederlanden betrieben. Dies änderte sich 1854, als Japan durch die Amerikaner unter dem Kommando von Matthew Perry und seiner Flotte zu einem Handelsabkommen und der Öffnung der Häfen von Shimoda und Hakodate gezwungen wurden. In Japan sorgte der nun von außen forcierte Handel für innenpolitische Diskrepanzen. Der sogenannte Japanisch-amerikanische Freundschafts- und Handelsvertrag von 1858 erlaubte Fremden, sich frei vom Einfluss der Regierung in Edo und Osaka anzusiedeln und in den geöffneten Häfen eine Konsulargerichtsbarkeit einzurichten. Dennoch war der Aufenthalt in Japan, vor allem in Edo (Tokio) für Ausländer gefährlich, sodass sich nur wenige tatsächlich ansiedelten und sich ihre Anzahl, laut Schliemann, in ganz Japan auf insgesamt gerade 315 belief. Diese verteilten sich auf die Städte Yokohama, Hakudate

Abb. 6 Laden in Japan, Felice Beato, Mitte 19. Jahrhundert

Abb. 7 Mechanisches Spielzeug

und Nagasaki, wo sie in separaten Vierteln nahe am Meer wohnten. In Edo selbst hielt sich nur ein einziger Gesandter auf: der Vertreter des amerikanischen Bevollmächtigen Mr. Portman. Die Vertretungen der anderen Länder hatten die Stadt aufgrund ihrer Angst vor Überfällen verlassen. Im Juni traf Heinrich Schliemann in Yokohama ein.

Zu den dort wohnenden 200 Händlern und Gesandten gehörte auch »sein Freund Herr W. Grauert«, hinter dem sich vermutlich Wilhelm Grauert verbirgt, der 1860 mit seinen Brüdern als Kaufmann von Deutschland nach Japan gezogen war und mit dessen Familie er bekannt war. Dieser ermöglichte es Schliemann, Kontakt zu Mr. Portman herzustellen und eine persönliche Einladung zu erwirken, ohne die ein Besuch Edos nicht möglich war. So gehört Schliemann zu den wenigen Reisenden seiner Zeit, die einen Einblick in Japans Hauptstadt erlangen konnten. Begleitet von fünf Polizeibeamten ritt er nach Edo.

Japan begeisterte Schliemann. Vor allem die gute Bildung der gesamten Bevölkerung hob er hervor – »hier gibt es weder Männer noch Frauen, die nicht wenigstens die Landesprache in japanischen und chinesischen Schriftzeichen lesen und schreiben« –, die grandiosen Tempel und die Palastanlage (die er nur von außen sah), Gärten und Baumschulen mit zoomorph (in Tierform) geschnittenen Büschen und Bonsai-Bäumen, Seidengeschäfte, »die in Größe und Reichhaltigkeit mit den bedeutendsten Kaufhäusern in Paris wetteifernen können«, und die Läden mit hochwertigem Spielzeug, Holzkästen mit Lackbemalung und feinstem Porzellan, das die europäischen Spitzenprodukte qualitativ in den Schatten stellte **Abb. 6, 7**. Bei allen Besuchen – er blieb drei Tage in Edo – begleiten ihn die fünf Polizeibeamten und wichen ihm nicht von der Seite.

Die Ausstattung des japanischen Haushalts empfand Schliemann als befreiend schlicht: »Hier in Japan erkennt man, dass nahezu alle Bedürfnisse, die wir in Europa für zwingend halten, künstlich gehalten werden, so wie die vielen Einrichtungsgegenstände, mit denen wir unsere Zimmer füllen, keineswegs notwendig sind«, notierte er. In Japan würden eine kleine tragbare Küche, einige lackierte Holzschalen, eine Teekanne, acht Bambusmatten und zwei Kopfstützen die Grundausstattung für ein jungvermähltes Paar ausmachen. In Europa seien es »unsere Möbilierungssucht, das Wetteifern in Luxusgütern […], die das Heiraten in Europa so erschweren, wo jeder glaubt, dass er nur heiraten könnte, wenn er reich genug ist, die Bedürfnisse der Familie zu erfüllen«. Er selbst hatte das Gefühl gehabt, erst nach seiner Rückkehr aus Amerika wohlhabend genug zu sein, um eine Familie zu gründen und den Ansprüchen der zukünftigen Frau gerecht zu werden. Der Vergleich der Erstausstattung hinkt natürlich, denn es hat in Russland ebenso deutlich ärmere Menschen gegeben, deren Ausstattung genauso zurückhaltend war, wie es in Japan vermutlich auch Unterschiede gegeben haben wird.

ZURÜCK UND DOCH NICHT ZURÜCK

Am 4. Juli 1865 verließ Schliemann Japan in einem kleineren Segelboot, der »Queen of the Avon«. 50 Tage dauerte die Überfahrt nach Kalifornien, das sich in den knapp 15 Jahren, die seit seinem Amerika-Aufenthalt vergangen waren, stark verändert hatte **Abb. 8**. Die Einwohnerzahl des Bundesstaats hatte sich inzwischen verfünffacht und Sacramento war zur Bundeshauptstadt ernannt worden. Sein Aufenthalt auf dem amerikanischen Kontinent zog sich über fast vier Monate, in denen er Freunde und Bekannte treffen und auch das Grab seines Bruders besuchen wollte. Von Kalifornien aus reiste er auch dieses Mal auf dem Seeweg über New York, denn die 1862 beschlossene transkontinentale Eisenbahnverbindung war noch im Bau. Von dort aus reiste er weiter über Land bis an die Kanadische Grenze, um die Niagarafälle zu sehen.

Hier in Amerika vermischte sich seine Reiselust aber auch wieder mit geschäftlichen Interessen, denen er unter anderem in New Mexico und Kuba nachging. Nun, kurz vor der Rückkehr, plagten ihn offenbar Zweifel, wie er sein zukünftiges Leben gestalten sollte: weiter als Geschäftsmann, als Literat oder der Wissenschaft zugewandt? Im Dezember 1865 verließ er Amerika. Im Frühjahr 1866 erhielt er in Paris die Erlaubnis, Vorlesungen an der Sorbonne zu besuchen. Er hatte sich entschieden.

DER ERSTE SCHRITT ZUM FORSCHER: BEOBACHTEN, DOKUMENTIEREN, PUBLIZIEREN

Während der Überfahrt von Yokohama nach San Francisco verfasste Schliemann in seiner nur 3 Quadratmeter großen Kajüte den für eine breite Öffentlichkeit bestimmten Reisebericht über China und Japan anhand seiner Tagebuchaufzeichnungen. Das Manuskript verkaufte er an den Pariser Verlag Librairie centrale, der es 1867 unter dem Titel *Le Chine et le Japon au temps présent* veröffentlichte. Fast hundert Jahre später erschien das Buch auch auf Deutsch unter dem Titel *Reise nach China und Japan im Jahre 1865*.

Schliemanns erste Publikation erfuhr damals keine große Aufmerksamkeit. Heinrich Schliemann war ein unbekannter Name in der Welt der Autoren, als Schriftsteller war er ein unbeschriebenes Blatt und die Auflage seines Buches klein. Letztlich brachten aber vor allem die Etablierung der Fotografie zur Dokumentation, günstigere Reiseanbindungen und nicht zuletzt die Öffnung beider Länder mit sich, dass andere, vor allem bildstarke Reiseberichte mehr Aufmerksamkeit auf sich zogen und bis heute stärker präsent sind. Dabei ist sein Werk durchaus lesenswert. Schliemann war ein Mann des Wortes. Seine Eindrücke sind anschaulich und lebendig im Stil eines klassischen

Abb. 8 San Francisco, Aquarell von Eduard Hildebrandt, 1863

Reiseberichts seiner Zeit geschrieben. Vieles von dem, was er detailliert beschreibt, findet sich wieder in zeitgleich entstandenen Aquarellen, wie die des preußischen Hofmalers Eduard Hildebrandt, der sich kurz zuvor auf der gleichen Reiseroute bewegt hatte, oder auf Bildern des portugiesischen Fotografen Felice Beato, der sich ab 1863 in Yokohama niedergelassen hatte. Es fällt auf, dass es oft die gleichen Eindrücke und Situationen sind, die so auf unterschiedliche Art dokumentiert wurden und sich im Detail hervorragend ergänzen. Gemeinsam ermöglichen sie einen zeitgenössischen Blick auf Länder, die Europa relativ fremd waren, und zeigen vor allem für China und Japan ein kurzes und spannendes Zeitfenster des politischen und kulturellen Umbruchs. Es ist wohlgemerkt ein subjektiver und vor allem europäischer Blick, der oft nur die Oberfläche streift und das offensichtlich Andersartige sieht, ohne die Tiefe der asiatischen Kulturen zu erfassen.

Ausgewählte Literatur:

Tobias Mühlenbruch, Heinrich Schliemann. Ein Itinerar (Marburg 2008).

Liu Jing, Wahrnehmung des Fremden: China in deutschen und Deutschland in chinesischen Reiseberichten: vom Opiumkrieg bis zum Ersten Weltkrieg (online-Publikation 2001; https://d-nb.info/969951191).

Heinrich Schliemann, Reise durch China und Japan im Jahre 1865, übers. Franz Georg Brustgi (Konstanz 1984/Berlin 1995); Orig. Le Chine et Japon au temps présent (Paris 1867).

Wolfgang Richter, Heinrich Schliemann (Leipzig 1992).

Ernst Meyer, Heinrich Schliemann. Kaufmann und Forscher (Zürich, Berlin, Frankfurt 1969).

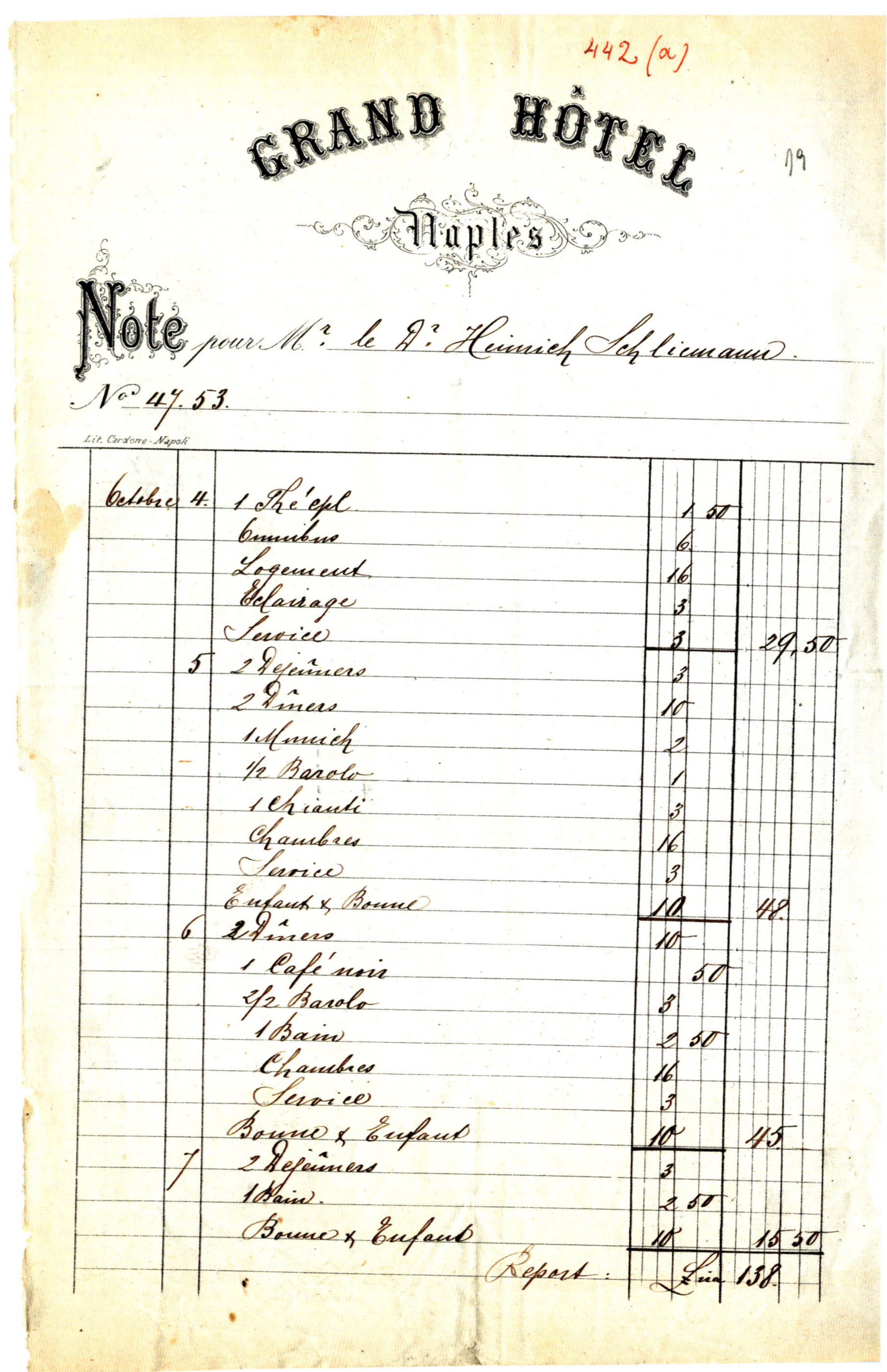

442 (α)

79

GRAND HÔTEL

Naples

Note pour Mr le Dr Heinrich Schliemann.

No 47.53.

Lit. Cardone - Napoli

Octobre	4.	1 Thé cpl.	1 50	
		Omnibus	6	
		Logement	16	
		Eclairage	3	
		Service	3	29,50
	5	2 Dejeuners	3	
		2 Dîners	10	
		1 Munich	2	
		1/2 Barolo	1	
		1 Chianti	3	
		Chambres	16	
		Service	3	
		Enfant & Bonne	10	48.
	6	2 Dîners	10	
		1 Café noir	50	
		2/2 Barolo	3	
		1 Bain	2 50	
		Chambres	16	
		Service	3	
		Bonne & Enfant	10	45.
	7	2 Dejeuners	3	
		1 Bain.	2 50	
		Bonne & Enfant	10	15 50
		Report:	Lire	138.

Abb. 1 Hotelrechnung aus dem Grand Hotel in Neapel

MIT KUTSCHE, BAHN UND SCHIFF

YURI GRÖNE

Heinrich Schliemann war offen für die Welt. Das zeigte sich schon relativ früh, als er direkt nach Abschluss seiner Lehre Mecklenburg verließ, um in den größeren Städten Rostock und Hamburg seine Laufbahn fortzusetzen. Schon bald entschied er sich, nach Südamerika auszuwandern, weil er dort sein Glück versuchen wollte. Diese Reise fand jedoch bereits an der niederländischen Küste ein jähes Ende, als das Schiff, auf dem er sich als Passagier befand, vor der Insel Texel sank. Obwohl er dieses Erlebnis in vier verschiedenen Varianten als dramatisches Ereignis schilderte, hat es ihn nicht davon abgehalten, in seinem späteren Leben regelmäßig den Ozean zu überqueren. Im Gegenteil: Das Reisen hatte für Schliemann einen sehr großen Stellenwert. Regelmäßig schrieb er in seinen Tagebüchern von seinem unwiderstehlichen Drang zu reisen.

Zunächst waren vorwiegend geschäftliche Belange der Grund für Schliemanns Reisen. Bereits in den ersten Jahren als Petersburger Handelsagent war er mehrfach innerhalb Russlands, aber auch in ganz Europa unterwegs. 1850 wagte Schliemann einen erneuten Versuch, den Atlantik zu überqueren, der ihm, wenn auch erst im zweiten Anlauf, gelingen sollte. In den USA blieb er über ein Jahr, bevor er wieder nach St. Petersburg zurückkehrte.

Im Laufe seines Lebens wechselte Schliemann mehrfach den Wohnort. Bevor er sich zunächst in Paris und danach endgültig in Athen niederließ, umrundete er von 1864 bis 1866 einmal die Welt.

Auch von Athen aus pendelte er regelmäßig zu verschiedenen Ausgrabungsorten wie Mykene oder Troja und war allein dadurch viel unterwegs. Immer wieder befand er sich außerdem auf Forschungs- und Entdeckungsreisen, so zum Beispiel in Italien, Griechenland, Kleinasien oder Ägypten **Abb. 2**. Nachdem seine Trojanischen Funde internationales Aufsehen erregt hatten, begab er sich 1875/76 auf eine Vortrags- und Museumsreise in die Niederlande, nach Skandinavien und Polen, um einerseits über seine Grabungsergebnisse zu berichten und andererseits die großen prähistorischen Museumssammlungen Europas kennenzulernen. Schliemann war von seinem Wissensdurst getrieben und ständig bestrebt, sein Netzwerk in der akademischen Welt zu erweitern.

Der technische Fortschritt seiner Zeit – wie die Verbesserung der Infrastruktur durch den Bau von Eisenbahnen – kam ihm sehr entgegen. Dadurch war es ihm möglich, mit einer noch nie dagewesenen Geschwindigkeit zu reisen. Über die Jahrhunderte hinweg waren an Land neben Reittieren Kutschen und Schlitten die einzigen Fortbewegungsmittel. Im 19. Jahrhundert änderte sich dies grundlegend, wozu auch die aufkommende Dampfschifffahrt beitrug. So nutzte Schliemann die ganze Bandbreite an Fortbewegungsmitteln, um möglichst schnell zu reisen.

Innerhalb der Grenzen des Deutschen Zollvereines, aber auch in anderen Teilen Europas wie dem Russischen Zarenreich setzte Schliemann bei seinen Reisen besonders auf das verhältnismäßig gut ausgebaute Schienennetz, welches ihm oft erlaubte, per Dampflokomotive zu reisen. 1825 war die erste Eisenbahnlinie in Großbritannien eröffnet worden, andere Länder folgten sukzessive. Trotz des stetigen Ausbaus des Schienennetzes gab es aber in den meisten Teilen Europas noch kein zusammenhängendes Netz, sodass längere Strecken nicht komplett per Zug befahren werden konnten und man mithilfe anderer Fortbewegungsmittel wie Kutschen die Distanzen überwinden musste. Auch die relativ neue Erfindung des Dampfschiffs machte sich Schliemann, so oft es nur ging, zunutze. Als er als junger Mann auswandern wollte, musste er noch ein Segelschiff nutzen, später reiste er gerade bei transatlantischen Fahrten oft mit dem Raddampfer. Mit dem Passagierschiff »Napoleon III.« benötigte Schliemann für die Fahrt von New York nach Paris etwa 15 Tage, eine recht kurze Dauer in dieser Zeit. Aber auch ohne Dampfschiff bewegte er sich oft auf dem Seeweg von Ort zu Ort. So reiste er viel mit Barken oder Segelbooten, um Wasserrouten auf dem Ozean oder Strecken entlang von Flüssen schnell zu überwinden.

Wenn auch die Industrialisierung voranschritt, musste Schliemann regelmäßig traditionellere Fortbewegungsmittel verwenden: In Europa reiste er viel mit Postkutschen, da dies eine bewährte und verhältnismäßig schnelle Möglichkeit darstellte. Auch gibt es Aufzeichnungen von ihm, in denen von Reisen mit Schlitten, Pferd, Maultier oder gar zu Fuß die Rede ist. Er passte sich also jeweils den Gegebenheiten vor Ort an. Schliemann zeigte sich bei der Wahl seiner Transportmittel immer flexibel und auf Effizienz bedacht. Lediglich Kamele versuchte er zu vermeiden, da ihn diese angeblich seekrank werden ließen.

Auch die von Schliemann genutzten Unterkünfte sind sehr unterschiedlich und ebenso wie die Fortbewegungsmittel an die jeweiligen Umstände angepasst. Er wohnte gerne bequem und luxuriös, wann immer ihm dies möglich oder es aus geschäftlichen Gründen erforderlich war. So kam es vor, dass er für sich »die gesamte dritte Etage« oder ein Zimmer in einem der besten Hotels der Stadt nahm **Abb. 1**. Andererseits war er auch bereit, sich ein karges Zimmer zu mieten, auf dem Boden zu schlafen und nur Wasser und Brot zu speisen, wie er es von seiner Asienreise berichtete.

Während seiner Reisen besuchte Schliemann über 50 (heutige) Länder **Abb. 3** und von seinem Aufbruch in Hamburg 1841 bis zu seinem Tod in Neapel 1890 legte er eine Strecke von 559 845 Kilometern zurück, was etwa 14 Erdumrundungen entspricht. Dies ist selbst für heutige Verhältnisse sehr imposant. Schliemann erreichte einen Jahresdurchschnitt von ungefähr 13 330 Kilometern. Besonders hervorstechend sind die Jahre 1865, 1869 und 1870. 1865 reiste Schliemann im Rahmen seiner Weltreise nach Asien, Amerika und zurück nach Europa besonders viel und erreichte in diesem Jahr eine Strecke von ungefähr 46 000 Kilometern. Auch in den Jahren 1869 und 1870 erzielte er mit 30 399 und 28 304 Kilometern eindrucksvolle Ergebnisse. Das Resultat aus dem Jahr 1869 lässt sich durch seinen Pendelverkehr zwischen St. Petersburg und Paris sowie eine Reise durch den Nordosten der USA mit anschließender Rückreise nach Europa und Fahrten von Paris nach Athen und Italien erklären. Auch im darauffolgenden Jahr war er sehr aktiv: Erst reiste er erneut von Paris nach Athen und machte anschließend eine Forschungsreise durch Griechenland, bis er dann von Athen nach Troja fuhr und von Konstantinopel aus über die Donau nach Schweizermühle zu einer Kur, um später nach Athen zurückzukehren und bald wieder nach Edinburgh aufzubrechen, darauffolgend über Marseille nach Korfu und Athen, von dort über Izmir nach Konstantinopel. Nicht alle Jahre waren so reiseintensiv. Dennoch war Heinrich Schliemann immer unterwegs. Seine Angewohnheit, intensiv Reisetagebuch zu führen, hinterließ außergewöhnlich umfangreiche, ausführliche und spannende Informationen nicht allein zu den Schliemann'schen Reisen, vielmehr ergibt sich auf diese Weise nebenbei ein Überblick zu den Reisemöglichkeiten des 19. Jahrhunderts. Dass Heinrich Schliemann auch unterwegs war, als er fern der Familie in Neapel starb, fügt sich in das Bild eines ewig Reisenden.

Abb. 2 Heinrich Schliemann (3. v. l.) auf der »New Star« während seiner Nilreise 1886/87. Es handelt sich um eine Dahabieh, ein schmales Wohnschiff, dass er mit 13 Mann Besatzung angemietet hatte.

Ausgewählte Literatur:

Tobias Mühlenbruch, Heinrich Schliemann. Ein Itinerar, Kleine Schriften aus dem Vorgeschichtlichen Seminar Marburg 58 (Marburg 2008).

Justus Cobet, Heinrich Schliemann. Archäologe und Abenteurer. Beck'sche Reihe 2057 (München 1997).

Abb. 3 Die von Heinrich Schliemann bereisten Weltregionen (farbige Markierung), seine Wohnsitze (schwarz) und seine wichtigsten Ausgrabungsorte (weiß).

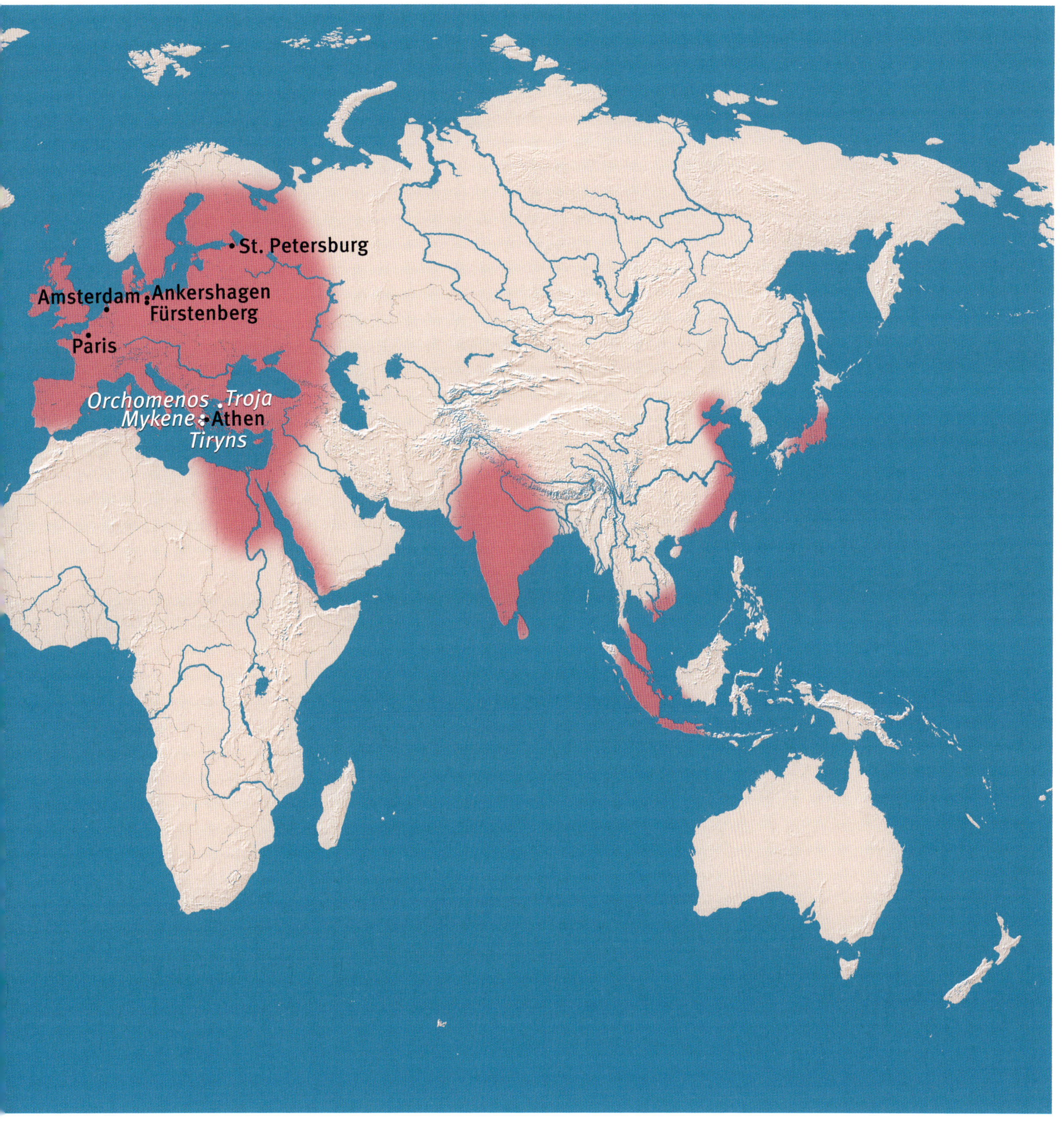
St. Petersburg
Amsterdam
Ankershagen
Fürstenberg
Paris
Orchomenos
Troja
Mykene
Athen
Tiryns

ITHAKA, DER PELOPONNES UND TROJA

SCHLIEMANNS ERSTE REISE IN DIE GRIECHISCHE VERGANGENHEIT

BENJAMIN WEHRY

1868 begab sich Heinrich Schliemann wieder auf Reisen. Von Paris aus, seinem Wohnsitz seit zwei Jahren, brach er in eine aus der *Ilias* und der *Odyssee* vertraute, ihm in Wirklichkeit aber noch nahezu unbekannte Welt auf, jene »Gegenden, in welchen noch so lebendige poetische Erinnerungen an das Altertum vorhanden sind«, wie er selbst schreibt. Es waren dies nicht nur der »Schauplatz der Begebenheiten« und das »Vaterland der Helden« des Trojanischen Krieges – der Siedlungshügel, unter dem Troja vermutet wurde, die Ruinen der hochgebauten Burg des Agamemnon in Mykene und die Königsfestungen im Norden des Peloponnes sowie Ithaka, die Insel des Odysseus –, sondern auch berühmte Stätten der griechischen Antike, die den Gebildeten durch die detaillierten Reiseberichte und die interpretierenden Beschreibungen des Pausanias und die Überlieferung anderer antiker Schriftsteller bekannt waren.

Vorausgegangen waren tiefgreifende Veränderungen in seinem Leben, vor allem die Wahl der französischen Hauptstadt zum neuen Lebensmittelpunkt. Im Frühjahr 1866 begann Schliemann, sich alleine ohne seine Frau Jekaterina, die Russland nicht verlassen wollte, in Paris einzurichten: Zunächst residierte er im Grand Hôtel du Louvre und im Grand Hôtel am Boulevard des Capucines nahe des neu erbauten Gare du Nord, als er die letzten Brücken hinter sich abbrach und die Liquidation seiner Handelsgeschäfte mit Rohstoffen und aller Bankdienstleistungen in St. Petersburg vorantrieb. Gleichzeitig kümmerte sich Schliemann um die Renditen seiner Pariser Immobiliengeschäfte, »bloß um etwas Interesse und Beschäftigung zu bekommen«, wie er an seinen Londoner Privatbankier Schröder 1866 schreibt. Der Zeitpunkt für diese Geschäfte war gut gewählt. Denn seit Herbst 1853 wurde Paris zur größten Baustelle der Welt. Auf Geheiß des Kaisers und nach den Plänen des Pariser Stadtpräfekten Georges-Eugène Haussmann wurden die engen, unübersichtlichen Stadtstrukturen der französischen Hauptstadt in einem umfassenden Bauprogramm planiert, umgebaut, abgerissen und neu errichtet, die Stadtfläche wurde verdoppelt. Im Pariser Westen entlang der zu breiten, prächtigen Boulevards ausgebauten Hauptstraßen entstanden repräsentative Wohnhäuser für die reiche Stadtelite. Von den horrenden Mietpreissteigerungen, einer unmittelbaren Folge des gigantischen Haussmann'schen Stadtumbaus, dürfte auch der Hausbesitzer und Vermieter Schliemann profitiert haben. Vor diesem geschäftlichen Hintergrund war von seinem späteren Lebenswerk, die Historizität der *Ilias* und der *Odyssee* durch Ausgrabungen und Funde zu beweisen, 1866/67 noch nichts zu erkennen. Allerdings scheint er sich ab 1867 zunehmend aus der aktiven Betätigung seiner Immobiliengeschäfte zurückgezogen zu haben. Er setzte einen Verwalter ein und nutzte seine Zeit nun vermehrt für gesellschaftliche Soiréen und die Entwicklung und Kultivierung seiner geistigen und wissenschaftlichen Interessen. Nachdem er sich bereits seit 1856 mit großem Eifer dem Erlernen des Altgriechischen gewidmet und damit die Voraussetzung geschaffen hatte, die antiken Schriftsteller, vor allem Homer und Pausanias, im Original zu lesen, bemühte sich Schliemann erfolgreich um die Zustimmung des Kultusministeriums in der Rue de Grenelle in St. Germain, ohne entsprechende Schulabschlüsse studieren zu dürfen. Im Frühjahr 1866 nahm er ein

Abb. 1 Das Löwentor von Mykene, wie Schliemann es vorfand.
Carl Rottmann, aquarellierte Federzeichnung , Ausschnitt, 1834

philosophisches Studium an der Sorbonne auf und hörte in kurzer Zeit zehn Vorlesungen vor allem zu philologischen und allgemein historischen Themen. Darüber hinaus war Schliemann zahlendes Mitglied mehrerer französischer Fachgesellschaften, z. B. der Association pour l'encouragement des études grecques und der Société française d'Archéologie, die sich auch, aber nicht nur archäologischen Themenstellungen widmeten. Am 4. Mai 1867 besuchte Schliemann einen Vortrag in der Société de Géographie über ein Buch von Georgios Nicolaides, das im selben Jahr erschienen war und mit dem Titel *Topographie et plan stratégique de l'Iliade* ein Thema berührte, das für ihn in den folgenden Jahren an Bedeutung gewann. Dass dieser Vortrag Einfluss auf die Ausrichtung der Interessen Schliemanns hatte, ist nicht nachweisbar, aber auch nicht von der Hand zu weisen, findet sich doch die Richtigstellung eines topografischen Irrtums Nicolaides' bezüglich zweier Nebenflüsse des Skamander in seinem Reisebericht. Ein Jahr später machte er sich jedenfalls auf zu einem zweimonatigen Studienaufenthalt in Rom und Neapel und absolvierte ein anspruchsvolles Besichtigungsprogramm an den Stätten der griechischen und römischen Antike. Er besuchte Pompeji und unternahm einen Ritt zum Vesuv, auf Sizilien bestieg er den Ätna und blickte auf die Felsenformationen am Fuß des Vulkans herab, die traditionellerweise als die Höhle des Riesen Polyphemos identifiziert wurden. An diese Studienreise schloss sich die Erkundung der homerischen Stätten in Griechenland und Troja an.

Am 6. Juli 1868 traf Schliemann im Hafen von Korfu ein und sah die gleichnamige, vor ihm liegende Insel mit den Augen der antiken Schriftsteller. In zwei markanten Felsen vor der Küste erkannte er die von Poseidon versteinerten Schiffe der Phäaken, die Odysseus gegen den Willen des Gottes nach Hause bringen wollten (*Odyssee* XIII 159–164). Die von Homer als »mauerumgeben und von zwei Häfen auf jeder Seite eingefasst« (*Odyssee* VI 262–265) beschriebene Stadt der Phäaken lokalisierte Schliemann im Süden der neuen Stadt Korfu auf einer Landzunge mit dem hoch über der Westküste gelegenen, 1828 bis 1832 errichteten königlichen Schloss Mon Repos, dessen exponierte Lage er sogleich mit der Aussage Nausikaas abglich, die Odysseus den Weg zum Palast ihres Vaters Alkinoos, des Königs der Insel, beschreibt (*Odyssee* VI 300). Neben dieser Ortskontinuität fühlte sich Schliemann von überall zutage tretenden Mauerresten, behauenen Marmorblöcken und Urnengräbern in seiner Interpretation der archäologischen Überreste bestätigt.

ITHAKA, DIE HEIMAT DES ODYSSEUS

Nach einem Abstecher über Kefalonia erreichte Schliemann erschöpft, aber voller Freude Ithaka, die Insel des Odysseus, die ihm aus den Beschreibungen in der *Odyssee* bestens vertraut war. Mit der Gewissheit, dass fast alle Gewährsleute in der Lokalisierung der Heimat des Odysseus in Ithaka übereinstimmten und sich »alle unsere Erinnerungen hier also an das heroische Zeitalter [anknüpfen] und [...] uns an Homer und die *Odyssee* [mahnen]«, unternahm Schliemann ungeduldig einen ersten Ausflug zum Hafen des alten Meeresgottes Phorkys, jenem Ort, an dem die Phäaken anlandeten, um den schlafenden Odysseus in seiner Heimat abzusetzen. In der *Odyssee* fand er die genaue Beschreibung der Lage und der Anlage des Hafens, so dass er sie wie einen Reiseführer zur Auffindung des gesuchten Ortes und des nahegelegenen Heiligtums in der Grotte der Nymphen nutzte, das Homer ebenfalls erwähnt (*Odyssee* XIII 96–124). Nach diesem erneut erfolgreichen Praxistest der quellenbasierten Verifizierung der homerischen Stätten setzte er seinen Ritt durch Ithakas mythische Vergangenheit fort zum Berg Aëtos am Südrand der Landzunge in der Mitte Ithakas. Nach einem beschwerlichen Aufstieg auf Händen und Füßen erreichte er das Gipfelplateau, das nach Süden hin noch von kyklopischen Mauerstücken abgeschlossen war und nach Norden in mehreren Siedlungsterrassen anstieg. Auf der höchsten dieser Terrassen entdeckte Schliemann zwei Zisternen und mehrere Mauerreste und vermutete hier, oberhalb der einstigen Siedlung, das prächtige Haus des Odysseus. Homer beschreibt es als gut sichtbar, wehrhaft, mit mehr als einem Stockwerk. In zwei in einem Abstand von 30 Meter parallel verlaufenden Mauern sah er die einst zinnenbewehrten Umfassungsmauern des Hofes (*Odyssee* XVII 264–268). Mitten in den Ruinen des Hauses des Odysseus vergegenwärtigte sich Schliemann zum wiederholten Mal die Begebenheiten aus der *Odyssee*, die er auf diesen Ort projezierte: das Wiedererkennen durch den treuen Hund Argos (*Odyssee* XVII 291 ff.), der Kampf mit Iros, dem Bettler (*Odyssee* XVIII 1 ff.), das erste Gespräch mit Penelope (*Odyssee* XIX 103 ff.), das Wiedererkennen durch die Amme Eurykleia (*Odyssee* XIX 467 ff.), der Bogenwettkampf (*Odyssee* XXI 1 ff.) und der Kampf gegen die Freier (*Odyssee* XXII 1 ff.). Auf dem Rückweg wurde ihm eine korinthische Silbermünze mit dem Bild der Athene auf der einen und Pegasos auf der anderen Seite sowie ein nicht näher bestimmbares Keramikgefäß, angeblich kurz zuvor in einer

Abb. 2 Korinthische Silbermünze mit Athena und Pegasos, 6.–5. Jahrhundert v. Chr.
Eine solche Münze war das erste archäologische Fundstück, das Schliemann als Souvenir erwarb.

Felsnische geborgen, zum Kauf angeboten. Schliemann griff zu und kam auf diese unspektakuläre Weise zu seinen ersten archäologischen Fundstücken aus Griechenland **Abb. 2**.

Tags darauf kehrte Schliemann mit vier Arbeitern zum Siedlungsareal auf dem Aëtos zurück, um an der Stelle, an der er das Haus des Odysseus gefunden zu haben meinte, und in der näheren Umgebung archäologische Ausgrabungen vorzunehmen, die ersten seines Lebens. Folgerichtig nach der homerischen Überlieferung suchte er zunächst den archäologischen Beweis für das charakteristischste Merkmal des Standorts: den Olivenbaum, um den Odysseus das Schlafzimmer und auf dessen Wurzel er sein Hochzeitsbett errichtete (*Odyssee* XXIII 190–204). Enttäuscht darüber, dass hier keine antiken Wurzelreste und außer Scherben und Ziegelfragmenten keinerlei Funde zutage kamen, wandte er sich einem kreisrund eingehegten Areal in der Nähe zu, in dem sich, verbacken in harter Erde, ein Konglomerat von etwa 20 kleinen Gefäßen unterschiedlicher Formgebung, gefüllt mit Leichenbrand und Asche, befand. Schliemann barg diese Gefäße mit der Spitzhacke, wobei er fast alle zerbrach, und bedauerte den Mangel an geeignetem Ausgrabungswerkzeug. Weitere Funde, darunter ein Idol mit einer Doppelflöte, ein eisernes Schwertfragment und eine Messerklinge, überzeugten ihn, die Urnengräber des Odysseus und der Penelope oder ihrer Nachkommen gefunden zu haben. Ausgrabungen zwischen den Hofmauern und auf den umgebenden Siedlungsterrassen indes blieben erfolglos, lediglich die Spur eines augenscheinlich antiken Weges, der vom Haus des Odysseus den Aëtos hinab nach Norden verlief, erregte die Aufmerksamkeit Schliemanns. Diesem, teilweise in den Felsen hineingeschlagen, folgte er in den nördlichen Teil Ithakas, den ausgedehnten Berg Sella hinauf, in der Überzeugung, dass dies der Weg war, den Odysseus und Telemachos vom Aëtos zum Feld des Laërtes am westlichen Hang des Sella hinabstiegen (*Odyssee* XXIV 204 f.). Auf dem Gipfel des von Homer Neritos genannten Bergmassivs überblickte er ganz Ithaka, die ionischen Inseln im Westen und den Peloponnes im Osten. Die Tage vergingen mit Überlegungen zur Topografie und Besiedlung des Polis-Tals im Norden Ithakas, zur Lage der antiken Hauptstadt der Insel und des alten Hafens sowie mit Besichtigungen der Arethusa-Quelle und des Rabenfelsens im südlichen Teil Ithakas, wo in dichten Eichenwäldern schon in homerischer Zeit Schweine gemästet wurden und sich das Gehöft des Schweinehirten Eumaios befand (*Odyssee* XIII 405–408, XIV 1–10), das Schliemann sogleich lokalisierte. Auf einem alten Weg, der von der Arethusa-Quelle um den lang gestreckten Berg Neïon herum zum Haus des Odysseus führt und den Homer als holprige Straße bezeichnet (*Odyssee* XVII 204 f.), kehrte er nach Vathy zurück. Noch am selben Abend verließ Schliemann Ithaka und setzte zum Peloponnes über.

Über mehrere Stationen der Schiffsroute durch den gleichnamigen Golf erreichte Schliemann schließlich die neue Stadt Korinth, die sich seit 1859 unweit des antiken Standortes befindet und komplett neu aus dem Boden gestampft wurde. Schliemann folgte den Beschreibungen des Pausanias zur alten, einst prächtigen Stadt, von der er jedoch nur noch das Weichbild und wenig mehr als die berühmten sieben dorischen Säulen des Tempels der Athena Chalinitis vorfand. Voller Verwunderung und Unverständnis darüber, dass noch keine systematischen archäologischen Untersuchungen vorgenommen wurden, obwohl doch Pausanias die zahlreichen Tempel und Denkmäler Korinths erwähnt (Pausanias II 2,4) und zweifellos »gut geleitete Ausgrabungen wichtige archäologische Entdeckungen zur Folge haben würden«, bestieg er die Festung Akro-Korinth, die wenigstens eine herrliche Aussicht über den Golf sowie über das Bergland des Peloponnes bot.

DIE HOMERISCHEN FESTUNGEN IN DER ARGOLIS

Nachdem er die Nacht sehr unkomfortabel und mückenumschwirrt auf einer Wirtshausbank verbracht hatte, machte sich Schliemann zu Pferde auf einem beschwerlichen, gebirgigen Pfad nach Mykene auf, jene von Homer als »gutgebaut, goldreich, mit breiten Straßen« (*Ilias* II 569, IV 52, VII 180, XI 46), gelegen »in einem Winkel der rossenährenden Argos« (*Odyssee* III 263) bezeichnete Stadt des Agamemnon. Er fand die mächtigen Umfassungsmauern, die von den Kyklopen errichtet worden sein sollen, und die Toranlage mit dem Löwenrelief in besserem Zustand vor als er nach der Beschreibung des Pausanias erwartet hatte (Pausanias II 16,5, VII 25,6). Sorgfältig schritt er die Mauern ab, von denen die meisten noch deutlich über Kopf bis in eine Höhe von 12 m anstanden, vermaß sie und stellte verschiedene Bauarten fest: Vorherrschend war außen geglättetes Mauerwerk aus passgenau aneinandergefügten, polygonalen Steinblöcken, das sogenannte kyklopische Mauerwerk, das Schliemann vielfach und auch an anderen antiken Orten als Beleg für eine Datierung in die homerische, jedenfalls aber quasi relativchronologisch in die vorklassische Zeit anführte. An einigen Stellen sah er Mauern aus gigantischen Steinblöcken unregelmäßiger Form mit Zwickelfüllungen aus kleinen Steinen und vor allem in der Nähe des Löwentores Mauerwerk aus großen, nahezu quaderförmigen Steinblöcken von 1 bis über 3 Meter Länge, 1 bis 1,60 Meter Höhe und 1 bis 2 Meter Breite. Innerhalb der im Grundriss dreieckigen, zum Megaron in der Mitte hin terrassierten Burg stieg er neugierig in die größte der drei Zisternen hinab, kam aber sofort wieder herauf, da es im Inneren von Schlangen nur so wimmelte. Das große Tor mit dem Löwenrelief, das das Entlastungsdreieck in der Mauer über dem großen Sturzstein verblendet, lag auf der nordwestlichen Seite der Burg am Ende eines parallel zur Außenmauer verlaufenden Torweges. Trotz Überwucherung und zumindest partieller Verschüttung konnte Schliemann die Torangeln und Riegelfutter in Sturz und Schwelle erkennen und sogar die in das Wegepflaster eingeschliffenen Wagenspuren. Die Säule mit ringförmigem Kapitell im Mittelpunkt der antithetischen Löwendarstellungen auf der Reliefplatte meinte er als das Symbol des torschützenden Apollon Agyieus verifizieren zu können. Eine kleine Pforte in der nordöstlichen Burgmauer, schmucklos und ohne Relief, bestätigte ihm im Vergleich, dass er hier das repräsentative Haupttor der bedeutendsten mykenischen Siedlung vor sich haben musste. Angesichts der Scherben und Ziegelfragmente, die die gesamte Burg und den Siedlungshügel in einer Mächtigkeit bis zu 6 m überzogen, stimmte Schliemann der von einigen Gewährsleuten geäußerten Annahme einer jahrhundertelangen Siedlungskontinuität zu, die auch die unterschiedlichen Arten des Mauerwerks bezeugten. »Mit Rücksicht auf ihre imponierende Lage und große Ausdehnung« vermutete Schliemann in dieser Burg die Paläste der Atriden und folgte damit der Überlieferung des Pausanias (Pausanias II 16,6). Gewissenhaft legte Schliemann als wissenschaftlichen Beleg der archäologischen Bedeutung des Ortes eine Scherbenkollektion der typischen mykenischen Gefäßkeramik an.

Sodann wandte er sich dem sogenannten Schatzhaus des Atreus zu, das sich außerhalb der Burg befand und auch »Grab des Agamemnon« genannt wurde, eine Bezeichnung, die der Funktion dieses Kuppelgrabes mit vorgelagertem Dromos näherkommt **Abb. 3**. Über diesen von 10 m hohen Mauern flankierten, frei zugänglichen Weg näherte sich Schliemann dem Eingang des Tholos, der ähnlich dem Löwentor mit einem riesigen Sturzstein gedeckt, dessen Entlastungsdreieck jedoch unverblendet war. Neugierig kletterte er hinauf und fand angeblich Spuren einer skulpturalen Ausgestaltung der dreieckigen Öffnung. Im Inneren entdeckte er zwei Kammern, die er, um sie genauer untersuchen zu können, mit einem großen Feuer erleuchtete. Dies schreckte allerdings unzählige Fledermäuse auf, die Schliemann und seinen Begleiter arg angingen und, nicht unpassend, einen Vergleich mit dem Schwirren der Seelen heraufbeschworen, wie es Homer beschrieb, als Hermes die erschlagenen Freier der Penelope in die Unterwelt führt (*Odyssee* XXIV 6–10).

Tags darauf besuchte er das Heraion, das berühmte, unweit von Mykene gelegene, von Pausanias beschriebene Heiligtum der Hera (Pausanias II 17,1–7), und erreichte am Abend die alte Stadt Argos. Nachdem er in Ermangelung eines Hotels in der Stadt die Nacht auf freiem Feld zugebracht hatte, stieg Schliemann den kegelförmigen Felsen hinauf, auf dem die runde Festungsanlage thront, das antike Larissa, die aufgrund ihrer Form auch Aspis (=Rundschild)

Abb. 3 Dromos des Tholosgrabes des Agamemnon, das sogenannte Schatzhaus des Atreus

genannt wurde. Enttäuscht stellte er jedoch fest, dass kyklopische Mauerreste aus homerischer Zeit nur wenig vorhanden waren und Überbauungen der Venetianer und Türken vorherrschten. Er kam jedoch nicht umhin, ein weiteres Mal die prachtvolle Aussicht über »die Ebene von Argos, Tiryns, Nauplia, Mykene, […] den Lernäischen Sumpf« zu bewundern, und vergegenwärtigte sich die historischen Ereignisse am Ort. Die Straßen der Stadt dominierten Passanten in der griechischen Nationaltracht, deren auffälligstes Kleidungstück die Fustanella war, ein faltenreiches, knielanges Gewand für Männer, »die über dem Bauch durch einen […] Gürtel befestigt wird, in welchem ein oder zwei Pistolen und ein Dolch steckten«, wie er notierte. Am Nachmittag fuhr Schliemann mit dem öffentlichen Passagierwagen Richtung Nauplia und stieg auf halber Strecke aus, um die Ruinen der Burg Tiryns zu besichtigen, deren mächtige Mauern, wie in Mykene von den Kyklopen aus gigantischen Steinblöcken erbaut, auch Pausanias beeindruckt hatten (Pausanias II 16,5, II 25,8, VII 25,6) und deren homerisches Epitheton »mit Mauern umgeben« (*Ilias* II 559) Schliemann besonders bedeutungsvoll erschien. So führten denn auch stark gesicherte Torwege mit mehreren hintereinander geschachtelten Toranlagen zu zwei Burgplateaus im Inneren, von denen das höhere durch kyklopische Mauern terrassiert war. Dagegen fanden sich auf dem vor allem von Scherbenlagen gekennzeichneten Areal der Unterstadt im Südwesten der Burg keine Mauerreste kyklopischer Bauart, woraus Schliemann schloss, dass sich die homerische Stadt auf die befestigte Anlage beschränkte und die Unterstadt später erbaut wurde **Abb. 4**.

Nach diesem Abstecher setzte Schliemann seine Reise nach Nauplia fort – zu Fuß und allein –, um dort das Schiff nach Athen zu erreichen, das er aber verpasste. Um sich die Wartezeit auf das nächste Schiff zu verkürzen, machte er einen Ausflug zum Lernäischen Sumpf, in dem Herakles als eine seiner zwölf Aufgaben die Hydra, eine riesige neunköpfige Schlange, besiegte, und stellte geografische und botanische Beobachtungen an. Mit dem Dampfboot erreichte er über mehrere Stationen die Insel Ägina, von wo aus er sich – nach der Besichtigung der Ruinen des Tempels des Zeus Panhellenios mit 22 noch stehenden Säulen und erhaltenen Farbspuren am Architrav – mit einer Barke nach Piräeus übersetzen ließ und schließlich in Athen ankam. Hier verbrachte Schliemann einige Tage mit seinem Freund und ehemaligen Lehrer, dem Professor und Erzbischof Theokletos Vimpos, dessen »belehrenden Umgang« er sehr schätzte, bevor er sich in die Troas aufmachte.

Abb. 4 Die Mauern der Kyklopen der Akropolis von Tiryns

DIE SUCHE NACH DEM HOMERISCHEN TROJA

Nach einem durch die osmanischen Einreisebestimmungen verursachten Umweg über Konstantinopel erlangte Schliemann mit Hilfe des russischen Konsuls die Erlaubnis, die Ebene von Troja zu besuchen, und ritt in Begleitung eines Führers direkt nach Bunarbaschi, ein kleines Dorf oberhalb des Skamanders am südlichen Rand der Ebene, 13 km von seiner Mündung entfernt. Hier vermuteten diejenigen Zeitgenossen Schliemanns, die hinter den mythischen Folien der *Ilias* einen historischen Kern für möglich hielten, darunter die Archäologen Ernst Curtius und Alexander Conze, die homerische Stadt Troja. Zu dieser Auffassung kam auch der preußische Offizier Helmuth von Moltke, der die Troas in seiner Zeit als Militärberater des osmanischen Reiches 1837 besuchte und den Ort in Kenntnis der topografischen Angaben Homers und unter fortifikatorischen Gesichtspunkten untersuchte. Schliemann gestand, dass er seine »Rührung kaum bewältigen konnte, als [er] die ungeheure Ebene von Troja vor [sich] sah«, doch schon auf den ersten Blick bemängelte er die weite Entfernung Bunarbaschis zum Meer, hatte doch Homer dargelegt, dass Achäer und Trojaner mehrmals am Tag zwischen der Stadt Troja und den griechischen Schiffen hin- und herliefen (vgl. z. B. *Ilias* V 37, V 221–224, V 699–702). Zweifel nährte auch die Beobachtung, dass Scherben und Ziegelfragmente, behauene Steinblöcke und erst recht kyklopisches Mauerwerk auf der Anhöhe von Bunarbaschi und dem nahe gelegenen Hügel Bali Dagh nahezu komplett fehlten, die ihm anderswo sicheres Indiz für lange zurückreichende Besiedlungsphasen waren. Als weiteres topografisches Merkmal Trojas erwähnt Homer die zwei Quellen des Skamander, von denen eine auch im Winter warmes dampfendes Wasser führte, die andere auch im Sommer eiskalt war und die natürlichen steinernen Becken füllten, die von den Troerinnen als Waschtröge genutzt wurden (*Ilias* XXII 147–156). In Bunarbaschi fand Schliemann jedoch 34 kleine Quellen, die einen Bach speisten, keinesfalls jedoch den »großen tiefwirbelnden Fluss« Skamander, den göttlichen Xanthos, der als »schön fließend« und »silberflutig« bezeichnet wird, der als allgewaltige Personifikation an der Götterversammlung teilnimmt und mit seinen Fluten zuweilen in den Kampf eingreift (*Ilias* XX 40, XX 73–74, XXI 1 ff.). Schliemann zückte sein Taschenthermometer und stellte bei allen Quellen an diesem Ort eine gleichmäßige Temperatur von 17,5 C fest. Derart enttäuscht, schritt er nach der Mittagspause die Umgebung der Anhöhe von Bunarbaschi ab in der Absicht, dem Verlauf des Weges, auf dem Achilleus, voller Rachsucht für den Tod seines Freundes Patroklos, Hektor dreimal um die Stadtmauer jagte, folgen zu können (*Ilias* XXII 143 ff.). Dieser Weg führte vom Skäischen Tor, an dem Hektor den schnellfüßigen Achilleus auf sich zukommen sieht (*Ilias* XXII, 136 f.), vorbei an den beiden Quellen (*Ilias* XXII 157) »um die Stadt des Priamos« (*Ilias* XXII 173). Energisch kämpfte sich Schliemann durch unwegsames Gelände, kroch rückwärts auf allen Vieren eine Schlucht 150 m tief hinunter, beanstandete die gänzliche Unzugänglichkeit des Flussufers zwischen dem steil abfallenden Stadthügel und dem Skamander und bewies durch eigene Erfahrung, dass hier ein Verfolgungslauf auch für fußschnelle Helden auf keine Weise möglich war. Und die antike Burg mit der kleinen Unterstadt auf dem südöstlichen Hügel, Bali Dagh genannt, passte schon aufgrund ihrer geringen Ausmaße nicht zu den detailreichen Beschreibungen in der *Ilias* von den ausgedehnten Palästen des Priamos und seiner Familie (*Ilias* VI 242–250) und den Tempeln der Athena und des Apollon (*Ilias* VI 88, VI 297) innerhalb der Befestigung. Außerdem konnte man weder von der Burg auf dem Bali Dagh noch von irgendeiner anderen Stelle bei Bunarbaschi den Berg Ida sehen, von dessen Gipfel Zeus die Stadt Troja überschaute, wie Homer berichtet (*Ilias* VIII 47–52). Seinen Erwartungen gemäß brachten auch die Sondagen, die Schliemann am Bali Dagh durchführen ließ, keinen weiteren Aufschluss. Nein, auf der Anhöhe von Bunarbaschi und auf dem Bali Dagh konnte das homerische Troja nicht gestanden haben! Auf einem anderen Hügel in der Nähe, etwa 10 Kilometer entfernt, waren dagegen die jüngsten Reste einer langen Besiedlung sogar noch sichtbar: Hissarlik (=Palast), dessen Name bereits auf die alte Bebauung des ausgedehnten Hügelplateaus hindeutet **Abb. 5**.

Schliemann wanderte mit denselben Arbeitern, die auch schon in Bali Dagh gegraben hatten, zwei Stunden durch die Nacht, um früh am nächsten Morgen der vier halb unter dem Erdreich verborgenen Säulen ansichtig zu werden, die vermutlich die Reste des großen Athena-Tempels darstellten, den Homer beschreibt und für den noch das jüngere griechische Ilion und die römische Stadt Ilium Novum in einer langen Kultkontinuität berühmt waren. Über Scherben und Trümmer hinweg querte er die Hochfläche von Hissarlik, die, wie er wusste, durch die Ausgrabungen des britischen Konsuls in den Dardanellen (= Çanakkale), Frank Calvert, der ein Landhaus im nahegelegenen Thymbra zwischen Bunarbaschi und Hissarlik besaß, als mächtiger Tell, gebildet aus übereinanderliegenden Siedlungsschichten, identifiziert wurde. Er kam zu einer weiteren, höhergelegenen Terrasse im Osten, auf der Calvert Teile eines ausgedehnten Gebäudes aus großen Steinquadern freigelegt hatte. Nach ersten archäologischen Untersuchungen vor Ort teilte er die Überzeugung Calverts, dass dieser Siedlungshügel die homerische Stadt Troja sein musste, vor der sich der Trojanische Krieg ereignete, von dem die *Ilias* berichtet. Seine Beobachtung, dass die noch sichtbaren Säulen an der Stelle der von Homer beschriebenen, sehr viel älteren Stadt stehen, glich Schliemann mit der antiken Überlieferung ab, die vom Fortbestehen Trojas nach der Zerstörung im Trojanischen Krieg berichtet. Dabei nahm er diese so wörtlich, dass er, ohne vertikalstratigrafische Erkenntnisse oder auch nur einen einzigen Spatenstich getan zu haben, allein aus der Literatur schloss, dass es einen zeitlichen Abstand von wenigen hundert Jahren zwischen den homerischen und unmittelbar nach-homerischen Stadtschichten und den jüngeren griechischen und römischen Neugründungen gegeben haben müsse. Erst umfangreiche archäologische Ausgrabungen und die Abgrenzung von neun Stadtschichten sollten Schlie-

Abb. 5 Römische Säulen auf Hissarlik

manns kühne Vermutung später verifizieren. Sofort dachte er weiter: »Um zu den Ruinen der Paläste des Priamos [...] sowie zu denen der Tempel der Minerva und des Apollo zu gelangen, wird man den ganzen künstlichen Hügel forttragen müssen.« Daraus würde sich ergeben, »dass die Zitadelle von Troja sich noch [...] über das anstoßende Plateau ausdehnte«, denn nach seiner Beobachtung an anderen homerischen Stätten, die er besucht hatte, waren »die Bauwerke des heroischen Zeitalters [von] großer Ausdehnung«. Außerdem berichtet Homer, dass die große Versammlung der Trojaner vor den Türen des Palastes (*Ilias* II 788 f.), also auf einer Freifläche stattgefunden habe. Das Siedlungsareal war durch die jüngere Ringmauer der griechischen und römischen Stadt gut markiert, und Schliemann stellte mit großer Genugtuung fest, dass der Lauf des Hektor und die Verfolgung durch Achilleus dreimal um die Stadtmauer über die sanften Abhänge am Fuß derselben ohne Probleme möglich war. Auch der Berg Ida, die Aussichtsplattform der Götter über Troja, ist von Hissarlik aus gut zu sehen. Er entließ die Arbeiter, die ihn nach Hissarlik begleitet hatten, ohne ihre Dienste in Anspruch genommen zu haben, »denn ohne auch nur Ausgrabungen zu versuchen, hatte [er] die volle Überzeugung gewonnen, dass hier das alte Troja gestanden«. Ausflüge in die Troas führten Schliemann noch zu den Grabhügeln der achäischen Helden an der Küste und zur frühhellenistischen Stadt Alexandria Troas, bevor er sich zu Pferde nach den Dardanellen aufmachte, wo er drei Tage auf das nächste Dampfschiff nach Konstantinopel warten musste. Diese Zeit nutzte Schliemann zur Besichtigung der Privatsammlung von Calvert, die auch archäologische Fundstücke aus den Ausgrabungen in Troja umfasste. Am 21. August 1868 erreichte er Konstantinopel und kehrte dann nach Paris zurück.

Noch im selben Jahr stellte Schliemann das Manuskript seines Reiseberichtes fertig, dessen archäologische Ausrichtung er bereits im Untertitel andeutete. Ein Jahr später reichte er sein kurz darauf erscheinendes Buch *Ithaka, der Peloponnes und Troja. Archäologische Forschungen* bei der philosophischen Fakultät der Universität Rostock als Dissertation ein und wurde zum Dr. phil. promoviert. So brachte ihm die Reise nach Griechenland und in die Türkei – geplant nicht als luxuriöse Vergnügungsreise eines millionenschweren Kaufmanns, sondern aus Neugier und Interesse eines Suchenden – letztlich die akademische Anerkennung der Methode des quellenbasierten Abgleichs zur Lokalisierung der homerischen und antiken Stätten. Voraussetzung dafür war die bedingungslose Homergläubigkeit, die Überzeugung, dass die *Ilias* historische Ereignisse an realen Orten erzählt, die in der Umformung zum Epos dichterisch verbrämt wurden, hinter dieser literarischen Folie jedoch klar zu erkennen sind. Dabei war Schliemann nicht der erste, der mit der *Ilias* in der Hand die Umgebung vor Ort betrachtete, aber der konsequenteste, der zudem keine Bedenken hatte, sich gegen die vorherrschenden Meinungen der Fachwelt zu stellen – im Gegenteil! Dass er seine Erkenntnisse immer auch durch eine archäologische Sondage vor Ort zu verifizieren suchte, betont den wissenschaftlichen Anspruch dieser Studien- und Erkundungsreise und markiert einen Wendepunkt in Schliemanns Biografie: 1870 begann Schliemann mit den langjährigen Ausgrabungen auf Hissarlik, die seinen Ruhm als Entdecker und Ausgräber Trojas begründeten.

Ausgewählte Literatur:

Stefanie A. H. Kennell, Schliemann und Frankreich. Mitteilungen der Heinrich-Schliemann-Gesellschaft 9, 2011, 175–188.

Susan Heuck Allen, Finding the Walls of Troy. Frank Calvert and Heinrich Schliemann at Hissarlik Homer (Berkeley, Los Angeles 1999).

Homer, Ilias. Übersetzung Wolfgang Schadewaldt (Frankfurt 1975).

Pausanias, Beschreibung Griechenlands I und II (Zürich 1972).

Ernst Meyer, Heinrich Schliemann. Kaufmann und Forscher (Göttingen 1969).

Ernst Meyer in: Ithaka, der Peloponnes und Troja. Archäologische Forschungen. Nachdruck der 1. Auflage (Darmstadt 1963).

Homer, Odyssee. Übersetzung Johann Heinrich Voss (Zürich 1961).

Heinrich Schliemann, Ilios. Stadt und Land der Trojaner. Forschungen und Entdeckungen in der Troas und besonders auf der Baustelle von Troja (Leipzig 1881).

Heinrich Schliemann, Ithaka, der Peloponnes und Troja. Archäologische Forschungen (Leipzig 1869).

PARIS UND DIE ERFINDUNG DER MODERNE

BENJAMIN WEHRY

In nur 20 Jahren wurde Paris zur Hauptstadt der Moderne. Nicht nur das Stadtbild veränderte sich radikal. Der Drang nach Neuem, nie Dagewesenem erfasste die Kunst- und Literaturszene und ebenso das Pariser Lebensgefühl. Mit großen Investitionen wurde der technische Fortschritt gefördert und auf den Pariser Weltausstellungen präsentiert. Moderne Meisterwerke der Kunst, Literatur und Musik entstanden. Der Mythos Paris war geboren und strahlte nach ganz Europa und darüber hinaus.

1851 riss Louis Napoleon Bonaparte, der gewählte Präsident der Zweiten Französischen Republik, in einem Staatsstreich die Macht in Frankreich an sich und wurde ein Jahr später in Paris von Senat und verfassungsgebender Versammlung zum Kaiser der Franzosen ernannt. Beseelt vom Ruhm Napoleons I., dessen Neffe er war, machte er sich die altbekannten Insignien der Macht zunutze, ließ Münzen, Geschirr und Tafelsilber mit der merowingischen Zikade verzieren, die bereits den Krönungsmantel des ersten Kaisers der Franzosen geziert hatte, und wohnte in den Tuilerien, dem Stadtschloss der französischen Könige. Von Anfang an nutzte er die modernen Medien, insbesondere die Hofzeitung *Moniteur officiel* und das noch neue Verfahren der Fotografie, zur positiven und allgegenwärtigen Präsentation der neuen Herrschafts- und Machtverhältnisse. Dies täuschte jedoch kaum über die staatliche Zensur für alle Printmedien sowie literarische und sogar Werke der bildenden Kunst hinweg, die republikanisch gesinnte oder auch nur regimekritische Journalisten, Künstler und Schriftsteller zu spüren bekamen, allen voran Victor Hugo, der sich kurz nach dem Staatsstreich ins Exil nach Brüssel begab. Trotz autokratischer Staatsführung und rückwärtsgewandter Machtrepräsentation war Kaiser Napoleon III., klein und von schwächlicher gesundheitlicher Konstitution, ein umtriebiger Projektemacher, der dem technischen Fortschritt zugewandt war. Er förderte wirtschaftliche Investitionen nie gekannten Ausmaßes und machte Paris zu einem Finanzzentrum, das der Londoner City Konkurrenz machen sollte. Zwei Weltausstellungen – die erste gleich 1855, kurz nach der ersten *Great Exhibition* 1851 in London, die zweite 1867 – präsentierten als *Exposition universelle* Spitzenleistungen aus allen Bereichen des menschlichen Schaffens, Wissenschaft und Kunst, Handwerk und Industrie, und nicht nur *le tout Paris* war begeistert **Abb. 1**. Dank des per kaiserlichem Dekret und durch staatliche Investitionsschübe ausgebauten Eisenbahnnetzes reisten viele Besucher aus der Provinz an. 1855 kam auch die englische Königsfamilie in Erwiderung eines Staatsbesuches über den

Kanal und stattete mehreren Ausstellungspavillons einen Besuch ab. Für Napoleon III. waren die Weltausstellungen Bühne seiner politischen Agenda. Den Eingang zum Industriepalast schmückte ein Triumphbogen mit der Büste des Kaisers, die auch die mehr als 10 000 Anerkennungsmedaillen zierte, von denen Napoleon III. zahlreiche persönlich verlieh. Das größte Fortschrittsprojekt war jedoch die Neuerfindung der Hauptstadt selbst. Im Auftrag des Kaisers plante der Präfekt des Départements Seine und der Stadt Paris, Georges-Eugène Haussmann, die Hauptstadt der Zukunft. Wie bei der Neugründung einer antiken Stadt zog ein gewaltiges Straßenkreuz, die *Grande Croisée*, breite Achsen von Norden nach Süden und von Osten nach Westen durch die ganze Stadt, die sich im engen, noch von mittelalterlichen Baustrukturen geprägten Stadtkern der Île de la Cité mit der Kathedrale Notre Dame schnitten, und erschlossen den Pariser Westen als Wohnort der Reichen in Bestlage. Das Stadtzentrum wurde über die alten Stadtmauern hinweg erweitert, Vororte eingemeindet und die Stadtfläche (und die Einwohnerzahl) bis 1860 mehr als verdoppelt. Bereits im Herbst 1853 war Paris die größte Baustelle der Welt. Tag und Nacht, an Sonn- und Feiertagen wurde auf den Straßen und Plätzen gearbeitet, der Abriss- und Dampfmaschinenlärm war allgegenwärtig **Abb. 2**. Viele Bürger wohnten jahrelang auf einer Baustelle, viele Einwohner der verwinkelten Viertel der Innenstadt wurden aus ihren ärmlichen Häusern vertrieben, die anschließend abgerissen, planiert und überbaut wurden. Gewinner waren Haus- und Grundbesitzer, die durch Grundstücks- und Immobilienspekulationen und eine horrende Mietpreissteigerung reich geworden waren und von den Balkonen ihrer Stadthäuser auf die Enteigneten herabblickten **Abb. 3**.

Abb. 1 Pavillon der Weltausstellung 1867 in Paris

Abb. 2 Charles Marville, Fotografie des Durchstichs der Avenue de l'Opera, ca. 1877

Auch in der bildenden Kunst spiegelte sich die Moderne. Auf den schnellen technischen Fortschritt, die fortschreitende Industrialisierung und damit einhergehende soziale Umbrüche reagierten junge französische Maler mit der ungekünstelten Darstellung des Objektiven. Neu entwickelte, transportable Ölfarben ermöglichten es ihnen, ihre Eindrücke *plein air* in der freien Natur unmittelbar ohne Stilisierung und künstlerische Konventionen auf die Leinwand zu bannen. Mit dem Begriff Realismus beschrieb der französische Romancier Jules Champfleur das künstlerische Werk seines Freundes, des Malers Gustave Courbet, einem der Hauptvertreter der modernen französischen Kunst dieser Zeit. In der großen Kunstausstellung im Palais des Beaux-Arts, die 1855 als Pendant zum Industriepalast der Weltausstellung den kulturellen Reichtum Frankreichs in den schönen Künsten, aber auch Pariser Mode, Eleganz und Savoir-vivre in die Welt tragen sollte, war er allerdings mit nur wenigen Bildern vertreten, die abseits der großen Galerien ausgestellt wurden. Überhaupt wirkte diese Kunst- und Kulturausstellung eher wie eine Bilanz des Gewesenen, kuratiert von dem Romantiker Eugène Delacroix und seinem schärfsten Konkurrenten, dem bereits 75-jährigen, einflussreichen Altmeister der etablierten französischen Malerei, Jean Auguste Dominique Ingres, der sein letztes Alterswerk, *Le Bain turc*, ein Höhepunkt des bereits leicht angestaubten neoklassizistischen Orientalismus, noch nicht gemalt hatte. Vor dieser konservativen, veralteten Folie, zwischen den konventionellen Porträts der kaiserlichen Familie wirkten die realistischen Werke Courbets so unerwartet modern und exotisch wie die außereuropäische Kunst in den Räumen nebenan. Ungeachtet dieser gegensätzlichen Kunstauffassungen war vor allem das Pariser Publikum begeistert. Aus Protest über die nichtachtende Behandlung seiner Kunst eröffnete Courbet eine eigene Ausstellung nahe den Champs-Élysées, die er *Pavillon des Realismus* nannte. Einige Jahre später sorgte das 1863 gemalte, großformatige Bild *Le Déjeuner sur l'herbe* für Aufregung in der Pariser Kunstszene. Vorsorglich hatte Édouard Manet den ursprünglichen Titel *La partie carée* (Der flotte Vierer) fallen lassen, trotzdem war die Pariser Hautevolee entsetzt über den Bruch aller Darstellungskonventionen, für die der Realist Manet berüchtigt war, konnte sich aber dem direkten Augenkontakt, den ihnen das als unschicklich empfundene Paar im Vordergrund aufzwang, und der Signalwirkung dieses Bildes nicht entziehen. Zunächst mit abwertender Konnotation, musste die Pariser Kunstszene Manet, wie auch seinen Konkurrenten Courbet und andere, als einen der ersten Maler der Moderne anerkennen, der sich letztlich auch auf dem Pariser Kunstmarkt etablierte.

In der zweiten Hälfte der 1860er Jahre zeichnete sich allmählich ein Ende der jahrzehntelangen Bauarbeiten in der französischen Hauptstadt ab. Das moderne Paris war nun Wirklichkeit, wenn auch einzelne Prestigebauten wie die Garnier-Oper immer noch Baustelle waren, und zeigte das Gesicht der Zukunft. Die großen Boulevards luden zum Flanieren ein. Plätze und Parks waren voller Spaziergänger, die Cafés mit neugierig zur Straße hin ausgerichtetem Außenbereich immer bestens besucht. Die ganze Stadt war in Bewegung, in der *Ville lumière* gingen die Lichter niemals aus. Unzählige Droschken und Pferdeomnibusse brachten Einheimische und Touristen aus aller Welt Tag und Nacht zu Ausstellungen, in die Oper, Theater und Varietés und zu Pferderennen in den Bois de Boulogne. Treffend besang die Operette *La Vie parisienne* von Jacques Offenbach, in diesen Tagen uraufgeführt, das Pariser Lebensgefühl: »Atemloses Vergnügen/ Ja, das ist das Pariser Leben!« Außenpolitisch verschärfte sich der Ton jedoch, insbesondere gegenüber Preußen, das den Norddeutschen Bund anführte, der

Abb. 3 Édouard Manet, Der Balkon, 1868/69

nach zwei erfolgreichen Kriegen gegen Dänemark und Österreich nach mehr Einigkeit verlangte. Vom schroffen Ton Bismarcks in seinen imperialen Ansprüchen und persönlichen Befindlichkeiten provoziert, erklärte Napoleon III. mitten im heißen Sommer 1870 Preußen den Krieg. Die anfängliche patriotische Euphorie auf den Straßen von Paris kühlte sich angesichts der hochgerüsteten preußisch-deutschen Armee schnell ab. Die Artillerie war hoch technisiert, der Transport von Soldaten und Kanonen mit der Eisenbahn zügig durchs Land gegangen und erreichte schnell die Tore von Paris. Auf den Boulevards der belagerten und bombardierten Stadt gingen nun doch die Lichter aus. Mit der Kapitulation Kaiser Napoleons III. im September in Sedan war das Zweite Französische Kaiserreich Geschichte, auch wenn die Belagerung von Paris noch vier Monate andauerte und erst im Januar 1871 von einer provisorischen Regierung beendet wurde – gegen den Willen der Pariser, die für die Zerstörung ihrer Stadt und die preußisch-deutsche Okkupation der Champs-Élysées Vergeltung wollten. Im anschließenden politischen und wirtschaftlichen Chaos stagnierte auch das kulturelle Leben in Paris. Dennoch hatte die Widersprüchlichkeit von rückwärtsgewandter Autokratie und unbedingtem Fortschrittsglauben in den letzten beiden Jahrzehnten eine geistig befreiende, antiautoritäre Bewegung provoziert, die durch den Bruch mit dem Konventionellen innovative Formen des künstlerischen und literarischen Ausdrucks schuf und zusammen mit den technischen Errungenschaften einer neuen Zeit die Maßstäbe der europäischen Moderne setzte.

Ein deutscher Wahl-Pariser namens Heinrich Schliemann kehrte im Februar 1871 nach der Aufhebung der Belagerung nochmal nach Paris zurück, um den Zustand seiner Wohnung und seiner Mietshäuser zu überprüfen. Er hatte in der französischen Hauptstadt nicht nur glänzende Immobiliengeschäfte gemacht, sondern auch die geistigen Anregungen, Vergnügungen und das Savoir-vivre in vollen Zügen genossen. Die Jahre in Paris nutzte der Kaufmann zur Evaluierung und Kultivierung seiner Interessen jenseits des Geschäftlichen, begann ein philosophisches Studium und suchte in philologischen und archäologisch-historischen Fachgesellschaften die Nähe von Gleichgesinnten. Dem Mythos Paris und dem Sog der Moderne konnte auch er sich vermutlich nicht entziehen, ein Kunstkenner wurde er jedoch nicht. Nun verließ Schliemann Paris und zog mit seiner jungen Frau Sophia, die er kurz zuvor geheiratet hatte, weiter nach Athen.

Ausgewählte Literatur:

Walburga Hülk, Der Rausch der Jahre. Als Paris die Moderne erfand (Hamburg 2019).

Stefanie A. H. Kennell, Schliemann und Frankreich. Mitteilungen der Heinrich-Schliemann-Gesellschaft 9, 2011, 175–188.

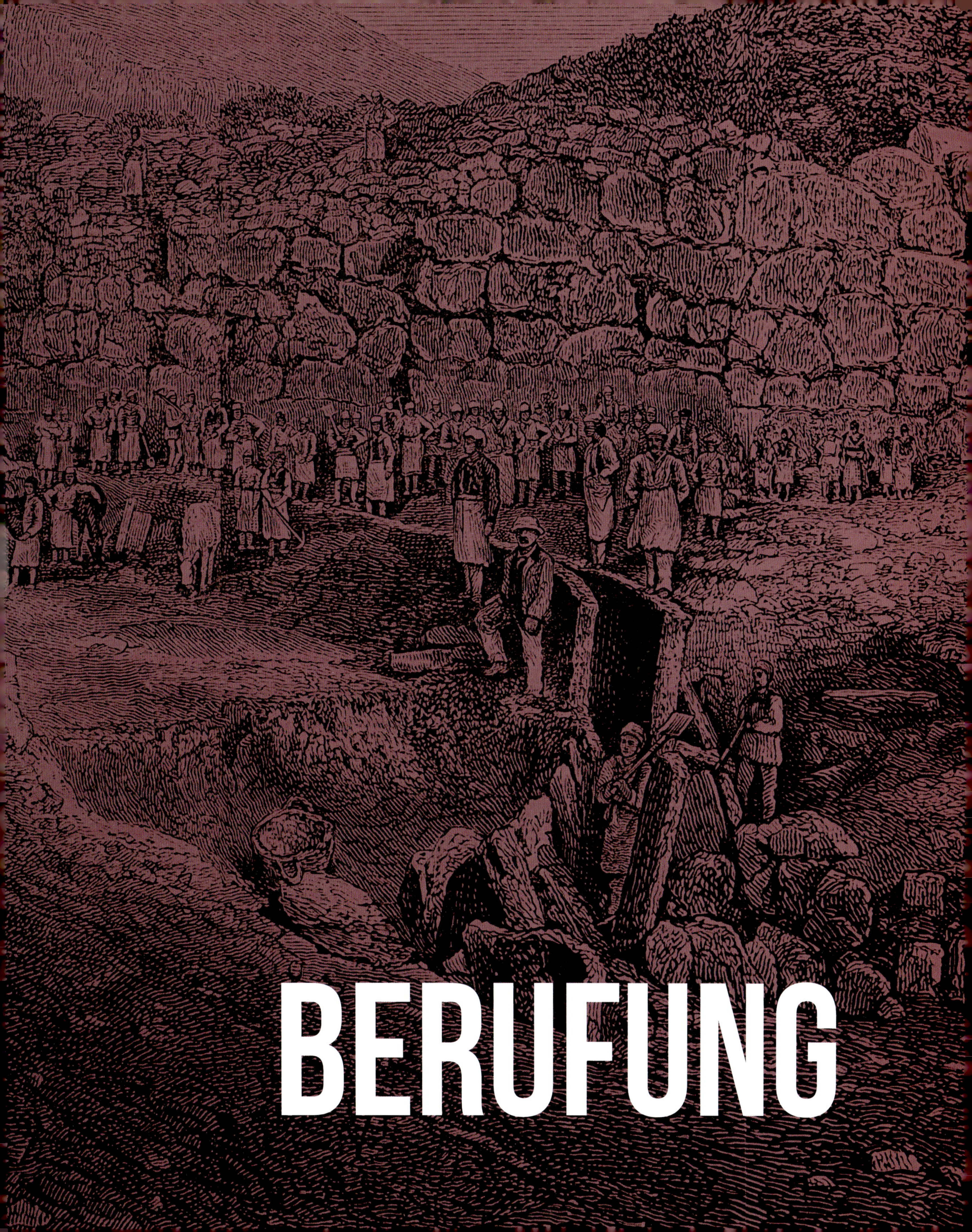

BERUFUNG

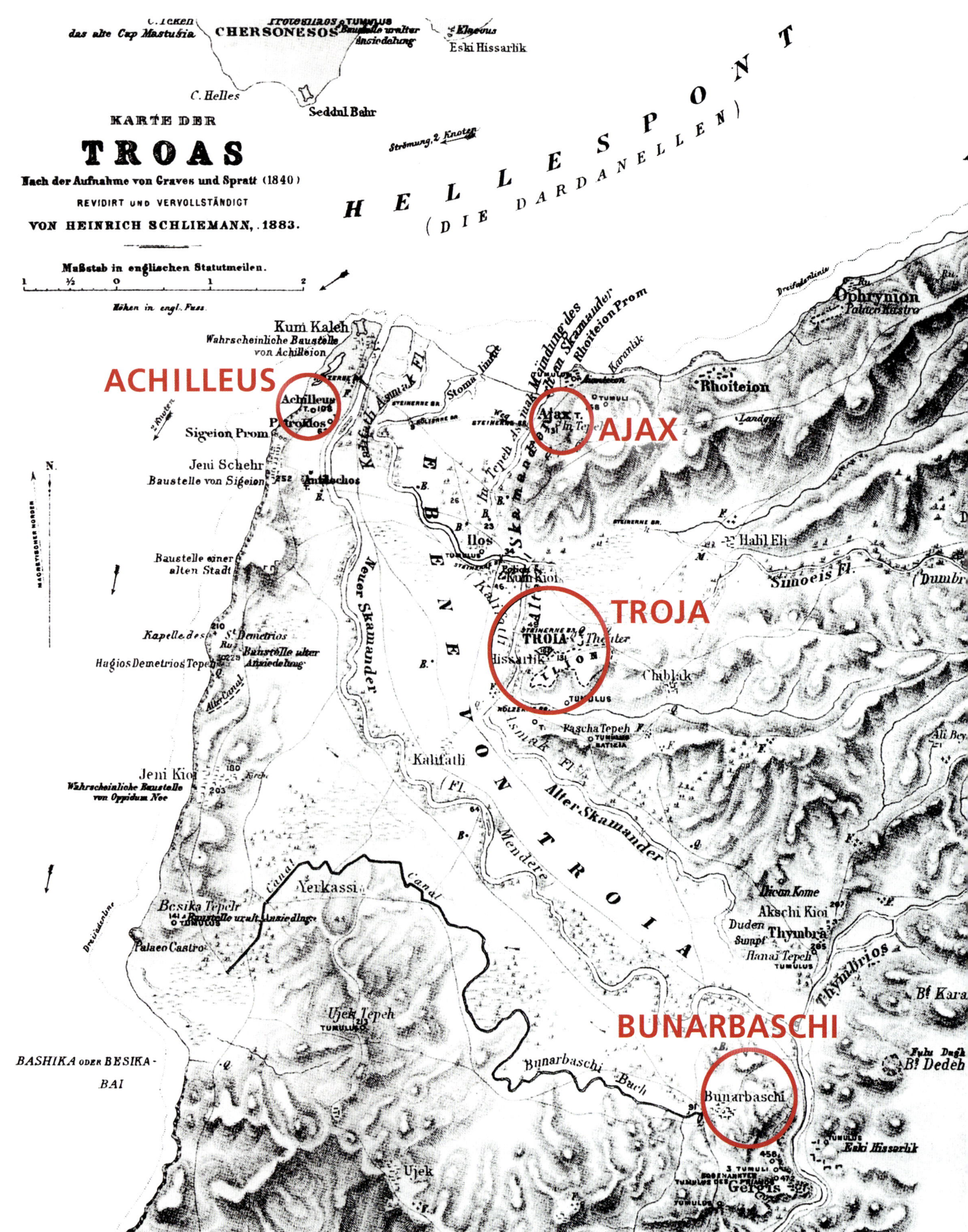
KARTE DER
TROAS
Nach der Aufnahme von Graves und Spratt (1840)
REVIDIRT UND VERVOLLSTÄNDIGT
VON HEINRICH SCHLIEMANN, 1883.
Maßstab in englischen Statutmeilen.
Höhen in engl. Fuss.
HELLESPONT
(DIE DARDANELLEN)
CHERSONESOS
das alte Cap Mastusia
C. Helles
Seddul Bahr
Eski Hissarlik
Strömung 2 Knoten
Kum Kaleh
Wahrscheinliche Baustelle von Achilleion
ACHILLEUS
Achilleus
Patroklos
Sigeion Prom
Jeni Schehr
Baustelle von Sigeion
Antilochos
AJAX
Ajax
In Tepeh
Rhoiteion Prom
Rhoiteion
Ophrynion
Palaeo Kastro
Ilos
Kum Kioi
TROJA
TROIA
Hissarlik
Theater
Chiblak
Halil Eli
Simoeis Fl.
Dumbrek
Pascha Tepeh
Baustelle einer alten Stadt
Kapelle des St Demetrios
Baustelle alter Ansiedelung
Hagios Demetrios Tepeh
Alter Canal
Neuer Skamander
Kalifatli
Alter Skamander
Mendere
Jeni Kioi
Wahrscheinliche Baustelle von Oppidum Noe
Yerkassi
Canal
Besika Tepeh
Palaeo Castro
Ujek Tepeh
TUMULUS
BASHIKA ODER BESIKA BAI
Ujek
Bunarbaschi Bach
BUNARBASCHI
Bunarbaschi
Gergis
Eski Hissarlik
Akschi Kioi
Thymbra
Duden Sumpf
Hanai Tepeh
Thymbrios
Ali Bey
EBENE VON TROIA

AUF HOMERS SPUREN NACH TROJA, MYKENE UND TIRYNS

SCHLIEMANNS ANTIKE REISEFÜHRER

BENJAMIN WEHRY

»Sobald ich sprechen gelernt, hatte mir mein Vater die großen Taten der homerischen Helden erzählt. Ich liebte diese Erzählungen; sie entzückten mich, sie versetzten mich in hohe Begeisterung.« Schliemann 1869

Mit diesem Bekenntnis blickte Heinrich Schliemann nach der ersten Studienreise nach Griechenland und Kleinasien 1868 auf die Anfänge seiner Homerbegeisterung zurück. Dass das mächtige Troja existiert hat, war für ihn schon als Kind unzweifelhaft, beschreibt doch Homer in der *Ilias* vor allem das Skäische Doppeltor mit den Türmen darüber und die Häuser des Palasts so wirklichkeitsgetreu (z. B. *Ilias* III 121–145, 153 f., VI 242–250, XXI 526–544, XXII 413 ff.), dass sie »nur verschüttet, aber nie verschwunden sein könnten«, wie er noch 1878 an seinen Verleger Brockhaus in Leipzig schrieb, »und dieser feste Glauben ist mir in allen Wechselfällen meines Lebens geblieben«. Deutlicher wurde er im Vorwort zu seinem *Bericht über die Ausgrabungen in Troja* 1874: »Auf die Angaben der Ilias vertrauend, an deren Genauigkeit ich wie ans Evangelium glaube, meinte ich, Hissarlik, der Berg, den ich seit drei Jahren durchwühlt habe, sei die Pergamos der Stadt [...].« Diese als Homerismus bezeichnete, unbedingte Homergläubigkeit Schliemanns stand nicht nur im Widerspruch zur allgemeinen Auffassung seiner Zeit. Er übertrug sie auch auf andere antike Quellen, vornehmlich von Schriftstellern wie Pausanias und Strabon, die die archäologischen Reste antiker Stätten in Griechenland beschreiben und in einen historischen oder historisierenden Kontext einbinden.

Die zweite Begegnung Schliemanns mit Homer fand 1837 in Fürstenberg statt. In seiner Autobiografie hielt er fest, dass »so lange ich lebe, [mir] jener Abend unvergesslich bleiben [wird], an dem ein betrunkener Müller, Hermann Niederhöffer, in unseren Laden kam [...]. Denn [er] rezitierte uns nicht weniger als hundert Verse [...] und skandierte sie mit vollem Pathos. Obgleich ich kein Wort davon verstand, machte doch die melodische Sprache den tiefsten Eindruck auf mich [...].« So vernahm Schliemann unerwartet die kunstvoll angelegten Wortklänge Homers, die zusammen mit dem Rhythmus des Versmaßes seine frühe Homerbegeisterung wachhielten und schließlich in ernstzunehmende Sprach- und Literaturstudien mündeten: 1856 eignete sich Schliemann, der zu Reichtum gelangt und des Neugriechischen bereits mächtig war, methodisch die Sprache Homers an und beschäftigte sich, wie er schrieb, »zwei Jahre lang ausschließlich mit der altgriechischen Literatur, und zwar las ich während dieser Zeit beinahe alle alten Klassiker kursorisch durch, die Ilias und Odyssee aber mehrmals«.

MIT HOMER NACH TROJA

Der literarischen Verbrämung der homerischen Epen setzte Schliemann seine leidenschaftliche Auseinandersetzung mit Sprachstil, Struktur und Konzeption der *Ilias* entgegen, die ihn befähigte, die Angaben Homers zur geografischen Lage des homerischen Troja innerhalb der historischen Landschaft im Wortsinn zu verstehen und an ihre Wirklichkeit zu glauben. Die Schauplätze des Trojanischen Krieges erhielten für ihn sehr viel mehr Kontur und konnten in der

Abb. 1 Die historische Landschaft in der Ebene von Troja mit den antiken Siedlungen in Bunarbaschi und Hissarlik sowie dem Lager der Achäer zwischen den Grabhügeln des Achilleus und des Ajax

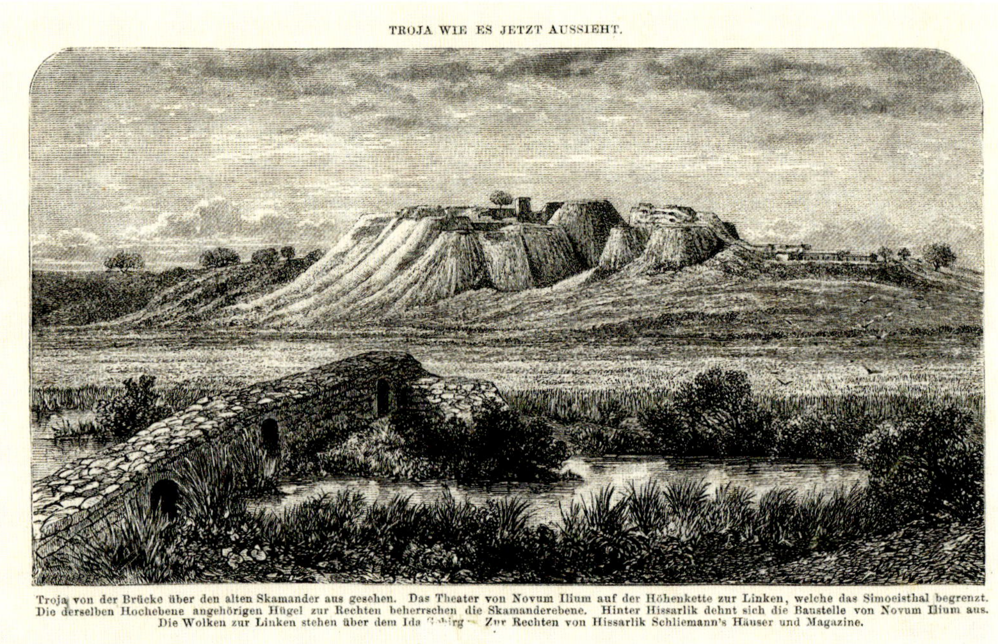

Abb. 2 Der Hügel von Hissarlik nach den Ausgrabungskampagnen 1871–73 und 1878/79

historischen Landschaft der Troas mit den örtlichen Gegebenheiten in Deckung gebracht werden.

Seltsamerweise, und für Schliemann vollkommen unverständlich, hatte das Dorf Bunarbaschi als Ort des homerischen Troja gerade unter denen, die die *Ilias* gut kannten, die meisten Befürworter. Als einer der wenigen, der seine Argumente zur Lokalisierung Trojas direkt aus den geografischen Angaben Homers ableitete, folgte Helmuth von Moltke während seiner militärtopografischen Aufnahme der Dardanellenregion 1837 dem Skamander flussaufwärts bis zu einer in alter Zeit besiedelten Anhöhe, die anscheinend alle von Homer beschriebenen, geografischen Merkmale Trojas aufwies. Auch Schliemann setzte 1868 hier mit seinen Erkundungen an. Jedoch schien ihm die Anhöhe bei Bunarbaschi zu weit von der Mündung des Skamander entfernt zu sein, wo Schliemann und auch Moltke am Strand zwischen dem Grabhügel des Achilleus im Westen und dem des Ajax im Osten das Lager der Achäer mit den Schiffen lokalisierten. Die Bestätigung seines ersten Eindrucks suchte Schliemann in der *Ilias* und rekonstruierte die Ereignisse am Tag der ersten Schlacht in der Ebene von Troja: Bei Tagesanbruch versammeln sich die Achäer und werden in langen Reden auf den Kampf eingeschworen (*Ilias* II 50–154, 187–208, 246–335, 336–368, 369–394), bis das Mahl bereitet wird (*Ilias* II 398–401). Agamemnon opfert einen Stier und betet zu Zeus (*Ilias* II 402–432). Nach dem Mahl werden die Achäer zum Kampf aufgerufen (*Ilias* II 433–447) und stellen sich in der Ebene vor den Schiffen in Schlachtordnung auf (*Ilias* II 459–483). Die Trojaner rüsten sich ebenfalls zum Kampf (*Ilias* II 786–808) und treffen auf das achäische Heer (*Ilias* II 809 f., III 1–9, 14). Vom Skäischen Tor aus erkennt Helena die Heerführer der Achäer (*Ilias* III 166–235), die schon deshalb, so schloss Schliemann, nicht allzu weit von den Mauern Trojas entfernt gewesen sein konnten. Nach dem unentschiedenen Zweikampf des Menelaos mit Paris (*Ilias* III 355–382) provoziert Pandaros den Beginn der Schlacht (*Ilias* IV 105–220). Abwechselnd weichen Trojaner (*Ilias* V 37) und Achäer (*Ilias* V 699–702, VI 107) zurück. Hektor begibt sich zwischendurch nach Troja (*Ilias* VI 110–118, 254–281), kämpft sogleich wieder bei seinen Kriegern (*Ilias* VII 1–16) und fordert die Achäer zum Zweikampf heraus (*Ilias* VII 67–91). Schließlich wird Ajax, der Telamonier durch das Los bestimmt (*Ilias* VII 170–205). Die Abenddämmerung beendet den Kampf wiederum unentschieden (*Ilias* VII 244–293). Bei den Schiffen opfert Agamemnon wiederum einen Stier zu Ehren des Ajax, bevor die Rede des Nestor nach der Abendmahlzeit den Tag beschließt (*Ilias* VII 311–344). Schliemann konstatierte: »So wurde der Raum zwischen der Stadt und dem griechischen Lager wenigstens sechsmal in der Zeit von zehn Uhr morgens bis sieben Uhr abends durchlaufen […]. Die Entfernung vom griechischen Lager bis Troja muss also sehr gering gewesen sein und weniger als fünf Kilometer betragen haben« **Abb. 1**.

Homer gibt die zahlreichen Reden der Protagonisten großenteils in direkter Rede, also in Echtzeit wieder und bewirkt dadurch eine bewusste Verlangsamung der Handlung

Abb. 3 Gepflasterter Weg zum doppelten Südwesttor, das Schliemann 1873 für das Skäische Tor hielt, wie es Homer beschreibt.

an den wichtigen Handlungsschauplätzen vor den achäischen Schiffen und auf dem Skäischen Tor in Troja. Sie umrahmen die Dynamik der vielen einzelnen Kampfszenen in der Ebene strukturell. Damit verleiht er der gesamten Handlung eine reale zeitliche und auch eine davon abhängige räumliche Dimension. Überzeugt von ihrem Wahrheitsgehalt übertrug Schliemann diese dichterische Struktur der homerischen Verse auf die geografischen Gegebenheiten vor Ort und konnte so die historische Landschaft, in der sich das Geschehen ereignet haben sollte, aufgrund der Zeit, die man benötigte, um sie zu durchqueren, auch räumlich abstecken. Die Anhöhe von Bunarbaschi lag weit außerhalb dieser rekonstruierten Landschaft, die Schliemann auf die Skamanderebene zwischen dem Strand an der Mündung zwischen den Grabhügeln zweier Protagonisten und dem näher gelegenen Siedlungshügel von Hissarlik verkürzte.

Innerhalb dieser historischen Landschaft gibt Homer weitere topografische Hinweise zur Lage der Stadt Troja. Die beiden unterschiedlich temperierten Quellen, von denen die *Ilias* berichtet, fand Schliemann jedoch auch bei Hissarlik ebenso wenig wie trogartig ausgewaschene Steine, die ihm bei Bunarbaschi aufgefallen waren. Diese »Waschgruben der Troerinnen« verschafften Ernst Curtius – seit 1844 Professor für Archäologie in Berlin und einer der größten Kritiker Schliemanns – bei seinem Besuch in der Troas noch 1871 die Gewissheit, dass das homerische Troja in Bunarbaschi liegen müsse, wie er an seine Frau schrieb, als Schliemann bereits in Hissarlik zu graben begonnen hatte, um seine Argumente zur Lokalisierung Trojas zu verifizieren, die er aus der antiken literarischen Überlieferung vor allem des Homer und des Strabon gewann.

Vor diesem Hintergrund war die Ansicht Calverts zur Lage Trojas, der sich zwar lange vor Schliemann mit dieser Frage befasste, dies aber vor allem aufgrund von Lesefunden und archäologischen Sondierungen auf dem Hügel von Hissarlik, lediglich Bestätigung, auch wenn Calvert dies aus dem Blickwinkel des Kenners, Ausgräbers und Sammlers anders sah. Letztlich gab er aber wohl den Anstoß zu den Ausgrabungen Schliemanns in Hissarlik **Abb. 2**.

DAS SKÄISCHE TOR UND DIE EULENKÖPFIGE ATHENE

Die Auffindung des Skäischen Tores war Schliemann von Anfang an ein Hauptanliegen der ersten Kampagnen seiner Ausgrabungen in Hissarlik. Im Frühjahr 1873 war es endlich soweit: Westlich des großen Turmfundaments legte Schliemann einen gut fünf Meter breiten, mit großen rechteckigen Steinplatten gepflasterten Weg frei, der von der Stadtmauer steil in südwestlicher Richtung in die Ebene hinunterführte. Diesem alten Weg aufwärts folgend »[…] deckten wir zwei große, 20 Fuß voneinander stehende Tore auf […]«. In Übereinstimmung mit den Angaben Homers (*Ilias* XXII 146 f.), wagte Schliemann »jetzt die bestimmte Behauptung, dass das von mir ans Licht gebrachte große doppelte Tor not-

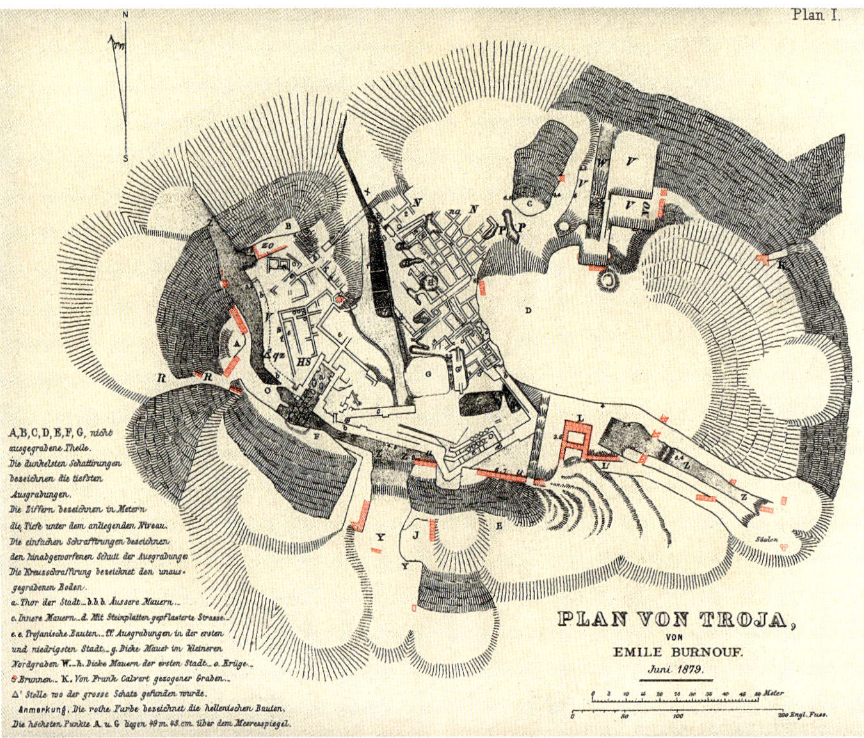

Abb. 4 Baustrukturen auf Hissarlik mit dem Südwesttor als Fixpunkt in der Stadttopografie des homerischen Troja

wendigerweise das Skäische Tor sein muss.« Denn Homer erwähnt nur ein einziges Tor in Troja – wie schon Moltke auf dem Bali Dagh feststellte –, nämlich das Skäische (*Ilias* IX 354), das er auch das Dardanische Tor (*Ilias* V 789) nennt. Mit dieser einzig von seiner Homergläubigkeit getragenen Interpretation der keineswegs eindeutigen und in der stadttopografischen Zuordnung problematischen Ausgrabungsbefunde trat Schliemann bereits im Mai 1873 an die Öffentlichkeit. Dies war eine vorschnelle Reaktion, die er später bereuen sollte, in der sich aber der enorme Erfolgsdruck widerspiegelt, in Hissarlik mit der Glaubwürdigkeit Homers auch seine eigene beweisen zu müssen: »Mein letzter Bericht wird von allen der interessanteste sein, denn er meldet die Entdeckung des doppelten Skäischen Tores und die Auffindung des Hauses des Priamos«, wie er direkt aus Hissarlik an seinen Verleger Brockhaus in Leipzig schrieb **Abb. 3**.

In der dichterischen Struktur der *Ilias* markiert das Skäische Tor drei Schlüsselszenen: Im III. Gesang beobachten Priamos und Helena vom Turm über dem Skäischen Tor aus die Heerführer der Achäer in der Ebene vor Troja und den ersten Zweikampf (*Ilias* III 121 ff.). Das Skäische Tor wird in dieser sogenannten Mauerschau zum Ausgangspunkt der folgenden Handlung. Im VI. Gesang begegnet der Trojaner Hektor beim Durchschreiten des Tores in die Stadt hinein seiner Mutter und beim Verlassen der Stadt seiner Frau, von der er sich in dunkler Vorahnung verabschiedet (*Ilias* VI 237 ff.). Das Skäische Tor ist hier Schauplatz der Begegnung mit den trojanischen Frauen innerhalb der Stadt in Abgrenzung zum männlich dominierten Kriegsgeschehen außerhalb und somit Dreh- und Angelpunkt nicht nur zwischen Stadt und Umgebung, sondern wiederum hinsichtlich der erzählerischen Struktur innerhalb des Epos. Von hier nimmt das weitere Geschehen seinen Ausgang, das die Achäer in arge Bedrängnis bringt: der Angriff auf die Schiffe (*Ilias* VIII 1 ff., XV 346 ff., 384 ff.). Im XXII. Gesang schließlich wird das Skäische Tor zum zentralen Schauplatz einer vielteiligen Handlung, die den Wendepunkt des Trojanischen Krieges bedeutet: Priamos hält die Torflügel offen, damit sich alle in die Stadt retten können (*Ilias* XXI 526–543). Hektor schützt das Tor (*Ilias* XXII 1–6) und wird getötet (*Ilias* XXII 131–330). Seine Eltern und seine Frau werden vom Turm aus Zeugen des Geschehens und beklagen Hektors Tod (*Ilias* XXII 405–515). Mit diesen drei Schlüsselszenen auf, im und vor dem Skäischen Tor schafft Homer erzählerische Fixpunkte in der *Ilias*, die die Handlung strukturell gliedern, und beschreibt darüber hinaus einen realen fixen Ort der Stadttopografie Trojas. Für Schliemann war es genau das: Er übertrug die dichterische Bedeutung des Skäischen Tores auf seine Ausgrabungen, um in den vielschichtigen baulichen Strukturen einen Fixpunkt definieren zu können, in dessen Abhängigkeit alle anderen ausgegrabenen Bauteile nach den Beschreibungen Homers identifiziert sowie stratigrafisch verortet und funktional gedeutet werden konnten. Zudem war die Auffindung des Skäischen Tores gleichbedeutend mit der Identifizierung der Stadt Troja in Hissarlik, bezeichnet Homer es doch als den »großen Turm von Ilios« (*Ilias* VI 386). Dass solche homerischen Fixpunkte ein Troja entstehen lassen, »nicht wie es gewesen [...], aber wie es Homer gedacht«, wie Moltke bereits bemerkte, der zwischen der Wahrheit des Gedichts und der Realität vor Ort klar unterschied, hat auch Schliemann angesichts des Fortschreitens seiner Ausgrabungen letztlich eingesehen. Tatsächlich revidierte er 1884 – elf Jahre nach seiner Meldung, das Skäische Tor aufgefunden zu haben – die erste Interpretation der Torbefunde und begründete dies wiederum mit den stadttopografischen Angaben Homers: »Anstatt nur eines Tores haben wir jetzt drei Tore aufgedeckt. Jedoch muss ich den Leser daran erinnern, dass alle diese drei Tore die Tore der Akropolis von Troja waren, die Homer nie Gelegenheit hatte zu erwähnen. Sein Skäisches Tor war [...] nicht in der Pergamos, sondern an der Westseite der Unterstadt, und man ging durch dasselbe zur Ebene hinab. Ich habe [...] bewiesen, dass das Skäische Tor das einzige in den Gedichten erwähnte Tor der Unterstadt ist [...] und dass, wenn Homer Tore erwähnt, er beim Plural die beiden Torflügel versteht und folglich nur ein Tor.« Mit zunehmender Erfahrung als Ausgräber und stetig wachsender archäologischer Fachkenntnis neutralisierte Schliemann seine ersten euphorischen Interpretationen der archäologischen Funde und Befunde in Hissarlik und beurteilte sie nun vermehrt aus fachwissenschaftlicher Sicht, solange diese dem Gesamtbild der historischen Landschaft in der Troas nicht widersprach. »Jetzt ist aus dem Schatzgräber ein gelehrter Mann geworden«, schrieb Rudolf Virchow in seiner Vorrede zu *Ilios. Stadt und Land der Trojaner*, »der seine Erfahrungen in langem und ernstem Studium mit den Aufzeichnungen der Historiker und Geografen, mit den sagenhaften Überlieferungen der Dichter und Mythologen verglichen hat« **Abb. 4**.

Einen weiteren homerischen Fixpunkt in den Ausgrabungen in Hissarlik stellte eine besondere Gefäßkeramik dar, die Schliemann in der sogenannten Verbrannten Stadt der zweituntersten Schicht (Troja II) sowie in den Schichten von Troja III bis V zutage brachte: »Die interessantesten Gefäße [...] sind zweifellos die mit einem Eulenkopfe und den weiblichen Geschlechtszeichen.« Charakteristisch ist die Verzierung mit plastisch ausgeformten Gesichtszügen und einem schmalen schnabelartigen Grat. Das eulenartige Aussehen dieser Gefäße wird durch flügelartige Henkel noch verstärkt, so dass Schliemann mutmaßte, »dass die

Abb. 5 Gefäße mit Vogelkopf aus Troja, denen Schliemann das geflügelte Wort Homers von der eulenköpfigen Göttin Athene zuschrieb.

[...] Vasen mit Eulenköpfen, die ich in den vorgeschichtlichen Städten von Hissarlik fand, nur eine Göttin und zwar nur Athene, die Schutzgöttin Trojas, darstellen könnten« **Abb. 5**. Homer nutzt das Epitheton »helläugig« wie eine Eule (*Ilias* I 206, II 166, V 405, 420, 793, 853) ausschließlich zur Beschreibung dieser Göttin und so häufig wie kein anderes. Dieselbe Überzeugung, dass gerade solche Beiworte auch die einstige Realität spiegeln und daher Niederschlag im archäologischen Befund haben müssen, veranlasste Schliemann, ein weiteres homerisches Epitheton genauer zu betrachten, nämlich das der »kuhäugigen Göttin Hera«, das ihn nach Mykene führen sollte.

MIT PAUSANIAS NACH MYKENE UND TIRYNS

Bereits bei seiner ersten Erkundung der antiken Stätten auf dem Peloponnes 1868 folgte Schliemann den ausführlichen Beschreibungen des Pausanias zum argivischen Heraion unweit von Mykene, dem in alte Zeit zurückreichenden Zentrum des Herakultes in der Argolis (Pausanias II 17, 1 ff.). »Begierig nahm ich die Herausforderung an und begann die Ausgrabungen in Tiryns und Mykene [...]«, schrieb Schliemann, als er sich 1874 und 1876 endlich seinen neuen archäologischen Tätigkeitsfeldern in der Argolis zuwandte. »Das Ergebnis meiner Forschungen übertraf bei weitem meine Erwartungen, denn ich fand dort Tausende von Kühen aus Terrakotta [...], auch weibliche Idole mit Kuhköpfen.« Diese figürlichen Idole aus Mykene und Tiryns verband Schliemann mit dem Beiwort »kuhäugig«, mit dem Homer exklusiv die Göttin Hera charakterisierte

Abb. 6 Sophia Schliemann zusammen mit ihrem Mann bei den Grabstelen im Gräberrund A in Mykene kurz vor der Entdeckung der Königsgräber

(*Ilias* III 50), und sah darin eine Bestätigung kultischer Verbindungen dieser Göttin mit der Argolis und insbesondere mit Mykene, beschreibt Homer doch das Vorzugsverhältnis zwischen der kuhäugigen Hera und dem hier »weitherrschenden« Agamemnon (*Ilias* I 194–222, III 178) analog zum persönlichen Verhältnis der eulenköpfigen Athene zum »vielklugen« Odysseus, »dem Zeus gleichwiegend an Einsicht« (*Odyssee* XIII 329–348, *Ilias* II 636, III 216).

Anders als in Hissarlik wurde die Identität der homerischen Stadt Mykene mit den weithin sichtbaren Mauern zwischen den beiden Kuppen des Berges Euboia in der Argolis nie bezweifelt. »Auf demselben Weg, den Pausanias (II 15, 2, 4) beschreibt«, näherte sich Schliemann der historischen Landschaft in der Ebene von Argos. »Über viele Inseln und ganz Argos« (*Ilias* II 107 f.), das Homer mehrfach als »pferdenährend« bezeichnet (*Ilias* II 287, II 75, 285, VI 152, IX 246, XV 30, XIX 329), herrscht Agamemnon, der Herr der Männer (*Ilias* II 402, 434, 441). Seiner Oberherrschaft unterworfen sind auch die Städte Argos und Tiryns, die der »gute Rufer« Diomedes regiert (*Ilias* II 559–568). »In einem Winkel des rossenährenden Argos« (*Odyssee* III 263) liegt die »wohlgebaute Stadt voll prangender Häuser« (*Ilias* II 569), das »goldreiche« Mykene »mit breiten Straßen« (*Ilias* IV 52, XI 46). Und obwohl Strabon gleich zu Beginn seiner Ausführungen erwähnt, dass »Mykene nun jetzt nicht mehr vorhanden [ist]« (Strabon VIII 6, 377), berichtet noch Pausanias, dass nach der Zerstörung der Stadt »trotzdem noch Reste der Mauer [stehen] und vor allem das Tor. Über ihm stehen Löwen, und auch diese Mauern sollen ein Werk der Kyklopen sein, die dem Proitos die Mauern in Tiryns bauten« (Pausanias II 16, 5). Im Folgenden beschreibt Pausanias weitere Sehenswürdigkeiten der Stadt und nimmt dabei Bezug auf die auch von Homer genannten (*Odyssee* XI 404 ff.) mykenischen Herrscher: »In den Trümmern von Mykene befindet sich die Perseia genannte Quelle und die unterirdischen Gebäude des Atreus und seiner Söhne, in denen sich ihre Geldschätze befanden. Und das Grab des Atreus ist da und auch derer, die mit Agamemnon aus Ilion zurückgekehrt, Ägisthos bewirtete und tötete. […] Und ein anderes Grab ist das des Agamemnon und eins für seinen Wagenlenker Eurymedon und das gleiche für Teledamos und Pelops« (Pausanias II 16, 6). Pausanias berichtet weiter, dass die Mutter dieser Zwillinge Kassandra, Tochter des Priamos, war und ebenfalls von Ägisthos getötet wurde. Ungewiss ist dagegen, ob sich auch ihr Grab in Mykene befindet, das Grab der Elektra soll aber nahe dem ihres Vaters liegen (Pausanias II 16, 7).

DAS LÖWENTOR UND DIE KÖNIGSGRÄBER DER ATRIDEN

Wiederum war die Toranlage für Schliemann der Zugang zum Verständnis der Stadttopografie: Analog zum Skäischen Tor in Troja bildete das von Pausanias beschriebene Löwentor einen topografischen Fixpunkt in den unübersichtlichen baulichen Strukturen von Mykene und markierte zusammen mit der monumentalen kyklopischen Ringmauer die befestigte Oberstadt. Die Quelle Perseia sowie das Schatzhaus des Atreus und weitere Tholosgräber lagen außerhalb dieser Mauer in der Unterstadt von Mykene, die Schliemann lediglich anhand verstreuter Ziegelfragmente und Keramikscherben archäologisch nachweisen konnte sowie durch den Verlauf einer fast verschwundenen Stadtmauer, die schon Pausanias nicht mehr vorgefunden haben dürfte. So kann er nicht diese Stadtmauer der Unterstadt gemeint haben, wenn er schreibt: »Klytämnestra und Ägisthos wurden etwas entfernt von der Mauer begraben, innerhalb verwehrte man es ihnen, wo Agamemnon selbst lag und die mit ihm Ermordeten« (Pausanias II 16, 7). Schliemann bezog diese Angaben des Pausanias auf die kyklopische Ringmauer der Burg und schloss, dass Agamemnon mit seinen Gefährten aus Troja, im Unterschied zu den Frevlern, in der Oberstadt von Mykene bestattet worden war. Hier setzte er den Spaten an. »Ich grub [...] an verschiedenen Stellen 34 Schächte, um den Boden zu untersuchen und die Stelle zu finden, wo ich nach denselben [Gräbern] zu graben hätte. [...] 100 Schritte vom Löwentor entdeckte ich [...] eine einer Grabstele ähnliche, unskulptierte Steinplatte und eine Anzahl gehörnter weiblicher Idole und kleiner Kühe [...]. Ich entschloss mich daher [...], an jener Stelle große Ausgrabungen zu machen [...].« Parallel zur Freilegung von Kuppel und Dromos des sogenannten Schatzhauses des Atreus, mit der Schliemann den Angaben des Pausanias in der Unterstadt nachging, konzentrierte er seine Ausgrabungen auf den Bereich um das Löwentor. Hier stieß er bald auf weitere Stelen und Stelenfragmente, einige davon mit Linienbändern und Spiralornamenten verziert sowie einer Bildzone mit Streitwagen und Wagenlenker. Schliemann interpretierte die Steinstelen als Grabmonumente, die den entscheidenden Hinweis auf die von Pausanias erwähnten mykenischen Königsgräber gaben **Abb. 6**.

Innerhalb eines kreisrunden Areals aus Steinplatten an der Innenseite der Ringmauer reihten sich an mehreren Stellen Steinstelen wie Markierungen aneinander. Bei der Abtiefung dieses Steinplattenkreises – von Schliemann als Agora bezeichnet, heute als Gräberrund A bekannt – entdeckte er an den Grabmarkierungen Aschelinsen und Tierknochen. Nun war sich Schliemann sicher, den wichtigsten homerischen Schauplatz in Mykene gefunden zu haben: »Die [...] Grabsteine bezeichnen ohne Zweifel tief in den Felsen gehauene Gräber [...]. Das Vorhandensein dieser Gräber nahe beim Löwentor, also an der imposantesten Stelle der ganzen Akropolis, [...] ist von guter Vorbedeutung [...].« Obwohl ihm klar war, dass Pausanias die von ihm erst freigelegten Stelen nicht gesehen und die Existenz und die Lage der Königsgräber seinerseits nur aus der antiken und vielleicht zeitgenössischen mündlichen Überlieferung rekonstruiert haben kann, vertraute Schliemann dennoch seinen Angaben: »In der Tat zögere ich keinen Augenblick zu verkünden, dass ich hier die Gräber gefunden habe, welche Pausanias, der Tradition folgend, dem Atreus, dem König der Männer Agamemnon, seinem Wagenlenker Eurymedon, der Kassandra und ihren Gefährten zuschreibt.« Folglich sah er in den exzeptionellen Grabfunden, die er in diesen Schachtgräbern entdeckte, das goldene Kleidungs- und Trachtzubehör sowie die reiche Grabausstattung der mykenischen Herrscher der Atriden und verifizierte das homerische Epitheton des »goldreichen« Mykene (*Ilias* VII 180, XI 46). Als Schliemann bei der Ausgrabung des ersten Grabes (Grab V) die große Goldmaske, die noch auf dem Gesicht des Toten lag, anhob, blickte er zwar in die noch erhaltenen Gesichtszüge eines mykenischen Herrschers, brachte diese in seiner Ausgrabungspublikation *Mykenae. Bericht über meine Forschungen und Entdeckungen in Mykenae und Tiryns* ausführlich beschriebene Begegnung mit dem Bestatteten aber mit keinem Wort mit Agamemnon oder einem anderen Atriden in Verbindung. Trotzdem sollte die Goldmaske mit den stilisierten Gesichtszügen eines bärtigen Königs von Mykene als »Goldmaske des Agamemnon« weltweite Berühmtheit erlangen.

DIE MAUER DER KYKLOPEN UND MYKENISCHE KERAMIK

Unter den vielen im sogenannten Schiffskatalog in der *Ilias* aufgezählten Städten und Festungen wird einzig Tiryns als die »mit Mauern umgebene« Stadt bezeichnet (*Ilias* II 559). Mit diesem Beiwort formuliert Homer ein Alleinstellungsmerkmal, »das [er] von anderen Städten nicht gebraucht, [und] hat ohne Zweifel damit sagen wollen, dass die Mauern von Tiryns mit ganz besonderem Recht diesen Namen verdienen«, konstatierte Schliemann schon 1868 bei seinem ersten Besuch und war sich angesichts der gigantischen, 8 bis 9 dicken und stellenweise noch bis zu 12 Metern hoch anstehenden Ringmauer sicher: »Das von Homer gebrauchte Wort [...] kann sich also meiner Meinung nach nur auf die ungeheuren kyklopischen Mauern der Festung von Tiryns beziehen.«Tatsächlich berichtet Strabon, dass sieben Kyklopen Tiryns einst zu einem festen Stützpunkt ausbauten, die Stadt nun aber verödet ist (Strabon VIII 6, 373), und dokumentiert damit, dass die Lage des homerischen Tiryns zu seiner Zeit bekannt war. Auch Pausanias berichtet, dass »die Mauer, die allein von den Ruinen noch übrig ist, ein Werk der Kyklopen und aus unbehauenen Steinen gebaut [ist], jeder Stein so groß, dass auch der kleinste von ihnen [...] nicht von der Stelle bewegt werden könnte«, und nimmt dabei auf seine eigene Beschreibung der ebenfalls kyklopischen Mauern von Mykene Bezug (Pausanias II 16, 5, II 25, 8, VII 25, 6). Im Juli 1876 kam Schliemann zusammen mit seiner Frau Sophia erstmalig nach Tiryns, um den antiken literarischen Hinweisen zur Mauer der Kyklopen nachzugehen und mit einer explizit archäologischen Fragestellung zu verknüpfen: »Ich teile vollkommen die allgemeine Ansicht, dass die kyk-

Abb. 7 Mithilfe der charakteristischen mykenischen Keramikware aus Troja, Mykene und Tiryns belegt Schliemann den kulturellen Austausch in homerischer Zeit.

lopischen Mauern von Tiryns das älteste Denkmal in Griechenland sind; da jedoch nach meiner Überzeugung keine Stadt- oder Festungsmauer älter sein kann als die älteste Töpferware der von ihr umgebenen Baustelle, so konnte ich dem Verlangen nicht widerstehen, die Chronologie der tirynthischen Mauern durch systematische Ausgrabungen zu erforschen.« Dabei griff Schliemann auf die in Hissarlik entwickelte Methode des Anlegens von Tiefschnitten zurück, die, bis auf den natürlich gewachsenen Boden hinuntergeführt, die ältesten Kulturschichten und deren Abfolge erfassten, und »zog auf [...] der Akropolis einen langen und tiefen Graben und grub dort außerdem noch Schächte [...]«. In diesem Tiefschnitt stieß Schliemann in einer Tiefe von 5 Metern auf Fels und konnte vor allem anhand stratifizierter Keramikfunde eine erste relativchronologische Abfolge der Kulturschichten von Tiryns entwerfen, die er mit der Mauer korrelierte: Auf dem gewachsenen Boden lagen Scherben handgemachter, geglätteter, teilweise schwarz polierter Gefäße unterschiedlicher Formgebung, die Schliemann typologisch und chronologisch an die becherförmigen Gefäße aus der ältesten Siedlung von Troja (Troja I) anschloss und den Erbauern der kyklopischen Mauer in Tiryns zuschrieb. Darüber fand er in einer 3 bis 2,40 Meter tiefen Siedlungsschicht nur die Fragmente grünlicher oder dunkelroter Fußbecher ohne Bemalung, die sich deutlich vom Gefäßspektrum der helltonigen, scheibengedrehten und bemalten Keramik in der Schicht darüber absetzten, die ab einer Tiefe von 2,40 bis etwa 0,90 Meter unter der Oberfläche zutage kam. Sogleich drängte sich Schliemann der typologische Vergleich mit der charakteristischen, sogenannten mykenischen Keramik aus der Oberstadt des namengebenden Fundorts auf **Abb. 7**. Mit den Ausgrabungen im Tiefschnitt und dem Anwenden der typologisch-chronologischen Methode zur Parallelisierung von Vergleichsfunden anderer Fundorte stellte Schliemann dem von Strabon und Pausanias überlieferten Mythos seine gesicherten archäologischen Erkenntnisse zur Seite und konnte so eine vor-mykenische und eine mykenische Zeit der Besiedlung von Tiryns unterscheiden. Die Errichtung der kyklopischen Mauer ordnete er der vor-mykenischen Zeit zu und hielt fest, dass »alle diese herrliche Töpferware [der mykenischen Keramik] eine hohe Zivilisation [bezeugt], wie sie die Erbauer der kyklopischen Mauer kaum gehabt haben können [...]«. Das hohe Alter der Mauer der Kyklopen in Tiryns übertrug Schliemann auf die große Ringmauer in Mykene sowie auf die Mauern von Troja und markierte damit fundortübergreifend einen chronologischen Fixpunkt, der auf der Stratigrafie von Tiryns basierte.

»DIE PRÄHISTORISCHEN ALTERTÜMER GRIECHENLANDS SIND MEINE SPEZIALITÄT, ICH BIN DARIN ZU HAUSE.«

Mit zunehmender Kenntnis dessen, was er für die Wirklichkeit der Epen Homers hielt, ging es Schliemann immer mehr darum, ein Gesamtbild der homerischen Welt zu entwerfen, die bis dahin nur aus der literarischen Überlieferung bekannt war. Dafür identifizierte er mit der *Ilias* und der *Odyssee* sowie den antiken Landschafts- und Reisebeschreibungen von Strabon und Pausanias, die er als Reiseführer nutzte, die Schauplätze vor Ort, die er jedoch nicht isoliert betrachtete, sondern zu historischen, homerzeitlichen Landschaften rekonstruierte und aus diesen seine »homerische Geografie« verdichtete und weiterentwickelte **Abb. 8**. Schliemanns unerschütterlicher Homerismus verband zudem erzählerische Fixpunkte mit der realen Stadttopografie und ließ die Wirklichkeit der homerischen Epen fassbar werden, wenn sich auch viele seiner im Sinn Homers vorgenommenen Deutungen und Interpretationen später gerade aus archäologischer Perspektive als unhaltbar erweisen sollten. Ähnlich verfuhr er in Mykene und Tiryns mit den geografischen und stadttopografischen Beschreibungen des Strabon und des Pausanias. Diese real anmutende, homerische Welt durchzog Schliemanns Lebenswirklichkeit in allen Bereichen. So ist nur folgerichtig, dass ihn die Epen Homers auch auf seiner letzten Reise begleiteten, des einzigen Schriftstellers, der auch über die Reise in die Unterwelt berichtet (*Odyssee* XI 1 ff.).

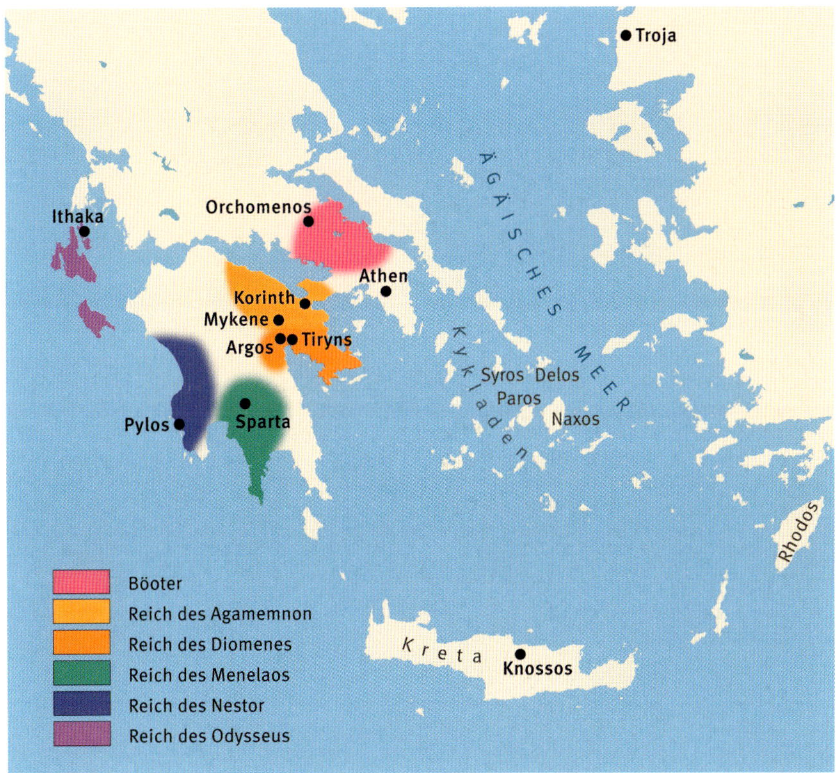

Abb. 8 Die von Homer in der *Ilias* umrissenen Herrschaftsgebiete des Agamemnon, des Diomedes und des Odysseus in der homerischen Geografie Schliemanns

Ausgewählte Literatur:

Christian Andree, Frank Calvert und sein Verhältnis zu Rudolf Virchow und Heinrich Schliemann. In: Christian Andree (Hg.), Rudolf Virchow, Sämtliche Werke 68.3, Abt. IV Briefe (Hildesheim/Zürich/New York 2021).

Benjamin Wehry, Auf der Suche nach Troja. Moltke in der Troas. Acta Praehistorica et Archaeologica 53, 2021, 181–190.

Marion Bertram/Bernhard Heeb/Benjamin Wehry, Tod in Neapel. Heinrich Schliemann zum 125. Todestag. Publikation zur gleichnamigen Ausstellung 2016 (Berlin 2016).

Brigitte Mannsperger, Schliemanns »Homerismus« und die philologische Raum-Zeit-Forschung. In: George S. Korres/Nektarios Karadimas/Georgia Flouda (Hg.), Archäologie und Heinrich Schliemann. 100 Jahre nach seinem Tode. Rückschau und Ausblick. Mythos – Geschichte – Wissenschaft (Athen 2012) 371–378.

Justus Cobet, Schliemanns Troia. In: Martin Zimmermann (Hg.), Der Traum von Troia. Geschichte und Mythos einer ewigen Stadt (München 2006).

Susan Heuck Allen, Finding the Walls of Troy. Frank Calvert and Heinrich Schliemann at Hissarlik (Berkeley/Los Angeles/London 1999).

Brigitte Mannsperger, Troja und das Skäische Tor bei Homer und Heinrich Schliemann. In: Ingrid Gamer-Wallert (Hg.), Troja, Brücke zwischen Orient und Okzident (Tübingen 1992) 230–263.

Hartmut Döhl, Heinrich Schliemann. Mythos und Ärgernis. Report Archäologie (München 1981).

Hartmut Döhl, Griechenlands langer Weg zur Klassik. Auch Schliemann irrte und wurde korrigiert. In: Rudolf Pörtner (Hg.), Alte Kulturen ans Licht gebracht. Neue Erkenntnisse der modernen Archäologie (Düsseldorf/Wien 1975), 265–317.

Wolfgang Schadewaldt, Der Aufbau der Ilias (Frankfurt 1975).

Ernst Meyer in: Mykenae. Bericht über meine Forschungen und Entdeckungen in Mykenae und Tiryns. Neuausgabe der Ausgabe 1878 (Darmstadt 1964), XXIII–XXX.

Ernst Meyer in: Ithaka, der Peloponnes und Troja. Neuausgabe der 1. Auflage (Darmstadt 1963), XI–XVIII.

Friedrich Curtius, Ernst Curtius. Ein Lebensbild in Briefen (Berlin 1903).

Heinrich Schliemann, Troja. Ergebnisse meiner neuesten Ausgrabungen auf der Baustelle von Troja, in den Heldengräbern, Bunarbaschi und andern Orten der Troas im Jahre 1882 (Leipzig 1884).

Heinrich Schliemann, Ilios. Stadt und Land der Trojaner. Forschungen und Entdeckungen in der Troas und besonders auf der Baustelle von Troja (Leipzig 1881).

Heinrich Schliemann, Mykenae. Bericht über meine Forschungen und Entdeckungen in Mykenae und Tiryns (Leipzig 1878).

Heinrich Schliemann, Trojanische Altertümer. Bericht über die Ausgrabungen in Troja (Leipzig 1874).

Heinrich Schliemann, Ithaka, der Peloponnes und Troja (Leipzig 1869).

Antike Quellen:

Strabon, Geographica. Übersetzung Albert Forbiger (Wiesbaden 2017).

Homer, Ilias. Übersetzung Wolfgang Schadewaldt (Frankfurt 1975).

Pausanias, Beschreibung Griechenlands I und II. Übersetzung Ernst Meyer (Zürich 1972).

Homer, Odyssee. Übersetzung Johann Heinrich Voss (Zürich 1961).

Abb. 1 Fragment einer Ausgabe von Homers *Ilias* (Buch 21, Verse 359–396), Ptolemäische Zeit, 1. Jahrhundert v. Chr., Papyrus, Ägypten (Inv. P 16985 A linke Hälfte)

TROJA – WAS WAR DA NOCHMAL?

MARIUS GERHARDT

Zu den berühmtesten Sagen der alten Welt gehören zweifellos die vom Kampf um Troja und von den anschließenden Irrfahrten des Odysseus, die vor allem durch die großen Epen *Ilias* und *Odyssee* des griechischen Dichters Homer überliefert wurden. Zahlreiche Publikationen dieser Sage und literarische Adaptionen und noch viel mehr ihre Verwendung in der Schule sorgen seit der Antike für einen hohen allgemeinen Bekanntheitsgrad. Dazu kommen in den letzten Jahrzehnten Verarbeitungen des Sagenstoffs in neueren Medienformen, von denen hier beispielhaft nur die enorm publikumswirksamen Verfilmungen des Kampfes um Troja und die Comicadaptionen von Homers *Ilias* und *Odyssee* genannt sein sollen.

Die Sage des Trojanischen Krieges, wie sie aus der Antike überliefert ist, begann an den Hängen des Berges Ida in der Nähe von Troja in Kleinasien. Der junge Schafhirte Paris, Sohn des Königs Priamos von Troja, wurde von drei Göttinnen aufgesucht: von Hera, der Königin der Götter, Athene, der Göttin der Weisheit, und Aphrodite, der Göttin der Liebe. Die Göttinnen baten ihn zu beurteilen, welche von ihnen die Schönste sei. Der Gewinnerin sollte er einen goldenen Apfel überreichen, der laut seiner Inschrift »für die Schönste« bestimmt war. Paris schenkte den Apfel der Aphrodite, die ihm als Dank die schönste Frau der Welt – Helena, die Gemahlin des Königs von Sparta – versprochen hatte. Als Paris später im Auftrag seiner Eltern, König Priamos und Königin Hekabe von Troja, auf eine diplomatische Mission nach Sparta geschickt wurde, sorgte Aphrodite dafür, dass er Helena kennenlernte und mit zurück nach Troja nahm. Durch diese Entführung der Königin von Sparta war die Bühne für den Krieg bereitet.

Bevor Helena ihren Mann Menelaos heiratete, hatten ihre vielen Verehrer den Eid geschworen, ihre Ehe zu verteidigen. Nachdem ihm Helena geraubt worden war, forderte Menelaos nun die Einlösung dieses Eides und versammelte ein riesiges Heer aus den ehemaligen Freiern seiner Frau und deren Truppen. Dieses Heer umfasste viele Helden wie Achilleus, Odysseus, Nestor und Ajax und wurde von Menelaos' Bruder Agamemnon, dem König von Mykene, befehligt. In Homers *Ilias* werden sie im Gegensatz zu den Trojanern zumeist Achäer, manchmal auch Danaer oder Argeier genannt, je nachdem welches Wort aus metrischen Gründen nötig war, um einen kompletten Hexameter zu bilden – das Versmaß, in dem das gesamte Epos geschrieben ist. Dagegen wird der Name »Hellenen« in der *Ilias* nicht für das gesamte Kontingent der Achäer verwendet, sondern nur für die Bewohner eines Gebiets, das von Achilleus' Vater Peleus beherrscht wurde.

Nach einigen anfänglichen Schwierigkeiten brach das Heer von Aulis in Böotien auf. In Troja angekommen, lagerten die Achäer am Strand am Rande der Ebene von Troja und belagerten die große Stadt. Der Krieg war lang und blutig, da die beiden Seiten etwa gleichstark waren. Auf trojanischer Seite kämpften neben den Trojanern unter ihrem Prinzen Hektor, Sohn des Priamos und Bruder des Paris, vor allem die Lykier, die von Sarpedon und Glaukos angeführt wurden. Später kamen die Amazonen unter ihrer Königin Penthesilea und die Aithiopier unter Memnon hinzu. Daraus lässt sich auch das Sprachengewirr erklären, das in der *Ilias* immer wieder im Gegensatz zur Spracheinheit bei den Achäern betont wird. In Homers *Ilias*, unserer Hauptquelle für diese Sage, erscheinen auffallend viele Sta-

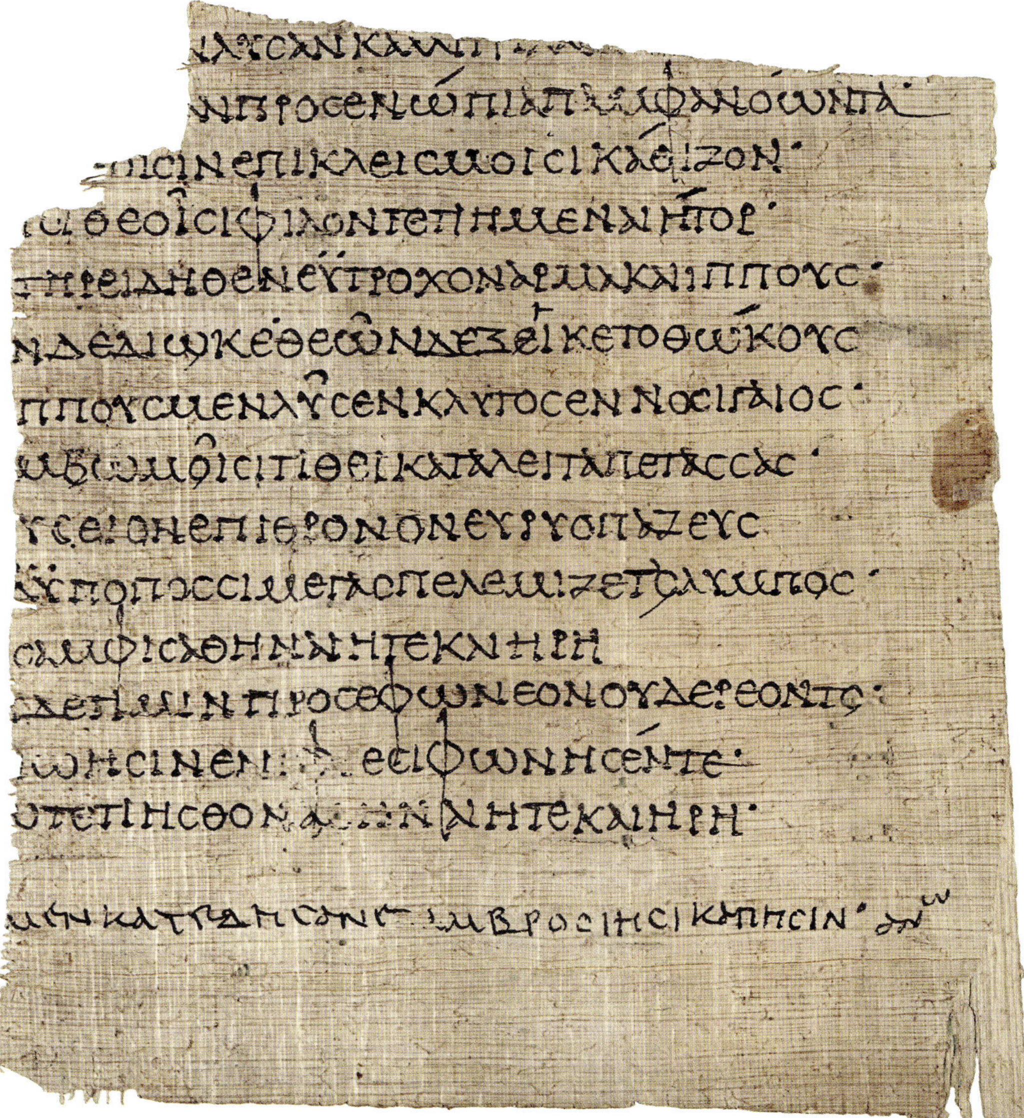

Abb. 2 Fragment einer Ausgabe von Homers *Ilias* (Buch 8, Verse 433–447), Römische Zeit, 1.–2. Jahrhundert n. Chr., Papyrus, vermutlich Faijûm, (Inv. P 6845)

tisten, die nur einmal im Werk auftauchen; alle werden aber dennoch namentlich erwähnt.

Auf beiden Seiten griffen die Götter der griechischen Mythologie oft in den Konflikt ein, um ihre jeweiligen Lieblinge zu unterstützen. In Homers *Ilias* werden die Götter sehr menschlich gezeichnet. Wie die Menschen sind sie vom Schicksal abhängig und ihre göttlichen Taten und Absichten kann der Erzähler durch die Inspiration der Musen kennen und wörtlich wiedergeben. Dabei unterschieden sich die Götter von den Menschen nur durch ihre Unsterblichkeit und ihre größere Machtfülle, konnten sie sich beispielsweise den Menschen doch in beliebiger menschlicher Gestalt präsentieren. Allerdings wurde diese Machtfülle nur sehr zurückhaltend eingesetzt. So standen die Götter zwar ihren Lieblingen zur Seite und stellten sich deren Feinden entgegen. Doch ließen sie beispielsweise niemals Tote wiederauferstehen oder zerstörten gar ganze Städte, was im Rahmen ihrer göttlichen Möglichkeiten gestanden haben sollte. Stattdessen handelten auch sie wie die Menschen sehr willkürlich und parteiisch, logen und betrogen, und benahmen sich keineswegs vorbildhaft, wie man es vielleicht von Göttern erwarten könnte. Auf trojanischer Seite standen vor allem die Liebesgöttin Aphrodite, ihr Bruder, der Kriegsgott Ares, und der Künstler- und Musikergott Apollon, auf griechischer Seite die Weisheitsgöttin Athene, die Götterkönigin Hera, der göttliche Schmied Hephaistos und der Meeresgott Poseidon. Daneben fallen in Homers *Ilias* besonders die Personifikationen von Dingen wie Schlaf, Traum, Tod usw., aber auch von Flüssen, Winden und Ähnlichem auf.

Die schon beschriebene Pattsituation im Kampf um Troja wurde erst im zehnten Jahr des Krieges durchbrochen. Bei Raubzügen in der Umgebung hatten die Achäer mehrere Frauen als Kriegsbeute mitgenommen, darunter Chryseïs, die Tochter eines Priesters des Gottes Apollon. Als Agamemnon, dem sie als Kriegsbeute zugefallen war, das großzügige Lösegeldangebot von Chryseïs' Vater ablehnte, rief der Priester den Gott an, der den Achäern im Zorn die Pest als Rache schickte. Agamemnon war nun gezwungen, das Mädchen zurückzugeben, um diesen Fluch aufzuheben. Da Achilleus sich gegen Agamemnons Behandlung des Priesters ausgesprochen hatte, versuchte Agamemnon ihn zu bestrafen, indem er ihm ein anderes Mädchen, Briseïs, wegnahm, das ursprünglich Achilleus' Kriegsbeute gewesen war. Der empörte und in seiner Ehre gekränkte Achilleus zog sich im Zorn aus den Kämpfen zurück.

Dieses Zerwürfnis zwischen den beiden wichtigsten Anführern der Achäer prägte von nun an den Verlauf des gesamten Trojanischen Krieges. Da Achilleus sich weigerte zu kämpfen, kippte das Gleichgewicht des Krieges zugunsten der Trojaner, und die Achäer erlitten mehrere schwere Niederlagen. Eine Zeit lang blieb Achilleus ungerührt von den Verlusten und ignorierte die Bitten der anderen Achäer, in den Kampf zurückzukehren. Da die Trojaner aber mittlerweile sogar schon die ersten Schiffe der Achäer in Brand gesteckt hatten, lieh Achilleus seinem engen Freund Patroklos die eigene Rüstung und Waffen, mit denen dieser an seiner Statt die Trojaner zurückdrängte. Übermütig geworden aufgrund seines schnellen Erfolgs versuchte Patroklos, in die Stadt einzudringen, wurde aber vor den Toren Trojas von Hektor mit Hilfe des Gottes Apollon getötet. Rüstung und Waffen des Achilleus wurden Hektors Beute.

Abb. 3 Fragment einer Ausgabe von Homers *Ilias* (Buch 5, Verse 486–495), Römische Zeit, 1. Jahrhundert n. Chr., Papyrus, Ägypten (Inv. P 11645)

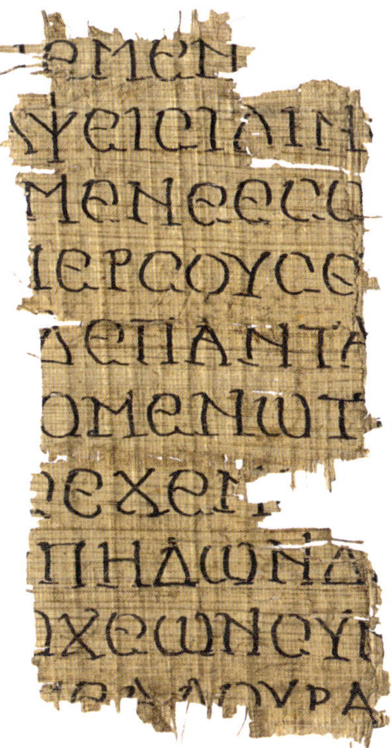

Erst nach dem Tod von Patroklos griff Achilleus wieder in das Kampfgeschehen ein, diesmal getrieben von Zorn und dem Verlangen nach Rache. Seine Mutter Thetis ließ ihm durch den göttlichen Schmied Hephaistos neue Waffen herstellen. Achilleus' Zorn wendete das Blatt des Krieges, und die Achäer konnten die Trojaner in die Flucht schlagen. Hektor erkannte die Natur von Achilleus' Zorn und trat ihm im Einzelkampf entgegen, obwohl er aufgrund göttlicher Vorhersagung wusste, dass dies seinen eigenen Tod bedeutete. Achilleus tötete Hektor in einem dramatischen Zweikampf vor den Mauern Trojas, bevor er dessen Leichnam verstümmelte und zurück in sein Lager schleppte. Erst als Hektors Vater, König Priamos von Troja, sich persönlich an ihn wandte und ein großes Lösegeld zahlte, gab Achilleus den Leichnam Hektors zur Bestattung zurück. Der Tod des wichtigsten Kämpfers und die Demütigung des Königs von Troja zu Füßen von Achilleus markierten einen weiteren Wendepunkt im Krieg – nun war ein achäischer Sieg unausweichlich.

Die Trojaner suchten nun die Unterstützung vieler Verbündeter, um die Lücke zu schließen, die Hektors Tod hinterlassen hatte. Dazu gehörten neben den Aithiopiern unter ihrem König Memnon auch die Amazonen unter ihrer Königin Penthesilea. Diese wurde von Achilleus getötet, allerdings erst, nachdem er sich heftig in sie verliebt hatte. Nicht lange danach wurde Achilleus selbst von Paris getötet, der ihn mit einem Pfeil an der einzigen Stelle traf, an der er verwundbar war – seiner Ferse. Paris wiederum wurde von Philoktetes getötet, einem achäischen Helden, der den Bogen und die Pfeile des Herkules trug.

Da so viele wichtige Kämpfer auf beiden Seiten gestorben waren, versuchten die Achäer schließlich, den Krieg eher durch Täuschung als durch Waffengewalt zu beenden. Odysseus entwarf das hölzerne Pferd, in dem sich eine Gruppe der besten Kämpfer der Achäer versteckte. Als die Trojaner sahen, dass die Achäer ihre Hütten verbrannten und offenbar wegsegelten, jubelten sie und brachten das Pferd in die Stadt, um ihren vermeintlichen Sieg zu feiern. Sie glaubten, den Krieg gewonnen zu haben. Nur Kassandra, Trojas Prophetin, und der Priester des Gottes Poseidon, Laokoon, sprachen sich dagegen aus, das Pferd in die Stadt zu bringen. Ihre Warnungen blieben zwar ungehört, erwiesen sich aber als richtig. In der Dunkelheit der Nacht schlüpften die versteckten Achäer aus dem Pferd und öffneten die Tore der Stadt für die achäische Armee, die draußen gewartet hatte. Bei der anschließenden Plünderung der Stadt wurden viele Trojaner getötet und Troja bis auf die Grundmauern niedergebrannt.

Nur eine kleine Gruppe von Trojanern entkam dem Untergang Trojas und flüchtete unter der Führung von Äneas, einem Neffen des Königs Priamos. Diese trojanischen Flüchtlinge landeten schließlich in Italien; ihre Nachfahren gründeten der Sage nach Rom. Was die Achäer betrifft, so machten sie sich ein volles Jahrzehnt nach ihrem Aufbruch auf den Weg nach Hause, und der Heimweg erwies sich oft als schwieriger und gefährlicher als erwartet. Einige, wie Odysseus, mussten lange und beschwerliche Reisen auf sich nehmen; andere, wie Agamemnon, kamen nach Hause und fanden nur Streit und Tod vor; und wieder andere, wie der achäische Seher Kalchas, kehrten überhaupt nicht zurück, sondern starben auf dem Weg. Die Geschichte des Trojanischen Krieges hatte nur sehr wenige Happy Ends.

Abb. 4 Fragment einer Ausgabe von Homers *Odyssee* (Buch 10, Verse 329–341, 343–345), Römische Zeit, 2. Jahrhundert n. Chr., Papyrus, Ägypten (P 16083)

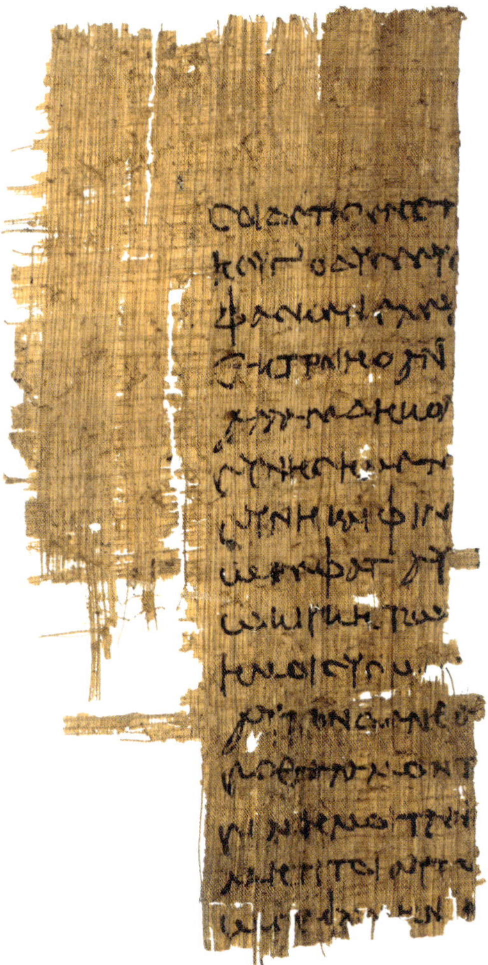

Der Nachwelt ist die Geschichte des Trojanischen Krieges vor allem durch Homers *Ilias* und *Odyssee* bekannt. In der Antike war sie allerdings weit verbreitet und wurde auch in zahlreichen anderen literarischen und künstlerischen Werken bearbeitet. Im 8. und 7. Jahrhundert v. Chr., in denen die *Ilias* entstanden ist, war der Trojanische Krieg Thema vieler verschiedener epischer Gedichte, die in der Antike unter dem Titel *Epischer Zyklus* (Ἐπικὸς Κύκλος) zusammengefasst wurden. Sie alle speisten sich aus einer sehr viel älteren mündlichen Tradition. Bis auf *Ilias* und *Odyssee* Homers sind die anderen Gedichte nicht mehr erhalten, sondern lediglich noch durch Zitate und Zusammenfassungen in sehr viel später verfassten Werken bekannt. Daraus lässt sich aber immerhin der Inhalt einzelner Gedichte grob umreißen und so das Spektrum dessen aufzeigen, was in der Antike zur Geschichte des Trojanischen Krieges gehörte. Zu diesem *Epischen Zyklus* gehörten neben der *Ilias* und der *Odyssee* die folgenden weiteren Werke: In der nur noch in einer Zusammenfassung erhaltenen *Kypria* werden die Ereignisse vor dem Trojanischen Krieg und die ersten Kampfhandlungen vor Troja behandelt. Insbesondere sind das die Begebenheiten, die schließlich zu diesem Krieg führten, u. a. die Geburt des Achilleus, das Urteil des Paris, die Entführung der Helena und die daraus resultierende Bildung der Allianz gegen Troja. An die *Kypria* schließt inhaltlich Homers *Ilias* an. Ihr folgt die *Aithiopis*, in der die Entwicklungen und vor allem der Tod zahlreicher weiterer Helden nach dem Tod Hektors geschildert werden. Das sind insbesondere der Kriegseintritt neuer Verbündeter auf der Seite der Trojaner, wie Penthesilea mit den Amazonen und schließlich Memnon mit den Aithiopiern, die allerdings beide von der Hand des Achilleus fallen. Dessen Tod, die Trauerfeierlichkeiten und der Streit um seine Rüstung und Waffen zwischen Ajax und Odysseus scheinen dieses Werk abgeschlossen zu haben.

An diesen Streit knüpft direkt die sogenannte *Kleine Ilias* an, in der die Geschehnisse nach dem Tod des Achilleus und besonders der Bau des Trojanischen Pferdes behandelt werden. Die Eroberung und Zerstörung Trojas wird dagegen in einem separaten Werk beschrieben, der *Iliu Persis* (Ἰλίου πέρσις – Zerstörung Trojas). Inhaltlich schlossen hier die *Nostoi* (νόστοι – Heimfahrten) an, die die Heimkehr der Achäer und deren weitere Schicksale – beispielsweise die Ermordung des Agamemnon – beschreiben, wie sie teilweise auch im dritten Gesang der *Odyssee* zusammengefasst werden. Dieses Werk, das vermutlich noch auf unterschiedlichen Einzelgedichten beruhte, sollte wohl eine Ergänzung zur *Odyssee* liefern, die eine ausführliche Schilderung der Rückkehr des Odysseus bot.

Das letzte Werk dieses *Epischen Zyklus*, die *Telegonie*, setzt Homers *Odyssee* inhaltlich fort und beschreibt die Ereignisse nach der Rückkehr des Odysseus und der Tötung der Freier seiner Frau Penelope. Neben den Reisen des Odysseus behandelt es vor allem seinen Tod durch seinen illegitimen Sohn Telegonos, der von seiner Mutter Kirke auf die Suche nach seinem Vater nach Ithaka gesandt worden war.

Am bekanntesten sind aber zweifellos Homers Epen. Das liegt vor allem daran, dass sie schon in der Antike Gegenstand zahlreicher wissenschaftlicher Debatten waren, und vor allem, dass sie zum Schulstoff wurden: Griechisch Lesen und Schreiben wurde mit der *Ilias* gelernt. Das führte dazu, dass Homers Epen bis auf den heutigen Tag die am besten überlieferten Werke der Antike sind.

Homer selbst behandelte in *Ilias* und *Odyssee* nicht die gesamte Geschichte des Trojanischen Krieges, sondern lediglich kurze Ausschnitte. Während die *Odyssee* in einer 40-Tage-Erzählung mit zahlreichen Rückblenden die zehn Jahre dauernde Heimkehr des Odysseus schildert und damit inhaltlich den oben schon erwähnten *Nostoi* zugeordnet werden kann, erzählt die *Ilias* nicht die gesamte Zeit der sich über zehn Jahre erstreckenden Kampfhandlungen des Trojanischen Krieges, sondern konzentriert sich auf 51 Tage in der Mitte des zehnten Jahres der Belagerung Trojas. Inhaltlich wird der Zeitraum zwischen der durch Apollon unter den Achäern verbreiteten Pest und der Bestattung Hektors behandelt. Es ist allerdings klar, dass vom Leser bzw. Zuhörer der *Ilias* erwartet wird, die gesamte Geschichte des Trojanischen Krieges zu kennen, da in der *Ilias* häufiger Anspielungen auf Ereignisse zu finden sind, die vor oder nach den beschriebenen Ereignissen liegen.

Auch wenn in der *Ilias* nur 51 Tage aus dem zehnten Jahr des Trojanischen Krieges beschrieben werden, sind die Kampfhandlungen vor Troja zwar der Gegenstand, aber nicht das zentrale Thema des Gedichts. Vielmehr geht es in der *Ilias* um etwas viel Existenzielleres – um Konflikte und Versöhnung, in vielen verschiedenen Formen und auf vielen verschiedenen Ebenen. Im Zentrum steht dabei vor allem der Zorn, der innerhalb des Handlungsverlaufs immer weitere Kreise zieht und Menschen und Götter packt. Das Gedicht signalisiert dies schon in der ersten Zeile, in der die Muse aufgefordert wird, den Zorn des Achilleus zu besingen (Μῆνιν ἄειδε, θεά, Πηληϊάδεω Ἀχιλῆος – Zorn besinge, Göttin, (den) des Peleïaden Achilleus). »Zorn« ist das erste Wort des Textes und Zorn bildet die strukturelle Klammer des gesamten Epos als der Zorn des Achilleus. Ausgelöst wird dieser wiederum durch den Zorn des Gottes Apollon über den Raub der Chryseïs, dessen Rache die Achäer nur entgehen können, indem Agamemnon Chryseïs zurückgibt. Die Forderung des griechischen Heerführers nach Ersatz führt zum Konflikt mit Achilleus, der sich in der Folge entehrt und zornig aus den Kämpfen zurückzieht.

Das Gedicht fährt fort, die Funktionsweise und die Konsequenzen dieses Zorns für das Individuum und für die Gemeinschaft zu thematisieren, von denen hier nur einige kurz angerissen werden sollen. Auf der Ebene des Individuums konzentriert es sich auf den inneren Konflikt, den Achilleus mit sich selbst über Ehre und Sterblichkeit austrägt. Dieser Konflikt wird besonders gut in Achilleus Gesprächen mit seiner Mutter Thetis am Strand deutlich: direkt nach dem Streit mit Agamemnon und nach dem Tod des Patroklos. Erst im zweiten Gespräch wird der Konflikt gelöst, weil Achilleus sich mit der Unausweichlichkeit des Schicksals abfindet und die Vergeblichkeit seines eigenen Zorns akzeptiert. Zwar führt das vordergründig zur öffentlichen Versöhnung mit Agamemnon und seinem Wiedereintritt ins Kampfgeschehen, wodurch vor allem die endgültige Niederlage der Achäer abgewendet wird. Aber wegen des Todes seines Freundes und Kampfgefährten Patroklos durch Hektor hatte der Zorn des Achilleus eine neue Ursache und ein neues Ziel erhalten. Erst im letzten Gesang, in dem die Herausgabe von Hektors Leichnam an dessen Vater Priamos beschrieben wird, erfährt Achilleus' Zorn eine Mäßigung.

Auch auf der Ebene der Gemeinschaft werden die Konsequenzen des Zorns an den Konflikten des Achilleus thematisiert. Das betrifft vor allem die verschiedenen sozialen Bindungen, die Achilleus in seiner selbstgewählten Isolation ablehnt. Sein Streit mit Agamemnon und sein gekränkter Rückzug aus dem Kampfgeschehen hatte für die Achäer schnell sichtbare Folgen. Von den Trojanern und ihren Verbündeten wurden sie immer weiter zu den Schiffen zurückgedrängt. Eine endgültige Niederlage drohte. Im neunten Gesang wird der Besuch von drei Abgesandten der Achäer beschrieben, die Achilleus mit unterschiedlichen Gründen und Argumentationen bitten, wieder in das Kampfgeschehen einzugreifen. Odysseus appelliert an Achilleus' Pflicht-

Abb. 5 In der *Ilias* beschreibt Homer den Kampf der Achäer und der Troer vom Streitwagen aus als Teil des adeligen Selbstverständnisses. Die Illustration zeigt einen zweispännigen, spätbronzezeitlichen Streitwagen mit Kämpfer und Wagenlenker nach archäologischen Befunden.

gefühl. Sein Hauslehrer Phoinix beruft sich auf familiäre Bindungen. Ajax bezieht sich auf ihre Freundschaft. Einen nach dem anderen weist Achilleus zurück und lehnt diese verschiedenen sozialen Bindungen ab, die ihn halten sollen. Auch hier ist es wieder die Übergabe von Hektors Leichnam an Priamos im letzten Gesang des Gedichts, durch die sich Achilleus wieder in die Gemeinschaft integriert. Er hatte seinem Zorn nachgegeben und nicht nur zahlreiche Trojaner und ihre Verbündeten und schließlich vor allem auch Hektor getötet, sondern den Leichnam des letzteren misshandelt, seine Herausgabe an die Hinterbliebenen verweigert und damit gegen höchste moralische Gesetze verstoßen. Interessant dabei ist, dass es nicht die Bitten seiner Freunde und Kameraden, sondern die seines trojanischen Feindes sind, die ihm die Augen öffnen und ihn in die Gemeinschaft zurückbringen. Soziale Bindungen werden auch anhand anderer Figuren thematisiert; sie können nicht selten sogar über die Feindeslinien hinausreichen. Eines der bekanntesten Beispiele ist die Begegnung des Lykiers Glaukos, der auf trojanischer Seite kämpft, und des Achäers Diomedes, die sich herzlich trennen, nachdem sie erkannt haben, dass ihre Familien durch eine Gastfreundschaft verbunden sind. Diesen von ihren Großvätern geschlossenen Bund erneuern sie durch den Tausch ihrer Rüstungen.

Auf einer offensichtlicheren Ebene handelt die *Ilias* natürlich auch von Konflikten zwischen Gemeinschaften. Das manifestiert sich in der Darstellung des Krieges als Ganzes und zeigt sich vor allem in den unzähligen Beschreibungen des Kämpfens und Sterbens im gesamten Gedicht. Dieser Konflikt zwischen Gemeinschaften wird nun an einer zentralen Stelle im 18. Gesang thematisiert, die wiederum mit Achilleus verbunden ist. Nachdem die Rüstung des Achilleus durch Patroklos' Tod in die Hände Hektors gefallen war, wurde er vom göttlichen Schmied Hephaistos mit einer neuen Ausrüstung versorgt. Neben Rüstung, Helm und Beinschienen befand sich darunter auch ein neuer Schild, der in der *Ilias* ausführlich beschrieben wird. Auf ihm wird die Welt im Kleinformat präsentiert, darunter auch zwei Städte – die Stadt im Frieden und die Stadt im Krieg. Die Beschreibung der Stadt im Frieden auf Achilleus' Schild spiegelt Homers eigene Darstellung von Troja wider. Das ist nicht verwunderlich. Es ist nämlich die Stadt Troja, die durchweg im Zentrum der Geschichte liegt, auch wenn die Figur des Achilleus die zentrale Figur in der Erzählung zu sein scheint. Am offensichtlichsten ist das schon am Titel des Epos, das nach der Stadt benannt ist. In der Antike war Troja auch unter dem Namen Ilion bekannt. Die *Ilias* ist die Geschichte von Ilion. Das ganze

Gedicht hindurch wird Troja als eine ideale oder eher idealisierte Stadt dargestellt. Das betrifft nicht nur die Stadt als Ansammlung von Mauern, Türmen, Palästen und Tempeln, sondern auch die städtische Gemeinschaft in ihr. Dies wird im sechsten Gesang veranschaulicht, in dem der Großteil der Handlung in der Stadt selbst stattfindet und verschiedene soziale Bindungen thematisiert werden: die Bindung des Einzelnen zu seiner Stadt und Gemeinschaft, zu seiner Familie und seinen Lieben, zu Freunden aus anderen Familien und Ländern und zu den Göttern. In der Regel werden sie positiv beschrieben, wenn beispielsweise Hektor seinem Bruder Paris vorwirft, seine Kriegspflicht nicht zu erfüllen, dieser jedoch seinen Fehler einsieht und mit ihm zurück zu den Kampfhandlungen eilt. Die Berufung auf gemeinsame Werte und Bindungen führt dazu, dass der Einzelne sich der Gemeinschaft unterwirft und so zu ihrem Fortbestehen beiträgt. Im Gegensatz dazu wird das Lager der Achäer als dysfunktionale Gemeinschaft dargestellt, die von internen Konflikten zerrissen ist, in der der Einzelne soziale Bindungen ablehnt, wie an der Figur des Achilleus verdeutlicht wird. Troja wird in der *Ilias* als das Gegenteil dargestellt – die ideale Stadt mit einer funktionierenden, idealisierten Gemeinschaft.

So ist es nicht verwunderlich, wenn Homers Epen und insbesondere das von ihm idealisierte Troja immer einen großen Reiz ausgeübt haben und Gegenstand kontinuierlicher Beschäftigung blieben. In der zweiten Hälfte des 18. Jahrhunderts wurden Homer und seine beiden Epen *Ilias* und *Odyssee* für ungefähr 100 Jahre zu einer festen Größe der deutschen bürgerlichen Bildungs- und Lebenswelt. Aspekte der sogenannten *Homerischen Frage* wurden in einer breiten Öffentlichkeit des Bildungsbürgertums diskutiert. Dabei ging es vor allem um die Frage, ob *Ilias* und *Odyssee* das Werk eines einzelnen Dichters oder mehrerer Dichter sind und wie sie entstanden. Darüber hinaus wurde aber auch die Historizität der Person Homer und der in diesen beiden Epen behandelten Ereignisse, agierenden Personen und vor allem der beschriebenen Orte diskutiert.

Eine zentrale Rolle spielte dabei eine Publikation des Hallenser Gräzisten Friedrich August Wolf. Dieser hatte 1795 dem ersten Band einer Gesamtausgabe der homerischen Epen seine *Prolegomena ad Homerum* angefügt. Darin zeichnete er die Überlieferung von *Ilias* und *Odyssee* nach, indem er alle antiken und die erwähnten zeitgenössischen Homer-Debatten analysierte. Wolfs Werk wurde sehr einflussreich und viel diskutiert. In der ersten Hälfte des 19. Jahrhunderts konnte man es schwerlich ignorieren, wenn man sich öffentlich über Homer äußern wollte. Man bezog gerade auch dadurch Position, wenn man ausdrücklich oder stillschweigend keinen Bezug auf die *Prolegomena ad Homerum* nahm.

Dieses große Interesse an Homer war Teil eines größeren Phänomens, das die gesamten Altertumswissenschaften in dieser Zeit betraf. Ihre Gegenstände, Fragestellungen und Ergebnisse wurden von einer breiten gebildeten Öffentlichkeit wahrgenommen, diskutiert und spielten auch im zeitgenössischen literarischen Diskurs eine wichtige Rolle. Am Ende dieser Epoche der Homerbegeisterung konnte der junge Griechischprofessor Friedrich Nietzsche in seiner Baseler Antrittsvorlesung im Jahr 1869 noch erklären: »Überall spürt man es, daß die Philologen fast ein Jahrhundert lang mit Dichtern, Denkern und Künstlern zusammengelebt haben.« Diese von Nietzsche beschriebene Symbiose zwischen wissenschaftlicher Philologie, Literatur und der breiteren gebildeten Öffentlichkeit löste sich im Laufe des 19. Jahrhunderts schnell auf. Zum Zeitpunkt seiner Antrittsvorlesung bestand sie kaum mehr. Stattdessen dominierte nun die philologische Zunft. Bildungsbürgerliche Öffentlichkeit und philologischer Wissenschaftsbetrieb entfremdeten sich und es gab nur noch einen oberflächlichen Austausch zwischen beiden. Auf der einen Seite gab es die Fachphilologen, auf der anderen Seite die interessierten Laien, auch wenn diese eine humanistische Ausbildung genossen und »ihren« Homer im Original gelesen hatten. Die zuvor zu beobachtende Teilhabe der Gebildeten am Deutungsgeschäft der Philologien war obsolet geworden. Das hatte auch zur Folge, dass das öffentliche Interesse an Homer sank.

Etwa zu der Zeit, als Nietzsche die erwähnte Antrittsvorlesung hielt und Homers Anziehungskraft schon zurückgegangen war, wurde das allgemeine Interesse an diesem Dichter und seinen Werken noch einmal belebt durch Heinrich Schliemann und seine aufsehenerregenden und perfekt inszenierten Ausgrabungen in Troja, Mykene etc. Mit ihm und seinen spektakulären Funden gipfelte und endete zugleich die deutsche Homerbegeisterung, die in seinem Fall als exzessiv zu bezeichnen ist. Indem er auszog, der Welt die historische Wahrheit der Epen von Homer zu beweisen, und schließlich Troja und Mykene ausgrub, beendete Schliemann gewissermaßen gänzlich die große Homerbegeisterung. Als unerwartet erfolgreicher Archäologe grub er nämlich vermutlich das Troja des homerischen Trojanischen Krieges aus, zugleich jedoch begrub er nahezu all die fantasievollen Vorstellungen und Spekulationen über eine Kultur, die sich aus Homers *Ilias* und *Odyssee* so einfallsreich entwickeln konnten. Hinzu kommt, dass er dies nicht als Fachgelehrter, sondern als Laie tat, dem die skeptische Wissenschaft am Ende Anerkennung zollen musste. Dabei spielt es keine Rolle, ob die von ihm ausgegrabene Stadt wirklich das homerische Troja ist. Viel entscheidender und gewissermaßen sein Schicksal war es, dass seine vielbelächelte und scheinbar blinde homerische Voreingenommenheit ironischerweise von unvorhersehbarem Erfolg gekrönt war. Sein unerschütterlicher Glaube an den Wortlaut der *Ilias* und der *Odyssee* war Bedingung für seine Entdeckungen, die bewiesen, dass eine Epoche und Kulturwelt existiert hatte, von der vorher niemand etwas Genaues wissen, sondern lediglich anhand der homerischen Epen mutmaßen konnte.

Seine Homergläubigkeit wurde von der öffentlichen Meinung und der philologischen und archäologischen Wissenschaft als abnorm verspottet. Beispielhaft sei hier nur auf den konservativen und einflussreichen Althphilologen Ulrich von Wilamowitz-Möllendorff verwiesen, der kurz nach der Entdeckung des »Schatzes des Priamos« und dem von Schliemann verbreiteten Bericht darüber spottet, indem er Weihnachten 1873 bei einer Versammlung deutscher Archäologen in Rom in die Rolle von Frau Schliemann schlüpfte, die die Funde gesichert haben soll. Doch bildete Schliemanns Homergläubigkeit die Voraussetzung für seinen Erfolg. So gesteht Schliemann in einer seiner ersten Veröffentlichungen zu den Grabungen und Funden in Troja ganz freimütig: »Die Entdeckung Trojas verdanke ich nur meinem Enthusiasmus für die griechische Philologie und besonders für Homer.« Noch deutlicher wird er an einer anderen Stelle in derselben Veröffentlichung. Dort äußert er unumwunden seine »Genugthuung in der nunmehr erlangten Gewißheit […], *daß es wirklich ein Troja gab, daß dieses Troja aufgedeckt ist, und daß den homerischen Gesängen wirkliche Thatsachen zugrunde liegen.*« Diesen Erfolg erklärt er in der Einleitung zu den *Trojanischen Altertümern* von 1874 mit seinem Glauben an die Historizität der homerischen Epen und Exaktheit der darin enthaltenen Details, wenn er behauptet, seine Ausgrabungen betrieben zu haben, »auf die Angaben der *Ilias* vertrauend, an deren Genauigkeit ich wie ans Evangelium glaubte«. In späteren Publikationen wiederholt er diese Idee und schreibt beispielsweise am Ende seines Ilios-Buches: »Möge diese Forschung mit Spitzhacke und Spaten mehr und mehr beweisen, dass die in den göttlichen Homerischen Gedichten geschilderten Ereignisse keine mythischen Erzählungen sind, sondern auf wirklichen Thatsachen beruhen.«

Ausgewählte Literatur:

Zum Mythos des Trojanischen Krieges

Joachim Latacz, Thierry Greub, Peter Blome u. Alfried Wieczorek (Hg.), Homer: Der Mythos von Troia in Dichtung und Kunst (München 2008).

Barry Strauss, The Trojan War: A New History (New York 2006).

Joachim Latacz, Troia und Homer: der Weg zur Lösung eines alten Rätsels, 5. aktualisierte und erw. Aufl. (Leipzig 2005).

Robert von Ranke-Graves, Griechische Mythologie: Quellen und Deutung (Reinbek 1986).

Zum *Epischen Zyklus*

Martin L. West, Greek Epic Fragments (Cambridge [MA] 2003).

Jonathan S. Burgess, The Tradition of the Trojan War in Homer and the Epic Cycle (Baltimore 2001).

Malcolm Davies, The Greek Epic Cycle (Bristol 1989).

Zu Homer und insbesondere zur *Ilias*

Robert Fowler (Hg.), The Cambridge Companion to Homer (Cambridge 2004).

Joachim Latacz (Hg.), Homers Ilias. Gesamtkommentar. Prolegomena (München/Leipzig 2000).

Zum Homerbild im 19. Jahrhundert allgemein und zu Homer und Schliemann

Naoise Mac Sweeney, Troy: Myth, City, Icon (London 2018).

Jutta Osinski, Homer-Bilder im 19. Jahrhundert, in: H. Detering (Hg.), Autorschaft: Positionen und Revisionen (Stuttgart 2002), 202–219.

Christiane Zintzen, Von Pompeji und Troja: Archäologie, Literatur und Öffentlichkeit im 19. Jahrhundert (Wien 1998).

Heinrich Schliemann, Briefwechsel, Bd. 1, von 1842 bis 1875. Aus dem Nachlass in Auswahl hg. v. Ernst Meyer (Berlin 1953).

Ulrich von Wilamowitz-Möllendorff, Erinnerungen 1848–1914 (Leipzig 1928).

Heinrich Schliemann, Ilios. Stadt und Land der Trojaner. Forschungen und Entdeckungen in der Troas und besonders auf der Baustelle von Troja (Leipzig 1881).

Heinrich Schliemann, Trojanische Alterthümer. Bericht über die Ausgrabungen in Troja (Leipzig 1874).

Friedrich Nietzsche, Homer und die klassische Philologie. Ein Vortrag (Basel 1869).

Abb. 6 In den großen Schlachten des Trojanischen Krieges, von dem die *Ilias* berichtet, kämpfen vor allem viele Krieger zu Fuß. Auch die Zweikämpfe zwischen berühmten Kämpfern wurden zu Fuß ausgetragen. Typisch ist eine Bewaffnung mit Lanze und Schwert.

Abb. 1 Tongefäß mit »Eulengesicht«. Frühbronzezeit (Sch 1070)

HEINRICH SCHLIEMANN IN TROJA

DIE SUCHE NACH DEM KRIEG DER KRIEGE

BERNHARD HEEB

Im Nordwesten der heutigen Türkei erhebt sich in der Landschaft der Troas der Hissarlik Tepe. Der von Menschen geschaffene Siedlungshügel war von der Frühbronzezeit (1. Hälfte des 3. Jahrtausends v. Chr.) bis in die Byzantinische Zeit (Mitte des 1. Jahrtausends n. Chr.) bewohnt. Ob es sich tatsächlich um das sagenhafte Troja von Homer handelt, soll in diesem Beitrag nicht diskutiert werden. Gegenstand der Betrachtung ist vielmehr, wann und wie Schliemann dort gegraben hat und was er fand. Eine solche Darlegung geht am besten chronologisch vor und beginnt mit der Person des britischen Diplomaten und ersten Troja-Ausgräbers Frank Calvert. Als eigentlicher »Entdecker« darf aber ein anderer gelten: der Schotte Charles MacLaren. Er verfasste bereits 1821 einen ersten Bericht und 1824 eine Dissertation über Hissarlik als mögliches Troja.

FRANK CALVERT – EIN GLÜCKSFALL

Heinrich Schliemann hätte wahrscheinlich nie auf dem Hissarlik Tepe gegraben, wenn ihn nicht eine Zufallsbekanntschaft auf diesen Fundort aufmerksam gemacht hätte. Zunächst hatte er recht erfolglos den Hügel von Bali Dagh bei Bunarbaschi, nur wenige Kilometer südlich von Troja gelegen, untersucht und war wohl kurz davor die Türkei unverrichteter Dinge wieder zu verlassen. Eine glückliche Fügung machte ihn im August 1868 mit Frank Calvert bekannt. Er war Sohn britischer Auswanderer und lebte schon viele Jahre in der Troas. Er war, ähnlich wie Schliemann, vollständig vom wahren historischen Kern der Dichtung Homers überzeugt. Seiner Familie gehörten große Ländereien, zu denen auch die östliche Hälfte des Hissarlik Tepe zählte (der westliche Teil war hauptsächlich Eigentum der türkischen Regierung). Dieser Umstand ermöglichte es Frank Calvert 1863 bis 1865 kleinere archäologische Untersuchungen auf dem Siedlungshügel durchzuführen. Resultierend aus seiner Homergläubigkeit und seinen Grabungsergebnissen war er überzeugt davon, dass Hissarlik tatsächlich Troja sein müsse. Seine Meinung brachte er jedoch nie als These aktiv in den wissenschaftlichen Diskurs ein. Das tat dann Schliemann umso dynamischer. Für größere Ausgrabungen fehlten Calvert zudem die finanziellen Mittel. Seine zurückhaltende Art war wahrscheinlich genau das Gegenteil von Schliemanns Verhalten, und so erscheint es, als hätten sich zwei Gegensätze hier zu einem für beide Seiten förderlichen Ganzen zusammengetan. Das Verhältnis war jedoch nicht immer spannungsfrei und wurde wohl über die Jahre schlechter. Das lag vor allem daran, dass Schliemann sich natürlich als Entdecker Trojas pries und feiern ließ. Auch wenn er Frank Calverts wichtige Rolle nie verschwieg, so tat er aber auch wenig dafür, diesen am Ruhm teilhaben zu lassen. Hinzu kamen Streitigkeiten, die sich an der hellenistischen Helios-Metope **Abb. 2** entzündeten, von der Calvert der Mei-

Abb. 2 Metope aus dem hellenistischen Athena-Tempel mit der Darstellung des Gottes Helios

nung war, Schliemann habe sie 1872 auf seiner Hälfte des Hügels ausgegraben und ohne Absprache mit nach Athen genommen. Dass das Verhältnis aber nicht vollständig und nachhaltig zerrüttet gewesen sein kann, zeigen auch die Aufnahmen der zweiten von Schliemann organisierten sogenannten Troja-Konferenz vom März 1890, auf der Frank Calvert als wichtiger Teilnehmer zugegen war.

1868 BIS 1872 – DER BEGINN

Heinrich Schliemann betrat im August 1868 erstmals den Hissarlik Tepe, wo er kleine Untersuchungen durchführte. Der erste Eindruck muss genügt haben, um ihn von dieser Fundstelle zu überzeugen. Man kann es sich geradezu bildlich vorstellen, wie er mit den Angaben Homers im Kopf über das Ruinenfeld streifte, sich darin bestärkte, Hinweise auf die schriftliche Überlieferung gefunden zu haben, und sich festlegte, hier graben zu wollen. Zunächst aber war das folgende Jahr 1869 mit anderen Dingen angefüllt. Schliemann reichte seine Dissertation an der Universität Rostock ein und heiratete mit der Griechin Sophia Engastroménos eine wesentlich jüngere Frau in zweiter Ehe. Dazwischen blieb wohl keine Zeit für eine erste Ausgrabung. Im Folgejahr 1870 begannen Arbeiten in größerem Umfang auf dem Hügel, für die Schliemann allerdings noch keine offizielle Genehmigung hatte. Diese Grabung (vom 9. bis 19. April) lässt sich aus seinen Aufzeichnungen zwar nur ansatzweise nachvollziehen, klar wird aber, dass er innerhalb der knapp zwei Wochen mit bis zu 20 Arbeitern vor allem einen ersten Suchschnitt im Nordwesten (20 m lang, 14,5 m breit und 3 m tief) in den Hügel trieb und bereits Siedlungsschichten feststellen konnte. Da aber noch keine Genehmigung vorlag und um Ärger mit den staatlichen türkischen Stellen zu vermeiden, ließ Schliemann die Flächen auf Anraten Calverts wieder zuschütten.

Abb. 3 Blick auf die Nordseite des Hügels von Troja (Hissarlik) nach den Ausgrabungen der Jahre 1871–73. Holzstich 1891

Abb. 4 Sogenanntes Phallus-Idol aus Stein. Frühbronzezeit (Sch 7650)

Abb. 5 Ein doppelhenkliges Tongefäß (Depas Amphikypellon) aus den frühbronzezeitlichen Schichten (Sch 1455)

Die Grabung des Jahres 1871 dauerte vom 11. Oktober bis 24. November und erfolgte mit offizieller Genehmigung. Mit nur acht Arbeitern begann sie zunächst schleppend, jedoch waren im Verlauf der Folgezeit teilweise bis zu 83 Männer gleichzeitig auf dem Hügel beschäftigt. Dementsprechend war es Schliemann möglich, von den Befunden des Vorjahres ausgehend, eine wesentlich größere Fläche von der Nordflanke nach Süden hin zu öffnen **Abb. 3**. Er wollte vom höchsten Punkt des Hügels aus, den er als das Zentrum der Siedlung ansah und wo er den Standort des Tempels der Athene vermutete, hinunter bis zum »Urboden« graben. Dort glaubte er die Mauern des homerischen Trojas finden zu können. Schliemann selbst spricht von einem »ungeheuren Einschnitt« in den Hügel, in den ganze Gebäude passten. Damit war der heute unter dem Namen »Schliemanngraben« bekannte Tiefschnitt gemeint. Er berichtet zudem von großen Mengen Schutt und ersten Hausfundamenten, die er, weil sie für ihn zu jung und nutzlos waren, »natürlich« hat »wegräumen lassen«. Die Funde zu Beginn riefen noch keine Begeisterung hervor. Es handelte sich oft um einfache griechische und römische Kupfermünzen aus Alexandria Troas oder um tönerne »Stücke, ganz in der Form der deutschen Brummkreisel«. Solche Stücke, die er gelegentlich auch aufgrund ihrer Form und des Lochs in der Mitte als »Vulkane aus Ton« bezeichnete, sind Spinnwirtel. Da es sich um sehr alltägliche Objekte der Textilerzeugung handelte, kommen sie durch alle prähistorischen Schichten in großen Mengen vor. Dieser Umstand war Schliemann aber 1871 noch nicht bewusst. Auch andere typische Funde beschreibt er erstmals, wie beispielsweise die sogenannten Phallus-Idole aus Stein **Abb. 4** oder die zweihenkligen Sturzbecher **Abb. 5**, denen er in Anlehnung an Homers Beschreibungen (fälschlicherweise) die bis heute gültige Benennung »Depas Amphikypellon« verpasste.

Die Arbeiten schritten allgemein recht schnell voran und innerhalb kurzer Zeit wurde der Graben auf eine mehr oder weniger endgültige Tiefe gebracht. So gibt Schliemann diese am 26. Oktober mit 4 Metern an, am 11. November mit 7 Metern, am 14. November mit 8,5 Metern und schließlich am 18. November mit 10 Metern. Insgesamt scheint Schliemann einigermaßen frustriert darüber gewesen zu sein, dass besondere Funde die Ausnahme blieben und sich das Aufspüren des homerischen Trojas doch schwieriger erwies als gedacht. Es scheint ebenso, dass Frank Calvert ihn immer wieder dazu ermutigen musste, die Arbeiten fortzusetzen. Vieles, was Schliemann fand, verwirrte ihn und an zahlreichen Stellen seiner Aufzeichnungen bemerkt man, wie unerfahren er war. Man bemerkt aber ebenfalls, dass er Widersprüche und unliebsame Überraschungen in der Grabung nicht einfach beiseite wischte, sondern sich damit auseinanderzusetzen begann, genau beobachtete und beschrieb. Man wird hierin Zeuge eines Lernprozesses. So kann er sich beispielsweise nicht erklären, warum er – anders als 1870 – bei einer recht geringen Tiefe schon auf Artefakte der »Steinperiode« und damit auf »rohes« und »grobes« Material stößt, das unmöglich dem homerischen Troja zuzuordnen sei. Er beschreibt es nach eigenen Angaben möglichst »umständlich«, weil er sich von Kollegen Aufklärung erhofft.

Immer wieder durchstreifte er das Umland und fand Anhaltspunkte, wie den Verlauf des Flüsschens Skamandros, die ihn weiter in der Annahme bestätigten, hier den Schauplatz des Trojanischen Krieges gefunden zu haben. Anhand dieser Streifzüge glaubte er weitere Orte, wie das griechische Feldlager oder Hektors Grab, identifizieren zu können. Wegen anhaltend schlechten Wetters mussten die Grabung am 24. November abgebrochen werden.

Im Jahr 1872 begannen die Untersuchungen am 1. April und dauerten bis zum 14. August. In der bis dato längsten Grabungskampagne ließ Schliemann große Flächen öffnen, was vor allem die Nordflanke des Hügels betraf und zu einer Erweiterung des Schliemanngrabens führte. Da er nun aus den Erfahrungen der Vorjahre »sein« Troja in einer Tiefe von ca. 14 Metern vermutete und er in diesem Jahr ein für alle Mal den trojanischen Fall »gründlich zu lösen« suchte, ging er mit teilweise weit über 100 Arbeitern noch rücksichtsloser vor und ließ die Schichten darüber weitgehend undokumentiert zur Seite räumen. Das verursachte einen großen Schaden und immensen Verlust an Informationen und trägt auch bis heute zum teilweise schlechten Ruf des Ausgräbers bei. Während der Grabungen stellte sich jedoch heraus, das der »Urboden« nicht wie gewünscht in dieser Tiefe erreicht worden war. Denn bei der Freilegung eines römischen Brunnens stieß man erst in einer Tiefe von 16 Metern auf den anstehenden Muschelkalk. Von diesem Brunnen aus ließ Schliemann dann auch einen Tunnel graben. Eine solche Art der Untersuchung, über Schächte und Tunnel, setzte er, in der Hoffnung schneller voranzukommen, nun verstärkt ein. Doch bald wurden die Nachteile deutlich: Zum einen war es für die Arbeiter nicht ungefährlich in Gängen und Schächten zu arbeiten (mehrere Unfälle sind dokumentiert), zum andern konnte Schliemann die Funde verschiedener Stellen im Nachhinein stratigrafisch nicht mehr miteinander vergleichen und in Bezug setzen. Nun war bei 16 Metern noch nicht überall der anstehende Fels erreicht und so darf man von bis zu ca. 18 Metern Höhe ausgehen, die die Siedlungsschichten in Troja dereinst aufwiesen.

Der Erkenntnisgewinn der ersten Wochen hielt sich trotz des Aufwandes zunächst in überschaubaren Grenzen. Erst im Verlauf des Mai kamen auf einer kleineren Grabungsfläche am südlichen Hang des Hügels Abschnitte mächtiger Verteidigungsmauern (»herrliches Bollwerk«) zum Vorschein, die Schliemann aber zunächst in die Zeit des griechischen Diadochen und späteren thrakischen sowie makedonischen Königs Lysimachos (um 300 v. Chr.) datierte. Schliemann war sich nicht bewusst, dass er hier sehr wahrscheinlich erstmals auf die Ringmauer der spätbronzezeitlichen Stadt der Schicht VI gestoßen war. Im nördlichen Bereich förderte er Ende Mai in 6 Metern Tiefe die mächtigen Grundmauern eines Gebäudes zutage, dass heute als Megaron IIA bekannt ist und den größten Bau der frühbronzezeitlichen Schlicht II (spät) darstellt **Abb. 6**.

Auf Anraten seines Freundes Calvert wendete sich Schliemann ab dem 20. Juni dem östlichen Teil des Hügels zu, wo er den Tempel der Athena zu finden hoffte. Und tatsächlich barg er wenige Tage später mit der bereits erwähnten Helios-Metope eines der prominentesten Fundstücke überhaupt. Dieses hellenistische Meisterwerk aus Marmor zeigt den Sonnengott auf einem Streitwagen mit Vierergespann. Es gibt den Moment wieder, in dem das Gespann aus dem Ozean aufsteigt um seine tägliche Bahn über das Firmament zu beginnen. Einst gehörte das Bildwerk zur Nordostecke

Abb. 6 Plan von Troja II mit dem zentralen Megaron IIA

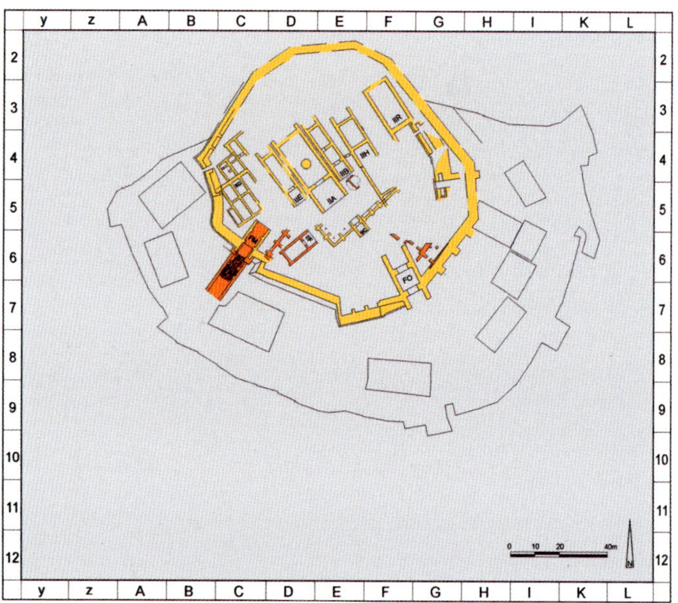

Abb. 7 Blick auf teilweise freigelegte Vorratsgefäße (Pithoi), Holzstich

des Tempels, den Lysimachos zu Anfang des 3. Jahrhunderts v. Chr. hatte erbauen lassen; wohl um einem einstigen Wunsch von Alexander dem Großen zu entsprechen.

Die Grabungsberichte des Jahres 1872 sind auch deswegen so interessant, weil sie unter anderem die erstmaligen Beschreibungen von eingegrabenen Pithoi, also großen Vorratsgefäßen, enthalten **Abb. 7** und sich Schliemann ebenfalls zum ersten Mal mit den anthropomorphen Marmoridolen auseinandersetzt, die so typisch für Troja sind. Die »Eulengesichter« auf manchen Idolen und Gefäßen **Abb. 1** interpretierte er nach Homer als ein Abbild der Schutzgöttin Trojas: »Athene mit dem Eulengesicht« bzw. »ilische Minerva«. Auch dadurch fühlte er sich darin bestärkt, das richtige Troja gefunden zu haben.

1873 – DER GROSSE WURF

Die Ausgrabungen begannen am 1. Februar und endeten am 17. Juni 1873. Wie für die Kampagnen der Jahre 1871 und 1872 stehen hauptsächlich tagebuchartige Berichte zur Verfügung, die eine Art Mischung aus aktuellem Grabungsjournal, weiterführenden Interpretationen, Ideen und Abschweifungen sind. Mit dem Fund des »Priamosschatzes« am 31. Mai schrieb Heinrich Schliemann schließlich (Welt-)Geschichte und krönte seine Bemühungen der vergangenen Jahre. Die ausgegrabenen Flächen waren ähnlich umfangreich wie die des Vorjahres und so arbeitete er mit bis zu 160 Männern gleichzeitig, um die Arbeiten schnell voranzutreiben.

Vor der Auffindung des Schatzes befasst sich Schliemann in seinen Berichten zum Grabungsfortgang zunächst hauptsächlich mit der Freilegung des Athenatempels, die schon 1872 begonnen hatte. Ab März berichtet er von einem »großen Turm«, den er in Anlehnung an Homers Beschreibungen als Teil des Skäischen Tores (Tor FM) betrachtete. Im Umfeld dieses »Turmes« stieß er immer wieder auf besondere Funde, zu denen auch ein Löwenköpfchen aus Bergkristall gehörte. Die Entdeckung und Bergung des »Priamosschatzes« vom 31. Mai, eben auch in diesem Bereich, beschreibt Schliemann in einem Eintrag vom 17. Juni in der ihm eigenen dramatischen Art:

»Hinter der letztern [Mauer] legte ich in 8 bis 9 Meter Tiefe die vom Skaeischen Thor weiter gehende trojanische Ringmauer bloss und stiess beim Weitergraben auf dieser Mauer und unmittelbar neben dem Hause des Priamos auf einen grossen kupfernen Gegenstand höchst merkwürdiger Form, der um so mehr meine Aufmerksamkeit auf sich zog, als ich hinter demselben Gold zu bemerken glaubte. [...] Um den Schatz der Habsucht meiner Arbeiter zu entziehen und ihn für die Wissenschaft zu retten, war die allergrösste Eile nöthig, und, obgleich es noch nicht Frühstückszeit war, so liess ich doch sogleich ›païdos‹ [Ruhezeit] ausrufen, und während meine Arbeiter assen und ausruhten, schnitt ich den Schatz mit einem grossen Messer heraus was nicht ohne die allergrösste Kraftanstrengung und die furchtbarste Lebensgefahr möglich war, denn die grosse Festungsmauer, welche ich zu untergraben hatte, drohte jeden Augenblick auf mich einzustürzen. Aber der Anblick so vieler Gegenstände, von denen jeder einzelne einen unermesslichen Werth für die Wissenschaft hat, machte mich tollkühn und ich dachte an keine Gefahr.«

Auf den folgenden Seiten kommt es zur Beschreibung der Funde, die sich in Heinrich Schliemanns Buch *Trojanische Alterthümer* aus dem Jahr 1874 ab Seite 290 detailliert nachlesen lassen. Darunter das berühmte große Diadem **Abb. 8**, die goldene »Sauciere« **Abb. 9** oder die großen Silbergefäße. Besonders interessant sind aber auch Schliemanns Darlegungen zu Auffindungssituation und den damit verbundenen Schlussfolgerungen:

»Da ich alle vorgenannten Gegenstände, einen viereckigen Haufen bildend, zusammen, oder ineinanderverpackt auf der Ringmauer fand, so scheint es gewiss, dass sie in einer hölzernen Kiste (φωριαμός) lagen, wie solche in der Ilias (XXIV, 228) im Palast des Priamos erwähnt werden; dies scheint umso gewisser, als ich unmittelbar neben den Gegenständen einen [...] kupfernen Schlüssel fand, dessen 5 Centimeter langer und breiter Bart die grösste Aehnlichkeit hat mit dem der grossen Kassenschlüssel in den Banken. [...] Vermuthlich hat jemand aus der Familie des Priamos den Schatz in aller Eile in die Kiste gepackt, diese fortgetragen, ohne Zeit zu haben, den Schlüssel herauszuziehen, ist aber auf der Mauer von Feindes Hand oder vom Feuer erreicht und hat die Kiste im Stich lassen müssen, die sogleich 1 Meter 50 oder 1 Meter 80 Centimeter hoch mit der rothen Asche und den Steinen des daneben stehenden königlichen Hauses überschüttet wurde. [...] Dass man den Schatz bei furchtbarer Lebensgefahr, in zitternder Angst zusammengepackt hat, davon zeugt unter anderm auch der Inhalt der grössten silbernen Vase, in welcher ich ganz unten zwei prachtvolle goldene Diadem, ein Stirnband und vier herrliche, höchst kunstvoll gefertigte Ohrgehänge von Gold fand; darauf lagen 56 goldene Ohrringe höchst merkwürdiger Form und 8750 kleine goldene Ringe, durchbohrte Prismen und Würfel, goldene Knöpfe usw., die offenbar von andern Schmucksachen herrühren; darauf folgten sechs goldene Armbänder, und ganz oben lagen die beiden kleinern goldenen Becher.«

Natürlich nahm Schliemann diesen Fund als letzten Beweis für die Richtigkeit seiner Annahmen; und er lag dabei falsch. Der Schatz ist nicht mit dem mythischen Krieg und dem trojanischen König Priamos in Verbindung zu setzen, sondern frühbronzezeitlich (Schicht II). Er datiert in das 3. vorchristliche Jahrtausend und ist damit über 1000 Jahre zu alt. Doch es war nicht nur der Fund der wertvollen Gegenstände, sondern auch die vermeintliche Entdeckung des »Skäischen Tors« mit dem Zuweg zum »Haus des Priamos« (Haus HS) **Abb. 10**, die Schliemann nach dieser Grabung zu der Aussage bewegte, dass alles bewiesen sei und keine weiteren Nachforschungen notwendig wären. Die meisten seiner (vorschnellen) Interpretationen waren nicht zuletzt von Wunschdenken geprägt, und vom (noch) fehlenden Verständnis für die Abfolge der verschiedenen »Städte« bzw. Phasen – heute weiß man: Noch nicht ein-

Abb. 8 Replik (vergoldetes Kupfer) des sogenannten Großen Diadems aus Gold des frühbronzezeitlichen Schatzfunds A. Das Original (Sch 5875) befindet sich seit 1945 im Puschkin Museum in Moskau.

Abb. 9 Replik (vergoldetes Kupfer) der sogenannten Sauciere aus Gold des frühbronzezeitlichen Schatzfundes A. Das Original (Sch 5863) befindet sich seit 1945 im Puschkin Museum in Moskau.

mal das Haus HS und das Tor FM sind zeitgleich. So kam er aber für sich zu der Überzeugung, dass die zweite Stadt (Troja II) das gesuchte Troja des großen Krieges sein müsse, da er in deren jüngster Schicht massive Brandeinwirkungen hatte feststellen können.

Das Fazit Schliemanns zu Ende dieser vermeintlich letzten Kampagne fiel jedoch überraschend nüchtern aus. So stellt er bei einer abschließenden Beschreibung fest, dass Troja nicht groß gewesen zu sein scheint und bemerkt:

»Es thut mir ungemein leid, einen so kleinen Plan von Troja geben zu müssen, ja ich hätte gewünscht, ihn tausendmal grösser machen zu können; aber die Wahrheit geht mir über alles, und ich freue mich, durch meine dreijährigen Ausgrabungen, wenn auch nur in verkleinertem Massstabe, das homerische Troja aufgedeckt und bewiesen zu haben, dass die Ilias auf wirkliche Thatsachen basirt ist.«

1878/79 UND 1882 – ZWISCHEN MYKENE UND TIRYNS

Entgegen vorherigen Aussagen kehrte Schliemann schon einige Jahre später und nach den äußerst erfolgreichen Ausgrabungen in Griechenland nach Troja zurück. Eine geplante Ausgrabung im Jahr 1876 war aber nicht zu verwirklichen, sodass Heinrich Schliemann erst wieder im September 1878 den Spaten ansetzen konnte. Dabei legte er neben anderen Flächen hauptsächlich das Haus HS (»Haus des letzten Königs«) vollständig frei. In diesem Bereich kamen weiterer Goldschmuck und andere besondere Funde ans Tageslicht. Mit Einbruch des Winters beendete er die Arbeiten am 28. November 1878.

Nur drei Monate später, am 1. März 1879, nahm er die Ausgrabungen wieder auf, verlagerte aber sein Interesse auf die Befestigungsmauern der für ihn so wichtigen zweiten Stadt, deren weitgehende Offenlegung das Ziel war. Ende März kamen zwei Personen nach Troja, die für den weiteren Verlauf dieser Kampagne wichtig werden sollten. Zum einen der Franzose Émile Burnouf, dessen Ingenieursausbildung und zeichnerisches Talent zur Erstellung der bislang besten Grabungspläne führte. Wichtiger noch aber war das Auftreten von Rudolf Virchow im April des Jahres 1879. Mit ihm zusammen erkundete Schliemann die Troas, und sie machten gemeinsam zahlreiche wichtige naturwissenschaftliche Beobachtungen. Aber auch in der Interpretation der bisherigen Grabungsergebnisse bei persönlicher Inaugenscheinnahme der bisherigen Grabungsareale war Virchow von unschätzbarem Wert.

Neben der Ringmauer stieß Schliemann in die untersten und ältesten Strukturen von Troja I vor, wo die

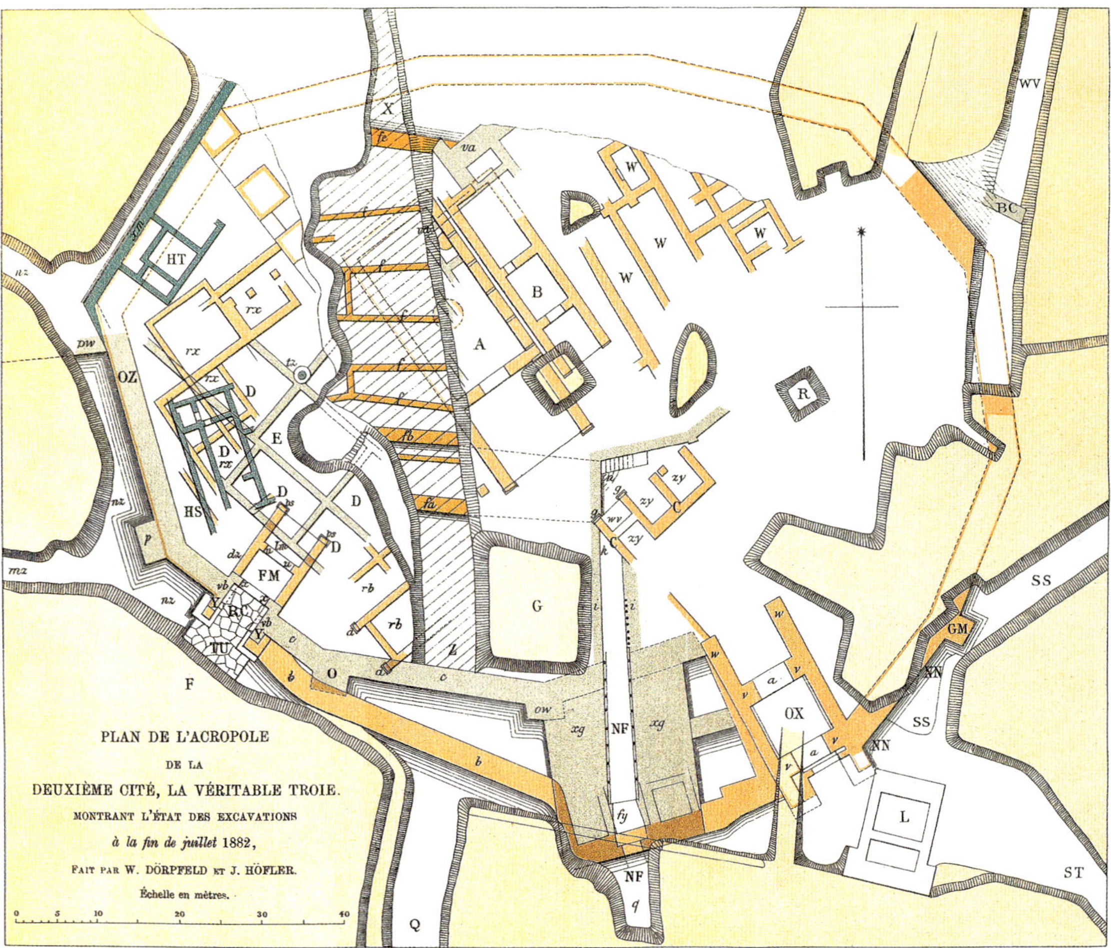

Abb. 10 Plan der Akropolis von 1883 mit verschiedenen Phasen. Links ist das Haus HS zu erkennen.

Hausgrundrisse westöstlich und damit gänzlich anders als in den darüberliegenden Schichten ausgerichtet gewesen waren. Zudem konnte er ebenfalls erstmals bauliche Reste außerhalb der großen Befestigungsmauern feststellen und damit den Beleg einer Unterstadt erbringen. Hinzu kamen die (erfolglosen) Untersuchungen von mehreren sogenannten Heroengräbern bzw. Grabhügeln im Umland Trojas, die in der Hoffnung geöffnet wurden, dort die Grablegen der griechischen Helden vorzufinden. Erfolgreicher war die gemeinsame Untersuchung von Schliemann, Calvert, Virchow und Burnouf am Hanai Tepe, einer kleinen Erhebung in der Flussebene des Skamanders. Dort wurden mehrere prähistorische sowie griechisch-byzantinische Gräber ausgegraben. Als Dank für dessen Hilfe und als Studienmaterial konnte Rudolf Virchow die menschlichen Überreste mit nach Berlin nehmen. Im Juli 1879 wurden die Grabungen beendet.

Im Mai 1881 unternahm Heinrich Schliemann eine Reise durch die Troas, um nach eigenen Angaben »bisher dunkel gebliebene Punkte in der homerischen Geographie« zu ergänzen. Der Hissarlik Tepe war dabei nur ein besuchter Ort unter anderen. Begleitet wurde er wohl lediglich von Frank Calvert, einem Vermesser und einem Botaniker. Im selben Jahr schenkte Schliemann seine Trojanischen Altertümer den Königlichen Museen in Berlin und arbeitete damit bereits an seinem wissenschaftlichen Vermächtnis.

Im Folgejahr 1882 grub er erneut. Diese Kampagne hat deswegen eine besondere Bedeutung, weil nun erstmals der junge Wilhelm Dörpfeld teilnahm. Mit ihm machte die Grabung in methodischer Hinsicht und die Interpretation der Siedlungsschichten geradezu einen Quantensprung. In seinen Aufgabenbereich fiel auch die erneute Bearbeitung der Grabungspläne unter Berücksichtigung des Athena-Tempels und des römischen Theaters C. In der Zwischenzeit waren Schliemann selbst Zweifel an seinen bisherigen Interpretationen gekommen. Die Stadtanlage der unteren Schichten, die nach seiner Lesart die homerische war, erschien ihm zu klein, als dass sich daran das Interesse eines Dichters hätte entzünden können, der die Geschehnisse im Nachhinein zu »göttlichen Gesängen« machte. Um dieses Manko zu beseitigen folgte eine lange Grabungskampagne, die am 1. März begann und am 21. Juli endete. Sie führte auch zur Freilegung weiterer Mauerbereiche und zur Dokumentation antiker

Baureste. Nach Abschluss dieser Grabungen ließ sich Heinrich Schliemann wieder zu der Aussage hinreißen, er habe Troja nun abschließend und erschöpfend erforscht.

1890 – ABSCHIED

Nach erneuten Grabungen in Griechenland kam Schliemann zusammen mit Wilhelm Dörpfeld noch ein letztes Mal nach Troja. Vor dem Hintergrund seiner Grabungsergebnisse auf dem griechischen Festland waren neue Fragen aufgekommen, die es zu klären galt.

Die Untersuchungen waren verknüpft mit den beiden »Troja-Konferenzen« 1889 und 1890. Sie standen im Schatten der Auseinandersetzung mit Schliemanns erbittertem Feind und Kritiker Hauptmann a. D. Ernst Bötticher. Der sprach seit Jahren, ohne es belegen zu können, jeglicher Interpretation Schliemanns die Richtigkeit ab und behauptete, Troja sei ein großer Brandbegräbnisplatz gewesen. Die daraus entstandene Auseinandersetzung mutet heute eher bizarr an, beschäftige und belastete Schliemann aber längere Zeit. Um den Disput sachlich beizulegen, lud Schliemann Bötticher vom 1. bis 6. Dezember 1889 auf eigene Kosten zur ersten Konferenz nach Troja ein.

Die Grabungen begannen am 1. März 1890. Ende März lud Schliemann erneut ein: zur zweiten »Troja-Konferenz«. Er tat dies, weil Ernst Bötticher die Angriffe auf ihn in der Presse nicht unterließ. Bötticher war nicht nochmals Gast, nun jedoch zahlreiche internationale Fachleute, die Schliemanns Thesen bestätigten. Es bleibt unklar, ob Schliemann nach seinen Erkenntnissen in Mykene und speziell in Tiryns bereits grundsätzliche Zweifel darüber hegte, ob die bislang von ihm als die »homerische« Stadt (Troja II) angesprochene überhaupt die richtige war. Es ist durchaus anzunehmen, denn nach den Grabungen in Griechenland war ein (materielles) Bild der mykenischen Kultur entstanden, das nicht mit den Funden der unteren trojanischen Schichten in Übereinstimmung zu bekommen war. Die Funde aus den Schichten Troja VI und VII entsprachen eher diesem Horizont. Die Fixierung dieser Erkenntnis war dann aber Wilhelm Dörpfeld in den kommenden Jahren vorbehalten. In der letzten Grabung unter Schliemann ging es um die Vervollständigung des Grundrisses von Troja II, wofür bislang unangetastete Bereiche im Westen und im Südwesten ergraben wurden. Zudem wurden Siedlungsreste der Schicht Troja VI und antike Baureste freigelegt. Mit dem Schatzfund L, bestehend aus steinernen Prunkäxten und Zierelementen aus Bergkristall und Edelmetall, wurde in der Schicht Troja II eine letzte große Entdeckung gemacht. Die Ausgrabungen endeten am 31. Juli.

Der Tod Heinrich Schliemanns am 26. Dezember 1890 setzte der Erforschung Trojas kein Ende. In den Jahren 1893 und 1894 finanzierte Sophia Schliemann weitere Ausgrabungen, die nun von Wilhelm Dörpfeld alleine geleitet wurden. Ihm gelang es, die Stratigrafie Trojas mit den Schichten Troja I bis IX so weit zu definieren, dass sie in ihren Grundzügen bis heute Gültigkeit besitzt.

SCHLIEMANNS ERGEBNISSE UND DEREN EINORDNUNG

Zeit ist Geld! Diese kaufmännische Devise klingt gerade in den frühen Kampagnen wie eine Art Hintergrundmusik der Ausgrabungen mit. In der Zielsetzung sehr klar und in den Erwartungen naiv ging Schliemann ungeduldig zu Werke; und zerstörte so wissenschaftlich wertvolle Schichten und Baureste. Dieses Herangehen wird in folgendem Zitat deutlich:

»Da es meine Absicht war, Troja auszugraben, und da ich dasselbe in einer der unteren Städte zu finden erwartete, musste ich manche interessante Ruine in den oberen Schichten zerstören.«

Im Laufe seiner Arbeiten wurde ihm die Problematik seines Vorgehens bewusster und sein Stil, in Ausgrabung und Publikation, zunehmend wissenschaftlicher und sachlicher. Die entscheidenden Veränderungen traten immer dann ein, wenn er Fachleute, beispielsweise für die Erstellung von Grabungsplänen, hinzuzog, wie den Franzosen Émile Burnouf oder vor allem den jungen, aber bereits in systematischeren Ausgrabungen geschulten Architekten Wilhelm Dörpfeld.

Es ist falsch zu behaupten, vor Schliemann habe es keine Archäologen gegeben. Jedoch ist es richtig, dass eigentlich alle Grabungen zuvor oder zeitgleich sich antiken Stätten und dabei gerne Heiligtümern widmeten. Einen kompletten prähistorischen Siedlungshügel auszugraben, hatte zuvor niemand ernsthaft versucht. Aus diesem Grund muss Schliemanns Wirken als Pionierarbeit gelten und er zu Recht als einer der Väter der prähistorischen Archäologie. Sein konkretes Wirken war ohne Vorbild, und es war inspirierend für unmittelbar nachfolgende Forscher. So ist beispielsweise die Entdeckung der minoischen Kultur durch Arthur Evans um die Jahrhundertwende ohne die vorherige Entdeckung der mykenischen Kultur durch Schliemann schwer denkbar.

Weltweit bekannt geworden ist er letztlich nicht nur durch die Entdeckung Trojas allgemein, sondern speziell durch die Auffindung und »Vermarktung« des sogenannten Priamosschatzes (»Schatzfund A«). Neben diesem sehr berühmten Ensemble, dessen Authentizität und Zusammengehörigkeit nicht sinnvoll in Zweifel gezogen werden kann, machte Schliemann noch 14 weitere Schatzfunde, von denen aber keiner mehr an die Pracht des ersten heranreichte.

Es bleibt auch über 130 Jahre nach der letzten Schliemannschen Kampagne und trotz aller berechtigten Kritik an ihm als Ausgräber eine Grundwahrheit bestehen: Er hat wissenschaftliches Neuland betreten und hat mit seinen Ergebnissen den Weg für weitere Generationen von Archäologinnen und Archäologen geebnet. Er darf ohne Abstriche als der Begründer der ägäischen Urgeschichtsforschung genannt und geehrt werden. Er war es, der jenseits der schriftlichen Überlieferungen, die erste Türe in die Zeiten der griechischen Helden aufgestoßen hat.

DER ANTEIL SOPHIA SCHLIEMANNS

An den ersten Ausgrabungen nahm sie, soweit es die Umsorgung der gemeinsamen Tochter Andromache ab 1871 zuließ, weitgehend teil. Jedoch ist der Gehalt des folgenden Berichts von 1873 wohl erfunden:

»Die Fortschaffung des Schatzes [Schatzfund A] wäre mir aber unmöglich geworden ohne die Hülfe meiner lieben Frau, die immer bereit stand, die von mir herausgeschnittenen Gegenstände in ihren Shawl [Schal] zu packen und fortzutragen.«

Aus Briefen geht hervor, dass Sophia bei besagter Auffindung am 31. Mai in Athen weilte. Warum Heinrich Schliemann seine Frau hinzudichtete, bleibt letztlich sein Geheimnis. Vielleicht war es eine Art Dankeschön, denn ihre Rolle darf, sowohl in Troja als auch später in Mykene, aus verschiedenen Gründen nicht gering eingeschätzt werden. Sie war Wegbegleiterin und, wahrscheinlich nach anfänglicher Zurückhaltung, ähnlich begeistert von der Archäologie wie ihr Mann. Immer wieder wird in persönlichen Aufzeichnungen deutlich, dass es nicht selten sie war, die ihren Mann ermutigte und in kritischen Situationen, wenn die öffentliche Meinung gegen ihn zu kippen drohte, entscheidend unterstütze. Es scheint, als habe sie das Wirken ihres Mannes nie grundsätzlich infrage gestellt, und sie tritt bei den frühen Kampagnen in Troja immer wieder als organisierende und ordnende Kraft im Hintergrund in Erscheinung, ohne die eine Art Alltag auf einer mehrmonatigen Grabung in provisorischen Unterkünften kaum möglich gewesen wäre. Inwiefern sie in seine wissenschaftlichen Gedanken und in den Prozess der Auswertung und Niederschrift involviert war, lässt sich nicht mehr im Detail nachvollziehen. Jedoch lässt sich sagen, dass uns in der Person Sophia Schliemann eine selbstbewusste Frau entgegentritt, die ihre Rolle an der Seite eines berühmten Ehemanns ausfüllte und gestaltete. Schließlich hielt sie eigene Vorträge über ihre Ausgrabung des »Grabes der Klytämnestra« in Mykene. Für eine Frau dieser Zeit ist das als außergewöhnlich zu betrachten.

TROJA NACH SCHLIEMANN

Nach den Untersuchungen unter Dörpfeld lag die Ausgrabungsstätte einige Jahrzehnte brach, bis der US-amerikanische Archäologe Carl Blegen von 1932 bis 1938 erneut Ausgrabungen durchführte. Verbesserte Methoden und ein detaillierteres Verständnis der ägäischen Urgeschichte führten zu einer weiteren Ausdifferenzierung der unter Dörpfeld definierten Stratigrafie, so dass man nun die bekannten Siedlungsschichten in über 40 Unterphasen einteilen konnte. Wiederum nach langer Pause folgte ab 1988 der Tübinger Prähistoriker Manfred Korfmann. Die Ausgrabungen dehnten sich auch auf die über geomagnetische Messungen besser fassbare Unterstadt aus und das Bild einer großen bronzezeitlichen Stadt wurde deutlich. Manfred Korfmann schloss sich in der Deutung des Fundplatzes als das homerische Troja, mit einem historisch wahren Kern der beschriebenen Ereignisse, seinen Vorgängern an. Diese Haltung kritisierte vor allem der Tübinger Althistoriker Frank Kolb und bezeichnete die Ausführungen und Rekonstruktionen Korfmanns auch als »Traumgebilde«. Er löste damit ab 2001 eine teils heftig geführte Debatte aus, die 2002 mit der Veranstaltung eines wissenschaftlichen Symposions beigelegt werden sollte. Danach, obwohl manche Differenzen nicht ausgeräumt werden konnten, verlor die Diskussion an Schärfe und Dynamik und ebbte nach dem Tode Korfmanns 2005 endgültig ab. Von 2006 bis 2012 folgte Ernst Pernicka, ebenfalls von der Universität Tübingen, als Grabungsleiter. Seit dem Auslaufen der Tübinger Grabungslizenz führt der in Tübingen bei Korfmann promovierte türkische Archäologe Rüstem Aslan die Ausgrabungen bis heute fort.

Ausgewählte Literatur:

Penelope A. Mountjoy, Troy VI Middle, VI Late and VII. The Mycenaean Pottery. Studia Troica Monographien, Band 9 (Bonn 2017).

Ernst Pernicka, Sinan Ünlüsoy, Stephan W. E. Blum (Hg.), Early Bronze Age Troy: Chronology, Cultural Development and Interregional Contacts. Proceedings of an International Conference held at the University of Tübingen, May 8–10, 2009. Studia Troica Monographien, Band 8 (Bonn 2016).

Weitere Bände der Reihe Studia Troica Monographien.

Joachim Latacz, Thierry Greub, Peter Blome, Alfried Wieczorek (Hg.), Homer. Der Mythos von Troia in Dichtung und Kunst. Ausstellungskatalog zur gleichnamigen Ausstellung 2008/09 (München 2008).

Donald F. Easton, Schliemann's Excavations at Troia 1870–1873. Studia Troica Monographien, Band 2 (Mainz/Rhein 2002).

Troja – Traum und Wirklichkeit. Ausstellungskatalog zur gleichnamigen Ausstellung 2001/02 (Stuttgart 2001).

Carl W. Blegen (Hg.), Troy. Excavations conducted by the University of Cincinnati. Band I–IV (Princeton 1950–1958).

Wilhelm Dörpfeld, Troja und Ilion. Ergebnisse der Ausgrabungen in den vorhistorischen und historischen Schichten von Ilion 1870–1894, Band 1 und 2 (Athen 1902).

Heinrich Schliemann, Bericht über die Ausgrabungen in Troja 1890 (Leipzig 1891).

Heinrich Schliemann, Troja. Ergebnisse meiner neuesten Ausgrabungen auf der Baustelle von Troja, in den Heldengräbern, Burnabaschi und anderen Orten der Troas im Jahr 1882 (Leipzig 1882).

Heinrich Schliemann, Reise in der Troas im Mai 1881 (Leipzig 1881).

Heinrich Schliemann, Ilios – Stadt und Land der Trojaner (Leipzig 1881).

Rudolf Virchow, Beiträge zur Landeskunde der Troas (Berlin 1879).

Heinrich Schliemann, Trojanische Alterthümer. Berichte über die Ausgrabungen in Troja (Leipzig 1874).

SCHLIEMANNS WOHL SCHÖNSTE ENTDECKUNG

WILHELM DÖRPFELD IN TROJA

BENJAMIN WEHRY UND BERNHARD HEEB

Während der Ausgrabungskampagne in Troja 1882 trat eine personelle Veränderung ein, die für die weitere Erforschung des Siedlungshügels Hissarlik und die Weiterentwicklung der Ausgrabungsmethoden von entscheidender Bedeutung war. Der junge Architekt Wilhelm Dörpfeld arbeitete zusammen mit seinem akademischen Lehrer und zukünftigen Schwiegervater Friedrich Adler und dem Berliner Professor Ernst Curtius in Olympia, wo das Deutsche Reich seit 1874 umfangreiche archäologische Ausgrabungen unternahm, als Heinrich Schliemann einen ersten Kontakt knüpfte. Daraufhin war Dörpfeld zusammen mit anderen Grabungsarchitekten aus Olympia bereits im April 1881 bei der Ausgrabung in Orchomenos als Zeichner für Schliemann tätig. Zudem lotete er zukünftige berufliche Möglichkeiten für sich im Bereich der Archäologie aus, u. a. beim Deutschen Archäologischen Institut in Athen. Ungeachtet dessen, dass er dort schließlich eine feste Anstellung erhielt, folgte Dörpfeld im Frühjahr 1882 dem Ruf Schliemanns nach Troja **Abb. 1.**

Schliemann grub 1871–73 und 1878/79 jeweils mehrere Monate im Jahr auf Hissarlik. Er war nicht nur verantwortlicher Organisator, Finanzier und Grabungsleiter in einer Person, sondern zumindest während der ersten Ausgrabungskampagne auch Grabungsarchitekt, Fundbearbeiter und Zeichner und in allen Bereichen vollständig auf sich alleine gestellt. Bereits 1872 setzte er auf die Unterstützung des Ingenieurs A. Laurent bei der Ausgrabung und Aufnahme der ans Tageslicht kommenden, zunehmend komplexen Baubefunde. In dieser Hinsicht unterstützend wirkte auch Émile Burnouf, der Leiter des französischen archäologischen Instituts in Athen, der zusammen mit Rudolf Virchow an der Ausgrabungskampagne 1878/79 teilnahm, den Plan der freigelegten Mauern und Fundamente im Südwesten der sogenannten Verbrannten Stadt (Troja II) zeichnete und diesen mit einem Koordinatensystem zur verbindlichen Einmessung der Baustrukturen versah.

Abb. 1 Wilhelm Dörpfeld hinter Heinrich Schliemann bei der zweiten Troja-Konferenz 1890.

Grabungserfahrungen und die Beobachtungen an der Abfolge der Siedlungsschichten auf Hissarlik führten zu Verfeinerungen der Ausgrabungsmethode **Abb. 2**. Anstatt breite Gräben ohne Rücksicht auf Befundeinheiten durch den Hügel zu treiben, wurde in der Ausgrabungskampagne 1882 nun mit Schichtgrabungen begonnen, d.h. Befundschichten wurden als Einheit begriffen und von oben nach unten ausgegraben und dokumentiert. Obwohl Schliemann diese Einsicht bereits vor dem Eintreffen seines neuen Grabungsarchitekten in Troja hatte, entwickelte Dörpfeld die Schichtgrabung auf Hissarlik maßgeblich weiter zu einer präzisen, noch heute angewendeten Ausgrabungsmethode. Zunächst arbeitete Dörpfeld zusammen mit dem Wiener Architekten Höfler, der zudem die Korrespondenz Schliemanns zu übernehmen hatte. Doch schon bald besaß Dörpfeld das volle Vertrauen seines Grabungsleiters. In der Herbstkampagne war Höfler nicht mehr Teil des Ausgrabungsteams, Dörpfeld arbeitete nun als der ältere und in Troja erfahrenere

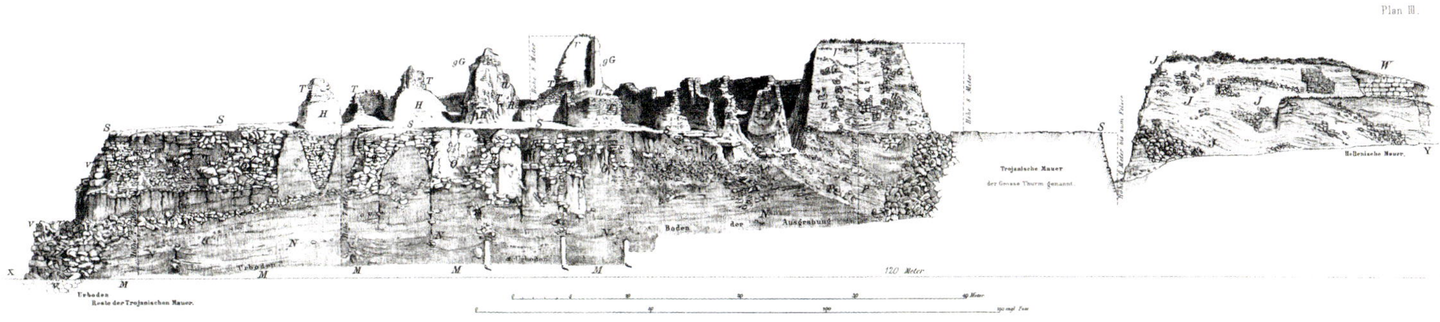

Abb. 2 Mauern und Befundschichten im Profil des großen Grabens quer durch Hissarlik.

Architekt mit Otto Puchstein zusammen, der zuvor in Pergamon tätig gewesen war. In Tiryns 1884/85 überließ Schliemann die Ausgrabungen bald ganz Dörpfeld, für den im zweiten Jahr ein zweiter Architekt, Georg Kawerau, als Assistent eingestellt wurde.

Auch in Troja übernahm Dörpfeld den gesamten architektonischen Bereich der Ausgrabungen und erarbeitete durch präzise Bauaufnahmen mit dreidimensionalen Einmessungen die stratigrafische Stellung jeder Siedlungsschicht und jeder Bauphase im Gesamtgefüge der Bebauung auf Hissarlik. Schon bald machte ein spöttelndes Bonmot die Runde – »Schliemanns wohl schönste Entdeckung war Dörpfeld« –, das die fachgerechte und systematisierende Arbeit Dörpfelds auf Hissarlik im Unterschied zu den zuweilen brachialen Ausgrabungsmethoden Schliemanns hervorhob. Umgekehrt profitierte aber auch Dörpfeld von der Fundauswertung und insbesondere der innovativen Betrachtung der »Topfwaaren« Schliemanns, deren Datierungen und Querverweise nach Mykene und Tiryns er dankbar in seine Betrachtungen der stratigrafischen Abfolge der Bebauungsschichten in Troja übernahm. Gerade die Keramikfunde aus Mykene und ihr Vorkommen in Troja VI/VIIa dürften dazu beigetragen haben, dass ihm schon bald Zweifel kamen, ob die zweite Siedlungsschicht von unten, die Verbrannte Stadt (Troja II), tatsächlich das homerische Troja war, wie Schliemann zeitlebens glaubte. Doch erst nach Schliemanns Tod 1890 – Dörpfeld leitete die Ausgrabungskampagnen der Jahre 1893/94 auf Hissarlik alleine – definierte er erstmals die komplizierte Stratigrafie des Siedlungshügels mit den Schichten I bis IX, nach der die älteste Bebauungsschicht, Troja I, auf dem gewachsenen Felsen gegründet und von den frühbronzezeitlichen Bebauungsschichten der verbrannten Stadt (Troja II) bis Troja IV überlagert wurde. Darüber liegen die mittelbronzezeitlichen Bebauungsschichten der Städte V und VI-früh. Die Schichten VI-spät und VII datieren in die Spätbronzezeit bzw. stellen den Übergang zur Eisenzeit dar. Das griechische Ilion

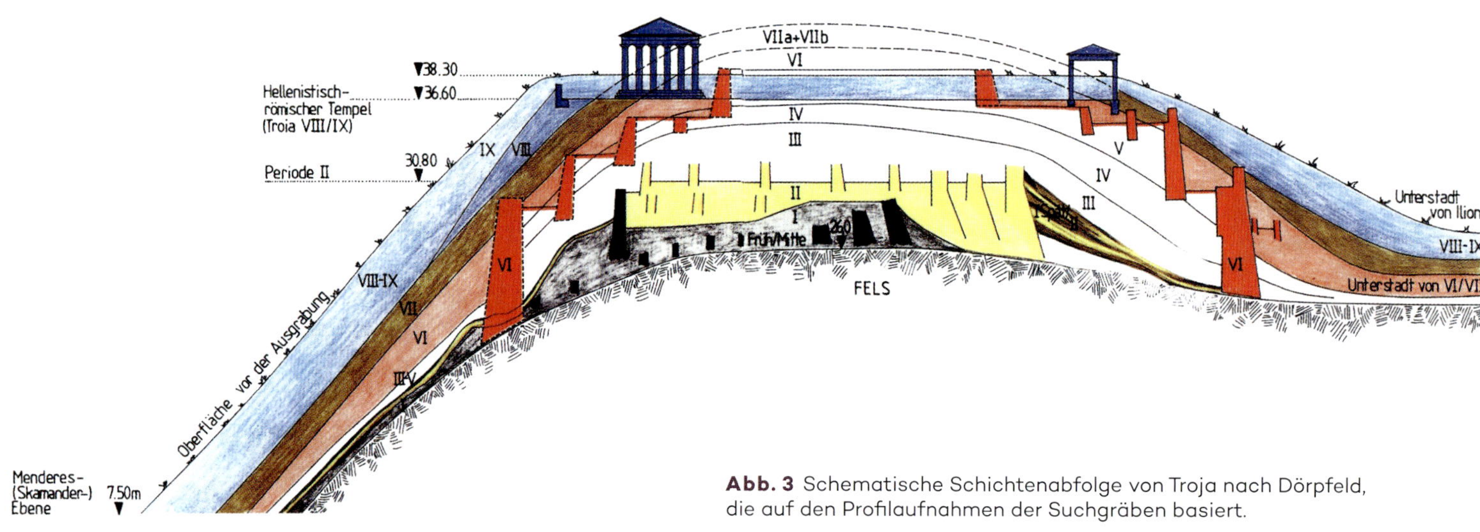

Abb. 3 Schematische Schichtenabfolge von Troja nach Dörpfeld, die auf den Profilaufnahmen der Suchgräben basiert.

der archaischen, klassischen und hellenistischen Zeit manifestiert sich in Schicht VIII und wurde schließlich vom römischen Ilium (Troja IX) überbaut. Später wurde die Dörpfeld'sche Stratigrafie von Hissarlik um eine byzantinische Besiedlungsschicht erweitert (Schicht X): Troja wurde Bischofssitz **Abb. 3**.

Als Erster Sekretär leitete Dörpfeld von 1887 bis 1912 das Deutsche Archäologische Institut in Athen. Maßgeblich war er bei archäologischen Arbeiten auf der Akropolis und auf der Agora in Athen beteiligt, grub erneut in Olympia, in Pergamon und auf den ionischen Inseln Korfu und Lefkada/Leukas. Auf Leukas, das er als das homerische Ithaka identifizierte, nahm er seinen Alterssitz und richtete eine eigene Sammlung zum typologischen Vergleich archäologischer Funde ein, ganz so, wie Schliemann es in Berlin mit seiner Sammlung Trojanischer Altertümer getan hatte.

Der bedeutende Bauforscher und Archäologe starb 1940 hoch geachtet auf Lefkada/Leukas.

Ausgewählte Literatur:

Stefanie Samida, Heinrich Schliemann. UTB Profile (Tübingen 2012).

Uwe Eckardt, Dörpfeld, Architekt und Nachfolger Schliemanns. In: Ingrid Gamer-Wallert (Hg.), Troja, Brücke zwischen Orient und Okzident (Tübingen 1992) 87–108.

Hartmut Döhl, Heinrich Schliemann. Mythos und Ärgernis. Report Archäologie (München 1981).

Peter Goessler, Wilhelm Dörpfeld. Ein Leben im Dienst der Antike (Stuttgart 1951).

Wilhelm Dörpfeld, Troja und Ilion. Ergebnisse der Ausgrabungen in den vorhistorischen und historischen Schichten von Ilion (Athen 1902).

MYKENE, TIRYNS, ORCHOMENOS

DIE ENTDECKUNG EINER BRONZEZEITLICHEN HOCHKULTUR

BERNHARD HEEB

Perseus, Herakles, Eurystheus Amphitryon, Atreus, Klytämnestra, Minyas und natürlich Agamemnon: Klingende Namen der griechischen Mythologie. Das Wissen um sie und ihre Taten, die mit den Stätten Mykene, Tiryns oder Orchomenos in Verbindung stehen, war im Bildungskanon des europäischen Bürgertums des 19. Jahrhunderts tief verankert. Eine konkrete Vorstellung von der materiellen Kultur des vorklassischen Griechenlandes hatte aber noch niemand. Nur Beschreibungen aus Homers Werken warfen ein grobes Licht auf Gegenstände wie Geschirr, Waffen und Kultgerät. Seine Darlegungen waren aber keine zeitgenössischen. Eine weitere Ausschmückung der ägäischen Bronzezeit war so weitgehend der eigenen Fantasie überlassen bzw. den bemalten Gefäßen des eisenzeitlichen, also des späteren, Griechenlands geschuldet. Das änderte sich zum einen mit den Grabungen von Heinrich Schliemann in Troja und Griechenland sowie wenige Jahre später auch durch die Untersuchungen von Arthur Evans auf Kreta. Die Forschungen beider Männer erhellten schlagartig die Grundzüge der bronzezeitlichen Hochkulturen, die Griechenland über Jahrhunderte prägten und zeigten das Bild einer hochentwickelten Gesellschaft mit einem prächtigen materiellen Erbe.

ZEITLICHE UND BEGRIFFLICHE VORBEMERKUNGEN

Die Bronzezeit Griechenlands (abgesehen von Kreta) wird allgemein mit dem Begriff des »Helladikums« bezeichnet. Diese wird entsprechend der Früh-, Mittel- und Spätbronzezeit in die Stufen Frühhelladikum (darin die Phasen FH I bis III – ca. 3000 bis 2100 v. Chr.), Mittelhelladikum (MH I bis III – ca. 2100 bis 1600 v. Chr.) und Späthelladikum (SH I bis III – ca. 1600 bis 1100 v. Chr.) eingeteilt **s. Tabelle**. Als mykenische Zeit wird das Späthelladikum bezeichnet, an dessen Anfang die folgend beschriebenen Königsgräber des Gräberrunds A in Mykene stehen. Sie datieren also in die Stufe SH I. Die sogenannte mykenische Palastzeit, die die Blütezeit der mykenischen Kultur darstellt, beschränkt sich auf Abschnitte der späten Phase SH III und dauerte etwa vom Ende des 15. Jahrhunderts v. Chr. bis zum Beginn des 12. Jahrhunderts v. Chr. In dieser Zeit hatte die mykenische Kultur ihre größte Ausdehnung und ihr Einfluss reichte von der kleinasiatischen Westküste, über die Inseln der Ägäis und Kreta, über den gesamten Peloponnes bis nach Böotien, Attika und wahrscheinlich gar nach Thessalien im Norden.

Tabelle Relative und absolute Chronologie in Mykene

vor Christus	Phase	Epoche	Bauten
1650 bis 1600	MH IIIB	Späte Mittelbronzezeit	Gräberrund B
1600 bis 1400	SH I	Frühmykenische Zeit	Gräberrund A
	SH II A		
	SH II B		
1400 bis 1200	SH III A1	Mykenische Palastzeit	Kyklopische Mauern, Palast und Löwentor
	SH III A2		
	SH III B1		
	SH III B2		
1200 bis 1100	SH III C	Mykenische Nachpalastzeit	

Abb. 1 Das Löwentor in Mykene

In vielen dieser Regionen entwickelten sich aus wichtigen Siedlungen mächtige sogenannte Palastzentren, die über ihr Umland herrschten und dieses administrativ prägten. Als solche Palastzentren gelten u. a. Mykene, Tiryns, Pylos, Athen, Orchomenos und Knossos. In dieser Epoche spielt auch der Trojanische Krieg. Um kurz nach 1200 v. Chr. wurden die Paläste aus bislang unbekannten Gründen zerstört. Obwohl die mykenische Kultur noch weiterexistierte, war ihr Niedergang nicht mehr aufzuhalten und nach dem 11. Jahrhundert v. Chr. war sie endgültig erloschen.

Im folgenden Text erscheinen häufig das in der Wissenschaft gebräuchliche Attribut »mykenisch« und Eigennamen von Gräbern oder anderen Stätten wie »Schatzhaus des Atreus« oder »Palast des Nestor«. Zur Erklärung sei hier dargelegt, dass die Bezeichnung »mykenische Kultur« eine moderne ist und letztlich auch auf Schliemann zurückgeht. Die Menschen dieser spätbronzezeitlichen Epoche nannten sich nicht Mykener und hätten mit unserem modernen Konstrukt einer sogenannten mykenischen Kultur wahrscheinlich nichts anzufangen gewusst. Bei Homer werden die griechischen Belagerer Trojas als Achäer bezeichnet, was in etwa deckungsgleich mit den Trägern der mykenischen Kultur zu sehen ist und wahrscheinlich einer damaligen Eigenbenennung am nächsten kommt.

Die Eigennamen speziell der Kuppelgräber oder von Gebäuden sind ebenfalls modern und stets willkürliche Benennungen. Es gibt keine Anhaltspunkte oder gar Beweise dafür, dass beispielsweise im »Schatzhaus des Atreus« auch tatsächlich ehemals Atreus bestattet gewesen ist. Dasselbe gilt für die angeblichen Gräber Klytämnestra oder Ägisthos in Mykene oder für das Kuppelgrab »Schatzhaus des Minyas« in Orchomenos.

DIE GRÄBER MYKENES

Schliemann war nicht der erste, der in Mykene die Gräber von Königen zu finden hoffte. Die teilweise noch gut sichtbaren und riesigen Kuppelgräber waren lange vor seinem Auftreten geplündert worden. Er war jedoch der erste, der die Überlieferung des antiken Geografen Pausanias (2. Jahrhundert n. Chr.) zur Lage der Königsgräber in anderer Weise interpretierte und sich so für eine Grabungsstelle innerhalb der zyklopischen Mauer entschied.

Mit den frischen Eindrücken aus Troja begann er im Jahr 1874 zum ersten Mal in Mykene in kleinem Maßstab auf der dortigen Akropolis zu graben. Ähnlich wie in Troja tat er das zunächst ohne eine offizielle Genehmigung und wurde auch prompt dazu gezwungen, die Arbeiten einzustellen. Im Jahr 1876 begannen die offiziellen und genehmigten Grabungen. Während er sich vom Löwentor **Abb. 1, 2** ausgehend über einen Suchschnitt in den Innenbereich der Oberstadt vorarbeitete, begann Sophia Schliemann das westlich unterhalb der Oberstadt gelegene große Kuppelgrab (»Grab der Klytämnestra«) freizulegen, in der Hoffnung dort eine unberührte Bestattung vorzufinden **Abb. 3.** Das Grab war aber bereits 1808 von Veli Pascha, dem Sohn des damaligen osmanischen Paschas in Griechenland, ausgegraben bzw. geplündert worden. Ob es zu dieser Zeit noch unberührt gewesen war, ist jedoch unbekannt. In den Wochen ihrer Arbeit war Sophia Schliemann hauptsächlich mit der Weg-

Abb. 2 Das Löwentor in Mykene

Abb. 3 Sophia Schliemann am Zugang zum »Grab der Klytämnestra«, Holzstich.

Abb. 4 Blick auf das Gräberrund A mit den Resten des doppelten Plattenrings

schaffung von Schutt und der baulichen Sicherung des Dromos, des Zugangskorridors ins Grab, beschäftigt, so dass sie nur einen Teil des Innenraums freilegen konnte.

Ihr Ehegatte hingegen war in der Oberstadt ungleich erfolgreicher. Er stieß südlich des Löwentors, das er auch freilegen ließ, auf die Reste eines doppelten Kreises aus senkrechten stehenden Steinplatten mit einem Durchmesser von ca. 28 m und in dessen Inneren auf fünf Schachtgräber, die unterschiedlich tief in den Boden und Felsen eingegraben waren **Abb. 4**. Dieser Fundort wird heute als Gräberrund A bezeichnet. So wie Schliemann den Angaben Homers in Troja folgte, so folgte er hier den Angaben von Pausanias (Pausanias II 16.4 ff.). Doch scheint ihm eine mögliche Fehlinterpretation den richtigen Weg gewiesen zu haben. Pausanias berichtet (recht ungenau) davon, dass »Agamemnon selbst und die mit ihm Ermordeten« innerhalb »der Mauer« bestattet seien. Seiner Frau und Mörderin Klytämnestra hingegen soll eine Bestattung dort verwehrt geblieben sein, und ihr Grab läge von der Mauer etwas entfernt. Schliemann bezog diese Aussage auf die weithin sichtbaren zyklopischen Mauern der Oberstadt. Was bzw. welche Mauer Pausanias aber genau meinte, bleibt unklar. Es ist mithin nicht unwahrscheinlich, dass Pausanias im Fall von Klytämnestra eines der Kuppelgräber im Sinne gehabt haben könnte, die bis zu einem halben Kilometer von der Akropolis entfernt und damit ganz außerhalb des Stadtgebietes stehen. Die Beschreibungen von Pausanias haben aber ohnehin wie die Homers das Problem, dass sie sich nicht auf Zeitgenössisches beziehen. Wo Homer mythische Geschehnisse beschreibt, die Jahrhunderte zurücklagen, da beschreibt Pausanias Gräber, deren Bau und Benutzung bereits über anderthalb Jahrtausende vor ihm lagen.

Heute wissen wir, dass die Kuppelgräber fürstliche Grablegen einer jüngeren späthelladischen Phase waren. Die jüngsten und größten unter ihnen (»Grab der Klytämnestra«, »Schatzhaus des Atreus«, »Grab der Genien«) stammen aus der mykenischen Palastzeit, in der auch der trojanische Krieg stattgefunden haben soll (siehe oben). Das alles wusste Schliemann natürlich noch nicht. Seine Gräber aus dem Gräberrund A sind etwa 300 Jahre älter, waren für die möglichen Vorfahren Agamemnons angelegt worden und datieren an den Beginn des frühen Späthelladikum ab ca. 1600 v. Chr. (SH I). Somit lag Schliemann, ähnlich wie beim »Schatz des Priamos«, zeitlich falsch. Seine Funde jedoch definierten das Bild der mykenischen Kultur bzw. erhellten überhaupt zum ersten Mal deren materielle Hinterlassenschaften.

Die Schachtgräber waren nahezu unangetastet und alle reich ausgestattet. Sie waren ursprünglich Teil einer größeren bereits in der mittelhelladischen Epoche genutzten Nekropole gewesen, die sich nach Westen einen Hang hinunterzog. Zu dieser Zeit existierte wahrscheinlich noch keine größere Unterstadt. Die Nekropole wurde bei der Erweiterung der Mauer um die Akropolis im 13. Jahrhundert weitgehend zerstört, jedoch die reichen Schachträber integriert. Die Umbauarbeiten führten dazu, dass das einst abschüssige Gelände durch den Bau einer massiven Böschungsmauer aufgeschüttet und eingeebnet wurde. Auf der so geschaffenen Fläche entstand das Rund der doppelten Plattenreihen **Abb. 5**. Etwa zur selben Zeit (um 1250 v. Chr.) wurde auch das berühmte Löwentor installiert. Über den Schachtgräbern hatten bis dahin möglicherweise Grabhügel gestanden, die von einzelnen Steinstelen gekrönt waren. Durch die Inkorporation in die Umfassungsmauer der Akropolis und durch die Anlage des Gräberrundes wurde die Stelle um die älteren Gräber besonders hervorgehoben, wahrscheinlich als ein Ort der Ahnen- und Heldenverehrung. Auch wenn die Grabstelen mit der Bildseite nach Westen wohl noch aufrechtstehend zu sehen waren, lagen die Schachtgräber nun tiefer unter der eingeebneten Fläche. Dieser Umstand und die besondere Bedeutung der älteren Gräber auch noch in späthelladischer Zeit waren sicherlich die Gründe, warum sie weitgehend unangetastet blieben. Mykenes politischer Abstieg begann etwa ab 1200 v. Chr. und führte im 3. Jahrhundert v. Chr. zur vollständigen und endgültigen Auflassung der einst mächtigsten Stadt Griechenlands. Mit dem Niedergang Mykenes ging wahrscheinlich auch ein allmähliches Vergessen um die alten Gräber einher. Das Gräberrund verlor seine Funktion

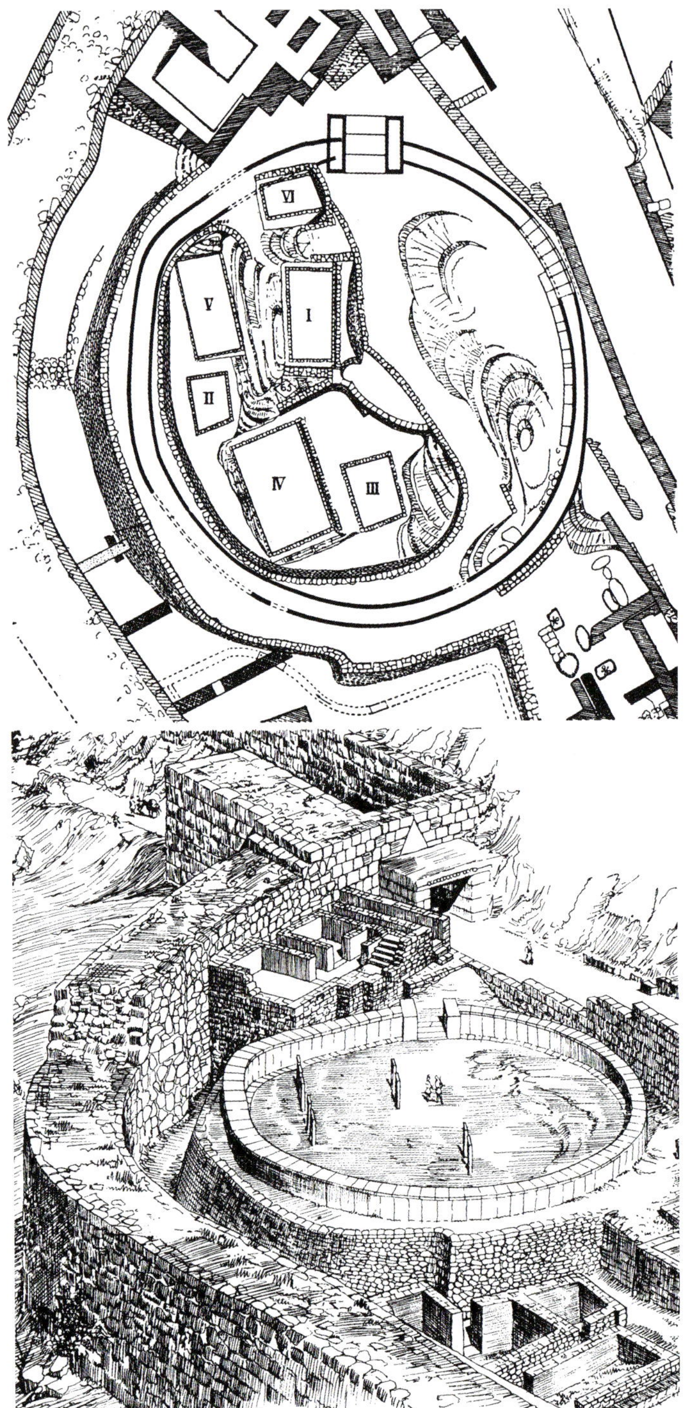

Abb. 5 Aufsicht und Rekonstruktion des Gräberrunds A

als Ort der Ahnenverehrung, erfuhr weitere Umgestaltungen und der freie Platz war zum Ende seiner Nutzung wohl eher eine Agora. Dass die Gräber in hellenistischer Zeit schon vollständig vergessen gewesen sein dürften, war ein weiterer Schutz vor Plünderung. Dieses Glück hatten die stets sichtbaren jüngeren Kuppelgräber nicht.

Schliemann stieß bei den Grabungen 1874 innerhalb des doppelten Steinplattenrings zunächst nur auf einzelne Funde und auf eine Steinplatte, die er aber richtig als mögliche Grabstele interpretierte **Abb. 6**. Die Funde veranlassten ihn 1876 dort weiter zu graben, wo er schließlich auf das erste Schachtgrab stieß (heute »Grab V«, bei Schliemann »Grab I«). Aus diesem Grab kamen einige der bekanntesten Funde wie die Stele mit Streitwagenszene oder die sogenannte »Goldmaske des Agamemnon« ans Tageslicht **Abb. 7**. Besonders ist der angebliche Fund einer möglichen Mumie. Von ihr zeugen heute nur noch Schliemanns Beschreibungen und ein Bild, das er während der Bergung anfertigen ließ. Ob es sich dabei um eine tatsächliche Mumie, also einen durch intentionelle chemische oder physische Behandlungen vor Verwesung geschützten menschlichen Körper, oder eher um eine Laune der Natur handelte, ist unklar. Da die »Mumie« vom griechischen Mitausgräber Panagiotis Stamatakis in seinen ansonsten recht detaillierten Grabungsaufzeichnungen gar nicht erwähnt wird, ist deren Existenz ohnehin nicht gesichert. Dennoch wird hin und wieder wegen dieser »Mumie« auf mögliche Kontakte mit und Einflüsse aus Ägypten spekuliert.

Allen Gräbern war gemein, dass ihre Schächte bis in den Felsuntergrund eingetieft und ihre Seitenwände aus Felssteinen gemauert oder mit Schieferplatten ausgekleidet waren. Auf dem Felsengrund der jeweiligen Gräber war, nach der Beschreibung Schliemanns, eine Schicht Kieselsteine aufgebracht, auf die die Toten mit den Beigaben ge-

Abb. 6 Grabstele aus dem Gräberrund A (NAM Π 1434-38)

Abb. 8 Prächtig verzierte Kanne aus Ton aus Schachtgrab I (NAM Π 199)

bettet waren. Darüber war eine weitere Schicht aus Kieselsteinen gelegt. Hinsichtlich ihrer Dimensionen konnten die Grabschächte sehr unterschiedlich sein. So weist das größte Grab IV eine Seitenlänge von 6,55 x 4,10 m auf, wohingegen das kleinste Grab VI »nur« auf 3,15 x 1,85 m kommt. Entsprechend unterscheiden sich die Gräber auch hinsichtlich Einbauten, Ausgestaltung, Belegung und Beigaben.

In Grab I (nach Schliemann »Grab II«) waren drei Frauen mit dem Kopf nach Osten liegend bestattet. Neben goldenen Kleidungsbesätzen, kleinen Idolen aus gebranntem Ton und Silbergefäßen fand sich vor allem eine prächtig bemalte Keramikvase mit floralem Muster, die als mitprägend für den frühen Keramikstil des Späthelladikums gelten darf **Abb. 8**.

In Grab II (nach Schliemann »Grab V«) war ein Mann beigesetzt, dessen Kopf gen Osten lag. Neben kostbaren Waffen hatte er ein goldenes Diadem und einen goldenen Becher bei sich.

Aus Grab III (auch nach Schliemann) wurden die Überreste dreier Frauen und deren Beigaben geborgen. Wahrscheinlich waren hier auch zwei Kinder bestattet. Darauf weisen goldene Bleche im Grab hin, die zur Abdeckung der Körper dienten und deren Form wiedergeben. Neben Diademen und Gefäßen aus Gold fand sich Schmuck aus Halbedelsteinen und Bernstein und hunderte Zierbleche und verzierte Blechelemente aus Gold **Abb. 9**. Die Bestattungen müssen in diesem Grab über einen längeren Zeitraum erfolgt sein, sodass von einer Familiengrablege ausgegangen werden darf.

Grab IV (auch nach Schliemann) enthielt die reichsten Beigaben. In etwa 4 Meter Tiefe und oberhalb der eigentlichen Bestattungen fand Schliemann einen, so wie er es nannte, Totenaltar, zwei Steinplatten und eine kurze Säule. Der ovale Altar war aus Felsgestein gemauert und wies in seiner Mitte, einem Brunnen ähnlich, eine Öffnung auf, sodass er möglicherweise in Zusammenhang mit Trankopfern zur Totenehrung gesehen werden kann. Schliemann ging davon aus, dass der Altar auf der alten Oberfläche stand und das Grab einst markierte. Von den insgesamt fünf Toten waren drei (ein Mann und zwei Frauen) mit dem Kopf nach Osten beigesetzt. Zwei Männer lagen im nördlichen Bereich des Grabes, mit dem Kopf nach Norden. An Beigaben besonders hervorzuheben sind die goldenen Masken und Brustplatten der Männer, die goldenen Diademe der Frauen, ein silberner Stierkopf, ein goldener Löwenkopf, goldene Gefäße **Abb. 10**, zahlreiche kostbare Waffen, Gegenstände aus Fayence und nicht zuletzt der sogenannte

Abb. 7 Die sogenannte Goldmaske des Agamemnon, Stich

Nestorbecher. Dessen Bezeichnung geht in Anlehnung an Homer auf Schliemann zurück. Auch bei Grab IV ist davon auszugehen, dass die Bestattungen über einen längeren Zeitraum erfolgten.

Grab V wurde weiter oben schon kurz beschrieben und Grab VI wurde nicht von Heinrich Schliemann entdeckt, sondern ein Jahr später von Panagiotis Stamatakis. Es enthielt zunächst nur eine Männerbestattung, deren Reste aber später im Grab zur Seite geschoben worden waren, um einem weiteren männlichen Leichnam Platz zu machen. Neben Waffen fand man Keramikgefäße und einen goldenen Becher.

Eingehende Beschreibungen finden sich für die zuerst gefundenen fünf Gräber bei Heinrich Schliemann 1878 und zu allen sechs Gräbern bei Georg Karo 1930/33 (siehe Literatur).

Die Belegung der Schachtgräber des Gräberrunds A erfolgte innerhalb eines Zeitraums von nur maximal 100 Jahren (ca. 1600 bis ca. 1500 v. Chr. – SH I bis SH IIA) und damit nur über etwa drei Generationen hinweg. Danach begann der Bau der Kuppelgräber. Ältere Gräber im Bereich des Rundes, die noch als letzte Reste der alten mittelhelladischen Nekropole gelten dürfen, wurden sowohl von Schliemann als auch von Stamatakis bemerkt und ausgegraben. Da sie nur wenige Beigaben enthielten, sahen es beide nicht als notwendig an, sie zu dokumentieren. Somit ist außer den Funden nichts über sie bekannt.

Abb. 9 Verziertes Goldblech aus Schachtgrab III (NAM Π 25)

Abb. 10 Kantharos aus Gold aus Schachtgrab IV (NAM Π 440)

Einige Sätze müssen an dieser Stelle dem schon erwähnten griechischen Archäologen und Mitausgräber Panagiotis Stamatakis gewidmet werden, der Schliemann von der Archäologischen Gesellschaft in Athen zur Seite gestellt worden war. Auf ihn geht die heutige Zählung der Gräber zurück. Das Verhältnis beider Männer darf als angespannt beschrieben werden, hauptsächlich weil Schliemann unter den Augen des wesentlich jüngeren und ambitionierten Stamatakis nicht mehr ganz frei arbeiten konnte und sich durchaus rechtfertigen musste. Das hat einer Persönlichkeit wie Schliemann sicherlich missfallen. Stamatakis hingegen misstraute Schliemann und warf ihm vor, er würde unwissenschaftlich arbeiten und alles der Auffindung homerischer Funde unterordnen. Stamatakis führte 1877/78 die Arbeit Schliemanns am Gräberrund A fort und entdeckte dabei das etwas abseitig gelegene Grab VI. Sein Verdienst besteht nicht zuletzt darin, zu den Grabungen Schliemanns zusätzliche detaillierte Aufzeichnungen angefertigt zu haben. Er verstarb bereits 1885 im Alter von nur 45 Jahren.

Im Jahr 1951 fand man durch Zufall bei Ausbesserungsarbeiten am »Grab der Klytämnestra« das Gräberrund B, dessen Beginn wohl etwas früher als Gräberrund A in die Stufe Mittelhelladikum (MH IIIB) und somit ins letzte Viertel des 17. Jahrhunderts v. Chr. datiert. Das Gräberrund B beherbergte mit 26 Grablegen wesentlich mehr als Gräberrund A, doch waren sie weniger reich ausgestattet. Es scheint, als seien die mittel- bis frühmykenischen Eliten zunächst in Gräberrund B deutlich unterhalb der Akropolis bestattet worden. Wenig später waren solche gehobenen Bestattungen aber am Hang weiter nach oben in das Gräberrund A verlagerten worden. Da die beiden Bestattungsplätze sich zeitlich sehr nahestehen und teils überlappen, wird in manchen (oft älteren) wissenschaftlichen Abhandlungen argumentiert, es handele sich um die Grablegen zweier Zweige der Königsfamilie, die in Konkurrenz gestanden hätten. Beide Bestattungsplätze entstanden lange vor dem Aufkommen der mykenischen Paläste und haben mit der eigentlichen Blütezeit der mykenischen Kultur, auch wenn sie deren Vorboten sind, noch nichts zu tun.

DIE BURG VON TIRYNS

Weniger als 15 Kilometer südlich von Mykene steht die Burg von Tiryns. Beide Stadtanlagen existierten weitgehend zeitgleich und doch sind sie sehr verschieden. Anders als Mykene steht Tiryns nicht am Fuße einer bergigen Landschaft, sondern auf einer mit ca. 20 Metern Höhe die weite Schwemmebene überragenden Kalkfelsformation unweit des Argolischen Golfs; einst wahrscheinlich nur wenig von der Küstenlinie entfernt **Abb. 11**. Die Akropolis von Tiryns ist gänzlich anders gegliedert als die in Mykene und lässt sich in eine Ober-, Mittel- und Unterburg unterteilen **Abb. 12**. Gemein haben beide Städte aber die zyklopischen Mauern um die jeweilige Akropolis und die Existenz eines Palasts. Der Legende nach sollen die Herrscher von Tiryns Mykene gegründet haben.

Auch für Tiryns liegen von Pausanias antike Beobachtungen vor (Pausanias II 25, 8, IX, 36.5 f.). Er beschreibt darin ausschließlich die riesigen Steine der zyklopischen Mauer, die er bezüglich der Baukunst gar mit den ägyptischen Pyramiden vergleicht. Archäologisch waren diese Beschreibungen für Schliemann von Bedeutung, da er der Meinung war, diese Mauern gehörten aufgrund der Größe und Art der Bearbeitung zu den ältesten Denkmälern Griechenlands. Daher wollte er sie untersuchen und datieren. Die Steine der Mauer in Tiryns erscheinen tatsächlich von anderer bzw. gröberer Art und vor allem in Teilen nochmals größer als die in Mykene. Aus diesem Grund wurden die tirynthischen Mauern in früheren Abhandlungen oft als älter angesehen, was den mythischen Überlieferungen entsprochen hätte.

Abb. 11 Die Burg von Tiryns mit ihren kyklopischen Mauern. Mittig ist die Palastanlage zu erkennen. Luftbildaufnahme aus Südwest

Eine erste Untersuchung erfolgte im Jahr 1876. Auf der obersten Fläche der Akropolis (Oberburg) ließ Schliemann einen »langen und tiefen Graben« anlegen. Hier, aber auch in den unteren Bereichen der Burg und außerhalb der Mauer ließ er zudem insgesamt 20 tiefe Schächte graben. In den Jahren 1884 und 1885 erfolgten mit Unterstützung durch Wilhelm Dörpfeld umfassendere Untersuchungen, die 1886 in die erste wissenschaftliche Darlegung und Publikation der Baubefunde einer mykenischen Burg- und Palastanlage mündete. Ein Meilenstein in der Erforschung der mykenischen Kultur!

In den Schnitten und tiefen Schächten stieß Schliemann ähnlich wie in Troja bis in frühbronzezeitliche bzw. hier in frühelladische Schichten vor. Seine Analysen und Vergleiche der Fundstücke aus den verschiedenen Tiefen zeigen ein zunehmendes Verständnis über die zeitlichen Abfolgen und Zusammenhänge seiner Grabungsstätten. Es scheint als sei Schliemann in Tiryns (mit den Erfahrungen aus Troja und Mykene) methodisch zum ernsthaften Wissenschaftler gereift. Es ist nicht nachvollziehbar, ob ihm darauf aufbauend auch die falsche zeitliche Zuordnung des Priamosschatzes im Nachhinein bewusst war. Jedoch erkannte er und verstand durch seine Ergebnisse, dass zeitgleich in Mykene und Tiryns um 1200 v. Chr. eine Zerstörung der Anlagen (durch ein Erdbeben?) erfolgt war, die den Niedergang der mykenischen Kultur einleitete und als überregionales Phänomen zu betrachten ist. Das Besondere an den großflächigen Grabungen in Tiryns war die Freilegung des späthelladischen Palastes mit den Resten seiner großzügigen Architektur und seiner prächtigen Ausgestaltung **Abb. 13**. Hier waren, im Gegensatz zur Akropolis in Mykene, unter einer Brandschicht auf der Oberburg die Grundmauern und Fußböden noch gut erhalten. Durch diese Ausgrabungen begann man zu verstehen, wie die mykenischen Paläste angelegt waren und wie das mykenische Palastsystem funktionierte.

Die Forschungen wurden in den folgenden Jahrzehnten, auch durch Dörpfeld, fortgesetzt und dauern bis in die

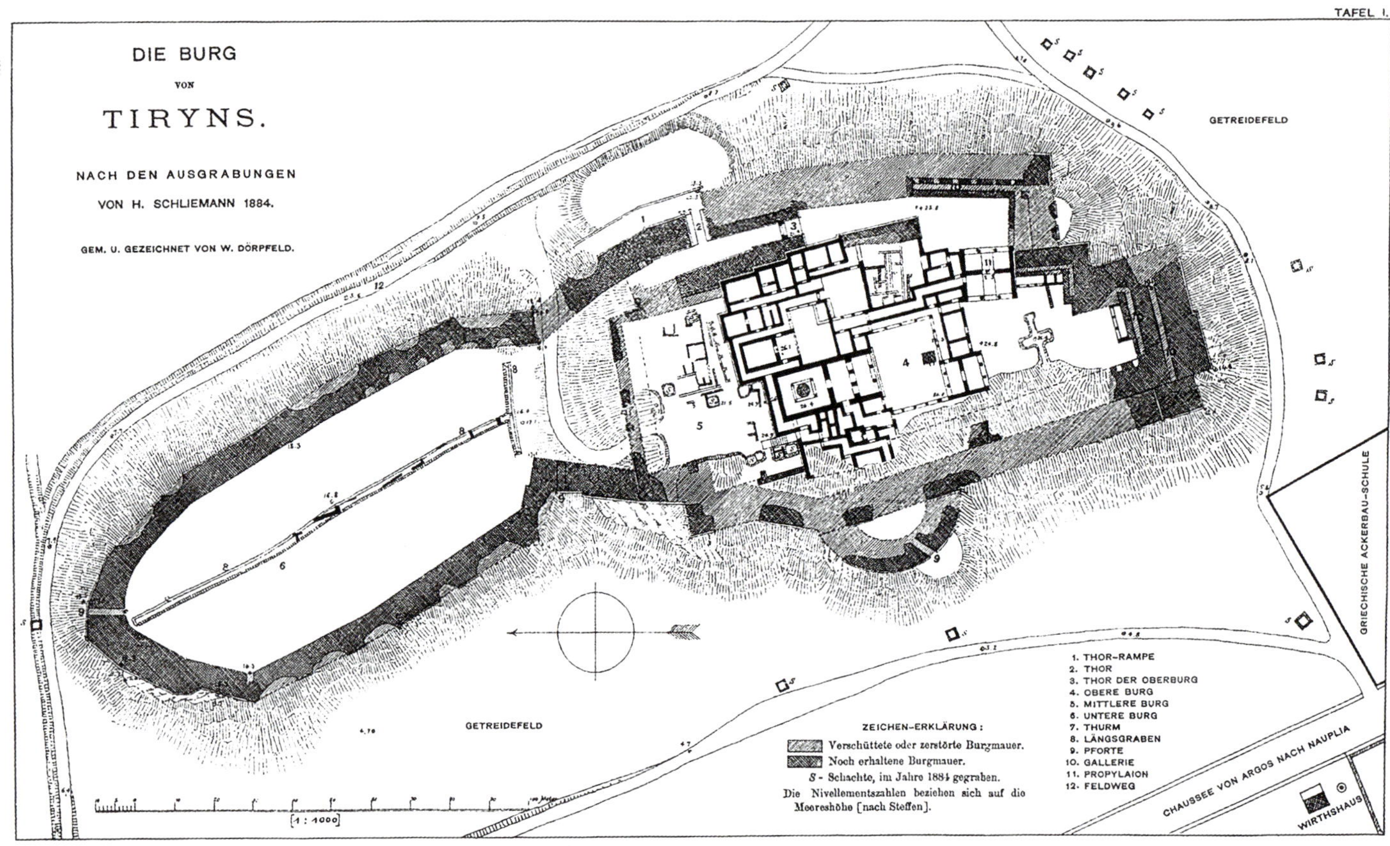

Abb. 12 Plan von Tiryns mit Ober-, Mittel- und Unterburg

Gegenwart an. Tiryns darf als einer der am besten erforschten Orte der mykenischen Kultur gelten.

ORCHOMENOS – EINE ENTTÄUSCHUNG?

Im der mittelgriechischen Landschaft Böotiens liegend ist dieses Palastzentrum ein weit nördlich gelegener Zeuge der mykenischen Kultur. Gegraben hat Heinrich Schliemann dort in den Jahren 1880, 1881 und 1886, wobei er speziell im letzten Jahr den Hauptteil der Arbeit Wilhelm Dörpfeld überließ. Zu keiner Zeit waren die Aktivitäten in Orchomenos so umfangreich oder ambitioniert wie in Mykene oder Tiryns. Was also hoffte Schliemann hier, außerhalb des mykenischen Kernlandes, zu finden? Wieder sind es die Angaben des Pausanias (Pausanias IX 36, 4), die den Forschungen Schliemanns zugrunde liegen. Dort wird erwähnt, dass der mythische Herrscher Minyas so große Reichtümer angehäuft hätte, dass er ein großes Schatzhaus bauen musste. Nach Pausanias Angaben war es gar ein »Wunderbau« (Pausanias IX 38, 3), der keinen Vergleich in oder außerhalb Griechenlands zu scheuen brauchte. So galt Schliemanns zwar nicht alleiniges, aber vornehmliches Interesse dem großen Kuppelgrab, dem sogenannten Schatzhaus des Minyas **Abb. 14**. Dieses »Schatzhaus« konnte es ehemals in Größe und Pracht nahezu mit dem »Schatzhaus des Atreus« in Mykene aufnehmen. In weiten Teilen gebaut aus Marmor, war speziell die Nebenkammer aufwendig und qualitätsvoll gestaltet **Abb. 15**. Das gewaltige, größtenteils jedoch unterirdische Kuppelgrab, muss Jahrhunderte lang eine weithin bekannte Wegmarke gewesen sein. Zu Zeiten Schliemanns war die Kuppel bereits eingestürzt und Steine für andere Gebäude als Baumaterial verwendet worden. Die von Pausanias beschriebene Pracht war bei Ankunft

Abb. 13 Fresko des »Stierspringers« aus dem Palast in Tiryns (NAM Π 1595)

Abb. 14 Das sogenannte Schatzhaus des Minyas aus dem 13. Jahrhundert v. Chr.

Abb. 15 Die prächtig ausgestaltete Nebenkammer des »Schatzhauses des Minyas«

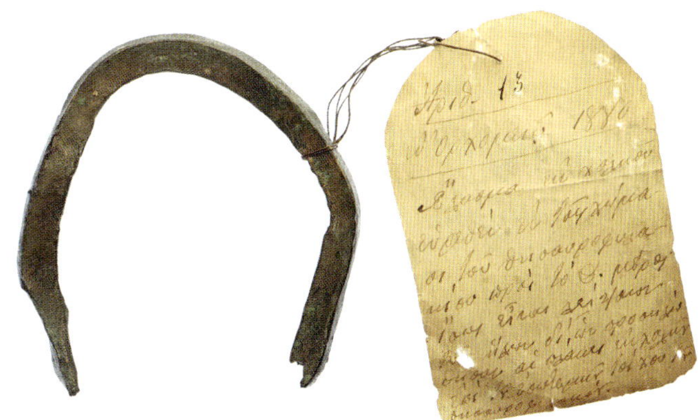

Abb. 16 Bronzegriff aus Orchomenos mit von Sophia Schliemann beschriftetem Etikett (NAM Π 13598)

Schliemanns lange vergangen. Schätze waren keine mehr zu finden und die Ergebnisse und Funde wahrscheinlich eher enttäuschend für ihn **Abb. 16**. Doch andere Aspekte und Erkenntnisse rückten als Ergänzung zu Mykene und Tiryns in den Vordergrund. Bei den Grabungen in den Siedlungsschichten wurde eine feine und hart gebrannte, graue Keramik geborgen, die Schliemann in Anlehnung an den mythischen Herrscher »minysche« Keramik benannte. Sie gilt als typisch für die vormykenische bzw. mittelhelladische Phase der griechischen Bronzezeit. Das Kuppelgrab selbst datiert in die späthelladische Zeit bzw. mykenische Palastzeit und wurde im 13. Jahrhundert v. Chr. errichtet.

AUF DEN SPUREN NESTORS – HÖHLE UND PALAST

Im Jahr 1888 unternahm Heinrich Schliemann kleinere Untersuchungen nördlich der heutigen Stadt Pylos auf dem südwestlichen Peloponnes. Ziel seiner Grabungen war der Palast des Königs Nestor, Teilnehmer der mythischen Fahrt der »Argo« und später der alte und weise Ratgeber des mykenischen Königs Agamemnon im Krieg von Troja. Auch hier wandelte Schliemann auf den Spuren Homers und vermutete den Palast wohl im Bereich der mittelalterlichen Festung (Palaiókastro) oberhalb der Küste von Navarino. Dort ließ er graben – jedoch ohne Erfolg, und über die Ausmaße seiner Untersuchungen ist eigentlich nichts bekannt. In einer steilen Felswand unterhalb dieser Festung liegt die »Höhle des Neleus«, die heute eher unter der Bezeichnung »Höhle des Nestor« bekannt ist **Abb. 17**. Dieser interessante Ort, der nicht nur mit den Erzählungen zu Neleus, dem Sohn des Poseidon, sondern u. a. auch mit Hermes in Verbindung gebracht wird, muss auf Schliemann eine große Anziehung ausgeübt haben. Auch dort ließ er einen Schnitt anlegen, der anhand von Scherben zumindest eine mykenische Nutzung der Höhle nahelegte. Weitere archäologische Aktivitäten sind von ihm hier nicht überliefert, und die Entdeckung und Freilegung des mykenischen »Palasts des Nestor« war dem US-amerikanischen Archäologen Carl Blegen ab 1952 einige Kilometer landeinwärts vergönnt **Abb. 18**.

DIE MYKENISCHE KULTUR (HEUTE)

Wie die mykenische Kultur zeitlich, räumlich und terminologisch definiert ist, war bereits am Anfang dieses Bei-

Abb. 17 In der linken Bildhälfte ist die alte Festung oberhalb der Küste von Navarino zu erkennen. Darunter liegt, als schwarzer Punkt, die »Höhle des Nestor«.

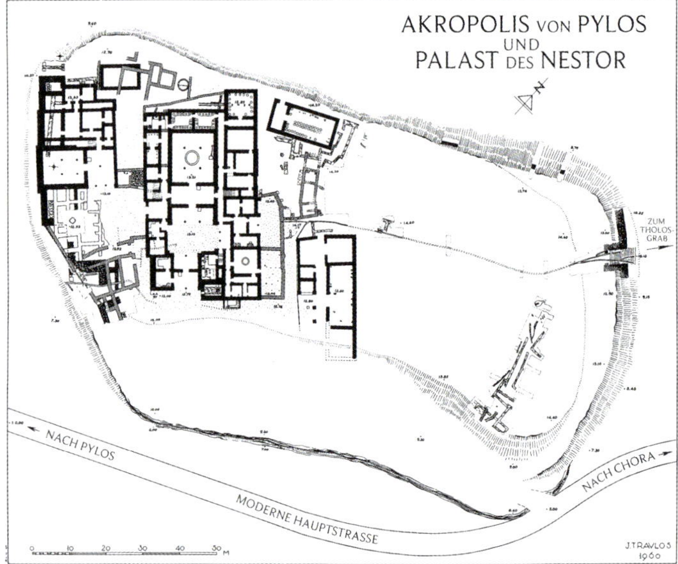

Abb. 18 Grundriss des »Palasts des Nestor«

trags kurz umrissen worden. Was sie aber als eigenständige und bedeutende Kultur der späten Bronzezeit im östlichen Mittelmeer ausmacht, wird dadurch nicht beschrieben. Natürlich hat sich das Bild seit Schliemann immens weiterentwickelt und ausdifferenziert, sodass uns heute recht große Teile der gesellschaftlichen und ökonomischen Strukturen bekannt sind. Die früh- und mittelmykenische Zeit führt in ihren gesellschaftlichen (abzulesen auch an den Grabformen) und materiellen Entwicklungen auf die Blüte in der Palastzeit hin. Diese macht die klassische mykenische Epoche aus, in der große Gebiete um die Palastzentren herum von diesen beherrscht und organisiert waren. Dabei spielte der Palast auf mehreren Ebenen die Hauptrolle. Zum einen war er der Sitz eines Königs und seiner Beamten, zum anderen wurde von hier aus das beherrschte Gebiet zentralistisch gelenkt. Durch die sogenannte Palastwirtschaft wurden Abgaben und Güter in Form von Lebensmitteln und Rohprodukten erhoben bzw. gesammelt und dokumentiert. Am Palast wurden durch die ansässigen Spezialisten und Handwerker aus bestimmten Rohmaterialien hochwertige Güter produziert, die über die Palastverwaltung verhandelt oder verteilt wurden. Dieses redistributive umverteilende System war ein Merkmal früher arbeitsteiliger Gesellschaften, wie es auch für Hochkulturen Vorderasiens belegt ist. Der Palast beherbergte oft die besten Handwerker, um die Herstellung hochwertigster Güter zu kontrollieren, die nicht selten für den Fernhandel von großer Bedeutung waren. Auch wenn die Herstellung von mykenischer Keramik wahrscheinlich nicht dem Palast unterstellt war, kommt sie dort in großen Mengen und auch als weitverbreitetes Exportgut weit außerhalb Griechenlands vor. Leicht zu erkennen ist die auf der Töpferscheibe gefertigte Keramik anhand der farbigen Bemalung auf hellem Grund. Typisch sind florale Muster, geometrische Motive oder Tierdarstellungen; besonders markant dabei sind die Darstellungen von Oktopoden. In selteneren Fällen ist die Wiedergabe von Menschen belegt. Andere Wirtschaftszweige hingegen waren dem Palast angegliedert und unterstellt. Belegt sind unter anderem Textilherstellung oder Metallverarbeitung. Nicht alles, was an Luxusgütern im oder am Palast hergestellt wurde, ist auch nach außen verhandelt worden, manches ist für die Herrschenden dort verblieben.

Solche Verwaltungen waren nur mit Nutzung von Schrift funktionsfähig. Ein- und Ausgänge mussten dokumentiert werden, um die Übersicht über die Rohstoff- und Warenströme zu behalten. Aus dem engen Verhältnis zur minoischen Kultur auf Kreta heraus entstand im mykenischen Raum im 15. Jahrhundert v. Chr. die sogenannte Linear-B-Schrift **Abb. 19**. Sie wurde hauptsächlich für administrative Texte genutzt, die mit der Palastwirtschaft in Zusammenhang standen. Die minoische Kultur auf Kreta stand in vielerlei Hinsicht Pate bei der Entwicklung der mykenischen Kultur, um in späterer Zeit wiederum in dieser aufzugehen. Auf Kreta wurde schon im 18. Jahrhundert v. Chr. die bis heute weitgehend nicht entschlüsselte Linear-A-Schrift entwickelt, auf der die mykenische Schrift basiert. Sowohl die mykenische als auch die minoische Kultur gelten wegen der beschriebenen Gesichtspunkte als die ersten Hochkulturen auf europäischem Boden.

SCHLIEMANNS BEDEUTUNG

Schliemanns Untersuchungen an den griechischen Fundorten haben insofern Gemeinsamkeiten mit denen in Troja, da beides geschah, um die Legenden der griechischen Helden archäologisch zu belegen. Gemeinsam haben die Untersuchungen auch, dass Schliemann seine Grabungen dort begann, wo er glaubte anhand antiker Quellen die richtigen Stellen identifiziert zu haben. Jedoch lag er mit seinen Interpretationen zeitlich falsch, sowohl in Troja als auch in Mykene. Dennoch gelang es ihm, wichtige und grundlegende Erkenntnisse zu gewinnen, die bis heute herausragend für die archäologische Wissenschaft sind. War Schliemann in Troja zu Beginn noch völlig unerfahren, so festigt sich in den Jahren der Ausgrabungen in Griechenland allmählich das Bild eines ernstzunehmenden Wissenschaftlers, was ihn zum Entdecker der mykenischen Kultur machte.

Abb. 19 Tontafel mit Linear-B-Schrift aus dem Archiv des »Palasts des Nestor«, 13. Jahrhundert v. Chr.

Ausgewählte Literatur:

Sigrid Deger-Jalkotzy und Dieter Hertel, Das mykenische Griechenland (München 2018).

Mykene. Die sagenhafte Welt des Agamemnon. Ausstellungskatalog zur gleichnamigen Ausstellung 2018/19 (Darmstadt 2018).

Yves Duhoux und Anna Morpurgo Davies (Hg.), A Companion to Linear B: Mycenaean Greek Texts and their World. Band 1–3 (Leuven 2008–2014).

Troja · Mykene · Tiryns · Orchomenos. Heinrich Schliemann zum 100. Todestag. Ausstellungskatalog des Nationalmuseums Athen und des Museums für Ur- und Frühgeschichte der Staatlichen Museen zu Berlin (Ost) (Athen 1990).

Georg Karo, Die Schachtgräber von Mykenai (München 1930/33).

Carl Schuchhardt, Die Ausgrabungen Schliemanns in Troja, Tiryns, Mykenä, Orchomenos und Ithaka (Leipzig 1891).

Heinrich Schliemann, Tiryns. Der Prähistorische Palast der Könige von Tiryns; Ergebnisse der neuesten Ausgrabungen (Leipzig 1886).

Heinrich Schliemann, Orchomenos. Berichte über meine Ausgrabungen im böotischen Orchomenos (Leipzig 1881).

Heinrich Schliemann, Mycenae. Berichte über meine Forschungen und Entdeckungen in Mykenae und Tiryns (Leipzig 1878).

SCHLIEMANN, MYKENE, TSOUNTAS

HOMER, HELDEN UND DIE HERAUSBILDUNG DER GRIECHISCHEN NATIONALEN IDENTITÄT

KOSTAS NIKOLENTZOS

»Der große Saal des zentralen Flügels des Archäologischen Nationalmuseums, der sich neben der ägyptischen Sammlung des Förderers der Nation Ioannis Dimitriou befindet, ist für die Ausstellung der Antikensammlung der sogenannten vorhellenischen Kunst bestimmt, d. h. jener sehr frühen Altertümer, aus denen sich später mehr oder weniger die griechische Kunst entwickelte. In diesem Saal werden Altertümer dieser Art aus dem ganzen Land und aus allen Museen und Sammlungen ausgestellt, insbesondere die Funde aus Mykene und Tiryns, die Funde aus Spata in Attika und Menidi sowie die Altertümer aus Vapheio und Dimini in Thessalien. Da die mykenischen Altertümer überwiegen, soll dieser Saal ›Mykenischer Saal‹ genannt werden.«

Der obige Auszug aus dem königlichen Erlass vom 19. November 1891, mit dem die ständige Ausstellung der vorhellenischen Kunst eingerichtet wurde und eine zentrale Rolle im Archäologischen Nationalmuseum in Athen erhielt, zeigt deutlich die ideologische Sichtweise der Verantwortlichen für die Disziplin der Archäologie im späten 19. und frühen 20. Jahrhundert.

Die prähistorischen Artefakte waren nicht vergleichbar mit der unvergleichlichen Schönheit der Funde aus der klassischen, hellenistischen oder gar römischen Zeit. Darüber hinaus wurden sie nach den konservativen Grundsätzen und der Auffassung der Archäologie und der Kunstgeschichte des ausgehenden 19. Jahrhunderts nicht als Kunstprodukte »akzeptiert«. Gleichzeitig war es schwierig, sie in die lineare Erzählung von der ungebrochenen Kontinuität der Geschichte der griechischen Nation und der Herausbildung ihrer nationalen Identität einzubinden.

Um dieses Problem zu beheben, aber auch um die chronologische Lücke zwischen der prähistorischen und der historischen (klassischen) Zeit zu schließen, wurde der Schwerpunkt auf die mykenischen Altertümer gelegt. Sie wurden, unterstützt durch das Buch Μυκήναι και μυκηναϊκός πολιτισμός (*Mykene und die mykenische Zivilisation*, 1893) von Christos Tsountas, bereits mit den Helden der homerischen Epen und somit mit der Größe des hellenischen Volkes in Verbindung gebracht. Tsountas (1857–1934) war Kurator für Altertümer beim Griechischen Antikendienst, später Professor für Archäologie in Athen und gilt als Mitbegründer der wissenschaftlichen Erforschung der Vorgeschichte Griechenlands **Abb. 1**. Er schrieb: »[...] die Ausgrabung jener Epoche aus den Tiefen der Zeit war zweifellos von größter Bedeutung für die Erlangung einer umfassenderen Kenntnis der Geschichte der griechischen Nation in unserer Zeit.«

An anderer Stelle in der Einleitung desselben Buches bezog er die Epoche der homerischen Epen und die späte Bronzezeit in die Erzählung von der ununterbrochenen Kontinuität der griechischen Nation ein, indem er eine Parallele zwischen dem mykenischen Zeitalter und der Pracht des byzantinischen Reiches zog. In der Tat wird die Herrlichkeit des ersten Zeitalters in den epischen Gedichten gepriesen, während an das zweite »wenig, aber mit überwältigender Zuneigung, erinnert wird«.

Die Bestätigung der homerischen Gedichte durch die Entdeckung des Goldes von Mykene durch Heinrich

Abb. 1 Christos Tsountas als Student in Deutschland, Ende 19. Jahrhundert

Abb. 2 Temporäre Ausstellung der Mykenischen Funde in der National Bank of Greece

Schliemann hat den Griechen, die von Anfang an davon überzeugt waren, dass die mykenische Kultur Teil ihrer Geschichte ist, zu nationalem Ruhm und Stolz verholfen. Die Entdeckung der mykenischen Kultur hat zu Ehrungen und Dankesschreiben von Vereinen oder Einzelpersonen an Heinrich Schliemann geführt, dessen Ausgrabungen den größten Teil der mykenischen Sammlung des Archäologischen Nationalmuseums ans Licht brachten. Seine Forschungen beeinflussten auch den Hellenismus außerhalb Griechenlands. So schrieb beispielsweise ein Mann namens A. Zamartzides aus Therapeia (dem heutigen Tarabya) in Konstantinopel, »überwältigt von Freude und Aufregung«, um Schliemann über die Veröffentlichung eines einschlägigen Artikels in der Zeitung *Thraki* zu informieren, und schloss mit der Unterschrift »Ihr Bewunderer«. Die Griechische Gesellschaft zur Förderung der Bildung und des Lernens in Kairo wählte den Ausgräber von Mykene zu ihrem »Mitglied« und verwies auf die Entdeckung der Monumente, »die den vergangenen Ruhm und die Pracht des Hellenismus feiern«. Keiner der genannten Texte stellt die griechische Identität der Funde in Frage, da diese mit den homerischen Gedichten in Verbindung gebracht wurden.

Zudem schrieb der deutsche Archäologe in seinem Bemühen um die Grabungsgenehmigung bereits 1873 an den Minister für Volksbildung und kirchliche Angelegenheiten, dass »[…] ich mich durch die Ausgrabung von Mykene und Olympia für Griechenland nützlich machen möchte, um die uralte Geschichte Griechenlands zu erforschen«, wobei er die »griechische Identität« der Bewohner von Mykene voll akzeptierte.

Es scheint, dass die damalige Elite von der Bestätigung des historischen Kerns der homerischen Epen und der Identifizierung der Funde aus dem Gräberrund A mit konkreten Helden aus der *Ilias* (Agamemnon, Nestor usw.) tief und aufrichtig bewegt war. Perikles Dendopoulos, Schliemanns Finanzberater und Vertrauter in der griechischen Nationalbank, schrieb in seiner Antwort auf Schliemanns Antrag auf einen Kredit in Höhe von 10 000 Drachmen, dass einer der stellvertretenden Generaldirektoren der Bank »und Verehrer Homers […] nachdem er Ihren Antrag gelesen und bemerkt hatte, dass er aus Mykene geschickt worden war, sich an einen Vers aus der Ilias erinnerte, den er selbst auf das beigefügte Stück Papier schrieb […]«. Er erwähnte auch, dass die Verwaltung der Bank der Bitte Schliemanns nachkommen werde.

Die Bedeutung der Ausgrabung des Gräberrunds A war so groß, dass Schliemann nach Abschluss seines Projekts in Mykene mit König Georg I. privat zusammentraf (15. Dezember 1876), nachdem er ihn zuvor am 28. November 1876 per Telegramm über die Entdeckung der Gräber von »Agamemnon, Kassandra, Eurymedon und ihren Gefährten« informiert hatte. Möglicherweise um Druck auf die Archäologische Gesellschaft von Athen auszuüben, damit diese rasch über den Zeitpunkt, den Ort und die Art und Weise der Überführung und Lagerung der Altertümer in Athen entscheide, schlug Schliemann nach dem Treffen deren vorübergehende Verlegung in den königlichen Palast in Athen vor – eine Option, die die negative Reaktion der Archäologischen Gesellschaft von Athen hervorrief. Aber bei der Beerdigung Schliemanns in Athen betonten alle Redner, dass Schliemann »ein begeisterter Homer-Liebhaber« war und entscheidend zum Ruhm Griechenlands und zur Förderung seiner Geschichte beigetragen habe.

Bevor jedoch die Funde der ersten Ausgrabung von Mykene den Kern der prähistorischen Ausstellung des Archäologischen Nationalmuseums Athen bildeten, wurden sie im Dezember 1876 zunächst in die Keller der griechischen Nationalbank gebracht. Die Bank stellte zwei Räume zur Verfügung **Abb. 2**, einen für die Lagerung der Altertümer und den zweiten für deren wissenschaftliche Dokumentation. Den Zeitungen jener Zeit zufolge hatte eine begrenzte Anzahl von Personen die Möglichkeit, die Funde zu besichtigen und zu bewundern.

Im August 1877, nach Abschluss der Dokumentation, wurden die mykenischen Altertümer in die Nationale Technische Universität Athen gebracht, wo sie in Vitrinen ausgestellt wurden, um ihren Schutz und ihre Sicherheit zu gewährleisten. Am 18. Oktober 1877 öffnete das sogenannte »Museum von Mykene« an der Nationalen Technischen Universität seine Pforten für die Öffentlichkeit, die von den Artikeln in der Presse und den Vorträgen Schliemanns fasziniert war. Die mykenischen Altertümer blieben dort bis zum Sommer 1892, als sie dem Archäologischen Nationalmuseum zur Ausstellung im reich verzierten Mykenischen Saal übergeben wurden.

Die Hauptprinzipien ihrer Ausstellung, wie auch die der übrigen Altertümer, waren die folgenden: aufgereihte

Abb. 3 Funde hauptsächlich aus Gräberrund A, die im Archäologischen Nationalmuseum Athen Anfang des 20. Jahrhunderts präsentiert wurden.

Abb. 4 Ausstellung der Funde aus dem Gräberrund A im Archäologischen Nationalmuseum Athen

Funde, Ausstellung der »schönsten und eindrucksvollsten der geborgenen Funde«, Aufnahme möglichst vieler Funde in chronologischer und typologischer Reihenfolge und wenig Informationen für die Besucherinnen und Besucher. Unverzierte Scherben oder Gefäße und Steinwerkzeuge verdienten es natürlich nicht, öffentlich ausgestellt zu werden, wie der griechische Archäologe Andreas Skias (1861–1922) bezeichnenderweise über die Funde aus Dörpfelds Ausgrabung in Gebäudekomplexen in Nordtriphylien bemerkte. Darüber hinaus konzentrierte sich die Presse auf die Goldfunde von Schliemanns Ausgrabungen und schätzte, dass »das gesamte in Mykene ausgegrabene Gold mehr als zehn Okka [12,8 Kilogramm] wog«. Aber auch der deutsche Ausgräber betonte, dass er »eine große Anzahl von Goldartefakten, einen wahren Schatz, hergestellt aus reinem Gold«, gefunden habe.

Die Ausstellungssäle des Archäologischen Nationalmuseums wurden durch natürliches Tageslicht beleuchtet und ihre Wände waren in der Regel in einer einzigen neutralen Farbe gestrichen, mit Ausnahme des Mykenischen Saales, der aufwendig mit Wand- und Deckenmalereien verziert war, die dekorative Motive der mykenischen Kunst (z. B. Spiralen) wiedergaben **Abb. 3**. Die imposante Dekoration lenkte jedoch stark von den ausgestellten Exponaten ab, und 1957 wurden die Wandmalereien bis auf einen schmalen Fries, der aus lilien- oder efeublattförmigen Motiven bestand, entfernt.

Abb. 5 Ausstellung der Funde aus dem Gräberrund A im Archäologischen Nationalmuseum Athen, Funde aus den Schachtgräbern V und III

Nach der zerstörerischen Wirkung eines Erdbebens 1999 wurde das Archäologische Nationalmuseum im Zusammenhang mit den Olympischen Spielen 2004 renoviert und auch die Ausstellung der Prähistorischen Sammlung radikal umgestaltet **Abb. 4, 5, 6**. Ohne das Grundprinzip – die Präsentation der Funde nach ihrer chronologischen und typologischen Reihenfolge – zu verändern, wurde versucht, sie als Grabungskomplexe oder in verständlichen und zusammenhängenden thematischen Einheiten wie etwa Handel oder Religion darzustellen. Daneben wurden leicht lesbare Wandtexte und Beschriftungen angebracht.

Die mykenische Sammlung mit ihren einzigartigen Funden zieht weiterhin das Interesse der Öffentlichkeit auf sich. Durch die Anpassung ihrer Ausstellung an die aktuellen museologischen Grundsätze und die Erneuerung ihrer Präsentation unter Einsatz neuer technologischer Errungenschaften (z. B. Multimedia) wird sie auch in Zukunft für die Öffentlichkeit faszinierend bleiben.

Abb. 6 Der Mykenische Saal heute

Ausgewählte Literatur:

Dora Vasilikou, Die Chronik der Ausgrabungen von Mykene, Bibliothek der Archäologischen Gesellschaft von Athen Nr. 274, Athen. https://www.archetai.gr/images/pdfs/bae/BAE_274.pdf

Andromache Gazi, Displaying archaeology. Exhibiting ideology in 19th and early 20th century Greek museums, in: Sofia Voutsaki/Paul Cartledge (Hg.), Ancient Monuments and Modern Identities: A critical history of archaeology in 19th and 20th century Greece (London/New York 2017), 95–116.

Sophia Voutsaki, The Hellenization of the prehistoric past: the search for Greek identity, in: Sophia Voutsaki/Paul Cartledge (Hg.), Ancient Monuments and Modern Identities: A critical history of archaeology in 19th and 20th century Greece (London/New York 2017) 130–147.

Lena Papazoglou-Manioudaki (2010), Metamorphosen in der Zeit – Die Wieder-Ausstellung der Prähistorischen Sammlung des Archäologischen Nationalmuseums in Athen, Archäologie 114, (Athen 2010) 106–111.

Angeliki Kokkou, Die Pflege für die Altertümer in Griechenland und die ersten staatlichen Museen (Athen 2009).

Andromache Gazi, «Artfully classified» and «appropriately placed». Notes on the display of antiquities in early nineteenth-century Greece, in: D. Damaskos/D. Plantzos (Hg.), A Singular Antiquity. Archaeology and Hellenic Identity in twentieth-century Greece (Athen 2008) 67–82.

Sophi Voutsaki, Archaeology and the construction of the past in nineteenth century Greece, in: Hero Hokwerda (Hg.) Constructions of the Greek past: Identity and historical consciousness from antiquity to the present (Groningen 2003) 231–255.

Doumas Christos, Christos Tsountas und Vorgeschichtliche Archäologie, in: M. Marthari (Hg.), 1898–1998. 100 Jahre seit der Forschung von Chr. Tsounta in Syros (Athen 1998) 10–26.

Christos Tsountas, Mykene und die mykenische Zivilisation, Hestia Verlag, (Athen 1893).

ÄGYPTEN UND DAS RÄTSEL DER »KLEOPATRA«

MARION BERTRAM

Schon lange bevor Heinrich Schliemann zum weltweit beachteten Archäologen wurde, war das alte Ägypten für ihn ein Sehnsuchtsort. Als sich die schwelende private und berufliche Midlife-Crisis des millionenschweren Petersburger Kaufmanns offenbarte, brach er auf der Suche nach einem neuen Lebenssinn zuallererst nach Ägypten auf, wo er am 4. Januar 1859 mit dem Schiff in Alexandria landete und während drei Monaten so gut wie alle irgendwie erreichbaren antiken Stätten besichtigte. Während dieser Reise erlernte er die arabische Sprache. Seine Begeisterung für die altägyptische Kultur führte ihn erneut am Beginn seiner Weltreise 1864, dann 1886/87 und schließlich ein viertes Mal 1888 in das Land am Nil.

Zwischenzeitlich war Schliemann im Jahre 1882 ein überaus interessantes Ausgrabungsprojekt in Ägypten angeboten worden, das sich aber bald wieder zerschlagen sollte. Die mit ihm befreundete englische Schriftstellerin und Amateur-Archäologin Amelia Edwards (1831–92) zählte 1882 in London zu den Gründungsmitgliedern des Egypt Exploration Fund (EEF), einer Stiftung, die sich für den Erhalt der antiken Bauten und die Unterstützung von Ausgrabungen in Ägypten engagierte. Zu den ersten Ausgrabungsprojekten sollte unter anderem die antike griechische Handelsstadt Naukratis im westlichen Nildelta gehören. Eine diesbezügliche Offerte erreichte Schliemann im Februar 1882 während seiner sechsten Grabungskampagne auf dem Hissarlik (Troja), von wo er bald sein Interesse bekundete. Sein Vorschlag lautete, dieses Projekt zusammen mit seiner Frau Sophia und Amelia Edwards für den Winter 1882/83 zu planen. Letztere hatte diesen Vorstoß jedoch ohne Rücksprache mit ihren Mitstreitern unternommen. Namentlich Gaston Maspero (1846–1916), seit 1881 Direktor der ägyptischen Denkmalpflegebehörde, äußerte sein Missfallen: Schliemann sei extrem taktlos, liebe es, im Licht der Öffentlichkeit zu stehen, und würde sehr wahrscheinlich die ägyptischen Behörden verärgern. Die vom EEF geförderten Ausgrabungen in Naukratis begannen schließlich 1884/85 unter Leitung des später berühmten Flinders Petrie (1853–1942).

1886/87 begab sich Schliemann dann aber ein drittes Mal auf den Weg nach Ägypten. Auf dieser Expedition sollte ihn sein großer Förderer und Freund Rudolf Virchow zu gemeinsamen Untersuchungen begleiten. Als dieser absagen musste, brach Schliemann alleine auf und war drei Monate auf dem Nil unterwegs, um ein weiteres Mal die Tempel und Begräbnisstätten zu erforschen. Erhalten ist von dieser Reise sein Tagebuch mit 257 Seiten in altgriechischer Sprache, das bisher aber nur in wenigen Auszügen publiziert ist.

Diesmal bereiste Schliemann Ägypten mit dem Blick des Altertumsforschers auf der Suche nach Analogien. So studierte er nun auch ausführlich die Museumssammlungen. Tief ergriffen soll er von der Jahrtausende alten Hochkultur gewesen sein. Durch Hinweise aus Fachkreisen war er besonders auf die Wandreliefs Ramses II. in Abydos, Luxor und Abu Simbel aufmerksam geworden, die Ereignisse schildern, welche dem Zeithorizont der Epen Homers nahestehen. Die These, dass die Reliefs der Ramessidenzeit (ca. 1292 v. Chr.–ca. 1070 v. Chr.) unter den dargestellten Seevölkern auch homerische Trojaner abbilden könnten, faszinierte ihn verständlicherweise über alle Maßen. Auch entdeckte er in den ramessidenzeitlichen Gräbern Darstellungen mykenischer Bügelkannen, wie er sie in Mykene, Tiryns und auch in der Schicht Troja VI auf dem Hissarlik gefunden hatte. Dies dürfte Schliemann einen weiteren Schritt der Erkenntnis nähergebracht haben, dass das homerische Troja nicht in der Schicht Troja II sondern in Troja VI gelegen hat.

Abb. 1 Die Fotografie schickte Schliemann am 8. Juli 1888 an Generaldirektor Schöne.

Abb. 2 Weiblicher Porträtkopf aus Marmor, römische Kopie des 1. Jahrhundert n. Chr. nach griechischem Original der Zeit um 300 v. Chr., nach Schliemann aus Alexandria, Ägypten

Abb. 3 Der große Felsentempel von Abu Simbel war 1888 noch nicht vollständig freigelegt. Heinrich Schliemann am Fuß einer der Kolossalstatuen Ramses II. Foto: Rudolf Virchow, 1888

Schliemanns Berliner Sammlung bezog in diesen Tagen im neuerbauten Museum für Völkerkunde die nach den Wünschen des Ausgräbers ausgestatteten Säle für die Trojanischen Altertümer. Zur Bereicherung der Berliner Bestände erwarb Schliemann während der Ägyptenreise von 1886/87 unter anderem Relieffragmente und Textilien sowie eine größere Menge altägyptischer Keramikgefäße, deren Aufstellung er im Juli 1889 in Berlin persönlich vornahm. Die Bedeutung der Keramik als Leitfossil hatte Schliemann früh verstanden. Sein Freund Rudolf Virchow war in Deutschland Vorreiter der Erkenntnis gewesen, dass die »Mode der Topfwaren«, also deren Form und Verzierung, von großer Bedeutung für chronologische und siedlungsgeschichtliche Fragen ist. Unter Ägyptologen wurde dieser Fundgattung seinerzeit noch wenig Beachtung geschenkt. Adolf Erman (1857–1937), seit 1884 Direktor der Ägyptischen Sammlung in Berlin, hielt das Schliemann'sche Konvolut für wissenschaftlich wertlos und empfahl, diese Schenkung in Berlin abzulehnen.

An seinem Wunsch, mit Virchow durch Ägypten zu reisen, hielt Schliemann fest und plante sogleich im Folgejahr den vierten Aufenthalt am Nil. Schon drei Wochen bevor

Virchow am 22. Februar 1888 in Alexandria eintraf, war Schliemann vor Ort, um Sondagen im Bereich der Ptolemäer-Paläste vorzunehmen. Wie er bereits 1887 mehrfach in Briefen an Virchow erwähnt hatte, hoffte er den Palast von Kleopatra VII. zu finden. Am 6. Februar 1888 konnte er dort mit 36 Arbeitern und 2 Aufsehern mit den Ausgrabungen beginnen, die jedoch seine Erwartungen nicht erfüllten. Ein Glücksfund soll ihm nach eigener Aussage trotzdem gelungen sein: In 12 Meter Tiefe fand er angeblich einen prachtvollen Marmorkopf, den er insbesondere aufgrund der Frisur und des Haarputzes mit Kleopatra VII. in Verbindung brachte. Aus einem Brief vom 17. Mai 1888 an Richard Schöne, Generaldirektor der Königlichen Museen zu Berlin, stammt Schliemanns Erzählung, dass es ihm gelungen sei, den Fund vor den Augen der vielen Wächter verschwinden zu lassen und als Handgepäck nach Athen zu bringen. Tatsächlich scheint er dort den Marmorkopf beim Zoll zur Einfuhr nach Griechenland und späterer Ausfuhr nach Deutschland angemeldet zu haben. »Virchow hat den Kopf gesehen«, lautet der letzte Satz des Briefes an Schöne. Dass offensichtlich nur dieser nachträgliche Bericht Schliemanns existiert, nährt die Zweifel an der Geschichte. Allerdings hatte Virchow am Tag seiner Ankunft in Alexandria in einem Brief an seine Frau Rose den Kopf tatsächlich erwähnt: »Er [Schliemann] hat einen Marmorkopf gefunden, sonst nichts, u[nd] gibt seine Ausgrabungen in Alexandrien auf.« Am 16. April 1888, zwei Tage vor der Abreise aus Ägypten, berichtete Virchow seiner Tochter Marie in einem Brief über den Besuch eines Spitals in Alexandria, »in dessen Nähe die tiefe Schlucht liegt, welche Schliemann in das hohe Ufer am östlichen Hafen eingeschnitten hatte[.] Sein Hauptfund, ein Marmorkopf, der aber noch etwas geheim gehalten wird, geht mit nach Athen. Er will ihn später nach Berlin geben.« Eine Fotografie sandte Schliemann im Juli 1888 an Generaldirektor Schöne **Abb. 1**.

Dieser Marmorkopf befindet sich bis heute in der Berliner Schliemann-Sammlung **Abb. 2**. »Ich habe mich so in den Kopf verliebt, daß ich ihn gerne bis zu meinem Ende in meiner Schreibstube stehen haben mögte, um ihn jeden Augenblick ansehen zu können.«, schrieb Schliemann im Juni 1888 an Schöne. Tatsächlich blieb die »Kleopatra« bis zu seinem Tod in Athen, wo sie im Iliou Melathron in einem der beiden Arbeitszimmer auf dem Kaminsims stand. Mit seinem Testamentszusatz vom 14. Januar 1889 hatte Schliemann dem Berliner Museum den »vorzüglichen Frauenkopf« vermacht, welchen er »in Alexandrien im Ptolemäischen Saale ausgegraben« habe. Nachdem Schliemanns Mitarbeiter Wilhelm Dörpfeld im Juni 1891 die noch in Athen verbliebenen Trojanischen Funde zusammen mit der »Kleopatra« aufgelistet und verpackt hatte, bestätigte das Berliner Museum im Herbst 1891 die Ankunft dieser Bestände.

Verunsicherung bezüglich der Identität des Porträtkopfs hat immer wieder die fehlende Nase ausgelöst. Wie in der Korrespondenz des Jahres 1888, so findet sich auch in Dörpfelds Liste von 1891 der Zusatz »Nase und Lippen ergänzt«. Die Entfernung solcher freien Ergänzungen entspricht der modernen Restaurierungsmethodik und erklärt den Unterschied zwischen den älteren Fotoaufnahmen – mit Nase – und dem heutigen Zustand.

Jenseits der grundsätzlichen Zweifel an Schliemanns Darstellung zur Herkunft des Frauenporträts, führten Unregelmäßigkeiten bei der Dokumentation des Fundorts zu weiterer Verwirrung. Unklar bleibt, warum in der alten Museumskartei irgendwann der Zusatz »angeblich aus Alexandria i. d. Troas« notiert wurde und diese Angabe in die Fachliteratur gelangte. Bei der Neukatalogisierung der Schliemann-Sammlung in den 1890er Jahren erfolgte noch keine Zuordnung zum Komplex der Funde aus der Troas. Tatsächlich existiert dieser Ortsname aber auch in der Troas, sodass es sich um einen Fehler der Museumsbeamten handeln könnte. Dies geschah möglicherweise in dem Wissen, dass Schliemann und Virchow im Jahre 1879 gemeinsam Alexandria in der Troas besucht hatten.

Bleibt die Frage, wen dieses Frauenporträt darstellt. Man muss Schliemann zugutehalten, dass er den Fund zwar in Verbindung mit Kleopatra VII. gebracht hat, ihn jedoch immer nur als »Marmor-« oder auch »Frauenkopf« ansprach. So wurde die Bezeichnung als »Kleopatra«-Kopf wohl eher von Dritten eingeführt. Seit den 1930er Jahren wird das Schliemann'sche Exemplar dem Typ der hellenistischen »Dichterinnenporträts« zugeordnet oder auch speziell mit der antiken Dichterin Korinna in Verbindung gebracht. Weitgehend unstrittig ist, dass es sich um eine römische Kopie des 1. Jahrhunderts n. Chr. nach griechischem Original der Zeit um 300 v. Chr. handelt.

Das Rätsel dieses hellenistischen Frauenporträts wird wohl nie vollständig gelöst werden. Wahrscheinlich gelangte der Kopf tatsächlich im Februar 1888 im ägyptischen Alexandria in Schliemanns Besitz. Ob er ihn wirklich selbst ausgegraben oder dort erworben hat, bleibt unklar. Bei der Ausfuhr aus Ägypten könnten Schliemanns gute Beziehungen zum dortigen Zolldirektor hilfreich gewesen sein, bei dem er am 17. April 1888, dem Vortag der Abreise aus Alexandria, nach einer gemeinsamen Bootsfahrt zum Essen eingeladen war.

Das Tagebuch der Reise von 1888 ist verschollen, aber aus Briefen, Notizen und Berichten Schliemanns und Virchows ist der Verlauf gut bekannt. Direkt nach Virchows Ankunft in Alexandria am 22. Februar drängte Schliemann, unverzüglich zur Nilreise aufzubrechen. Fast zwei Monate, bis zum 18. April, verbrachten beide zusammen in Ägypten. Die Route verlief zunächst nilaufwärts über Assuan nach Abu Simbel und Wadi Halfa, dann zurück nach Luxor, Abydos und Assiut bis nach Kairo, von dort ins Fayum-Becken mit Arsinoe und Hawara, dann nach Sakkara, Gizeh und Bubastis. Allein die Untersuchung der Felsentempel von Abu Simbel nahm acht Tage ein **Abb. 3**.

Virchow, immerhin bereits 67 Jahre alt, war der modernen Technik gegenüber aufgeschlossen und führte eine Plattenkamera mit sich, sodass eine größere Zahl von Fotoaufnahmen dieser Reise überliefert ist **Abb. 4, 5**. Hauptsächlich aber widmete er sich der Anthropologie der alten Ägypter mit Schädelvermessungen, darunter der Königsmumien im Bulak Museum von Kairo, und dem Studium der Menschendarstellungen in den antiken Bildwerken. Auch durfte Virchow beim Besuch aktueller Ausgrabungen in Hawara zahlreiche Schädel zur Untersuchung in Berlin mitnehmen. Bei der Publikation des wissenschaftlichen Ertrags dieser Reise ließ Schliemann dem Freund ausdrücklich den Vortritt, der in den Folgejahren zahlreiche Aufsätze über Ägypten vorlegte.

Abb. 4 Bahr Yusuf in Medinet el-Fayum. Links am Ufer sitzend der Ägyptologe Georg Schweinfurth, der Schliemann und Virchow im Fayum begleitete. Foto: Rudolf Virchow, 1888

Abb. 5 Unterkunft in Ballanye, nahe Abu Simbel. Schliemann, links neben dem Eingang stehend, mit Gastgebern und Begleitern. Foto: Rudolf Virchow, 1888

Ausgewählte Literatur:

Umberto Pappalardo (Hg.), Heinrich Schliemanns Reisen. Tagebücher und Briefe aus Ägypten und dem Vorderen Orient (Darmstadt 2021).

David A. Traill, Schliemanns Nilreise im Winter 1886–87. In: Mitteilungen aus dem Heinrich-Schliemann-Museum Ankershagen, Heft 10/11 (Ankershagen 2016) 211–221.

Geraldine Saherwala/Klaus Goldmann/Gustav Mahr, Heinrich Schliemanns »Sammlung trojanischer Alterthümer«. Beiträge zur Chronik einer großen Erwerbung der Berliner Museen. Berliner Beiträge zur Vor- und Frühgeschichte Neue Folge Band 7, 1993.

Ingrid Gamer-Wallert, Heinrich Schliemann und Ägypten – Die Suche nach der komparativen Archäologie. In: Ingrid Gamer-Wallert (Hg.), Troia. Brücke zwischen Orient und Okzident (Tübingen 1992), 67–85.

Wolfgang Schindler, Rudolf Virchow und Schliemanns Kleopatra. Mitteilungen aus dem Heinrich-Schliemann-Museum Ankershagen, Heft 1 (Ankershagen 1987) 43–54.

Margaret S. Drower, Gaston Maspero and the Birth of the Egypt Exploration Fund (1881–3). In: The Journal of Egyptian Archaeology 68, 1982, 299–317.

Ägyptenreise 1888. Rudolf Virchows Briefe an seine Frau. In: Die Waage. Zeitschrift der Chemie Grünenthal 13, 1974, 1–20.

Der Dank für weitere Hinweise gilt Alexandra Villing, British Museum London, und Dietrich Willers, Ostermundigen (Schweiz).

Abb. 1 Zeitungsleser, nach einer zeitgenössischen Illustration aus der Leipziger *Illustrirten Zeitung*

SCHLIEMANN UND DIE DEUTSCHE PRESSE

STEFANIE SAMIDA

Seit der Mitte des 19. Jahrhunderts wurde die Archäologie durch die Entdeckung spektakulärer Funde einem breiten Publikum bekannt. Es waren die großen Ausgrabungen in Ägypten, Italien, Griechenland und Kleinasien sowie dem Nahen Osten, die diese Pionierzeit der Archäologie prägten. Eine besondere Wirkung entfalteten die Ausgrabungen Heinrich Schliemanns in Troja seit den 1870er Jahren. Als er 1873 den von ihm als »Schatz des Priamos« titulierten Hortfund entdeckte, erlangte er fast aus dem Nichts heraus große öffentliche Aufmerksamkeit – nicht nur in Deutschland, sondern weltweit. Einem Amateur, so schien es, war etwas geglückt, was keinem Gelehrten gelungen war: Schliemann hatte das sagenumwobene Troja lokalisiert. Mit der Zeit avancierte der mecklenburgische Kaufmann und archäologische Autodidakt zum Tagesgespräch der zeitgenössischen Presse **Abb. 1**. Nicht ganz schuldlos daran war Schliemann selbst, der von Beginn seiner ersten Ausgrabungen an den Kontakt mit den Medien suchte.

SCHLIEMANNS WEG ZUR PRESSE

Heinrich Schliemann startete im April 1870 mit seinen ersten archäologischen Ausgrabungen am Ruinenhügel Hissarlik. Den Tipp, sein Glück dort zu versuchen, hatte er von Frank Calvert bekommen, dem damaligen Konsul in den Dardanellen und einem eingehenden Kenner der Troas. Schliemanns erste, nur zehn Tage dauernde Kampagne, die er ohne eine Grabungslizenz der osmanischen Regierung durchführte, war – jedenfalls in Schliemanns Augen – von Erfolg gekrönt. Er zweifelte nicht daran, das homerische Troja gefunden zu haben. Bereits wenige Wochen nach den Ausgrabungen, schickte er der Redaktion der damals angesehenen *Allgemeinen Zeitung* aus Augsburg, die 1798 von Johann Friedrich Cotta gegründet worden war, einen Brief. Darin übersandte er der Zeitung »zur beliebigen Benutzung für die wissenschaftliche Beilage Ihres berühmten Blattes die Beschreibungen meiner Ausgrabungen in Troja« (Brief vom 19. Mai 1870). Nur drei Tage später schrieb er der Redaktion erneut. Er hoffe, so heißt es darin, die *Allgemeine Zeitung* werde seine Beschreibungen abdrucken; sollte dies der Fall sein, so möge man ihm bitte ein Dutzend Belegexemplare zukommen lassen. Tatsächlich nahm die *Allgemeine Zeitung* den Bericht mit dem schlichten Titel »Ausgrabungen in Troja im Frühjahr 1870« auf und veröffentlichte ihn am 24. Mai 1870.

DIE ZUSAMMENARBEIT MIT DER *ALLGEMEINEN ZEITUNG*

Damit begann eine fünf Jahre dauernde Zusammenarbeit mit dem »berühmten« bzw. »geschätzten« Blatt, wie Schliemann die Zeitung in seinen Briefen immer wieder rühmte. Die Veröffentlichungen in der *Allgemeinen Zeitung* verhalfen dem unbekannten und zu dieser Zeit auch unbedarften Ausgräber zu großer Publizität. Knapp vierzig Beiträge zu Schliemann und seinen Grabungen finden sich im Zeitraum von 1870 bis 1875 in der Zeitung, davon mehr als die Hälfte aus Schliemanns eigener Feder. Auf den ersten Blick mag

Brief von Adolf Kröner an Rudolf Virchow (13. März 1891)

Hochgeehrter Herr! Ich erhielt Ihre gefl. Zuschrift vom 12. d. M., danke Ihnen verbindlichst für Ihr freundliches Entgegenkommen und nehme Ihren Vorschlag an, die betr. speziellen Hinweise oder Auszüge aus den Schliemann'schen Briefen aus dem Artikel ganz zu entnehmen. Es wird sich dies um so mehr empfehlen als der Redakteur der Allgemeinen Zeitung, Herr Dr. Otto Braun, welcher s. Zt. mit Herrn Schliemann korrespondierte mir schreibt, daß zu einer Zeit wo Schliemann's überraschende Entdeckungen noch Gegenstand sehr ernster Zweifel, ja sogar des Spottes namentlich in den gelehrten Kreisen Berlins waren, die »Allgemeine Zeitung« zu dem Forscher in den freundlichsten und entgegenkommendsten Beziehungen gestanden habe, bis Schliemann eines Tags sich die »Wohlgeneigtheit« des Redacteurs der »Allg. Ztg.« durch Zusendung von einhundert Thalern zu erkaufen gesucht habe. Die Zurückweisung dieses Ansinnens habe Schliemann zum Abbruch seiner Beziehungen zur »Allg. Ztg.« veranlaßt. Die vorhandene Redaktionskorrespondenz gebe über die Zurückweisung des Schliemann'schen Anerbietens genaue Auskunft. Schmähartikel gegen Schliemann seien aber selbst nach diesem Zwischenfall nicht in der »Allg. Ztg.« erschienen; das Blatt habe vielmehr in späteren Jahren einen sehr entschieden für Schliemann Partei nehmenden Artikel – vielleicht den ersten aus Fachkreisen – von Prof. Dr. Otto Keller aufgenommen und dadurch wohl ein Verdienst um Schliemann sich erworben.
Wie Herr Dr. Braun erklärt, daß er im Falle eines öffentlichen Angriffs sich öffentlich verteidigen und die betr. Korrespondenz publizieren werde, so liegt es wohl vor allem im Interesse des Andenkens Schliemann's, daß die fragl. Stellen nicht gedruckt werden. Es ist mir deshalb um so angenehmer, daß Sie schon in Ihrer gefl. Zuschrift vom 12. d. mir eine diesbezügl. freundliche Zusage erteilt haben.

Mit vorzüglicher Hochachtung
Ihr ergebenster
Adolf Kröner

das nicht viel erscheinen, aber die *Allgemeine Zeitung* hatte einen ausgesprochen guten Ruf, ganz besonders in bildungsbürgerlich-akademischen Kreisen. Sie war darüber hinaus so etwas wie ein »Leitmedium«, denn viele andere Blätter rekurrierten auf die dort erschienenen Berichte. Die Rezeption anderer Zeitungen und die Übernahme von Beiträgen bzw. der Wiederabdruck oder Paraphrasierungen waren nicht ungewöhnlich, sondern im Gegenteil gang und gäbe. Dies war ein probates Mittel, um die Leser mit aktuellen Nachrichten und vielen unterschiedlichen Themen zu versorgen, denn Reporter und Korrespondenten, wie wir sie kennen, und die aus erster Hand berichteten, gab es damals kaum.

Über Schliemanns Zusammenarbeit mit der *Allgemeinen Zeitung* sind wir gut informiert. In seinem in Athen befindlichen umfangreichen Nachlass sind über dreißig Briefe an die und von der Zeitung aus Augsburg überliefert. Wie die Korrespondenz zeigt, war die Beziehung durchaus ambivalent. Das lag allerdings an dem Ausgräber selbst – Schliemann war nicht nur ein rastloser und ungeduldiger Mensch, sondern auch aufbrausend und nachtragend. Diese Charaktereigenschaften zeigen sich bisweilen auch in seinen Briefen an die Redaktion. Er schmeichelte ihr einerseits, wenn er die Zeitung als »berühmtes Blatt« lobt, andererseits monierte er mehrmals die Verzögerungen beim Abdruck der von ihm eingereichten Berichte und drohte umgehend mit deren Rückzug (Brief vom 18. Juni 1872): »Diese Ihre Handlungsweise gegen mich«, so schreibt er, »macht mich ganz krank«. Und er bittet die Redaktion »im Namen des Gottes der Gerechtigkeit u im Namen der Wissenschaft aufs Allerdringlichste«, ihm unverzüglich seine Aufsätze zurückzusenden. »Keine Kränkung«, so Schliemann weiter, »die ich in meinem Leben erfahren habe ist so groß als die welche ich von Ihnen empfange«. Auf diese und ähnliche Drohgebärden reagierte die Zeitung sachlich oder bisweilen gar nicht.

1875 endete nicht nur die Korrespondenz, sondern auch die Zusammenarbeit. Schliemann übersandte seine Berichte nun der in London erscheinenden *Times*. Als ein Grund für die Trennung von der *Allgemeinen Zeitung* lässt sich Schliemanns zunehmende Unzufriedenheit ins Feld führen; aber auch die *Allgemeine Zeitung* hatte ihre Gründe. Wie ein Briefwechsel des Berliner Pathologen und Schliemann-Freundes Rudolf Virchow mit Adolf Kröner, der seit 1889 Verleger der *Allgemeinen Zeitung* war, aus dem Jahr 1891 zeigt, hatte Schliemann wohl versucht, sich die Gefälligkeit des Chefredakteurs zu erkaufen – und das, so Kröner, habe zum Abbruch der Beziehung geführt. **[Box Brief Kröner an Virchow]**

Beilage zur Allgemeinen Zeitung.

Nr. 217. Dienstag, 5 August **1873.**

Correspondenzen sind an die **Redaction, Inserate** an die **Expedition der Allgemeinen Zeitung** franco zu richten. Insertionspreis nach aufliegendem Tarif.

Verlag der J. G. Cotta'schen Buchhandlung. Für die Redaction verantwortlich: Dr. K. v. Gerstenberg.

Uebersicht.

Telegraphische Berichte siehe fünfte Seite.

Der Schatz des Priamos.

* **Troja,** 17 Juli. Es scheint daß die göttliche Vorsehung mich für meine übermenschlichen Anstrengungen während meiner dreijährigen Ausgrabungen in Ilion auf eine glänzende Weise hat entschädigen wollen, denn im Anfang dieses Monats stieß ich in 8½ Metern Tiefe auf der vom Skäischen Thor in west-nordwestlicher Richtung weitergehenden großen trojanischen Ringmauer, und unmittelbar neben dem Hause des Priamos, auf einen großen kupfernen Gegenstand höchst merkwürdiger Form, der um so mehr meine Aufmerksamkeit auf sich zog, als ich hinter demselben Gold zu bemerken glaubte. Auf demselben ruhte eine 1½—1¾ Meter dicke steinfeste Schicht von rother Asche und calcinirten Trümmern, auf welcher eine 1 Meter 80 Centimeter dicke, 6 Meter hohe Festungsmauer lag, die aus großen Steinen und Erde bestand, und aus der ersten Zeit nach der Zerstörung Troja's stammen muß.

Um den Schatz der Habsucht meiner Arbeiter zu entziehen und ihn für die Wissenschaft zu retten, war die allergrößte Eile nöthig, und obgleich es noch nicht Frühstückszeit war, so ließ ich doch sogleich „païdos" (ein ins Türkische übergegangenes Wort ungewisser Abkunft, welches hier anstatt ἀνάπαυσις oder Ruhezeit gebraucht wird) ausrufen, und während meine Arbeiter aßen und ausruhten, schnitt ich den Schatz mit einem großen Messer heraus, was nicht ohne die allergrößte Kraftanstrengung und die furchtbarste Lebensgefahr möglich war, denn die große Festungsmauer, welche ich zu untergraben hatte, drohte jeden Augenblick auf mich einzustürzen. Aber der Anblick so vieler Gegenstände, wovon jeder einzelne einen unermeßlichen Werth für die Wissenschaft hat, machte mich tollkühn, und ich dachte nicht an Gefahr. Die Fortschaffung des Schatzes wäre mir aber unmöglich geworden ohne die Hülfe meiner lieben Frau, welche immer bereit stand die von mir herausgeschnittenen Gegenstände in ihr großes Umschlagtuch zu packen und fortzutragen.

Der zuerst gesehene Gegenstand war ein großes flaches kupfernes Geräth (δίσκος ὀμφαλοειδής oder ἀσπὶς ὀμφαλόεσσα), in Form eines großen Präsentirtellers, in dessen Mitte sich ein von einer Rinne (αὖλαξ) umgebener Nabel befindet; dieses Gefäß hat 49 Centimeter im Durchmesser, ist ganz flach und von einem 4 Centimeter hohen Rand umgeben; der Nabel (ὀμφαλός) ist 6 Centimeter hoch und hat 11 Centimeter im Durchmesser; die um demselben befindliche Rinne hat 18 Centimeter im Durchmesser und ist 1 Centimeter tief. Höchst wahrscheinlich ist es ein Schild; jedenfalls erinnert es lebhaft an die Homerischen ἀσπίδες ὀμφαλόεσσαι.

Der zweite Gegenstand den ich herauszog war ein kupferner Kessel mit zwei horizontalen Henkeln, welcher uns jedenfalls das Bild des Homerischen λέβης gibt; derselbe hat 42 Centimeter im Durchmesser und 14 Centimeter Höhe; der Boden ist flach und hat 20 Centimeter im Durchmesser.

Der dritte Gegenstand war eine 1 Centimeter dicke, 10 Centimeter breite, 44 Centimeter lange kupferne Platte, welche einen 2 Millimeter hohen Rand hat; an einem Ende sieht man zwei unbewegliche Räder mit Axe. Diese Platte ist auf zwei Stellen stark gebogen, jedoch glaube ich daß diese Biegungen durch die Gluth geschehen sind welcher der Gegenstand in der Feuersbrunst ausgesetzt gewesen ist; auf demselben ist eine silberne Vase von 12 Centimetern Höhe und Breite festgeschmiedet, jedoch vermuthe ich daß dieß ebenfalls nur durch Zufall in der Feuersbrunst geschehen.

Der vierte hervorgekommene Gegenstand war eine kupferne Vase von 14 Centimetern Höhe und 11 Centimetern im Durchmesser.

Darauf kam eine 15 Centimeter hohe, 14 Centimeter im Durchmesser haltende und 403 Gramm wiegende kugelrunde Flasche von reinstem Golde mit einer angefangenen, aber nicht vollendeten Zickzack-Verzierung; ein 9 Centimeter hoher, 7¾ Centimeter breiter, 226 Gramm schwerer Becher, ebenfalls von reinstem Golde, sowie ein 9 Centimeter hoher, 18¾ Centimeter langer, 18¼ Centimeter breiter, genau 600 Gramm wiegender Becher von reinstem Golde, in Form eines Schiffes, mit zwei großen Henkeln; auf der einen Seite ist ein 7 Centimeter, auf der andern ein 3 Centimeter breiter Mund zum Trinken, und es mag, wie mein geehrter Freund, Professor Stephanos Kumanudes aus Athen, bemerkt, derjenige welcher den gefüllten Becher hinreichte aus dem kleinen Munde vorgetrunken haben, um als Ehrenbezeugung den Gast aus dem großen Munde trinken zu lassen. Dieses Gefäß hat einen nur um 2 Millimeter hervorstehenden, 3½ Centimeter langen, 2 Centimeter breiten Fuß, und ist jedenfalls das Homerische δέπας ἀμφικύπελλον. Ich bleibe aber fest bei meiner Behauptung: daß auch alle jene hohen glänzend rothen Becher, in Form von Champagner-Gläsern und mit zwei gewaltigen Henkeln, δέπα ἀμφικύπελλα sind, und auch diese Form wird von Gold dagewesen sein. Noch muß ich die für die Geschichte der Kunst sehr wichtige Bemerkung machen daß vorgesagtes goldenes δέπας ἀμφικύπελλον gegossen ist und die großen nicht ganz massiven Henkel darangeschmiedet sind. Dagegen ist der vorher erwähnte einfache goldene Becher sowie die goldene Flasche mit dem Hammer getrieben.

Der Schatz enthält ferner einen kleinen 70 Gramm wiegenden, 8 Centimeter hohen, 6½ Centimeter breiten Becher von mit 25 Proc. Silber versetztem Golde, dessen Fuß nur 2 Centimeter hoch und 2½ Centimeter breit, außerdem nicht ganz gerade ist, so daß der Becher nur zum Hinstellen auf den Mund bestimmt zu sein scheint. Ich fand dort ferner sechs mit dem Hammer getriebene Stücke einer Mischung von Gold und Silber (χρᾶμα) in Form von großen Klingen, deren eines Ende abgerundet, das andere in Gestalt eines Halbmondes ausgeschnitten ist.

Die beiden größern sind 21½ Ctm. lang und 5 Ctm. breit, und jedes davon wiegt 184 Gramm. Die darauffolgenden 2 Stücke sind 18½ Ctm. lang und 4 Ctm. breit, und jedes davon wiegt 173 Gramm; die beiden übrigen Stücke sind 17¼ Ctm. lang und 3 Ctm. breit, und jedes derselben wiegt 171 Gramm. Höchst wahrscheinlich sind dieß die homerischen Talanta (τάλαντα), welche nur klein sein konnten, da z. B. Achilles (Ilias XXIII, 269) als ersten Kampfpreis eine Frau, als zweiten ein Pferd, als dritten einen Kessel und als vierten zwei goldene Talente aufstellt. Ich fand dort ferner drei große silberne Vasen, wovon die größte 21 Ctm. hoch ist und 20 Ctm. im Durchmesser und einen Henkel von 14 Ctm. Länge und 9 Ctm. Breite hat. Die zweite Vase ist 17½ Ctm. hoch und hat 15 Ctm. im Durchmesser; man sieht auf derselben den obern Theil einer andern silbernen Vase festgeschmolzen, von der nur Bruchstücke übrig geblieben sind. Die dritte ist 18 Ctm. hoch und hat 15½ Ctm. im Durchmesser; am Fuße dieser Vase ist viel Kupfer festgeschmolzen, welches in der Feuersbrunst von den kupfernen Sachen des Schatzes abgeträufelt sein muß. Alle drei Vasen sind unten kugelrund, und können daher nicht hingestellt werden ohne angelehnt zu sein. Auch fand ich dort einen 8½ Ctm. hohen silbernen Becher dessen Mund 10 Ctm. im Durchmesser hat; ferner eine silberne Schale (φιάλη) von 14 Ctm. im Durchmesser, sowie zwei kleine herrlich gearbeitete silberne Vasen; die größere derselben hat an jeder Seite zwei Röhrchen zum Aufhängen mit Schnüren, und ist, inclusive ihres hutartigen Deckels, 20 Ctm. hoch, und hat 9 Ctm. im Durchmesser im Bauch. Die kleinere, nur mit einem Röhrchen an jeder Seite zum Aufhängen mit einer Schnur versehene, silberne Vase ist, inclusive ihres Hutes, 17 Ctm. hoch und 8 Ctm. breit. Theils auf, theils neben den goldnen und silbernen Sachen fand ich dreizehn Lanzen von Kupfer von 17½, 21, 21½, 23 und 32 Ctm. Länge und 4 bis 6 Ctm. Breite an der breitesten Stelle; in dem untern Ende derselben sieht man ein Loch, worin bei den meisten noch der Nagel oder Stift steckt mit welchem die Lanze in der hölzernen Stange befestigt war. Die trojanischen Lanzen waren somit ganz verschieden von den griechischen und römischen, denn bei diesen wurde der Lanzenschaft in die Lanze, bei jenen die Lanze in den Schaft gesteckt. Ich fand dort ferner 14 jener hier häufig vorkommenden, anderswo aber noch niemals gefundenen kupfernen Waffen, die nach einem Ende zwar beinahe spitz, aber stumpf, nach dem andern Ende in eine breite Schneide auslaufen. Ich hielt dieselben früher für eine besondere Art von Lanzen, bin aber jetzt zur Ueberzeugung gekommen daß sie nur als Streitäxte gebraucht sein können; dieselben sind 16 bis 31 Ctm. lang, 1¼ bis 2 Ctm. dick und 3 bis 7½ Ctm. breit, und die größten derselben wiegen 1365 Gramme. Weiter fand ich dort sieben große zweischneidige kupferne Dolchmesser, die einen 5 bis 7 Ctm. langen und am Ende unter rechtem Winkel umgebogenen Griff haben, der einst mit Holz eingefaßt gewesen sein muß; denn wäre die Einfassung von Knochen gewesen, so würde sie noch jetzt ganz oder theilweise vorhanden sein. Der spitze Griff wurde in ein Stück Holz gesteckt, so daß das Ende 1½ Ctm. lang hervorragte, und dieß wurde einfach umgebogen. Das größte dieser Messer ist 27 Ctm. lang und an der breitesten Stelle 5½ Ctm. breit; von einem zweiten, welches 4½ Ctm. breit, ist die Spitze abgebrochen; es ist jetzt noch 22½ Ctm. lang, scheint aber 28 Ctm. lang gewesen zu sein. Ein dritter Dolch ist 22 Ctm. lang und mißt an der breitesten Stelle 3¾ Ctm.; ein vierter Dolch ist in der Feuersbrunst zwar ganz zusammengerollt, scheint aber 28 Ctm. lang gewesen zu sein. Von dem fünften, sechsten und siebenten Dolchmesser sind nur 10 bis 13½ Ctm. lange Bruchstücke vorhanden. Ich glaube außerdem in einem Pack von vier in der Feuersbrunst zusammengeschmolzenen Lanzen und Streitäxten noch ein Dolchmesser zu bemerken.

Von gewöhnlichen einschneidigen Messern fand sich im Schatze nur eines von 15½ Ctm. Länge. Auch fand ich dort das 22 Ctm. lange, 5 Ctm. breite Bruchstück eines Schwertes, sowie eine in eine Schneide auslaufende, 38 Ctm. lange viereckige kupferne Stange, die jedenfalls auch als Waffe gedient zu haben scheint.

Da ich alle vorgenannten Gegenstände zusammen- oder in einander verpackt auf der Ringmauer fand, deren Bau Homer dem Neptun und Apollo zuschreibt, so scheint es gewiß daß sie in einer hölzernen Kiste (φωριαμός) lagen, wie solche in der Ilias (XXIV, 228) im Palast des Priamos erwähnt werden; dieß scheint um so gewisser, als ich unmittelbar neben den Gegenständen einen 10½ Ctm. langen kupfernen Schlüssel fand, dessen 5 Ctm. langer und breiter Bart die größte Aehnlichkeit hat mit dem der großen Cassenschlüs-

Abb. 2 Die erste Seite von Schliemanns Beitrag »Der Schatz des Priamos« in der *Allgemeinen Zeitung* vom 5. August 1873

SCHLIEMANNS ÖFFENTLICHER DURCHBRUCH

Auch wenn die Zusammenarbeit also unrühmlich endete, ist die Unterstützung durch die *Allgemeine Zeitung*, die Schliemanns Berichte fünf Jahre lang abdruckte, nicht hoch genug einzuschätzen. Sie ermöglichte ihm, sich und seine Ausgrabungsergebnisse nicht nur zu präsentieren, sondern auch zu inszenieren. Ein prägnantes Beispiel ist die Veröffentlichung des von Schliemann als »Priamosschatz« bezeichneten Hortfunds. Als der Beitrag mit dem Titel »Der Schatz des Priamos« am 5. August 1873 in der *Allgemeinen Zeitung* erschien, war Schliemann alle Aufmerksamkeit gewiss **Abb. 2**.

Er beginnt seinen minutiösen Bericht theatralisch. Die »göttliche Vorsehung«, so schreibt er, habe ihn für seine »übermenschlichen Anstrengungen« belohnen wollen. Nur mit der »allergrößten Kraftanstrengung« und unter »furchtbarster Lebensgefahr« sei es ihm gelungen, die wertvollen Objekte »tollkühn« zu bergen und schließlich mit der Hilfe seiner Frau Sophia in ihrem »großen Umschlagetuch« von der Ausgrabungsstelle fortzutragen. Dramatischer lässt sich eine Entdeckung wohl kaum schildern. Allerdings war seine Frau Sophia zu dieser Zeit erwiesenermaßen nicht in Troja. Die Schilderung, sie habe die Goldsachen in ihrem »Umschlagetuch« in Sicherheit gebracht, war pure Erfindung, und zwar einzig und allein, um die Ereignisse zu dramatisieren. Schliemanns Prahlerei, seine Frau habe sich federführend an den Ausgrabungen beteiligt, ließ sie bei den Zeitgenossen als »strahlende Archäologin« erscheinen – ein Bild, das die damalige Presse immer wieder begierig, aber auch unhinterfragt aufgriff (dazu später mehr).

Die spektakuläre Entdeckung – oder besser gesagt: die spektakulär geschilderte Entdeckung – löste ein großes Medienecho aus; so finden sich bereits kurze Zeit später Nachrichten dazu beispielsweise in der *Vossischen Zeitung* aus Berlin (7. August), in der wöchentlich in Leipzig erscheinenden *Illustrirten Zeitung* (16. August), im Berliner Witz- und Satireblatt *Kladderadatsch* (10. August), aber auch in der englischen illustrierten Zeitschrift *The Graphic* (23. August). Spätestens jetzt waren der Autodidakt Schliemann und seine Ausgrabungen Gegenstand des öffentlichen Interesses. Denn er hatte, so jedenfalls las sich das für einen Großteil seiner Zeitgenossen, das Rätsel »Ubi Troia fuit?« (»Wo lag Troja?«) gelöst. Und es war nicht ein Stubengelehrter, der diese Entdeckung gemacht hatte, sondern der archäologische Laie und Praktiker Schliemann, der mit seiner »Spitzhaue« und seinem »Spaten« die im wahrsten Sinne des Wortes greifbaren Tatsachen ans Licht brachte.

NEID UND KRITIK AUS GELEHRTEN KREISEN

Gerade zu Beginn seiner archäologischen Tätigkeit wurde Schliemann immer wieder mit dem Vorwurf des Dilettantismus konfrontiert und wegen seiner fantastischen Deutungen, wie etwa »Schatz des Priamos«, »Haus des Priamos«, »Skäisches Tor« und anderes, belächelt. In akademischen Kreisen – ganz besonders in der deutschen Altertumswissenschaft – galt er lange Zeit nicht nur als archäologischer

Abb. 3 Der Heidelberger Ordinarius für Klassische Archäologie, Karl Bernhard Stark

Laie, sondern als Emporkömmling. Nicht selten klingt hier auch Neid durch, wie etwa bei dem Klassischen Archäologen Adolf Furtwängler. »Schliemann«, so schrieb er 1881 in einem Brief an seine Mutter, werde zwar gefeiert, aber er bleibe doch ein »halb verrückter und confuser Mensch, der von der eigentlichen Bedeutung seiner Ausgrabungen keine Ahnung hat und wirklich nur aus dem niedern Interesse daß die Sachen so und so alt sind und gerade aus Troia und Mykenae stammen, all seine wirklich erstaunliche Energie aufbietet«.

Gewiss, Schliemann schoss mit seinen Deutungen das eine oder andere Mal deutlich über das Ziel hinaus und seine Interpretationen mussten daher Skepsis und Widerstand in den gelehrten Kreisen hervorrufen. Der Heidelberger Ordinarius für Klassische Archäologie, Karl Bernhard Stark **Abb. 3**, hatte sich beispielsweise in einer Rezension zu Schliemanns 1874 erschienenem Buch *Trojanische Alterthümer* und seinem *Atlas* in der *Jenaer Literaturzeitung* (Nr. 23, 6. Juli 1874) äußerst kritisch geäußert. Er beanstandete nicht nur die »mangelhafte, ja fast primitive Ausführung eines guthen Theils der Photographien« im *Atlas trojanischer Alterthümer*, sondern prangerte auf drastische Weise auch Schliemanns Deutungen als »Wolke fast sinnenverwirrenden Humbugs« an. Starks Fazit liest sich auch heute noch vernichtend: Es fehle Schliemann der »Ernst gewissenhafter, strenger Methode oder der unmittelbare Scharfblick des Genies«. Der Kritisierte reagierte am 8. Januar 1875 – ganz in Schliemann'scher Manier – mit einer langen Gegenrede in der *Allgemeinen Zeitung*. Punkt für Punkt handelte er die Kritik ab und leitete den jeweiligen Punkt mit den Worten »Falsch ist Starks Angabe …« oder ähnlichen Floskeln ein – so ging er übrigens ein paar Jahre später auch in einem Beitrag in der *Times* gegen den »Schmähschreiber«, so die übliche Bezeichnung Schliemanns für seine Kritiker, William Simpson vor. In einem Brief an die Redaktion der *Allgemeinen Zeitung* vom 16. Januar 1875 hebt er hervor, Stark habe, »aus bloßem Neid, unter dem Deckmantel der Wißenschaft, mein Buch ›Trojanische Alterthümer‹ auf gar vielen Stellen gefälscht um mich dem allgemeinen Spott preiszugeben«.

Das Beispiel steht *pars pro toto* für ähnliche öffentlich ausgetragene Fehden und verdeutlicht die grundsätzliche Spannung, die zwischen vielen Gelehrten – dazu gehörten auch Alexander Conze, Ernst Curtius, Adolf Michaelis – und Schliemann herrschte. Sein Mecklenburger Landsmann Friedrich Schlie resümierte 1876 in der Zeitschrift *Im neuen Reich* pro Schliemann, die Beurteilung seiner Leistung sei »zu hart, viel zu sehr vom Kathederstandpunct aus und deshalb geradezu ungerecht gewesen«.

Nachdem Herr Schliemann in Folge Homerischer Studien den trojanischen Schatz gefunden, liest er zufallig die Nibelungen-Sage und begibt sich sofort nebst Frau und Umschlagetuch auf die Rheingold-Suche.

Nachdem Herr Schliemann den Schatz des Priamus aufgefunden hat, wird er, sobald die sämmtlichen Schätze und Schätzchen der alten griechischen Könige ausgegraben sind, an den Rhein gehen, um das Rheingold zu heben.

Abb. 4 Zwei Karikaturen im Berliner Witz- und Satireblatt *Kladderadatsch* von 1874 und 1876, die auf Schliemanns Finderglück und den Schatz der Nibelungen anspielen. Der *Kladderadatsch* machte sich immer wieder über Schliemann lustig.

Illustrirte
Frauen-Zeitung.
Ausgabe der „Modenwelt" mit Unterhaltungsblatt.

Nr. 18. Zweites Blatt. Berlin, 13. September 1880. VII. Jahrgang.

Abb. 5 Sophia Schliemann, seit 1869 mit Heinrich Schliemann verheiratet, zierte im September 1880 die Titelseite der *Illustrirten Frauen-Zeitung*. Sie war damals 28 Jahre alt.

Unerwünschte Publicity: Spott und Häme im Berliner Witz- und Satireblatt *Kladderadatsch*

Kritik und auch Spott erfuhr Schliemann aber noch von einer anderen Seite, nämlich durch das Berliner Witz- und Satireblatt *Kladderadatsch*. Es gehörte zu den Medien, die Schliemann und seine Ausgrabungen von Beginn an beobachteten und satirisch aufs Korn nahmen. Insbesondere in den Jahren 1873/74 sowie 1876/77 spöttelte das Blatt mehrmals über den Ausgräber, da Schliemann zu dieser Zeit mit seinen Ausgrabungen auf Hissarlik und in Mykene für erhebliches Aufsehen gesorgt hatte. Die Autoren des *Kladderadatsch* müssen die Schliemann'schen Berichte in der *Allgemeinen Zeitung* genau gelesen haben, denn in den Glossen und Gedichten gibt es zahlreiche hämische Anspielungen auf den Goldreichtum des »Priamosschatzes« sowie das – durchaus grotesk anmutende – Motiv des »Umschlagetuchs« seiner Frau, das zu einem Selbstläufer wurde. Neben dem Hohn wegen des besagten Tuches zieht das Blatt des Öfteren auch einen Vergleich zum sagenhaften Nibelungenschatz. Da er nun den »Schatz des Priamos« gefunden habe, so heißt es, werde er sicher bald auch das »Rheingold« heben **Abb. 4**.

Die zahlreichen spöttischen Beiträge verdeutlichen nicht nur die breite Rezeption der Schliemann'schen Berichte, speziell in der *Allgemeinen Zeitung*, durch die Redaktion beziehungsweise die Autoren des *Kladderadatsch*. Sie sind vielmehr als Belege einer kritischen Auseinandersetzung des Berliner Witzblattes mit den allzu forsch vorgetragenen Interpretationen des bemühten Ausgräbers zu verstehen. Sie zeigen darüber hinaus, dass die Archäologie im 19. Jahrhundert kein marginales Thema war, sondern die Menschen damals bewegte und immer wieder Gegenstand der öffentlichen Diskussion war.

Über diese missliebige Publicity war Schliemann verständlicherweise wenig begeistert, ihm fehlte dazu schlicht die nötige Gelassenheit. In Briefen an Freunde, Bekannte und Verwandte beschwerte er sich immer wieder über die Verunglimpfungen und vermutete die Berliner akademische Elite um den Altertumswissenschaftler Ernst Curtius hinter den Artikeln. An seinen deutschen Verleger Eduard Brockhaus schrieb er im Dezember 1873: »Keinesfalls wollen Sie aber ein Exemplar [gemeint ist sein Buch *Trojanische Alterthümer*, StS] an Ernst Curtius senden, denn er und Dr. Hirschfeld sind die Autoren der Artikel gegen mich im Kladderadatsch und beide könnten mich aus Neid kreuzigen und braten.« Für Schliemanns Behauptung gab und gibt es (bis heute) allerdings keine Nachweise – wer die Autoren der Beiträge im *Kladderadatsch* tatsächlich waren, bleibt Spekulation.

»Gern würden wir in solchem Falle Ihnen die Spalten unseres Blattes zur Verfügung stellen«

Schliemanns Popularität führte dazu, dass sich immer mehr Medien auf ihn »stürzten«. Zahlreiche Anfragen von Tages- und Wochenzeitungen sind überliefert, alle wollten über ihn berichten oder am besten einen Beitrag des Ausgräbers selbst in ihrem Blatt wissen – die Familienblätter *Die Gartenlaube*, *Daheim* und das *Deutsche Familienblatt*, die *Illustrierte Zeitung* aus Leipzig **Abb. 6**, aber auch verschiedene englische Zeitschriften wie die *Illustrated London News* und *The Graphic*.

Ernst Keil, der Herausgeber des am weitesten verbreiteten Familienblattes *Die Gartenlaube* – es hatte Mitte der 1870er Jahre einen Absatz von wöchentlich weit über 350 000 Exemplaren – bat Schliemann gleich zweimal, in den Jahren 1870 und 1872, um Beiträge, die der Leserschaft der *Gartenlaube* die Resultate seiner Arbeiten »in einem zusammenfassenden, unterhaltend und belehrend zugleich geschriebenen Artikel« nahebringen sollten (Brief vom 20. Januar 1872). Schliemann bedankte sich für dieses »schmeichelhafte Schreiben«, machte aber deutlich, dass er erst nach Abschluss seiner neuerlichen Ausgrabungen an einem Beitrag für das »berühmte Blatt« arbeiten könne (Brief vom 3. Februar 1872). Der geplante Artikel erschien allerdings nicht. Das Blatt war hartnäckig, 1884 versuchte es sein Glück abermals bei Schliemann: »Wir würden uns zur größten Ehre anersehen«, so der Redakteur, »wenn wir unsere Leser mit einem Beitrage aus Ihrer hochgeschätzten Feder überraschen könnten«. Doch auch dieser Versuch war erfolglos, es ist kein Beitrag aus Schliemanns Feder in der *Gartenlaube* erschienen.

Andere hatten mehr Erfolg, etwa das *Deutsche Familienblatt*. Zwar schrieb Schliemann hier nicht selbst für die Zeitschrift, dafür aber der Feuilletonist August Woldt, der über Rudolf Virchow mit Schliemann bekannt war. Um über das Familienleben der Schliemanns zu berichten, reiste er Anfang September 1880 für ein paar Stunden nach Leipzig, wo sich die Familie zu diesem Zeitpunkt aufhielt.

Abb. 6 Links: Porträt Heinrich Schliemanns, das 1878 in der Zeitschrift *Über Land und Meer* erschien. Rechts: Nahezu zeitgleiches Porträt Heinrich Schliemanns, das im Kontext des Beitrags »Der Schatzgräber von Troja« im Familienblatt *Die Gartenlaube*, Heft Nr. 43, veröffentlicht wurde.

Woldt – laut Virchow eine gute Adresse, wenn die Presse mit Beiträgen beliefert werden sollte – zeichnet auch für einen Beitrag über Sophia Schliemann in der *Illustrirten Frauen-Zeitung* (13. September 1880) verantwortlich **Abb. 5**. Darin charakterisiert er sie als »echte Griechin«, »begeistertste, feurigste Verehrerin der homerischen Poesie« sowie »ruhm- und erfolgreiche Forscherin«. Darüber hinaus sei sie ihrem Ehemann stets eine unschätzbare Hilfe und Genossin auf allen seinen Reisen und teile mit ihm in »grenzenloser Hingebung und Ausdauer« seine »Arbeiten, Studien und Entbehrungen«. Woldt kolportiert hier die oben angesprochenen Schliemann'schen Inszenierungen seiner Frau als tatkräftige Hilfe und strahlende Homerforscherin. Sie selbst beurteilte ihren Beitrag für die Archäologie zurückhaltender. Die Londoner *Times* zitiert sie 1877 mit den Worten: »The part I have taken in the discoveries is but small, in Troy as well as in Mycenae« (Mein Beitrag zu den Entdeckungen war eher gering, in Troja wie auch in Mykene; *Times*, 9. Juni 1877).

»ERLÖSER« UND »MÄRTYRER«, »HEXENMEISTER« UND »ZAUBERER«

Schliemann blieb über seinen Tod am 26. Dezember 1890 hinaus eine schillernde Figur. In den zahlreichen Nachrufen zum Jahreswechsel 1890/91 wird er von den Zeitungen wahlweise als »Erlöser«, »Märtyrer« und »Hexenmeister« beschrieben, als glücklicher und zugleich zupackender Entdecker, der unbekannte archäologische Stätten und untergegangene Kulturen ans Licht gebracht habe **Abb. 7**. Kritisches findet sich in den Nachrufen nur selten; die meisten Kommentatoren folgten dem Prinzip, dass man über Verstorbene nur Gutes berichten soll. Auch der Olympia-Ausgräber Ernst Curtius, der wahrlich kein Freund Schliemanns war, stimmte in das Loblied ein und gab sich versöhnlich. Er würdigte den Selfmademan auf der Gedächtnisfeier zu Ehren Schliemanns im März 1891 als »Zauberer«, der mit der »Wünschelruthe umherging und die Plätze zu finden wusste, wo in dunkler Tiefe die Goldschätze ruhten«.

XXIII. JAHRGANG NR. 1. Preis einer Nummer 15 kr., für Deutschland 40 Pf. WIEN. 4. JÄNNER 1891.

DER FLOH.

ERSCHEINT JEDEN SONNTAG.

Schliemann im Olymp.

Abb. 7 Titelblatt des Wiener Witzblatts *Der Floh* (4. Januar 1891): »Schliemann im Olymp«

Ausgewählte Literatur:

Stefanie Samida, Die archäologische Entdeckung als Medienereignis: Heinrich Schliemann und seine Ausgrabungen im öffentlichen Diskurs, 1870–1890 (Münster, New York 2018).

Susanne Duesterberg, Popular Receptions of Archaeology: Fictional and Factual Texts in 19th and Early 20th Century Britain (Bielefeld 2015).

Stefanie Samida, Heinrich Schliemann (Tübingen, Basel 2012).

Michaela Zavadil, Ein trojanischer Federkrieg: Die Auseinandersetzung zwischen Ernst Boetticher und Heinrich Schliemann (Wien 2009).

Reinhard Witte, Schliemann einmal heiter betrachtet: Der Erforscher Troias und Mykenes in der satirischen Zeitschrift Kladderadatsch und in humorvollen Beiträgen (Ankershagen 2004).

Christiane Zintzen, Von Pompeji nach Troia. Archäologie, Literatur und Öffentlichkeit im 19. Jahrhundert (Wien 1998).

Rudolf Virchow, Gedächtnisfeier für Heinrich Schliemann, in: Zeitschrift für Ethnologie 23, 1891, 41–65.

Friedrich Schlie, Das Leben Schliemanns, in: Im Neuen Reich 6, 1876, 281–291.

Abb. 1 Schliemann berichtet 1877 in London vor der Society of Antiquaries über seine Ausgrabungen in Mykene, *The Illustrated London News*, 31. März 1877.

EINE SCHWIERIGE BEZIEHUNG: DER AUTODIDAKT UND DIE AKADEMISCHE WELT

MARION BERTRAM

»WOLLTE GOTT, WIR HÄTTEN NOCH RECHT VIELE SOLCHER DILETTANTEN UND AUTODIDAKTEN – DIE WISSENSCHAFT KÖNNTE DABEI NUR GEWINNEN!«

HUGO BLÜMNER ÜBER SCHLIEMANN, 1891

Mit seiner Reise zu den von Homer beschriebenen Stätten in Griechenland und Kleinasien betrat Heinrich Schliemann im Jahre 1868 die Welt der Archäologie. Auf Ithaka suchte er den Palast des Odysseus und unternahm seine erste kleine Ausgrabung, auf dem Peloponnes besichtigte er die Ruinen von Korinth, Mykene und Tiryns, um schließlich in der Troas die Suche nach Troja aufzunehmen. Schon wenige Monate nach seiner Rückkehr erschien 1869 sein Reisebericht *Ithaka, der Peloponnes und Troja. Archäologische Forschungen*, mit dem es ihm dank guter Beziehungen in die alte Heimat noch im selben Jahr gelang, an der Universität Rostock zu promovieren.

In der Troas hatte Schliemann den damals britischen, später amerikanischen Konsul Frank Calvert (1828–1908) kennengelernt, der als leidenschaftlicher Amateurarchäologe ebenso homerbegeistert war wie er selbst. Calvert war es, der Schliemann auf den Hissarlik (Troja) aufmerksam gemacht und zu Ausgrabungen an diesem Ort ermutigt hatte. Von dieser Bekanntschaft profitierte Schliemann über alle Maßen: Calvert vermittelte ihm seine Erfahrungen als Ausgräber, half bei der Anwerbung von Arbeitskräften und sorgte mit seinen politischen Beziehungen dafür, dass Schliemann überhaupt erst eine offizielle Grabungsgenehmigung erhielt. Das Verhältnis der beiden war anfangs ganz von der gemeinsamen Begeisterung getragen, auch wenn der ungestüme Deutsche mit seiner illegalen Probegrabung von 1870 den Konsul gegenüber den türkischen Behörden in Schwierigkeiten gebracht hatte. Ihre Beziehung trübte sich jedoch mehr und mehr, als Schliemann mit kühnen Interpretationen seiner Grabungsergebnisse an die Weltöffentlichkeit trat und sich als alleiniger Entdecker von Troja inszenierte, ohne die bedeutende Rolle Calverts zu erwähnen. Dennoch währte die Zusammenarbeit bis zu Schliemanns Tod. Calvert blieb für Schliemann immer ein wichtiger Experte und Ratgeber, der Beiträge zu seinen Publikationen lieferte und ihn noch 1890 auf der zweiten Troja-Konferenz gegen hartnäckige Angriffe unterstützte.

Die Begegnung mit Calvert im Jahre 1868 war ein Glücksfall für Heinrich Schliemann, ohne den er wohl kein derart erfolgreicher Archäologe geworden wäre. Aber es waren natürlich ebenso die erstaunlichen Eigenschaften und Fähigkeiten, mit denen es der arme Mecklenburger Dorfjunge zum millionenschweren Petersburger Kaufmann gebracht hatte, die es ihm nun auch ermöglichten, auf neuem Parkett zu kämpfen und mit sensationellen Entdeckungen weltberühmt zu werden.

Die prähistorische Archäologie befand sich zu dieser Zeit am Beginn ihrer dynamischen Entwicklung zu einer anerkannten Wissenschaft. Überall in Europa entstanden die großen archäologischen Gesellschaften und Institutionen, die mit umfangreichen Fachpublikationen, aber auch auf Kongressen und bei öffentlichen Vorträgen neue Entdeckungen und Erkenntnisse verbreiteten, Diskussionen und Kontroversen austrugen. Sie erreichten mit ihren Themen eine große Öffentlichkeit, nicht zuletzt durch die Berichte in populären Zeitschriften und der Tagespresse. Schliemann betrat also genau zum richtigen Zeitpunkt diese Bühne.

Schon 1870 ging er mit seinen ersten Grabungsergebnissen vom Hissarlik offensiv in die Öffentlichkeit und suchte den Kontakt zur akademischen Welt. Damit begann sein anhaltender Kampf um die Anerkennung seiner wissenschaftlichen Leistungen, der ihn bis zu seinem Tod begleiten sollte. Im Laufe der Jahre fand er wichtige Förderer aus dem Kreis der Akademiker, war aber ebenso andauernder, nicht selten heftiger und auch unsachlicher Kritik, bis hin zum Spott, ausgesetzt. Vor allem die Klassischen Archäologen und Philologen, insbesondere die deutsche Professorenschaft, verweigerten dem Autodidakten hartnäckig die Akzeptanz. Gründe für die Ablehnung und den Hohn, der Schliemann oft entgegenschlug, dürften zum einen das Bedürfnis nach Abgrenzung von tatsächlichem oder vermeintlichem Dilettantentum des Neulings und das Streben nach der Verteidigung der angestammten Reviere gewesen sein, zum anderen sicher aber auch Neid und Missgunst gegenüber den sensationellen Entdeckungen, die dem Seiteneinsteiger scheinbar in den Schoß fielen.

Dass Schliemann durch sein Auftreten mitunter auf Abwehr stieß, ist bekannt. Auffällig ist aber, dass gerade auch eine Reihe von anerkannten Wissenschaftlern sich immer wieder abfällig über seine Person und seine Persönlichkeit äußerten. Attribute wie »undiplomatisch«, »taktlos«, »unduldsam«, »rücksichtslos«, »dogmatisch« oder »selbstgefällig« sind durchaus nachvollziehbar, warum aber beispielsweise der Ägyptologe Flinders Petrie 1888 nach Schliemanns Besuch auf seiner Ausgrabung in Hawara den Gast vordergründig als »klein«, »glubschäugig« und »rundköpfig« beschrieb und damit kein Einzelfall war, bleibt unverständlich. Tatsächlich war Schliemann von kleiner Statur (etwa 160 Zentimeter), wenngleich ihm alle seiner erhaltenen Pässe »mittelgroßen« Wuchs bescheinigten. Vermutlich kulminiert in der permanenten Betonung seiner vermeintlichen Kleinwüchsigkeit die Einschätzung, dass sein auftrumpfendes, Aufmerksamkeit erheischendes Verhalten als typisch für kleine Männer angesehen wurde.

Diejenigen unter den Vertretern der offiziellen Wissenschaft, die Schliemanns Fürsprecher, Förderer und Mitarbeiter wurden, schätzten seine unerschöpfliche Energie, seine Lernbegier und seine Unerschrockenheit. Wie Frank Calvert schon 1868, sahen sie aber sicher auch das Potenzial, das sein Reichtum für die Forschung mit sich brachte. Dass Schliemann im Lauf der Jahre trotz manchen Widerstands zunehmend Anerkennung in Akademikerkreisen gewinnen konnte, verdankt sich wesentlich seiner offensiven Kommunikation und umfangreichen Reisetätigkeit. Mit nicht weniger als 160 Briefpartnern aus dem Bereich der Geistes- und Naturwissenschaften pflegte er regen Austausch und auch nach der Gründung seiner zweiten Familie in Athen war er üblicherweise den größeren Teil des Jahres auf Reisen.

Seine erste offizielle Grabungskampagne auf dem Hissarlik im Herbst 1871 ließ Schliemann noch ziemlich ratlos zurück. Es fehlte ihm an Kenntnissen zur Ausgrabungsmethodik und zur Interpretation seiner Funde. Er scheute in dieser Situation nicht davor zurück, die Fachwelt um Hilfe zu bitten. Und schon zu diesem Zeitpunkt war ihm klar, dass nur eine ausführliche Dokumentation seiner Befunde und Funde die Grundlage für eine Expertise Dritter sein konnte.

Einer der ersten deutschen Altertumswissenschaftler, mit denen Schliemann in Kontakt trat, war Ernst Curtius (1814–96), seinerzeit Professor für Archäologie in Berlin, seit 1872 auch Direktor des Antiquariums der Königlichen Museen zu Berlin und seit 1875 Ausgräber in Olympia. Kurz bevor Curtius mit einigen Fachkollegen im Sommer 1871 in die Troas reiste, hatte er ihn in Berlin kennengelernt. Groß war Schliemanns Enttäuschung, als Calvert ihm berichtete, dass die Berliner Reisegruppe dem Hissarlik kein Interesse entgegenbrachte, sondern sich der Bunarbaschi-Theorie anschloss, das heißt sich für die Lokalisierung des homerischen Troja auf der Felsenhöhe des Bali Dagh beim Dorf Bunarbaschi unweit des Hissarlik aussprach. Schliemann gab jedoch nicht auf und informierte Curtius im Januar 1872 ausführlich über die Ergebnisse seiner ersten Grabungskampagne auf dem Hissarlik vom Herbst 1871. Dieser vertrat jedoch weiterhin die Bunarbaschi-Theorie. Auch die Veröffentlichung der Schliemann'schen Grabungsberichte in der von ihm mitherausgegebenen *Archäologischen Zeitschrift* verweigerte er. Allein die Helios-Metope vom hellenistischen Athena-Tempel, die Schliemann während seiner zweiten Grabungskampagne 1872 fand, weckte sein Interesse. Das Verhältnis eskalierte, als Schliemann Ausgrabungen in Olympia anstrebte und damit Curtius' eigene Pläne zu durchkreuzen drohte. Curtius blieb Schliemann gegenüber dauerhaft ablehnend und verleumdete ihn immer wieder aufs Heftigste. Schon Zeitgenossen vermuteten hinter dieser Haltung, dass er dem Autodidakten seine Erfolge neidete. Aber auch die Ignoranz des Klassischen Archäologen gegenüber dem prähistorischen Siedlungshügel Hissarlik mit seinen für ihn in der Mehrheit so glanzlosen Kleinfunden dürfte eine Rolle gespielt haben.

1873 erhielt Schliemann Besuch von Alexander Conze (1831–1914), der als Professor seit 1869 in Wien Archäologie lehrte, 1877 Direktor der Berliner Antikensammlung wurde und von 1878 bis 1886 zusammen mit Carl Humann (1839–96) die Ausgrabungen in Pergamon durchführte. Nach seinen Informationen aus erster Hand hielt Conze dann im Dezember desselben Jahres in Wien einen kritischen Vortrag über die Schliemann'schen Ausgrabungen, der bei diesem heftigste Gegenwehr auslöste. Ungeachtet ihrer mitunter gegensätzlichen Ansichten entwickelte sich im Laufe der Jahre ein recht sachlicher Austausch mit Conze, der im Vergleich etwa mit Curtius viel mehr Grabungsarchäologe als Liebhaber antiker Kunst war und die Bedeutung der griechischen Vorgeschichte früh erkannte. Die Untersuchungen auf dem Hissarlik verfolgte er mit Interesse, urteilte aber hinsichtlich der unkonventionellen Grabungsmethoden und vorschnellen Interpretationen Schliemanns immer streng aus der Sicht des Gelehrten. Ebenso wie für Curtius und weite Kreise der Klassischen Archäologen in Deutschland blieb Schliemann auch für Conze immer ein ungelehrter Außenseiter.

Weltweit bekannt wurde Schliemann schließlich mit seiner Mitteilung über die Auffindung des von ihm »Schatz des Priamos« benannten wertvollen Depotfunds, der seinen Angaben zufolge am Ende der dritten trojanischen Grabungskampagne geborgen worden war. Schliemanns erster Bericht in seinem Tagebuch datiert vom 31. Mai 1873. Wenige Tage später weihte er auch seinen Leipziger Verleger Eduard Brockhaus (1829–1914) ein. Letzterer bat ihn im Juli 1873, die Meldung über den spektakulären Fund noch zurückzuhalten. Der stolze Ausgräber aber konnte sich nicht länger beherrschen und offerierte der staunenden Weltöffentlichkeit am 5. August 1873 in der Augsburger *Allgemeinen Zeitung* seine Entdeckung. Daraus entwickelten sich in kürzester Zeit auch umfangreichere Kontakte zu vielen Altertumswissenschaftlern anderer Länder.

Vor allem in England brachte es Schliemann schnell zu großem Ansehen. Bereits zu Beginn des Jahres 1872 hatte er Charles Newton (1816–94), den Leiter der Antikenabteilung des British Museum, kennengelernt. Seitdem korrespondierte er mit ihm, aber auch mit anderen Vertretern dieser berühmten Institution zu Fachfragen und suchte sie während seiner regelmäßigen Besuche in London auf. Von großer Bedeutung sollte bald die Bekanntschaft mit dem deutschen Philologen Max Müller (1823–1900) werden, der bereits seit 1846 in England lebte und langjährig an der Universität Oxford lehrte. Nach dessen Angriffen im Zusammenhang mit dem »Schatz des Priamos«, mit denen er insbesondere der Annahme eines historischen Kerns der homerischen Epen widersprach, nahm Schliemann im Herbst 1873 Kontakt auf. Es entwickelte sich in den folgenden Jahren eine für beide Seiten fruchtbare Beziehung. Müller war den Ideen Schliemanns bald weniger abgeneigt, öffnete ihm die Türen zu englischen Akademikerkreisen und trug wesentlich zu seiner Popularität in England bei. Mit dem englischen Assyriologen Archibald Henry Sayce (1845–1933) verband Schliemann eine ebenso freundschaftliche Zusammenarbeit. 1880 nahm Sayce an den Ausgrabungen in Orchomenos teil und wie Müller oder der irische Philologe John Pentland Mahaffy war auch er in Schliemanns zweiter großer Publikation zu den Ausgrabungen in Troja, *Ilios. Stadt und Land der Trojaner* (1881), mit einer Abhandlung vertreten.

Neben den Herren der Wissenschaft fand der Troja-Ausgräber auch in dem prominenten Politiker und mehrmaligen britischen Premierminister William Ewart Gladstone (1809–98) bereits 1873 einen Verbündeten und Förderer, der sich als leidenschaftlicher Homerforscher

TO DR. HENRY SCHLIEMANN,
HONORARY FELLOW OF THE SOCIETY OF ANTIQUARIES
&c. &c. &c.

WE, THE PRESIDENT, VICE PRESIDENTS AND COUNCIL OF THE ROYAL ARCHÆOLOGICAL INSTITUTE OF GREAT BRITAIN AND IRELAND for ourselves and on behalf and in the name of the Society we represent, beg to tender you our heartiest welcome here and our warmest congratulations on the great achievement in Antiquarian investigation and discovery by which you have placed your name in the foremost page of Archæological history and distinction.

Sympathising as we naturally do in all such objects as that in which you have been so honorably and successfully engaged, we need not say that we have watched from the first with the most profound interest the progress of the great work upon which you entered and which you pursued with such indomitable energy and ability, and we feel that we are not employing the hyperbole of complimentary address when we say that to you is due one of the grandest Antiquarian discoveries which has yet been chronicled, and which by reason of its classical associations has conferred a benefit and diffused an interest throughout the whole educated world.

It is our privilege to number you amongst our members this day, and we are sensible how much their list is honored by the addition.

In conclusion we wish you "GOD SPEED" in your return to your labors, and we hope that it may be at times an encouraging and gratifying reflection to you to remember how entirely those labors are appreciated by your friends in England and how sincerely they will welcome their completion and your presence again amongst them.

SIGNED ON BEHALF OF THE ROYAL ARCHÆOLOGICAL INSTITUTE OF GREAT BRITAIN AND IRELAND.

PRESIDENT.
Talbot de Malahide

VICE PRESIDENTS. COUNCIL.

SECRETARIES. TREASURER.

Abb. 2 Schliemanns Ernennung zum Ehrenmitglied der Society of Antiquaries in London

GREAT BRITAIN

At a Meeting of the Council of the Royal Historical Society held on the Tenth day of May 1877
Dr. Schliemann
was duly elected an Honorary Member thereof, with power to exercise all the rights and privileges pertaining thereto in consideration of his interest in the Society's researches, and in the belief that his best efforts will be directed to the study of history, and towards the wellbeing of its special cultivators.
In Testimony whereof this Diploma is subscribed by the President of the Council, the Secretary & the Treasurer.

At London the fourteenth day of May 1877

President of Council
Charles Rogers LL.D. Secretary
Treasurer

Abb. 3 Schliemanns Ernennung zum Ehrenmitglied der Royal Historical Society in London

ebenfalls auf der Seite der Amateure befand. 1875 absolvierte Schliemann in London einen glanzvollen Auftritt vor der Society of Antiquaries, der durch eine Rede von Gladstone einen krönenden Abschluss fand. Im Jahr darauf wurde er Ehrenmitglied dieser hochangesehenen Gesellschaft **Abb. 2**. 1877 konnte er in diesem Kreis über die sensationellen Ergebnisse seiner Ausgrabungen in Mykene berichten **Abb. 1** und sich weiterer Ehrungen des Royal Archaeological Institute, der British Archaeological Association und der Royal Historical Society erfreuen **Abb. 3**. Überwältigt von diesem Zuspruch beschloss Schliemann im selben Jahr, seine Sammlung Trojanischer Altertümer zunächst im Londoner South Kensington Museum zu präsentieren, wo sie bis 1880 von einem breiten Publikum besichtigt wurde. Für sein 1878 erschienenes Werk *Mykenae* schrieb Gladstone schließlich das Vorwort. Seit 1873 war Schliemann in England ein Medienstar. Alle angesehenen Blätter wie *The Times*, *The Guardian*, *The Illustrated London News*, *The Graphic* oder *The Academy* berichteten regelmäßig und ausführlich über seine Ausgrabungen und Funde, aber auch über sein Leben und seine Familie.

Ein Meilenstein für Schliemanns Vernetzung in den Altertumswissenschaften war seine große europäische Museumsreise von 1875. Mitte Mai reiste er über Marseille nach Paris, von dort nach London, wo er am 24. Juni bei der Society of Antiquaries den gefeierten Vortrag hielt. Am 3. August traf er in den Niederlanden ein und studierte in Leiden die prähistorische Sammlung des Rijksmuseum van Oudheden. Von dort fuhr er in der zweiten Augustwoche nach Kopenhagen zum Besuch des Königlichen Museums für nordische Altertümer und erreichte am 13. August Stockholm, wo er im Historischen Museum den späteren Reichsantiquar Hans Hildebrand (1842–1913) kennenlernte. Am 17. August hielt er auf dem Philologentag in Rostock den Vortrag *Troia und seine Ruinen*, danach reiste er über Berlin, Lübeck und Schwerin nach Danzig und Breslau, im Anschluss erneut nach Berlin. Am 27. August war er in Budapest, später in Wien und Zürich und traf Anfang September in Mainz den berühmten Altertumsforscher Ludwig Lindenschmit den Älteren (1809–93), der 1852 das Römisch-Germanische Zentralmuseum gegründet hatte. Nach einer Zwischenstation in Paris schloss sich eine ausführliche Italienreise an, auf der Schliemann Ende September Rom besuchte und danach unzählige Ausgrabungsorte und weitere antike Stätten in ganz Italien. Ende November weilte er in Florenz und blieb schließlich bis Mitte Dezember zwei Wochen in Neapel, von wo er die Rückreise nach Athen antrat.

Über die Museumsbesuche während dieser Reise verfasste er regelmäßig Berichte. Insbesondere seine Texte über die Museen in Leiden, Kopenhagen, Stockholm, Lübeck, Schwerin, Berlin, Danzig und Breslau erschienen in *The Academy*, der in London herausgegebenen Wochenschrift für Literatur, Wissenschaft und Kunst. Sie zeugen von einer erstaunlichen Kompetenz bei der Diskussion zu seinerzeit aktuellen Forschungsfragen der prähistorischen Archäologie. Schliemann lernte während dieser Monate eine Reihe der bedeutendsten europäischen Altertumsforscher kennen und studierte die wichtigsten prähistorischen Sammlungen und Museen auf der Suche nach Vergleichsfunden zu seinem trojanischen Material. Von diesen Kontakten und Erkenntnissen profitierte er erheblich für seine weiteren Forschungen.

Eine Begegnung dieser Reise aber sollte weiter reichende Folgen als alle anderen haben: Ende August 1875 besuchte Schliemann erstmals Rudolf Virchow in seiner Berliner Wohnung. Gladstone hatte ihn zuvor auf Virchows Aufsatz *Über Gesichtsurnen*, der 1870 in der *Zeitschrift für Ethnologie* erschienen war, aufmerksam gemacht. Die Arbeit beschäftigt sich mit dem aus Pommern bekannten Gefäßtyp, der einer eisenzeitlichen Kultur im heutigen Polen angehört **Abb. 4**, zieht Vergleiche zu etrurischen und ägyptischen Keramiken mit menschengestaltigen Merkmalen und untersucht die Frage nach der Herkunft und Symbolik solcher Keramiken. Angesichts seiner »eulengesichtigen« Gefäße aus Troja **Abb. 5** traf dieses Thema bei Schliemann auf höchste Aufmerksamkeit. Sein Bericht *The Prehistoric Collections of Lübeck, Schwerin and Berlin*, den er am 23. August verfasst hatte, erschien am 18. September in *The Academy*. »Yesterday and to-day I have examined an re-examined the Berlin museum of German antiquities, called ›Nordische Alterthümer‹ […]«, so beginnt sein Bericht über den Besuch im Neuen Museum, wo sich seinerzeit die Sammlung der Nordischen Altertümer befand. Ausführlich beschreibt er zehn Pommersche Gesichtsurnen, denen dort sein Hauptinteresse galt.

Mit Virchow hatte Schliemann einen der seinerzeit bedeutendsten deutschen Wissenschaftler mit umfangreichen gesellschaftlichen und politischen Beziehungen bis hin zum deutschen Kaiserhaus gewonnen, der seine Ausgrabungsprojekte in Deutschland bekannt machte, ihm den Zugang zur deutschen Gelehrtenwelt und die Anerkennung in breiten Kreisen des gesellschaftlichen Lebens verschaffte. Beide pflegten einen intensiven fachlichen Austausch, der mit einer Korrespondenz von mehr als 600 Briefen der Jahre 1876 bis 1890 dokumentiert ist. So unterschiedlich die beiden Männer waren, verband sie ihr unermüdliches

Abb. 4 Illustration mit Pommerschen Gesichtsurnen und integriertem Virchow-Porträt, 1880

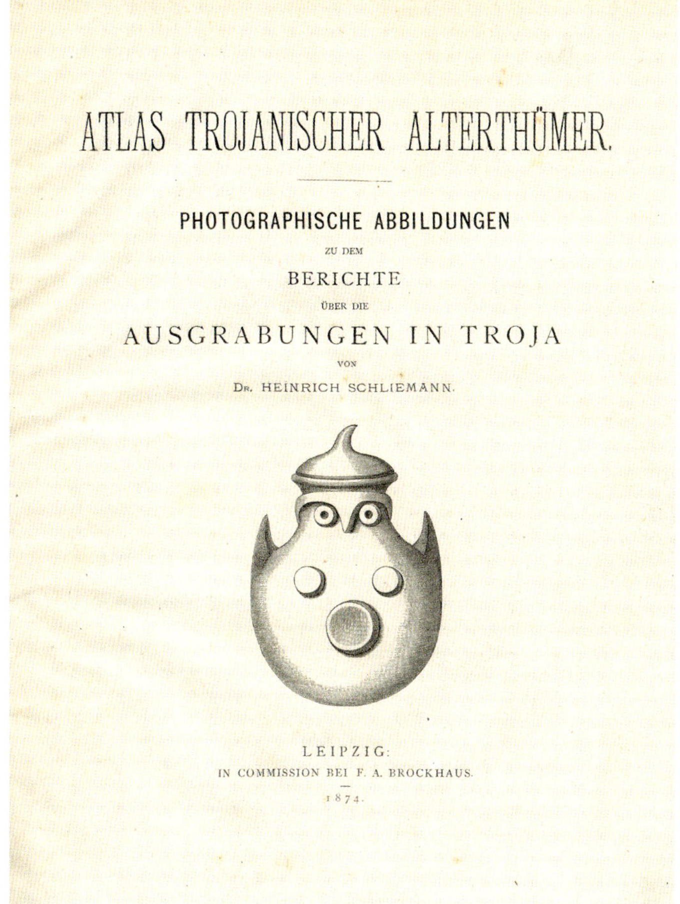

ATLAS TROJANISCHER ALTERTHÜMER.

PHOTOGRAPHISCHE ABBILDUNGEN

ZU DEM

BERICHTE

ÜBER DIE

AUSGRABUNGEN IN TROJA

VON

DR. HEINRICH SCHLIEMANN.

LEIPZIG:

IN COMMISSION BEI F. A. BROCKHAUS.

1874.

Abb. 5 »Eulengesichtiges« Gefäß aus Troja auf dem Titelblatt des *Atlas Trojanischer Alterthümer*

Abb. 6 Schliemanns Ausgrabungen auf dem Hissarlik im März 1890, Foto von Rudolf Virchow

Interesse für die prähistorische Archäologie. Die Beziehung entwickelte sich im Laufe der Jahre zu einer »innigen Freundschaft«, wenngleich die typischen Schliemann'schen Eskapaden auch Virchow hin und wieder einige Toleranz abverlangten.

Schliemanns Einladung auf seine Ausgrabung in Mykene musste der vielbeschäftigte Virchow ablehnen, aber 1879 reiste er für mehrere Wochen nach Troja und in die Troas, um dort gemeinsame Untersuchungen durchzuführen. Erfolgreich stärkte er zum einen Schliemanns Verständnis für wissenschaftliche Methodik, für die Naturwissenschaften und für die Bedeutung der Kleinfunde, insbesondere der Keramiktypen, zum anderen aber vermochte er auch dessen tief verschüttete Gefühle für sein Heimatland wiederzuerwecken. Die Entscheidung, seine Trojanische Sammlung nach Deutschland zu geben, ist letztlich Virchows Verdienst. Zu Schliemanns Werk *Ilios* lieferte Virchow 1881 drei Abhandlungen und das Vorwort, in dem er seine Überzeugung äußerte, dass aus dem Schatzgräber ein gelehrter Mann geworden sei. Zwischen 1879 und 1882 machte Schliemann allen Ernstes mehrfach den ungewollt despektierlichen Vorschlag, der berühmte Gelehrte möge in Berlin alle Ämter und Aktivitäten aufgeben und fortan als sein Mitarbeiter fungieren. Bekannterweise folgte Virchow dieser Idee nicht. 1888 reisten die Freunde mehrere Wochen durch Ägypten und 1890 begab sich Virchow erneut nach Troja, zum einen, um Schliemann auf der zweiten Troja-Konferenz zusammen mit weiteren Gelehrten im Streit mit Ernst Bötticher zu unterstützen, zum anderen für anschließende Steifzüge durch die Troas. Wie schon in Ägypten 1888 dokumentierte Virchow diese Reise mit eigenen fotografischen Aufnahmen **Abb. 6**.

Neben Virchow war 1879 während der fünften trojanischen Grabungskampagne auch der Franzose Émile Burnouf (1821–1907) anwesend, mit dem Schliemann bereits seit 1872 in engem fachlichen Austausch stand und der ihm zu Kontakten in die französische Fachwelt verhalf. Burnouf war Indologe, Philologe und Archäologe, aber auch Ingenieur, Geologe, Kartograf und Maler. Er fertigte Zeichnungen von Schliemanns Funden an und berichtete in französischen Zeitungen begeistert über dessen Ausgrabungen. 1879 verhalf er Schliemann zur ersten umfassenden Kartierung des Hissarlik und einer deutlicheren Gliederung der Siedlungsschichten, die in dessen Publikation *Ilios* ihren Niederschlag fanden.

Ab der sechsten Grabungskampagne von 1882 stand Schliemann dann Wilhelm Dörpfeld (1853–1940) zur Seite, den er bereits seit 1876 kannte. Seit 1877 war der junge

Abb. 7 Einladung der Deutschen Gesellschaft für Anthropologie, Ethnologie und Urgeschichte zu ihrer XI. Generalversammlung in Berlin im August 1880 – oben links: Virchow beim Vermessen eines Schädels, unten links: Schliemann vorwärtsstürmend mit phrygischer Mütze und Homers Schriften unter dem Arm

Abb. 8 Sophia Schliemann trägt die Replik eines Goldanhängers aus dem Schatz von Hiddensee, nach 1890

deutsche Architekt auf der Ausgrabung in Olympia tätig. Er gilt als Begründer des modernen Ausgrabungswesens im Mittelmeerraum. Die Mitarbeit Dörpfelds 1882 und 1890 in Troja brachte weitere Klarheit zur schwierigen Schichtenfolge des Hissarlik. Schon 1881 hatte er für Schliemann die Decke der Seitenkammer des Kuppelgrabs von Orchomenos gezeichnet und war 1884–85 auch an den Ausgrabungen in Tiryns beteiligt. Nach Schliemanns Tod setzte er 1893–94 dessen Werk in Troja fort.

In Deutschland hatte Virchow in denjenigen Kreisen, die sich in den 1870er Jahren engagiert der prähistorischen Archäologie widmeten, Schliemann bereits zu breiter Akzeptanz verholfen. Deren wichtigste Plattform, die Deutsche Gesellschaft für Anthropologie, Ethnologie und Urgeschichte, ernannte Schliemann ausdrücklich in Würdigung seiner kompetenten Forschungen 1877 zu ihrem Ehrenmitglied und auf deren Generalversammlung 1880 in Berlin hielt er einen vielbeachteten Vortrag über Troja und die Heroengräber in der Troas **Abb. 7**. Mit der Entscheidung, seine Sammlung Trojanischer Altertümer 1881 als Geschenk nach Deutschland zu geben, erhielt Schliemann endlich auch in seinem Heimatland die Ehrungen und die Anerkennung, um die er so lange gerungen hatte.

Die Berliner Museumsarchäologen wurden ihm nun ein vertrauter Umgang und standen immer wieder mit Rat und Tat zur Seite. In den letzten zehn Jahren seines Lebens war Schliemann häufig in Berlin. So auch im Umfeld eines mehrwöchigen Familienurlaubs in Mecklenburg im Sommer 1883. Zu dieser Zeit sorgten gerade besonders qualitätvolle Repliken des 1872–74 entdeckten wikingerzeitlichen Goldfunds von Hiddensee in Fachkreisen für Aufsehen. Der Berliner Goldschmied Paul Telge hatte diese gefertigt. Er stand in Kontakt mit Virchow und Albert Voß, dem Leiter der Vorgeschichtlichen Abteilung am Berliner Museum, und war offensichtlich ein Verehrer Schliemanns. Möglicherweise erhielt Sophia Schliemann während dieses Aufenthalts das Geschenk des Hiddenseer Goldanhängers, den die Griechin auch nach dem Tod ihres Mannes noch trug **Abb. 8**.

Schwer war nach wie vor Schliemanns Stand bei einem großen Teil der Klassischen Archäologen, die ihn weiterhin als Dilettanten beschimpften und eine staunenswerte Ignoranz und Arroganz demonstrierten. Zu dieser Gruppe gehörte auch Adolf Furtwängler (1853–1907), der seit 1880 bei den Berliner Museen tätig war und stets höchst abfällig über Schliemann urteilte. Obwohl er Mitautor zweier Werke zur mykenischen Keramik war, hatte er den persönlichen Kontakt zu Schliemann immer gemieden und besuchte dessen Berliner Sammlung erst 1887 nach einer ausdrücklichen Aufforderung Schliemanns, der sich auch dieser Auseinandersetzung wieder offensiv stellte. Allen Ernstes äußerte Furtwängler ihm gegenüber sein »lebhaftestes« Bedauern darüber, dass er von dieser Ausstellung nichts gewusst habe, nutzte aber gleich die Gelegenheit, Schliemann die Unwissenschaftlichkeit der Anordnung vorzuwerfen.

Die philosophisch-historische Klasse der Berliner Akademie der Wissenschaften unter ihrem Sekretar Curtius, wurde seinerzeit deutlich von Klassischen Archäologen und Philologen dominiert. Virchow, selbst in der physikalisch-mathematischen Klasse, hatte es sich zum Ziel gesetzt, »die Herren aus ihrer Lethargie« herauszubringen und auch in dieser Institution die Schliemann'schen Forschungen beharrlich zu thematisieren. Insbesondere nach seiner Troja-Reise von 1879 war er regelmäßig bestrebt, möglichst im Plenum zu berichten. Seine eigenen Beiträge über die *Landeskunde der Troas* und *Alttrojanische Gräber und Schädel* erschienen 1879 und 1882 in den Abhandlungen

Abb. 9 Teilnehmer der zweiten Troja-Konferenz im März 1890

der Akademie, was er nachweislich mit großer Genugtuung sah. Ein letztes Mal setzte sich Virchow im Zusammenhang mit dem Bötticher-Streit 1889 für Schliemann ein. Der archäologisch interessierte Hauptmann a. D. Ernst Bötticher (1842–1930) hatte seit 1883 hartnäckig behauptet, dass der Hissarlik kein Siedlungshügel, sondern eine »Feuernekropole«, also ein Begräbnisort sei, und Schliemann der Fälschung seiner Grabungsergebnisse bezichtigt. 1889 erreichte Virchow in diesem Zusammenhang, dass sich die philosophisch-historische Klasse erstmals mit den Ausgrabungen in Troja beschäftigte. Schliemanns Anliegen, einen Delegierten der Akademie zu seiner ersten Troja-Konferenz im Dezember 1889 senden zu lassen, wurde jedoch aus diesem Kreis abgelehnt. Erst im Plenum erreichte Virchow, dass die Akademie die Reise des Kartografen Bernhard Steffen unterstützte.

Neben Steffen reiste auch der renommierte Bauforscher George Niemann zur ersten Troja-Konferenz, bei der ebenso Bötticher auf bezahlte Einladung hin anwesend war. Letzterer hielt trotz gegensätzlicher Expertisen an seinen abstrusen Thesen fest und Schliemann berief im März 1890 die zweite Troja-Konferenz ein. Diesmal gelang es ihm, eine wesentlich namhaftere Gruppe von Altertumsforschern zu versammeln: darunter neben Virchow den Pergamon-Ausgräber Carl Humann, den Heidelberger Professor für Klassische Archäologie Friedrich von Duhn, Charles Waldstein, Direktor der American School of Classical Studies in Athen, Osman Hamdi Bey, Direktor der Kaiserlichen Osmanischen Museen und Charles Babin von der Académie des Inscriptions et Belles-Lettres in Paris **Abb. 9**. Auch diesmal bestätigten die Experten im Protokoll die Erkenntnisse von Schliemann und Dörpfeld.

Schliemanns sehnlicher Wunsch, zum Korrespondierenden Mitglied der Berliner Akademie ernannt zu werden, hat sich dennoch nicht erfüllt. Curtius immerhin schloss in seiner Gedächtnisrede auf Schliemann am 1. März 1891 im Berliner Rathaus Frieden und würdigte dessen außerordentliche Verdienste für den Zuwachs an Geschichtserkenntnis. Aber selbst bei diesem Anlass war es ihm wichtig, ausdrücklich auf den Gegensatz zwischen den »Männern der Wissenschaft« und dem nicht zur Zunft gehörenden Schliemann zu verweisen.

Dass Schliemann auch in seiner griechischen Wahlheimat umstritten war, überrascht nicht, da sein Auftreten und seine Aktivitäten hier ebenso in Wissenschaftlerkreisen und auf der politischen Ebene immer wieder Anlass zu Konflikten boten. Aber selbstverständlich hatte er sich auch hier ein ausgedehntes Netzwerk aufgebaut. Seit 1881 stand dabei sein Athener Stadtpalast, das Iliou Melathron, im Mittelpunkt. Hier empfing er seine Gäste aus aller Welt, gab legendäre Gesellschaften und Feste, zu denen hochrangige griechische Politiker und Diplomaten sowie Größen aus Wissenschaft, Kultur und Kunst erschienen. Sophia Schliemann galt als charmante und weltgewandte Gastgeberin. Sie veranstaltete auch nach Schliemanns Tod dort große Empfänge, die sich in der gehobenen Gesellschaft Athens außerordentlicher Beliebtheit erfreuten.

Die junge Witwe war zeitlebens darauf bedacht, das Erbe ihres Mannes und seine Beziehungen auf wissenschaftlicher Ebene sowie im gesellschaftlichen Leben zu pflegen. Dazu gehörte auch ihre Entscheidung, gegen Schliemanns testamentarischen Willen 1893 eine kleine Auswahl von 177 Funden aus Troja dem National Museum of Natural History der Smithsonian Institution in Washington, D. C. zu übergeben. Sie tat dies ganz offensichtlich, um das archäologische Vermächtnis ihres Mannes auch in dem Land nachhaltig zu verwurzeln, dessen Staatsbürger er seit 1869 war. Seine Bekanntheit in den USA verdankte er aber in erster Linie der amerikanischen Journalistin Kate Field (1838–96), die seit 1877 ein großes Interesse an Schliemann entwickelt hatte, mit ihm korrespondierte und in der *New York Tribune* sowie im *New York Herald* Artikel über seine Ausgrabungen schrieb. Während Schliemann insbesondere in Deutschland das Stigma des Autodidakten hartnäckig verfolgte, konnte der Selfmademan die angelsächsische Welt sehr viel leichter erobern. In der Folge blieb »Henry« Schliemann in den USA mit seinen Forschungen und Funden bis zu seinem Tod Gegenstand des öffentlichen Interesses. Bei seiner Begräbnisfeier in Athen würdigte ihn der amerikanische Gesandte denn auch wortgewaltig als wahren Heroen.

Ausgewählte Literatur:

Christian Andree (Hg.), Rudolf Virchow. Sämtliche Werke Abt. IV Briefe, 68.1–3, Korrespondenzen um Troja (Hildesheim, Zürich, New York 2021).

Natalia Vogeikoff-Brogan, Zu Gast bei Schliemanns. Das Iliou Melathron als gesellschaftlicher Fixpunkt. In: Leoni Hellmayr (Hg.), Heinrich Schliemann und die Archäologie (Darmstadt 2021) 102–112.

Georgia Flouda, Figures of modernity: Heinrich Schliemann, Kate Field and a Smithsonian Collection. CLARA Chronicle 2019, No. 2.

Stefanie Samida, Die archäologische Entdeckung als Medienereignis. Heinrich Schliemann und seine Ausgrabungen im öffentlichen Diskurs, 1870–1890 (Münster, New York 2018).

Reinhard Witte (Hg.), Archäologie und Archäologen im 19. Jahrhundert. 11. Wissenschaftliches Kolloquium Ankershagen 2015. Mitteilungen aus dem Heinrich-Schliemann-Museum Ankershagen 10/11, 2016.

Michaela Zavadil, Verwobene Netzwerke: Wissenschaft und Personalakquise bei Heinrich Schliemann. In: Karl R. Krierer/Ina Friedmann (Hg.), Netzwerke der Altertumswissenschaften im 19. Jahrhundert. Tagung Wien 2014 (Wien 2016).

Stefanie Samida, Heinrich Schliemann (Tübingen, Basel 2012).

Tobias Mühlenbruch, Heinrich Schliemann. Ein Itinerar (Marburg 2008).

Wout Arentzen, Schliemann und das Dreiperiodensystem. Die Museumsreise von 1875. Mitteilungen aus dem Heinrich-Schliemann-Museum Ankershagen 7, 2001, 151–172.

Joachim Herrmann, Heinrich Schliemann. Troja und die Berliner Akademie der Wissenschaften. Das Altertum 36, 1990, 144–156.

Hartmut Döhl, Heinrich Schliemann. Mythos und Ärgernis (München und Luzern 1981).

Dank gilt Heidemarie Eilbracht, Berlin, für Hinweise zu den Repliken des Hiddenseer Schatzfunds.

RUDOLF VIRCHOW (1821–1902)

MARION BERTRAM

Im letzten Drittel des 19. Jahrhunderts war Rudolf Virchow in Deutschland und besonders in Berlin eine der bedeutendsten Persönlichkeiten im akademischen und gesellschaftlichen Leben. Sein universelles Wirken fasziniert bis heute: Er war Arzt, Pathologe, Sozialhygieniker, Anthropologe, Archäologe und Ethnologe, aber auch Wissenschaftsorganisator, Museumsgründer und Politiker – eine Aufzählung, die keinesfalls Vollständigkeit beanspruchen kann.

In Hinterpommern geboren und aufgewachsen, studierte Virchow ab 1839 in Berlin Medizin und promovierte 1843 an der Friedrich-Wilhelms-Universität (heute Humboldt-Universität). Wegen seiner fortschrittlichen politischen und sozialen Ansichten verlor er 1849 seine Stellung als Pathologe an der Charité. Als Professor für Pathologische Anatomie wurde er in Würzburg zum Begründer der Zellularpathologie. 1856 ging er zurück nach Berlin und begründete an der Charité das erste Pathologische Institut Deutschlands. 1892/93 war er Rektor der Berliner Universität.

Die 1869 von Virchow mitbegründete Berliner Gesellschaft für Anthropologie, Ethnologie und Urgeschichte, deren Vorsitzender er zeitlebens war, vereinte weitere Forschungsgebiete, auf denen der Universalforscher Wegweisendes vollbrachte. Als Anthropologe unternahm er umfangreiche und grundlegende Forschungen. Seine Überzeugung, dass ein umfassendes Bild der Entwicklung des Menschen nur durch interdisziplinäre geistes- und naturwissenschaftliche Forschungen gewonnen werden könne, führte ihn schließlich auch zur Archäologie. Die Begründung der wissenschaftlichen Prähistorie in Deutschland geht wesentlich auf Virchow zurück. Er unternahm eigene Ausgrabungen und war einer der besten Kenner des zu seiner Zeit verfügbaren prähistorischen Fundmaterials. Virchow erkannte die Bedeutung der Dokumentation der Funde und Fundumstände sowie vergleichender Studien. Für die chronologische und kulturelle Zuordnung vorgeschichtlicher Funde, insbesondere der einheimischen bronzezeitlichen und slawischen Kulturen, leistete er mit seinen Erkenntnissen zur Typologie des Fundmaterials und zur Bedeutung der Stratigrafie prähistorischer Fundstellen für die Rekonstruktion kultureller Entwicklung Bahnbrechendes. Hier liegen die Wurzeln der langjährigen Beziehung zu Heinrich Schliemann.

Nicht zuletzt war Virchow ein großer Sammler – eine Leidenschaft, der er auf institutioneller und privater Ebene exzessiv nachging. Pathologisch-anatomische, anthropologische, volkskundliche, ethnologische und prähistorische Sammlungen gehen auf ihn zurück. Letztere befindet sich heute im Berliner Museum für Vor- und Frühgeschichte.

1861 war Virchow Mitbegründer und Vorsitzender der liberalen Deutschen Fortschrittspartei, seit 1862 Mitglied des Preußischen Abgeordnetenhauses und von 1880 bis 1893 auch des Deutschen Reichstags. Als Berliner Stadtverordneter und Begründer der modernen Sozialhygiene hat er seit 1859 viel für Berlin geleistet. So gehen die ersten städtischen Krankenhäuser, die Kanalisation, die Markthallen, der zentrale Schlachthof, Parkanlagen und Kinderspielplätze auf seine Initiativen zurück. Virchow wurden viele Ehrungen zuteil. So ist er, wie auch Heinrich Schliemann, Ehrenbürger Berlins und erhielt 1901 den Orden »Pour le Mérite für Wissenschaften und Künste«, den Schliemann für sich einst vergeblich ersehnt hatte.

Woher der unermüdliche Mann seine unglaubliche Energie nahm und wie er all das in der ihm gegebenen Lebenszeit leisten konnte, bleibt sein Geheimnis. Zudem führte er ein erfülltes und liebevolles Familienleben mit seiner Frau Rose und den sechs Kindern. Am 4. Januar 1902 erlitt Virchow auf der Leipziger Straße beim Absprung von der Straßenbahn einen Oberschenkelhalsbruch, von dessen Folgen er sich nicht mehr erholte. Der Zwang zur Untätigkeit brach den bis zu diesem Zeitpunkt immer noch hochaktiven 80-Jährigen. Am 5. September verstarb er in seiner Berliner Wohnung.

Abb. 1 Rudolf Virchow, 1885

SCHLIEMANNS AUSGRABUNGEN, DAS INTERESSE DER ÖFFENTLICHKEIT UND DIE GALVANOPLASTISCHEN NACHBILDUNGEN VON E. GILLIÉRON & FILS

BENJAMIN WEHRY

Im Oktober 1871 nahm Heinrich Schliemann erste umfangreichere archäologische Ausgrabungen auf Hissarlik vor, einer künstlichen Erhebung über der Skamanderebene in der Troas, die nach seiner Überzeugung die Reste der in der *Ilias* besungenen Stadt Troja barg. Vorausgegangen waren eine intensive Auseinandersetzung mit den geografischen und topografischen Angaben in der *Ilias* zur Lage der Stadt Troja und ihre konsequente Überprüfung im Gelände sowie erste archäologische Sondierungen im Bereich der noch sichtbaren hellenistisch-römischen Ruinen, über die Schliemann öffentlichkeitswirksam im Mai 1870 noch vor seiner ersten offiziellen Ausgrabungskampagne in der Augsburger *Allgemeinen Zeitung (AZ)* berichtete. Auch in den folgenden Jahren setzte er die Öffentlichkeit bevorzugt in der *AZ* in Kenntnis über seine archäologischen Unternehmungen auf Hissarlik und unterhielt eine eigene Rubrik, die »Ausgrabungen in der Ebene von Troja«. Aber auch andere publizierten Schliemanns Ausgrabungsberichte nur zu gerne. In einem Bericht an die Londoner *Times* vom 1. August 1872 verkündete er: »The Trojan wall I have discovered [...] as well as Ilium's great tower which I am bringing to light, are without any doubt in connection with those great circuitwalls of Troy, which Homer ascribes to Neptune and Apollo.« Nicht einmal ein Jahr später, im Mai 1873 teilte er der Öffentlichkeit mit, neben diesem Turmfundament das Skäische Tor, den von Homer beschriebenen »großen Turm von Ilion« (*Ilias* VI 386) gefunden und damit das homerische Troja eindeutig in Hissarlik lokalisiert zu haben. Die Funde aus Troja – allein 15 Schatzfunde aus Troja II und weitere aus jüngeren Stadtschichten, Architekturfragmente aus griechisch-römischer Zeit und kistenweise Gefäßkeramik, die von Schliemann von Anfang an mit großer Aufmerksamkeit betrachtete »Topfwaare« – formierte er zu einer umfangreichen »Sammlung Trojanischer Altertümer«, die er in großen Ausstellungen zuerst im South Kensington Museum in London, 1881 im Kunstgewerbemuseum (heute Martin-Gropius-Bau) und später in mehreren Sälen im damaligen Völkerkundemuseum der Königlichen Museen zu Berlin, systematisch und nach eigenen archäologischen Erkenntnissen geordnet und aufgestellt, der Öffentlichkeit zugänglich machte. Von der Presse in England und Deutschland ausführlich begleitet, bekamen auf diese Weise Fachwissenschaftler und interessierte Nicht-Archäologen in ganz Europa von den einzigartigen Funden aus Troja Kenntnis, und nicht nur die »Vasen mit dem Gesichte, den Brüsten und dem Bauchnabel einer Frau« erregten »allgemeines Erstaunen«.

Nach den ersten drei Jahren der überaus erfolgreichen Ausgrabung von Troja erweiterte Schliemann die Grenzen der »homerischen Geografie« auf die von Homer erwähnten Stätten jenseits der Ägäis. In Mykene versuchte er, die homerische Beschreibung vom Goldreichtum der »wohlgebauten Stadt mit breiten Straßen und voll prangender Häuser« (*Ilias* II 569, IV 52, XI 46) mit archäologischen Mitteln zu bestätigen, so wie er auf Hissarlik die Existenz Trojas gemäß der literarischen Überlieferung bewiesen zu haben meinte. So lokalisierte Schliemann die Königsgräber von Mykene mit dem Gespür des mittlerweile erfahrenen Ausgräbers zwar an der richtigen Stelle, trotzdem aber aufgrund einer Fehlinterpretation der Beschreibung des Pausanias von der Lage der Gräber des Agamemnon und seiner Gefährten, die der Überlieferung nach bei ihrer Rückkehr aus Troja einem Hinterhalt zum Opfer fielen. Seine Ausgrabungen, die in Mykene unter der strengen Aufsicht eines Regierungsbeamten standen, wurden wiederum von der Weltpresse begleitet. Seit Beginn der Arbeiten in Mykene 1876 war es bevorzugt die *Times*, die regelmäßig berichtete, ein öffentlichkeitswirksames publizistisches Vorgehen, das schon bei den Ausgrabungen in Troja gut funktioniert hatte. So war bereits in der Ausgabe vom 22. Dezember 1876 von der drei Wochen zuvor erfolgten Entdeckung von fünf Schachtgräbern zu lesen, die im später als Gräberrund A bezeichneten Areal nahe beim Löwentor auf der Burg von Mykene ans Tageslicht kamen und einzigartige Goldfunde bargen, darunter Diademe und Goldmasken mit den Gesichtszügen der Bestatteten, die sie bedeckten, sowie Goldgefäße, geometrisch und figürlich gravierte Goldappliken und Bronzewaffen mit Edelmetalleinlagen. Schliemann hatte es wieder einmal geschafft! Allerdings besaß er keinerlei Rechte, diese sensationellen Goldfunde aus den mykenischen Königsgräbern in Eigenregie der Öffentlichkeit vorzustellen, da sie Eigentum des griechischen Staates waren. Immerhin verfasste er 1882 einen Museumsführer durch die mykenische Sammlung im Nationalmuseum in Athen, die größtenteils auf seine Ausgrabungen in Mykene zurückging. Ausgrabungen 1874 und vor allem 1884/85 in Tiryns unweit von Mykene, das Homer als »von Mauern umgeben« bezeichnet (*Ilias* II 559), 1878 auf Ithaka, der Insel des Odysseus, und 1880/81 sowie 1886 in Orchomenos in Böotien verdichteten die »homerische Geografie« Schliemanns weiter zu einer frühen Kulturgruppe in der Ägäis. So entdeckte Schliemann mit der nach ihrem wichtigsten Fundort benannten mykenischen Kultur die Bronzezeit Griechenlands, die erste Hochkultur Europas.

Abb. 1 Galvanoplastik der sogenannten Delfin-Tasse aus Grab III von Mykene.

Abb. 2 Bodenprägung der Firma E. Gilliéron & fils auf der Nachbildung der sogenannten Delfin-Tasse.

Die Bemühungen Schliemanns, seine aus der antiken Literatur gewonnenen Thesen zur Existenz des homerischen Troja und seiner geografischen Lage sowie seine archäologischen Ausgrabungen in Troja und Mykene durch ausgefeilte Pressearbeit und Ausstellungen der Ausgrabungsfunde der Öffentlichkeit zu präsentieren, weckten ein allgemeines Interesse an der Frühgeschichte Griechenlands und seinen materiellen Hinterlassenschaften. Anders als seine »Sammlung Trojanischer Altertümer«, die Schliemann 1881 nach Deutschland gab, verließen dank einer fortschrittlich strengen Gesetzgebung in Griechenland kaum originale Antiken ihr kulturelles Ursprungsland, sodass insbesondere auch Museen und Universitäten in Europa und Nordamerika großes Interesse an den für die bronzezeitliche Kulturgeschichte so bedeutenden Ausgrabungsfunden bekundeten. Dies machte sich der Schweizer Emile Gilliéron zunutze, der seit 1876 in Athen unter anderem für

Schliemann als Zeichner tätig war. Systematisch dokumentierte er nicht nur die archäologischen Ausgrabungsbefunde, sondern bearbeitete und zeichnete auch die Fundstücke. Als Restaurator ergänzte und kopierte Gilliéron zudem die Wandmalereien aus den Palästen von Mykene und Tiryns und später auch die Fresken im Palast von Knossos auf Kreta, eine auch künstlerisch anspruchsvolle Aufgabe, bei der er sich nicht nur in Bildkomposition, Ikonografie und das Farbenspektrum der Motive, sondern auch in die Malweise eines bronzezeitlichen Malers hineinzuversetzen verstand. Zum künstlerischen Hauptwerk Gilliérons sollte jedoch eine besondere Geschäftsidee werden: Er sicherte sich die Rechte, von der sogenannten Goldmaske des Agamemnon sowie von einigen der Gefäße und Appliken aus Goldblech und der edelmetalltauschierten Dolche und Schwerter aus Bronze galvanoplastische Nachbildungen anfertigen zu dürfen und auf eigene Rechnung zu vertreiben **Abb. 1**. Für die Herstellung und den Vertrieb in alle Welt kam es zur Gründung der Firma E. Gilliéron & fils in Athen **Abb. 2**. Seit 1901 arbeitete E. Gilliéron & fils zudem mit der Württembergischen Metallwarenfabrik (WMF) zusammen, die in der angeschlossenen, damals hochmodernen Abteilung für Galvanoplastik in Geislingen zuerst den sogenannten Greifendolch sowie verschiedene Schmuckstücke und Kleidungszubehör aus den mykenischen Königsgräbern nach genauen technischen Angaben Gilliérons, die auf den Originalfunden beruhten, galvanoplastisch nachbildete und ab 1906 im Katalog zum Kauf anbot **Abb. 3**. In der auf eine internationale Käuferschaft zielenden, mehrsprachig verfassten Werbebroschüre hieß es dazu: »Abbildungen auch der besten Art können die Originale nicht ersetzen [...]. Plastische Nachbildungen in natürlicher Größe tragen jetzt die Kenntnis dieser Werke in alle Welt. Aber um den Reiz der sorgfältigen prächtigen Metallarbeiten treu vor Augen zu stellen, musste eine besondere Reproduktionstechnik angewendet, das edle Metall wenigstens in wirklichem Metall nachgebildet werden. Das ist bei den [...] Nachbildungen geschehen, welche, aufgrund genauer Abformungen galvanoplastisch hergestellt, die Formen ebenso treu wiedergeben, wie Farbe und Glanz der Metalle.« Zudem kommt die langjährige Tätigkeit Gilliérons als Restaurator der mykenischen Funde zum Tragen: »Die Werke sind [...] nicht in ihrem augenblicklichen Zustande, verbogen, zerdrückt und zum Teil auch zerbrochen gelassen, sondern sie sind wieder in die ehemalige Form gebracht worden [...]. Auch die notwendigen Ergänzungen beruhen durchaus auf sicheren Spuren oder zuverlässigen Analogien [...]. Die Originale befinden sich teils im Nationalmuseum zu Athen und entstammen den Ausgrabungen H. Schliemanns (den mykenischen Königsgräbern) und den von Ch.Tsundas und anderen an verschiedenen Orten später unternommenen Untersuchungen [...].« Ab 1924 führte Emile Gilliéron Sohn die Kooperation mit WMF weiter und war darüber hinaus auch als Restaurator und Zeichner für das Französische Archäologische Institut in Athen tätig. Bis heute vermitteln die originalgetreuen und qualitätvollen galvanoplastischen Nachbildungen von E. Gilliéron & fils einen realistischen Eindruck von den berühmten Goldfunden aus den Königsgräbern von Mykene und veranschaulichen zusammen mit den farbigen Reproduktionen der Wandmalereien aus Mykene, Tiryns und Knossos die Formen- und Bilderwelt der mykenisch-minoischen Kultur. Darüber hinaus stellen sie einen nicht nur forschungsgeschichtlich wertvollen Besitz jeder Studiensammlung dar.

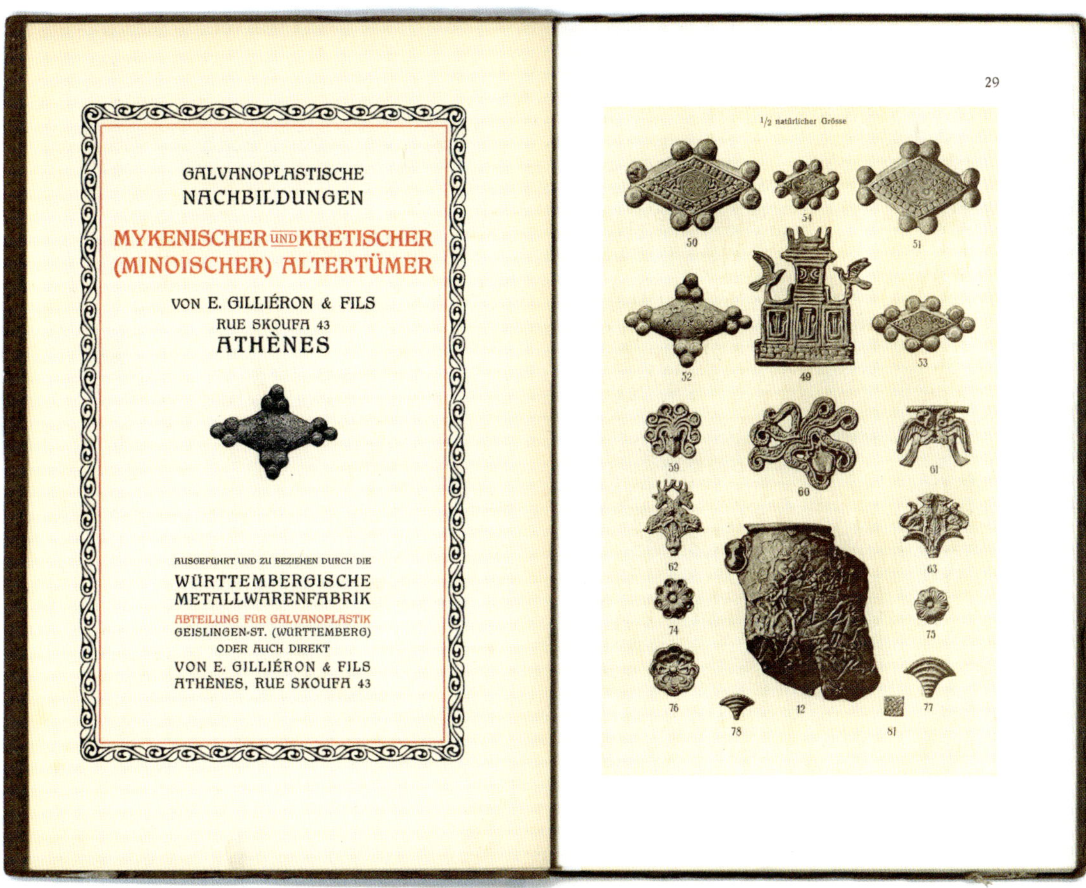

GALVANOPLASTISCHE
NACHBILDUNGEN
MYKENISCHER UND KRETISCHER
(MINOISCHER) ALTERTÜMER
VON E. GILLIÉRON & FILS
RUE SKOUFA 43
ATHÈNES

AUSGEFÜHRT UND ZU BEZIEHEN DURCH DIE
WÜRTTEMBERGISCHE
METALLWARENFABRIK
ABTEILUNG FÜR GALVANOPLASTIK
GEISLINGEN-ST. (WÜRTTEMBERG)
ODER AUCH DIREKT
VON E. GILLIÉRON & FILS
ATHÈNES, RUE SKOUFA 43

29

1/2 natürlicher Grösse

Abb. 3 Titelblatt und Katalogtafel der Werbebroschüre für galvanoplastische Nachbildungen mykenischer und minoischer Altertümer von E. Gilliéron & fils und der Württembergischen Metallwarenfabrik (WMF).

Ausgewählte Literatur:

Heinz Scheiffele, Agamemnon für jedermann. Die galvanoplastischen Repliken der WMF. In: Mykene. Die sagenhafte Welt des Agamemnon. Begleitband Ausstellung Karlsruhe 2018/2019 (Darmstadt 2018) 52–55.

Marion Bertram/Bernhard Heeb/Benjamin Wehry, Tod in Neapel. Heinrich Schliemann zum 125. Todestag. Publikation zur gleichnamigen Ausstellung 2016 (Berlin 2016).

Brigitte Mannsperger, Schliemanns »Homerismus« und die philologische Raum-Zeit-Forschung. In: George S. Korres/Nektarios Karadimas/Georgia Flouda (Hg.), Archäologie und Heinrich Schliemann. 100 Jahre nach seinem Tode. Rückschau und Ausblick. Mythos – Geschichte – Wissenschaft (Athen 2012) 371–378.

Stefanie Samida, Heinrich Schliemann. UTB Profile (Tübingen 2012).

Veit Stürmer, Gilliérons minoisch-mykenische Welt. Eine Ausstellung des Winckelmann-Instituts. Katalog Ausstellung Ankershagen (Ankershagen 1995).

Hartmut Döhl, Heinrich Schliemann. Mythos und Ärgernis. Report Archäologie (München 1981).

Heinrich Schliemann, Catalogue des trésors de Mycènes au Musée d'Athènes, avec un plan de l'Acropole des Mycènes, dans lequel toutes mes fouilles sont bien indiquées (Leipzig 1882).

P. Wolters. In: Galvanoplastische Nachbildungen mykenischer und kretischer (minoischer) Altertümer von E. Gilliéron & fils (Stuttgart o. J.).

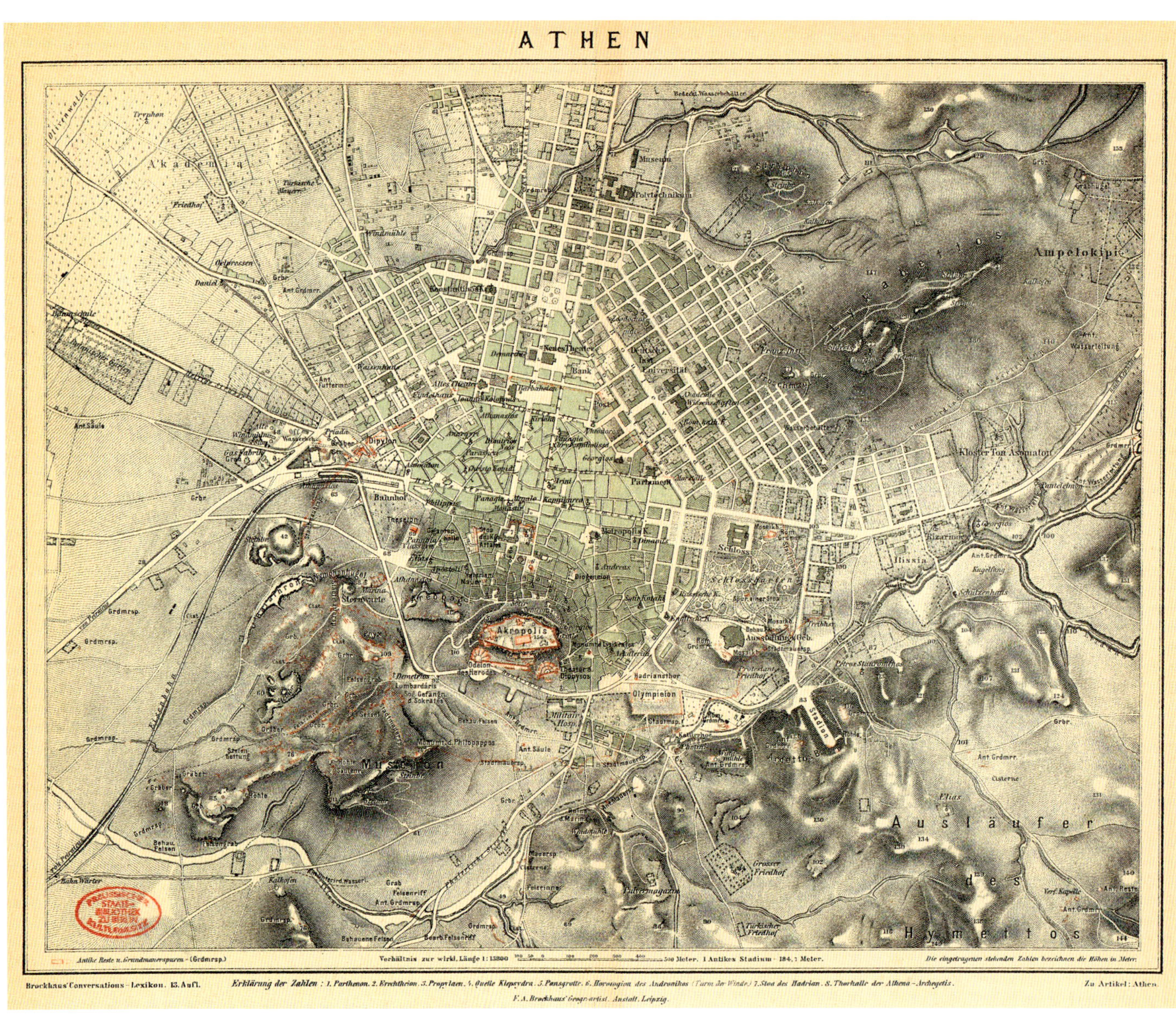

Abb. 1 Stadtplan von Athen, 1880er Jahre

TOPOS ATHEN

DANAE COULMAS

»... UND HIER SPRECHEN ALLE GRIECHISCH.«

HEINRICH SCHLIEMANN

POLITIK UND ANMUT

»Doch jetzt sagt mir, wo liegt Athen?«, fragte Atossa, die persische Königinmutter, als sie die Nachricht von der Vernichtung der mächtigen Armee ihres Sohns Xerxes durch die Athener erreichte. Und: »Wer ist ihr König? [...] Wer ordnet ihr Heer?« Aischylos lässt in seiner Tragödie *Die Perser* (472 v. Chr.) den Chor antworten: »[...] sie sind keines Königs Sklaven.« Sie wurden von keinem göttergleichen Alleinherrscher, von keiner Priesterschaft, sondern von dem Gemeinwesen selbst, der autochthonen, männlichen Bevölkerung des Demos regiert.

Die Athener Demokratie ist zwar von kurzer Dauer gewesen, erwies sich aber als staatstragende Idee, deren Gesetzlichkeiten – und Aporien – bis in unsere Gegenwart wirksam geblieben sind. Ebenso wie die durch sie zur Blüte gelangte Kunst, die über die Renaissance und den Klassizismus bis hin zur Postmoderne und darüber hinaus Einfluss ausgeübt hat. Athen lässt sich als der Topos – der Ort, das feststehende Bild einer Welt – von »Politik und Anmut« (Christian Meier, 1985) verstehen.

Heinrich Schliemann, ein spätgeborener, eigenartiger Philhellene, beschließt im Jahr 1870, sein Leben in Zukunft in Athen zu verbringen **Abb. 1**. In den zwei folgenden Jahrzehnten bis zum seinem Tod 1890 finden die für die Archäologie bedeutendsten Ereignisse seines Lebens – die Ausgrabungen in Troja und in Mykene – statt.

Goethe sucht »das Land der Griechen mit der Seele«, Beethoven beklagt die »Ruinen von Athen«, Hölderlin besingt noch in der Umnachtung den »Genius Griechenlands«, Winckelmann sieht in der Kunst und *in extenso* im Wesen von Hellas »edle Einfalt und stille Größe«. Doch keiner dieser großen, deutschen Philhellenen hat den Boden des angebeteten Lands je betreten. »Und so blieb denn auch hinfort deutscher Geist vom griechischen Körper getrennt«, wie es Walther Rehm 1936 in *Griechentum und Goethezeit* formulierte. Das Licht über der Ägäis, die lebendige Sprache, das Wesen seiner Menschen wurden nicht mit den Sinnen erfasst. Trotz dieser Abstinenz oder gerade wegen seiner idealistischen Reinheit wurde der deutsche Philhellenismus führend in Europa; während des Befreiungskriegs von 1821 wird der Philhellenismus zu der seit der Französischen Revolution mächtigsten Bewegung bis hin nach Amerika; jetzt fuhren sie alle hin, als Mitkämpfer, in erster Reihe die Deutschen. 1831 wurde der neue griechische Staat gegründet, 1834 wurde Athen zu seiner Hauptstadt und einige Jahrzehnte später zur Wahlheimat Schliemanns. Der Grund hierfür war die Ehe mit einer »homerischen« Frau, mit der zusammen er die Existenz des homerischen Troja mit Hacke und Spaten zu beweisen sich zum Ziel gesetzt hatte.

Athen »homerisch«? In diesem Wort schimmern bei Schliemann manche semantische Nuancen, grundsätzlich ist es für ihn aber gleichbedeutend mit »griechisch«, und nun gibt er seinem »homerischen« Traum die Chance zur Verwirklichung: durch eine Vermählung mit einer Ausländerin, der »Athenienserin« Sophia, aus der Kinder entstehen werden, »in deren Adern griechisches Blut fließen« würde. Und so geschah es auch. Der »deutsche Geist« war nicht mehr vom »griechischen Körper« getrennt. Nur mit der Seele zu suchen war nicht Schliemanns Art. Das Finden, Erobern, Mitnehmen bestimmte sein romantisch-realistisches Wesen.

Hinzu kam die Sprache. Der staunenden Familie in Mecklenburg erklärt er seine frappierende Entscheidung mit den Worten: »[...] da ich für die griechische Sprache schwärme, so glaube ich, ich kann nur mit einer Griechin glücklich werden [...]«. Schliemann sprach ein einzigartiges antikisierendes Griechisch mit neugriechischen

Abb. 2 Athen um 1880, mit dem gerade erbauten Iliou Melathron (roter Pfeil)

Einsprengseln, die er der eleganten Sprache seiner Frau entlehnte, einer Absolventin des Arsakeion, die beste Schule Athens. Es waren oft auch Worte der Liebe.

DIE »ATHENIENSERIN«

Athen liegt am Meer. Heinrich Schliemann reitet im Morgengrauen täglich vom Zentrum aus zum Strand von Phaliro, um bei Sonnenaufgang in den Wellen des Saronischen Golfs zu schwimmen. Auf dem Rückweg durch graugrüne Olivenhaine und eine ansonsten karge Landschaft erheben sich vor ihm die Akropolis und die von den Umrissen der nahen Berge umfasste Stadt, auf denen sich heute die Millionenstadt erstreckt: die für den weißen Marmor, aus dem der Parthenon erbaut wurde, berühmte Pendeli; die im Winter schneebedeckte Parnis; und der Hymett, der, wenn man am Abend eines smogfreien Tages Glück hat, in blauvioletten Tönen leuchtet. Dann ist Athen die »veilchenbekränzte Stadt« des Pindar.

In der ferneren Umgebung stehen am Kap Sounion, der Südspitze von Attika, die Säulen des Poseidontempels. Und nach Westen hin, an der Heiligen Straße, die in der Antike von Athen nach Eleusis führte, liegt das byzantinische Kloster von Daphni mit dem berühmten Mosaik des Christus Pantokrator. Antike *und* Christentum prägten zeit ihrer Geschichte und auch heute noch das Selbstverständnis der Griechen. Die im 19. Jahrhundert ins Land strömenden Reisenden bezogen ihre Inspiration hingegen fast ausschließlich aus den antiken Ruinen **Abb. 4**. Dies ist ein grundlegender Unterschied in der Wahrnehmung und Bedeutungsgabe zwischen Griechen und Nicht-Griechen.

Über das Land, seine hohen Berge und Inselwelten verstreute weiße Säulen und rötliche Kuppeln, das war das Bild Griechenlands – keine Paläste und Parks, Neptunbrunnen und Flüstergalerien. Hier blühte keine Renaissance auf. Und kein Klassizismus. Der Parthenon war.

Sophia ist am Fuß der Akropolis aufgewachsen **Abb. 3**. Von Herkunft, Bildung und Erziehung her war sie sich dieses Privilegs bewusst. Sie blieb von der Ruinenmelancholie der Philhellenen unberührt – bei den Griechen überwog der Stolz, bis jüngere Generationen die Antike auch als Bürde empfanden – und kannte, zumal sie in unmittelbarer Nachbarschaft wohnte, die Legende von den Karyatiden, die im Erechtheion um ihre von Lord Elgin geraubte, in London weilende Schwester weinten. Ihre Klage sei in der Nacht zu hören. Sophias Vater Georgios Engastroménos hatte an der Revolution von 1821 teilgenommen, was er in einem Brief an seinen Schwiegersohn mit Genugtuung erwähnt. Ihre Mutter Viktoria Geladaki stammt ebenfalls aus einer »Heldenfamilie« aus dem stolzen Kreta. Die von ihrem Mann gewünschte Unterwürfigkeit war bei Sophia schon von Herkunft und Erziehung her kaum vorhanden.

Allerdings befahl die Tradition den unbedingten Zusammenhalt der Familie, und das bedeutete den Gehorsam gegenüber den Eltern; was die Ehe angeht, einen absoluten Gehorsam. Ist Sophia eine verkaufte Braut gewesen? Man kann es sich jedenfalls vorstellen. Sie hatte ihrem Mann gegenüber aber einen Vorteil: eine behütete, glückliche Kindheit. Und als es zu Differenzen zwischen ihm und ihrer Familie kam, sagte sie *coram publico*: »Ich will lieber sterben, als an der Seite dieses Mannes zu leben.« Sie hielt nicht Wort. Eine abenteuerliche Geschichte begann, die mit den großen Abenteuern der Archäologie im 19. Jahrhundert eng verbunden war.

SCHLIEMANN AUF KOLONÓS

Schliemann kommt einen Tag nach seiner Ankunft in Athen im September 1869 in Kolonós an, heute ein Bezirk der Millionenstadt, damals ein ländlicher Vorort. In der Antike befand sich dort die Platonische Akademie. In Sophokles' Tragödie *Ödipus auf Kolonos* findet der blinde König von Theben hier Asyl. Schliemann kennt den Text im Original und weiß den Zufall zu schätzen – sowie den Unterschied: Er war nicht auf der Flucht, er kam, um zu heiraten. Hier wohnte seit einiger Zeit die Familie des Textilkaufmanns Engastroménos, den er um die Hand seiner Tochter Sophia bitten will. Hier lernt er sie persönlich kennen. Sie ist 17 Jahre alt, schön, und erfüllt seinen Wunsch, aus der *Ilias* einige Verse zu rezitieren. 14 Tage später findet in der benachbarten Kirche des Agios Meletios die Hochzeit statt. Schliemann trat damit in seine zukünftige Welt, seinen »Topos«: den natürlichen Raum, der per Definition durch Personen ergänzt werden kann. Sophia ergänzte Athen, Schliemanns Kulturlandschaft, in den letzten 20 Jahren seines Lebens.

Die extravagante Entscheidung hatte indessen auch eine weitere Motivation. Bei seinem ersten Besuch in Athen, im Jahre 1868, erfreute sich Schliemann der Fürsorge der Mutter und der Schwester von Theoklitos Vimbos, seines ehemaligen Griechischlehrers in Sankt Petersburg, jetzt Me-

Abb. 3 Die junge Sophia in traditioneller griechischer Tracht, ohne Datum. Auf der Rückseite befindet sich eine Widmung in griechischer Sprache: »Für meinen lieben Ehemann. Deine Dich liebende Ehefrau Sophia Schliemann«.

tropolit von Mantineia und Theologieprofessor in Athen, und kam zu dem Schluss, dass die Griechinnen Engel seien. Unter den Fotos einiger Kandidatinnen, die der Kleriker ihm nach Paris schickte, war auch das Bild seiner Nichte Sophia Engastroménos. Schliemann verliebte sich in sie.

Wer war aber dieser ältere, deutsche Mann? Onkel Vimbos sprach in begeisterten Worten von ihm, von seiner Liebe zu Griechenland, von seiner Bildung, besonders in der Archäologie. Überdies sei er ein Millionär. Sophia würde eine glanzvolle Zukunft haben. Von den Vorteilen für ihre Familie brauchte man gar nicht erst zu reden …

ATHEN 1870–90

Das moderne Athen wurde in den 1830er Jahren nach einem Stadtplan des Städteplaners Eduard Schaubert und des Architekten Stamatios Kleanthis aus dem Boden gestampft. Von König Ottos Liebe zur griechischen Antike inspiriert in bayerischem, neoklassizistischem Stil. In der hübschen Stadt mit den roten Dächern wurde zur Zeit von Schliemann die monumentale »Trilogie« der Bibliothek, der Universität und der Akademie vollendet. Um sie herum entstanden verschiedene öffentliche und private Bauten der Gründerzeit – darunter das *Iliou Melathron* Heinrich Schliemanns –, in die Ernst Ziller, der »Architekt Griechenlands«, Elemente des Eklektizismus einfließen ließ **Abb. 2**. Als Schliemann 1869 um die Hand Sophias warb, zählte Athen 45 000 Einwohner. 1880 waren es 63 000. Und im Jahre seines Tods, 1890, wohnten über 100 000 Menschen in der Stadt.

In Athen waren zum Teil schon vor oder während der Revolution gegründete, politischen Parteien nahestehende Vereinigungen tätig, die sich den Schutz der antiken Monu-

Abb. 4 Touristen und Griechen auf der Akropolis, um 1870

Abb. 5 Iakovos Rizos, *Auf der Terrasse*, Öl auf Leinwand, 1897

mente, die von unwissenden Griechen und gleichgültigen Türken als Baumaterial missbraucht und von Westeuropäern teils zerstört, teils geraubt wurden, zum Ziel gesetzt hatten. So die 1813 gegründete Gesellschaft der Freunde der Künste (*Philomousos Etairia*) und die im befreiten Land 1837 entstandene Archäologische Gesellschaft zu Athen (*En Athinais Archeologiki Etairia*), die Schliemann das Leben schwer machen sollte. Athen hatte eine vielseitige Presse, Zeitungen und Zeitschriften, kulturelle und satirische Blätter, die nach der Entdeckung Trojas der deutschen Presse in ihrer gegen Schliemann aufbrausenden Kritik in nichts nachstanden. Und die rege Literaturszene wurde von der sogenannten Generation der 1880er Jahre bestimmt.

Die junge, westliche Hauptstadt mit dem orientalischen Appeal wurde von den meisten ihrer Besucher ihrer hybriden Urbanität und ihrer, trotz politischer und finanzieller Turbulenzen, offenherzigen Heiterkeit und Vitalität wegen gelobt und geliebt **Abb. 5**. Und 1896 fanden im schon 1870 renovierten antiken Stadion die von Baron de Coubertin organisierten, ersten Olympischen Spiele der Neuzeit statt.

In den nächsten Jahrzehnten entwickelten sich größere Werkstätten und Kleinindustrien. Die sozialen Unterschiede verschärften sich. Ein Bürgertum ist erst noch im Entstehen begriffen und die breiten Volksschichten hatten bislang kaum die Gelegenheit, eine Arbeiterbewegung zu organisieren. Eine Mittelschicht, zu der die Engastroménos-Familie gehörte, entwickelte sich vor allem durch den Handel und versuchte, an Europa anzuschließen. Griechenland war ein armes, von ausländischen Mächten abhängiges Land. Die Griechinnen seien »arm wie die Ratzen« (Mecklenburgisch für »Kirchenmäuse«) hatte Schliemann in einem Brief an Vimbos geschrieben, dies sei auch der Grund für ihre Unterwürfigkeit ihren Männern gegenüber. Doch unter den Athener Presseorganen gab es später, seit 1887, auch eine Zeitung, die sich um die Belange der Frauen kümmerte und zu deren weiblicher Redaktion Sophia Schliemann gehören sollte. So etwa sah Schliemanns Welt in Athen aus, die seinem eigenen idealisierenden Entwurf nur bedingt entsprach. Während der nächsten Jahre wurde sie dennoch zur biografischen Substanz, mit allen Vorteilen einer ihn faszinierenden Modernität

Abb. 6 Sophia Schliemann mit dem Goldschmuck aus dem »Schatz des Priamos«, 1873

und all den Hindernissen, welche die Athener ihm in den Weg legten.

ENDE MAI 1873 IN DER TROAS

Das Eheleben kenne sie nur im Traum, schrieb Sophia einmal ihrem Mann. Denn Schliemann, das «perpetuum mobile«, wie sie ihn nannte, war immer unterwegs, auf Forschungsreisen, Museumsbesuchen, auf der Suche nach Ausgrabungsstellen. Diesem Umstand verdanken wir die reichhaltige Korrespondenz, in der wir durch ihren Blick auch Wichtiges davon erfahren, wie Schliemann es mit der Vor- und Frühgeschichte der Ägäis hielt. Sophia bleibt gewöhnlich bei ihrer geliebten Familie, später bei ihren Kindern, oder verbringt manchmal mehrere Monate in den Kurbädern Europas, wohin Schliemann kurz auf Besuch kommt.

Sie selbst folgt ihrem Mann selten aufs »Feld«, sodass er, wenn es sein musste, die abwesende Gattin herbeizuzaubern sich nicht scheute, wie etwa im Mai 1873: Sophia war, als der Schatz des Priamos entdeckt wurde, wegen des Tods ihres Vaters in Athen. Die große Entdeckung verlangte eine große Lüge: »Doch würde trotzdem die Fortschaffung des Schatzes mir nicht geglückt sein, wenn nicht meine Gattin mir dabei behülflich gewesen wäre; sie stand, während ich arbeitete, neben mir, immer bereit, die von mir ausgegrabenen Gegenstände in ihren Shawl zu packen und fortzutragen« (Heinrich Schliemann, 1881). Dem Antikendirektor am British Museum, Charles Newton, gestand Schliemann jedoch die Wahrheit: »Der Schatz wurde Ende Mai gefunden, und da ich schon lange bemüht bin, aus ihr eine Archäologin zu machen, habe ich in meinem Buch geschrieben, daß sie am Ort war und mir bei der Bergung des Schatzes half.« Sophia hüllte sich darüber in Schweigen. Auch nach Schliemanns Tod.

Um diese Zeit entsteht das Bild von Sophia als Helena. Mit großer Geste schmückt Schliemann sie mit den filigranen Ketten, den langen Ohrringen, dem königlichen Diadem im schwarzen Haar **Abb. 6**. Die »homerische Frau« als Modell, Siegestrophäe, Muse wird bei jeder Gelegenheit präsentiert. Die schönen Augen, den empfindsamen Mund umweht eine Spur von Melancholie.

Und so ging sie als Retterin des aus dem Osmanischen Reich herausgeschmuggelten Schatzes in die Geschichte ein. Schliemann brauchte Sophia als Zeugin der großen Tat angesichts der heftigen Kritik und des Hohns, die ihm in Deutschland, und noch heftiger in Griechenland – er wurde dort, wie er schreibt, als »ein unwürdiger Irrer« behandelt –, entgegenschlug. Die Athener Professoren überboten in der Schärfe ihrer Kritik ihre deutschen Kollegen. Er möge seine »Töpferware«, von der niemand wisse, ob sie echt sei, nehmen und das Land verlassen, hieß es von offizieller Stelle.

Schliemann, der zur selben Zeit von einigen berühmten Gelehrten, wie Rudolf Virchow, und Politikern, wie dem britischen Premierminister und Homer-Forscher William Ewart Gladstone, gepriesen wurde, beantragte 1873 die Genehmigung, in Mykene graben zu dürfen. Der zuständige Minister versprach, die Angelegenheit mit der geziemenden Sorgfalt prüfen zu lassen, was eigentlich hieß, dass die Sache von der Archäologischen Gesellschaft entschieden werden sollte, die in der Tat dafür sorgte, dass ihm die Genehmigung erst drei Jahre später erteilt wurde.

DER PROZESS

Aus aller Welt strömten Menschen nach Athen, um die sensationellen Funde zu besichtigen. Das Osmanische Reich hingegen strengte einen Prozess gegen Schliemann an, der den Griechen nicht willkommen war. Die Affäre endete für Schliemann durchaus befriedigend. Zwar erhielt das Kaiserliche Museum in Konstantinopel als Entschädigung das Fünffache der verlangten Summe, aber „die Türkei verzichtete«, wie er in einem Brief bemerkt, »auf jegliche Ansprüche auf meine troianische Sammlung, welche letztere daher ungeteilt in meinem Besitz bleibt«. Sophia aber war zunächst selbst in den Strudel geraten, die türkische Seite erwirkte einen Pfändungsbeschluss, einige Antiquitäten und Teile ihres Mobiliars wurden gepfändet, doch wurde vom Schatz keine Spur gefunden. Schliemann meinte bei der Vernehmung souverän, nachts sei Priamos gekommen und habe ihn zu sich genommen. Die Familie hatte sich bewährt und ihn bei Verwandten von Sophia versteckt.

DIE BURG DES AGAMEMNON UND DER PALAST DES ILION

Diesmal ist Sophia bei ihm, zusammen graben sie im regnerischen November 1876 das Gold von Mykene aus. Dieses Mal aber gibt es einen strengen Aufseher, den Ephoren der Altertümer in der Argolis und späteren Nachfolger von

Abb. 7 Sophia und Heinrich Schliemann während eines Kuraufenthalts in Karlsbad, 1883

Schliemann als Ausgräber in Mykene, Panagiotis Stamatakis. Er registrierte jede Scherbe, Schliemann und Sophia wurden auf Schritt und Tritt kontrolliert. Herr war hier die Archäologische Gesellschaft, er, Schliemann, nur ein von ihr Beauftragter. Doch der Ruhm wäre seiner! Zur Erheiterung der pausierenden Arbeiter verbietet Sophia ihrem Landsmann, ihren Mann zu verärgern. Doch nach griechischem Gesetz blieb jede antike Scherbe im Land, das Gold von Mykene wurde in die Bank von Griechenland nach Athen geschafft.

Einige Jahre später begann das Leben im *Iliou Melathron*, dem Palast mit dem buntesten Inneren Athens. Als sie die zahlreichen altgriechischen, meist homerischen Inschriften dort sah, sagte Sophia: »Aber, Liebster, das ist kein Haus, das ist ein Buch.« Homerisch auch der Alltag: Die Diener, Lehrer, Kutscher u. a. trugen altgriechische Namen, die Kinder mussten bei den Mahlzeiten Verse Homers lesen oder deklamieren. Schliemann sprach bei den häufigen Festivitäten zu den hohen Gästen, Hof- und Regierungsbeamten, Diplomaten und manchmal zu König Georg I. selbst sein eigentümliches Altgriechisch. Homer trat nur dann in den Hintergrund, wenn sich der Hausherr auf Reisen befand. Dann breitete man die Damastdecke auf dem Fußboden aus und nahm die Mahlzeiten zur Begeisterung der Kinder wie bei einem Picknick.

EIN SCHATZ

1881 drohte der lebensbestimmende Mythos des Paars zusammenzubrechen. Sophia fühlte sich verraten. Schliemann vermachte den Schatz »dem deutschen Volk zu ewigem Besitz und ungetrennter Aufbewahrung«. Einen Schatz, den er *ihr* doch schon geschenkt und den Griechen offiziell in seinem Antrag, in Mykene ausgraben zu dürfen, angeboten hatte, die es jedoch für unklug hielten, etwas von jemandem anzunehmen, der die osmanische Regierung betrogen hatte.

Es ist die schlimmste Krise im bewegten Leben des Paars. Aber mag auch Sophia durch leidenschaftliche Briefe die Schenkung zu verhindern versucht haben, betraf dies nur sie beide. Sie waren in ihrem eigenen Mythos gefangen, der durch Schliemanns plausible Lüge über Sophias Anwesenheit in Troja und durch ihr eigenes, diesbezügliches Schweigen begründet worden war. Sie wollte, dass der Schatz ihrer beider privates Eigentum bleibt. Sie verlor den Kampf schließlich gegen einen guten Freund, den Forscher und Politiker Rudolf Virchow, der die Versöhnung Schliemanns mit seinem Vaterland zustande gebracht hatte. Kaiser Wilhelm I. nahm die Schenkung großherzig an. Das Bild Sophias während der Installierung der Exponate im Gropius-Bau in Berlin, auf dem sie eine *ihrer* Ketten in der Hand hält, spricht Bände.

Das Nachspiel des Dramas findet in Karlsbad statt, wo Sophia sich nach all den Ehrungen, den seelischen Strapazen der Schenkungszeremonie und der Aufstellung der Trojanischen Funde erholt und über das gemeinsame Leben mit Schliemann nachdenkt. Das kommt in einem Brief vom 24. Juli 1881 an ihre Schwägerin zum Ausdruck. »Du hast Recht […] hier werden uns große Ehrenbezeugungen zuteil, aber glaube mir, jede Ehre ist durch schwere Lasten im Voraus und mit dem Opfer meines Lebens bezahlt.«

Heinrich Schliemann schrieb Sophia zu ihrem 21. Hochzeitstag einen Brief, in dem er sie als »liebevolle Gattin, guten Kamerad und zuverlässigen Steuermann in schwierigen Lagen« preist, als eine Weggefährtin in Freud und Leid. Ihre Tugenden hätten ihn stets so sehr erfreut, »daß ich, bei Zeus, schon jetzt Dir die Ehe für's künftige Leben verspreche«. Aus Wien hatte sie ihm kurz zuvor geschrieben: »Nie habe ich aufgehört, an Dein Glück zu denken.« **Abb. 7**.

Heinrich Schliemann entwarf mit Hilfe seines Freundes Ernst Ziller sein Grabmal. Er bestimmte die Form, die Proportionen und die Motive der Basreliefs sowie den Standort: »auf dem höchsten Gelände des großen griech. Friedhofs in Athen«. An der Frontseite ist seine Büste angebracht. Unterhalb des tempelartigen Grabs breitet sich die rapide wachsende Stadt aus. In der von Sophia Schliemann 1892 herausgegebenen, bis zu seinem Tode vervollständigten Selbstbiografie Schliemanns, stehen die Worte: »Ihn grüßen im Tode die Akropolis mit dem Parthenon, die Säulen des Zeus Olympios, der blaue saronische Golf und jenseits des Meeres die duftigen Bergketten der Argolis, hinter welchen Mykenae und Tiryns liegen.«

Würde man den Blick von diesem Hügel Athens aus in erdachte Ferne richten, könnte man durch Raum und Zeit in die Welt von »Troja« eintauchen – in Schliemanns erträumte Historie.

Ausgewählte Literatur:

Danae Coulmas, Schliemann und Sophia. Eine Liebesgeschichte (München 2001).

LA VEUVE GLORIEUSE

DANAE COULMAS

»Nie habe ich aufgehört, an dein Glück zu denken«, schrieb Sophia Schliemann in einem Brief an ihren Mann, kurz vor seinem Tod 1890. Sie überlebte ihn um 42 Jahre und wuchs in die Gestalt einer Witwe hinein, die in völligem Einklang mit dem von Heinrich Schliemann entworfenen Mythos des »berühmten Paares der Archäologie« stand. Eine Fotografie zeigt sie als 60-Jährige mit ergrautem, hochgesteckten Haar, schlichte Perlen um den Hals, ein offenes Buch, vielleicht ein Exemplar der *Ilias* ihres Mannes, in der Hand **Abb. 1**.

Nach Schliemanns Tod ging das Leben im Iliou Melathron in gewohnter Weise weiter. Der Besuch bei Sophia Schliemann war für Teilnehmer von internationalen, archäologischen oder historischen Konferenzen ein Muss. Sie begegneten einer Frau von »königlicher Physiognomie«, die aus einer »pathetischen Würde« heraus nicht wieder geheiratet hatte, wie der Schliemann-Biograf Emil Ludwig einst schrieb. Schliemann hatte sein Vermögen seinen vier Kindern (Nadeshda, Sergej, Andromache und Agamemnon) vererbt. Sophia hatte das Iliou Melathron bereits als Schenkung erhalten, »mit aller Einrichtung, der Bibliothek und meinen Altertümern (ausgenommen die Sammlung der Trojanischen Altertümer)«. Nach seinem Tod verfügte sie über 15 Millionen Francs.

Nunmehr frei zu walten, finanzierte sie zuerst Wilhelm Dörpfelds Ausgrabungen in Troja und die Veröffentlichung von *Heinrich Schliemann's Selbstbiographie, bis zu seinem Tode vervollständigt*. In der Folge entwickelte sie Aktivitäten im Bereich der Fürsorge, der in dem armen Land nach wie vor große Bedeutung zukam. Sophias Bemühungen galten unter anderem den Frauen. Sie gründete Heime für mittellose Frauen und versuchte, ihnen den weiteren Weg zu Berufen zu ebnen, die eine über die üblichen Tätigkeiten wie Textil- und Näharbeit oder den Lehrberuf hinausgehende Ausbildung erforderten. So gründete sie zum Beispiel eine Schule für Krankenschwestern in Athen.

1903, in einer Zeit schnellen Bevölkerungszuwachses in der Stadt und der damit einhergehenden, stark grassierenden Tuberkulose, legte sie den Grundstein der *Sotiria* (Erlösung), des ersten Krankenhauses für Lungenkrankheiten in Athen. Es ist Sophia Schliemanns bedeutendster Beitrag zu den Fortschrittsbemühungen ihres Landes. Ihre Büste steht im noch heute funktionierenden Krankenhaus und das »Röslein«, das sie und ihre Tochter Andromache Passanten ans Revers steckten, die ihren Obolus für die Errichtung des Krankenhauses gaben, ist legendär geblieben. In den Straßen Athens sah man Menschen mit einer Blume im Knopfloch oder an der Bluse, jung und alt, Soldaten und Kleriker, Frauen der Hautevolee und Bauern aus der Provinz, die gerade am Omonia-Platz angekommen waren.

Charakteristisch für Sophia Schliemanns fortschrittliche Haltung ist ihr Bezug zur »Emanzipation« der Frauen – der Begriff ist seit den 1880er Jahren in Gebrauch. So beim Fortschrittlichen Frauen-Verein in Konstantinopel und der *Zeitung der Damen* in Athen, zu deren Redaktion Sophia im Bewusstsein, sich für die ersten sozialen und institutionellen Errungenschaften der Frauen in Familie, Bildung und Arbeit engagieren zu müssen, gehörte.

Sophia erlebte die griechische Hauptstadt in einer geschichtlich dramatischen Epoche: Balkankriege, Erster Weltkrieg, Militärzug gegen die Türkei und die Vertreibung der in Kleinasien beheimateten Griechen, die als Flüchtlinge ins Land strömten und in Baracken und in Athen vor antiken Säulen aufgeschlagenen Zelten oder auch in öffentlichen Gebäuden wie dem Königlichen Theater und auch im Iliou Melathron untergebracht wurden. Dies war das Ergebnis der *Megali Idea*, einer

Abb. 1 Sophia Schliemann, 1922

Abb. 2 Detail vom Schliemann-Mausoleum, Aufnahme 2021

irredentistischen Vision der Befreiung noch unter türkischer Herrschaft stehender Gebiete und der Wiederherstellung des Byzantinischen Reiches. Einer politischen Utopie, die Heinrich Schliemann durchaus mitgetragen hatte. Sie entsprach Sophias Patriotismus, auch wenn Griechenland, von seinen eigenen Politikern verblendet und von der Tripel-Allianz manipuliert, sie teuer bezahlt hatte.

Sophia Schliemann erlebte in den ersten drei Jahrzehnten des 20. Jahrhunderts auch die permanente Spaltung der griechischen Gesellschaft in Monarchisten und Republikaner, wobei die häufigen Regierungswechsel sich nicht ohne Amtsenthebungen, Abdankungen, Attentate und Aufstände vollzogen. Sophia trat in die republikanische Partei der Liberalen ein, mit deren Anführer, dem charismatischen Politiker und zeitweiligen Ministerpräsidenten Eleftherios Veniselos (1864–1936), sie im Alter eine enge Freundschaft verband. Veniselos flüchtete oft aus seinem benachbarten Haus ins Iliou Melathron, um fern seiner offiziellen Pflichten ruhig arbeiten zu können.

Sophia unterhielt naturgemäß Beziehungen zu deutschen Freunden, Mitarbeitern ihres Mannes, vor allem aus dem Kreis um das Deutsche Archäologische Institut und seinen Leiter Wilhelm Dörpfeld, sowie zu profilierten Persönlichkeiten aus

Deutschland, Wissenschaftlern und Diplomaten in Athen. Auch zu Virchow und anderen Freunden in Deutschland blieb der Kontakt erhalten. Sie schickte einige Antiquitäten wie den aus Ägypten stammenden »Kopf der Kleopatra« nach Berlin, den Schliemann Otto von Bismarck versprochen hatte, mit dem das Paar ehemals in Bad Kissingen anregende Stunden verbracht hatte.

Neben ihrem philanthropischen Wirken schenkte Sophia der Smithsonian Institution in Washington und dem Nationalmuseum Athen archäologische Funde vom Hissarlik. Schliemanns numismatische Sammlung vermachte sie dem Numismatischen Museum Athen. Es ist heute im Iliou Melathron untergebracht. Sophia hatte den Palast 1926 dem griechischen Staat mit der Maßgabe, ihn als Museum, Pinakothek oder Institut zu nutzen – »wenn der Raum es erlaubt« –, verkauft. Sie starb am 27. Oktober 1932 und wurde mit einem Staatsbegräbnis neben ihrem Mann bestattet. Am Nordfries ihres Mausoleums sind sie zwischen dem Löwentor von Mykene und Funden aus Troja dargestellt **Abb. 2**. Er trägt einen Kolonial-Hut, sie steht in der Haltung einer Muse wie auf einem römischen Sarkophag. In einem Brief aus Karlsbad hatte sie 1881 geschrieben: »[...] möge zumindest mein Name bekannt werden, wenn das zum Ruhm meines geliebten Vaterlands beitragen kann«. Heinrich Schliemann schenkte seiner »homerischen Frau«, der »Athenienserin«, diesen Ruhm.

Als Sophia im Jahr 1932 starb, war Athen bereits eine moderne Stadt von 720 000 Einwohnern, Hauptstadt eines Landes, das bald das furchtbare Schicksal Europas mittragen würde. Eine in jenen Tagen aber heitere, schöne Stadt, deren Lebensformen der Norm menschlichen Daseins noch nahekamen.

Ausgewählte Literatur:

Danae Coulmas, Schliemann und Sophia. Eine Liebesgeschichte (München 2001).

DIE GRIECHISCHE FAMILIE

MARION BERTRAM

Abb. 1 Heinrich und Sophia Schliemann am Tag ihrer Vermählung, 24. September 1869

Abb. 2 Sophia Schliemann mit ihren Kindern Andromache und Agamemnon, um 1879

Am 30. Juni 1869 wurde Schliemanns erste Ehe mit der Russin Jekaterina Petrowna Lyshina geschieden. Den Plan für eine zweite Ehe hatte Schliemann bereits seit dem Beginn desselben Jahres aktiv verfolgt. Diesmal sollte es unbedingt eine Griechin sein, vor allem »liebreich«, homerbegeistert und möglichst auch schön. Unfreiwillig wurde Theoklitos Vimbos (1832–1903), sein ehemaliger St. Petersburger Griechischlehrer, nunmehr Erzbischof von Mantineia und Kynouria, zum Heiratsvermittler. Schliemann bat ihn um Zusendung von Fotografien potenzieller Heiratskandidatinnen. Seine Wahl fiel schließlich auf eine Nichte von Vimbos, die 17-jährige Sophia Engastroménos (1852–1932), deren Fotografie Schliemann faszinierte. Er reiste am 6. September 1869 nach Athen, um Sophia und ihre Familie kennenzulernen und bereits am 24. September 1869 fand die Hochzeit in der kleinen Kirche des Heiligen Meletios in Kolonós statt **Abb. 1**.

Die Familie Engastroménos lebte am Fuß der Akropolis und wohnte außerdem, zunächst nur im Sommer, später ganzjährig im ländlichen Kolonós, heute ein Stadtteil von Athen. Sophias Vater Konstantinos (Georgios) Engastroménos (1806–73) war Textilkaufmann und soll ein liebevolles Verhältnis zu seinen vier Söhnen und drei Töchtern gehabt haben. Die temperamentvolle und stolze Mutter Viktoria Geladaki stammte aus Kreta und behütete ihre Kinder ebenso hingebungsvoll. Sophia war das vierte Kind der Familie und wuchs mit ihren Schwestern Ekaterini (Katingo) und Maria (Marigo) sowie den Brüdern Alexandros, Spiros, Ioannis und Panagiotis auf. Ein enges Verhältnis verband Sophia auch mit ihrer Schwägerin Anastassia, der Frau ihres ältesten Bruders Alexandros. Ihre Familie hatte für Sophia zeitlebens eine außerordentliche Bedeutung und war ihr in schwierigen Zeiten eine wichtige Stütze. Der dreißig Jahre ältere deutsche Millionär, mit dem sie ihre Tochter verheiratet hatten, blieb der Familie Engastroménos wohl immer fremd. Missverständnisse und Konflikte blieben von Anfang an nicht aus.

Aus der Ehe von Sophia und Heinrich Schliemann gingen zwei Kinder hervor, die wie selbstverständlich homerische Namen bekamen: Andromache (1871–1962) und Agamemnon (1878–1954) **Abb. 2**. Andromache heiratete 1892 den Anwalt und Politiker Leon Melas (1872–1905). Das Ehepaar lebte in Athen und hatte drei Söhne: Michael, Alexandros und Leandros. Der Familie Melas ist es zu verdanken, dass der umfangreiche Nachlass Heinrich Schliemanns seit 1962 in der Gennadius Library (American School of Classical Studies at Athens) der internationalen Forschung zur Verfügung steht. Agamemnon lebte als Diplomat in Paris und Washington. Er war zweimal verheiratet, blieb aber kinderlos.

Ausgewählte Literatur:

Danae Coulmas, Schliemann und Sophia. Eine Liebesgeschichte (München 2001).

Abb. 1 Ernst Ziller, Schliemannhaus, Aquarellskizze, 1878

»... DAS IST DOCH KEIN HAUS, DAS IST EIN BUCH ... VOLLER LEHRREICHER SENTENZEN!«

ΙΛΙΟΥ ΜΕΛΑΘΡΟΝ

SCHLIEMANNS ATHENER STADTPALAIS

THOMAS MARTIN

ΙΛΙΟΥ ΜΕΛΑΘΡΟΝ – altgriechisch für »Haus von Ilion« (Ilion/Ilium = Troja). So taufte Heinrich Schliemann (1822–90) sein Stadthaus in Athen und schrieb diesen Namen in großen, goldenen Lettern auf die Fassade. Als Kaufmann sehr reich geworden, beendete der Pastorensohn aus Mecklenburg 1864 seine Geschäftstätigkeit und erfüllte sich »im Herbst [s]eines Lebens« seinen Kindheitstraum: Er lernte alte Sprachen, studierte antike Literatur und ging auf Schatzsuche nach den großen Schauplätzen der mythischen Heldengeschichten – immer mit seinen wichtigsten Helfern in der Hand, den Schriften Homers. Die Gelehrtenwelt hielt den Dilettanten für verrückt, aber seine Hoffnungen wurden Realität und er fand die archäologischen Stätten von Troja, Mykene, Tiryns mit ihren Bauten, Gräbern und Schätzen. Mit der Hinwendung zur Wissenschaft heiratete Schliemann eine Griechin und ließ sich in Athen nieder. Dort beauftragte er den deutschen Architekten Ernst Ziller mit dem Bau eines repräsentativen Hauses **Abb. 1**:

»Ich habe mein ganzes Leben hindurch in einem kleinen Hause gewohnt, dennoch will ich den Rest meiner Lebensjahre in einem großen Hause verbringen; ich suche weite Räumlichkeit und nichts weiter; wähle einen Baustil, welchen immer du willst, meine einzigen Bedingungen sind eine breite Marmortreppe, welche vom Fußboden zu dem oberen Geschoß führt und auf dem Dache eine Terrasse.« (*Neustrelitzer Zeitung*, 25. Januar 1884, »Schliemann in seiner Häuslichkeit«)

Und Ziller erfüllte diesen Kundenwunsch und baute von 1878–81 das prächtigste Stadthaus Athens, prominent gelegen am Universitätsboulevard. Heute ist in dem Haus das Numismatische Museum Griechenlands untergebracht.

DAS NEUE ATHEN UND SEIN ARCHITEKT ERNST ZILLER

»Das ist nicht das ›glänzende, veilchenumkränzte Athen‹, es ist ein einziger ungeheurer Trümmerhaufen, eine gestaltlose, einförmig grau-braune Masse von Schutt und Staub [...] wenn es die Burg mit ihren Resten nicht bestätigen, man würde Mühe haben, es zu glauben, daß man in Athen ist.« (Ludwig Ross, *Erinnerungen und Mittheilungen aus Griechenland*, 1863)

So beschrieb der Reisende Ludwig Ross 1832 seine ersten Eindrücke bei der Ankunft. Das Athen des beginnenden 19. Jahrhunderts war unter jahrhundertelanger osmanischer Oberherrschaft zu einem kleinen, unbedeutenden Bauerndorf verkommen – weit entfernt von der idealisierten Vorstellung der Europäer von einer perikleischen Metropole, wie sie nach damaliger Auffassung der kulturellen Wiege Europas entsprochen hätte **Abb. 2**. Der griechische Unabhängigkeitskrieg (1821–32) brachte die Wende: Athen wurde die neue Hauptstadt des jungen Königsreichs und bekam als aufstrebende Residenz ein prachtvolles, neoklassizistisches Gesicht. Die neue Ära Griechenlands sollte die Blütephase der klassischen Antike auferstehen lassen – monumentale Architektur war gut geeignet, diesen neuen Geist plakativ zu demonstrieren. Der sächsische Architekt Ernst Ziller (1837–1923) war mit über 500 Bauprojekten einer der wichtigsten Schöpfer dieses neuen Stadtbilds, er wurde Architekturprofessor an der Athener polytechnischen Universität und Baumeister des griechischen Königs. Eine Besonderheit seines Werkes ist eine spezielle Form von Antikenrezeption, die sich sehr konkret an lokale Athener

Abb. 2 Athen um 1865

Monumente wie die Hadriansbibliothek, den Parthenon und das Erechtheion anlehnt. Neben Staatsbauten betätigte sich der populäre Architekt auch in zahlreichen, sonstigen Bauaufgaben wie Kirchen, Bank- und Handelsbauten und privaten Wohngebäuden. Als sein Meisterstück bürgerlicher Villenarchitektur gilt das Schliemannhaus, das innerhalb der Architekturlandschaft Athens deutlich hervorsticht. Allein die Baukosten waren sechsmal höher als die eines üblichen, vornehmen Stadthauses der Athener Oberschicht.

EIN HAUS ALS GESAMTKUNSTWERK

»Man sieht es dem im reinsten Stil der […] Renaissance ausgeführten Bauwerk nicht an, welch ein Meisterwerk Professor Ziller bei seiner Herstellung durch die überall durchgeführte, erfolgreiche Vereinigung der uralten homerischen Elemente mit den modernsten Ansprüchen und Einrichtungen der Jetztzeit gemacht hat.« (*Mainzer Anzeiger*, 4. Januar 1891, »Schliemann's Marmorpalast in Athen«)

Für das Schliemannhaus wählte Ziller jedoch kein direktes Antikenzitat auf ein Athener Monument. Im Außenbereich sind Einflüsse italienischer Renaissance-Architektur in der kubischen Struktur des Baukörpers mit Dachbalustrade, eingezogenen Loggien und Arkadenbögen erkennbar. Ähnliche Vorlagen finden sich auch häufig aus der Zeit des Historismus im deutschen Villenbau Dresdens und in der Theaterarchitektur Wiens – beides Orte, an denen Ziller vor seiner Athener Phase wirkte. Das Gebäude besteht aus zwei Hauptetagen sowie Untergeschoss mit Service- und Personalräumen und Dachterrasse, bei einer Grundfläche von ca. 630 Quadratmetern pro Etage. Im Hauptgeschoss befanden sich die »öffentlicheren« Empfangsräume wie Speisezimmer, Salon **Abb. 3** und Gasträume, im Obergeschoss die »privateren«, wie die Schlafzimmer der Familie und Heinrich Schliemanns Arbeitszimmer und Bibliothek. Das Innere des Gebäudes wurde von dem in Wien ausgebildeten, slowenischen Dekorationsmaler Jurij Šubic prächtig mit pompejanischen Wandmalereien ausgemalt. Das Haus war von einem kleinen, parkartig gestalteten Garten umgeben und stand ursprünglich freier und war höher als die umgebende Bebauung, sodass es monumentaler anmutete, als es die heutige zwischen Hochhäusern eingekesselte Wirkung erahnen lässt. Die Genese des Baus und der Austausch zwischen Bauherr Schliemann und Architekt Ziller sind gut nachzuvollziehen anhand zahlreicher Archivalien, die sich im Schliemann-Nachlass in der Gennadius-Bibliothek in Athen erhalten haben. Schliemann hielt sich auch auf Auslandsreisen zeitnah auf dem aktuellen Stand des Baufortschritts und korrespondierte daher intensiv mit seiner Athener Baustelle. »Mit fürstlicher Hand verschwendete hier der Kaufmann sein Gold. Nie vorher oder nachher […] habe [ich] so bauen dürfen, immer hieß es, ›nehmen Sie das Beste!‹« (nach dem Schliemann-Biografen Emil Ludwig 1932, der mit Ziller und Schliemanns Ehefrau Sophia noch als lebenden Zeitzeugen gesprochen hatte). Die Briefe dagegen zeugen von Ungeduld, Abgehobenheit und Pfennigfuchserei. Zahlreiche Materialrechnungen und Lieferscheine zeichnen ein interessantes Bild über die Herkunft der gelieferten Materialien vom Zement über die Dachterrakotten bis zum Abflussrohr der Toilette. Das Gebäude wurde edel ausgestattet mit Marmor und Mosaiken aus Italien, Möbeln aus Wien, Kristall aus Frankreich. Zum Teil kamen standardisierte Objekte und Imitationen teurer Baumaterialien zum Einsatz – dies fiel jedoch kaum ins Gewicht. Schliemann kaufte bei sehr guten Lieferanten Westeuropas Möbel qualitativ hohen Niveaus, nachdem er verschiedene Prospekte und Angebote verglichen hatte, wie es seiner einerseits luxusorientierten, andererseits kostenoptimierenden Natur entsprach **Abb. 4**. Die Gesamtwirkung sprach für sich. Viele Aspekte waren so spezialisiert auf Schliemann angepasst, dass der Besucher nicht das Gefühl hatte, eine beliebige Athener Villa zu betreten, sondern ein architektonisches Unikat. Für sein Arbeitszimmer, seinen Audienzraum, leistete sich Schliemann besonders aufwendig gestaltetes Mobiliar, angelehnt an Darstellungen antiker Möbel wie dem Demetria-Pamphile-Grabrelief am Kerameikos **Abb. 5**. In Architekten-Fachkreisen konnte das Gebäude durch modernste Haustechnik wie ein Innen-Umluft-System gegen ungesundes Malaria-Klima,

Abb. 3 Blauer Ecksalon

Abb. 4 Prospekt des Wiener Möbelherstellers Baar mit handschriftlichen Notizen Schliemanns

besondere Brandschutzmaßnahmen und damals noch unübliche, innovative Fenster-Rollläden, wozu Schliemann extra mit dem Royal Institute of British Architects in London korrespondieren ließ, glänzen. Die enge Zusammenarbeit zwischen Schliemann und Ziller führte zu einem Gesamtkunstwerk, bei dem wohlüberlegt Dekorationen, Mobiliar und Technik miteinander in ein harmonisches Gesamtbild eingingen.

ARCHÄOLOGIE IM DEKOR

»Es bringt den Menschen oft der Winde Wehen hohen Gewinn, oft der herabströmenden Wasser des Himmels, der Söhne der Wolke. Aber wer durch Thatkraft Glück sich erringt, dem erheben sich süßtönende Hymnen, die Anfänge späten Nachruhms, und ein sicheres Unterpfand für seine erhabenen Tugenden.« (Pindar, 11. Olympische Ode 1–6 – Übersetzung einer altgriechischen Inschrift im Ballsaal des Schliemannhauses)

Besonders lohnend gestaltet sich die nähere Beschäftigung mit den Innendekorationen. Die pompejanischen Wandmalereien mit Ornamentik, Grotesken und Schwebefiguren waren für die Entstehungszeit verbreiteter Usus für Innenräume, die antikisierend wirken sollten. Ungewöhnlich dagegen sind von diesem Standard abweichende, stilisiert dargestellte Objekte wie Kraken, Falter, Ohrringe, Spinnwirtel, Gesichtsurnen, die in Wandmalereien, Mosaikböden, Kaminmänteln und Treppengeländern auftreten **Abb. 6**. Es sind Abbilder von Keramiken und Goldschmiedearbeiten aus den Fundkomplexen von Troja und Mykene, Schliemanns eigenen Wirkstätten, die ihm seinen archäologischen Durchbruch und Ruhm beschert hatten. Auch gibt es Räume mit Landschaftsdarstellungen – wiederum die Schauplätze Schliemanns archäologischer Aktivitäten. Der eindrucksvollste Raum ist der Ballsaal. Sein Deckenfries zeigt Eroten bei archäologischen Arbeiten mit Funden aus Troja und Mykene (Langseiten: die »praktischen« Arbeiten wie Ausgraben und Abtransport der Funde; Schmalseiten: die »theoretischen« Arbeiten wie Zeichnen, Fundbestimmung und Literaturstudium) **Abb. 7**. Die Eroten sind nicht gleichartig anonymisiert dargestellt, sondern tragen individuelle, zum Teil sehr markante Züge wie Haardutt und Nickelbrille und lassen sich daher mit Schliemann, seiner Frau Sophia und weiteren Mitgliedern seiner Familie identifizieren **Abb. 8**. Eine weitere Eigenart in der Innendekoration sind 47 altgriechische Sinnsprüche, die sich überall im Haus an den Wänden verteilt appellativ an den Betrachter wenden. Sie stammen von antiken Autoren und nehmen inhaltlich Bezug auf die Funktion der

Abb. 5 Mobiliar aus Schliemanns Arbeitszimmer, heute im Katsigras-Museum in Larissa

jeweiligen Räume. Schliemann konnte durch diese breitgefächerte Auswahl seine Belesenheit in der antiken Literatur aufzeigen.

DER TRAUM VON TROJA – INSZENIERUNG EINES LEBENSWERKS

»Schliemann war 56 Jahre, also schon seit 20 Jahren ein reicher Mann, als er sich nach den Träumen eines ganzen Lebens sein Haus baute. Mitten in Athen, an breiter, neuer Straße frei und weithin sichtbar gelegen, mit marmornen Treppen, Hallen und Säulen, innen kühl und ungemütlich, an Pracht alle anderen Häuser der Stadt und des Landes überstrahlend: durchaus der Palast eines großen Herrn, der das Gold gefunden und in Macht verwandelt hatte.« (Schliemann-Biograf Emil Ludwig, 1932)

Die auffälligen Dekorationen führen zwangsläufig zu der Frage, welche Intentionen hinter der Ausgestaltung des Hauses standen, das weder eine antike Gebäuderekonstruktion darstellte noch als allgemeine Hommage an das klassische Altertum angesehen werden kann. Einen Schlüssel zu seinen Beweggründen könnte die Nutzung des Hauses durch Schliemann zu seinen Lebzeiten liefern. In den 1880er Jahren war das Schliemannhaus bekannt für seine Donnerstag-Soiréen während der Winterzeit, bei denen die Athener Bourgeoisie sowie prominente Touristen den großen Archäologen besuchten. Zeitgenössische Zeitungen schrieben, moderne Reisende seien in Athen hin- und hergerissen zwischen den zwei wichtigsten Hauptattraktionen der Stadt: dem Parthenon und Dr. Schliemann. Schliemann liebte es, sich bei seinen Abendgesellschaften in den Geist der Antike zu versetzen. Er gab seinem Hauspersonal Namen aus der mythologischen Sagenwelt – der Chimären-Töter Bellerophon war sein Türwächter, die trojanische Prinzessin Polyxena das Kindermädchen. Bei Tisch sprach Schliemann eine sonderbare Mischform von Altgriechisch und Französisch. Das Schliemannhaus war der Ort dieses skurrilen Gelehrten-Schauspiels, das in zeitgenössischen Erlebnisberichten wie beispielsweise einer Homestory-Reportage in der *New York Times* abgedruckt war. Schliemann war ein Meister der öffentlichkeitswirksamen Selbstinszenierung. Seinen wissenschaftlichen Fachpublikationen stellte er sehr lange, autobiografische Vorworte voran, in denen er seine Lebensgeschichte als die eines Selfmademans und Millionärs und eines wissenschaftlichen Autodidakten mit seinem Traum von Troja selbst festschrieb und verbreitete. Seine Ehefrau Sophia, die ihm bei seiner Suche nach einer »wahren« Griechin als arrangierte Ehe vermittelt wurde, war ein weiterer Baustein dieser Selbstdarstellung – die berühmte Fotografie Sophias mit dem angelegten Troja-Goldgeschmeide schickte er selbst um die ganze Welt. Ein Star braucht eine Bühne und Schliemann verstand es trefflich, sein eigenes Haus für diese Zwecke einzusetzen. Zum einen benutzte er es als Kulisse und Requisit für die von ihm geschaffene, homerisch-antikisierende Illusion seines archäologischen Lebenswerks und seines wissenschaftlichen Gelehrtendaseins, die zu seinem ständigen Lebensgefühl wurde. Zum anderen entwickelte sich das Haus zum Stein

Abb. 6 Archäologische Motive auf dem Mosaikfußboden des Ballsaals

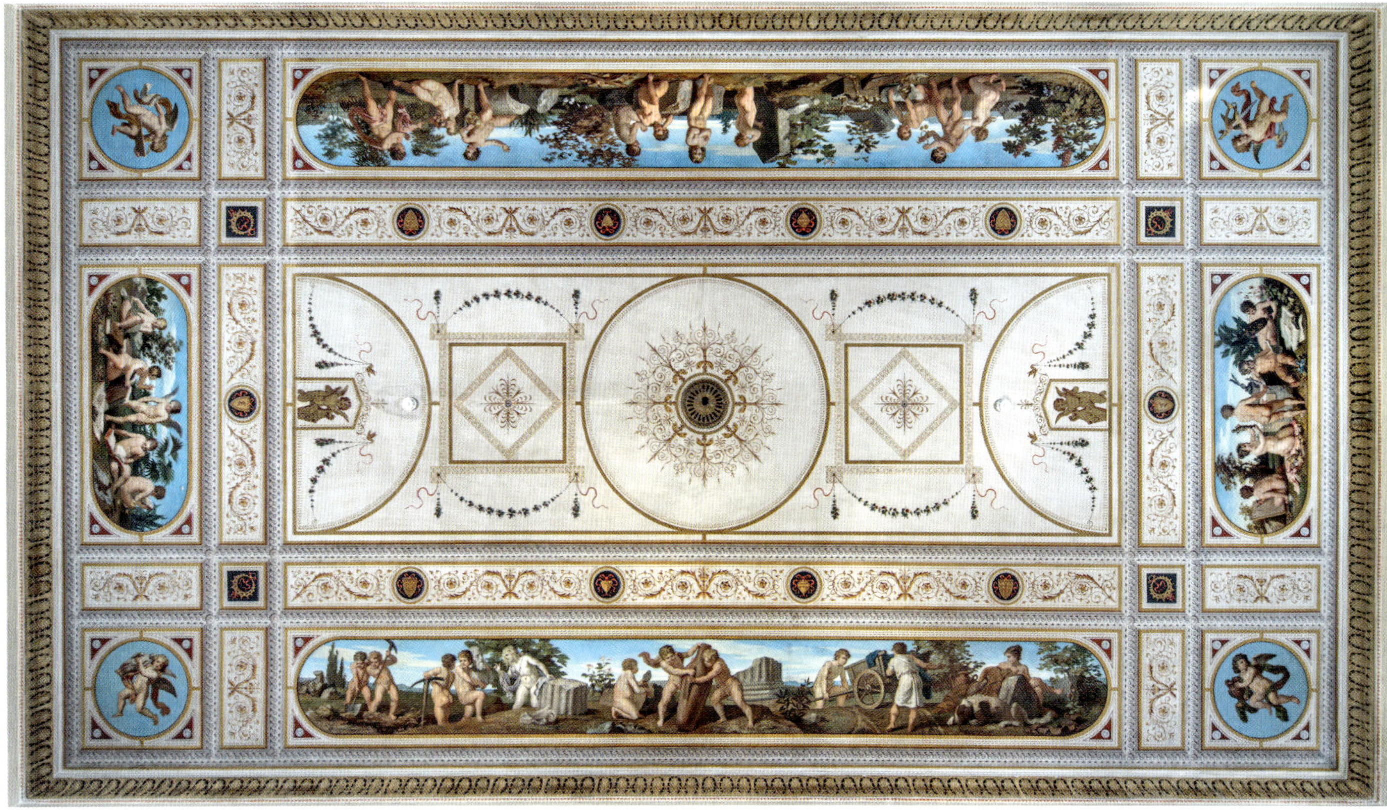

Abb. 7 Gesamtansicht der Deckenmalerei im Ballsaal: »Archäologische Ausgrabungen in Troja und Mykene«

gewordenen Stellvertreter seines Genius, das auch bei grabungsbedingten Absenzen Schliemanns anstelle des Hausherrn für ihn sprach, repräsentierte und imponierte und so doch seine Präsenz verströmte. Die Wände mit den Inschriftenversen wandten sich in Schliemanns mahnender Art an die Besucher und betonten sein Mantra des Erfolgs durch Arbeitsfleiß und eigene Kraftanstrengung – »eine Inneneinrichtung voller lehrreicher Sentenzen! […] das ist doch kein Haus, das ist ein Buch«, wie Sophia Schliemann selbst gesagt haben soll. In figürlichen Dekorationen war der Hausherr als der Lichtbringer präsent, der die Wurzeln der urgriechischen Kultur der Welt wieder ans Licht gebracht hatte. Überall sah der Gast archäologische Funde in Böden, Wänden, Decken, als wäre Schliemann anwesend, um selbst seine Schätze zu zeigen und darüber zu erzählen. Sogar beim Gang auf die Toilette wurde man mit dem antiken Wissen des Hausherrn konfrontiert:

»Darauf kam ich nach Theben, wo sie Nächte und Tage tafeln und man sein Klosett gleich bei der Tür hat – für den vollen Bauch das höchste Gut. Der Mann, den es drückt und der erst lange Wege hat, der stöhnt und schnauft, die Lippen beißt – ein lächerliches Bild« (Übersetzung der altgriechischen Wandinschrift in Schliemanns Toilette aus der Komödie *Kerkopes* des Dichters Eubulos)

Abb. 8 Detail der Deckenmalerei im Ballsaal: Die »theoretischen« Arbeiten der Archäologie (Zeichnen, Fundbestimmung, Literaturstudium). Die Eroten mit Brille und Haardutt verweisen auf Heinrich und Sophia Schliemann.

Wer alles konkret im Schliemannhaus verkehrte und so bei Schliemanns Auftritten das Publikum bildete, ist im Detail nicht nachvollziehbar, da unter den Archivalien kein Gästebuch existiert. Laut Besucherbeschreibungen hätte es grundsätzlich jedem Interessierten offen gestanden, seine Karte im ΙΛΙΟΥ ΜΕΛΑΘΡΟΝ abzugeben und auf eine Einladung zu hoffen. Zu den Besuchern gehörten Vertreter der obersten Athener Kreise bis hin zum König selbst, weshalb es zu einem Ort des Sehen-und-Gesehen-Werdens avancierte und die grundsätzliche Neugier der Athener Gesellschaft auf sich zog. Und Schliemann verstand es, durch ungewöhnliche Aktionen im Gespräch zu bleiben. Laut einer

Anekdote habe der Polizeichef Athens Schliemann wissen lassen, dass die Nacktheit der auf der Dachbalustrade aufgestellten Terrakotten im öffentlichen Bild der Stadt unannehmbar wäre und das Missfallen der Regierung wecke. Schliemann ließ daraufhin über Nacht die Dachstatuen mit Stoffbahnen drapieren und erregte so das Amüsement der Athener Oberschicht. Ein paar Tage später wurde er gebeten, diese neue »Bekleidung«, die seinen Hohn gegenüber dieser Anordnung ausdrückte, wieder zu entfernen.

NACH SCHLIEMANN – EIN HAUS OHNE HERR

Die Frage nach dem Wohngefühl in einem Umfeld voller Pompejana und mahnender Lebensweisheiten dürfte trotz modernsten Technikkomforts ähnlich Goethes Urteil über die Rotonda, Palladios Meisterwerk des Villenbaus, ausgefallen sein: »Inwendig kann man es wohnbar, aber nicht wohnlich nennen.« Sophia Schliemann schien jedenfalls zu dem Haus ein ähnlich zwiegespaltenes Verhältnis gehabt zu haben wie zu ihrem Ehemann. Nach seinem Tod fügte sie der stimmigen Gesamtkonzeption erste Narben zu, wie das Überziehen der Wandmalereien mit cremeweißem, barockisierendem Stuck und der Anbau eines Annexes, der die Ausgewogenheit von Zillers Fassadengestaltung empfindlich stört. Die heutige Wirkung auf den Besucher zeigt, dass das architektonische Gesamtkunstwerk gänzlich ohne den Hausherrn dann doch nicht auskommt. Biografische Verweise durchziehen zwar wie ein roter Faden die Dekorationen, funktionieren jedoch nicht für sich allein, sondern erschließen sich nur in Zusammenhang mit der damaligen, zeitgenössischen Fachkenntnis über Schliemanns Person und Lebenswerk, seine Prominenz und den damit verbundenen Klatsch. Nach langer Zwischennutzung des Gebäudes durch den Athener Gerichtshof und jahrelanger, musealer Nutzungsdiskussion ist Schliemann aus- und die Athener Münzsammlung mit ihren beeindruckenden Beständen eingezogen. Ohne Schliemanns illustre Persönlichkeit bleibt jedoch ein megalomaner, ja geradezu kitschiger Prunkbau übrig, der zwar immer noch durch Dimension und Dekor beeindruckt, aber nicht annähernd mehr den Aussagegehalt und die Raffinesse seiner Glanzzeit ausstrahlt.

Ausgewählte Literatur:

Thomas Martin, ΙΛΙΟΥ ΜΕΛΑΘΡΟΝ – Der Traum von Troja als gebaute Wirklichkeit?! Heinrich Schliemanns Stadthaus in Athen und die Inszenierung eines archäologischen Lebenswerks. Berliner Beiträge zur Vor- und Frühgeschichte. Neue Folge 22 (Berlin 2019).

Euphrosyne Rupa, The Office Furniture of Heinrich Schliemann. In: The G. I. Katsigras Collection. Larissa Municipal Art Gallery – G. I. Katsigras Museum (Larissa 2005) 265–277.

Danae Coulmas, Schliemann und Sophia. Eine Liebesgeschichte (München 2001).

Georg S. Korres, Heinrich Schliemanns »Iliou Mélathron« in Athen. In: Antike Welt 19, Heft 3, 1988, 62–64.

Georg S. Korres, Les Inscriptions d'Iliou Mélathron. In: EUPHROSYNE. Nova Serie VII. Separata, 1975/76, 153–167.

Emil Ludwig, Schliemann. Geschichte eines Goldsuchers (Berlin, Wien, Leipzig 1932).

Charles Wesley Bradley, Dr. Schliemann at home. His palatial house and the manner of his life in it. In: The New York Times, 23. April, 1882, 6.

Abb. 1 Das letzte Porträt: Heinrich Schliemann, wenige Tage vor seinem Tod in Paris

TOD IN NEAPEL

MARION BERTRAM

»NUN RUHT ER,
DER IM LEBEN NICHT
RUHEN MOCHTE …«

ALFRED BRÜCKNER

Am 26. Dezember 1890 starb Heinrich Schliemann in Neapel. Im Laufe des Jahres 1890 hatte sich sein Gesundheitszustand aufgrund eines schon länger bestehenden Ohrenleidens zusehends verschlechtert. Doch unermüdlich wie er war, veranstaltete er im März auf dem Hissarlik die zweite Troja-Konferenz, zu der auch Rudolf Virchow aus Berlin anreiste. Bis August schloss sich dann die siebte trojanische Grabungskampagne an, deren Ergebnisse der Ausgräber im Herbst mit dem *Bericht über die Ausgrabungen in Troja im Jahre 1890* vorlegte, der 1891 postum erschien. Erst im November 1890 begab er sich auf dringendes Anraten Virchows zu dem Ohrenspezialisten Dr. Schwartze nach Halle, wo er sich einer komplizierten beidseitigen Ohrenoperation unterziehen musste. Den Rat der Ärzte missachtend verließ er Halle bereits Mitte Dezember und dies auch keineswegs, um den kürzesten Weg ins heimatliche Athen einzuschlagen. Stattdessen verhandelte er erst in Leipzig mit seinem Verleger Brockhaus, inspizierte dann im Berliner Museum am 14. Dezember zusammen mit Virchow die Ausstellung seiner Sammlung Trojanischer Altertümer, tätigte in Paris Geschäfte **Abb. 1** und reiste schließlich kurz vor Weihnachten nach Neapel, um das Museum und die Ausgrabungen von Pompeji zu besuchen. Pünktlich zum Weihnachtsabend (nach gregorianischem Kalender) wollte er dann in Athen bei seiner Familie eintreffen.

Wie schon in Paris musste Schliemann auch nach der Ankunft in Neapel wegen heftiger Ohrenschmerzen einen Arzt aufsuchen, der ihm kurzzeitige Linderung verschaffen konnte. Daraufhin fuhr er am Heiligabend nach Pompeji, lief durch die menschenleeren Ruinen und saß, zurück in Neapel, am Abend allein in der Halle des Grand Hotels **Abb. 2**. Auf dem Weg zum Arzt brach er am ersten Weihnachtsfeiertag auf der Piazza della Santa Carità zusammen. Halbseitig gelähmt brachte man ihn ins Spital. Dort wurde der todkranke »Unbekannte« abgewiesen, da er nicht sprechen konnte und bei ihm weder Ausweispapiere noch Geld gefunden wurden. Nach dem Transport zur nächsten Polizeistation entdeckte man in seiner Manteltasche die Adresse eines neapolitanischen Arztes, der daraufhin benachrichtigt wurde und aufklären konnte, dass es sich um den weltberühmten Archäologen handelte. Dr. Cozzolino erkannte den Ernst der Lage und rief ein Pferdefuhrwerk, mit dem Schliemann ins Hotel gelangte. Er wies zunehmende Lähmungen auf und der herbeigerufene Dr. von Schroen stellte bei der Öffnung des linken Mittelohrs fest, dass die Entzündung bereits auf das Gehirn übergegriffen hatte. Als am zweiten Weihnachtsfeiertag im Hotel acht Ärzte über die weitere Behandlung konferierten,

Abb. 2 Das Grand Hotel in Neapel, um 1890

meldete die Krankenwärterin um halb vier nachmittags, dass der Patient verstorben sei. Depeschen gingen in alle Welt und Wilhelm Dörpfeld reiste zusammen mit einem der Brüder Sophia Schliemanns sofort nach Neapel, um den einbalsamierten Leichnam per Schiff nach Athen zu überführen.

Schliemanns Tod war zum Jahreswechsel 1890/91 in der internationalen Presse das beherrschende Thema. Aus aller Welt trafen Beileidsbekundungen und Nachrufe ein. In seinem Iliou Melathron wurde er unter einer Homer-Büste aufgebahrt. Die Totenwache hielten der griechische König Georg I. und der Kronprinz Konstantin. Homers *Illias* und *Odyssee* lagen im offenen Sarg und folgten Schliemann ins Grab. Am 4. Januar 1891 fand seine Beisetzung zunächst in einem einfachen Grab auf dem Ersten Athener Friedhof unter Beteiligung zahlreicher gekrönter Häupter und prominenter Persönlichkeiten aus Politik, Wirtschaft und Wissenschaft statt. Schliemanns Freund und Mitarbeiter Wilhelm Dörpfeld hielt die Trauerrede.

Die Stadt Berlin würdigte ihren Ehrenbürger bereits am 29. Dezember 1890 mit einer außerordentlichen Sitzung der Stadtverordneten und am 1. März 1891 mit einer großen Gedächtnisfeier im Festsaal des Berlinischen Rathauses (Rotes Rathaus), auf der sein großer Förderer und Freund Rudolf Virchow die Gedächtnisrede hielt.

Schon Jahre vor seinem Tod soll Schliemann den Ort seiner letzten Ruhestätte mit Blick auf die Akropolis ausgewählt und mit dem befreundeten Architekten Ernst Ziller den Entwurf des Mausoleums abgestimmt haben. Seinem Testament

Abb. 3 Das Mausoleum Heinrich Schliemanns in Athen, 2018

von 1889 legte Schliemann neben dem Entwurf auch einen entsprechenden Vertrag mit Ziller bei, der für den Bau des Grabmals 50 000 Drachmen zur Verfügung erhalten sollte. Nach dessen Fertigstellung, wahrscheinlich Ende 1892, erfolgte die Umbettung des Verstorbenen. »Schliemann dem Heros« steht auf dem Architrav des marmornen Tempels im dorischen Stil, der sich über der Grabkammer erhebt. Der umlaufende Relieffries des Sockels zeigt Szenen aus der griechischen Mythologie sowie Darstellungen der Schliemann'schen Ausgrabungen und Funde, dazwischen den Ausgräber, mit großer Geste seiner Frau Sophia aus dem Homer vorlesend. Sorgfältig konzipiert hatte Schliemann sein eigenes Heldendenkmal vorbestimmt. Noch heute dominiert das prächtige Grabmonument den Eingangsbereich des Athener Zentralfriedhofs **Abb. 3**.

Ausgewählte Literatur:

Umberto Pappalardo, Ein Grab für einen Helden. Das Mausoleum von Heinrich Schliemann. In: Leoni Hellmayr (Hg.), Heinrich Schliemann und die Archäologie (Darmstadt 2021) 113–125.

Stefanie Samida, Schliemanns Tod. Ein transnationales Medienereignis. In: Dies., Die archäologische Entdeckung als Medienereignis (Münster, New York 2018) 173–191.

Charalampos Skoulakis/Chariton Papadakis/Pelagia Stavroulaki/Emmanouel Drivas/Dimitris Valagiannis, The otologic problem and the death of Heinrich Schliemann. European Archives of Oto-Rhino-Laryngology 265, 2008, 575–580.

Harold Hammer-Schenk, »Dem Heros«. Anmerkungen zu Heinrich Schliemanns Grabmal in Athen. In: Justus Cobet/Barbara Patzek (Hg.), Archäologie und historische Erinnerung (Essen 1992) 31–50.

Georg Korres, Das Mausoleum Heinrich Schliemanns auf dem Zentralfriedhof von Athen. In: BOREAS. Münstersche Beiträge zur Archäologie 4, 1981, 133–173.

Königlich privilegirte Berlinische Zeitung
von Staats- und gelehrten Sachen.

№ 19. Vossische Zeitung. 1891.

Morgen-Ausgabe. Dienstag den 13. Januar.

Abonnement vierteljährlich für Berlin 6 Mk. 50 Pf. excl. Botenlohn, bei unserer Expedition und den Zeitungsspediteuren; bei den Postanstalten des Deutschen Reichs und Oesterreich-Ungarns 7 Mk. 50 Pf. excl. Bestellgeld. Für das übrige Ausland nehmen die dortigen Postanstalten Abonnements entgegen, sowie unsere Expedition zum Preise von 18 Mk.

Inserate werden nach Schriftarten laut Tarif berechnet. Die Petit-Zeile kostet für das Morgenblatt 40 Pf., für das Abendblatt 60 Pf. Fernsprech-Anschluss No. 62. Amt I. Postzeitungs-Katalog No. 3245. und 6309. Agentur für Frankreich: Compagnie Générale de Publicité Etrangère G. L. Daube u. Cie., Paris, 31 bis Faubourg Montmartre.

Im Verlage Vossischer Erben. Redaktion und Expedition Breite Straße No. 8., Berlin C. Redakteur Friedrich Stephany in Berlin.

SCHLIEMANN'S BEGRÄBNISS.

Athen, 5. Januar. (Eigenber. der »Voss. Ztg.«) Es war einer jener licht- und farbenglühenden Tage, wie sie nur die Levante kennt, der gestrige Sonntag in Athen, wo man Heinrich Schliemann zu Grabe trug. Von dem kleinen Hügel aus, den sich der Verstorbene zur Ruhestätte erkoren, schweift das Auge, durch keine Nebelschichten gehemmt, frei nach allen Seiten, hier bis zu den Gipfeln des Kitharon hinüber, dort über die in phantastische Farben getauchten Berge von Agnia und Salamis hinaus zu den fernen Gebirgsländern des Peloponnes, von denen uns nur ein verhältnißmäßig schmaler vielgewundener Meeresstreifen zu trennen scheint. In feierlichem Ernst, wie er der griechischen Landschaft überhaupt eigen ist, liegen all die wohlbekannten Stätten da: die Akropolis, über deren bräunlichem Felsen die mamornen Ruinen schimmern; hier das Olympion und die Stadt, mit den dunkel aufragenden Riesen-Cypressen, an denen man heute die Umrisse jedes Zweiges zu erkennen glaubt; im Hintergrund der das Ganze beherrschende Lykabettos mit seinem Kirchlein auf der äußersten Spitze; zur Seite die dunkle Bergwand des Hymattos mit ihren tiefgrünen Vorhügeln, nur auf den Gipfeln mit leichtem Weiß bedeckt, den Spuren des in jenen Regionen anhaltenden herrschenden Winters. Todesgedanken wollen so gar nicht aufkommen in dieser sonnigwarmen, vom blauesten Aether durchstrahlten Umgebung. Und doch wieder hebt den Betrachtenden der Hauch von Jahrtausenden oder vielmehr von wenigen klassischen Generationen hinweg über das Vergängliche und redet zu ihm von der aller Vernichtung trotzenden Dauerhaftigkeit des Echten, von der bleibenden Geltung ungefälschten Verdienstes. »Es kann die Spur von meinen Erdentagen nicht in Aeonen untergehn«, das hätte auch Schliemann am Grabesrande ohne Anmaßung sagen dürfen, wenn Sorge oder Krankheit ihn dessen Nähe hätten ahnen lassen. So lange der Name Homer's und seines Zeitalters etwas gilt, so lange es aber auch Menschen giebt, die weit über das rein Hellenische hinausgehend das älteste Kulturleben der um das Aegäische Meer herumwohnenden Völker und ihrer Königshäuser studiren, wird man von Schliemann nicht als Gelehrten, aber als epochemachenden Entdecker, als Muster zielbewußter und gekrönter Energie mit Achtung und Staunen sprechen.

Für das griechische Volk, unter dem Schliemann mehr als zwanzig Jahre gelebt, konnte sein Name nicht den zauberhaften Klang haben, wie in den Ländern mit breiterer Volksbildung. Der enorme Reichthum, das prächtige Haus, wohl auch die Kunde von dem vielen »Gold«, das er, wie es schien, überall zu finden wußte, das ungefähr mögen die Grundlagen sein, worauf seine Popularität hier ruhte; und gerade wissenschaftlich hat er ja wohl von wenigen Seiten schärfere Angriffe zu bestehen gehabt, als von Seiten griechischer Gelehrten. Dennoch gestaltete sich sein Begräbniß zu einem Ereigniß, welches so ziemlich die ganze Stadt mit sich fortriß. Dies ist um so merkwürdiger, als von Seiten der Regierung Nichts geschehen, oder richtiger Alles verweigert worden war, was sich etwa hätte erwarten lassen zur Ehre des Mannes, der, wie der amerikanische Gesandte in einer zündenden Rede aussprach, für den Ruhm von Hellas mehr gethan, als irgend Einer sonst. Als Grund für diese Zurückhaltung wurde den Behörden der Vereinigten Staaten, deren Bürger Schliemann bekanntlich war, angegeben, er habe keinen griechischen Orden besessen, wie dies für Militär-Aufgebot Bedingung sei. Warum besaß er keinen? Weil er die troischen Funde seinem deutschen Vaterlande geschenkt hatte, während die vielleicht noch gewaltigeren Funde von Mykenä, Tiryns etc., welche Tausende von Fremden zum Besuch hierherziehen, lediglich nach den Gesetzen des Landes, weil auf griechischem Boden gefunden, im Lande geblieben waren. In Folge dessen fehlte es also an jeder Maßregel zur Aufrechterhaltung der öffentlichen Ordnung und in wildem Strome wälzten sich die hier zum Glück gesitteten Volksmassen hinter und zwischen

dem Zuge her; das offene Grab war dermaßen vom Mob umlagert, daß weder die Leiche, noch der Geistliche, noch die Leidtragenden genügend Platz finden konnten, trotz der Anwesenheit zweier Beamten, welche die städtische Polizei entsendet hatte.
Um so würdigeren Charakter trug die Feier im Trauerhause selbst. Der König und der Kronprinz hatten es sich nicht nehmen lassen persönlich zu erscheinen; ebensowenig der frühere Ministerpräsident Trikupis mit seinem ehemaligen Kollegen Dragumis; auch einige Mitglieder des neuen Ministeriums fehlten nicht; und natürlich war Alles, was Athen an auswärtigen Gesandten und sonstigen Spitzen der Gesellschaft aufzuweisen hat, ziemlich vollzählig zur Stelle. In der That erwiesen sich die weiten Räume von Ιλίου Μέλαθρον, wie Schliemann sein Palais getauft hat, als ganz unzureichend, auch nur die Zahl der Geladenen aufzunehmen. Der erste Eindruck der florbehangenen Vorhalle und Säulen war wie gewöhnlich in solchen Fällen: der arme Millionär! Aber er wich bald beim Eintritt in den eigentlichen Trauerraum, wo vor der Marmorbüste Homers die Hülle des so plötzlich Hingerafften stand, den wir noch wenige Monate zuvor in all seiner liebenswürdigen Lebensfülle und vibrirenden Thätigkeit gesehen. Auf der einfachen ledernen Hülle, welche den zinnernen Sarg umschließt, befindet sich ein kleines Metallschild mit Name, Geburts- und Todestag in englischer Sprache. Mächtige Kränze waren darüber an den Seiten überall angebracht. Es waren Spenden des Königs, der Kaiserin Friedrich, der deutschen Botschaft, der Stadt Berlin, der königl. Museen zu Berlin, des Archäologischen Instituts, des preußischen Kultusministeriums, der Anthropologischen und der Archäologischen Gesellschaften zu Berlin, des Athenischen Philologen-Vereins »Parnaß«, der Gesandtschaft und des Archäologischen Instituts von Nord-Amerika, der Kopenhagener Alterthums-Gesellschaft und des deutschen Parlaments; vielleicht am schönsten waren die Blumenspenden, welche die griechische Kolonie in Neapel der Leiche mit auf den Weg gegeben hatte.
Bei der Trauerfeier, die vom Hofprediger Petersen geleitet wurde, sang ein vom Archäolog. Institut improvisirter Chor vierstimmig: »Wenn ich einmal soll scheiden« und »Wie sie so sanft ruhn«, Gesänge, welche auf die an dergleichen nicht gewöhnten Griechen ihres Eindrucks nicht verfehlten. Herr Petersen verwerthete in seiner Weise das starke optimistische Element im Charakter des Entschlafenen, sein in Tagen der Drangsale gezeigtes Gottvertrauen, seinen Glauben an sich selbst und zugleich an die Untrüglichkeit gewisser altersgrauer, als etwas positives hingenommener, später bestätigter Ueberlieferungen. Er gedachte auch der Frau Sophia Schliemann, der hingebenden Genossin, der musterhaften Gattin, Mutter und Hausfrau in gebührender Weise.
Danach ergriff der amerikanische Gesandte das Wort zu einer kurzen, aber äußerst kernigen Ansprache, wovon fast jedes Wort sichtlich traf und einschlug. Einen männlicheren und gerechteren Richter hätte Schliemann sich schlechterdings nicht wünschen können, und es ging ein Gefühl durch die Versammlung, als ob in diesem Augenblicke die Stunde des Weltgerichts über den Verblichenen schlüge, als ob durch eine milde Hand alle Schwachheit und Sterblichkeit von ihm abgethan werde und sich sein verklärtes Bild in reinen und bleibenden Zügen hervorhöbe. Als dritter sprach der Erste Sekretär des kaiserl. deutschen Archäologischen Instituts zu Athen Dr. Dörpfeld, der die Leiche über das winterliche Meer herübergeschafft hatte, der vieljährige treue Mitarbeiter, durch dessen Beihilfe Schliemann's Ausgrabungen eigentlich erst in rein wissenschaftliche Bahnen gelenkt wurden. Selbst tief bewegt pries er sich glücklich an dem Riesenwerke habe mitwirken zu dürfen, und Wenige konnten, wenn sie es sonst etwa nicht wußten, aus diesen bescheidenen Worten entnehmen, wie viel Schliemann von seinem Ruhme grade dem Umstande verdankte, daß er einen so hervorragenden und so selbstlosen Genossen gefunden, dessen streng wissenschaftliche und technische Bildung und Denkweise sich mit dem ungeduldigen Enthusiasmus des rastlosen Entdeckers so wunderbar ergänzte.
Nach einem kurzen Gebet des Geistlichen und nachdem sich der König und der Kronprinz von der tiefgebeugten Gattin und Tochter verabschiedet hatten, setzte sich der Zug langsam und mühsam durch die Volksmenge hindurch in Bewegung.
Draußen am Grabe hielt der General-Ephoros der griechischen Museen und Alterthümer, Herr Kabbadia, vor versammeltem Volke eine längere Rede in der Landessprache, worin er Schliemann's außerordentliche Verdienste und Erfolge darstellte und den ganz aufs Praktische gerichteten Sinn des glücklichsten Entdeckers seinem großen Landsmann Johann Winckelmann gegenüberstellte, der gleichfalls aus dürftigsten Verhältnissen hervorgegangen, in gleich schwerem Kampfe erstarkt, von der entgegengesetzten Seite der Buchgelehrsamkeit her, ähnlichen Zielen zustrebte. Wie jener der Erkenntniß und Geschichte echt griechischer Kunst ihre Wege gewiesen, hat Schliemann das Studium der prähistorischen Kunst angebahnt. Warme, beredte Worte spendete dann noch Dr. Waldstein vom amerikanischen Archäologischen Institut dem gemüthvollen liebenswürdigen Manne und Freunde, in dessen gastlichem Hause jeder Fremde unvergeßliche Stunden verlebt. Auch das war Allen aus der Seele gesprochen. Den Beschluß machte ein leider in Hexametern verfaßter Nekrolog des greisen Rhangabé. M.

(Transkription: Karoline Horst)

Le trésor des Atrides ou le tombeau d'Agamemnon a Mycènes.

Nauplie; vue prise des ruines du théatre romain a Argos.

L'ancien fort de Nauplie.

Mme Schliemann

JOUX D'HÉLÈNE.

ENTRÉE DE LA CITADELLE DE MYCÈNES : PORTE DES LIONS.

UNE PORTE DES REMPARTS ANTIQUES DE MYCÈNES.

TIRYNTHE : VUE D'UNE DES GALERIES.

DAS ERBE

EIN »GESCHENK ZU EWIGEM BESITZ UND UNGETRENNTER AUFBEWAHRUNG«

DIE SAMMLUNGEN HEINRICH SCHLIEMANNS IN BERLIN

MARION BERTRAM

Am 7. Februar 1882 öffnete Heinrich Schliemanns Sammlung Trojanischer Altertümer in zwei Sälen des damaligen Kunstgewerbemuseums (heute Gropius Bau) für das Publikum. Das glanzvolle Ereignis erregte großes Aufsehen und wurde in der Presse ausführlich kommentiert Abb 1, 2. Vor dem Hintergrund, dass Schliemann aus der deutschen Gelehrtenwelt viele Jahre immer wieder Schmähungen hinnehmen musste und lange mit seinem Heimatland haderte, überraschte seine Entscheidung zugunsten von Berlin.

Bis zum Jahre 1878 hatte Schliemann eine solche Entwicklung immer wieder vehement ausgeschlossen. Bereits seit dem Ende der ersten drei Grabungskampagnen in Troja im Jahre 1873 finden sich in Schliemanns Briefen immer wieder Überlegungen zum Verkauf oder zur Schenkung seiner Sammlung an eines der großen europäischen Museen. In Betracht zog er das British Museum in London, den Pariser Louvre, das Archäologische Museum in Neapel und die St. Petersburger Eremitage. Auch plante Schliemann mit Unterstützung des griechischen Staates die Errichtung eines eigenständigen Trojanischen Museums in Athen und sogar den USA unterbreitete er zeitweilig Angebote. Seine inzwischen weltberühmten Troja-Funde dienten ihm viele Jahre als Trumpf im Ringen um Anerkennung und beim Versuch, unterschiedlichste Vorhaben in diversen Ländern Europas und weltweit zu befördern. Dabei konnten geschäftliche Interessen, aber auch das Streben nach Grabungsgenehmigungen eine Rolle spielen. Betrübt verfolgte seine griechische Ehefrau Sophia dieses Treiben. Sie hoffte mit all ihrem Patriotismus auf den Verbleib der Sammlung in Athen.

Neben der beharrlichen Kritik aus den Kreisen der deutschen Altertumswissenschaft wurde der Autodidakt auch in der Öffentlichkeit gern verspottet. Allein in den Jahren 1873 bis 1881 widmete sich die seinerzeit äußerst populäre Satirezeitschrift *Kladderadatsch* in mehr als zwanzig Beiträgen seinem Wirken. In einem Brief vom März 1875 schrieb Schliemann dazu an seinen Mecklenburger Schulfreund Wilhelm Rust (1820–1910): »An Deutschland gebe ich sie [die Sammlung] nicht, denn dort werde ich von den neidischen Professoren fortwährend auf eine grauenhafte Weise beschimpft, und besonders in Berlin, wo ich sogar oft der Gegenstand der Lobgesänge im Kladderadatsch bin. In England, Frankreich und Amerika dagegen wird die Entdeckung Trojas in vollstem Maße anerkannt und als die größte Entdeckung aller Jahrhunderte angesehen.«

Abb. 1 »Die Aufstellung der trojanischen Altertümer in Berlin durch Heinrich Schliemann und dessen Gemahlin.«, *Daheim*, 1882

Abb. 2 Das Kunstgewerbemuseum in Berlin, *Über Land und Meer. Allgemeine Illustrierte Zeitung*, 1882

Zum Jahresende 1878 sah es dann für Deutschland im Allgemeinen schon besser aus, ganz im Gegensatz zu Berlin. In einem Brief an einen Berliner Kaufmann hieß es: »[…] daß mein Trojanisches Museum nicht verkauft wird, und daß, wenn ich es in meinem Testament einer deutschen Stadt hinterlasse, es keinesfalls Berlin sein kann, da ich von dorther bis jetzt noch niemals ein Wort der Anerkennung und nur die gehässigsten Anfeindungen gesehen habe.«

Die Geschichte der öffentlichen Präsentation der trojanischen Sammlung begann im Jahre 1877. Nach vielem Hin und Her hatte Schliemann schon 1876 beschlossen, die Sammlung zeitlich begrenzt in London zu zeigen. Sein Wunsch war es zunächst, dies im British Museum zu tun, wo sich wegen der Überfüllung der Ausstellungssäle jedoch kein Platz fand. »I think the South Kensington Museum more likely.« Diese im Juli 1876 ausgesprochene Empfehlung von William E. Gladstone, zwischen 1868 und 1894 mehrmalig britischer Premierminister, erwies sich schließlich als erfolgreich. Schliemann akzeptierte das Angebot des South Kensington Museum (heute Victoria and Albert Museum) und im Dezember 1877 sortierte er dort 4416 Objekte in 23 Vitrinen.

Der Schliemann'sche Sinneswandel zugunsten Deutschlands ist ohne Zweifel dem großen Universalgelehrten Rudolf Virchow (1821–1902) zu verdanken. Der Diffamierung durch deutsche Akademiker zum Trotz hatte Schliemann ab den späten 1870er Jahren doch auch zunehmend Anerkennung in diesen Kreisen gefunden. Bereits seit 1875 verband ihn mit Virchow, der sein größter akademischer Förderer werden sollte, eine zunehmend freundschaftliche Beziehung.

Das Jahr 1879 brachte die Wende und die Entscheidung für den Verbleib der Sammlung Trojanischer Altertümer: Der drängenden Einladung Schliemanns folgend reiste Virchow Anfang April nach Troja. Vier Wochen begleitete er Schliemann bei seinen Ausgrabungen und unternahm eigene Untersuchungen in der Troas. Während dieses Aufenthalts kam es zu dem legendären Ausritt ins Ida-Gebirge, über den Virchow unter anderem in seinem Nachruf auf Heinrich Schliemann in der Wochenschrift *Die Nation* vom 3. Januar 1891 berichtete: »Es war eines Tages im Ida, wo ich einen blühenden Schleedorn pflückte und ihm denselben mit den Worten reichte: Das ist ein Strauß von Ankershagen. Da brach das Eis. Noch an demselben Tage bei einer Rast warf er die Frage auf, ob es nicht am richtigsten sei, seine Sammlung von London nach Berlin zu bringen. Und dann kam eines zum andern, und das Ende war, daß er zu Weihnachten desselben Jahres seine Sammlung in London einpackte und sie nach Berlin überführte.« Tatsächlich aber blieben die trojanischen Funde noch bis zum Ende des Jahres 1880 in London.

Bereits während seines Aufenthalts in Troja machte Virchow dem Berliner Museum ein erstes Angebot zur Übergabe trojanischer Funde, die ihm Schliemann nach Berlin senden wollte. Am 10. April 1879 schrieb er an Albert Voß (1837–1906), seinerzeit noch Direktorialassistent, später Direktor der Vorgeschichtlichen Abteilung des Königlichen Museums für Völkerkunde: »Dafür habe ich einige ganz grosse Sachen in Aussicht, die ich natürlich dem Museum übergeben werde, wenn es dieselben haben will. Darunter ist namentlich einer jener ›Urbehälter‹ aus gebranntem Thon, die so gross sind, dass ein Mensch darin stehen kann.« **Abb. 3** Nach seiner Rückkehr berichtete Virchow dem preußischen Minister der geistlichen, Unterrichts- und Medicinal-Angelegenheiten, dass er noch während seiner Anwesenheit in Troja die offizielle Ausfuhrgenehmigung erhalten habe und daraufhin der Transport der Ausgrabungsfunde nach Berlin in die Wege geleitet wurde. Im Juni 1879 kam es außerdem zu einer ersten Stiftung von Funden aus der Troas an das Berliner Museum durch Heinrich Schliemann und den Engländer Frank Calvert (1828–1908), amerikanischer Konsul im östlichen Mittelmeerraum, homerbegeisterter Amateurarchäologe und Grundstückseigentümer der östlichen Seiten des Hissarlik (Troja).

Im September 1879 trafen sich Schliemann und Virchow im Londoner South Kensington Museum zur Besichtigung der trojanischen Sammlung. Ende 1879 wollte Schliemann dann seine Sammlung so schnell wie möglich nach Berlin bringen.

Das Jahr 1880 war bestimmt von zunächst geheimen Verhandlungen Schliemanns mit dem preußischen Ministerium der geistlichen, Unterrichts- und Medicinal-Angelegenheiten und den Königlichen Museen zu Berlin über die Schenkung. Virchow spielte dabei die entscheidende Vermittlerrolle. Im Herbst 1880 war Sophia Schliemann wie so oft mit den Kindern allein in Athen. Sie beaufsichtigte die Einrichtung ihres neuen Zuhauses, des prächtigen Iliou Melathron, gemäß den Anweisungen ihres Ehemanns. In den für das »Museum« vorgesehenen Räumen begann der Aufbau der Vitrinen und Sophia hoffte noch immer inständig auf das Scheitern der Schenkungsverhandlungen mit Deutschland. Während Schliemann am 16. Dezember 1880 zum Abbau seiner Sammlung in Richtung London abgereist war, unternahm seine Ehefrau zwei Tage später

Abb. 3 Der von Virchow 1879 übergebene Pithos (»Urbehälter«), Ausstellung im Museum für Völkerkunde, Schliemann-Saal I, 1892

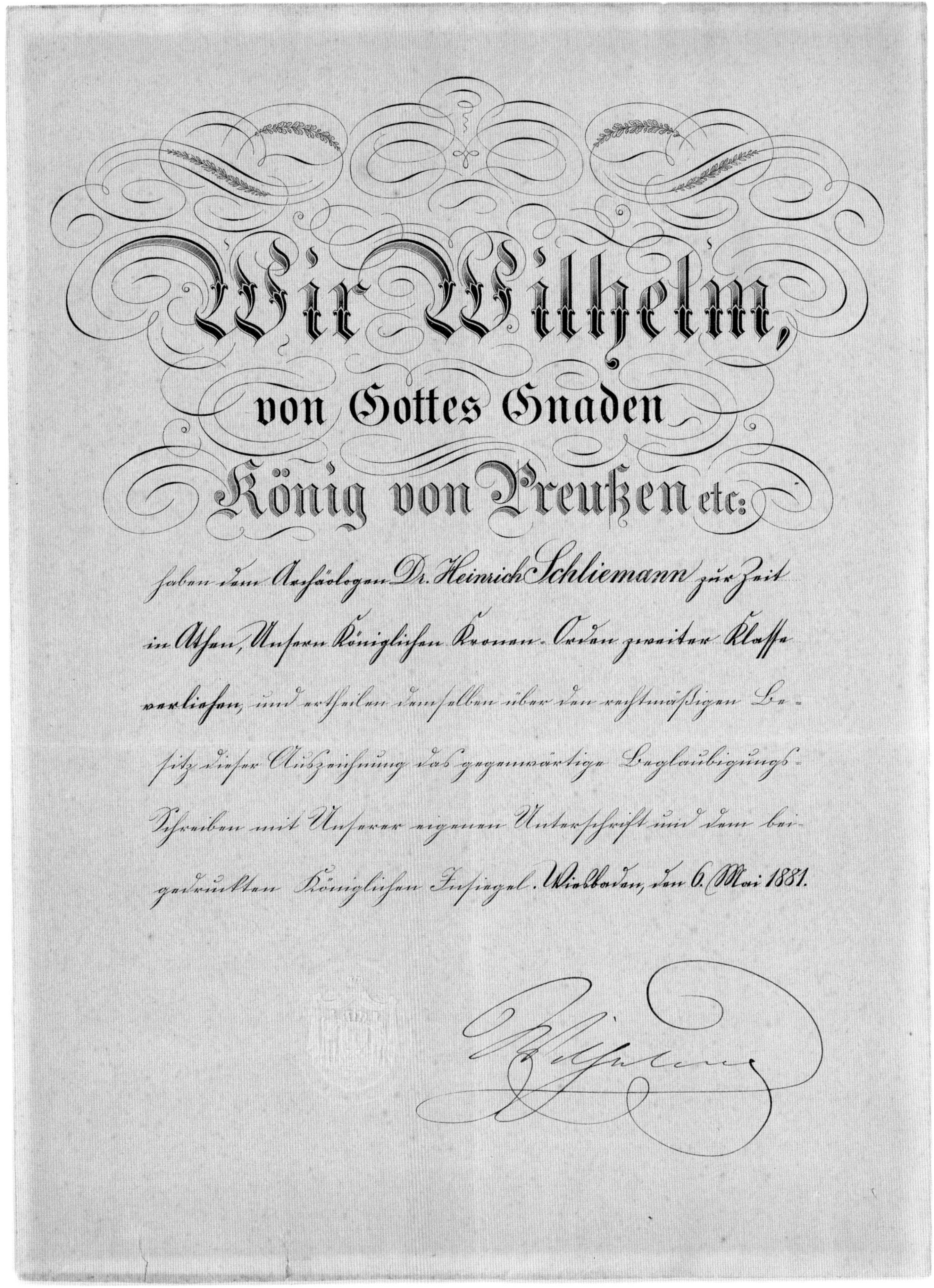

Wir Wilhelm,
von Gottes Gnaden
König von Preußen etc:

haben dem Archäologen Dr. Heinrich Schliemann zur Zeit
in Athen, Unseren Königlichen Kronen-Orden zweiter Klasse
verliehen, und ertheilen demselben über den rechtmäßigen Be-
sitz dieser Auszeichnung das gegenwärtige Beglaubigungs-
Schreiben mit Unserer eigenen Unterschrift und dem bei-
gedruckten Königlichen Insiegel. Wiesbaden, den 6. Mai 1881.

Wilhelm

Abb. 4 Wilhelm I. verlieh Heinrich Schliemann am 6. Mai 1881 den Königlichen Kronen-Orden zweiter Klasse.

Abb. 5 Eintrittskarte zur Schliemann-Sammlung, um 1882

einen letzten Versuch, die trojanische Sammlung für Athen zu retten: Mit deutlichen Worten fragte sie, »welch sinnloser Grund« ihn antreibe, seine Sammlung aller Welt anzubieten, statt sie in seinem eigenen Palast zu präsentieren. »Bring die Sammlung nach Athen«, appellierte sie am Ende ihres verzweifelten Briefes.

Tatsächlich stand die Destination der Sammlung zu diesem Zeitpunkt noch nicht fest, da es in Berlin noch ein Problem zu lösen galt: Die Vorgeschichtliche Abteilung der Königlichen Museen befand sich noch immer unter äußerst beengten Verhältnissen im Neuen Museum auf der Museumsinsel. Der Bau des neuen Völkerkundemuseums, in dem auch die prähistorische Sammlung ausreichend Platz finden sollte, hatte gerade erst begonnen. Das Weihnachtsfest brach an, und während Schliemann ohnehin fern der Familie weilte, befand sich Virchow in Berlin hochaktiv in Verhandlungen mit Richard Schöne (1840–1922), dem Generaldirektor der Königlichen Museen. Am 26. Dezember traf Schliemann von London kommend in Berlin ein, um die vorgeschlagenen Räumlichkeiten zu prüfen. Gegenüber der Baustelle des Völkerkundemuseums an der Königgrätzer Straße (heute Stresemannstraße) befand sich der kurz zuvor vollendete Bau für das Kunstgewerbemuseum (heute Gropius Bau). Schliemann erklärte sich schließlich mit der provisorischen Aufstellung seiner Troja-Funde in diesem neuen Gebäude einverstanden. Am 17. Januar 1881 trafen die Kisten aus London ein und am 24. Januar 1881 genehmigte der deutsche Kaiser Wilhelm I. offiziell die Annahme der Schliemann'schen Schenkung. »Dem deutschen Volk als Geschenk zu ewigem Besitz und ungetrennter Aufbewahrung in der Reichshauptstadt« lautet Schliemanns Verfügung. Die Sammlung wurde der preußischen Staatsregierung unterstellt und den Königlichen Museen zu Berlin übergeben.

Derweil stand Sophia in Athen unter Schock und kommunizierte dies, den Worten Schliemanns zufolge, »täglich per Telegraph«. Als Freund der Familie sollte Virchow die Wellen nun glätten, was ihm offensichtlich gelang. Sophia interpretierte das Ganze bald als ein Missverständnis und erschien fortan als Befürworterin der Schenkung nach Berlin.

Schliemann hatte nun auch recht konkrete Vorstellungen zu Ehrungen und Ordensverleihungen. Virchow und Generaldirektor Schöne mussten ihr ganzes diplomatisches Geschick einsetzen. An Schöne schrieb Schliemann im Januar 1881: »[…] bitte Sie recht sehr, dem Minister auseinandersetzen zu wollen, daß ich jetzt sehr gerne bereit bin, diejenigen Orden anzunehmen deren er mich, in Betracht der Größe meiner Schenkung, für werth hält. Sollte es auch für Frauen Orden geben, so bitte ich auch meine langjährige Mitarbeiterin, Frau Schliemann, nicht zu vergeßen.« Und im Februar 1881 hieß es, ebenfalls an Schöne: »Ich hoffe, Sie setzen es durch, dass mir der Orden pour le Mérite ertheilt wird […]. Sorgen Sie gütigst auch für andere Orden, soviele zu kriegen sind.« Den »Pour le Mérite« hat Schliemann nicht bekommen, dafür aber den Königlichen Kronen-Orden zweiter Klasse Abb. 4. Im Juli 1881 wurde ihm die Ehrenbürgerschaft der Stadt Berlin verliehen.

Die Räume im neuen Kunstgewerbemuseum waren im Juni 1881 hergerichtet und Familie Schliemann reiste samt den Kindern nach Berlin. Schliemann begann mit dem Auspacken und Aufstellen der trojanischen Sammlung, wobei ihn seine Frau gelegentlich unterstützte Abb. 1. Es überrascht nicht, dass Schliemanns Erwartungen bezüglich des Engagements und der Verfügbarkeit der Museumsmitarbeiter deutlich mit deren normalem Arbeitsalltag kollidierten. Eine entsprechende Beschwerde notierte er zur Übermittlung an den Museumsdirektor Adolf Bastian (1826–1905) in den Tagen des Aufbaus auf einer Visitenkarte: »Ich brauche Leute die um 7 früh hier sind u[nd] nicht um 9 und die den ganzen Tag hier bleiben.« Bastian kam diesem Wunsch offensichtlich entgegen, denn Anfang September 1881 rechneten die vier Galeriediener, die mit der Aufstellung der Schliemann-Sammlung beschäftigt waren, für die Monate Juni bis August insgesamt 521 Überstunden ab.

Auch nach seiner Abreise übermittelte Schliemann wiederholt neue Wünsche nach Berlin, deren Erfüllung die Museumsmitarbeiter den Rest des Jahres 1881 beschäftigte.

Im August schrieb er an Generaldirektor Schöne: »Ich erlaube mir noch, Sie darauf aufmerksam zu machen, daß der untere Saal, bei bewölktem Himmel, vollkommen dunkel ist u[nd] auch bei hellem Wetter niemand im Stande ist, in den hinteren Schränken eine Ziege von einer Schildkröte zu unterscheiden. […] Der Zweck der Aufstellung ist somit durchaus verfehlt, wenn Sie den Saal nicht mit Gas erleuchten, worum ich dringend ersuche.« Tatsächlich wurden neue Gasleitungen verlegt. Und prompt beschwerte sich der Direktor des Kunstgewerbemuseums bald über den hohen Gasverbrauch in den Schliemann-Sälen. Die beiden Säle waren nach der offiziellen Eröffnung des Kunstgewerbe-Museums im November 1881 zunächst noch nicht zugänglich. Unter anderem bereitete die Beschaffung der Spezialvitrine für die Goldfunde Probleme.

Am 1. Februar 1882 besichtigten Kaiser Wilhelm I. und Kronprinz Friedrich die Ausstellung. Und am 4. Februar konnte die *Vossische Zeitung* schließlich berichten: »Die Schliemann'sche Sammlung wird, wie nunmehr bestimmt ist, von Dienstag dem 7. an täglich (außer Montags) zwischen 10 und 3 Uhr in zwei Sälen des Kunstgewerbe-Museums für den Besuch des Publikums […] geöffnet sein.« **Abb. 5** Bei den beiden Sälen handelte es sich um den damaligen Saal XIV im Erdgeschoss und um den darunter gelegenen Saal im Sockelgeschoss, der eigentlich als Restaurationssaal geplant und kurzfristig zusätzlich für die Schliemann-Sammlung hergerichtet worden war.

Abb. 6 Museum für Völkerkunde, links im Hintergrund das Kunstgewerbemuseum (heute Gropius Bau), 1886

Abb. 7 Museum für Völkerkunde, Schliemann-Saal II, um 1900

Regelmäßig erkundigte sich Schliemann nun nach dem Stand der Bauarbeiten am neuen Völkerkundemuseum. Im Mai 1885 war es schließlich so weit und die trojanische Sammlung konnte in zwei Säle des neuen Hauses einziehen **Abb. 6**. Auch hier bedurfte es einiger Anstrengungen, Schliemanns Forderungen zu erfüllen. So wurde die Decke des kleineren Saales II gemäß seinem Wunsch mit der Nachbildung eines Ornaments aus dem sogenannten Schatzhaus des Minyas verziert, dem zweitgrößten mykenischen Kuppelgrab, welches er im griechischen Orchomenos freigelegt hatte **Abb. 7**. Im August 1886 kam er dann zur Neuaufstellung seiner Troja-Funde nach Berlin. Die feierliche Eröffnung des Königlichen Museums für Völkerkunde fand am 18. Dezember 1886 jedoch in Abwesenheit von Schliemann statt, der sich zu diesem Zeitpunkt auf einer längeren Ägyptenreise befand. Seit Beginn des Jahres 1887 war die Schliemann-Sammlung offiziell der Vorgeschichtlichen Abteilung des Völkerkundemuseums unterstellt **Abb. 8**.

Bis zu seinem Tod im Jahre 1890 veranlasste Schliemann immer wieder Sendungen nach Berlin. Schon 1882, nach Abschluss der sechsten Grabungskampagne auf dem Hissarlik, waren neue Funde angekommen. 1885 waren seine Bemühungen erfolgreich, weitere Objekte vom Hissarlik und von den sogenannten Heroentumuli in der Troas aus dem vertragsmäßig der Türkei ausgelieferten Anteil vom türkischen Staat zu erwerben und die Ausfuhrgenehmigung nach Deutschland zu erhalten. 1887 übersandte er etwa 300 ägyptische Keramiken, 153 altägyptische Stickereien der 4. bis 30. Dynastie und Wandfragmente vom Tempel Ramses II. in Abydos, die er während seiner Ägyptenreise 1886/87 gesammelt oder gekauft hatte. Erst im Sommer 1889 reiste Schliemann nach Berlin, um im Museum die neuen trojanischen Funde und die ägyptischen Altertümer zu etikettieren und aufzustellen. Am 16. Juli 1889 schrieb er dazu an Virchow, dass er am Sonntag zuvor von den Galeriedienern eingeschlossen und erst nach »langem vergeblichen Schreien« gerettet wurde.

In seinem letzten Brief, der im Museumsarchiv erhalten ist, betonte Schliemann am 9. Oktober 1890 ausdrücklich, dass alle in seinem Athener Haus befindlichen Troja-Funde für Berlin bestimmt seien, ohne zu ahnen, wie plötzlich diese Verfügung eintreten würde. Zwölf Tage vor seinem Tod besuchte er am 14. Dezember 1890 zusammen mit Virchow ein letztes Mal die Schliemann-Säle im Völkerkundemuseum. Seiner testamentarischen Verfügung folgend, kamen 1891 dann 58 Kisten aus Athen nach Berlin, die neben trojanischen Funden auch eine kleine Sammlung keramischer Objekte von griechischen Fundorten enthielten.

Die von Schliemann vorgenommene Aufstellung seiner Sammlung bestand bis 1895. Mit Zustimmung von Sophia Schliemann begann nun die Zusammenführung der alten Schenkungen mit den umfangreichen Zugängen aus dem Nachlass sowie eine Aussonderung von Dubletten. Zugleich wurden bei der Neuordnung die Ergebnisse der letzten trojanischen Grabungskampagne Schliemanns (1890) und der von seinem Mitarbeiter Wilhelm Dörpfeld weitergeführten Untersuchungen (1893/94) berücksichtigt, die zu neuen Erkenntnissen über die Abfolge der Siedlungsschichten und deren chronologische Zuordnung geführt hatten. 1902 erschien schließlich der Katalog von »Heinrich Schliemann's Sammlung Trojanischer Altertümer« mit 354 Seiten und 1176 Abbildungen.

Abb. 8 Museum für Völkerkunde, Schliemann-Saal I, 1892

Abb. 9 Präsentation der Troja-Funde im Saal 4 der Schausammlung im ehemaligen Kunstgewerbemuseum (Gropius Bau), 1926

Neu bearbeitet wurden bei dieser Gelegenheit auch die von der Veröffentlichung ausgeschlossenen »nicht-trojanischen Altertümer«. Die 1902 abgeschlossene und bis heute gültige Katalogisierung der Schliemann-Sammlungen umfasst folgende Bestände:

1. Funde vom Hissarlik – Inventarnummern 1 bis 9704
2. Funde aus den sogenannten Heroentumuli und von anderen Ausgrabungsstätten in der Troas – Inventarnummern 9705 bis 10426
3. Funde aus den Nachbargebieten der Troas (Protesilaos-Hügel, Thrakien, Phrygien) – Inventarnummern 10427 bis 10536
4. Funde aus Griechenland (u. a. Scherben aus Mykene, Tiryns und Orchomenos) – Inventarnummern 10537 bis 11270
5. Funde aus Ägypten – Inventarnummern 11271 bis 11879
6. Gipsabgüsse und weiblicher Porträtkopf aus Alexandrien – Inventarnummern 11880 bis 11886

Die mehr als 2000 Dubletten aus dem Komplex der Funde vom Hissarlik wurden dabei nur noch, geordnet nach Fundgruppen und Formtypen, summarisch aufgelistet; zusammen mit einer Aufstellung der Institutionen, die bei der Verteilung bedacht worden waren: 15 Museen und 20 Universitäts- bzw. Akademiesammlungen in ganz Deutschland sowie das Archäologische Nationalmuseum in Athen und das dortige Deutsche Archäologische Institut.

Nach dem Wechsel des Kunstgewerbemuseums ins Berliner Stadtschloss zogen die Schliemann-Funde zusammen mit der Vorgeschichtlichen Abteilung 1922 wieder in den Gropius Bau, wo sie schon 1881 bis 1885 provisorisch untergebracht gewesen waren. Im ersten Obergeschoss erfreute sich die Sammlung nun großzügiger räumlicher Verhältnisse. Für die Funde aus Troja I–VII standen die Säle 4 bis 6 zur Verfügung **Abb. 9**, Funde aus Mykene und Ägypten waren im Saal 7 ausgestellt und schließlich konnten im anliegenden Umgang 23 neben koptischen Textilien vor allem die Hinterlassenschaften aus Troja VIII und IX besichtigt werden, darunter die berühmte Helios-Metope. An diesem Standort verblieb die Schliemann-Sammlung bis zum Beginn des Zweiten Weltkriegs. Zuvor war die Vorgeschichtliche Abteilung 1931 in das selbstständige Staatliche Museum für Vor- und Frühgeschichte umgewandelt worden.

Der Zweite Weltkrieg brachte die Auslagerung der Bestände, die Zerstörung des Museumsgebäudes und nach der Teilung Deutschlands und der Stadt Berlin auch die Teilung der Sammlungen des Museums für Vor- und Frühgeschichte. Die wertvollsten Objekte der Schausammlung, zu denen auch die trojanischen Schatzfunde gehörten, wurden nach der Schließung des Museums im September 1939 verpackt und zunächst in gesicherten Räumen im Untergeschoß des Museums, dann im Winter 1940/41 in der Preußischen Staatsbank und schließlich Ende 1941 im Zoobunker untergebracht. 1943 begannen die Transporte der Museumsbestände zu den Verlagerungsorten in Ost- und Westdeutschland, wo auch ein großer Teil der Schliemann-Sammlungen den Krieg überstand. Wie alle anderen Edelmetallfunde aus dem Bestand des Museums verblieben die Schatzfunde aus Troja bis zum Kriegsende unversehrt im Berliner Zoobunker. Nach der Beschlagnahmung durch die Rote Armee am 5. Mai 1945 verlor sich die Spur über viele Jahrzehnte.

Auch an den Auslagerungsorten in Ost- und Westdeutschland wurden die Bestände von den Siegermächten beschlagnahmt. Während die Westalliierten das Kulturgut in den Kunstlagern von Wiesbaden und Celle zusammenführten, vollzog die Rote Armee den sofortigen Abtransport in die Sowjetunion. In Berlin verblieben waren lediglich die in den Nachkriegsjahren aus den Trümmern des Gropius Baus geborgenen Sammlungsobjekte. Erst 1956 und 1958 kam es zu größeren Rückführungen durch die Westalliierten und aus der Sowjetunion. Seit den 1990er Jahren wurde bekannt, dass noch zehntausende Objekte, darunter die trojanischen Schatzfunde und umfangreiche weitere Bestände der Schliemann-Sammlungen als Kriegsbeute in Russland lagern.

Im Berliner Museum für Vor- und Frühgeschichte sind aktuell etwas mehr als die Hälfte der Bestände der Schliemann-Sammlungen erhalten. Die lange verloren geglaubten Goldobjekte aus dem »Schatz des Priamos« und auch die berühmten Prunkäxte aus Nephrit und Lapislazuli sind heute im Moskauer Staatlichen Museum für Bildende Künste A. S. Puschkin ausgestellt. In Berlin legten die beiden Teilmuseen in Ost und West nach der Wende großen Wert auf die schnelle Zusammenführung der erhaltenen Bestände der Schliemann-Sammlungen. Dies geschah im wiedervereinten Museum für Vor- und Frühgeschichte ab 1991 am damaligen Standort im Langhansbau des Schlosses Charlottenburg. Seit 2009 wird eine Auswahl der bedeutendsten trojanischen Funde im imposanten Flachkuppelsaal des Neuen Museums auf der Museumsinsel präsentiert.

Ausgewählte Literatur:

Reinhard Witte, Schliemann einmal heiter betrachtet. Der Erforscher Troias und Mykenes in der satirischen Zeitschrift Kladderadatsch und in humorvollen Beiträgen. Mitteilungen des Heinrich-Schliemann-Museums Ankershagen, Heft 8 (Ankershagen 2004).

Danae Coulmas, Schliemann und Sophia. Eine Liebesgeschichte (München 2001).

Geraldine Saherwala / Klaus Goldmann / Gustav Mahr, Heinrich Schliemanns »Sammlung trojanischer Alterthümer«. Beiträge zur Chronik einer großen Erwerbung der Berliner Museen. Berliner Beiträge zur Vor- und Frühgeschichte Neue Folge Band 7, 1993.

Hubert Schmidt, Heinrich Schliemann's Sammlung Trojanischer Altertümer. Königliche Museen zu Berlin (Berlin 1902).

FREUND ODER FEIND?

HEINRICH SCHLIEMANN AUS OSMANISCHER SICHT

FILIZ TÜTÜNCÜ ÇAĞLAR

Heinrich Schliemann ist einer der bekanntesten europäischen Entdecker in der Geschichte der Archäologie im Osmanischen Reich, der seinen Ruf neben seiner exzentrischen Persönlichkeit vor allem seinen spektakulären Entdeckungen verdankt. Sein Ehrgeiz, sein Drang zur Selbstdarstellung und seine Entschlossenheit, die antike Stadt Illium (Troja) zu entdecken, führten zu einem phänomenalen Unterfangen, das sich über zwei Jahrzehnte zwischen 1870 und 1890 erstreckte und zukünftige Generationen von Archäologen sowohl in Europa als auch im Osmanischen Reich inspirierte. Insbesondere seine sensationelle Entdeckung einer Sammlung von 155 Gold- und Silberschmuckstücken sowie Bronze- und Kupferobjekten im Mai 1873 löste eine große Kontroverse aus, da er gegen das 1869 erlassene Antikengesetz verstieß und seine Funde heimlich unter Umgehung der osmanischen Behörden nach Griechenland transportierte. In einem Brief an Anton Dethier, den Direktor des Osmanischen Reichsmuseums, schrieb Schliemann, dass er keinesfalls die Absicht hatte, diesen spektakulären Schatz den Türken zu überlassen und mit einer Handvoll zerbrochener Töpfe nach Hause zurückzukehren. Er glaubte, dass der Schatz, den er romantisch dem König Priamos zuschrieb, die Historizität von Troja bestätige. Unverzüglich verkündete er der Welt seine Entdeckung des homerischen Troja in einem Bericht, der am 5. August 1873 in der *Allgemeinen Zeitung* veröffentlicht wurde und Schliemann internationales Ansehen und wissenschaftliche Anerkennung einbrachte. Seine Expedition und ihre Folgen hatten ein breites Echo in der osmanischen Welt und weckten ein bemerkenswertes Interesse am homerischen Erbe und seinen materiellen Überresten in der Troas. Trotz der allgemeinen Abneigung gegen Schliemann und der äußerst negativen Reaktion auf seine Schmuggelaktion sollte sein sofortiger Ruhm ironischerweise seine künftigen Unternehmungen erleichtern.

Die osmanische Regierung, die von der Nachricht aus den Zeitungen erfahren hatte, reagierte auf Schliemanns skandalöse Aktion mit bitterem Groll. Sie leitete umgehend eine gründliche Untersuchung ein, bestrafte diejenigen, die Schliemann bei seiner illegalen Ausfuhr unterstützt hatten, erklärte Troja zum geschützten Ort und erließ ein Edikt, mit dem die Ausgrabungen an der Stätte bis auf Weiteres eingestellt wurden. Die Angelegenheit wurde auch vor das Gericht in Athen gebracht, das die Rückgabe der Hälfte der Funde an das Osmanische Reich verfügte. Das Urteil wurde jedoch nicht rechtskräftig, da Schliemann sich weigerte, dem Urteil nachzukommen. Nach einjährigem Ringen mussten die osmanischen Behörden aufgrund der sich zuspitzenden politischen Probleme und Finanzkrisen, die schließlich 1875 zum Staatsbankrott führten, aufgeben. Obwohl sie 1 000 000 Francs als Entschädigung für den gestohlenen Schatz gefordert hatten, waren sie gezwungen, die Klage gegen eine Zahlung von 10 000 Francs zurückzuziehen. Aus Angst, seine Ausgrabungen in Troja nicht fortsetzen zu dürfen, bot Schliemann der osmanischen Regierung 50 000 Francs an, eine Summe, die schließlich für den Bau eines neuen Gebäudes für das Reichsmuseum in Istanbul verwendet wurde. Die rasche Reaktion der osmanischen Behörden auf Schliemanns Bitten zeigt, dass die Ausgrabungen in Troja für die osmanische Regierung von vorrangiger Bedeutung waren. Die osmanischen Dokumente unterstreichen, dass die Genehmigung für die Ausgrabungen in Troja auf der Grundlage wissenschaftlichen Interesses erteilt wurde, und zeigen, dass die Osmanen von Schliemanns Funden wirklich begeistert waren. Es scheint jedoch, dass Schliemann sich von Anfang an nicht an das osmanische Antikengesetz hielt und ein ziemlich arrogantes Verhalten gegenüber den Behörden und der Bevölkerung an den Tag legte, was die Spannungen immer mehr eskalieren ließ.

Die Krise zwischen Schliemann und dem osmanischen Staat hatte enorme Auswirkungen auf die internationale Arena. Um sich von Schliemanns umstrittenen Aktivitäten zu distanzieren, erklärte die preußische Regierung ihren Entschluss, Laien davon abzuhalten, im Ausland archäologische Ausgrabungen vorzunehmen. Die unmittelbarste Auswirkung der Krise im Osmanischen Reich war die Verkündung eines neuen Antikengesetzes im Jahr 1874, mit dem das Staatseigentum an Altertümern geltend gemacht und die Ausfuhr archäologischer Überreste verhindert wurde. Dennoch gelang es Schliemann, durch seine Kontakte zur amerikanischen Gesandtschaft und zu ausländischen Botschaften in Istanbul neue Grabungsgenehmigungen von der osmanischen Regierung zu erhalten. In der Folge führte er von 1876 bis zu seinem plötzlichen Tod im Jahr 1890 vier weitere Kampagnen durch.

Er arbeitete unter der strengen Aufsicht von zwei Militäroffizieren, und zusätzlich überwachte ein Grabungskommissar seine Aktivitäten vor Ort und führte detailliert Buch über die Funde, die dann von einem Vertreter des Museums überprüft wurden, um sicherzustellen, dass das Kaiserliche Museum seinen Anteil an der Troja-Expedition erhielt. In Ermangelung eines Museumskommissars waren die örtlichen Behörden für die Kontrolle seiner Ausgrabungen und die Einhaltung der Genehmigungsbedingungen zuständig. Schliemanns letzter Auftritt in den osmanischen Archiven datiert aus dem Jahr 1890, als er seine letzte Genehmigung zur Ausweitung seiner Ausgrabungen auf das Gebiet um den antiken Hügel von Hissarlik erhielt. Im selben Jahr organisierte er eine internationale Konferenz zu dieser Ausgrabungsstätte, um auf die zunehmende Kritik zu reagieren, dass er seine Ergebnisse nicht ausreichend publiziert habe, und in der Hoffnung, in der wissenschaftlichen Szene Anerkennung zu finden.

Während dieser zwei Jahrzehnte begegneten die osmanischen Beamten Schliemann stets mit äußerster Vorsicht und Misstrauen. Ein bemerkenswertes Beispiel dafür ist die komplizierte Diplomatie zwischen Schliemann und Münif Pascha, dem Minister für öffentliche Erziehung, mit dem Schliemann häufig in Kontakt stand, da dessen Ministerium damals die wichtigste Behörde für die Erteilung von Grabungsgenehmigungen war. Münif Pascha, eine prominente Persönlichkeit der osmanischen Aufklärung des 19. Jahrhunderts, blieb gegenüber Schliemanns anspruchsvollen Forderungen kritisch eingestellt. In einem Brief, den er im Juni 1879 an Schliemann schrieb, lobte Münif Pascha Schliemanns Aktivitäten mit folgenden Worten: »In der Tat erkennt die gesamte wissenschaftliche Welt den enormen Wert Ihrer Arbeit an, deren Ergebnisse für die Archäologie von unbestreitbarer Bedeutung sind. Das Ministerium teilt diese Ansicht und bringt seine Anerkennung und Genugtuung darüber zum Ausdruck, dass Sie die archäologische Untersuchung der antiken Stadt Troja zum Nutzen der Wissenschaft im Allgemeinen und unseres Museums im Besonderen erfolgreich abgeschlossen haben.« Diese Bemerkung mag besonders bemerkenswert erscheinen, da sie aus der Zeit nach der Krise um den gestohlenen Schatz stammt. Tatsächlich spiegelt sie die Mentalität der späten osmanischen Intelligenz wider, die eine Leidenschaft für die Erforschung des antiken Erbes im Einklang mit der europäischen Mode entwickelt hatte. Bei mehreren anderen Gelegenheiten machte Münif Pascha standhaft von seiner Autorität Gebrauch und lehnte Schliemanns Forderungen ab, wenn er mit Schliemanns ungerechtfertigten und schändlichen Vorwürfen konfrontiert wurde. Auf der anderen Seite verweigerten die örtlichen Behörden auf den Dardanellen häufig die Zusammenarbeit mit Schliemann und handelten eher unabhängig vom Ministerium. In ihren Begegnungen mit Schliemann herrschte unter der Oberfläche ständig eine heftige Spannung. Bei bestimmten Anlässen, die Verdacht erregten, behinderten sie Schliemanns Zugang zur Baustelle und seine Einstellung von Arbeitern, um ihn an der Arbeit vor Ort zu hindern. Auch die öffentliche Meinung über Schliemann war aufgrund des anhaltenden Streites recht kritisch. In Karikaturen wurde er als gieriger Opportunist dargestellt, und sein Antrag auf eine neue Genehmigung wurde in der osmanischen Presse heftig diskutiert. Dennoch wurde allgemein akzeptiert, dass Schliemann nicht gezwungen werden konnte, sich an das osmanische Gesetz zu halten, da er durch seine Verbindungen zu den ausländischen Botschaften in Istanbul die Grenzen des Ferman weiter ausreizen konnte, um die osmanischen Behörden bei seinen Verhandlungen über die Grabungsfunde unter Druck zu setzen.

In der modernen Türkei wird Schliemanns Expedition nach wie vor mit erheblichen Zerstörungen an der archäologischen Stätte von Troja in Verbindung gebracht, wo er die Stadtmauern niederriss, die den stärksten Armeen der antiken Welt, darunter auch denen von König Agamemnon von Mykene, standgehalten hatten. Sein massiver Graben, der den Hügel in zwei Hälften teilt, lässt die Besucher immer wieder mit offenem Mund zurück, während der anhaltende öffentliche Streit um den gestohlenen trojanischen Schatz auch heute noch aktuell ist. Trotz all dieser Anfeindungen bleibt Schliemann jedoch eine der einflussreichsten Persönlichkeiten der Archäologie in der späten osmanischen Periode, die unbewusst einen bedeutenden Beitrag zur Entwicklung der Archäologie als neuer wissenschaftlicher Disziplin leistete, zum einen durch die Finanzierung eines neuen Gebäudes für das Osmanische Reichsmuseum in Istanbul durch die von ihm gezahlten Bußgelder und zum anderen, was noch entscheidender ist, durch die Schaffung einer starken Vorstellung vom Eigentum am alten Erbe. Schliemanns Expeditionen spielten somit eine entscheidende Rolle bei der Herausbildung eines Diskurses über das Kulturerbe im Reich, indem sie das Bewusstsein und das Interesse für den Besitz und den Schutz von Altertümern weckten. Darüber hinaus führte sein Schmuggel des trojanischen Schatzes dazu, dass 1884 ein umfassendes Antikengesetz erlassen wurde, das dem Reichsmuseum die Befugnis verlieh, alle antiken Stätten im Reichsgebiet zu erforschen, zu untersuchen und auszugraben, während es gleichzeitig das Recht hatte, Ausgrabungsgenehmigungen an Ausländer zu erteilen, die sich verpflichteten, im Einklang mit den neuen Vorschriften zu handeln. Das Museum zog die Fäden und entwickelte damit einen völlig neuen Mechanismus, um nicht nur den Besitz, sondern auch den Erwerb von Altertümern zu kontrollieren. Darüber hinaus war dies der erste substanzielle Versuch, den Abtransport von Altertümern aus dem Land zu verhindern, obwohl die ehrgeizigen Bemühungen der Europäer, so viele Altertümer wie möglich zu erwerben, weitergingen wie zuvor.

Vor diesem Hintergrund lässt sich sagen, dass Schliemanns Unternehmungen im Osmanischen Reich für einen traditionellen Ansatz in der Geschichte der Archäologie charakteristisch sind, der sich auf die Leistungen westlicher Akteure auf der Suche nach einer legitimen Grundlage für den Erwerb und die Aneignung von auf osmanischem Boden liegenden Altertümern konzentriert. Eine allgegenwärtige Behauptung ist, dass die Altertümer sofort gerettet werden mussten, da sie sich aufgrund der Vernachlässigung durch die Einheimischen in einem stark zerstörten Zustand befanden. Dem Zeitgeist entsprechend präsentierte sich Schliemann als Held, der den harten Feldbedingungen, den unbarmherzigen Behörden und den unwissenden Einheimischen trotzte, um die Altertümer im Namen der Wissenschaft bergen zu können. Diese eurozentrische Erzählung ist ziemlich problematisch, da sie die zeitgenössischen Unternehmungen in der lokalen Szene übersieht und das osmanische Interesse an der antiken Vergangenheit und ihren Überresten völlig ausblendet. Tatsächlich ist die Rolle der Osmanen bei der Entstehung der Archäologie für das westliche Publikum oft überraschend, da ihre Beiträge in der westlichen wissenschaftlichen Literatur völlig unsichtbar sind, während ihre archäologischen Aktivitäten kaum erwähnt werden. Auch im Fall von Schliemanns Entdeckungen in der Troas zeigt sich oft die gleiche Voreingenommenheit in der überwiegend eurozentristischen Sichtweise, die die osmanische Perspektive weitgehend und systematisch vernachlässigt. Abgesehen von einigen neueren Studien, die sich auf osmanische Quellen stützen, bleibt die Entdeckung von Troja ausschließlich die Geschichte eines westlichen Akteurs, dessen »Errungenschaften« mehr Aufmerksamkeit geschenkt wird als jeder anderen Komponente der Geschichte.

Die Beteiligung der Osmanen an der wissenschaftlichen Erforschung und Erfassung des Erbes der Vergangenheit ist daher aus mehreren Gründen bemerkenswert. Im Gegensatz zu den üblichen historiografischen Paradigmen, die die Osmanen als passive, gleichgültige Nation ohne Einfluss auf die archäologische Forschung darstellen, schätzte die spätosmanische Elite das nicht-islamische Erbe des Reiches sehr und förderte aktiv dessen Erforschung. Inspiriert von den Modernisierungsidealen der Tanzimat-Reformen, wollte sie sich gegen die westliche Ausbeutung wehren, indem sie die vergangenen Zivilisationen und ihre materiellen Überreste auch für den eigenen Überlieferungszusammenhang beanspruchte. Zweifellos wurden weder das neue Antikengesetz noch das osmanische Engagement in der Archäologie von den Europäern begrüßt, die ihre archäologischen Funde nur äußerst ungern mit anderen teilen wollten, obwohl dies gegen das Gesetz verstieß. Daher kritisierten osmanische Intellektuelle die europäischen Nationen für ihre ungerechte Behandlung und den Ausschluss des Osmanischen Reiches, dessen Eigentum am Erbe der Vergangenheit im Gegensatz zu Griechenland, das als rechtmäßiger Erbe des homerischen Vermächtnisses angesehen wurde, bestritten wurde. Gegen Ende des Jahrhunderts hatten die Osmanen jedoch einen viel stärkeren Widerstand gegen die Plünderung entwickelt, indem sie sich nicht nur auf professioneller und institutioneller Ebene in der Archäologie engagierten, sondern auch ernsthafte Versuche unternahmen, das antike Erbe ihres Landes zu erforschen, zu schützen und in ihren neu errichteten Museen auszustellen.

Aus dieser Perspektive lässt sich schlussfolgern, dass die bisher übersehenen osmanischen Quellen eine bemerkenswerte Dokumentation von Schliemanns archäologische Bemühungen in der Troas bieten, während sie es uns ermöglichen, seine Expeditionen im Kontext der historischen Entwicklungen des späten 19. Jahrhunderts neu zu bewerten. In dieser Hinsicht ist das osmanische Zeugnis von entscheidender Bedeutung, um einen alternativen Diskurs über das archäologische Erbe zu führen, der in der modernen Geschichtsschreibung weitgehend vernachlässigt wurde. Eine genauere Betrachtung der osmanischen Wahrnehmung der Vergangenheit ist daher von entscheidender Bedeutung, um die heroischen Paradigmen zu überdenken, die die westliche Ausbeutung von Altertümern während des gesamten 19. Jahrhunderts kennzeichnen. Eine Revision solcher eurozentrischen Narrative würde uns helfen, die vielschichtigen Strukturen zu verstehen, die den archäologischen Diskurs in der Vergangenheit geprägt haben und ihn bis heute beeinflussen. Die Ausstellung *Schliemanns Welten* will einen zeitgemäßen Beitrag zu diesem Unterfangen leisten, indem es neue historiografische Mechanismen entwickelt, um die lokalen Akteure in das Bild einzubeziehen und ihnen Gehör zu verschaffen.

Der Text wurde aus dem Englischen übersetzt.

Ausgewählte Literatur:

Aslan, Rüstem / Reyhan Körpe / Ali Sönmez, Heinrich Schliemanns Ausgrabungen in Troja nach osmanischen Quellen (2019), https://nbn-resolving.org/urn:nbn:de:bsz:21-dspace-865663.

Günay Uslu, Homer, Troy and the Turks: Heritage and Identity in the Late Ottoman Empire, 1870-1915 (2019), https://resolver.ebscohost.com/Redirect/PRL?EPPackageLocationID=2647370.15733400.59847331&epcustomerid=s2947694.

Zeynep Çelik, About Antiquities. Politics of Archaeology in the Ottoman Empire (Austin 2016).

Zainab Bahrani / Edhem Eldem / Zeynep Çelik, Scramble for the Past: A Story of Archaeology in the Ottoman Empire, 1753–1914 (Istanbul 2011).

Alev Koçak, The Ottoman Empire and Archaeological Excavations: Ottoman Policy from 1840–1906, Foreign Archaeologists, and the Formation of the Ottoman Museum (Istanbul 2011).

Ali Sönmez, »Truva Hazinelerinin Peşinde Bir Hukuk Mücadelesi: Osmanlı Devleti ve Schliemann Davası [Ein Rechtsstreit auf der Suche nach trojanischen Schätzen: Der Osmanische Staat und der Fall Schliemann].« OTAM Ankara Üniversitesi Osmanlı Tarihi Araştırma ve Uygulama Merkezi Dergisi/ Journal of The Center for Ottoman Studies in Ankara University 29, 2011: 215–228.

Aslan Rüstem / Reyhan Körpe / Ali Sönmez, Heinrich Schliemanns Ausgrabungen in Troja nach osmanischen Quellen. Studia Troica, Band 18 (Mainz/Rhein 2009).

Margarita Díaz-Andreu García, A World History of Nineteenth-century Archaeology Nationalism, Colonialism, and the Past (Oxford 2007).

Wendy M.K. Shaw, Possessors and Possessed. Museums, Archaeology, and the Visualization of History in the Late Ottoman Empire (Berkeley & Los Angeles 2003).

Ufuk Esin, Yüzyılın Sonlarında Heinrich Schliemann'ın Troya Kazıları ve Osmanlılar'la İlişkileri [Heinrich Schliemanns Ausgrabungen in Troja am Ende des 19. Jahrhundert und seine Beziehungen zu den Osmanen]. In: Zeynep Rona (Hg.). Osman Hamdi Bey Dönemi ve Sempozyumu 17–18 Aralık 1992 (Istanbul 1993), 179–191.

Mustafa Cezar, Sanatta Batı'ya Açılış ve Osman Hamdi Bey [Die Verwestlichung von Kunst und Osman Hamdi Bey] (Istanbul 1955).

Ernst Meyer (Hg.), Heinrich Schliemann. Briefwechsel, Band 1 (Berlin 1953).

Taf. 204
Trésor de Priam découvert à 8½ mètres de profondeur

SCHLIEMANNS TRAUM VON TROJA

RÜCKBLICK UND VERSUCH EINER AKTUELLEN EINORDNUNG

BERNHARD HEEB

Eine Betrachtung des Themenkomplexes »Schliemann und Troja« ließe sich gut beginnen, indem man die brachiale Grabungstechnik oder die Erzählung um die Auffindung des sogenannten Priamosschatzes als Thema nähme. Selbstverständlich würde heute niemand mehr auf Schliemanns Weise graben (auch wenn manche es vielleicht gerne täten), indem er den Siedlungshügel quasi durchtrennte, und niemand würde heute einen wunderbaren Schatzfund dazu benutzen, die Ehepartnerin in gutes Licht zu rücken. Interessanter erscheint eine Betrachtung der Grabung und der Funde aus einer anderen Perspektive heraus: Welche Bedeutung haben die Artefakte, die Schliemann geborgen hat, heute noch in wissenschaftlichem und in musealem Zusammenhang? Und warum passt die Person Heinrich Schliemanns so gut zur antiken Legende um Troja?

Um sich dem Traum Heinrich Schliemanns von Troja und dessen Wirkmächtigkeit bis in unsere Tage anzunähern, lohnt es, den Weg Schliemanns ab 1870 überblicksartig nachzuzeichnen. Ob nun die Geschichte stimmt, dass Heinrich Schliemann seit seiner Kindheit und wegen einer illustrierten Weltgeschichte für Kinder, vom Vater geschenkt am Weihnachtsabend 1829, tatsächlich schon als Knabe für das Thema der *Ilias* entbrannt war, sei dahingestellt. Sicher ist, dass er 1870 mit seinen Grabungen auf dem Siedlungshügel von Hissarlik begann. Diese münden schließlich 1881 in die Schenkung seiner Sammlung Trojanischer Altertümer an die damaligen Königlichen Museen zu Berlin. Eine Geste, die wenige Jahre vorher noch undenkbar gewesen wäre.

DIE TROJANISCHEN ALTERTÜMER UND IHRE BEDEUTUNG FÜR DIE BERLINER MUSEEN

Die Verwaltung im Osmanischen Reich machte es Heinrich Schliemann nicht einfach, eine Grabungsgenehmigung (*Ferman*) zu erhalten Abb. 2. Nicht nur einmal war er umsonst von Athen aus nach Konstantinopel gereist und dort auf höchster Ebene vorstellig geworden. Doch das Misstrauen einem reichen Amerikaner gegenüber, der auf eigene Faust und Rechnung agierte und dem es möglicherweise doch nur um Schätze ging, muss recht groß gewesen sein. Geduld war sicherlich keine der Tugenden Schliemanns und so begann er 1870 mit einer ersten Grabung noch bevor eine Genehmigung vorlag. Im Herbst 1871 sollte es dann doch so weit sein. Heinrich Schliemann und seine Frau Sophia trafen in der Türkei ein, um sofort mit den Grabungen zu beginnen, noch bevor der winterliche Regen einsetzen würde. Entgegen den Erwartungen lag der »Ferman« jedoch noch nicht bzw. nicht für den gesamten Hügel vor. Es hakte wohl an Formalitäten und bedurfte einer Intervention der amerikanischen Botschaft, um die erste offizielle Kampagne wie geplant ab dem 11. Oktober beginnen lassen zu können. Dieser folgten 1872 und 1873 weitere, bevor Schliemann ab 1874 seinen Fokus zunächst nach Mykene verschob. Die Grabung 1873 brachte den großen Erfolg. Kurz vor Abschluss gelang Schliemann am 31. Mai in den frühbronzezeitlichen Schichten der Fund des sogenannten Priamosschatzes Abb. 1. Noch im selben Jahr ließ er seine

Abb. 1 Erste fotografische Wiedergabe der Funde aus dem Schatz des Priamos

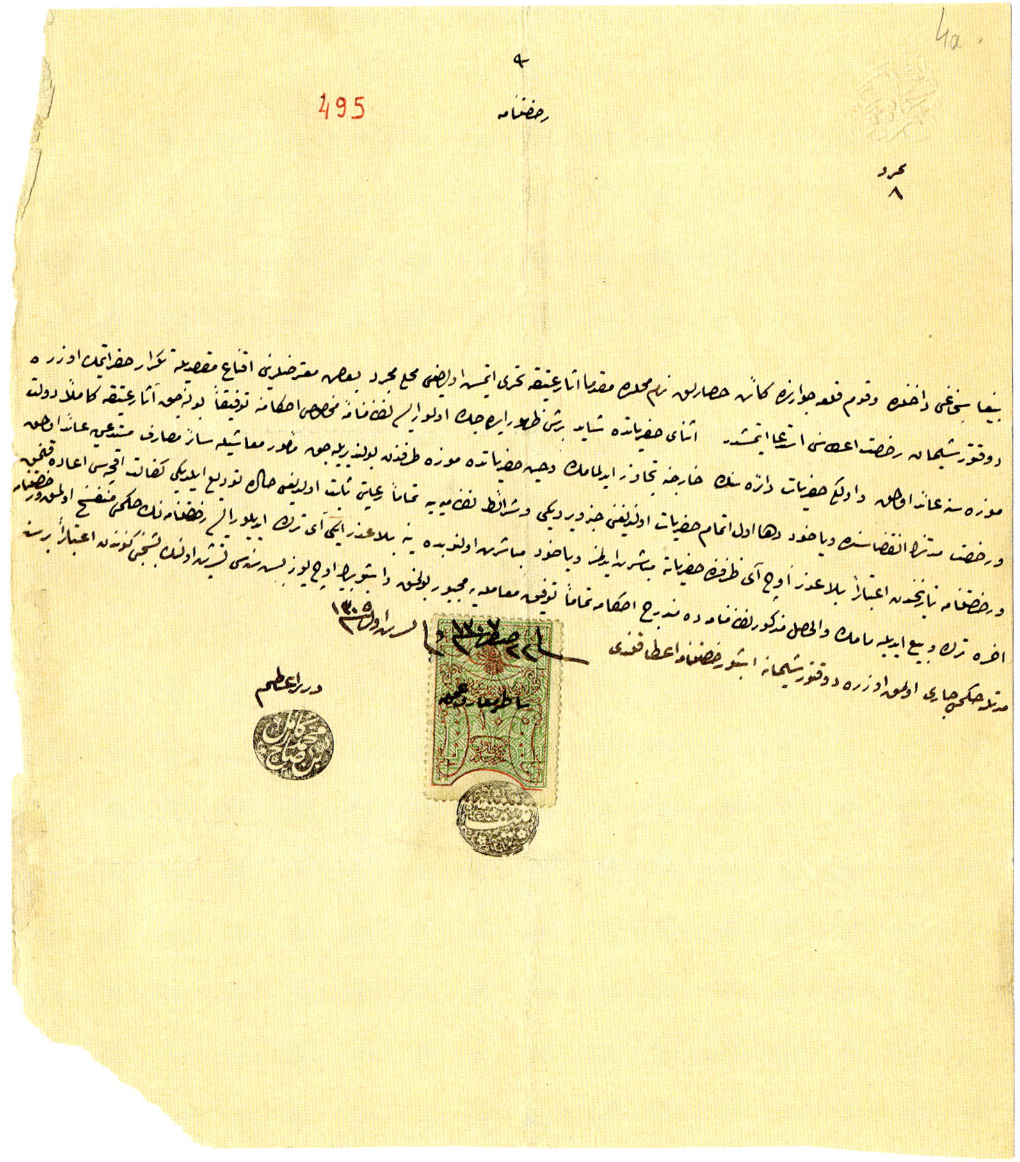

Abb. 2 Ferman der Grabung von 1873

wichtigsten Funde fotografisch ablichten und brachte 1874 den *Atlas Trojanischer Althertümer* heraus. In den Jahren 1878/79, 1882 und 1890 folgten weitere Grabungen in Troja.

Auf Vermittlung Rudolf Virchows schenkte Schliemann seine trojanischen Schätze 1881 dem »deutschen Volk«. Die Sammlung war zuvor von 1877 an für drei Jahre in London im South Kensington Museum zu sehen gewesen; und sollte ursprünglich in London verbleiben. Schliemann hatte viele Jahre mit der deutschen akademischen Welt über Kreuz gelegen, weil man ihm wissenschaftliche Fähigkeiten absprach und ihm so die gewünschte Anerkennung versagte. Das änderte sich erst allmählich, nachdem zwischen dem sehr hoch angesehenen Virchow und Schliemann eine Freundschaft und ein fruchtbarer wissenschaftlicher Austausch entstanden war.

Die wichtigsten Stücke, nie die gesamte Sammlung, waren ab 1881 zunächst im Kunstgewerbemuseum, heute Martin-Gropius-Bau, in Berlin zu sehen und zogen 1885 in das neu errichtete und benachbarte Völkerkundemuseum um. Im Jahr 1922 kehrte die Sammlung nun als Teil des Museums für Vor- und Frühgeschichte in den heutigen Martin-Gropius-Bau zurück. Der Zweite Weltkrieg führte nicht nur zur Beschädigung und Vernichtung wesentlicher Teile der Sammlung, vor allem kam es zur kriegsbedingten Verlagerung nahezu aller Bestandteile der Schatzfunde und zahlreicher weiterer Artefakte im Sommer 1945 in die Sowjetunion. Zurückgeblieben und teilweise in akribischer Arbeit aus dem Bombenschutt des Museumsbaus zurückgewonnen ist aber ein wesentlicher Teil mit etwa 6000 Inventarnummern, die sich immer noch am Museum für Vor-

und Frühgeschichte befinden. Zu sehen sind die wichtigsten Stücke der trojanischen Schätze heute im Neuen Museum auf der Museumsinsel in Berlin **Abb. 3** und im Puschkin-Museum in Moskau **Abb. 4**, wo sie jeweils zu den bekanntesten Artefakten mit der größten Strahlkraft zählen.

Die Schenkung Schliemanns liegt nun etwa 140 Jahre zurück, die teilweise Vernichtung und Verschleppung von Artefakten immerhin auch schon beinahe 80 Jahre. Es stellt sich vor diesem Hintergrund die Frage, welchen Nutzen die heutige Archäologie aus derartigen Altfunden ziehen kann, und besonders bei solchen, die im Zuge der Dramen des letzten Jahrhunderts noch eine weitere Fragmentierung erfuhren. Im musealen Kontext erhalten die Stücke aus Troja weiterhin ihre Bedeutung aus ihrer Authentizität und damit ihrer Einmaligkeit. Für einen Museumsbesucher ist es meist ohne eingehende Erklärung schwer nachvollziehbar bzw. teilweise wenig interessant, warum das eine oder andere Stück von größerem (wissenschaftlichem) Interesse ist. Oft ist es nicht zuletzt die Schönheit des Artefakts, dessen historischer Kontext, dessen jüngere Geschichte (Stichwort:

Abb. 4 Das Puschkin-Museum in Moskau

Beutekunst) und ganz speziell für Troja auch der große und unendliche Mythos des Trojanischen Krieges. Hier kommt auch dem Ausgräber Heinrich Schliemann eine sehr besondere Bedeutung zu: Wer Ausstellungen zu Troja besucht, weiß oft recht genau Bescheid über diese Persönlichkeit. Und es stellt sich die Frage, ob der Mythos Trojas Schliemann zu einem Superstar seiner Zeit gemacht hat oder ob Schliemann durch seine Arbeit und die internationale Vermittlung seiner Erfolge die Legende so vergrößert hat, dass auch er ein unsterblicher Teil davon wurde? Das lässt sich heute nicht mehr auseinanderhalten. Man darf aber durchaus behaupten, dass – auch wenn Troja und die *Ilias* zum bürgerlichen Bildungskanon des 19. Jahrhunderts gehört haben – ohne die Ausgrabungen durch die schillernde Person Schliemanns der Ort und die ihn umrankenden Geschichten heute weniger bekannt wären.

Abb. 3 Die Silbergefäße aus dem Schatz des Priamos. Zu sehen im Neuen Museum auf der Museumsinsel in Berlin

DIE TROJANISCHEN ALTERTÜMER UND IHRE BEDEUTUNG FÜR DIE WISSENSCHAFT

Welchen wissenschaftlichen Stellenwert haben die Schliemann'schen Artefakte heute noch? Die Beantwortung dieser Frage ist auch mit einer Museumspublikation des Jahres 1902 verbunden. Es handelt sich um die Gesamtdarstellung der Sammlung Trojanischer Altertümer in Katalogform durch Hubert Schmidt **Abb. 5**. Dieser unternahm den Versuch, die Funde nach Schicht, Gattung und Materialien zu ordnen, um so eine bessere Übersicht über die riesige Sammlung zu erhalten. In dem Buch werden zwar schlag-

KÖNIGLICHE MUSEEN ZU BERLIN

HEINRICH SCHLIEMANN'S SAMMLUNG

TROJANISCHER ALTERTÜMER

BESCHRIEBEN VON HUBERT SCHMIDT

HERAUSGEGEBEN VON DER GENERAL-VERWALTUNG

MIT 9 TAFELN, 2 BEILAGEN UND 1176 TEXTABBILDUNGEN

BERLIN
GEORG REIMER
1902.

Abb. 5 Titelblatt des Buches *Heinrich Schliemann's Sammlung Trojanischer Altertümer* von Hubert Schmidt, 1902

lichtartig die Probleme deutlich, die das insgesamt methodisch doch mangelhafte Ausgraben und Dokumentieren Heinrich Schliemanns mit sich brachten. So ist ein wesentlicher Teil der Funde weitgehend allgemein den Schichten II bis V zuweisbar, also der Früh- bis Mittelbronzezeit. Erst ab der Schicht VI wird differenziert. Und dennoch zeigt sich, dass die teils detaillierten Angaben doch immerhin ausreichten und ausreichen, eine fundierte und bedeutende Zusammenschau von Funden und Kontexten auszubreiten, mit der sich heute noch wissenschaftlich arbeiten lässt.

Archäologische Funde erhalten im Allgemeinen ihren wissenschaftlichen Wert durch den Kontext, in dem sie gefunden wurden. Mit anderen Worten: Ist beispielsweise unbekannt, woher eine noch so schöne Goldnadel stammt, dann ist sie im wissenschaftlichen Sinne beinahe wertlos, denn die archäologische Wissenschaft versteht ihren Zusammenhang mit ihrem zeitgenössischen Umfeld nicht mehr. Wie oben schon angedeutet, ist es die Art und Weise, wie Schliemann im Siedlungshügel von Hissarlik vorging, die oft massiv kritisiert wurde, und warum nicht wenige ihm immer wieder Schatzgräberei vorgeworfen haben. Diese Kritik ist wohlfeil, weil sie von Menschen geäußert wurde und wird, die es teils mit über 100 Jahren (Forschungs-)Geschichte im Rücken natürlich besser wissen müssen. Schliemann hatte aber so gut wie keine Vorbilder. Er war lernfähig und eben nicht nur an Schätzen interessiert. Wer seine Aufzeichnungen liest, bemerkt schnell, mit welch aufmerksamem Beobachter man es zu tun hat, der gerade den Blick auf Details wirft. Ab 1882 holte Schliemann zudem den jungen Architekten Wilhelm Dörpfeld zu sich, woraufhin sich die Grabungsmethodik und die Dokumentation nochmals wesentlich verbesserten. Und schon zuvor hatte ihm der Austausch mit Rudolf Virchow geholfen, in wissenschaftlicheren Bahnen zu denken.

Versucht man aber nüchtern zu beschreiben, was Schliemann tatsächlich geleistet hat, so kommt man auf folgendes Ergebnis: Er ging basierend auf seinem Wissensstand logisch und als Kaufmann natürlich auch möglichst ökonomisch vor, indem er in kurzer Zeit die Tiefe des Siedlungshügels und damit den Umfang seiner Geschichte erfassen wollte. Er trieb also große Terrassen und einen tiefen Graben in den Hügel. Er suchte quasi im ganzen Hügel, denn er konnte ohne Erfahrung nicht voraussehen, wo er auf was treffen würde. Und nicht nur einmal erwies sich die wörtliche Auslegung der Ortsangaben Homers bei der Grabung als Hemmschuh. Dennoch versuchte er von Anfang an, Siedlungsschichten zu unterscheiden, bauliche Strukturen funktional anzusprechen oder Funden besondere Aufmerksamkeit zu schenken. Er ließ bei aller Rücksichtslosigkeit doch auch Sorgfalt walten, denn es ging ihm nicht primär um Gold. Wie ist es sonst zu erklären, dass er aus einzelnen Befunden wohl als erster Archäologe überhaupt botanische Reste zu späteren Analysen entnehmen ließ (die Proben befinden sich heute übrigens noch in der Sammlung des Museums für Vor- und Frühgeschichte in Berlin). Obwohl er natürlich stets die Devise ausgab, vor allem das homerische Troja finden und beweisen zu wollen, überging er auch jüngere Funde, Schichten, Bauten und Strukturen nach anfänglicher Ignoranz möglichst nicht. Ihm war die Gesamtheit des Hügels als eines zusammenhängenden archäologischen Archivs wahrscheinlich durchaus bewusst.

Neben dem »Schatz des Priamos« (Schatzfund A) machte er weitere Schatzfunde, die er in seinen Publikationen detailliert beschrieb und in einen ihm plausibel erscheinenden kulturellen und zeitlichen Kontext einzuordnen versuchte. Für Schliemann war der Schatzfund A der Beweis für die Existenz des Königs Priamos und dafür, dass der entdeckte Palast ihm gehört haben musste, und damit der Beweis für den wahren Gehalt der *Ilias*: Der berühmte

Krieg um Helena hatte hier tatsächlich stattgefunden! Und hier wird ein weiterer Grund deutlich, der ihm, neben seiner allgemein attestierten minderen Glaubwürdigkeit und seiner nichtakademischen Herkunft, die Aufnahme in den Kreis der angesehenen Wissenschaftler immer wieder erschwerte. Er war ein Mann der Schnellschüsse und impulsiven Interpretationen, die er später nicht nur einmal wieder zurücknehmen musste. Dass es sich nicht um den »Schatz des Priamos« gehandelt haben kann, denn er stammte aus der frühbronzezeitlichen Schicht II und datiert damit etwa ein Jahrtausend vor dem mythischen Krieg gegen die Griechen in der Spätbronzezeit, mag Schliemann vielleicht in den späteren Jahren schon bewusst gewesen sein. Es schmälert aber nicht den wissenschaftlichen Wert des Fundes. Es gilt für den Schatzfund A wie für alle anderen Artefakte auch, dass sie heute noch von großer Bedeutung sind, weil ihnen eben eine grundlegende Mitbetrachtung des Kontexts zur Seite gestellt werden kann. Es ist bekannt, woher die Funde Trojas kommen, nicht selten aus welcher Schicht oder manchmal gar aus welchem Gebäude. Hinzu kommen ab 1874 die Grabungen in Mykene und Tiryns. Die Funde dort, die spätestens Dörpfeld mit denen in Troja in Beziehung setzen konnte, erhellten dann die mykenische Kultur und zeigten Zusammenhänge, aber auch Unterschiede zwischen Griechenland und Kleinasien. Troja und vor allem Mykene sind bis heute sehr wichtige Ankerpunkte bei der Betrachtung der bronzezeitlichen Perioden um die Ägäis und darüber hinaus.

Würde man heute einen solchen Siedlungshügel zum ersten Mal untersuchen, gäbe es zwei sehr große Unterschiede zu Schliemanns Herangehensweise. Zum einen die Fragestellung, die bei Schliemann angeblich nicht viel mehr als die Erfüllung eines Traums war. Heute würde sie nicht lauten: »Auffindung des homerischen Trojas mit Palästen, Schätzen und den Gräbern meiner Kindheitshelden«. Es ginge vielmehr um multimethodische Ansätze zur Untersuchung der Lebensumstände einer früh- bis spätbronzezeitlichen Stadtgesellschaft im westlichen Kleinasien. Zum anderen würde man nicht mehr flächig in die Tiefe gehen (können), denn zu Recht werden die oberen jüngeren Schichten (hier: hellenistisch bis byzantinisch) als historisch ebenso wichtig angesehen wie die unteren und ältesten. Das Vorgehen Schliemanns – breit und tief durch alle Schichten zu graben – wäre heute archäologisch nicht mehr vertretbar und demnach wäre eine derartige Fundzusammenstellung so auch nicht mehr zu erhalten. Und nicht zuletzt das macht das Inventar aus Troja in Berlin so bedeutend, denn es sind nur wenige Fundstellen, die über die letzten Jahrzehnte ähnlich viel stratifiziertes, also einer Schicht zuordenbares, Fundmaterial im westlichen und küstennahen Kleinasien ergeben haben.

Auch heute wird noch von türkischer Seite unter Rüstem Aslan in Troja gegraben und 2018 ist in unmittelbarer Nähe ein neues Museum eröffnet worden. Das zeigt, welch hohe symbolische und wissenschaftliche Bedeutung dieser Fundort noch und nicht nur für die moderne Türkei besitzt.

AKTUELLE FORSCHUNG AN DEN ARTFAKTEN DER SCHLIEMANN-SAMMLUNG

Entsprechend der Aussage, dass Troja auch wegen des einmaligen Fundmaterials heute noch von großer Relevanz sei, sind immer wieder und mit modernen Methoden verschiedene Untersuchungen am Fundmaterial vorgenommen worden. Aktuell erreichen das Museum für Vor- und Frühgeschichte jährlich verschiedene Forschungsanfragen zum Material der verbliebenen Sammlung. Im Jahr 2008 publizierte das Museum einen ersten Band der Neuvorlage der trojanischen Schliemann-Sammlung, dem 2014 ein weiterer folgte. Diese Bände sind jedoch anders als der Schmidt-Katalog von 1902 nicht rein auf eine Übersicht ausgelegt, sondern greifen in Form von Fachartikeln internationaler Forscher einzelne Aspekte heraus. Darunter finden sich Beiträge, die einer bestimmten Epoche gewidmet sind und andere, die sich mit Materialgruppen auseinandersetzen. Speziell der zweite Band widmet sich vor allem den Metallfunden, die es in großer Stückzahl in der Berliner Sammlung gibt Abb. 6. Dabei geht es auch um Analysen zur Metallzusammensetzung oder zu Herstellungstechniken. Als besonderes Beispiel sei an dieser Stelle die Interpretation der Silbergefäße aus dem Priamosschatz erwähnt, dessen authentische Zusammensetzung immer wieder bezweifelt wurde. So unterstellte man Schliemann, er habe alles zusammengekauft und als zusammenhängenden Fund präsentiert. Dagegen sprechen nicht zuletzt die fehlenden Beweise zu solchen Behauptungen, aber vor allem die zeitliche und kulturelle Stimmigkeit der Einzelartefakte zueinander.

Die Untersuchungen der letzten Jahre beschränkten sich jedoch auf den Sammlungsteil, der sich noch in Berlin befindet, denn bislang war es nicht möglich, die Edelmetall- oder Halbedelsteinfunde im Puschkin-Museum in gemeinsame Untersuchungen miteinzubeziehen.

Für die mittelfristige Zukunft sind Neuvorlagen und letztlich auch eine aktualisierte katalogartige Publikation geplant, die die vorhandenen Bestände in Berlin und Russland im Überblick darstellen soll. Erst wenn diese Neuübersicht vorliegt, wird wieder auf einen Blick deutlich, welch wissenschaftliches Potenzial noch in diesen Altfunden steckt.

IST TROJA WIRKLICH TROJA? UND WARUM DER SCHATZ DES PRIAMOS NICHTS DAMIT ZU TUN HAT

»Der Schatz des Priamos« steht stellvertretend als Zeugnis der untergegangenen Pracht Trojas, wie sie an verschiedenen Stellen bei Homer beschrieben wird. Nur, und das wusste spätestens auch Schliemanns Nachfolger Wilhelm Dörpfeld, ist der Schatz etwa 1000 Jahre zu alt, denn er stammt aus der frühbronzezeitlichen Schicht II, daher aus dem 3. Jahrtausend v. Chr., und kann nichts mit dem mythischen Troja von Priamos, Paris oder Hektor zu tun haben. Er kann deswegen auch nichts zur Lösung der Frage beitragen, ob Hissarlik nun Troja ist. Gegenstimmen gab es immer, auch schon während Schliemanns Grabungen und noch bis in die heutige Zeit. Nicht wenige hielten den unweit gelegenen Ort Bunarbaschi für das wahre Troja, den schon Strabon (ca. 63 v. Chr. bis 23 n. Chr.) in antiker Zeit favorisierte. Demgegenüber stehen aber andere Quellen, die berichten, dass beispielsweise Alexander der Große auf dem Weg nach Osten 334 v. Chr. Teile seiner Rüstung bei Hissarlik geopfert haben soll, im Wissen um die Bedeutung des Platzes. Und auch den Römern erschien Hissarlik bzw. Ilion als der Ort, der für die mythische Entstehung Roms so wichtig ist. Denn die ewige Stadt führte ihre Geburt auf den adligen Flüchtling Äneas aus dem besiegten Troja zurück, der sich am Tiber niederließ Abb. 7. Seine Nachfahren hießen Romulus und Remus.

Abb. 6 Ein frühbronzezeitliches Beil aus Bronze, Schatzfund A (Sch 5831)

Abseits von den Geschichtsschreibern und der Überlieferung aus der Antike ist eine wasserdichte Argumentation aber sehr schwierig. Letztlich läuft es wieder auf die Frage hinaus, ob man dem homerischen Mythos einen wahren Kern zugesteht und dessen Schilderungen von Geschehnissen und Orten für glaubhaft hält. Und als zweites stellt sich die Frage, ob es bedeutende prähistorische Orte gibt, die dieser Beschreibung besser entsprechen als Hissarlik. Die Beantwortung der zweiten Frage ist: gibt es nicht. Die Beantwortung der ersten Frage jedoch lautet ja und nein. Ja, einen wahren Kern muss man dem Mythos zugestehen, denn er ist über Jahrhunderte und Jahrtausende zu wirkmächtig gewesen, um ihn als reine Fiktion abzutun. Noch bevor er von Homer wahrscheinlich im 8. oder 7. Jahrhundert v. Chr. niedergeschrieben worden ist, muss er über viele Generationen mündlich durch Rhapsoden weitergereicht worden sein. Daran schließt aber eben das Nein an, denn Homer war kein Zeitzeuge und die beschriebenen Geschehnisse schon rund ein halbes Jahrtausend Vergangenheit. Deswegen muss die topografische und geografische Beschreibung Homers eben nicht den tatsächlichen Ort spiegeln, sondern den Ort, der schon zu Homers Zeiten für Troja gehalten wurde und der zweifelsohne seit jeher einen wichtigen Machtfaktor in der Troas bzw. um die Ägäis darstellte. Und hier schließt sich der Kreis. Da wir den Gehalt Homers weder beweisen noch widerlegen können, bleibt die Örtlichkeit des mythischen Krieges eine Annahme. Aber es bleibt auch, dass kein Schreiber zeitlich näher als Homer an den Ereignissen gelebt hat und sicherlich die Erinnerung an sie in der Troas noch lebendig gewesen sein muss. Die Archäologie zeigt letztlich nur, dass auf dem Siedlungshügel auch zur angenommenen Zeit des Trojanischen Krieges, also zur mykenischen Zeit in der 2. Hälfte des 2. Jahrtausends v. Chr., große Zerstörungen (Schichten VI und VII) nachweisbar sind. Aber ob diese Resultat des Angriffs und der Belagerung durch die Achäer sind oder andere Gründe haben, bleibt unklar.

Abb. 7 Äneas rettet seinen Vater aus dem brennenden Troja. Radierung, Kupferstich, um 1750

TROJA, SCHLIEMANN UND DIE HELDENREISE

Warum aber passt Troja so gut zu Schliemann? Das Motiv der sogenannten Heldenreise spielt in seinen verschiedenen Aspekten bei allen griechischen Helden, ganz speziell aber bei Achilleus und Odysseus, eine große Rolle. Ebenso im Leben des Heinrich Schliemann. Ist das der Grund, warum die Person Schliemann zu den Erzählungen der *Ilias* und auch der *Odyssee* passt, weil sie nahezu organisch das letzte Kapitel des Mythos schreibt und komplettiert? Denn was wäre »das Troja« heute ohne die archäologischen Schätze und die ambivalente Figur des Selfmademan und Entdeckers Heinrich Schliemann?

Die grundsätzliche Erzählung der Heldenreise entspringt einer Berufung bzw. einem initialen Erlebnis. Daraus folgt eine Reise gegen zahlreiche Widerstände und durch Katastrophen hindurch, bis der Held ans Ziel kommt (oder zugrunde geht). Aber gehen wir einige Stationen der Heldenreise für Schliemann durch: Seine Berufung wird von Schliemann selbst beschrieben. Mit acht Jahren öffnet ihm *Die Weltgeschichte für Kinder* von Georg Jerrer und die darin enthaltene Darstellung des trojanischen Untergangs den Pfad für seinen späteren Erfolg. Der Wahrheitsgehalt dieser Selbstdarstellung jedoch ist zu Recht immens umstritten. In den folgenden Jahren erreicht er als Kaufmann großen Reichtum und schlägt für lange Zeit einen gänzlich anderen Weg ein. Diesen Weg aber muss er zunächst nehmen, damit er a) seine eigentliche Bestimmung später überhaupt (finanziell unabhängig) verfolgen kann und b) um sich an seine wirkliche Berufung zu erinnern. Nachdem Schliemann schließlich die Schwelle zu einem neuen Leben überschritten hat, gibt es kein Zurück mehr. Diese Schwelle kann man mit dem Jahr 1869 (Abwendung vom bisherigen Leben, Dissertation und zweite Ehe) ansetzen, auch wenn die Entscheidung zur Kehrtwende im eigenen Leben schon deutlich vorher gefallen sein muss. Es folgen Bewährungsproben, in Form von Problemen mit Grabungsgenehmigungen und bei den Ausgrabungen selbst. Durch erste Erfolge kommt es zu massiven Konfrontationen mit den Gegnern und allgemeinen Anfeindungen, es positionieren sich aber auch Unterstützer. Es folgt der Abstieg zu einem Tiefpunkt, vor allem durch die Entwendung des Priamosschatzes und die rechtlichen und negativen gesellschaftlichen Folgen. Der Held bzw. Schliemann bemächtigt sich jedoch seines »Schatzes«, kann ihn verteidigen (indem ihm vor Gericht der Schatz gegen eine Strafzahlung zugesprochen wird) und behalten. Der Tiefpunkt seiner Reise ist durchschritten und letztlich verstummen die Feinde. Der Held ist in seiner Persönlichkeit durch die Konflikte gereift und wird mit ewiger Anerkennung belohnt.

Ähnliche Motive lassen sich in der *Ilias* und in der *Odyssee* immer wieder für die Helden der Achäer erkennen. Die trojanischen Helden spielen eine andere Rolle. Eine Berufung bzw. ein Auslöser ergibt sich durch die Entführung Helenas und den anschließenden Aufruf zur Rache. In Teilen folgt eine vorübergehende Abwehrhaltung (Odysseus oder Achilleus). Dann folgt das Überschreiten einer Schwelle, ab der eine Rückwendung ins normale Leben nicht mehr möglich ist. Die Gegner sind formiert und die Weggefährten bestimmt. Schließlich folgen Bewährungsproben und Abstieg in die tiefsten Tiefen mit Niederlagen, Täuschung und Tod von Kameraden. Endlich wird der Gegner doch überwunden und der »Schatz« (zurück-)gewonnen. Man tritt den Rückweg an, um die Reise zu beenden. An dieser Stelle nun unterscheiden sich die mythischen Helden von Schliemann, denn kaum einem gelingt die Rückkehr nach Hause. Die des Odysseus fällt nicht wirklich triumphal aus und Agamemnon wird gar von seiner Frau Klytämnestra und ihrem Geliebten Ägisthos ermordet. Nahezu alle anderen Helden bleiben tot zurück – die trojanischen sowieso. Auch wenn man Heinrich Schliemanns plötzlichen und einsamen Tod in Neapel 1890 durchaus als traurig bezeichnen darf, so ist er am Ende seiner Reise ein Gewinner und ein Held ohne tiefere tragische Züge. In diesem Zusammenhang muss man auch die Gründe der jeweiligen Heldenreisen nochmals vergleichen. Im Krieg um Troja ging es vordergründig um den Raub einer schönen Frau und damit den verletzten Stolz eines Herrschers (Menelaos). Man kann Helena aber als Symbol für Macht, Besitz und Einfluss ihres Mannes verstehen, deren er mit ihrem Raub verlustig ging. Die Motive Schliemanns, blenden wir einmal das Buch Jerrers und die Kindergeschichte aus, waren wahrscheinlich neben Interesse und Faszination einfach der Drang nach Anerkennung und Geltung auf einem anderen Gebiet als dem kaufmännischen, auf dem es für ihn nichts mehr zu erreichen gab. Dieser Drang speiste sich sicherlich aus seiner Herkunft und seinen frühen Jahren. So war die Archäologie wohl ein positives und sinngebendes Erlebnis, das ihm zusätzlich Weltruhm versprach. Das Versprechen wurde eingelöst.

WAS BLEIBT UND WAS KOMMT

Im musealen Kontext ist eine erneute Ausleuchtung der Erwerbungsgeschichte der Schliemannsammlung notwendig, auch wenn diese in den vergangenen Jahrzehnten in der Summe bereits sehr viel detaillierter vorgelegt und besprochen worden ist, als bei vielen anderen Sammlungen. Beim Schatzfund A ist der Umstand nicht auszublenden, dass Schliemann diesen nach Auffindung heimlich und illegal außer Landes geschafft hat. Wahr ist aber auch, dass er für dieses Vergehen rechtskräftig verurteilt wurde und eine hohe Summe an Entschädigung an das Museum in Konstantinopel zu zahlen hatte, woraufhin alles rechtmäßig sein Eigentum wurde. Zudem blieb es die einzige Tat dieser Schwere und Art, sieht man von dem heimlichen Abtransport der Helios-Metope 1872 ab, für den er im selben Prozess belangt worden war. Die Osmanische Seite war sicherlich über das in Athen gefällte Gerichtsurteil nicht glücklich, da man gerne den Schatzfund für das Museum in Konstantinopel gehabt hätte. Der Umstand aber, dass Schliemann auch in den kommenden Jahren seine Grabungsgenehmigungen erhielt und dass man ihm einige Jahre später sogar den Kauf von trojanischen Gegenständen anbot, zeigt deutlich, dass mit dem Urteil und der Strafe das Vergehen letztlich gesühnt worden war. Vor dem Hintergrund der Erwerbungsgeschichte muss aber auch wieder das Thema der kriegsbedingt verlagerten Beutekunst stärker in das Bewusstsein der deutschen Öffentlichkeit zurückkehren. Seit 1945 befinden sich wichtige Teile der Sammlung (bis 1993 unbekannt) in Depots des Puschkin-Museums und in kleineren Teilen an der Eremitage in St. Petersburg.

Wissenschaftlich gesehen sind noch viele Felder unbearbeitet. Sei es eine metallurgische Untersuchung der Edelmetallgefäße in Russland oder eine genauere Analyse bronzezeitlicher Gefäßformen und Gattungen oder einfach nur eine aktualisierte Gesamtvorlage. Das Museum für Vor- und Frühgeschichte steht wissenschaftlichen Fragen und Projekten offen gegenüber, denn die Sammlung ist nicht nur ein Geschenk, sondern auch ein Archiv und eine wissenschaftliche Aufgabe für die Zukunft. Abgesehen von diesen rationalen Aspekten bleiben aber die Fundstelle und ihre Funde weiterhin ein Mythos, eine Erzählung und gar eine Art (modernes) Märchen. Ihre Strahlkraft und die Faszination, die sie vor allem auf Laien aber auch auf Wissenschaftlerinnen und Wissenschaftler ausüben, gehen eben wie bei einer Handvoll anderer archäologischer Stätten, »magischen« Orten wie Stonehenge, Ranu Raraku oder Macchu Picchu, weit über das übliche Maß hinaus. Troja ist und wird ein Ort der Identifikation bleiben, denn er rührt an die Wurzeln der europäischen Geschichte und ist eine Projektionsfläche und ein Symbol, sowohl für Untergang als auch für Triumph.

Ausgewählte Literatur:

Leoni Hellmayr (Hg.), Heinrich Schliemann und die Archäologie (Darmstadt 2021).

Frank Vorpahl, Schliemann und das Gold von Troja. Mythos und Wirklichkeit (Köln 2021).

Stefanie Samida, Die archäologische Entdeckung als Medienereignis. Heinrich Schliemann und seine Ausgrabungen im öffentlichen Diskurs 1870–1890. Edition Historische Kulturwissenschaften, Band 3 (Münster 2018).

Matthias Wemhoff, Dieter Hertel, Alix Hänsel (Hg.), Heinrich Schliemanns Sammlung Trojanischer Altertümer – Neuvorlage, Band 2. Berliner Beiträge zur Vor- und Frühgeschichte N.F. 18 (Berlin 2014).

Bronzezeit – Europa ohne Grenzen. Katalog zur Ausstellung in der Eremitage St. Petersburg und Puschkin-Museum Moskau (St. Petersburg 2013).

Stefanie Samida, Heinrich Schliemann (Tübingen/Basel 2012).

Rüstem Aslan und Ali Sönmez, Die Entdeckung und der Schmuggel des »Priamos Schatzes« von Hissarlik (Troja) nach Athen anhand osmanischer Quellen. Studia Troica 19, 2011, 43–56.

Matthias Wemhoff, Dieter Hertel, Alix Hänsel (Hg.), Heinrich Schliemanns Sammlung Trojanischer Altertümer – Neuvorlage, Band 1. Berliner Beiträge zur Vor- und Frühgeschichte N.F. 14 (Berlin 2008).

Manfred Flügge, Heinrich Schliemanns Weg nach Troja. Die Geschichte eines Mythomanen. (München 2001).

Der Schatz aus Troja. Schliemann und der Mythos des Priamos-Goldes. Katalog zur Ausstellung in Moskau 1996/97 (Stuttgart/Zürich 1996).

Wilfried Boelke, Heinrich Schliemann. Ein berühmter Mecklenburger (Schwerin 1996).

William M. Calder III, D. A. Traill (Hg.), Myth, Scandal and History. The Heinrich Schliemann Controversy and a First Edition of the Mycenaean Diary (Detroit 1986). Ernst Meyer, Heinrich Schliemann. Kaufmann und Forscher (Göttingen 1969).

Heinrich Alexander Stoll, Der Traum von Troja (Leipzig 1956).

Emil Ludwig, Schliemann. Geschichte eines Goldsuchers (München 1932).

Hubert Schmidt, Heinrich Schliemann's Sammlung Trojanischer Altertümer (Berlin 1902).

DES HELDEN SCHALE, DES HELDEN KERN

SCHLIEMANN UND SEINE ZEIT

LEONI HELLMAYR

Es war eine Epoche, in der man begann, den Blick auf eine Taschenuhr statt zur Sonne zu richten. In der eine Nachricht keinen Boten mehr brauchte, um Wüsten, Berge und Meere mühelos zu überwinden. In der zur Beschreibung einer Person statt tausend Worten eine einzige Fotografie genügte. In der in nahezu allen Lebensbereichen der technische Fortschritt Einzug gehalten hatte und sich bald niemand mehr daran erinnern konnte, wie es sich einst angefühlt hatte, in einem offenen Schlitten durch eine eisige Winternacht zu fahren – statt in der warmen Kabine einer Eisenbahn. Rückblickend erzählen uns die Quellen aus dem 19. Jahrhundert die Geschichte einer Welt voller Umbrüche, die einen tiefen Wandel der Lebensumstände mit sich brachten. Nicht ohne Grund wird von manch einem behauptet, die Industrielle Revolution sei in ihrem Einfluss auf die Menschheit mit der Neolithischen Revolution vergleichbar **Abb. 1**.

Inmitten jener bewegten Zeit lebte Heinrich Schliemann. Er erschuf um sich selbst einen Mythos; heute wissen wir mit Bestimmtheit, dass hinter dem Troja-Entdecker ein Mensch mit erstaunlich vielen Facetten steckte. Zwei Eigenschaften haben ihn sein gesamtes Leben hindurch in

Abb. 1 Auf diesem Foto der Pariser Eisenbahnstation am Eiffelturm von 1889 sind wichtige Errungenschaften der Industrialisierung festgehalten.

Abb. 2 In St. Petersburg baute Schliemann innerhalb weniger Jahre sein Handelsimperium auf. Auf diesem Foto von ca. 1890 ist die Börse auf der Wassiljewski-Insel zu sehen.

seinem Verhalten besonders beeinflusst: Unruhe und Widersprüchlichkeit. In bemerkenswerter Weise spiegeln sie zugleich das Lebensgefühl einer ganzen Epoche wider. Eine nähere Auseinandersetzung mit diesen beiden seiner Eigenschaften zeigt deshalb vor allem eines: Schliemann war durch und durch ein »Kind seiner Zeit«.

UNRUHE

Manchmal blieb er mehrere Jahre an einem Ort, meistens aber nur wenige Monate, Wochen oder gar Tage – Schliemann gehörte zweifellos zu den reisefreudigen Menschen. Bewegung, im Sinne von ständigem Unterwegssein, gehörte als feste Größe in sein Leben. Dass Schliemanns Rastlosigkeit jedoch noch weit tiefer ging, körperlich wie auch geistig, zeigt sich mehr noch als an seinen Reisen gerade in jenen Situationen, die sich in seinem Alltag abspielten – an den Orten, an denen er sich einen dauerhaften Wohnplatz eingerichtet hatte oder zumindest länger am Stück verweilte.

Das erste Zuhause, das sich Schliemann bewusst und eigenständig geschaffen hatte, lag in Russland. Im Januar 1846 war er von Amsterdam nach St. Petersburg gezogen. Schliemann arbeitete ununterbrochen und gewann bald das Vertrauen der Wohlhabendsten der Stadt. Er machte immer lukrativere Geschäfte, sodass er bereits ein Jahr nach seinem Umzug seinem Vater nicht ohne Stolz schrieb: »Deine lieben Briefe an mich bitte wie folgt zu adressiren: Henry Schliemann St. Petersburg, einer weiteren Adresse bedarf es dazu nicht, da ich hier etablirt u[nd] genügsam bekannt bin.« **Abb. 2** Im Jahr 1852, nachdem er mit einem noch größeren Vermögen aus Amerika nach Russland zurückgekehrt war, vollzog er den nächsten Schritt in Richtung Sesshaftigkeit: die Vermählung mit der Sankt Petersburgerin Jekaterina Lyshina. Die Hochzeitsreise musste allerdings ausfallen, denn Schliemann bezog nur wenige Tage nach der Heirat sein neu eröffnetes Kontor. Als wahrer Workaholic verbrachte er dort in den folgenden Jahren viele fleißige Stunden. Die Ehe war schwierig, um die Kinder kümmerte Jekaterina sich allein – sicherlich auch dann, wenn Schliemann nicht verreist war. Denn sein normaler Alltag in St. Petersburg ließ nur wenig Raum für die Familie: Pünktlich um sieben Uhr stand er auf und machte ausgiebig Morgengymnastik oder ging, wenn die Temperaturen es erlaubten, schwimmen. Gegen halb neun Uhr saß er an seinem Schreibtisch im Kontor und kümmerte

Abb. 3 Eine Aufnahme der Dorfstraße in Ankershagen um 1900. In der alten Heimat erhoffte sich Schliemann mit 61 Jahren endlich eine ausgiebige Ruhepause von seiner Arbeit – doch vergebens.

sich um die Geschäftspost. Vor dem Mittagessen empfing er noch Kollegen und Geschäftspartner oder nahm auswärtige Termine wahr. Den Nachmittag über handelte er an der Börse. Abends setzte er sich in sein Arbeitszimmer, schrieb bis tief in die Nacht Briefe oder studierte Sprachen. Mit einem Kapital von mehr als 20 000 Rubel ließ er sich bereits Ende des Jahres 1847 als Kaufmann der 2. Gilde einschreiben und eröffnete zugleich in Moskau eine Großhandelsfiliale. Seinem Vater hatte er einen Besuch für den Winter 1853 absagen müssen, »denn«, so schreibt er: »ich habe jetzt ein ungeheures Geschäft und von der blauen Farbe: ›Indigo‹ allein für viele hundert Tausend Thaler auf dem Lager«. In einer anderen Aufzeichnung stellte er fest: »Ich bin so sehr an Tätigkeit gewöhnt, daß Untätigkeit, selbst bei allen erdenklichen Vergnügungen, mich in wenigen Monaten zum Wahnsinn bringen würde.« Obwohl in ihm der Wunsch immer stärker wurde, sich »vom Gewühl des Geschäfts« zurückzuziehen, war er zugleich davon überzeugt, diese Aufregung zu brauchen, um leben zu können.

Fast 20 Jahre hatte Schliemann, zumindest auf dem Papier, einen festen Wohnsitz in St. Petersburg, rund 15 Jahre in Paris, schließlich in Athen. Doch erst 1881 – rund zehn Jahre, nachdem er in die griechische Hauptstadt gezogen war – schuf sich Schliemann mit dem Bau des Iliou Melathron ein Heim, das er seinen eigenen Wünschen und Bedürfnissen vollkommen anpasste. Seine Arbeitsbereiche im Obergeschoss des Hauses nahmen die Hälfte des gesamten Stockwerks ein. An die große Bibliothek schlossen gleich zwei Arbeitszimmer an; eines für den Sommer sowie eines für den Winter. Von dort aus lagen das Elternschlafzimmer sowie die Kinderzimmer in unmittelbarer Nähe. Eine praktische Verkürzung der Wege, da Schliemann selten ins Bett ging, ohne in den Stunden davor noch zu arbeiten. Außerdem ließen sich seine Kinder Andromache und Agamemnon schnell herbeirufen, wenn er ihnen zwischendurch eine Sprachlektion erteilen wollte. Das Heim bot somit neben den privaten Räumlichkeiten ausreichend Platz für seine wissenschaftliche Tätigkeit. Auch die Innenausstattung passte ganz und gar zu Schliemanns Lebenseinstellung. Antikenzitate in jedem Zimmer, ob nun in Form von Inschriften oder Motiven, forderten den Besucher geradezu auf, ständig zu denken und in geistiger Bewegung zu bleiben; auch Stühle statt bequemer Sofas und Badezimmer, in denen nur kaltes Wasser floss, hatten vor allem eine Botschaft: Das Iliou Melathron lädt nicht zum gemütlichen Verweilen ein. Schliemann gestattete weder sich selbst noch seinem Umfeld irgendeine Form von längerer Rast. Zwar empfing er gerne Besucher – aber eben nur für begrenzte Zeit.

Ein Ort, mit dem er zeitlebens Rückzug und Ruhe verband, war das Zuhause seiner Kindheit, Ankershagen.

Auch wenn er das mecklenburgische Dorf nach seinem Wegzug nur noch selten und meist nur für wenige Stunden besuchte, konnte er es nie ganz vergessen. Im Jahr 1883 war endlich die Gelegenheit gekommen, um einen längeren Aufenthalt zu planen. Es schien höchste Zeit für eine Verschnaufpause zu sein, wenn man den Zeilen eines Briefes von Schliemann an seinen damaligen Verleger Brockhaus glauben möchte: »[…] ich bin furchtbar überarbeitet und muß durchaus den ganzen Juli hindurch in Ankershagen, von aller Arbeit fern ausruhen, denn sonst bricht die Maschine zusammen.« Schliemann hatte sich fest zum Vorsatz genommen, jegliche wissenschaftliche Tätigkeit auf die Monate nach seiner Erholungskur zu verschieben Abb. 3. Aber letztendlich begann er seinen wohlverdienten Urlaub genauso wie mittlerweile jeden anderen seiner Tage: um vier Uhr morgens. Dann stand er auf, um zu einem 5 Kilometer entfernt gelegenen See zu reiten und dort ein Bad zu nehmen. Dem anschließenden Frühstück folgten viele Stunden, in denen er sich zurückzog, um Briefe zu schreiben und Korrekturfahnen seines Buches zu lesen – Dinge, die seiner Meinung nach sofort erledigt werden mussten. Seine Familie, die er nach Ankershagen mitgebracht hatte, sah ihn immer erst am Mittag. Andromache und Agamemnon, die an den Vormittagen das Dorf und die Umgebung erkundeten, reagierten eher verhalten, wenn sie ihrem Vater begegneten: Denn ihren täglichen Sprachunterricht ließ er selbst im Urlaub nicht ausfallen.

Alles in allem verliefen die vier Wochen in Ankershagen sicherlich nicht so, wie von Schliemann angedacht. Selbst in der Abgeschiedenheit, fernab von Metropolen und Ausgrabungsstätten und trotz des ausdrücklichen Wunsches nach vollkommener Ruhe, wie er es zuvor sogar öffentlich in einer Zeitungsannonce in der *Neustrelitzer Zeitung* hatte verlauten lassen, konnte er sich der ländlichen Muße nicht hingeben – zu einfach war es offenbar, Briefe, Korrekturen und Druckbogen auch aus der Einöde des mecklenburgischen Dorfes in alle Himmelsrichtungen verschicken zu lassen.

Schliemanns körperliche und geistige Rastlosigkeit zeigt sich auch im Zeitgeist des 19. Jahrhunderts. Damalige Experten auf dem Gebiet der Neurologie sahen in dem menschlichen Fortschritt Ursachen für eine Belastung der Nerven, so etwa auch der Neurologe Wilhelm Erb. 1893 publizierte er ein Werk über die »wachsende Nervosität« jener Zeit und führte das zunehmende Nervenleiden innerhalb der Gesellschaft auf die vielen umwälzenden Ereignisse zurück, die das moderne Leben fortan prägen sollten. Durch die technischen Errungenschaften (Telegrafie und Massenpresse, internationaler Handel und neue Transportmittel wie die Eisenbahn) entstanden ungeahnte Möglichkeiten sowie ein völlig neues Verständnis von Raum und Zeit. Scheinbar gab es keine unüberwindbaren Grenzen mehr, die Welt war so intensiv vernetzt wie niemals zuvor. Das führte in der Folge nicht nur zu einer neuen Form von Freiheit, sondern auch zu neuen gesellschaftlichen Zwängen. Aus Konkurrenz und Wettbewerb wuchsen neue Ansprüche an die Leistungsfähigkeit des Einzelnen. Diese Ansprüche wurden nicht nur von außen herangetragen: Auch der Einzelne selbst richtete sie an sich. Denn wer einmal vom Genuss des Wohlstands oder des persönlichen Erfolgs gekostet hatte, wollte ihn meist nicht mehr missen, sondern lieber noch weiter steigern. Dafür musste er arbeiten, mindestens den ganzen Tag, eher bis weit in die Nacht. Zeit zur Erholung und Ruhe gab es nicht mehr, Hast und Rastlosigkeit prägten hingegen fortan das Leben.

WIDERSPRÜCHLICHKEIT

Ambivalentes Verhalten ist eine zutiefst menschliche Eigenschaft. Wenn man sich mit dem Charakter Schliemanns beschäftigt, stößt man immer wieder auf gegensätzliche Emotionen und Handlungen. Vielleicht ist diese Beobachtung gerade bei einer Person wie Schliemann umso faszinierender, weil er sich selbst als Helden inszenierte und an einem vermeintlichen Helden jegliches menschliche Verhalten eben besonders eigenartig erscheint.

Gegensätze findet man vor allem im unterschiedlichen Verhalten des »privaten« und des »öffentlichen« Schliemann verborgen. Zum Beispiel dann, wenn ihm Kritik entgegengebracht wurde. Sein im Nachhinein wohl berühmtester Gegner war Hauptmann Ernst Boetticher. Öffentlich ging Schliemann auf Boetticher zu, lud ihn zu einer Konferenz nach Troja ein, um vor Ort und unter Zeugen mit ihm persönlich die Streitpunkte zu diskutieren. Was nach außen hin einem selbstbewussten Auftreten gleicht, war offenbar von einer tiefen inneren Unsicherheit begleitet. In Briefen berichtete Schliemann manch einem seiner befreundeten Kollegen von der Schlaflosigkeit, die ihm dieser Streit bereitete, seinem Freund Rudolf Virchow schrieb er gar, dass er nie mehr nach Deutschland zurückkehren wolle, »es sei denn daß Sie es übernehmen wollen Ernst Böttichers wahnsinnige Theorien über den Haufen zu werfen und dem allgemeinen Gelächter preiszugeben«.

Schliemann stand öffentlich grundsätzlich fest zu seiner Meinung, während er zugleich sehr abhängig von der Meinung anderer war.

Auch sein fürsorgliches, um nicht zu sagen kontrollierendes Verhalten der Verwandtschaft gegenüber wird von einem irgendwie unpassenden gleichzeitigen Wunsch nach Distanz kontrastiert. Obwohl er beispielsweise zu seinem Vater ein zeitlebens schwieriges Verhältnis hatte, unterstützte er diesen finanziell. Das Geld verknüpfte er allerdings nicht selten mit zum Teil übergriffig anmutenden Bedingungen: So ging mit den fünfhundert Reichstalern, die er in einem Brief von 1855 an seinen Vater sandte, die Bitte einher, dieser möge sich in seiner neuen Wohnung in Danzig ordentlich einrichten. Dazu gehörten etwa »stets von Reinlichkeit glänzende Teller, Schüsseln, Tassen, Messer und Gabeln und dreimal wöchentlich gescheuerte Dielen und Fußböden«. Er solle sich sein neues Heim so gestalten, »wie es dem Vater eines Heinrich Schliemann zukommt«. Auch seinen Schwestern schickte Schliemann regelmäßig Geld und ging in seinen Briefen auf ihre Probleme ein. Persönliche Treffen mit ihnen vermied er hingegen über zum Teil Jahrzehnte hinweg – selbst, wenn er ganz in der Nähe war. In der Zeitungsanzeige, die er vor seinem einmonatigen Aufenthalt in Ankershagen 1883 schaltete, bat er unter anderem seine Verwandten darum, »auf allen und jeglichen Besuch verzichten zu wollen«.

Recht gegensätzlich erscheinen auch sein Geiz sowie sein gleichzeitiger Hang zur Verschwendung. Letzteres machte sich vor allem in der Öffentlichkeit bemerkbar: Das Iliou Melathron hatte er mit den teuersten Materialien ausstatten lassen und bei den Festen, die er in der Villa veranstaltete, präsentierte er sich gerne als großzügiger Gastgeber. Auch traten er und seine Familie stets in maßangefertigter Kleidung aus den kostbarsten Stoffen auf. Sparsamkeit lebte er hingegen vornehmlich im privaten Alltag aus: So fuhr er im Zug niemals in der ersten Klasse, auch reichte es ihm vollkommen, in den besten Hotels das billigste Zimmer zu nehmen. Für die täglichen Mahlzeiten bezahlte er ebenfalls nicht mehr als nötig. Schliemanns Vorgehensweise entspricht hierbei dem Verhalten eines typischen Geschäftsmannes: Nach außen hin präsentierte er Wohlstand, hielt gleichsam eine glanzvolle Fassade aufrecht, um seinen beruflichen Erfolg zu unterstreichen. Seine knausrige Seite zu offenbaren, wäre dabei alles andere als förderlich gewesen; diese lebte er vornehmlich gegenüber sich selbst und seiner Familie aus. Während Schliemann diese beiden Seiten anscheinend problemlos miteinander vereinbaren konnte, führte die Sparsamkeit, die er auch seiner Familie aufzwang, zu vielen Streitereien sowohl in seiner ersten als auch in seiner zweiten Ehe. So stellte er immer, wenn er auf Reisen war, seiner Frau Sophia einen in ihren Augen sehr knappen, in seinen hingegen angemessenen Geldbetrag zur Verfügung und erwartete von ihr zugleich, ihn über ihre Ausgaben stets auf dem Laufenden zu halten. Er gebe ihr so wenig Geld, beschwerte sie sich einmal in einem Brief, dass sie manchmal die Kohlen für die Heizung nicht bezahlen könne … Sophia, eigentlich die Ehefrau eines Millionärs, geriet durch seine zwanghafte Sparsamkeit wohl öfter in derart peinliche Situationen.

Bis zu seinem Lebensende neigte Schliemann zu widersprüchlichem Verhalten. Während er einmal in einem Brief an Virchow überlegt hatte, die Summe für das geplante Familiengrab deutlich herabzusetzen und großzügig das übrige Geld der zukünftigen Forschung zu spenden, blieb er letztendlich doch lieber bei dem ursprünglichen Plan eines hochpreisigen Mausoleums. Der Anflug von Bescheidenheit musste dem Wunsch nach Ruhm weichen.

Besonders auffallend sind Schliemanns Leidenschaft für alles Vergangene und seine gleichzeitige Wertschätzung des Fortschritts. In seinem Beruf als Kaufmann halfen ihm nicht nur Glück, sondern auch eine große Portion Mut, um neue Wege zu gehen, sowie ein bemerkenswertes Gespür dafür, welche Geschäfte mit welcher Ware in der Zukunft Gewinn bringen könnten.

Was lässt sich in dieser Hinsicht über das 19. Jahrhundert sagen? Schliemann lebte nicht nur selbst oft in Widersprüchen, sondern auch in einer Zeit, die von starken Gegensätzen geprägt war. So stand in jener Epoche eine optimistische Zukunftsoffenheit einem bewussten Rückblick auf die Vergangenheit gegenüber. Damals fingen die Menschen an, große Fragen zu stellen: Fragen an althergebrachte Verhaltensweisen und Ideologien, an die Natur und an die Religion. Mit dem Fortschritt gingen deshalb zugleich manch traditionelle Werte und Glaubenssysteme verloren. Das zutiefst menschliche Bedürfnis nach Stabilität und Kontinuität musste aber weiterhin und in anderer Form gestillt werden, etwa durch die Beschäftigung mit der Menschheitsgeschichte. Erinnerungsorte wie Troja gewannen durch ihr altehrwürdiges Alter an Bedeutung: Sie boten der Gesellschaft eine neue Quelle für deren Identität und Orientierung für deren Handeln. Und so liegen ausgerechnet in jenen Zeiten des Wandels auch die wahren Anfänge der Archäologie, die letztendlich zu Schliemanns großer Passion werden sollte.

WAS BLEIBT

Viele Ergebnisse der Prozesse, die im 19. Jahrhundert ihren Anfang nahmen, ob nun in politischer, wirtschaftlicher oder sozialer Hinsicht, wirken bis in die Gegenwart. Und so mag dem einen oder anderen, wenn er sich mit dem Leben Schliemanns befasst, die Zeit, die seitdem vergangen ist, sehr viel kürzer vorkommen, als sie tatsächlich ist. Schliemanns Getriebenheit, der Druck, den er sich selbst auferlegte, das Gefühl, ständig gegen die Zeit zu arbeiten – kommt uns das nicht bekannt vor? Es unterstreicht vielleicht, dass in jener Epoche die Wurzeln einer Lebensweise liegen, die auch unseren Alltag noch maßgeblich prägt. Das Wissen um Schliemanns Leben und um Schliemanns Zeit vermag uns manche Gegenwartsphänomene noch begreiflicher zu machen.

Bis heute ist Schliemann eine höchst umstrittene Figur. Doch gerade die Widersprüchlichkeit, die Rastlosigkeit und die fast getriebene Leidenschaft seines Handelns machen ihn neben seinen archäologischen Entdeckungen und seinem überaus bewegten Leben zu einer Persönlichkeit, die selbst zweihundert Jahre später nichts von ihrer Faszination verloren hat.

Ausgewählte Literatur:

Leoni Hellmayr, Der Mann, der Troja erfand. Das abenteuerliche Leben des Heinrich Schliemann (Darmstadt 2021).

Leoni Hellmayr (Hg.), Heinrich Schliemann und die Archäologie (Darmstadt 2021).

Thomas Martin, Iliou melathron. Der Traum von Troja als gebaute Wirklichkeit? Heinrich Schliemanns Stadthaus in Athen und die Inszenierung eines archäologischen Lebenswerks. Berliner Beiträge zur Vor- und Frühgeschichte; [N.F.] Band 22 (Berlin 2019).

Wout Arentzen, Maaike van Asch (Hg.), The women are more beautiful than any I have ever seen. Heinrich Schliemann's Travels Through Spain in 1859 (Leiden 2018).

Wilfried Bölke, »Dein Name ist unsterblich für alle Zeiten«. Das Leben Heinrich Schliemanns im Briefwechsel mit seiner mecklenburgischen Familie (Duisburg 2015).

Stefanie Samida, Heinrich Schliemann (Tübingen 2012).

Jürgen Osterhammel, Die Verwandlung der Welt. Eine Geschichte des 19. Jahrhunderts (München 2009).

Michaela Zavadil, Ein trojanischer Federkrieg. Die Auseinandersetzung zwischen Ernst Boetticher und Heinrich Schliemann (Wien 2009).

Danae Coulmas, Schliemann und Sophia. Eine Liebesgeschichte (München 2001).

DER ZWEITE WELTKRIEG UND DIE FOLGEN FÜR DIE SCHLIEMANN-SAMMLUNG DES MUSEUMS FÜR VOR- UND FRÜHGESCHICHTE

MATTHIAS WEMHOFF

Heute ist der größte Teil der Schliemann-Sammlung wieder an dem ihm von Heinrich Schliemann testamentarisch bestimmten Ort angekommen. Mehr als 55 Prozent der ursprünglich mit 9704 Inventarnummern erfassten »Sammlung Trojanischer Altertümer« zählen zu den in Berlin verwahrten Beständen des Museums für Vor- und Frühgeschichte.

Nach dem Zweiten Weltkrieg sah die Situation ganz anders aus. Aus dem Schutt des zerstörten Museumsgebäudes (heute Gropius Bau) bargen die Kuratoren eigenhändig Keramiken und Metallobjekte, die häufig nur stark beschädigt die Bombardierung und den Brand des Gebäudes überstanden hatten. Erst 1955 änderte sich die Situation. Die Westalliierten gaben die in ihren Besitz gelangten Bestände der Berliner Museen an West-Berlin zurück, darunter befanden sich 700 Objekte aus der Schliemann-Sammlung. 1958 erfolgte die große Rückgabe von Museumsbeständen aus der Sowjetunion an die DDR, dazu zählten ca. 3000 Objekte der Trojanischen Altertümer, die ab 1963 zum Bestand des neu gegründeten Museums für Ur- und Frühgeschichte auf der Berliner Museumsinsel gehörten. Eine Zusammenführung dieser Bestände und ein Abgleich mit den alten Inventarlisten ist erst nach der Zusammenführung der Museen ab 1990 möglich gewesen. Zwei Jahre später kam es zu einer überraschenden Erweiterung der Bestände. 1979 hatte die Sowjetunion mehrere Tausend Objekte aus völkerkundlichen Sammlungen, die in der Akademie der Wissenschaften in Leningrad gelagert wurden, an die DDR zurückgegeben, die diese Bestände in einem Depot im Leipziger Grassi-Museum lagerte. Es war eine echte Überraschung, als sich herausstellte, dass dazu sehr wichtige Bestände des Museums für Vor- und Frühgeschichte gehörten, darunter die acht Silbergefäße aus dem Schatz des Priamos, die heute in Berlin zu sehen sind.
Zur gleichen Zeit verdichteten sich die Informationen, dass die wertvollsten Bestände des Museums für Vor- und Frühgeschichte, die der damalige Museumsdirektor Wilhelm Unverzagt zu Beginn des Zweiten Weltkrieges in drei »Goldkisten« verpackt und am Ende des Krieges im Flakbunker am Zoo untergebracht hatte, keineswegs als Kriegsverlust gelten mussten. Sie wurden unmittelbar nach der Übergabe an den sowjetischen Stadtkommandanten aus Berlin ausgeflogen und

Abb. 1 Das zerstörte Gebäude des Berliner Museums für Vor- und Frühgeschichte (heute Gropius Bau) nach dem Ende des Zweiten Weltkriegs

seitdem in Moskau im Puschkin-Museum in einem Geheimdepot verwahrt. 1996 wurden sie dort erstmals in der Sonderausstellung »Der Schatz von Troja« gezeigt, heute sind sie im Puschkin-Museum in einem eigenen Ausstellungsraum zu sehen. Auch im Historischen Museum Moskau und in der Staatlichen Eremitage St. Petersburg befinden sich weitere Objekte aus der Sammlung Trojanischer Altertümer. Insgesamt werden in den russischen Museen nach aktuellem Kenntnisstand 500 dieser Objekte verwahrt, davon zählen 244 zu den Schatzfunden.

Die im deutsch-russischen Kulturabkommen von 1992 vereinbarte Rückführung der Objekte der Staatlichen Museen zu Berlin fand bisher nicht statt. Stattdessen verabschiedete die russische Duma 1998 ein Gesetz, das die »Beutekunst«, die in Russland als »Trophäenkunst« bezeichnet wird, zu russischem Eigentum erklärt. Dies wird mit dem Ersatz für die schweren Verluste an Kulturgütern aller Art begründet, die das Deutsche Reich im Zweiten Weltkrieg der Sowjetunion zugefügt hat.

Deutschland vertritt dagegen die Rechtsposition, dass die Verbringung von Kulturgut seit der Haager Konvention völkerrechtswidrig ist.

Trotz dieser sehr konträren Rechtsauffassungen, die seit dem Ende des letzten Jahrtausends unvereinbar nebeneinanderstehen, ist es gelungen, einen intensiven Dialog zwischen dem Museum für Vor- und Frühgeschichte und der Staatlichen Eremitage in St. Petersburg, dem Staatlichen Historischen Museum in Moskau und

Abb. 2 Mitarbeiter des Berliner Museums für Vor- und Frühgeschichte sichten im Jahr 1994 die Trojanischen Goldfunde im Moskauer Puschkin-Museum: (v. l. n. r.) Klaus Goldmann, Hermann Born, Wilfried Menghin. Rechts: Irina Antonowa

dem Staatlichen Museum für Bildende Künste A. S. Puschkin in Moskau zu etablieren, der ganz besondere und beispielhafte Ausstellungsprojekte möglich gemacht hat. Dazu zählt auch die große Ausstellung »Bronzezeit – Europa ohne Grenzen«, die 2013 von der deutschen Bundeskanzlerin Angela Merkel und vom russischen Präsidenten Wladimir Putin in der Eremitage in St. Petersburg eröffnet worden ist. In dieser Ausstellung wurden auch zahlreiche Objekte aus Troja gezeigt, die in den vier beteiligten Museen aufbewahrt werden. Mit dieser bereits 2007 mit einer Ausstellung zur Merowingerzeit begonnenen und 2020 mit einer Präsentation zur Eisenzeit fortgesetzten Ausstellungsreihe werden kriegsbedingt verlagerte Objekte, wie die gemeinsam abgestimmte Formulierung lautet, zusammen mit Berliner Objekten in Russland präsentiert und jeweils mit einem umfangreichen Katalog der Wissenschaft häufig erstmals seit dem Zweiten Weltkrieg wieder zugänglich gemacht. Die rechtliche Situation macht derzeit eine Ausstellung von in Russland verwahrten Objekten in Berlin nicht möglich. Dies gilt leider auch für »Schliemanns Welten«. Durch den russischen Angriff auf die Ukraine sind auch unsere bisherigen Kooperationen so nicht mehr fortführbar.

Heute sind etwa 5400 Objekte der ursprünglich inventarisierten Bestände der Sammlung Trojanischer Altertümer wieder in Berlin, weitere 500 sind in Russland erfasst, 3800 inventarisierte Bestände fehlen, vieles davon dürfte im Gebäude des damaligen Museums für Vor- und Frühgeschichte zerstört worden sein. Aber immer wieder gelingen überraschende Rückführungen. So erhielt das Museum im Dezember 2021 aus Privatbesitz eine große Rückgabe von nach dem Zweiten Weltkrieg aus dem zerstörten Museumsbau geborgenen Objekten. Schon die erste Durchsicht hat ergeben, dass dazu mindestens 25 Objekte der Troja-Sammlung zählen, die uns wieder etwas näher an das von Heinrich Schliemann formulierte Ziel bringen, die Sammlung ungeteilt in Berlin aufzubewahren.

KATALOG

Katalog der Exponate

ABKÜRZUNGEN

MVF – Museum für Vor- und Frühgeschichte

SMB – Staatliche Museen zu Berlin

TU – Technische Universität

1. EINFÜHRUNG

1.1 Jerrer, Georg Ludwig: Die Weltgeschichte für Kinder.
Theil 1. 4. vermehrte u. verbesserte Auflage.
Nürnberg 1832
Papier
1832
Staatsbibliothek zu Berlin, Kinder- und Jugendbuchabteilung
Inventar-Nr. B XIII, 207-1<4> R

1.2 Reisetruhen
Holz, Eisen, Messing, Linoleum, Papier, Stoff
Mitte bis 2. Hälfte 19. Jahrhundert
SMB, MVF

1.3 Sprachlehrbuch: Die Methode Schliemann
Papier, Pappe
1913
Leihgabe Benjamin Wehry, Naumburg

2.11
2.9
2.12

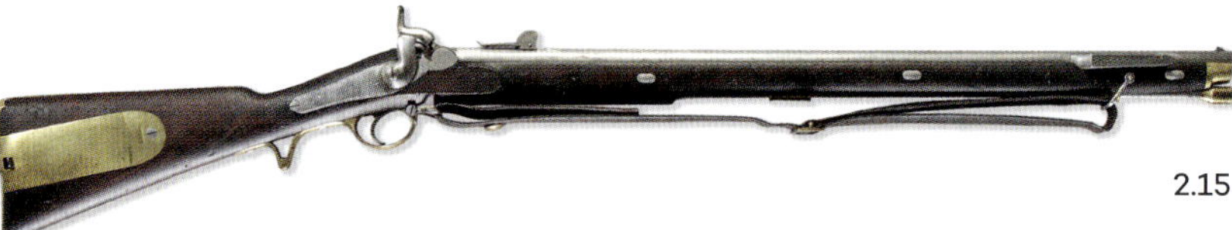
2.15

2. RUSSLAND

2.1 Schlitten (russischer Jagdschlitten)
Holz, Metall
vermutlich erste Hälfte des 19. Jahrhunderts
Russisches Kaiserreich
Stiftung Stadtmuseum Berlin, Sammlung Alltagskultur
Inventar-Nr. VI 11264

2.2 Antimonblei, zwei Stück
Blei
19. Jahrhundert
Sachsen, Deutschland
TU Bergakademie Freiberg, Kustodie
Inventar-Nr. Pb-58 a-b

2.3 Zinnbarren
Zinn
Mitte 19. Jahrhundert
Großfürstentum Finnland
TU Bergakademie Freiberg, Kustodie
Inventar-Nr. Sn-74

2.4 Natürliche Farbstoffe
Indigo, Farbhölzer rot und gelb
19. Jahrhundert
Indonesische Inseln (Borneo, Java), Südamerika (Karibik)
TU Dresden, Historische Farbstoffsammlung
Inventar-Nr. ohne

2.5 Originalflaschen Farbe Nat. Red 28 von der 1. Weltausstellung in London
1851
London, Leeds
TU Dresden, Historische Farbstoffsammlung
Inventar-Nr. ohne

2.6 Schwefel Kristallrasen
Schwefel (elementar, S)
Eingang in die Sammlung 1999
Mexiko (Baja California)
TU Berlin, Mineralogische Sammlungen und Museum
Inventar-Nr. 1999/81

2.7 Kalisalpeter
Kalisalpeter (Kaliumnitrat, KNO3)
Eingang in die Sammlung 1955
Türkei (Hortu bei Ereğli am Taurus, Kleinasien)
TU Berlin, Mineralogische Sammlungen und Museum
Inventar-Nr. 1955/3010

2.8 Natürliche Farbstoffe
Krapp
19. Jahrhundert
Levante
TU Dresden, Historische Farbstoffsammlung
Inventar-Nr. ohne

2.9 Schwarzer Frack
Wolltuch, Seide
um 1845
vermutlich England
SMB, Kunstgewerbemuseum
Inventar-Nr. 2003, KR 363

2.10 Karierte Herrenweste
Seidensamt, Leinen, Baumwolle
um 1845
vermutlich Frankreich
SMB, Kunstgewerbemuseum
Inventar-Nr. 2003, KR 367

2.11 Weißes Herrenhemd
Leinen, Perlmutt
1846
vermutlich England
SMB, Kunstgewerbemuseum
Inventar-Nr. 2003, KR 373

2.12 Elfenbeinfarbene Herrenhose
Wolltuch, Baumwolle, Metall
um 1845

2.13

2.14

3.1

vermutlich Frankreich
SMB, Kunstgewerbemuseum
Inventar-Nr. 2003, KR 362

2.13 Schwarzer Zylinder von Achard
Wolltuch
um 1860
Frankreich
SMB, Kunstgewerbemuseum
Inventar-Nr. 2003, KR 1420

2.14 Grauer Schlittenpelz
Wolltuch, Pelz (vermutlich Bär)
um 1850
Ostpreußen
SMB, Kunstgewerbemuseum
Inventar-Nr. W-1982,115

2.15 Lütticher Büchse, Modell 1843
Eisen, Stahl, Messing, Nußbaum
1848
Russland
Bayerisches Armeemuseum, Ingolstadt
Inventar-Nr. E 4319.1

3. SACRAMENTO

3.1 Karte Kaliforniens
Papier, bedruckt
1851
Weimar
Staatsbibliothek zu Berlin,
Kartenabteilung
Inventar-Nr. SBB_IIIC_Kart_GfE
D_7_31_a

3.2 Münze, 1 US-Dollar
Gold
1853
Vereinigte Staaten von Amerika,
San Francisco
SMB, Münzkabinett,
Inventar-Nr. 18221962

3.3 Münze, 3 US-Dollar
Gold
1859
Vereinigte Staaten von Amerika,
Philadelphia
SMB, Münzkabinett,
Inventar-Nr. 18259687

**3.4 Kontoführungsbuch
Heinrich Schliemanns**
Papier, Leder, Leinen
1851/52
Vereinigte Staaten von Amerika,
Sacramento
Gennadius Bibliothek,
American School of Classical
Studies at Athens

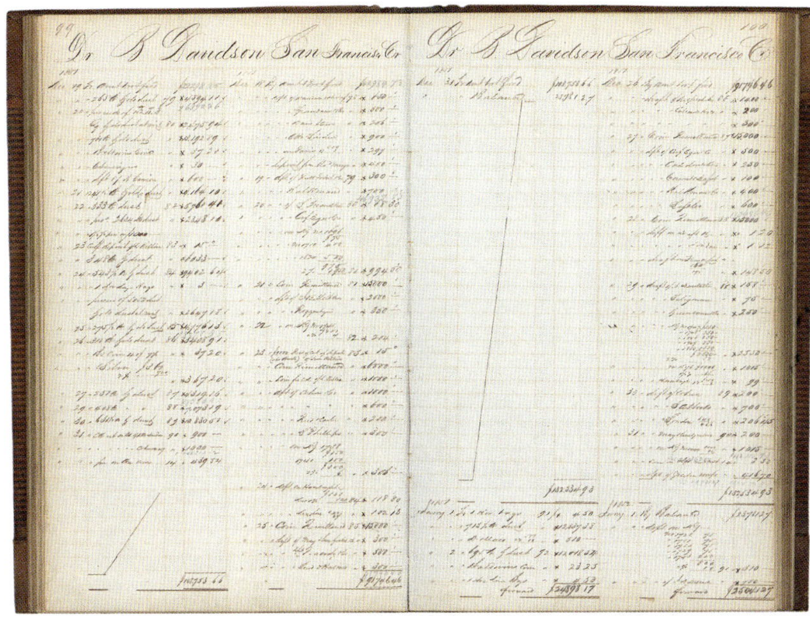

3.4

3.2

4.1

4.10

4. WELTREISE

Staatliche Museen zu Berlin, Ethnologisches Museum

4.1 Lochmünzen, Kesch
Metall
Anfang 20. Jahrhundert (I D 37407),
vor 1878 (I D 3498 a–d, i ,k)
China
Inventar-Nr. I D 37407,
I D 3498 a–d, i, k

4.2 Mandarinhut eines Beamten mit Hutknopf
Textil, Metall, Glas, Stein
Vor 1907
China
Inventar-Nr. I D 24394

4.3 Hutknöpfe von Zollbeamten
Metall, Emaille, Glas, Bergkristall,
Lapislazuli, vergoldet
19. Jahrhundert
China
Inventar-Nr. I D 2708, I D 2710, I D 2711

4.4 Orakel-Los in einem Bambus-Behälter
Bambus
Ende 19. Jahrhundert
China
Inventar-Nr. I D 33892

4.5 Figur
Holz
Anfang 20. Jahrhundert
China
Inventar-Nr. I D 35647 a

4.6 Baustein aus der Stadtmauer von Peking
Gebrannter Ton
Ming-Dynastie, 14.–17. Jahrhundert
Peking
Inventar-Nr. I D 8757 a

4.7 Straßenschubkarren
Holz
Qing (Mandschu)-Dynastie, vor 1892
China
Inventar-Nr. I D 12914

4.8 Figurengruppe »Begräbniszugmodell«
Holz, Gips
Qing (Mandschu)-Dynastie (Ende),
vor 1878
Inventar-Nr. I D 3547 a, b

4.9 Theaterkostüm
Textil, Seide
vor 1906
China
Inventar-Nr. I D 23988

4.10 Theatermasken
Pappmaché, bemalt
20. Jahrhundert
China
Inventar-Nr. I D 41369, I D 41370

4.11 Schuhpaar für Mädchen
Textil, Leder, Holz
Qing-Dynastie (Ende)
China
Inventar-Nr. I D 39503 a, b

4.6

4.11

4.3

4.16

4.15

4.12

4.12 Opiumpfeife
Holz, Metall
Anfang 20. Jahrhundert
China
Inventar-Nr. I D 39238

4.13 Opiumtablett
Messing, Emaille
Ende 19. Jahrhundert
China
Inventar-Nr. I D 40332 a-k

4.14 Opiumdose
Kupfer, Emaille
Anfang 20. Jahrhundert
China
Inventar-Nr. I D 39952

4.15 Opiumlampe
Messing, Glas
Ende 19. Jahrhundert
China
Inventar-Nr. I D 35752 a

4.16 Opiumpfeifenkopf
Keramik
19. Jahrhundert
China
Inventar-Nr. I D 44335

4.17 Teekanne
Eisen, Kupfer
Meiji-Zeit (Anfang), vor 1877
Japan
Inventar-Nr. I D 2974

4.18 Kimono
Seide
19. Jahrhundert
Japan
Inventar-Nr. I D 2107

4.19 Sandalenpaar für Frauen
Holz, Stroh
vor 1894
Japan
Inventar-Nr. I D 13518 a, b

4.20 Sandalenpaar für Kinder
Stroh, Papier, Schnur
vor 1906
Japan
Inventar-Nr. I D 24373 a, b

4.21 Kreisel
Holz, bemalt; Metall; Schnur
vor 1886
Japan
Inventar-Nr. I D 8586, I D 8597, I D 8635

4.22 Schachtelmännchen
Holz, lackiert
1912
Japan
Inventar-Nr. I D 37546

4.21

4.19

4.20

4.28

4.29

4.23 Bewegungsspielzeug
Holz, Urushi, Pigmente
Meiji-Zeit, 1868–1912
Japan
Inventar-Nr. I D 37547, I D 37548

4.24 Teeküche, Miniatur
Holz, lackiert; Kunststoff; Bambus; Pappe
Ende 19. Jahrhundert
Japan
Inventar-Nr. I D 40086

4.25 Esstisch, Miniatur
Holz, lackiert; Metall
vor 1878
Japan
Inventar-Nr. I D 6294 a–h

4.26 Reiskocher, Miniatur
Holz, lackiert; Metall
vor 1878
Japan
Inventar-Nr. I D 3287 a–r

4.27 Lacktablett
Holz, Urushi Lack
Ende 19./Anfang 20. Jahrhundert
Japan
Inventar-Nr. I D 44673

4.28 Sakekanne
Porzellan
vor 1903
Japan
Inventar-Nr. I D 25605

4.29 Sakeschalen
Holz, lackiert
Ende 19./Anfang 20. Jahrhundert
Japan
Inventar-Nr. I D 45105; I D 45121,
I D 44658 a, b

4.30 Rauch-Service
Silber, Kupfer, Messing, Urushi,
Schwarzlack mit Goldmalerei
Ende 19./Anfang 20. Jahrhundert
Japan
Inventar-Nr. I D 37479

4.31 Schreibkabinett
Holz, Metall (Messing?), Rochenhaut, Lack
Anfang 17. Jahrhundert (Edo-Zeit)
Japan
Inventar-Nr. I D 1725

4.32 Deckeldose und Kästchen
Holz, Lack
Anfang 20. Jahrhundert
Japan
Inventar-Nr. I D 37521; I D 37522 a, b

4.33 Vase
Steingut
17. Jahrhundert
Japan
Inventar-Nr. I D 44259

4.34 Vase
Porzellan
Mejii-Zeit, 1868–1912
Japan
Inventar-Nr. I D 44277

4.34

4.32

4.35 Teller
Porzellan, Kobaltblau Unterglasur
Meiji-Zeit (Anfang), vor 1877
Japan
Inventar-Nr. I D 44214

4.36 Teller
Porzellan
18. Jahrhundert
Japan
Inventar-Nr. I D 44313

4.37 Teller
Weißes Porzellan mit Unterglasur-Blau-Malerei
Meiji-Zeit (Anfang), vor 1887
Japan
Inventar-Nr. I D 8753

Staatliche Museen zu Berlin, Museum für Asiatische Kunst

4.38 Utagawa Yoshikazu
Darstellungen von Sehenswürdigkeiten in Yokohama, Männer und Frauen verschiedener Länder
Farbholzschnitt auf Papier
1860
Japan
Inventar-Nr. 6258a-30.300:3;
Kat. Nr. 1000

4.39 Utagawa (Andô) Hiroshige
53 Stationen der Ostmeerstraße (Tôkaidô), Station: Shinagawa
Farbholzschnitt auf Papier
ca. 1834
Japan
Inventar-Nr. 6232-1987-46

4.40 Utagawa Kunisada
Das Gankirô und seine ausländischen Gäste
Farbholzschnitt auf Papier
1860/61
Japan
Inventar-Nr. 90000(2)-30.314

4.41 Utagawa (Andô) Hiroshige
Berühmte Stätten in der Östlichen Hauptstadt = Edo
Farbholzschnitt auf Papier
1830er Jahre
Japan
Inventar-Nr. 6240-19.207;
Kat. Nr. 671

4.42 Utagawa Hirokage
Lustige Darstellungen von sehenswürdigen Stätten in Edo
Farbholzschnitt auf Papier
1859
Japan
Inventar-Nr. 6235a-20.18;
Kat. Nr. 749

Staatliche Museen zu Berlin, Staatsbibliothek Berlin

4.43 La Chine et le Japon au temps présent von Heinrich Schliemann
Papier, bedruckt
1867
Inventar-Nr. UN 5281

4.41

5.3

QUOD FELIX FAUSTUM FORTUNATUMQUE SIT
SUMMIS AUSPICIIS
SERENISSIMI PRINCIPIS ET DOMINI NOSTRI CLEMENTISSIMI
DOMINI
FRIDERICI FRANCISCI
MAGNI DUCIS MEGAPOLITANI
PRINCIPIS VENEDORUM SUERINI ET RACEBURGI
COMITIS SUERINENSIS
TERRAE ROSTOCHIENSIS ET STARGARDIENSIS DOMINI
UNIVERSITATIS HUJUS LITERARIAE PATRONI MUNIFICENTISSIMI
ATQUE
CANCELLARII MAGNIFICENTISSIMI
RECTORE ACADEMIAE MAGNIFICO
THEODORO THIERFELDER
PHILOSOPHIAE ET MEDICINAE DOCTORE HUJUSQUE PROFESSORE PUBLICO ORDINARIO
MAGNO DUCI MEGAPOLITANO SUERINENSI A CONSILIIS MEDICIS SUPREMIS
COLLEGII CUI RES MEDICINALES A SERENISSIMO PRINCIPE COMMISSAE SUNT MEMBRO ORDINARIO
VIRUM PRAENOBILISSIMUM
HENRICUM SCHLIEMANN
MEGAPOLITANUM
TRADITO LIBRO ARCHAEOLOGICO
DE ITHACA INSULA PELOPONNESO ET TROADE
PHILOSOPHIAE DOCTOREM ARTIUMQUE LIBERALIUM MAGISTRUM
ORNATUM ESSE
PUBLICO HOC DIPLOMATE
CONFIRMAT
AD HUNC ACTUM CLEMENTISSIME CONSTITUTUS PROMOTOR ET PROCANCELLARIUS
HERMANNUS KARSTEN
PHILOSOPHIAE DOCTOR
MATHESEOS ET PHYSICES PROFESSOR PUBLICUS ORDINARIUS
OBSERVATORII ASTRONOMICI DIRECTOR
APPARATUS PHYSICI ET MUSEI HISTORIAE NATURALIS CONDIRECTOR
SCHOLAE NAUTICAE DIRECTOR
COMPLURIUM SOCIETATUM LITERARIARUM MEMBRUM VEL ORDINARIUM VEL PER LITERAS CONJUNCTUM
ORDINIS PHILOSOPHORUM H. T. DECANUS.
P. P. ROSTOCHII SUB SIGILLO ORDINIS PHILOSOPHORUM
DIE XXVII M. APRILIS A. MDCCCLXIX.
TYPIS ADLERIANIS.
LS

5. PARIS/ITHAKA

5.1 Tridrachme (Stater) der Stadt Korinth
Silber
ca. 414–387 v. Chr.
Griechenland
SMB, Münzkabinett
Inventar-Nr. 18277375, Acc. 1906 Löbbecke

5.2 Tridrachme (Stater) der Stadt Korinth
Silber
ca. 414–387 v. Chr.
Griechenland
SMB, Münzkabinett
Inventar-Nr. 18277376, Acc. 1873 Fox

5.3 Promotionsakte von Heinrich Schliemann
Papier, beschrieben, bedruckt
1868
Rostock
Universitätsarchiv und Kustodie der Universität Rostock
Inventar-Nr. UAR,02.01.3,65.1868

6. TROJA

Absolute Datierung	Schicht	Relative Datierung
395 n.Chr. bis ca. 600 n.Chr.	(X)	Byzantinische Epoche
85 v.Chr. bis 395 n.Chr.	IX	Römische Epoche
334 bis 85 v.Chr.	VIII (Ilion)	Hellenistische Epoche
500 bis 334 v.Chr.		Klassische Epoche
650 bis 500 v.Chr.		Archaische Epoche
900 bis 650 v.Chr.		Geometrische Epoche
1180 bis 900 v.Chr.	VIIb	Frühe Eisenzeit
1300 bis 1180 v.Chr.	VIIa	Späte Bronzezeit und Mykenisch
1700 bis 1300 v.Chr.	VI	
2000 bis 1700 v.Chr.	V und VI früh	Mittlere Bronzezeit
2200 bis 2000 v.Chr.	IV	Frühe Bronzezeit
2300 bis 2200 v.Chr.	III	
2550 bis 2300 v.Chr.	II	
3000 bis 2550 v.Chr.	I	

Staatliche Museen zu Berlin, Museum für Vor- und Frühgeschichte

6.1 Bildnis des Tiberius
Marmor
Römisch, ca. 11 v. Chr. bis 14 n. Chr.
Schicht IX
Inventar-Nr. Sch 9587

6.2 Bildnis einer Frau
Marmor
Römisch, 1. Jahrhundert n. Chr.
Schicht IX
Inventar-Nr. Sch 9589

6.3 Torso einer Statue
Marmor
Römisch
Schicht IX
Inventar-Nr. Sch 9596

6.4 Metope mit »Bergungsgruppe«
Stein
Hellenistisch
Schicht VIII
Inventar-Nr. Sch 9585

6.5 Metope mit Darstellung der Athena
Stein
Hellenistisch
Schicht VIII
Inventar-Nr. Sch 9583

6.6 Tondo mit der Darstellung von Romulus und Remus
Stein
Römisch
Theater A, Schicht IX
Inventar-Nr. Sch 9586

6.7 Drei große Vorratsgefäße (Pithoi)
Keramik
Bronzezeit
Schichten II-VI
Inventar-Nr. Sch 2527, Sch 2528, Sch 2532

6.8 Bügeldeckel
Keramik
Frühe Bronzezeit
Schichten II-IV
Inventar-Nr. Sch 460, Sch 467, Sch 473, Sch 474, Sch 483, Sch 545, Sch 2210

6.6

6.11

6.9 Flachdeckel
Keramik
Frühe Bronzezeit
Schichten II-IV
Inventar-Nr. Sch 485, Sch 490, Sch 1092

6.10 Gesichtsdeckel
Keramik
Frühe Bronzezeit
Schichten II-IV
Inventar-Nr. Sch 319, Sch 320, Sch 322, Sch 327–329, Sch 1052, Sch 1083, Sch 1850, Sch 1853, Sch 1856

6.11 Anthropomorphe Gefäße und Gefäßfragmente
Keramik, verziert
Frühe Bronzezeit
Schichten II-IV
Inventar-Nr. Sch 1034, Sch 1034a, Sch 1038, Sch 1043, Sch 1070, Sch 1080, Sch 1846

6.12 Miniaturgefäße
Keramik, teilweise verziert
Frühe Bronzezeit
Schichten II-IV
Inventar-Nr. Sch 291, Sch 1509, Sch 2257, Sch 2265, Sch 2271, Sch 2283, Sch 2437, Sch 2948 bis Sch 2951, Sch 2969.1u.2, Sch 9685, Sch 9687

6.13 Doppelgefäß
Keramik
Frühe Bronzezeit
Schichten II-IV
Inventar-Nr. Sch 1927

6.14 Dreifachgefäß
Keramik
Frühe Bronzezeit
Schichten II-IV
Inventar-Nr. Sch 823

6.15 Ringgefäß
Keramik
Frühe Bronzezeit
Schichten II-IV
Inventar-Nr. Sch 610

6.18

6.16 Zoomorphes Gefäß
Keramik, verziert
Frühe Bronzezeit
Schichten II-IV
Inventar-Nr. Sch 1759

6.17 Eulenförmiges Gefäß
Keramik, verziert
Frühe Bronzezeit
Schichten II-IV
Inventar-Nr. Sch 2440

6.18 Askoi
Keramik, teilweise verziert
Frühe und mittlere Bronzezeit
Schichten II-V
Inventar-Nr. Sch 608, Sch 2066,
Sch 2429, Sch 2432, Sch 2433

6.19 Depata Amphikypellon
Keramik
Frühe Bronzezeit
Schichten II-IV
Inventar-Nr. Sch 449, Sch 534,
Sch 538, Sch 661, Sch 665, Sch 668,
Sch 1423, Sch 1426-7, Sch 1428, Sch 1455,
Sch 2020, Sch 2023, Sch 2025, Sch 2030,
Sch 2094, Sch 2195, Tr. 139

6.19

6.20 Kantharoi
Keramik
Frühe Bronzezeit
Schichten II-IV
Inventar-Nr. Sch 255, Sch 696,
Sch 715, Sch 732, Sch 734, Sch, 1630,
Sch 1696, Sch 2842

6.21 Kannen
Keramik
Frühe Bronzezeit
Schichten II-IV
Inventar-Nr. Sch 363, Sch 369,
Sch 634, Sch 834, Sch 1168, Sch 1217,
Sch 1493, Sch 1525, Sch 1713, Sch 1793,
Sch 1867, Sch 1939, Sch 1945, Sch 2094,
Sch 2289, Sch 2464, Sch 2812

6.22 Flügelamphoren
Keramik, verziert
Frühe Bronzezeit
Schichten II-IV
Inventar-Nr. Sch 262, Sch 1949,
Sch 2427

6.23 Flügeldeckel
Keramik
Frühe Bronzezeit
Schichten II-IV
Inventar-Nr. Sch 1722

6.24 Ösengefäße
Keramik, verziert
Frühe Bronzezeit
Schichten II-IV
Inventar-Nr. Sch 1726,
Sch 2230, Sch 2251, Sch 2339

6.25 Volutenamphoren
Keramik, verziert
Frühe Bronzezeit
Schichten II-IV
Inventar-Nr. Sch 1864,
Sch 1865, Sch 2312

6.26 Fußgefäße
Keramik
Frühe Bronzezeit
Schichten II-IV
Inventar-Nr. Sch 579,
Sch 1494

6.27 Becher
Keramik
Frühe Bronzezeit
Schicht I
Inventar-Nr. Sch 158

6.28 Dreifuß
Keramik
Frühe Bronzezeit
Schichten II-IV
Inventar-Nr. Sch 2809

6.29 Gluthalter
Keramik
Frühe Bronzezeit
Schicht II-IV
Inventar-Nr. Sch 2854

6.30 Pyxiden
Keramik
Frühe Bronzezeit
Schicht II
Inventar-Nr. Sch 1739, Sch 1740

6.31 Tassen
Keramik
Frühe Bronzezeit
Schichten II-IV
Inventar-Nr. Sch 452, Sch 510,
Sch 586, Sch 681, Sch 682, Sch 712,
Sch 723, Sch 962, Sch 1133, Sch 1459,
Sch 1612, Sch 1681, Sch 1764, Sch 2037,
Sch 2731, Sch 2806, Sch 2823

6.32 Schalen und Teller
Keramik
Bronzezeit
Schichten II-VII
Inventar-Nr. Sch 282, Sch 656,
Sch 886, Sch 889, Sch 895, Sch 1388,
Sch 946, Sch 1231, Sch 3098

6.33 Gefäße und Gefäßfragmente
Keramik, teilweise verziert
Bronzezeit
Schichten I-VII
Inventar-Nr. Sch 104, Sch 153,
Sch 288, Sch 300, Sch 402, Sch 403,
Sch 408, Sch 410, Sch 427, Sch 705,
Sch 742, Sch 824, Sch 825, Sch 832,
Sch 1229, Sch 1456, Sch 1491, Sch 1492,
Sch 1560, Sch 1717, Sch 1719, Sch 2056,
Sch 2141, Sch 2277, Sch 2338, Sch 2354,
Sch 2425, Sch 2442, Sch 2445, Sch 2479,
Sch 2540, Sch 2545, Sch 2642, Sch 2774,
Sch 2849, Sch 2867, Sch 3009, Sch 3039,
Sch 3092, Sch 3215, Sch 3321, Sch 3323,
Sch 3554, Sch 3630, Sch 3631, Sch 3638,
XIb 1547

6.34 Zoomorphe Henkel
Keramik, verziert
Späte Bronzezeit
Schichten VI/VII
Inventar-Nr. Sch 3226,
Sch 3251-3257.1, Sch 3258,
Sch 3260, Sch 3261, Sch 3265,
Sch 3268, Sch 3269, Sch 3272

6.35 Zoomorpher Ausguss
Keramik, verziert
Späte Bronzezeit
Schichten VI/VII
Inventar-Nr. Sch 3277

6.36 Zoomorphes Gefäß
Keramik
Späte Bronzezeit
Schichten VI/VII
Inventar-Nr. Sch 3248

6.37 Gefäße und Gefäßfragmente »anatolischer Grauware«
Keramik, verziert
Späte Bronzezeit
Schichten VI/VII
Inventar-Nr. Sch 3007, Sch 3012,
Sch 3049, Sch 3068, Sch 3070, Sch 3087,
Sch 3088, Sch 3102, Sch 3175,

6.37

6.43

Sch 3190, Sch 3192, Sch 3197, Sch 3201,
Sch 3230, Sch 3231, Sch 3241

6.38 Ringgefäße
Keramik
Späte Bronzezeit
Schichten VI/VII
Inventar-Nr. Sch 3246, Sch 3247

6.39 Pokal
Keramik, bemalt
Mykenisch
Schichten VI/VII
Inventar-Nr. Sch 3394

6.40 Bügelkannen
Keramik, bemalt
Mykenisch
Schichten VI/VII
Inventar-Nr. Sch 3386, Sch 3387,
Sch 3389

6.41 Gefäße und Gefäßscherben mykenischer Art
Keramik, teilweise bemalt
Mykenisch
Schichten VI/VII
Inventar-Nr. Sch 3396, Sch 3400,
Sch 3405, Sch 3406, Sch 3416, Sch 3435,
Sch 3436, Sch 3461, Sch 3469, Sch 3491,
Sch 3506, Sch 3555, Sch 3649, Tr. 11,
Tr. 1008, Tr. 1048.18

6.40

6.42 Mahlwerkzeug
Keramik, verziert
Späte Bronzezeit
Schichten VI/VII
Inventar-Nr. Sch 8789

6.43 Gefäße sogenannter Buckelkeramik
Keramik, verziert
Späte Bronzezeit
Schicht VII
Inventar-Nr. Sch 3565, Sch 3566,
Sch 3573, Sch 3578, Sch 3580, Sch 3583,
Sch 3584, Sch 3588, Sch 3600, Sch 3605
bis 3608, Sch 3611

6.44 Gefäße und Gefäßscherben
Keramik, teilweise bemalt
Eisenzeit bis römisch
Schichten VIII/IX
Inventar-Nr. Sch 3644, Sch 3650 bis
Sch 3652, Sch 3671, Sch 3762, Sch 3784,
Sch 3786, Sch 3794, Sch 3820, Sch 3823,
Sch 3829, Sch 3847, Sch 3865-3874/1,
Sch 3870, Sch 3878, Sch 3879, Sch 3880,
Sch 3889, Sch 3937, Sch 3963, Sch 3975,
Sch 3977, Sch 3990, Sch 3996, Sch 3996/1,
Sch 3996/3, Sch 4017, Sch 4022, Sch 4025,
Sch 4029, Sch 4092, Sch 4096, BA 541,
Alte Nr. 9307, Tr. 1340

6.45 Kylix
Keramik, bemalt
Klassisch
Schicht VIII
Inventar-Nr. XIb 4795

6.46 Fragment eines Rhytons
Keramik
Römisch
Schicht IX
Inventar-Nr. Sch 4002

6.47 »Tränengefäße« (Unguentarium)
Keramik
Römisch
Schicht IX
Inventar-Nr. Sch 4004, XIb 1444

6.48 Öllampen
Keramik, verziert oder bemalt
Klassisch bis römisch
Schichten VIII/IX
Inventar-Nr. Sch 4034, Sch 4037, Sch 4040,
Sch 4043, Sch 4056, Sch 4068, Sch 4072,
Sch 4073, Sch 4078, Sch 4089, XIb 1247,
XIb 1249, XIb 1250, XIb 4791

6.49 Fragment eines römischen Dachziegels
Keramik, verziert
Römisch
Schicht IX
Inventar-Nr. Sch 9580

6.50 Gefäßscherben
Keramik, bemalt und glasiert
Byzantinisch
Inventar-Nr. Sch 4099, Sch 4101,
Sch 4102.3, Tr. 90

6.48

6.44

6.52

6.51 Saitenhalter
Keramik
Prähistorisch
Schicht unbekannt
Inventar-Nr. Sch 7701

6.52 Spinnwirtel
Keramik, teilweise verziert
Bronzezeit
Schichten I bis VII
Verschiedene Inventarnummern

6.53 Tonkugeln
Keramik, verziert
Bronzezeit
Schichten II-VII
Inventar-Nr. Sch 7298, Sch 8879,
Sch 8880, Sch 8895, Sch 8903, Sch 8904

6.54 Gewichte
Keramik
Prähistorisch
Schicht unbekannt
Inventar-Nr. Sch 7989, Sch 8183,
Sch 8262, Sch 8321, XIb 2844, XIb 2307

6.55 Anthropomorphe Figurinen
Marmor
Frühe Bronzezeit
Schichten II-IV
Inventar-Nr. Sch 7361, Sch 7408-35/16,
Sch 7408-35/21, Sch 7519,
Sch 7521, Sch 7547-66/5, Sch 7567,
Sch 7635, Sch 7637, Sch 7638

6.56 Kopf einer anthropomorphen Figurine
Marmor
Frühe Bronzezeit
Schichten II-IV
Inventar-Nr. Sch 7643

6.57 Brettidol
Keramik
Frühe Bronzezeit
Schichten II-IV
Inventar-Nr. Sch 7628

6.58 Anthropomorphe Figurinen
Keramik
Frühe Bronzezeit
Schichten II-IV
Inventar-Nr. Sch 7631, XIb 2877

6.59 Fragment einer anthropomorphen Figurine
Keramik, bemalt
Mykenisch
Schichten VI/VII
Inventar-Nr. Sch 3562

6.60 Kopf einer anthropomorphen Figurine
Keramik
Mykenisch (?)
Schicht V/VII (?)
Inventar-Nr. Sch 1758

6.61 Zoomorpher Anhänger
Stein
Prähistorisch
Schicht unbekannt
Inventar-Nr. Sch 7796

6.62 Griff in Form eines Löwenkopfs
Bergkristall
Frühe Bronzezeit
Schicht II
Inventar-Nr. Sch 7879

6.55

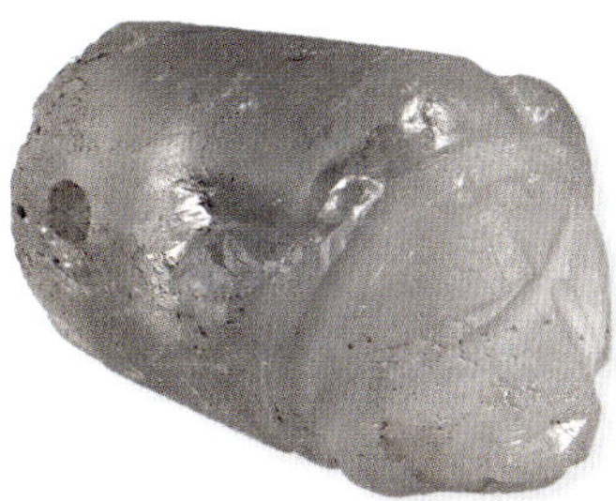
6.62

6.63 Figurine eines Schweinchens
Keramik, bemalt
Mykenisch
Schichten VI/VII
Inventar-Nr. Sch 3563

6.64 Gefäßapplikation in Form eines Schweinchens
Keramik
Mykenisch(?)
Schichten VI/VII(?)
Inventar-Nr. Sch 1760

6.65 Figürliche Terrakotten
Keramik
Eisenzeit bis römisch
Schichten VIII/IX
Inventar-Nr. Sch 9508, Sch 9536,
Sch 9541, Sch 9521, BA 537,
XIb 1238, XIb 1497, XIb 2872,
XIb 2873, Alte Nr. 3186

6.66 Gelochte Scheiben oder Spinnwirtel
Stein
Prähistorisch
Schicht unbekannt
Inventar-Nr. Sch 5758, Sch 5765,
Sch 5773, Sch 5784-5786, Sch 5798,
Sch 5799

6.67 Senksteine und Gewichte
Stein
Prähistorisch
Schicht unbekannt
Inventar-Nr. Sch 8198,
Sch 8360/3, Sch 8360/8

6.68 Werkzeug (mit drei Rillen)
Stein
Prähistorisch
Schicht unbekannt
Inventar-Nr. Sch 6807

6.69 Klingen
Silex
Prähistorisch
Schichten unbekannt
Inventar-Nr. Sch 8477, XIb 1053,
XIb 1190, XIb 1522, XIb 1525

6.70 Beile
Stein
Frühe Bronzezeit
Schichten II–IV
Inventar-Nr. Sch 6930–51,
Sch 7000, Sch 7148, Tr. 188

6.71 »Phallus-Idole«
Marmor, Stein
Frühe Bronzezeit
Schichten II–IV
Inventar-Nr. Sch 7650,
Sch 7663, Sch 7666, Sch 7667,
Sch 8656/6b, Sch 8656/64c

6.72 Spheroide Gewichte
Stein
Frühe Bronzezeit
Schichten II/III
Inventar-Nr. Sch 6880,
Sch 6882, Sch 6884

6.73 Mörserkeule
Stein
Prähistorisch
Schicht unbekannt
Inventar-Nr. Sch 8767-8775a

6.74 Pfeilglätter (?)
Stein
Prähistorisch
Schicht unbekannt
Inventar-Nr. Sch 8683

6.75 Teil eines Eberzahnhelmes
Eberzahn
Mykenisch
Schichten VI/VII (?)
Inventar-Nr. Sch 6903

6.76 Brettidol
Knochen, verziert
Mittlere Bronzezeit (?)
Schichten V/VI (?)
Inventar-Nr. Sch 7623

6.77 Griff (?)
Knochen, verziert
Prähistorisch
Schicht unbekannt
Inventar-Nr. Sch 7738

6.78 Nadeln
Knochen
Späte Bronzezeit
Schicht VI
Inventar-Nr. Sch 7830–7866,
Sch 7830–7866a, Sch 7850

6.75

6.79

6.79 Kämme
Knochen und Elfenbein, verziert
Mykenisch
Schichten VI/VII
Inventar-Nr. Sch 7875, Sch 7876

6.80 Löffelfragment
Elfenbein
Späte Bronzezeit (?)
Schicht VII (?)
Inventar-Nr. Sch 7877

6.81 Fragment eines Trensenknebels
Geweih, verziert
Späte Bronzezeit (?)
Schicht VII (?)
Inventar-Nr. Sch 7927/1

6.82 Beschlag
Knochen, verziert
Frühe Bronzezeit
Schicht II (bei Tor FL)
Inventar-Nr. Sch 7953a

6.83 Saitenhalter
Knochen, verziert
Späte Bronzezeit (?)
Schicht VII (?)
Inventar-Nr. Sch 7962

6.84 Ovale Scheibe
Knochen, verziert
Mykenisch
Schicht VI/VII
Inventar-Nr. Sch 7963

6.85 Gelochte Scheibe (Knopf?)
Elfenbein, verziert
Prähistorisch
Schicht unbekannt
Inventar-Nr. Sch 7965

6.86 Keulenkopf (?)
Geweih, verziert
Prähistorisch
Schicht unbekannt
Inventar-Nr. Sch 9028

6.87 Beile
Bronze
Frühe Bronzezeit
Schichten II–IV
Inventar-Nr. Sch 6172, Sch 6176,
Sch 6177, Sch 6178, Tr. 1148

6.88 Dolche oder Lanzenspitzen
Bronze
Frühe Bronzezeit
Schichten II–IV
Inventar-Nr. Sch 6150,
Sch 6156, Sch 6161

6.89 Messer
Bronze
Frühe Bronzezeit
Schichten II–IV
Inventar-Nr. Sch 6189, Sch 6191,
Sch 6195, Sch 6197, Sch 6207b

6.90 Hammer
Bronze
Späte Bronzezeit
Schicht VI
Inventar-Nr. Sch 6482

6.91 Messer
Bronze
Mittlere und späte Bronzezeit
Schicht V–VII
Inventar-Nr. Sch 6544, Sch 6454,
Sch 6455, Sch 6463, Sch 6464

6.92 Pfeilspitzen
Bronze
Mittlere und späte Bronzezeit
Schicht V/VI
Inventar-Nr. Sch 6448, Sch 6449

6.93 Pfeilspitze
Bronze
Eisenzeit
Schichten VII–IX
Inventar-Nr. Sch 6535

6.94 Nadel mit halbkugel-förmigem Kopf
Silber
Frühe Bronzezeit
Schichten II–IV
Inventar-Nr. Sch 6293

6.95 Gewandnadeln
Bronze
Frühe bis späte Bronzezeit
Schichten II–VII
Inventar-Nr. Sch 6299, Sch 6343y,
Sch 6345o, Sch 6398, Sch 6401,
Sch 6402, Sch 6404, Sch 6405-12,
Sch 6486, IXb 1706, IXb 1727

6.96 Pfriem
Bronze
Frühe Bronzezeit
Schichten II–IV
Inventar-Nr. Sch 6166

6.95

6.97 Meißel
Bronze
Frühe Bronzezeit
Schichten II-IV
Inventar-Nr. Sch 6213

6.98 Bolzen
Bronze
Frühe Bronzezeit
Schicht II
Inventar-Nr. Sch 6240, Sch 6253d

6.99 Zierplättchen
Gold
Frühe Bronzezeit
Schicht II-IV
Inventar-Nr. Sch 6435

6.100 Lanzenspitzen
Eisen
Römisch
Schicht IX
Inventar-Nr. Sch Sch 6500,
Sch 6502, Sch 6503

6.101 Schlüssel
Eisen
Römisch
Schicht IX
Inventar-Nr. Sch 6526

6.102 Glutständer
Bronze
Römisch
Schicht IX
Inventar-Nr. Sch 6507

6.103 Kegel- und pyramidenförmige Gewichte
Blei
Eisenzeit bis römisch
Schichten VIII/IX
Inventar-Nr. Sch 6569–Sch 6573

6.104 Rechteckiges Gewicht mit Relief eines Wildschweinkopfs
Blei
Eisenzeit bis römisch
Schichten VIII/IX
Inventar-Nr. Sch 6557

6.104

6.105 Teile einer Waage (?)
Bronze
Römisch
Schicht IX
Inventar-Nr. Sch 6528, Sch 6529

6.106 Henkel
Bronze
Römisch
Schicht IX
Inventar-Nr. Sch 6554

6.107 Fragment einer Fibel
Bronze
Römisch
Schicht IX
Inventar-Nr. Sch 6531

6.108 Toilettenbesteck
Bronze
Römisch
Schicht IX
Inventar-Nr. Sch 6514, Sch 6516–6518, Sch 6521, Sch 6548

6.109 Trensenknebel
Bronze
Römisch
Schicht IX
Inventar-Nr. Sch 6580

6.110 Glutwächter
Bronze
Römisch
Schicht IX
Inventar-Nr. Sch 6509

6.111 Gussformen
Stein
Frühe Bronzezeit
Schichten II-IV
Inventar-Nr. Sch 6725,
Sch 6731-6753/1, Sch 6766

6.112 Düse
Keramik
Prähistorisch
Schicht unbekannt
Inventar-Nr. Sch 6783

6.113 Tiegel
Keramik
Prähistorisch
Schicht unbekannt
Inventar-Nr. Sch 6823

6.114 Gusskuchen
Kupfer
Prähistorisch
Schicht unbekannt
Inventar-Nr. XIb 1508

6.115 Gusszapfen
Bronze
Prähistorisch
Schicht unbekannt
Inventar-Nr. Tr. 138, Tr. 137

6.116 Doppelhammer
Stein
Frühe Bronzezeit

6.122

Schicht I (?)
Inventar-Nr. Sch 7179

6.117 Reib- oder Glättstein
Stein
Prähistorisch
Schicht unbekannt
Inventar-Nr. Sch 8778

6.118 Schleifsteine (?)
Stein
Prähistorisch (?)
Schicht unbekannt
Inventar-Nr. Sch 8624–8643/2,
Sch 8624–8655/2, Sch 8624–8655/4,
Sch 8624–8655/5

6.119 Bürstengriffe
Ton, teilweise gebrannt
Frühe Bronzezeit
Schicht II
Inventar-Nr. Sch 8816, Sch 8824,
Sch 8825

6.120 Zwei Gewichte (?) mit Querfurchen
Stein
Frühe Bronzezeit
Schicht II-IV
Inventar-Nr. Sch 8366, Sch 8368

6.121 Lanzenspitze
Bronze
Späte Bronzezeit
Schicht VI
Inventar-Nr. Sch 6447

6.122 Pfeilspitzen
Bronze
Späte Bronzezeit
Schicht VI
Inventar-Nr. Sch 6450, Sch 6451

6.123 Knäufe
Stein
Späte Bronzezeit (?)
Schicht VI (?)
Inventar-Nr. Sch 7882, Sch 7895

Die Schatzfunde

6.124 Fragmente eines Ösengefäßes
Silber
Frühe Bronzezeit
Schicht II, Schatzfund A
Inventar-Nr. Sch 5861

6.125 Fragment einer Schale
Silber
Frühe Bronzezeit
Schicht II, Schatzfund A
Inventar-Nr. Sch 5865

6.130

6.126 Becher
Silber
Frühe Bronzezeit
Schicht II, Schatzfund A
Inventar-Nr. Sch 5867

6.127 Schale
Silber
Frühe Bronzezeit
Schicht II, Schatzfund A
Inventar-Nr. Sch 5868

6.128 Gefäß mit Trichterrand
Silber
Frühe Bronzezeit
Schicht II, Schatzfund A
Inventar-Nr. Sch 5871

6.129 Gefäß mit Trichterrand
Silber
Frühe Bronzezeit
Schicht II, Schatzfund A
Inventar-Nr. Sch 5872

6.130 Doppelhenkelgefäß
Silber
Frühe Bronzezeit
Schicht II, Schatzfund A
Inventar-Nr. Sch 5873

6.131 Becher (Replik)
Kupfer, vergoldet
Original: Gold
Frühe Bronzezeit
Schicht II, Schatzfund A
Original seit 1945 im Puschkin-Museum Moskau
Inventar-Nr. VIIa 1496

6.132 »Sauciere« (Replik)
Kupfer, vergoldet
Original: Gold
Frühe Bronzezeit
Schicht II, Schatzfund A
Original seit 1945 im Puschkin-Museum Moskau
Inventar-Nr. VIIa 1497

6.133 Kugelflasche (Replik)
Kupfer, vergoldet
Original: Gold
Frühe Bronzezeit
Schicht II, Schatzfund A
Original seit 1945 im Puschkin-Museum Moskau
Inventar-Nr. VIIa 677

6.134 Pektoral (Replik)
Kupfer, vergoldet
Original: Gold
Frühe Bronzezeit
Schicht II, Schatzfund A
Original seit 1945 im Puschkin-Museum Moskau
Inventar-Nr. VIIa 1419

6.135 Diadem (Replik)
Kupfer, vergoldet
Original: Gold
Frühe Bronzezeit
Schicht II, Schatzfund A
Original seit 1945 im Puschkin-Museum Moskau
Inventar-Nr. VIIa 1417

6.136 Diadem (Replik)
Kupfer, vergoldet
Original: Gold
Frühe Bronzezeit
Schicht II, Schatzfund A
Original seit 1945 im Puschkin-Museum Moskau
Inventar-Nr. VIIa 1418

6.137 Vier Ohrgehänge (Repliken)
Kupfer, vergoldet
Original: Gold
Frühe Bronzezeit
Schicht II, Schatzfund A
Original seit 1945 im Puschkin-Museum Moskau
Inventar-Nr. VIIa 1423–1426

6.138 Dreißig Lockenringe und Ohrringe (Repliken)
Kupfer, vergoldet
Original: Gold
Frühe Bronzezeit
Schicht II, Schatzfund A
Original seit 1945 im Puschkin-Museum Moskau
Inventar-Nr. VIIa 1414, VIIa 1415, VIIa 1427-1430, VIIa 1445, VIIa 1446, VIIa 1450, VIIa 1451, VIIa 1458-1477

6.139 Stirnband (Replik)
Kupfer, vergoldet
Original: Gold
Frühe Bronzezeit
Schicht II, Schatzfund A
Original seit 1945 im Puschkin-Museum Moskau
Inventar-Nr. VIIa 1478

6.140 Rundstabiger Armring (Replik)
Kupfer, vergoldet
Original: Gold
Frühe Bronzezeit
Schicht II, Schatzfund A
Original seit 1945 im Puschkin-Museum Moskau
Inventar-Nr. VIIa 1421

6.141 Verziertes Armband (Replik)
Kupfer, vergoldet
Original: Gold
Frühe Bronzezeit
Schicht II, Schatzfund A
Original seit 1945 im Puschkin-Museum Moskau
Inventar-Nr. VIIa 1422

6.142 Rundstabiger Armring mit kugelförmigem Ende (Replik)
Kupfer, vergoldet
Original: Gold
Frühe Bronzezeit
Schicht II, Schatzfund A
Original seit 1945 im Puschkin-Museum Moskau
Inventar-Nr. VIIa 1653

6.136

6.143 Tordierter Spiralarmring (Replik)
Kupfer, vergoldet
Original: Gold
Frühe Bronzezeit
Schicht II, Schatzfund A
Original seit 1945 im Puschkin-Museum Moskau
Inventar-Nr. VIIa 1655

6.144 Beile
Bronze
Frühe Bronzezeit
Schichten II, Schatzfund A
Inventar-Nr. Sch 5831, Sch 5838

6.145 Ausguss eines Gefäßes
Bronze
Frühe Bronzezeit
Schichten II, Schatzfund B
Inventar-Nr. Sch 5975.1

6.146 Applikationen eines Gefäßes
Bronze
Frühe Bronzezeit
Schichten II, Schatzfund B
Inventar-Nr. Sch 5975.1–Sch 5975.5

6.147 Teile einer Kette
Gold
Frühe Bronzezeit
Schicht II/III, Schatzfund D
Inventar-Nr. Sch 5993

6.148 Teile einer Kette
Gold
Frühe Bronzezeit
Schicht II/III, Schatzfund D
Inventar-Nr. Sch 5994

6.149 Fünfzehn Tutuli
Gold
Frühe Bronzezeit
Schicht II/III, Schatzfund F
Inventar-Nr. Sch 6007

6.150 Axthammer (Replik)
Gips, bemalt
Original: Nephrit
Frühe Bronzezeit
Schicht II, Schatzfund L
Original seit 1945 im Puschkin-Museum Moskau
Inventar-Nr. VIIa 669

6.151 Axthammer (Replik)
Gips, bemalt
Original: Lasurit
Frühe Bronzezeit, 2. Hälfte des 3. Jahrtausends v. Chr.
Schicht II, Schatzfund L
Original seit 1945 im Puschkin-Museum Moskau
Inventar-Nr. VIIa 679

6.155

6.156

6.152 Doppelaxt
Bronze
Mittlere und späte Bronzezeit
Schicht VI, Schatzfund P
Inventar-Nr. Sch 6135

6.153 Sichelmesser
Bronze
Mittlere und späte Bronzezeit
Schicht VI, Schatzfund P
Inventar-Nr. Sch 6139

Staatliche Museen zu Berlin, Ägyptisches Museum und Papyrussammlung

6.154 Textfragment von Homer, Ilias XXI 359–396
Papyrus, beschriftet
Ptolemäische Zeit, 4.–1. Jahrhundert n. Chr.
Fundort unbekannt
Inventar-Nr. P 16985 A linke Hälfte

Archäologisches Nationalmuseum Athen

6.155 Halskette
Gold
Frühe Bronzezeit
Schicht II
Inventar-Nr. 4331

6.156 Ohrringe
Gold
Frühe Bronzezeit
Schicht II
Inventar-Nr. 4332, 4333

7.1

7.3

7.6

7.4

7.7

7. MYKENE

Archäologisches Nationalmuseum Athen

7.1 Kanne
Keramik, bemalt
Frühmykenisch, 16. Jahrhundert v. Chr.
Gräberrund A, Grab I
Inventar-Nr. 199

7.2 Drei Teile eines Diadems
Gold
Frühmykenisch, 16. Jahrhundert v. Chr.
Gräberrund A, Grab III
Inventar-Nr. 7

7.3 Kreuzförmiges Ornamentblech
Gold
Frühmykenisch, 16. Jahrhundert v. Chr.
Gräberrund A, Grab III
Inventar-Nr. 25

7.4 Florales Ornamentblech
Gold
Frühmykenisch, 16. Jahrhundert v. Chr.
Gräberrund A, Grab III
Inventar-Nr. 15

7.5 Zierblech in Form eines Triptychonschreins
Gold
Frühmykenisch, 16. Jahrhundert v. Chr.
Gräberrund A, Grab III
Inventar-Nr. 26.2

7.6 Zwei Ohrgehänge
Gold
Frühmykenisch, 16. Jahrhundert v. Chr.
Gräberrund A, Grab III
Inventar-Nr. 61

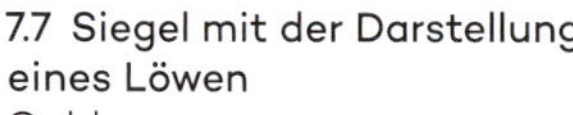

7.7 Siegel mit der Darstellung eines Löwen
Gold
Frühmykenisch, 16. Jahrhundert v. Chr.
Gräberrund A, Grab III
Inventar-Nr. 34

7.8 Siegel mit der Darstellung zweier Kämpfer
Gold
Frühmykenisch, 16. Jahrhundert v. Chr.
Gräberrund A, Grab III
Inventar-Nr. 35

7.2

7.5

7.8

7.9

7.12

7.15

7.10

7.13

7.16

7.9 Zierblech in Form eines Schmetterlings
Gold
Frühmykenisch, 16. Jahrhundert v. Chr.
Gräberrund A, Grab III
Inventar-Nr. 51

7.10 Zierblech mit der Darstellung zweier Wildkatzen
Gold
Frühmykenisch, 16. Jahrhundert v. Chr.
Gräberrund A, Grab III
Inventar-Nr. 50

7.11 Zierblech mit der Darstellung zweier Hirsche
Gold
Frühmykenisch, 16. Jahrhundert v. Chr.
Gräberrund A, Grab III
Inventar-Nr. 45

7.12 Zwei Zierbleche mit der Darstellung eines Oktopusses
Gold
Frühmykenisch, 16. Jahrhundert v. Chr.
Gräberrund A, Grab III
Inventar-Nr. 39

7.13 Zierblech mit der Darstellung einer Sphinx
Gold
Frühmykenisch, 16. Jahrhundert v. Chr.
Gräberrund A, Grab III
Inventar-Nr. 47

7.14 Zierblech mit der Darstellung eines Greifen
Gold
Frühmykenisch, 16. Jahrhundert v. Chr.
Gräberrund A, Grab III
Inventar-Nr. 48

7.15 Zierblech mit der Darstellung eines Löwen
Gold
Frühmykenisch, 16. Jahrhundert v. Chr.
Gräberrund A, Grab III
Inventar-Nr. 32

7.16 Zierblech mit der Darstellung eines Oktopusses
Gold
Frühmykenisch, 16. Jahrhundert v. Chr.
Gräberrund A, Grab III
Inventar-Nr. 30

7.17 Zierblech mit der Darstellung einer Göttin und dreier Vögel
Gold
Frühmykenisch, 16. Jahrhundert v. Chr.
Gräberrund A, Grab III
Inventar-Nr. 27

7.11

7.14

7.17

7.18

7.19

7.19

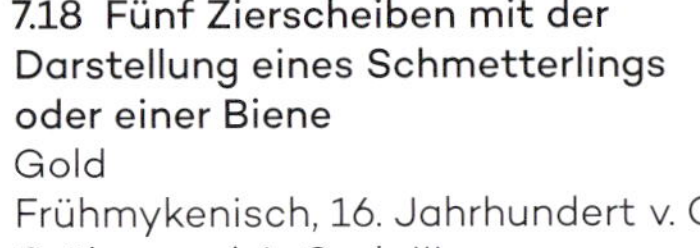

7.18 Fünf Zierscheiben mit der Darstellung eines Schmetterlings oder einer Biene
Gold
Frühmykenisch, 16. Jahrhundert v. Chr.
Gräberrund A, Grab III
Inventar-Nr. 2

7.19 Zehn Zierscheiben mit der Darstellung eines Fächerpalmblattes
Gold
Frühmykenisch, 16. Jahrhundert v. Chr.
Gräberrund A, Grab III
Inventar-Nr. 6 und 8

7.20

7.21

7.20 Fünf Zierscheiben mit der Darstellung eines Oktopusses
Gold
Frühmykenisch, 16. Jahrhundert v. Chr.
Gräberrund A, Grab III
Inventar-Nr. 18

7.21 Fünf Zierscheiben mit Kreisornamenten
Gold
Frühmykenisch, 16. Jahrhundert v. Chr.
Gräberrund A, Grab III
Inventar-Nr. 10

7.22 Fünf Zierscheiben mit Spiralornamenten
Gold
Frühmykenisch, 16. Jahrhundert v. Chr.
Gräberrund A, Grab III
Inventar-Nr. 12

7.22

7.23

7.24

7.23 Fünf Zierscheiben mit Wellenmuster
Gold
Frühmykenisch, 16. Jahrhundert v. Chr.
Gräberrund A, Grab III
Inventar-Nr. 14

7.24 Pyxis
Gold
Frühmykenisch, 16. Jahrhundert v. Chr.
Gräberrund A, Grab III
Inventar-Nr. 85

7.25 Schmucknadel
Kupfer, Bergkristall
Frühmykenisch, 16. Jahrhundert v. Chr.
Gräberrund A, Grab III
Inventar-Nr. 103

7.25

7.26

7.29

7.32

7.27

7.30

7.33

7.26 Rhyton in Form einer Nautilusmuschel
Fayence
Frühmykenisch, 16. Jahrhundert v. Chr.
Gräberrund A, Grab III
Inventar-Nr. 166

7.27 Kanne
Keramik, bemalt
Frühmykenisch, 16. Jahrhundert v. Chr.
Gräberrund A, Grab III
Inventar-Nr. 156

7.28 Diadem
Gold
Frühmykenisch, 16. Jahrhundert v. Chr.
Gräberrund A, Grab IV
Inventar-Nr. 236-239

7.29 Armband
Gold
Frühmykenisch, 16. Jahrhundert v. Chr.
Gräberrund A, Grab IV
Inventar-Nr. 263

7.30 Applikation mit eingeschnittener Spiralverzierung
Gold
Frühmykenisch, 16. Jahrhundert v. Chr.
Gräberrund A, Grab IV
Inventar-Nr. 316

7.31 Applikation mit eingeschnittener Wellenverzierung
Gold
Frühmykenisch, 16. Jahrhundert v. Chr.
Gräberrund A, Grab IV
Inventar-Nr. 334

7.32 Applikation mit geometrischer Ornamentik
Gold, Knochen
Frühmykenisch, 16. Jahrhundert v. Chr.
Gräberrund A, Grab IV
Inventar-Nr. 343

7.33 Zwei Zierbleche in Form eines Stierkopfes mit Doppelaxt
Gold
Frühmykenisch, 16. Jahrhundert v. Chr.
Gräberrund A, Grab IV
Inventar-Nr. 353 und 354

7.34 Schwertknauf mit der Darstellung eines Löwen und eines Leoparden
Gold, Elfenbein
Frühmykenisch, 16. Jahrhundert v. Chr.
Gräberrund A, Grab IV
Inventar-Nr. 295-β

7.28

7.31

7.34

7.35

7.43

7.35 Zwei Zierbleche einer Schwertscheide mit geometrischer Verzierung
Gold
Frühmykenisch, 16. Jahrhundert v. Chr.
Gräberrund A, Grab IV
Inventar-Nr. 282 und 283

7.36 Kantharos
Gold
Frühmykenisch, 16. Jahrhundert v. Chr.
Gräberrund A, Grab IV
Inventar-Nr. 440

7.37 Eberzahnhelm
Eckzähne von Ebern
Frühmykenisch, 16. Jahrhundert v. Chr.
Gräberrund A, Grab IV
Inventar-Nr. 521-531

7.36

7.38

7.39

7.38 15 Pfeilspitzen
Silex, Obsidian
Frühmykenisch, 16. Jahrhundert v. Chr.
Gräberrund A, Grab IV
Inventar-Nr. 536-540

7.39 Lanzenspitze
Bronze
Frühmykenisch, 16. Jahrhundert v. Chr.
Gräberrund A, Grab IV
Inventar-Nr. 449

7.40 Axt
Bronze
Frühmykenisch, 16. Jahrhundert v. Chr.
Gräberrund A, Grab IV
Inventar-Nr. 514

7.41 Schwert
Bronze
Frühmykenisch, 16. Jahrhundert v. Chr.
Gräberrund A, Grab IV
Inventar-Nr. 431

7.42 Kanne
Kupfer
Frühmykenisch, 16. Jahrhundert v. Chr.
Gräberrund A, Grab IV
Inventar-Nr. 601

7.43 Rhyton
Straußeneierschale, Fayence
Frühmykenisch, 16. Jahrhundert v. Chr.
Gräberrund A, Grab IV
Inventar-Nr. 552

7.40

7.41

7.44 Sechs anthropomorphe Figurinen
Keramik, bemalt
Mykenische Palastzeit,
15. bis 13. Jahrhundert v. Chr.
Akropolis
Inventar-Nr. 1222, 1223,
1235–1237, 1239

7.45 Fragmente einer Grabstele mit spiralförmigen Ornamenten
Kalkstein
Frühmykenisch, 16. Jahrhundert v. Chr.
Gräberrund A
Inventar-Nr. 1434–1438

7.46 Architekturteil mit spiralförmigen Ornamenten
Serpentinit
Mykenische Palastzeit,
13. Jahrhundert v. Chr.
Grab der Klytämnestra
Inventar-Nr. 1474

7.44

Staatlichen Museen zu Berlin, Antikensammlung

7.47 Deckenfragment
Grüner Kalkschiefer
Mykenische Palastzeit,
13. Jahrhundert v. Chr.
Schatzhaus des Atreus
Inventar-Nr. Sk 993

7.48 Replik des Entlastungsdreiecks am Löwentor mit Löwenrelief
Gips, koloriert
Original: Kalkstein
Mykenische Palastzeit,
13. Jahrhundert v. Chr.
Akropolis

Staatliche Museen zu Berlin, Museum für Vor- und Frühgeschichte

7.49 Gemme mit der Darstellung zweier Steinböcke
Porphyr
Mykenische Palastzeit,
13. Jahrhundert v. Chr.
Region um Mykene
Inventar-Nr. Sch 11270a

7.50 Gemme mit der Darstellung eines Stierkopfes mit hängender Doppelaxt
Achat
Mykenische Palastzeit,
13. Jahrhundert v. Chr.
Region um Mykene
Inventar-Nr. Sch 11270c

7.42

7.45

7.49

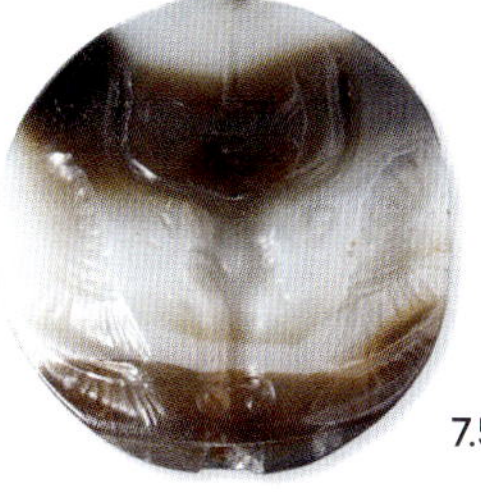
7.50

Tiryns

Archäologisches Nationalmuseum Athen

7.51 Wandfresko mit »Stierspringer«
Stuck, bemalt
Mykenische Palastzeit,
13. Jahrhundert v. Chr.
Palast
Inventar-Nr. 1595

7.52 Fragmente eines Throns mit spiralförmigen Ornamenten
Stein
Mykenische Palastzeit,
13. Jahrhundert v. Chr.
Palast
Inventar-Nr. 1737–1743

7.53 Figur des phönizischen Gottes Reschef
Bronze
Späte Bronzezeit, 2. Hälfte des
2. Jahrtausends v. Chr.
Palast
Inventar-Nr. 1582

7.51

7.53

7.52

Orchomenos

Archäologisches Nationalmuseum Athen

7.54 Fragment einer Steinplatte mit Nagel mit von Sophia Schliemann beschriebenem Etikett
Stein, Bronze, Papier, Tinte
Späte Bronzezeit, 2. Hälfte des 2. Jahrtausends v. Chr.
Schatzhaus des Minyas
Inventar-Nr. 13596

7.55 Fragment einer Steinplatte mit von Sophia Schliemann beschriebenem Etikett
Stein, Papier, Tinte
Späte Bronzezeit, 2. Hälfte des 2. Jahrtausends v. Chr.
Schatzhaus des Minyas
Inventar-Nr. 13597

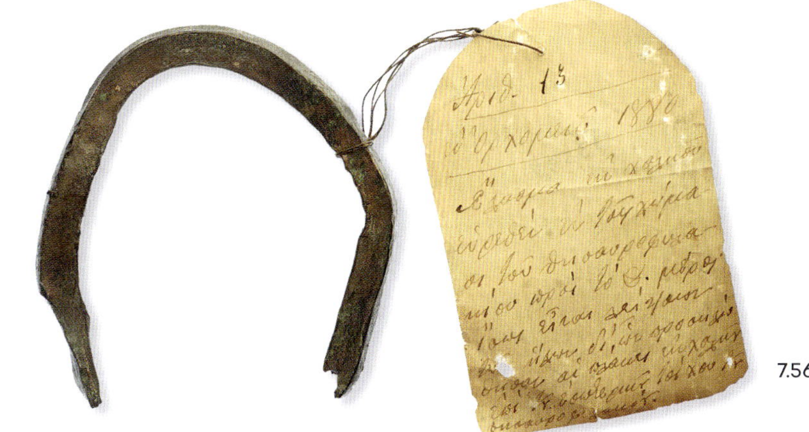

7.56

7.54

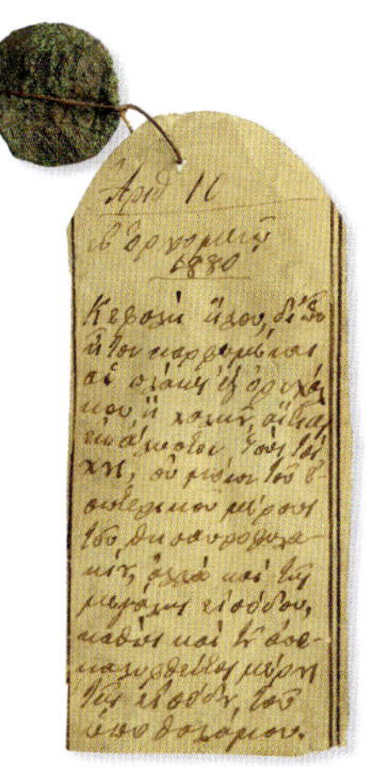

7.57

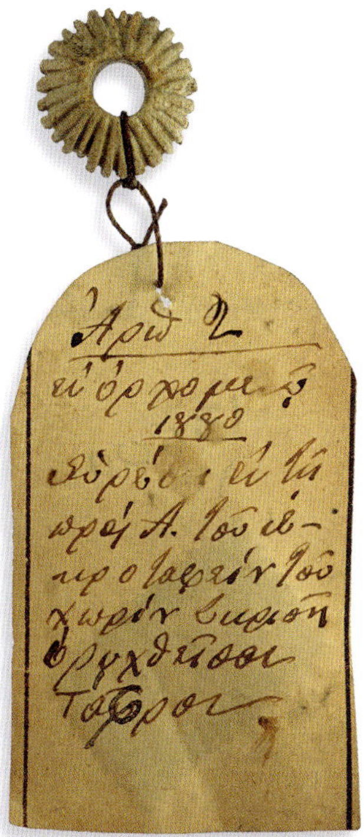

7.58

7.59

7.56 Henkel mit von Sophia Schliemann beschriebenem Etikett
Bronze, Papier, Tinte
Späte Bronzezeit, 2. Hälfte des 2. Jahrtausends v. Chr.
Schatzhaus des Minyas
Inventar-Nr. 13598

7.57 Kopf einer Nadel mit von Sophia Schliemann beschriebenem Etikett
Bronze, Papier, Tinte
Späte Bronzezeit, 2. Hälfte des 2. Jahrtausends v. Chr.
Schatzhaus des Minyas
Inventar-Nr. 13599

7.58 Perle mit von Sophia Schliemann beschriebenem Etikett
Fayence, Papier, Tinte
Späte Bronzezeit, 2. Hälfte des 2. Jahrtausends v. Chr.
Schatzhaus des Minyas
Inventar-Nr. 13600

7.59 Münze mit von Sophia Schliemann beschriebenem Etikett
Bronze, Papier, Tinte
Byzantinisch
Schatzhaus des Minyas
Inventar-Nr. 13601

Museum für Vor- und Frühgeschichte, Staatliche Museen zu Berlin

7.60 Drei Gefäßfragmente minyscher Keramik
Mittlere Bronzezeit, 1. Hälfte des 2. Jahrtausends v. Chr.
Inventar-Nr. Sch 10870, Sch 10884, Sch 10885

Freie Universität Berlin, Abgusssammlung

7.61 Verziertes Deckenfragment (Replik)
Gips, koloriert
Original: Stein
Mykenische Palastzeit, 13. Jahrhundert v. Chr.
Nebenkammer des Schatzhauses des Minyas
Inventar-Nr. 2010/15

8.18

8. ATHEN — ANGEKOMMEN UND DOCH IMMER UNTERWEGS

REISEN

8.1 C. Adamis Erdglobus
Papier, Pappe, Holz, Gips, Messing
1885
Gezeichnet von H. Kiepert,
Dietrich Reimer Verlag
Staatsbibliothek zu Berlin,
Kartenabteilung
Inventar-Nr. Kart. A 4260

8.2 Baedeker's Reiseführer Paris, Egypt, London, Greece, Konstantinopel und Kleinasien, Italien
Papier, Pappe, Leinen
1864, 1885, 1894, 1894, 1905, 1908
Karl Baedeker Verlag
SMB, Archiv MVF

8.3 Taschenkompass
Messing u.a. Metalle, Glas
19. Jahrhundert
Leihgabe Marion Bertram, Berlin

Staatliche Museen zu Berlin, Münzkabinett

8.4 2/3 Taler (Gulden)
Silber
1828
Deutsches Reich, Herzogtum Mecklenburg-Schwerin
Inventar-Nr. 18277936

8.5 2 1/2 Gulden
Silber
1842
Niederlande, Münzstätte Utrecht
Inventar-Nr. 18277938

8.6 1 Rubel
Silber
1842
Russisches Kaiserreich, Münzstätte
St. Petersburg
Inventar-Nr. 18278004

8.7 5 Rubel
Gold
1845
Russisches Kaiserreich, Münzstätte
St. Petersburg
Inventar-Nr. 18277999

8.8 1 Rubel
Silber
1848
Russisches Kaiserreich, Münzstätte
St. Petersburg
Inventar-Nr. 18277990

8.9 1 Rubel
Silber
1848
Russisches Kaiserreich, Münzstätte
St. Petersburg
Inventar-Nr. 18278003

8.10 10 Pesos
Gold
1855
Kolumbien, Neugranada,
Münzstätte Bogota
Inventar-Nr. 18217837

8.11 Cash Münze
Messing
1850–61
China, Münzstätte Bejing
Inventar-Nr. 18277952

8.12 Shu Münze
Silber
1853–65
Japan
Inventar-Nr. 18277951

8.13 4 Riksdaler Riksmynt
Silber
1857
Schweden, Münzstätte Stockholm
Inventar-Nr. 18277949

8.14 20 Baiocchi
Silber
1858
Kirchenstaat, Münzstätte Bologna
Inventar-Nr. 18277946

8.15 20 Francs
Gold
1858
Frankreich, Münzstätte Paris
Inventar-Nr. 18277967

8.16 10 Cents
Silber
1858
Kanada, geprägt in London
Inventar-Nr. 18277964

8.17 20 Lire
Gold
1859
Italien, Königreich Sardinien,
Münzstätte Turin
Inventar-Nr. 18277943

8.18 Sovereign
Gold
1863
England, Münzstätte London
Inventar-Nr. 18268268

8.19 1/2 Rupie
Silber
1866
Indien, Münzstätte Chennai (Madras)
oder Mumbai (Bombay)
Inventar-Nr. 18277950

8.20 1 Florin
Silber
1866
England, Münzstätte London
Inventar-Nr. 18217734

8.21 100 Kuruş
Gold
1873
Osmanisches Reich,
Münzstätte Istanbul
Inventar-Nr. 18278007

8.22 5 Mark
Silber
1874
Deutsches Reich, Preußen
Inventar-Nr. 18214682

8.21

8.24

8.23 20 Mark
Gold
1889
Deutsches Reich, Preußen
Inventar-Nr. 18277941

8.24 20 Drachmen
Gold
1884
Griechenland, Münzstätte Paris
Inventar-Nr. 18221964

8.25 1 Rubel
Papier
1865
Russisches Kaiserreich
Inventar-Nr. 18277879

8.26 100 Mark
Papier
1883
Deutsches Reich
Inventar-Nr. 18219716

Giesecke + Devrient Stiftung Geldscheinsammlung, München

8.27 20 Dollar
Papier
1859
Georgia, Bank of Commerce
Inventar-Nr. HVB-SGW-341024

8.28 10 Dollar
Papier
1855
Tennessee, Mechanics Bank of Memphis
Inventar-Nr. HVB-SGW-341027

HEINRICH SCHLIEMANNS ARBEITSZIMMER

Municipal Art Gallery of Larissa – G. I. Katsigras Museum

8.29 Schreibtisch mit Löwenfüßen
Holz, Metall
1880
Inventar-Nr. ΣΚΞ001

8.30 Schreibtischsessel mit Sphingen und Widderköpfen
Holz, Metall
1880
Inventar-Nr. ΣΚΞ014

8.31 Zwei Stühle mit Eulen-Armlehnen
Holz, Metall
1880
Inventar-Nr. ΣΚΞ009/10

8.32 Bücherschrank
Holz, Metall
1881
Inventar-Nr. ΣΚΞ003

8.33 Dreifuß-Beistelltisch
Holz
1881
Inventar-Nr. ΣΚΞ013

Weitere Leihgeber

8.34 J. Sydney Willis Hodges (1829–1900), Heinrich Schliemann
Öl auf Leinwand
1877
SMB, MVF
Inventar-Nr. IXo 10

8.35 Unbekannter Maler, Sophia Schliemann
Öl auf Leinwand
undatiert
Collection of the Museum »Sophia Schliemann« of the General Hospital of Thoracic Diseases of Athens »I Sotiria«
Inventar-Nr. Nr. 194

8.36 Meyer's Konversations-Lexikon (20 Bände)
Pappe, Leder, Papier
3. Auflage, 1876
Verlag des Bibliographischen Instituts
Leihgabe Sebastian Olschok, Berlin

8.37 Helios-Metope (Replik)
Gips, koloriert
Original: Marmor
Erstes Viertel des 3. Jahrhunderts v. Chr.
Troja IX, Athena-Tempel
SMB, Antikensammlung
Inventar-Nr. ANT Berlin
Ident. Nr. 1397392

8.38 Weiblicher Porträtkopf (sog. Kopf der Kleopatra)
Marmor
Römische Kopie des 1. Jahrhunderts n. Chr., nach griechischem Original der Zeit um 300 v. Chr.
Alexandria, Ägypten
SMB, MVF (Schliemann-Sammlung)
Inventar-Nr. Sch 11884

8.30

8.33

8.39 Löwenpfote (Tischbein)
Marmor
Römisch
Troja IX
SMB, MVF (Schliemann-Sammlung)
Inventar-Nr. Sch 9617/1

8.40 Auswahl von Briefen Heinrich Schliemanns in unterschiedlichen Sprachen
Papier, Tinte
1880er Jahre
SMB, Archiv des MVF
Inventar-Nr. Ixe

8.41 Einladung der Deutschen Gesellschaft für Anthropologie, Ethnologie und Urgeschichte zur XI. Generalversammlung in Berlin
Papier
August 1880
Archiv der Berliner Gesellschaft für Anthropologie, Ethnologie und Urgeschichte
Inventar-Nr. BGAEU-GES 63

ÄGYPTENREISEN

Staatliche Museen zu Berlin, Museum für Vor- und Frühgeschichte (Schliemann-Sammlung)

8.42 Zwei Schnurösengefäße
Keramik
Prädynastisch, Negade II,
ca. 3500–3200 v. Chr.
Kurnah, Ägypten
Inventar-Nr. Sch 11288, Sch 11291

8.43 Zylinder-Gefäß
Keramik
Prädynastisch, Negade III,
3200–3000 v. Chr.
Kurnah, Ägypten
Inventar-Nr. Sch 11300

8.44 Flasche
Keramik
Erste Hälfte des Mittleren Reichs,
Frühes 2. Jahrtausend v. Chr.
Kurnah, Ägypten
Inventar-Nr. Sch 11309

8.45 Kugelflasche
Keramik
Mittleres Reich, 12. Dynastie,
1976–1793 v. Chr.
Kurnah, Ägypten
Inventar-Nr. Sch 11515

8.42

8.46

8.46 Flasche
Keramik
Neues Reich, 18. Dynastie,
1550–1292 v. Chr.
Kurnah, Ägypten
Inventar-Nr. Sch 11408

8.47 Doppelhenkelgefäß
Keramik
Neues Reich, 18. Dynastie,
1550–1292 v. Chr.
Kurnah, Ägypten
Inventar-Nr. Sch 11396

8.48 Flasche
Keramik
Neues Reich, 18. Dynastie,
1550–1292 v. Chr.
Kurnah, Ägypten
Inventar-Nr. Sch 11385

8.49 Krug
Keramik
Ende der Ptolemäerzeit bis frührömische Kaiserzeit, 1. Jahrhundert v. Chr.–1. Jahrhundert n. Chr.
Kurnah, Ägypten
Inventar-Nr. Sch 11462

Weitere Leihgeber

8.50 Reisekamera
Holz, Textil, Metall
1883–1887
Jonte, Paris, (Anna Höft)
Stiftung Deutsches Technikmuseum Berlin
Inventar-Nr. 1/1988/1058 0

8.51 Stativ für Plattenkamera
Holz, Metall
um 1900
Stiftung Deutsches Technikmuseum Berlin
Inventar-Nr. 1/2009/1203 0

8.52

8.52 Dr. Krügener Simplex Magazinkamera für 24 Platten 6x8
Holz, Messing, Eisenblech
um 1889
Deutschland
Leihgabe Jan Beenken, München

REPLIKEN VON MYKENE-FUNDEN, GALVANOPLASTIKEN, FIRMA E. GILLIÉRON & FILS

8.53 Agamemnon-Maske
SMB, MVF
Inventar-Nr. VIIa 1498

Humboldt Universität zu Berlin, Winckelmann-Institut, Repliken von 1913

8.54 Nestorbecher
Inventar-Nr. I 3

8.55 Tasse mit Delfinen
Inventar-Nr. I 10

8.56 Dolch mit springenden Löwen
Inventar-Nr. I 17

8.57 Schwert Typ A
Inventar-Nr. I 20

8.58 Goldplatte einer Schwertscheide
Inventar-Nummer: I 25

8.59 Goldblech (Heiligtum mit Vögeln)
Inventar-Nr. I 34

8.60 Goldblech (Oktopus)
Inventar-Nr. I 39

8.61 Goldblech (wilde Katzen)
Inventar-Nr. I 43

8.62 Nildolch
Inventar-Nr. I 60

8.66

WMF Group GmbH, Historisches Warenarchiv, Geislingen (Steige), Repliken des frühen 20. Jahrhunderts, ohne Inventarnummern

8.63 Produktionsschritte Tempelapplikation
Gips, Metall

8.64 Galvanoplastiken
Teile des Löwenkopf-Rhyton (Fundzustand),
Löwenkopf-Rhyton,
zehn Applikationen,
zwei Dolche

HEINRICH SCHLIEMANNS PUBLIKATIONEN

8.65 Virchows Vorrede zu Heinrich Schliemann, Ilios:
1 Blatt der handschriftlichen Fassung
1 Blatt der deutschen Druckfahne
1 Blatt der englischen Druckfahne
Papier
1880
Archiv der Berlin-Brandenburgischen Akademie der Wissenschaften, Nachlass Rudolf Virchow
Inventar-Nr. 2649

8.64

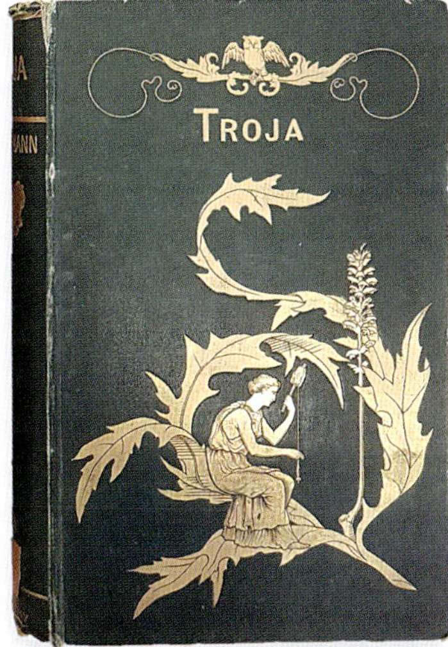

8.69

Heinrich-Schliemann-Museum Ankershagen

8.66 Mycenae
1878
Inventar-Nr. 4984

8.67 Illios, Stadt und Land der Trojaner
1881
Inventar-Nr. 1472

8.68 Illios, City and Country of the Trojans
1881
Inventar-Nr. 6165

8.69 Troja (zwei Ausgaben)
1884
Inventar-Nr. 1473, o. Nr.

8.70 Tiryns
1886
Inventar-Nr. 3068

Staatliche Museen zu Berlin, Kunstbibliothek

8.71 Ithaque, le Péloponnése, Troie
1869
Inventar-Nr. LF 4140 S344 I8F

8.72 Ithaka, der Peloponnes und Troja
1869
Inventar-Nr. LF 4140 S344 I8

8.73 Trojanische Alterthümer
1874
Inventar-Nr. LF 4140 S344 T84

8.74 Atlas Trojanischer Alterthümer
1874
Inventar-Nr. LF 4140 S344

8.75 Mykenae
1878
Inventar-Nr. LE 8239 M996 S3

8.76 Troja (englische Ausgabe)
1884
Inventar-Nr. LF 4140 S344 T845.1884

8.70

GESCHICHTE DER SAMMLUNG TROJANISCHER ALTERTÜMER

Archiv der Berlin-Brandenburgischen Akademie der Wissenschaften, Nachlass Rudolf Virchow

8.77 Zwei Briefe des Ministeriums der geistlichen, Unterrichts- und Medicinal-Angelegenheiten an Rudolf Virchow
Papier, Tinte
23. Juni 1879 und 1. Januar 1881
Inventar-Nr. 2651

8.78 Notizen und Zeichnungen von Rudolf Virchow aus dem Londoner South Kensington Museum
Papier, Bleistift
September 1879
Inventar-Nr. 2824/12, Bl. 26–31

Staatliche Museen zu Berlin, Archiv des Museums für Vor- und Frühgeschichte

8.79 Brief Heinrich Schliemanns an Richard Schöne, Generaldirektor der Königlichen Museen zu Berlin
Papier, Tinte
13. Januar 1881
Inventar-Nr. IXe 9

8.80 Eintrittskarte Schliemann-Sammlung
Papier
1882
Inventar-Nr. IXe 172

8.81 Visitenkarte Heinrich Schliemanns mit Nachricht für die Museumsmitarbeiter
Papier, Bleistift
1881
Inventar-Nr. IXe 123

8.82 Heinrich Schliemann's Sammlung Trojanischer Altertümer (Hubert Schmidt)
Papier
1902
Inventar-Nr. ohne

8.83 Schuber und Karteikarte der Originalkartei Trojanische Altertümer
Pappe, Tinte
um 1900
Inventar-Nr. ohne

TOD

8.84 Gedächtnisrede auf Heinrich Schliemann (Gustav Hirschfeld)
Pappe, Papier
Physikalisch-ökonomische Gesellschaft zu Königsberg
5. Februar 1891
SMB, Kunstbibliothek
Inventar-Nr. LE 4294 S344 H6

Archiv der Berlin-Brandenburgischen Akademie der Wissenschaften, Nachlass Rudolf Virchow

8.85 Todesanzeige Heinrich Schliemann
Papier
Januar 1891
Inventar-Nr. 2657

8.86 Programm der Gedächtnisfeier im Berlinischen Rathaus
Papier
1. März 1891
Inventar-Nr. 2657

8.87 Nachruf Heinrich Schliemann, Zeitschrift »Die Nation«
Jg. 8, Nr. 14, 3. Januar 1891
Papier
Inventar-Nr. 2654

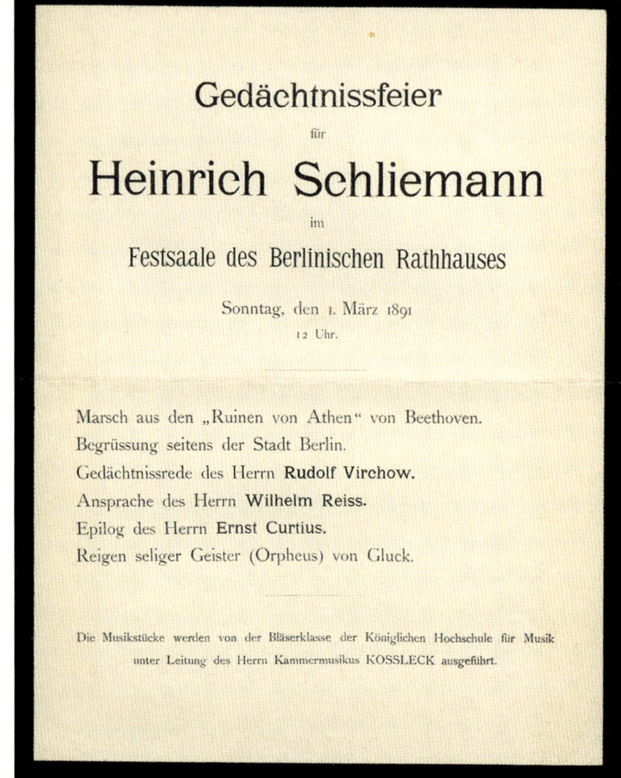

Gedächtnissfeier
für
Heinrich Schliemann
im
Festsaale des Berlinischen Rathhauses

Sonntag, den 1. März 1891
12 Uhr.

Marsch aus den „Ruinen von Athen" von Beethoven.
Begrüssung seitens der Stadt Berlin.
Gedächtnissrede des Herrn Rudolf Virchow.
Ansprache des Herrn Wilhelm Reiss.
Epilog des Herrn Ernst Curtius.
Reigen seliger Geister (Orpheus) von Gluck.

Die Musikstücke werden von der Bläserklasse der Königlichen Hochschule für Musik unter Leitung des Herrn Kammermusikus KOSSLECK ausgeführt.

8.85

Madame Sophie Schliemann et ses enfants Andromaque et Agamemnon ont l' honneur de vous faire part de la perte douloureuse qu' ils viennent d' éprouver en la personne de

Mr HENRI SCHLIEMANN

leur epoux et père bien aimé décedé à Naples le 14|26 Decembre 1890
les obsèques auront lieu à Athènes Dimanche 23|4 Jenvier 1891.

8.86

LEIHGEBER

Wir danken den Leihgebern der Ausstellung (alphabetisch nach Orten)

Heinrich-Schliemann-Museum, Ankershagen

The Hellenic Ministry of Culture and Sports, General Directorate of Antiquities and Cultural Heritage, Athens

National Archaeological Museum Athens

The American School of Classical Studies at Athens

Museum »Sophia Schliemann« of the General Hospital of Thoracic Diseases of Athens »I Sotiria«

Berlin-Brandenburgische Akademie der Wissenschaften, Archiv

Freie Universität Berlin, Abguss-Sammlung Antiker Plastik

Humboldt-Universität zu Berlin, Winckelmann-Institut

Staatsbibliothek zu Berlin, Preußischer Kulturbesitz:

Allgemeiner Bestand

Kartenabteilung

Kinder- und Jugendbuchabteilung

Staatliche Museen zu Berlin, Stiftung Preußischer Kulturbesitz:

Kunstbibliothek, Archäologische Bibliothek

Museum für Asiatische Kunst

Ägyptisches Museum und Papyrussammlung

Antikensammlung

Ethnologisches Museum

Kunstgewerbemuseum

Kupferstichkabinett

Münzkabinett

Stiftung Deutsches Technikmuseum Berlin

Stiftung Stadtmuseum Berlin

Technische Universität Berlin, Mineralogische Sammlungen und Museum

Marion Bertram, Berlin

Sebastian Olschok, Berlin

Technische Universität Dresden, Historische Farbstoffsammlung

Technische Universität Bergakademie Freiberg, Kustodie

WMF Group GmbH, Historisches Warenarchiv Geislingen

Bayerisches Armeemuseum, Ingolstadt

Municipal Art Gallery of Larissa, G.I. Katsigras Museum

Giesecke+Devrient Stiftung Geldscheinsammlung, München

Jan Beenken, München

Benjamin Wehry, Naumburg

Universität Rostock, Universitätsarchiv und Kustodie

DANKSAGUNG

Ioanna Adamopoulou, The Hellenic Ministry of Culture and Sports, Athens

Elisabeth Bargue, The Hellenic Ministry of Culture and Sports, Athens

Dr. Andreas Benz, Technische Universität Bergakademie Freiberg, Kustodie

Reinhard Buchholz, Technische Universität Dresden, Historische Farbstoffsammlung

Dr. Nadja Cholidis, Vorderasiatisches Museum, Staatliche Museen zu Berlin

Dr. Karsten Dahmen, Münzkabinett, Staatliche Museen zu Berlin

Ioanna Deligianni, Municipal Art Gallery of Larissa, G.I. Katsigras Museum

Dr. Johannes Eberhardt, Münzkabinett, Staatliche Museen zu Berlin

Stavroula-Villy K. Fotopoulou, The Hellenic Ministry of Culture and Sports, Athens

Cornelia Gäßner, Auktionshaus Wendl, Rudolstadt

Dr. R. Johannes Giebel, Technische Universität Berlin, Mineralogische Sammlungen und Museum

Dr. Dennis Graen, Institut für Altertumswissenschaften, Friedrich-Schiller-Universität, Jena

Mareen Hatoum, Museum für Asiatische Kunst, Staatliche Museen zu Berlin

Christoph Haußner, München

Andreas Heese, Kupferstichkabinett, Staatliche Museen zu Berlin

Miguel Helfrich, Gipsformerei, Staatliche Museen zu Berlin

Prof. Dr. Barbara Helwing, Vorderasiatisches Museum, Staatliche Museen zu Berlin

Manfred Herrmann, Frankfurt a. Main

Dr. Alexander Hofmann, Museum für Asiatische Kunst, Staatliche Museen zu Berlin

Dr. George Kakavas, Numismatic Museum, Athens

Wlada K. Kalmyk, Architekturhistorisches Museumsreservat der Stadt Rjasan

Claudius Kamps, Ethnologisches Museum, Staatliche Museen zu Berlin

Ute Kauderer, Auktionshaus Kiefer

Prof. Dr. Lars-Christian Koch, Ethnologisches Museum/Museum für Asiatische Kunst, Staatliche Museen zu Berlin

Dr. Katerina Kostanti, National Archaeological Museum Athens

Olga S. Kretschetowa, Architekturhistorisches Museumsreservat der Stadt Rjasan

Dr. Katrin Lindemann, Kunstgewerbemuseum, Staatliche Museen zu Berlin

Peter J. Matuschek, Stiftung Stadtmuseum Berlin

Kirsty McHugh, National Library of Scotland Edinburgh

Giorgos Mestousis, Athens

Ulrike Müller, Stiftung Stadtmuseum Berlin

Hendrik Naumann, Technische Universität Bergakademie Freiberg, Kustodie

Dr. Kostas Nikolentzos, National Archaeological Museum Athens

Andrei Paschkewitsch, Sankt Petersburg

Josef Paták, Univerzita Karlova, Praha

Christina Peters, bpk-Bildagentur

Prof. Dr. Klaas Ruitenbeek, Berlin

Wolfgang Sauer, Bad Homburg

Heinz Scheiffele, Geißlingen, WMF Group GmbH

Tobias Schmiegel, Justiziariat, Stiftung Preußischer Kulturbesitz

Dr. Uta Schröder, Museum für Asiatische Kunst, Staatliche Museen zu Berlin

Paul Spies, Stiftung Stadtmuseum Berlin

Christian Stoess M. A., Münzkabinett, Staatliche Museen zu Berlin

Dr. Dieter Storz, Bayerisches Armeemuseum, Ingolstadt

Gregor Streiber, werwiewas medienproduktion, Berlin

Carola Thielecke, Justiziariat, Stiftung Preußischer Kulturbesitz

Sally Todd, National Library of Scotland Edinburgh

Jelena W. Tschumitschjowa, Architekturhistorisches Museumsreservat der Stadt Rjasan

Dr. Natalia Vogeikoff-Brogan, American School of Classical Studies at Athens

Prof. Dr. Bernhard Weisser, Münzkabinett, Staatliche Museen zu Berlin

Wiebke Witzel, Berlin-Brandenburgische Akademie der Wissenschaften, Archiv

AUTORENADRESSEN

Wout Arentzen
Afrikalaan 60
3526VH Utrecht
Niederlande

Dr. Marion Bertram
Staatliche Museen zu Berlin, Museum für Vor- und Frühgeschichte
Geschwister-Scholl-Str. 6
10117 Berlin

Dr. Filiz Tütüncü Çağlar
Forum Transregional Studies Berlin – EUME Staatliche Museen zu Berlin, Museum für Islamische Kunst
Geschwister-Scholl-Str. 6
10117 Berlin

Dr. Danae Coulmas
Remagener Str. 8
50968 Köln

Dr. Anton Gass
Staatliche Museen zu Berlin, Museum für Vor- und Frühgeschichte
Geschwister-Scholl-Str. 6
10117 Berlin

Dr. Marius Gerhardt
Staatliche Museen zu Berlin, Ägyptisches Museum und Papyrussammlung
Geschwister-Scholl-Str. 6
10117 Berlin

Yuri Gröne
Bänschstr. 25
10247 Berlin

Dr. Bernhard Heeb
Staatliche Museen zu Berlin, Museum für Vor- und Frühgeschichte
Geschwister-Scholl-Str. 6
10117 Berlin

Leoni Hellmayr, M.A.
Gallenbacherstr. 13
76534 Baden-Baden

Philip Kardel, M.A.
Sächsisches Industriemuseum
Tuchfabrik Gebr. Pfau
Leipziger Str. 125
08451 Crimmitschau

Susanne Kuprella, M.A.
Staatliche Museen zu Berlin, Museum für Vor- und Frühgeschichte
Geschwister-Scholl-Str. 6
10117 Berlin

Thomas Martin, Dipl.-Kult.
Generaldirektion Kulturelles Erbe Rheinland-Pfalz
Rheinisches Landesmuseum und UNESCO-Welterbe Römische Denkmale Trier – Zentrum der Antike
Weimarer Allee 1
54290 Trier

Dr. Konstantinos Nikolentzos
National Archaeological Museum
Tositsa 1
10682 Athen
Griechenland

Dr. Sebastian Olschok
Staatliche Museen zu Berlin, Museum für Vor- und Frühgeschichte
Geschwister-Scholl-Str. 6
10117 Berlin

PD Dr. Stefanie Samida
Ruprecht-Karls-Universität
Historisches Seminar
Grabengasse 3–5
69117 Heidelberg

Dr. Frank Vorpahl
ZDF Kultur Berlin
Humboldtstr. 6
15306 Seelow

Dr. Benjamin Wehry
Staatliche Museen zu Berlin, Museum für Vor- und Frühgeschichte
Geschwister-Scholl-Str. 6
10117 Berlin

Prof. Dr. Matthias Wemhoff
Staatliche Museen zu Berlin, Museum für Vor- und Frühgeschichte
Geschwister-Scholl-Str. 6
10117 Berlin

Dr. Reinhard Witte
Heinrich-Schliemann-Gesellschaft e.V.
Lindenallee 5
17219 Schliemanngemeinde Ankershagen

BILDNACHWEISE

AUFTAKTSEITEN

Prolog
Brief Heinrich Schliemanns an Richard Schöne (Generaldirektor der Königlichen Museen zu Berlin) vom 24. März 1881 © Staatliche Museen zu Berlin, Museum für Vor- und Frühgeschichte, IXe 17

Aller Anfang
Mecklenburgische Landschaft © Foto: Mathias Bertram

Gründerjahre
Sacramento (Kalifornien), um 1850 © bpk/DeA Picture Library/ Biblioteca Ambrosiana

Wendezeit
Paris, Boulevard und Porte St. Martin, um 1900 © bpk

Berufung
Mykene, Schachtgräberrund A. Aus: Heinrich Schliemann, Mykenae (Leipzig 1878) © Staatliche Museen zu Berlin, Museum für Vor- und Frühgeschichte

Das Erbe
Aus: L'Illustration No. 1770, 27 Janvier 1877, 56–57 © American School of Classical Studies at Athens, Archives, Heinrich Schliemann Papers

Frontispiz
Staatliche Museen zu Berlin, Museum für Vor- und Frühgeschichte, Foto: Claudia Klein

ESSAYS

Matthias Wemhoff, Schliemanns Welten
Abb. 1–2 Numismatic Museum Athens, Foto: Giorgos Mestousis

Philip Kardel, »Verehrter Freund, Ihr lieber Brief erregte große Freude ...«
Abb. 1–3 Staatliche Museen zu Berlin, Museum für Vor- und Frühgeschichte, Nachlass Ernst Meyer, IXf 16; **Abb. 4** aus: Ernst Meyer, Briefwechsel, Bd. 1 (Berlin 1953); **Abb. 5–6** Staatliche Museen zu Berlin, Museum für Vor- und Frühgeschichte, Foto: Katja Vollert; **Abb. 7–8** Staatliche Museen zu Berlin, Museum für Vor- und Frühgeschichte, IXe 4 und IXe 148; **Abb. 9** Staatliche Museen zu Berlin, Museum für Vor- und Frühgeschichte, IXe 55

Reinhard Witte, Kindheit und Jugend in Mecklenburg
Abb. 1–7 Archiv des Heinrich-Schliemann-Museums Ankershagen

Reinhard Witte, Familie in Mecklenburg
Abb. 1 American School of Classical Studies at Athens, Archives, Heinrich Schliemann Papers; **Abb. 2** Archiv des Heinrich-Schliemann-Museums Ankershagen

Reinhard Witte, Die erste große Liebe?
Abb. 1–2 Archiv des Heinrich-Schliemann-Museums Ankershagen

Wout Arentzen, Schliemann in den Niederlanden
Abb. 1, 5 Stadsarchief Amsterdam; **Abb. 2** Archiv des Heinrich-Schliemann-Museums Ankershagen; **Abb. 3, 6** American School of Classical Studies at Athens, Archives, Heinrich Schliemann Papers; **Abb. 4** Christie's Images/ Bridgeman Images

Wout Arentzen, Anton Gass, Susanne Kuprella, Sprachgenie von Anfang an?
Abb. 1 Staatliche Museen zu Berlin, Museum für Vor- und Frühgeschichte, Foto: Claudia Klein; **Abb. 2** Koninklijke Bibliotheek Den Haag

Sebastian Olschok, Amsterdam in den 1840er Jahren
Abb. 1 Stadsarchief Amsterdam/ KAVA00120000001

Anton Gass, Heinrich Schliemann in Russland 1846–50
Abb. 1, 8, 11 bpk/adoc-photos; **Abb. 2** Architekturhistorisches Museumsreservat der Stadt Rjasan, Russland; **Abb. 3** American School of Classical Studies at Athens, Archives, Heinrich Schliemann Papers; **Abb. 4** TU Dresden, Historische Farbstoffsammlung, Foto: Reinhard Buchholz; **Abb. 5** Offene Ressource: https://www.miloserdie.ru/article/izumitelno-deyatelnyj-chelovek-prokopij-ponomarev/ (letzter Zugriff 2.2.2022); **Abb. 6** bpk/Dietmar Katz; **Abb. 7** bpk/Coll. Marc Walter/adoc-photos; **Abb. 9** Staatliche Museen zu Berlin, Kunstbibliothek, Foto: Dietmar Katz; **Abb. 10** bpk; **Abb. 12** bpk/ Victoria and Albert Museum, London/ Roger Fenton

Bernhard Heeb, Alles Gold, was glänzt
Abb. 1 Staatliche Museen zu Berlin, Museum für Vor- und Frühgeschichte, F 8807; **Abb. 2–3** bpk; **Abb. 4** bpk/The Metropolitan Museum of Art; **Abb. 5** The New York Public Library; **Abb. 6** bpk/Albright-Knox Art Gallery/ Art Resource, NY; **Abb. 7** Library of Congress, Prints & Photographs Division, Daguerreotypes Collection; **Abb. 8, 11–12** bpk/DeAgostini/ New Picture Library/Biblioteca Ambrosiana; **Abb. 9** Staatliche Museen zu Berlin, Museum für Vor- und Frühgeschichte, Grafik: Daniela Greinert; **Abb. 10** bpk/adoc-photos

Frank Vorpahl, Kalifornien im Goldrausch
Abb. 1 bpk/adoc-photos

Anton Gass, »Im Kaufmannsgeschäft sind Sie ein Genie!«
Abb. 1 Staatliche Museen zu Berlin, Kupferstichkabinett, Foto: Jörg P. Anders; **Abb. 2** bpk/Coll. Marc Walter/adoc-photos; **Abb. 3, 5, 7–8, 14** American School of Classical Studies at Athens, Archives, Heinrich Schliemann Papers; **Abb. 4, 6** American School of Classical Studies at Athens, Archives, Melas Family Photographic Collection; **Abb. 9** bpk/Dietmar Katz; **Abb. 10** TU Bergakademie Freiberg/Kustodie, Foto: Hendrik Naumann; **Abb. 11** Technische Universität Berlin, Mineralogische Sammlungen und Museum, Foto: R. Johannes Giebel; **Abb. 12** bpk/adoc-photos; **Abb. 13** Staatliche Museen zu Berlin, Museum für Vor- und Frühgeschichte, F 1114

Reinhard Witte, Familie in St. Petersburg
Abb. 1–2 Archiv des Heinrich-Schliemann-Museums Ankershagen

Sebastian Olschok, Der Krimkrieg
Abb. 1–2 Imperial War Museum, London (Q 71234, HU 54815)

Susanne Kuprella, Indigo
Abb. 1 bpk/British Library Board

Anton Gass, Kumys-Kur und ... Altertümer
Abb. 1 Foto: Anton Gass

Susanne Kuprella, Auf zu neuen Ufern
Abb. 1–2, 5, 8 Staatliche Museen zu Berlin, Kupferstichkabinett, Foto: Dietmar Katz; **Abb. 3** American School of Classical Studies at Athens, Archives, Heinrich Schliemann Papers; **Abb. 4** Staatliche Museen zu Berlin, Archiv Ethnologisches Museum; **Abb. 6** bpk/Alinari Archives/Beato Felice; **Abb. 7** Staatliche Museen zu Berlin, Ethnologisches Museum, Foto: Claudia Obrocki

Yuri Gröne, Mit Kutsche, Bahn und Schiff
Abb. 1–2 American School of Classical Studies at Athens, Archives, Heinrich Schliemann Papers; **Abb. 3** Staatliche Museen zu Berlin, Museum für Vor- und Frühgeschichte, Grafik: Daniela Greinert

Benjamin Wehry, Ithaka, der Peloponnes und Troja
Abb. 1 bpk/Städel Museum/Ursula Edelmann; **Abb. 2** Staatliche Museen zu Berlin, Münzkabinett, Foto: B. Weisser; **Abb. 3** bpk/Alinari Archives/ Alinari; **Abb. 4** bpk/DeAgostini/New Picture Library/G. Dagli Orti; **Abb. 5** bpk/Benno Wundshammer

Benjamin Wehry, Paris und die Erfindung der Moderne
Abb. 1 bpk/adoc-photos; **Abb. 2** bpk/Coll. Ph. Doublet/adoc-photos; **Abb. 3** bpk/RMN – Grand Palais/ Hervé Lewandowski

Benjamin Wehry, Auf Homers Spuren nach Troja, Mykene und Tiryns
Abb. 1 Zeichnung: Daniela Greinert nach Heinrich Schliemann, Troja (Leipzig 1884), Karte der Troas; **Abb. 2** aus: Heinrich Schliemann, Ilios. Stadt und Land der Trojaner (Leipzig 1881), Frontispiz; **Abb. 3** aus: Heinrich Schliemann, Ilios. Stadt und Land der Trojaner (Leipzig 1881), S. 41; **Abb. 4** aus: Heinrich Schliemann, Ilios. Stadt und Land der Trojaner (Leipzig 1881), Plan 1; **Abb. 5, 7** Staatliche Museen zu Berlin, Museum für Vor- und Frühgeschichte, Foto: Claudia Plamp; **Abb. 6** aus: Heinrich Schliemann, Mykenae (Leipzig 1878), S. 192; **Abb. 8** Zeichnung: Daniela Greinert nach Hartmut Döhl, Griechenlands langer Weg zur Klassik. In: Rudolf Pörtner (Hg.), Alte Kulturen ans Licht gebracht (Düsseldorf/Wien 1975), S. 268

Marius Gerhardt, Troja – was war da nochmal?
Abb. 1, 3–4 Staatliche Museen zu Berlin, Ägyptisches Museum und Papyrussammlung, Foto: Marius Gerhardt; **Abb. 2** Staatliche Museen zu Berlin, Ägyptisches Museum und Papyrussammlung, Foto: Sandra Steiß; **Abb. 5–6** Christoph Haußner

Bernhard Heeb, Heinrich Schliemann in Troja
Abb. 1 Staatliche Museen zu Berlin, Museum für Vor- und Frühgeschichte, Foto: Claudia Plamp; **Abb. 2, 9** Staatliche Museen zu Berlin, Museum für Vor- und Frühgeschichte, Foto: Klaus Göken; **Abb. 3** bpk/Jörg P. Anders; **Abb. 4–5, 8** Staatliche Museen zu Berlin, Museum für Vor- und Frühgeschichte, Foto: Claudia Klein; **Abb. 6** nach: Manfred Korfmann, in: Troja – Traum und Wirklichkeit (Kernen im Remstal 2001), S. 389; **Abb. 7** nach: Heinrich Schliemann, Ilios. Stadt und Land der Trojaner (Leipzig 1881), S. 39; **Abb. 10** bpk/DeAgostini/New Picture Library/M. Seemuller

Benjamin Wehry und Bernhard Heeb, Schliemanns wohl schönste Entdeckung
Abb. 1 bpk; **Abb. 2** aus: Heinrich Schliemann, Ilios. Stadt und Land der Trojaner (Leipzig 1881), Plan III; **Abb. 3** nach: Wilhelm Dörpfeld, Troja und Ilion (Athen 1902), S. 32

Bernhard Heeb, Mykene, Tiryns, Orchomenos
Abb. 1–2, 4, Foto: Bernhard Heeb; **Abb. 3** nach: Heinrich Schliemann, Mykenae (Leipzig 1878); **Abb. 5** nach Spyridon Marinatos und Max Hirmer, Kreta, Thera und das mykenische Hellas (München 1973), S. 163; **Abb. 6** National Archaeological Museum, Athens © Hellenic Ministry of Culture and Sports/Hellenic Cultural Resources Managing and Development Organization, Foto: Eleftherios Galanopoulos; **Abb. 7** aus: Heinrich Schliemann, Mykenae (Leipzig 1878), S. 332; **Abb. 8, 10** National Archaeological Museum, Athens © Hellenic Ministry of Culture and Sports/Hellenic Cultural Resources Managing and Development Organization; **Abb. 9, 16** National Archaeological Museum, Athens © Hellenic Ministry of Culture and Sports/Hellenic Cultural Resources Managing and Development Organization. Foto: Maria Kontaki; **Abb. 11** ZDF. Foto: Lukas Piechowski; **Abb. 12** aus: Heinrich Schliemann, Tiryns (Leipzig 1886), Tafel I; **Abb. 13** National Archaeological Museum, Athens © Hellenic Ministry of Culture and Sports/Hellenic Cultural Resources Managing and Development Organization, Foto: Irini Miari; **Abb. 14** bpk/DeAgostini/New Picture Library/G. Dagli Orti; **Abb. 15** bpk/ DeAgostini/New Picture Library/ Archivio J. Lange; **Abb. 17** Foto: Julia Heeb; **Abb. 18** bpk/DAI; **Abb. 19** bpk/ DeAgostini/New Picture Library/G. Dagli Orti

Kostas Nikolentzos, Schliemann, Mykene, Tsountas
Abb. 1 Archiv des Archäologischen Nationalmuseums Athens; **Abb. 2** bpk/DeAgostini/New Picture Library/ Biblioteca Ambrosiana; **Abb. 3–6** Archiv des Archäologischen Nationalmuseums Athens

Marion Bertram, Ägypten und das Rätsel der Kleopatra
Abb. 1 Staatliche Museen zu Berlin, Museum für Vor- und Frühgeschichte, IVB Litt. S, Bd. 2, E 556/88; **Abb. 2** Staatliche Museen zu Berlin, Museum für Vor- und Frühgeschichte, Foto: Klaus Göken; **Abb. 3–5** Archiv der Berlin-Brandenburgischen Akademie der Wissenschaften, Nachlass Rudolf Virchow

Stefanie Samida, Schliemann und die deutsche Presse
Abb. 1 aus: Illustrirte Zeitung (Leipzig), Nr. 1000, 30.8.1862, Ausschnitt; **Abb. 2** aus: Allgemeine Zeitung, 5.8.1873; **Abb. 3** Universitätsbibliothek Heidelberg (https://heidicon.ub.uni-heidelberg.de/detail/22288); **Abb. 4** Bayerische Staatsbibliothek München, 2 Per. 13–27, S. 60, urn:nbn:de:bvb:12-bsb11176111-9 und 2 Per. 13–29, S. 242, urn:nbn:de:bvb:12-bsb11326207-6 (aus: Kladderadatsch, 29.3.1874; Kladderadatsch, 31.12.1876); **Abb. 5** aus: Illustrirte Frauen-Zeitung, 13.9.1880; **Abb. 6** aus: Die Gartenlaube, 1878, Nr. 43; Über Land und Meer, Jg. 21, 1878/79; **Abb. 7** aus: Der Floh, 23. Jg., Nr. 1, 04.01.1891

Marion Bertram, Eine schwierige Beziehung: Der Autodidakt und die akademische Welt
Abb. 1 Staatsbibliothek zu Berlin – Preußischer Kulturbesitz, Signatur: 2" Ad 2478-70=1956/1981.1877; **Abb. 2–3** American School of Classical Studies at Athens, Archives, Heinrich Schliemann Papers; **Abb. 4** aus: Tisch-Lieder zum Festmahl Deutscher Anthropologen im Zoologischen Garten in Berlin am 5. August 1880, Archiv der Berliner Gesellschaft für Anthropologie, Ethnologie und Urgeschichte; **Abb. 5** aus: Heinrich Schliemann, Atlas Trojanischer Alterthümer (Leipzig 1874); **Abb. 6** Archiv der Berlin-Brandenburgischen Akademie der Wissenschaften, Nachlass Rudolf Virchow; **Abb. 7** Archiv der Berliner Gesellschaft für Anthropologie, Ethnologie und Urgeschichte; **Abb. 8** Staatliche Museen zu Berlin, Museum für Vor- und Frühgeschichte, F 8799; **Abb. 9** bpk

Marion Bertram, Rudolf Virchow
Abb. 1 National Library of Medicine, Bethesda, USA (http://resource.nlm.nih.gov/101431206)

Benjamin Wehry, Schliemanns Ausgrabungen, das Interesse der Öffentlichkeit und die galvanoplastischen Nachbildungen von E. Gilliéron & fils
Abb. 1–2 Sammlung des Winckelmann-Instituts, Humboldt-Universität zu Berlin, Foto: Claudia Plamp; **Abb. 3** aus: Paul Wolters, Galvanoplastische Nachbildungen mykenischer und kretischer (minoischer) Altertümer von E. Gilliéron & fils (Stuttgart o. J.), Grafik-Montage: Daniela Greinert

Danae Coulmas, Topos Athen
Abb. 1 Staatsbibliothek zu Berlin, Kartenabteilung; **Abb. 2** bpk/adoc-photos; **Abb. 3, 6** American School of Classical Studies at Athens, Archives, Heinrich Schliemann Papers; **Abb. 4** bpk/Coll. S. Kakou/ adoc-photos; **Abb. 5** National Gallery – Alexandros Soutsos Museum, Photography: Stavros Psiroukis; **Abb. 7** Staatliche Museen zu Berlin, Museum für Vor- und Frühgeschichte, F 8796

Danae Coulmas, La veuve glorieuse
Abb. 1 American School of Classical Studies at Athens, Archives, Heinrich Schliemann Papers; **Abb. 2** Foto: Bernhard Heeb

Marion Bertram, Die griechische Familie
Abb. 1–2 American School of Classical Studies at Athens, Archives, Heinrich Schliemann Papers

Thomas Martin, ΙΛΙΟΥ ΜΕΛΑΘΡΟΝ
Abb. 1 Municipal Gallery of Athens; **Abb. 2** bpk/adoc photos; **Abb. 3, 6–8** Numismatic Museum Athens, Foto: Giorgos Mestousis; **Abb. 4** American School of Classical Studies at Athens, Archives, Heinrich Schliemann Papers; **Abb. 5** Katsigras-Museums, Larissa

Marion Bertram, Tod in Neapel
Abb. 1 American School of Classical Studies at Athens, Archives, Heinrich Schliemann Papers; **Abb. 2** Staatliche Museen zu Berlin, Museum für Vor- und Frühgeschichte; **Abb. 3** Foto: Thomas Martin

Marion Bertram, Ein »Geschenk zu ewigem Besitz und ungetrennter Aufbewahrung«
Abb. 1 aus: Daheim, Jg. 18, 1882, Nr. 21, Beilage 2; **Abb. 2** aus: Über Land und Meer. Allgemeine Illustrierte Zeitung, 47, 1882, Nr. 16, S. 32; **Abb. 3, 8** Charles Normand, La Troie d'Homère: Exploration artistique et archéologique (Paris 1892), Staatsbibliothek zu Berlin – Preußischer Kulturbesitz, Signatur: 2" Ns 195-1; **Abb. 4** American School of Classical Studies at Athens, Archives, Heinrich Schliemann Papers; **Abb. 5–7, 9** Staatliche Museen zu Berlin, Museum für Vor- und Frühgeschichte, DP 0019145, DP 0013813, DP 0013812, DP 0013791

Bernhard Heeb, Der Traum von Troja
Abb. 1 aus: Heinrich Schliemann, Atlas trojanischer Alterthümer (Leipzig 1874), Taf. 204; **Abb. 2** American School of Classical Studies at Athens, Archives, Heinrich Schliemann Papers; **Abb. 3** Staatliche Museen zu Berlin, Museum für Vor- und Frühgeschichte, Foto: Achim Kleuker; **Abb. 4** Staatliche Museen zu Berlin, Museum für Vor- und Frühgeschichte, Foto: Bernhard Heeb; **Abb. 5** aus: Hubert Schmidt, Heinrich Schliemanns Sammlung Trojanischer Altertümer (Berlin 1902); **Abb. 6** Staatliche Museen zu Berlin, Museum für Vor- und Frühgeschichte, Foto: Claudia Klein; **Abb. 7** bpk/Herzog Anton Ulrich-Museum

Leoni Hellmayr, Des Helden Schale, des Helden Kern
Abb. 1 bpk/Alinari Archives; **Abb. 2** bpk; **Abb. 3** Archiv des Heinrich-Schliemann-Museums Ankershagen

Matthias Wemhoff, Der Zweite Weltkrieg und die Folgen für die Schliemann-Sammlung des Museums für Vor- und Frühgeschichte
Abb. 1 Staatliche Museen zu Berlin, Museum für Vor- und Frühgeschichte, F 5505; **Abb. 2** Staatliche Museen zu Berlin, Foto: Burkhardt Göres

KATALOGTEIL

1. Einführung
Keine Abbildungen

2. Russland
2.9, **2.11**, **2.12**, **2.14** Staatliche Museen zu Berlin, Kunstgewerbemuseum, Foto: Claudia Klein; **2.13** Staatliche Museen zu Berlin, Kunstgewerbemuseum, Foto: Stephan Klonk; **2.15** Bayerisches Armeemuseum, Foto: Christian Stoye

3. Sacramento
3.1 Staatsbibliothek zu Berlin, Kartenabteilung; **3.2** Staatliche Museen zu Berlin, Münzkabinett, Foto: Johannes Eberhardt; **3.4** American School of Classical Studies at Athens, Archives, Heinrich Schliemann Papers

4. Weltreise
4.1, **4.6**, **4.10**, **4.12**, **4.16**, **4.21**, **4.28**, **4.29**, **4.32**, **4.34** Staatliche Museen zu Berlin, Ethnologisches Museum, Foto: Martin Franken; **4.3**, **4.11**, **4.15**, **4.19**, **4.20** Staatliche Museen zu Berlin, Ethnologisches Museum, Foto: Claudia Obrocki; **4.41** Staatliche Museen zu Berlin, Museum für Asiatische Kunst, Stiftung Meyer-Grosse, Foto: courtesy Art Research Center, Ritsumeikan University, Kyoto

5. Paris/Ithaka
5.3 Universität Rostock, Universitätsarchiv/Kustodie

6. Troja
6.6 Staatliche Museen zu Berlin, Museum für Vor- und Frühgeschichte, Foto: Johannes Laurentius; **6.11**, **6.37**, **6.44**, **6.130** Staatliche Museen zu Berlin, Museum für Vor- und Frühgeschichte, Foto: Claudia Plamp; **6.18**, **6.19**, **6.40**, **6.43**, **6.48**, **6.52**, **6.55**, **6.62**, **6.75**, **6.79**, **6.95**, **6.104**, **6.122**, **6.136** Staatliche Museen zu Berlin, Museum für Vor- und Frühgeschichte, Foto: Claudia Klein; **6.155**, **6.156** National Archaeological Museum, Athens © Hellenic Ministry of Culture and Sports/Hellenic Cultural Resources Managing and Development Organization

7. Mykene
7.1, **7.5**, **7.6**, **7.8**, **7.15**, **7.17**, **7.33**, **7.35**, **7.36** National Archaeological Museum, Athens © Hellenic Ministry of Culture and Sports/Hellenic Cultural Resources Managing and Development Organization; **7.2**, **7.3**, **7.4**, **7.7**, **7.12**, **7.13**, **7.16**, **7.18**, **7.19**, **7.20**, **7.21**, **7.22**, **7.23**, **7.25**, **7.27**, **7.28**, **7.29**, **7.30**, **7.31**, **7.32**, **7.34**, **7.39**, **7.40**, **7.44**, **7.53**, **7.56**, **7.57**, **7.58**, **7.59** National Archaeological Museum, Athens © Hellenic Ministry of Culture and Sports/Hellenic Cultural Resources Managing and Development Organization, Foto: Maria Kontaki; **7.9**, **7.10**, **7.11**, **7.14**, **7.24**, **7.26** National Archaeological Museum, Athens © Hellenic Ministry of Culture and Sports/Hellenic Cultural Resources Managing and Development Organization, Foto: Sokratis Mavromatis; **7.38** National Archaeological Museum, Athens © Hellenic Ministry of Culture and Sports/Hellenic Cultural Resources Managing and Development Organization, Foto: Kalliopi Tsakri; **7.41**, **7.42**, **7.51**, **7.52** National Archaeological Museum, Athens © Hellenic Ministry of Culture and Sports/Hellenic Cultural Resources Managing and Development Organization, Foto: Irini Miari; **7.45** National Archaeological Museum, Athens © Hellenic Ministry of Culture and Sports/Hellenic Cultural Resources Managing and Development Organization, Foto: Eleftherios Galanopoulos; **7.49**, **7.50** Staatliche Museen zu Berlin, Museum für Vor- und Frühgeschichte, Foto: Claudia Klein; **7.54** National Archaeological Museum, Athens © Hellenic Ministry of Culture and Sports/Hellenic Cultural Resources Managing and Development Organization, Foto: Kalliopi Tsakri

8. Athen – Angekommen und doch immer unterwegs
8.18, **8.21**, **8.24** Staatliche Museen zu Berlin, Münzkabinett, Foto: Christian Stoess; **8.30**, **8.33** Municipal Art Gallery of Larissa, G. I. Katsigras Museum; **8.42**, **8.46** Staatliche Museen zu Berlin, Museum für Vor- und Frühgeschichte, Foto: Claudia Klein; **8.52** Jan Beenken, München; **8.64** WMF Group GmbH, Historisches Warenarchiv, Geislingen (Steige); **8.66**, **8.69**, **8.70** Heinrich-Schliemann-Museum Ankershagen; **8.85**, **8.86** Archiv der Berlin-Brandenburgischen Akademie der Wissenschaften, Nachlass Rudolf Virchow

IMPRESSUM

Begleitband zur Ausstellung

Schliemanns Welten – Sein Leben. Seine Entdeckungen. Sein Mythos

Staatliche Museen zu Berlin, Museum für Vor- und Frühgeschichte

James-Simon-Galerie und Neues Museum
13.5.2022 bis 6.11.2022

Herausgeber
Matthias Wemhoff

Redaktion und Bildredaktion
Ewa Dutkiewicz, Susanne Kuprella, Katja Vollert

Bildbearbeitung
Daniela Greinert, Alexander Polkehn

Verlag
E.A. Seemann Verlag in der E.A. Seemann Henschel GmbH & Co. KG, Leipzig

Projektmanagement
Caroline Keller

Lektorat
Julia Müller

Layout
Carmen Klaucke, Ann Katrin Siedenburg, Alexander Polkehn, Gunnar Driesner

Umschlaggestaltung
SMITH Agentur für Markenkommunikation

Reprografie
Bild1Druck GmbH, Berlin

Druck und Bindung
feingedruckt – Print und Medien, Neumünster

ISBN 978-3-86502-480-0

AUSSTELLUNG

Gesamtleitung
Matthias Wemhoff

Kuratorinnen und Kuratoren
Marion Bertram, Anton Gass, Bernhard Heeb, Susanne Kuprella, Sebastian Olschok, Benjamin Wehry

Kuratorische Mitarbeit für den Bereich »Weltreise«
Henriette Lavaulx-Vrécourt, Ethnologisches Museum

Restauratorische Betreuung – Staatliche Museen zu Berlin

Museum für Vor- und Frühgeschichte
Philipp Schmidt-Reimann (Leitung), Claudia Bullack, Antje Fischer, Anica Kelp, Susanne Krebstakies, Franziska Thieme

Alte Nationalgalerie
Kristina Mösl

Antikensammlung
Wolfgang Maßmann

Ethnologisches Museum
Birgit Kantzenbach, Kerstin Flemming

Gipsformerei
Daniel Meyer, Marcin Korbanek

Kunstbibliothek
Martin Roßbacher

Kunstgewerbemuseum
Heidi Blöcher, Klaus-Dieter Pelz

Münzkabinett
Jens Dornheim

Museum für Asiatische Kunst
Karin Gottlöber

Rathgen-Forschungslabor
Bill Landsberger

Voderasiatisches Museum
Stefan Geismeier

Externe Restauratoren
Franziska Dannhauer (Potsdam), Ulrike Herrklotsch (Berlin), Tatjana Lamfried (Berlin), Aileen Laska (Stiftung Stadtmuseum Berlin), Ines Quitsch (Stiftung Stadtmuseum Berlin)

Mitarbeit für Ausstattung
Birgit Strasser-Ney (Berlin), Claudia Tauber (Berlin)

Schlosserwerkstatt/Maschinentechnik – Staatliche Museen zu Berlin
André Auscher, Dieter Breidt, Frank Schuster

Referat Forschung, Ausstellungen, Projekte – Staatliche Museen zu Berlin
Jörg Völlnagel, Maren Eichhorn, Ramona Föllmer

Referat Bildung, Vermittlung, Besucherdienste – Staatliche Museen zu Berlin
Heike Kropff, Dorothea Parak

Referat Presse, Kommunikation, Sponsoring – Staatliche Museen zu Berlin
Mechtild Kronenberg, Corinna Salmen-Mies, Fabian Fröhlich, Markus Farr, Tobias Renner, Nadine Barabas, Maria Altnau

Referat Publikationen, Merchandising – Staatliche Museen zu Berlin
Sigrid Wollmeiner, Marika Mäder, Carolin Stanneck

Referat Ausstellungs- und Drittmittelprojekte – Hauptverwaltung Stiftung Preußischer Kulturbesitz
Christian Haubner, Anja Robbel, Christine Köhler, Laila Khayati

Leihverkehr, Versicherung und Transport
Benjamin Wehry, Anton Gass, Bernhard Heeb

Kunsttransport
hasenkamp fine art

Ausstellungsarchitektur
harry vetter team (Berlin/Stuttgart): Harry Vetter, David Winkelmann

Aufbau
Tomkin GmbH, Armin Schoenau
EMArt, Ruben Erber

Ausstellungsgrafik
Martina Bolz (Berlin)

Druck Ausstellungsgrafik
Rost: Werbetechnik GmbH

Übersetzungen
Martin Baumeister (Nürnberg)

Medien/Filmproduktion
Felix von Boehm, art/beats
Frank Vorpahl, Historiker, ZDF
Geier-Tronic Videotechnik GmbH

Medienguide
Paul Bongers, Ulrike Niedlich, Sebastian Olschok, Dorothea Parak, Acoustiguide GmbH

Werbung
SMITH Agentur für Markenkommunikation

… und als Heinrich Schliemann:
Katharina Thalbach

Gefördert durch

Das Kuratorium Preußischer Kulturbesitz

WEISS & CIE.